1000 IDEEN FÜR KINDER IN DEUTSCHLAND

MOEWIG ist ein Imprint der edel entertainment GmbH

www.moewig.de | www.edel.de

Idee und Herausgeber: Feierabend Unique Books
Redaktion: Michael Bastian, Hasina Chengara, Larissa Kröhnert, Karsten Zang, Julia Zimmermann

Mit Beiträgen von:
Michael Bastian, Petra Biedermann, Edwine Bollmann, Hasina Chengara, Lutz Exner, Meike Holsten, Katharina Kowalewski, Larissa Kröhnert, Rosalind Meistermann, Anna Kristina Pülm, Jörg Röder, Elmar Schulte, Olaf Schumacher, Karsten Zang, Julia Zimmermann

Besonderer Dank geht an Michael Bastian, Petra Biedermann, Hasina Chengara und Julia Zimmermann

Wir danken allen Einrichtungen und Fotografen, die uns freundlicherweise Bildmaterial zur Verfügung gestellt haben.

Layout und Satz: Peter Rieprich
Umschlaggestaltung: Alexander Mertsch
Bildredaktion: Anna Kristina Pülm, Julia Zimmermann
Lektorat: Petra Biedermann

Printed in Germany

ISBN 978-3-86803-222-2

Karsten Zang & Peer Müller

1000 IDEEN FÜR KINDER IN DEUTSCHLAND

TIPPS · SPIEL · SPORT · SPASS

MOEWIG

Vorwort

Eintausend Tipps und Ideen für spannende, abwechslungsreiche und oft sicher unvergessliche Tage für und mit Kindern, gepackt zwischen zwei Buchdeckel – genau das halten Sie gerade in der Hand. Ein Buch also für Kinder, vom Kleinkind bis zum Jugendlichen, für Eltern und für das sprichwörtliche Kind im Erwachsenen!

Einiges davon in Ihrer Umgebung werden Sie sicher schon kennen, doch es gibt viel, viel mehr, als Sie denken. Warum nicht mal einen Ausflug unternehmen, von den üblichen Pfaden abweichen, Neues entdecken? Sie werden staunen, wie viele der in diesem Buch beschriebenen Orte auch Erwachsenen etwas zu bieten haben.

Deutschland ein Kinderland? Oft wird darüber diskutiert, wie kinderfreundlich unsere Gesellschaft ist, und wechselnde Schlagwörter wie PISA und Jugendgewalt feuern die Diskussion regelmäßig an. Viel wird gejammert, dabei ist es doch um die Kinderfreundlichkeit der Gesellschaft gar nicht so schlecht bestellt.

Tatsächlich gibt es keine Entschuldigung dafür, seinen Kindern die Glotze ins Zimmer zu stellen oder sie unkontrolliert vor dem Computer versauern zu lassen, denn es gibt unendlich viele Möglichkeiten, wie Kinder ihre Freizeit aktiv, mit Spaß und sinnvoll gestalten können – man muss sie nur wahrnehmen. Dabei sind Eltern keineswegs auf sich selbst gestellt, denn zahllose Einrichtungen, Vereine und Institutionen bieten Unterstützung an. Das Angebot ist bundesweit enorm: von sportlichen Aktivitäten in der Gemeinschaft über Unterhaltungsangebote bis hin zu Aktionen, die Kreativität, Wissensdurst und das Verständnis unserer Umwelt fördern, ist die Palette breit gefächert.

Wir haben bundesweit, von Flensburg bis Konstanz, insgesamt 1.000 Einrichtungen und Ideen gesammelt und in Kurztexten vorgestellt. Die Angebote richten sich an Kinder und Jugendliche aller Altersgruppen, sie befinden sich in den Städten und auf dem Land, manche sind saisonal begrenzt, manche stehen dagegen ganzjährig offen. Natürlich gibt es für jeden im Buch angeführten Tipp zwei andere, die wir aus Platzgründen nicht aufnehmen konnten, doch das ist kein Unglück, sondern es zeigt, wie vielfältig das Angebot für Kinder in unserem Land ist.

Manche Informationen werden Sie im Buch nicht finden – Öffnungszeiten, Eintrittspreise, aktuelle Programmpläne –, denn diese ändern sich regelmäßig und wurden deshalb bewusst nicht aufgenommen. Stattdessen nennen wir im Anschluss an jeden Text – sofern verfügbar – eine Telefonnummer und eine Internetadresse, unter denen Sie die aktuellen Informationen abrufen oder erfragen können.

Kinder haben einen natürlichen Wissensdurst und Energien, die uns Erwachsenen oft die Puste ausgehen lassen. Das sollte man nutzen, denn davon profitieren die Kinder selbst am meisten. Für Stubenhockerei gibt es nun keine Entschuldigung mehr. Also: Glotze aus und raus aus dem Haus!

Kategorien:

Sport & Spiel

Technik & Wissenschaft

Natur & Abenteuer

Kultur & Unterhaltung

Events

Kreativität

Burgen & Schlösser

Kindergeburtstag

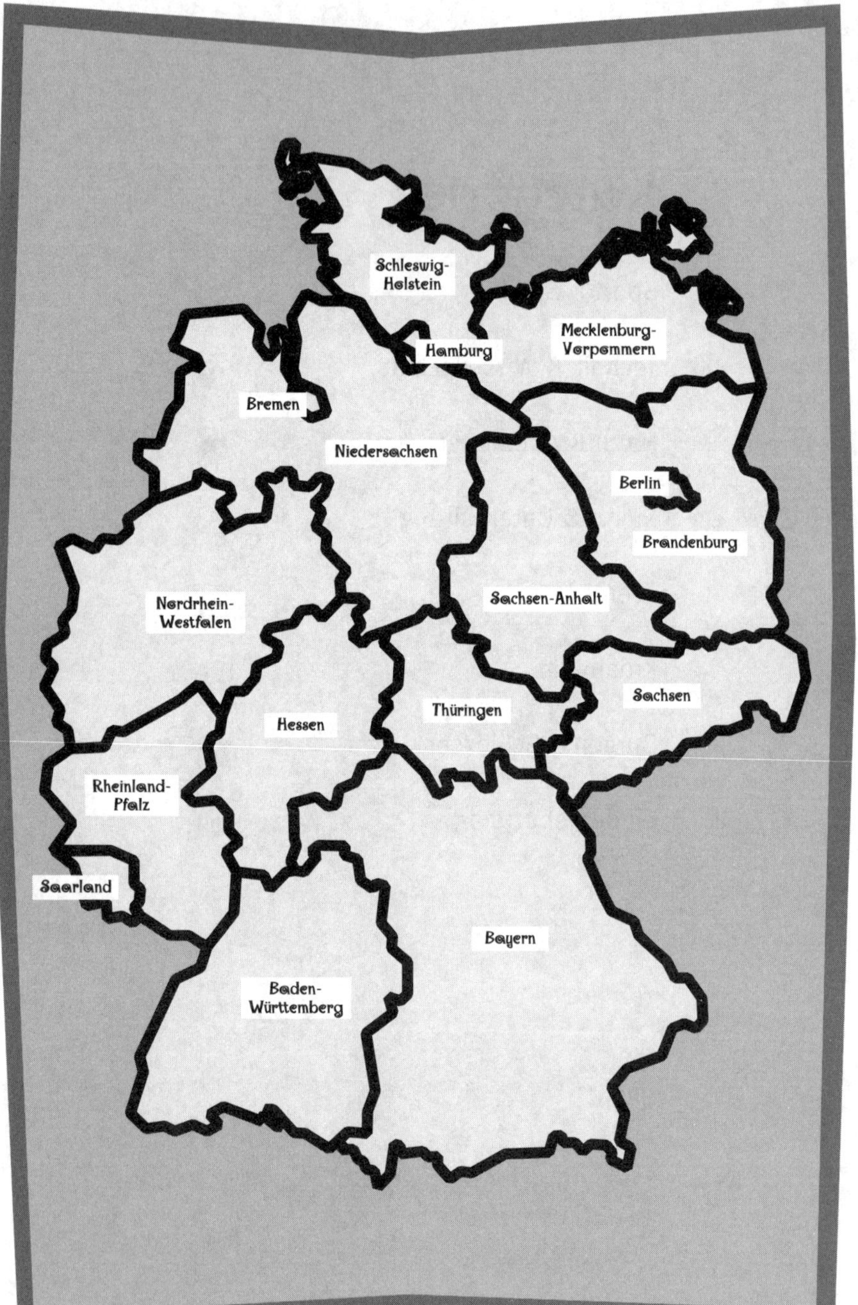

Schleswig-
Holstein
Mecklenburg-
Vorpommern
Hamburg
Bremen
Niedersachsen
Berlin
Brandenburg
Nordrhein-
Westfalen
Sachsen-Anhalt
Sachsen
Thüringen
Hessen
Rheinland-
Pfalz
Saarland
Bayern
Baden-
Württemberg

Inhalt

Schleswig-Holstein

0001 HOGA-Hochseilgarten, Geesthacht

Gut in der Balance?

Nahe der Elbe beim Geesthachter Ortsteil Krümmel befindet sich der HOGA-Hochseilgarten in einem etwa 8.000 m^2 großen Waldstück. Er zählt zu den größten in Deutschland und hat für Anfänger wie Fortgeschrittene, für Jung und Alt, kurz: für jeden etwas zu bieten.
Vier Abschnitte mit 100 Teilstrecken erwarten die mutigen Besucher. Aber keine Angst! Jeder Kletterer wird durch Gurte und Seile gesichert. Es gibt eine Übungsstrecke für Erwachsene in 1 bis 1,5 m Höhe und einen Kinderhochseilgarten mit einer Höhe bis 2,40 m und einer Seilbahn am Ende. Des Weiteren eine Niedrig- und eine Hochstrecke, die unterschiedlich schwierig bekletterbar sind und an mehreren Stellen verlassen werden können. Die Geübten wagen sich auf die Extremstrecke in 8 m Höhe.
Die Plattformen wurden umweltschonend in die Bäume gebaut und sind mit Drahtseilen, Hängebrücken, Schaukeln, Schwebebalken und Seilbahnen untereinander verbunden. Auch Kinder und Senioren können die meisten Herausforderungen bewältigen. Die ganze Sache macht natürlich einen Riesenspaß und fördert ganz nebenbei Selbstüberwindung, Selbstvertrauen, Flexibilität und Motorik. Und schließlich: Was gibt es Gesünderes als Bewegung an der frischen Luft?

HOGA-Hochseilgarten GmbH
Elbuferstraße zwischen Geesthacht und Krümmel
(gegenüber den Stadtwerken)
Postanschrift: Düneberger Straße 83, 21502 Geesthacht
Telefon: 04152/907792, www.hoga-hochseilgarten.de

0002 Feuerwehrmuseum Schleswig-Holstein, Norderstedt

Feuer und Flamme für die Feuerwehr

Erst den Schlauch an den Hydranten anschließen, rauf auf die Leiter, und dann Wasser marsch! Für all die Kinder, die sich nichts sehnlicher wünschen, als später einmal Feuerwehrmann zu werden, ist das Feuerwehrmuseum in Norderstedt genau der richtige Ort, um ihrem Traum ein Stückchen näher zu kommen. Hier im Museum kann nämlich alles das bestaunt werden, was ein echter Brandschützer so braucht: neben der blauen Uniform und dem Helm

Fast wie ein richtiger Feuerwehrmann

mit Visier natürlich auch große rote Feuerwehreinsatzwagen. Außerdem zeigt das Museum so einige historische Brandbekämpfungsgeräte, wie alte Wasserspritzen und Löscheimer. An manchen Tagen dürfen kleine Nachwuchsfeuerwehrmänner sogar einmal selbst zum Eimer greifen und unter Anleitung ein echtes Feuer löschen. Und allen, denen das nicht reicht und die gern zu Hause weiterspielen möchten, sei der Museumsshop wärmstens empfohlen. Hier gibt es alles rund um das Thema Feuerwehr, was das Kinderherz begehrt.

Feuerwehrmuseum Schleswig-Holstein
Friedrichsgaber Weg 290, 22846 Norderstedt
Telefon: 040/5256742, www.feuerwehrmuseum-sh.de

0003 Arriba-Erlebnisbad, Norderstedt

Viel Spaß im feuchten Element

Achtung, Action! Hier im 29 Grad warmen Erlebnisbecken des Arriba-Bades kommt keine Langeweile auf, denn Luftsprudler, Wasserpilze, Wasserschleier, Hangelnetze und Wasserkanonen, ein Wasserfall mit Steilwandrutsche, Unterwasser-Massagedüsen und Brodelberge überzeugen auch wasserscheue Naturen von den Freuden eines Bades. Auch die kleinsten Badegäste amüsieren sich köstlich im Babybecken. Das Kleinkindbecken hält dann schon mal eine kleine Dusche aus dem wasserspeienden Seehund bereit, und auf dem Wasserkarussell lässt es sich herrlich toben.

Die Größeren tummeln sich im neuen Wellenbad mit dem Strand, an dem die Eltern von ihren Liegestühlen aus dem bunten Treiben zusehen können. Hier führt von dem atemberaubenden Rutschenberg ein etwa 124 Meter langer Wildwasserkanal ins Becken. Falls der Andrang zu groß ist, stürzen sich die Badegäste auf die 38 Meter lange Turborutsche und die 115 Meter lange Reifenrutsche. Selbst wenn abends der Hosenboden wehtut, der nächste Badetag wird mit Freude erwartet.

Arriba-Erlebnisbad, Am Hallenbad 14, 22850 Norderstedt
Telefon: 040/521984-0, www.arriba-erlebnisbad.de

0004 Indoo Spielwerk, Ahrensburg

Spiel, Spaß, Action

Es ist kein Geheimnis, dass es in Hamburg und Umgebung schon mal regnet. Dann heißt der Tipp für Holstein und das nördliche Hamburg „Indoo". Vom Ballpool und gesichertem Kleinkindbereich über die riesige Hüpfburg und Trampoline bis zum 7,5 m hohen Piratenschiff und dem Leuchtturm mit Rutsche ist in der großzügigen Halle wirklich alles da, was das Herz kleiner Abenteurer und Abenteuerinnen begehrt. Zum Indoo-Konzept gehört es, sich immer wieder etwas Neues einfallen zu lassen. Piratenwoche, Halloween, Zauberland und andere Special Events sowie die regelmäßigen Turniere, Rallyes und Animationen sorgen dafür, dass auch wiederholte Besuche nie langweilig werden. Mama und Papa haben die Wahl: Bei einem guten Kaffee entspannen oder mittoben oder beides?

Indoo Spielwerk, Ewige Weide 1, 22926 Ahrensburg
Telefon: 04102/200925, www.indoo.de

0005 TheaterFigurenMuseum Lübeck

Mechanische Raucher und ein elektrischer Zeichner

In der Lübecker Altstadt gibt es Wohlbekanntes, aber auch Überraschendes und Ungewöhnliches zu entdecken. Ganz in der Nähe des Holstentores, in den kleinen Gassen mit Häusern der Backsteingotik, trifft der Spaziergänger auf das TheaterFigurenMuseum. So etwas gibt es nur ganz selten, und wahrscheinlich ist es weltweit das größte seiner Art. Tausend Theaterpuppen aus aller Herren Länder sind in der unvergleichlichen Ausstellung zu bewundern: die uns bekannten Kasper, Bauchrednerpuppen, Marionetten, Schattenfiguren, Verwandlungspuppen, mechanische „Raucher" sowie Finger-, Stab- und

Indonesische Wayang-Golek-Stabfigur

Gliederpuppen aus Asien, Afrika und Europa. Manche Figuren müssen von bis zu drei Spielern bewegt werden. Das Museum präsentiert aber nicht nur einzelne Figuren, sondern ganze Theater und alles, was dazugehört: Plakate, Requisiten, Kulissen, Musikinstrumente. Eine seltsame, skurrile und zauberhafte Welt, die kleine und große Besucher sogleich gefangen nimmt. Zu den Publikumslieblingen zählen der „Hundeclown“, der zusammen mit echten Hunden auftrat, „Moto Rafael, der elektrische Zeichner“ und natürlich die „Metamorphosen“ – Puppen, die durch ausgeklügelte Technik ihre Form verändern können.

TheaterFigurenMuseum Lübeck gGmbH, Kolk 14, 23552 Lübeck
Telefon: 0451/78626
www.buddenbrookhaus.de/index.php?seid=63

0006 Lübecker Marzipanspeicher

Guinessrekorde aus Marzipan

Lübecker werden ihn schon kennen; sollten Sie aber zu Besuch in der Stadt sein, dann schauen Sie sich den Marzipanspeicher an. Mitten in der Altstadt in einem beeindruckenden, historischen Speichergebäude gibt es Wissenswertes über die Zutaten und Herstellung des Marzipans zu erfahren, lebensgroße Figuren ganz aus Marzipan zu entdecken und das leckere Marzipan direkt vom Hersteller zu erwerben. Der Eintritt kostet nichts, und die „Marzipanshow“ mit Kostproben, Erklärungen, Modellen von Marzipanfiguren und dem Erwerb des „Marzipanabiturs“ ist auch nicht teuer. Überflüssig zu erwähnen, dass der Besuch bei Kindern hervorragend ankommt ...

Lübecker Marzipanspeicher, Marzipanland GmbH
An der Untertrave 98, 23552 Lübeck
Telefon: 0451/8973939, www.marzipanland.de

0007 Lübecker Wassermarionettentheater

Zauber aus Wasser, Licht, Farben und Musik

Was gibt es nur in Lübeck? Das Holstentor, na klar; vielleicht das beste oder das meiste Marzipan, aber auf keinen Fall das einzige; und: das Lübecker Unterwassertheater, einzigartig zumindest in Europa. Nirgendwo sonst bekommen die Zuschauer diese ganz eigene Mischung aus großen Wasserbecken, speziellen Unterwassermarionetten, sinnlichen Effekten (Licht, Musik, Farbe, Raumerlebnis) und fein darauf abgestimmten Inszenierungen geboten. Die Hälfte der Stücke ist für Kinder (z. T. ab 3 Jahren) geeignet, und gerade für die Kleinen ist der Besuch einer Vorstellung ein eindringliches Erlebnis.

Aufführungen: Großer Börsensaal im Lübecker Rathaus
Breite Straße (Eingang Markt), 23539 Lübeck

Kartenhotline:
Telefon: 0177/4510700 oder 0451/2937581
www.wassertheater.de

Postanschrift Büro/Werkstatt:
Lübecker Wasser Marionetten Theater
Einsiedelstraße 6, 23554 Lübeck

0008 Freilichtbühne Lübeck

Kindertheater in der Altstadt

Nicht weit vom Holstentor, unmittelbar am Rande der Lübecker Altstadt, wunderschön eingebettet zwischen Flüssen und Bäumen, liegt die Freilichtbühne. Das Kinderprogramm präsentiert jedes Jahr im Sommer einen Klassiker der Jugendunterhaltung, wie Robin Hood (2007) oder Pippi Langstrumpf (2008), meistens am Wochenende.

Pippi erfreut kleine und große Besucher

Was ist da naheliegender, als einen Ausflug in Lübecks historische Altstadt mit einem Besuch der Freilichtbühne zu verbinden? So haben die Kleinen auch etwas, worauf sie sich freuen können.

Freilichtbühne
Wallstraße, Parkplätze an der Possehlstraße, 23560 Lübeck
Tickethotline: 04194/7569, www.buehne-luebeck.de

0009 Tierpark Lübeck

Zu Besuch bei Braunbär Bruno

Hängebauchschwein Miss Piggy und Braunbär Bruno warten auf Besuch. Also machen Sie den beiden und Ihrem Kind eine Freude, und fahren Sie in den Tierpark Lübeck! Da kann man mit etwas Glück Tierbabys streicheln, die meisten Tiere selbst füttern, durchs Grüne spazieren, Frischluft tanken und eine Menge Tiere sehen: Schimpansen, Waschbären, Leoparden, Ziegen, Esel, Lamas, Truthähne, Pfauen, Uhus, Frettchen, Stachelschweine, Kamele, die süßen Meerschweinchen und noch manch andere Vierbeiner sind im Tierpark zu Hause. Ein schöner Ausflug ins Grüne und etwas ganz Besonderes für den Nachwuchs.

Tierpark Lübeck, Waldstraße 2, 23568 Lübeck
Telefon: 0451/393105, www.tierpark-luebeck.de

0010 Bauspielplatz Roter Hahn, Lübeck-Kücknitz

Tiere pflegen, Feuer machen, Hütten bauen

Das Konzept „Bauspielplatz“ stammt ursprünglich aus Dänemark, fand in Skandinavien und Großbritannien großen Anklang und ist seit einiger Zeit auch in Deutschland angekommen. Ein großes Gelände, auf dem sie Hütten bauen, Gärten anlegen, sich um Tiere kümmern oder einfach gemeinsam am Lagerfeuer sitzen können, ist für Kinder nicht nur eine spannende Herausforderung, sondern auch ein Ort, die eigene Persönlichkeit durch soziales Lernen zu entwickeln. Körperliches und handwerkliches Geschick sowie der angemessene Umgang mit Tieren und der Natur werden selbstverständlich auch gefördert.

Auf dem Geschichts- und Bauspielplatz werden die Kleinen dabei von einem ausgebildeten Team von Pädagogen unterstützt. Die Mitarbeiter halten die Kids auch dazu an, eigene Ideen mit einzubringen und neue Projekte zu planen. Größere, bereits begonnene oder verwirklichte Projekte sind beispielsweise ein slawisches Blockhaus, ein Langhaus der Wikingerzeit und die Anlage eines Kräutergartens. Einen richtigen Wikingergeburtstag mit Bogenschießen, Feuermachen, Hüttebauen, Tonperlenherstellen und Wikingerkegeln kann man hier auch feiern.

Kinder beim Sägen

Während der Öffnungszeiten bewegen sich die Tiere (Ziegen, Schafe, Hühner, Kaninchen, Bienen, zwei Pferde, ein Kater, Meerschweinchen und eine Ente) größtenteils frei auf dem Gelände.

Bauspielplatz Roter Hahn e. V.
Pommernring 58, 23569 Lübeck-Kücknitz
Telefon: 0179/3931897 und 0179/3931900
www.bauspielplatz-roterhahn.de

0011 Vogelpark Niendorf

Helm-Kasuar, Kakadu & Co.

Nur wenige Meter von der Ostsee entfernt öffnet der Vogelpark Niendorf seine Pforten, ganz in der Nähe des Niendorfer Hafens. In einem natürlichen Sumpfgebiet gelegen, ist er eine Oase der Ruhe – für die Vögel und für die Besucher. In den reetgedeckten Tierhäusern gibt es auch für kleine Vogelkundler viele heimische und exotische Vogelarten zu entdecken und zu bestaunen: Reiher, Pelikane und andere Sumpf- und Wasservögel, außerdem Papageien, Fasane, Adler, Geier und jede Menge Eulen – nirgendwo sonst auf der Welt leben so viele verschiedene Eulenarten auf einem Fleck. Anschließend können Sie auf der schönen Terrasse ein Stück vom hausgemachten Kuchen genießen.

Vogelpark Niendorf/Ostsee
An der Aalbeek, 23669 Timmendorfer Strand/Niendorf
Telefon: 04503/4740, www.vogelpark-niendorf.de

0012 Sea Life Timmendorfer Strand

Seepferdchen, Hai und Nagelrochen

Moderne Präsentationsformen und erstklassig gestaltete Becken, die die Lebensgemeinschaften bestimmter Wasserlandschaften zeigen, sind das Markenzeichen der Sea-Life-Meerescenter. In Timmendorf sind das zum Beispiel der Lebensraum Süßwasser, das Hafenbecken, der Gezeitentümpel und das Tiefseebecken. Insgesamt erwarten den Besucher über 40 Becken. Besonders konzentriert man sich, aus naheliegenden Gründen, auf Nordatlantik, Nord- und Ostsee.

Unter Haien

Ganz neu im Sea Life Timmendorf sind Bonnie und Clyde – zwei asiatische Zwergotter. Die beiden fühlen sich otterwohl in ihrem dschungelartigen Zuhause, in dem es auch Vieraugen, Schlammspringer, Schützen- und Schlangenkopffische zu entdecken gibt.

Sea Life, Kurpromenade 5, 23669 Timmendorfer Strand
Telefon: 01805/66690101, www.sealife-timmendorf.de

0013 Ostsee-Therme, Scharbeutz

Außenbecken mit Meerblick

18.000 m^2 Platz, um das Leben zu genießen, bietet die Ostsee-Therme in Scharbeutz. Damit zählt sie zu den Großen ihrer Klasse. Hier bleiben keine Wünsche offen: Angefangen beim stilvollen und großzügigen Ambiente über die wunderschönen Hallen und eine Gastronomie, zu der sogar ein Steakhaus gehört, bis zu den vielfältigen Wasserattraktionen, die alles umfassen, was der Wasserfreund sich vorstellen kann – Strömungskreisel, Fontänen, Wasserkanonen, Whirlpools, Massageliegen, Sprudel- und Massagedüsen, Nackenduschen und noch vieles mehr. Hinzu kommen der Sauna- und der Fitnessbereich, die 150 und 70 m langen Riesenrutschen sowie das Außenbecken mit Blick hinab auf die Ostsee. Auch Eltern mit kleinen Kindern finden, was das Herz begehrt: Wunderbar planschen und spielen lässt sich im Baby- und Kleinkinderbecken bei 34 Grad Wassertemperatur. Dort warten Wasserspiele und eine kleine Rutsche auf die Jüngsten. Ruhebereich und Wickelraum sind selbstverständlich auch vorhanden. Informieren Sie sich über die Schwimmschule „Seesternchen“, die auch Babyschwimmen anbietet.

Ostsee-Therme GmbH & Co. KG
Strandallee 143, 23683 Scharbeutz
Telefon: 04503/3526-0, www.ostseetherme.de

0014 Hansa-Park, Sierksdorf

Der Beste im Norden

Mal ehrlich: Die tollsten Sachen in Schleswig-Holstein liegen überwiegend am Meer. So auch der Hansa-Park in Sierksdorf. Meer und Hafen sind auch der erste Themenbereich, in dem Sie im Freizeitpark landen, „Landungsbrücken“ genannt. Dort sind nicht nur die originalgetreu nachgebaute Hansekogge und ein zum Spielschiff umgebauter Büsumer Krabbenkutter zu entdecken, sondern auch gleich das „Kiddiecamp“ für die Kleinsten. Aber das ist wirklich nur der Anfang. Es gibt mehr an Fahrgeschäften, Shows und lustigen, kleinen Gags in den verschiedenen Themenbereichen, als sich hier schildern lässt. Darum kurz die wichtigsten Attraktionen: Flugkarussell „Torre del Mar“ (73 m), Freefall-Tower „Monte Zuma“, Holsteinturm (100 m, Wahnsinnsaussicht), Looping-Achterbahn „Nessie“ und Wasser-Achterbahn „Supersplash“ sowie viele weitere Wildwasser-, Wasser- und Achterbahnen. Die bereits erwähnten, abwechslungsreichen Themenbereiche wie „Piratenland“, „Mexiko“ oder „Alter Jahrmarkt“ mit (Stunt-)Shows, Kino und Musik sind ebenfalls erste Klasse. Unserer Meinung nach ist der Hansapark einer der aufregendsten, bestgemachten und abwechslungsreichsten in Deutschland. Das finden übrigens auch der „Stern“ und das BAT-Freizeitforschungsinstitut.

Hansa-Park, Am Fahrenkrog 1, 23730 Sierksdorf
Telefon: 04563/474-0, www.hansapark.de

0015 Zoo „Arche Noah“, Grömitz

Ponyreiten und Nasenbärfütterung

Der kleine Zoo in Grömitz empfängt seine Besucher mit einem lustigen, bunten Eingang und dem Streichelzoo direkt dahinter. Auch sonst hat er mit der Kindereisenbahn, dem Arche-Noah-Spielplatz, dem Ponyreiten, den Seehund-, Nasenbär-, Trampeltier- und Kängurufütterungen vieles zu bieten, was insbesondere die kleinen Gäste begeistert. Die Eintrittspreise sind moderat und die täglichen Rundgänge mit den Tierpflegern umsonst. In das Südamerikagehege mit Lamas und Nandus können die Besucher sogar hineingehen und sich unter die Tiere mischen. Mit der gebotenen Vorsicht, natürlich.

Der Nasenbär macht seinem Namen alle Ehre

Zoo „Arche Noah“, Mühlenstraße 32, 23743 Grömitz
Telefon: 04562/5660, www.zoo-arche-noah.de

0016 Oldenburger Wallmuseum

Willkommen in Starigard!

Oldenburg liegt nicht nur in Niedersachsen; Oldenburg gibt’s auch in Schleswig-Holstein. Und die Vorfahren der Deutschen waren nicht nur Westgermanen, auch Slawen und Wikinger zählen zu unseren Ahnen. Das und mehr erfährt der Besucher in Starigard, dem heutigen Oldenburg in Holstein. Der ehemals westlichste Fürstensitz der Slawen war seinerzeit ein bedeutendes Handelszentrum und jahrhundertelang heißumkämpft. Schließlich verschwand erst der slawische Einfluss, dann, mit dem Aufstieg von Lübeck, auch die Bedeutung als Handelsplatz.

Auf leicht verständliche Weise wird im Wallmuseum die slawische Geschichte des Ortes aufbereitet. Besonders die Unterbringung des Museums in historischen Bauernhäusern und der Nachbau eines kompletten slawischen Dorfes auf einer künstlichen Insel mit Schiff und Anlegestelle lassen hier Geschichte richtig lebendig und auch für jüngere Menschen und Nichthistoriker packend und aufschlussreich werden. Beeindruckend und kostenlos ist ein Gang über die alte Wallanlage, ca. 300 m vom Museum entfernt, von deren 18 m hoher Krone man einen traumhaften Blick über die Auenlandschaft hat und eine Vorstellung von der ehemaligen Größe und Bedeutung des Ortes erhält.

2008 fanden in den Monaten Juli und August jeweils mittwochs um 14.00 und 16.00 Uhr geführte Museumsrundgänge statt, ohne dass eine Anmeldung erforderlich war.

Wallmuseum Oldenburg in Holstein
Prof.-Struve-Weg 1, 23758 Oldenburg in Holstein
Telefon: 04361/623142 oder 498103
www.oldenburger-wallmuseum.de

0017 Meereszentrum Fehmarn

Zeig die Zähne, Sharkeline!

Im größten tropischen Aquarium Deutschlands leben Tausende von tropischen Meerestieren in 4 Millionen Liter Wasser auf einer Fläche von 5.000 Quadratmetern. Damit hat es das Meerszentrum Feh-

Rochen auf dem Meeresgrund

marn 1998 ins Guinness-Buch der Rekorde geschafft. Und es hat nochmals erweitert, so dass es sich heute zur europäischen Aquariumspitze zählen kann – die Champions League sozusagen. Rifftunnel, Korallengarten und das riesige Haibecken erwarten die Besucher. Der Rifftunnel bietet spektakuläre Blicke direkt in die Unterwasserwelt: Fischschwärme ziehen vorbei; Rochen und Riesenzackenbarsche sind zum Greifen nah.
„Hai-light“ ist natürlich das 3 Millionen Liter große Ozeanbecken. Hier leben gleich mehrere der großen Haiarten. Sandtigerhai-Dame „Sharkeline“ begrüßt die Gäste gern mal mit einem breiten Haigrinsen aus ihrem großen Zuhause heraus.

Meereszentrum Fehmarn
Gertrudenthaler Straße 12, 23769 Fehmarn
Telefon: 04371/4416, www.meereszentrum.de

0018 Experimenta Fehmarn

„Kann man in eine Seifenblase steigen?"

Sollte es auf Fehmarn einmal regnen und die Kleinen werden quengelig – keine Angst! Ein Ausflug zum Erlebnishafen Burgstaaken wird die Laune Ihrer Kinder umgehend bessern. Am Hafen reizen die Gokartbahn für Kids ab 120 cm, „Planet Erde“, eine kindgerechte Ausstellung vom Urknall bis zu den Dinos, und ganz besonders das Experimenta-Mitmachmuseum. „Das verrückte Labor“ stellt und beantwortet alle erdenklichen naturwissenschaftlichen Fragen, auf die Kinder so gerne kommen. Aber nicht trocken und belehrend, sondern durch über 100 Mitmachstationen. In dem über 1.000 m^2 großen Hafenschuppen können natürlich auch Mama und Papa ihr Wissen testen. Also: „Wie tauchen Fische?“

Experimenta Fehmarn
Hafenstraße 69, 23769 Burgstaaken/Insel Fehmarn
Telefon: 04371/864446, www.experimenta-fehmarn.de

0019 Karl-May-Spiele Bad Segeberg

Das Original: Romantik, Spannung, knallende Colts

Die berühmtesten und ältesten Karl-May-Festspiele Deutschlands finden seit 1952 in Bad Segeberg statt. Sie sind auch die bekanntesten und haben regelmäßig große Namen als Gastschauspieler im Aufgebot sowie mit Pierre Brice, Gojko Mitic und Erol Sander die bekanntesten Winnetou-Darsteller. Das Freilufttheater am Kalkberg entführt die Zuschauer mit seiner atemberaubenden Naturkulisse geradewegs in die Welt des Wilden Westens. Fesselnde Inszenierungen lassen Klein und Groß gebannt den Atem anhalten. Kurz: Alle, die Karl-May-Bücher und -Filme lieben, alle, die Spannung und Action schätzen, und alle, die für den Wilden Westen schwärmen, sollten mindestens einmal in Bad Segeberg gewesen sein. Alle anderen amüsieren sich dort natürlich ebenfalls bestens.

Kalkberg GmbH Bad Segeberg
Karl-May-Platz, 23795 Bad Segeberg
Ticket-Hotline und Infos: 01805/952111

15.

0020 Piratenwochen, Heiligenhafen

Unter schwarzer Flagge

Jedes Jahr im Sommer findet an der Ostsee die Piratenwoche statt. Eltern dürfen zwar auch mit, doch Zielgruppe des Mitsegelangebotes sind klar die Kinder. Und die finden es einfach nur super, einmal als Freibeuter auf einem Piratenschiff mitzufahren. Auf hoher See Piratenlieder singen, Seemannsknoten üben und Segel hissen macht den Kleinen wahnsinnig Spaß. „Tätowierungen“, Kopftuch und Augenklappe gehören natürlich auch dazu. Wieder an Land geht es mit Seeräuberspielen, Piratenhüpfburg und Schatzsuche weiter.
An Bord gehen können Sie in vielen Ostseehäfen, bitte informieren Sie sich (rechtzeitig!) bei der Touristeninformation des nächsten Hafens.

Zum Beispiel:

Tourismus-Service Heiligenhafen, Telefon: 04362/90720

Tourismus-Service Fehmarn, Telefon: 04371/506300

Tourismus-Service Scharbeutz, Telefon: 04503/770964

http://www.ostsee-schleswig-holstein.de/oht/de/Segeln-und-Yachting/Angebote/Piratenwoche/Piratentour2008.php

0021 Kieler Woche

10 Tage auf der „Spiellinie"

Die Kieler Woche, das ist wohl hinreichend bekannt, ist sowohl das größte Segelsportereignis der Welt als auch das größte Volksfest im Norden Europas. Noch nicht überall herumgesprochen hat sich wohl, dass die Kieler Woche auch ein ganz großes, buntes, spannendes, abwechslungsreiches, kurz: super Ereignis für Kinder und Jugendliche ist. Wenn sich die gesamte Innenstadt in ein autofreies Festgelände verwandelt hat und insgesamt über 1.000 Veranstaltungen auf Besucher warten, dann lässt sich für absolut jedes Alter und Interesse etwas finden. Viele bekannte und unbekannte Bands geben sich mit den ebenso zahlreichen Schaustellern und Entertainern ein Stelldichein auf den Bühnen der Stadt. Kulinarische Köstlichkeiten, Spezialitäten und Waren aus aller Herren Länder gibt es auf dem internationalen Markt zu entdecken. Gleichzeitig ist er auch eine Weltausstellung von Kitsch, Krempel und Skurrilitäten. Das ist auch für Kinder richtig interessant. Und haben die Kleinen von alldem genug, wird die speziell eingerichtete „Spiellinie", mit ganz viel Spiel und Action für die Kids, die Stimmung umgehend bessern. Ohnehin treffen sie bei einem planlosen Bummel immer wieder überraschend auf Akrobaten, Pantomimen, Zauberer, Kindertheatergruppen und Straßenclowns. Manchmal ist auf den ersten Blick gar nicht klar, ob es sich um Schauspieler handelt. Beispielsweise bei einem vermeintlichen Kellner, der ein Tablett voller Gläser balanciert, oder bei der Feuerwehrtruppe, die einen eingebildeten Brand löscht. Es gibt ständig etwas Neues zu entdecken.

Windjammerparade bei der Kieler Woche

Höhepunkt und Publikumsmagnet ist und bleibt die große Windjammerparade. Wenn über hundert Großsegler und Traditionsschiffe – begleitet von unzähligen kleinen Yachten und Booten – in Paradeformation Kurs auf die Kieler Außenförde nehmen, beobachten vom Ufer aus viele Tausend junge und alte Menschen das einzigartige Spektakel. Beendet wird die Festwoche mit einem wortwörtlichen Highlight: dem traditionellen Abschlussfeuerwerk. „Bitte lasst uns heute Abend aufbleiben!“

Kieler-Woche-Termine der nächsten Jahre:
20.–28. Juni 2009, 19.–27. Juni 2010, 18.–26. Juni 2011, 15.
16.–24. Juni 2012, 22.–30. Juni 2013

Landeshauptstadt Kiel
Referat für Presse- und Öffentlichkeitsarbeit, Kieler-Woche-Büro
Postfach 1152, 24099 Kiel
Telefon: 0431/901-905, www.kieler-woche.de
www.kurs-kiel.de/Veranstaltungen/KielerWoche_30.html

0022 Aquarium Kiel

Eintauchen in die Meereswelt - ohne nass zu werden!

Das Kieler Aquarium hat im Sommer 2008 seine Umbauarbeiten abgeschlossen und in neuer Frische wiedereröffnet. Besucher erwarten faszinierende Einblicke in die Lebensräume der Meeresbewohner in mehr als 30 Schaubecken. Von der bunten Welt der Korallenriffe bis zum schillernden Heringsschwarm, der sich koordiniert – wie ein Superorganismus – bewegt, reicht das Spektrum dieser Fenster in die reiche, vielgestaltige Wasserwelt. Höhepunkt für kleine Zeitgenossen ist, wie sollte es anders sein, natürlich das Robbenbecken. Die quicklebendigen, schönen Tiere fühlen sich im großzügigen Außenbecken richtig wohl. Das sehen und spüren auch die Kleinen.
Tipp 1: Die übersichtliche und informative Internetseite hält unter der Rubrik „Tiere“ zu jedem einzelnen der Meeresbewohner Bilder und Informationen bereit. Sie kann zur Vor-, aber auch zur Nachbereitung des empfehlenswerten Besuchs genutzt werden.
Tipp 2: Bei den Gruppenführungen für Jugendliche und Erwachsene wird auch ein Blick hinter die Kulissen geworfen. Für Kindergärten gilt dieses Angebot auch. Mindestens 14 Tage vorher anrufen!

Aquarium Kiel, Düsternbrooker Weg 20, 24105 Kiel
Telefon: 0431/6001637, www.aquarium-kiel.de

0023 Zoologisches Museum Kiel

Vom Einzeller zum Walfisch

Ein verregneter Nachmittag muss in Kiel nicht hinter dem Gameboy oder vor dem Fernseher enden. Ein Besuch des Zoologischen Museums der Uni bringt Abwechslung und unterhält die Kids auf lehrreiche Weise. Dort wird nicht nur die Ordnung der Tiere, systematisch und anhand von Beispielen, sehr anschaulich erläutert, dort gibt es auch eine Menge zu sehen: tropische Tiere, europäische Vögel, das 13 m lange Skelett eines jungen Blauwals, Haie und Rochen aus der Nordsee und, und, und …
Informieren Sie sich über die wechselnden Öffnungszeiten und über die normalerweise im Sommer stattfindende Museumsnacht. Dann lässt sich das Zoologische Museum immer ein paar spezielle Highlights einfallen. Wenn Ihre Kinder dazu einmal etwas länger aufbleiben dürfen, machen Sie ihnen eine große Freude und sorgen garantiert für ein tolles Erlebnis.

Zoologisches Museum der Christian-Albrechts-Universität zu Kiel
Hegewischstraße 3, 24105 Kiel
Telefon: 0431/880-5170, www.uni-kiel.de/zoologisches-museum/

0024 Tierpark Gettorf

Freifluganlagen und begehbare Tierhäuser

Die Kängurufütterung ist sicherlich die Attraktion für kleine Gäste. Aber auch sonst kommen sie aus dem Staunen kaum heraus, so viele exotische Tiere gibt es hier zu entdecken. Von A wie Alpaka bis Z wie Zebu gibt es zu (fast) jedem Buchstaben mindestens eine Tierart im Tierpark Gettorf. Sollte das Interesse doch irgendwann einmal nachlassen, sorgen zahlreiche Spielmöglichkeiten, ein Hüpfkissen, ein großes Karussell gleich am Eingang und eine riesige Spielwiese mit Picknickplätzen am Rand für Abwechslung. Immer wieder gibt es spannende Sonderveranstaltungen wie „Wasserforscher unterwegs“ oder den Märchentag. Ein Blick auf die Internetseite kann also nicht schaden.

Tierpark Gettorf, Süderstraße 33, 24214 Gettorf
Telefon: 04346/41600, www.tierparkgettorf.de

0025 Schleswig-Holsteinisches Freilichtmuseum, Molfsee

Zeitmaschine in die gute alte Zeit

Das größte Freilichtmuseum in Norddeutschland präsentiert über 70 wiederaufgebaute historische Gebäude. Mit den schönen Gärten, Wiesen und Teichen um die alten Häuser, Gehöfte und Mühlen herum, mit den vielen Tieren und den hier arbeitenden Handwerkern versetzt das 60 Hektar große Gelände den Besucher zurück in Urgroßmutters Zeiten. Trekkies würden das wohl „Holodeck“ nennen. Mitten hindurch fährt die „Museumsbahn“, ein Traktor mit Personenanhänger. Kinder wollen natürlich unbedingt am historischen Jahrmarkt aussteigen und Karussell fahren, in die Schiffschaukel steigen oder auf dem Spielplatz herumtollen.
Darüber hinaus gibt es verschiedene museumspädagogische Angebote für die Kleinen und die schon etwas Größeren. Und tolle Kindergeburtstage können hier auch gefeiert werden.

Schleswig-Holsteinisches Freilichtmuseum
Hamburger Landstraße 97, 24113 Molfsee
Telefon: 0431/65966-0 (Zentrale), www.freilichtmuseum-sh.de

0026 Naturpark Holsteinische Schweiz

Schön wie das Auenland

Schleswig-Holstein kann auch im Landesinneren schön sein. Das beweist die Holsteinische Schweiz. Eine zauberhafte Landschaft voller Seen und kleiner Hügel mit wunderschöner Natur. Darin eine ganze Reihe von Schlössern, Alleen, Laubwäldern, alten Schuppen und prächtigen Herrenhäusern. Ein Landstrich, der das Herz eines jeden Wanderers höherschlagen lässt. Aber auch eine Radtour, am besten mit der ganzen Familie, ist uneingeschränkt zu empfehlen.

Plöner See

Über Radwege, Wanderwege, Naturlehrpfade, die besten Stellen, um Tiere zu beobachten, Paddeltouren, Wasserwanderungen, die vielen reizvollen, alten Gebäude und die ebenfalls zahlreichen Naturpark-Veranstaltungen können Sie sich im Internet oder vor Ort im Naturpark-Haus in Plön informieren. Dort erfahren Sie in einer Ausstellung auch viel Wissenswertes und Nützliches zum Naturpark.
Wenn Sie also Urlaub an der Küste machen, sollten Sie sich auf keinen Fall einen Abstecher in das Hinterland entgehen lassen. Oder Sie machen es einmal umgekehrt: Urlaub in der Holsteinischen Schweiz und Ausflüge zur See. Ihre Kinder werden nichts dagegen haben!

Naturpark-Haus (Uhrenhaus), Schloßgebiet 9, 24306 Plön
Telefon: 04522/749380
www.naturpark-holsteinische-schweiz.de

0027 Eiszeitmuseum Lütjenburg

10.000 Jahre vor unserer Zeit

Vor zehn- bis fünfzehntausend Jahren schmolzen die letzten Gletscher der Eiszeit in Schleswig-Holstein. Das bis zu 500 m hohe Eis hatte eine Menge Steine, Geröll und gewaltige Findlinge vor sich hergeschoben. Nun blieb alles liegen und ist bis heute hier aufzufinden. Geschiebe nennt sich das.

Donnerkeil

Im Eiszeitmuseum in Lütjenburg darf man (fast) alles anfassen: Steine, die vom Gletscher glattpoliert wurden, ein Mammutbackenzahn, der in der Nordsee gefunden wurde, oder ein Stein voller Muschelversteinerungen. Große und kleine Besucher kratzen am Stinkkalk, um seinen Geruch zu erleben, heben ein versteinertes Holzstück an oder schätzen das Gewicht von Findlingen. Speziell für die Kleinen wurde eine Malecke eingerichtet. Doch erst einmal stehen sie staunend vor dem Mammutskelett.

Schleswig-Holsteinisches Eiszeitmuseum e. V.
Nienthal 7, 24321 Lütjenburg
Telefon: 04381/415210, www.eiszeitmuseum.de

0028 Eselpark Nessendorf

Auf den Esel gekommen

Von Mitte März bis Ende Oktober ist Saison im Eselspark Nessendorf. Kinder sind von Eseln (vielleicht aufgrund der gemeinsamen Störrigkeit?) ganz begeistert. Ein großer Spaß also, die eigenwilligen Vierbeiner im Stall zu besuchen, zu streicheln, auf der Koppel zu beobachten und erst recht eine Eselkutschfahrt zu unternehmen. Wird es Papi gelingen, das dickköpfige Tier zur Vorwärtsbewegung zu bringen? Die Mutigen dürfen natürlich auch selbst in den Sattel steigen. Wer vom Reiten erschöpft und hungrig ist, kann im Anschluss das Eselpark-Restaurant aufsuchen.

Neugieriges Grautier

Familie E. August, Wiesengrund 3, 24327 Nessendorf
Telefon: 04382/748, www.eselpark.de

0029 Aqua Tropicana, Damp

Karibik an der Ostsee

Bei 31 Grad Luft- und 29 Grad Wassertemperatur fühlen sich die Gäste des Aqua Tropicana fast schon wie in der Karibik. Kein Wunder, dass hier auch Palmen und Bananenstauden prächtig gedeihen. Dem tropenblauen Wasser im weiten Schwimmbecken mit Wasserfall kann niemand widerstehen. Auch nicht die Kleinen, die allerdings in erster Linie von der 70 m langen Superrutsche begeistert sind. Außerdem gibt's noch eine kürzere Breitrutsche, Liegestühle unter Palmen und ganz wie in der Karibik eine Bar mit Erfrischungen. Gäste in Damp sollten sich den Besuch nicht entgehen lassen. Für die Einheimischen des hohen Nordens bedeutet ein Ausflug ins Aqua Tropicana ein paar Stunden Urlaub vom Alltag.

Aqua Tropicana, Seeuferweg, 24351 Damp
Telefon: 04352/808580, www.damp-urlaub.de

0030 Fun & Sport Center im Ferienpark Damp

Fun, Action, Abenteuer

Großen und besonders kleinen Gästen mit sportlichen Ambitionen, aber auch solchen, die einfach ein bisschen Spaß und Bewegung haben wollen, sei der Besuch des Fun & Sport Centers in Damp angeraten. Das Angebot ist reichhaltig: Badminton, Squash und Tennis; Hockey, Basket-, Street- oder Volleyball auf dem Fun-Court; ein Kinderspielland auf drei Etagen mit Sandschiff und Trampolin; das Dschungelcamp; eine Kinder-Kartbahn; ein neun Meter hoher Kletterturm; und nicht zuletzt die Skatecorner. Hier können Inline-Skater auf Hips, Table Top, Pool und einer Outdoor-Mini-Ramp ihr Können unter Beweis stellen. Anfänger sind selbstverständlich auch herzlich willkommen; der Skatershop vermietet Ausrüstungen. Vielleicht der Anfang einer neuen Leidenschaft.

Kids mit Volleyball

Info-Center Damp, 24351 Damp
Telefon: 04352/801111, www.damp-urlaub.de

0031 Textilmuseum Tuch und Technik, Neumünster

Von der Wolle zur Decke

Voll funktionsfähig sind die im Textilmuseum ausgestellten Originalmaschinen, und sie werden auch des Öfteren zu Vorführungen in Betrieb genommen. Dann rattert, surrt und knarrt es im Museum. Für Kinder ist es richtig spannend, den Weg von der Wolle zur Wolldecke zu verfolgen. Die Kleinen fühlen sich, als wären sie mittendrin in einer aufregenden Folge der „Sendung mit der Maus".

Tuch und Technik am Webstuhl

Das Museum „Tuch und Technik" glänzt mit einem ausgefeilten museumspädagogischen Konzept. „Sehen, hören, fühlen, selbst experimentieren und dabei eigene Fragen entwickeln", lautet das Motto. An den vielen interaktiven Stationen können die Kinder sich und die Maschinen selbst ausprobieren. So lässt sich viel leichter etwas über Geschichte und Technik der Textilherstellung lernen. Die großen Originalmaschinen werden von ebenso freundlichen wie sachkundigen Mitarbeitern vorgeführt und erläutert.
Über die Vielzahl der verschiedenen Führungen, Aktivprogramme, Projekte und Angebote für Schulklassen und Kindergruppen sollten Sie sich telefonisch oder auf der übersichtlichen, hervorragend strukturierten Internetseite informieren. Das „Tuch und Technik" ist aufgrund der riesigen Auswahl an maßgeschneiderten Aktionen ein ganz heißer Tipp für alle Lehrer und Pädagogen.
Jeden ersten Sonntag im Monat ist Familiensonntag: Um 14.00 Uhr startet die Führung, für die keine Anmeldung erforderlich ist!

Textilmuseum Tuch und Technik
Kleinflecken 1, 24534 Neumünster
Telefon: 04321/55958-0, www.tuch-und-technik.de

0032 TierPark Neumünster

Murmeltiere, Elche und Knuts Papa

Mitten in Schleswig-Holstein, nicht weit von der A7, liegt der TierPark Neumünster. 700 Tiere aus 170 verschiedenen europäischen Säugetier-, Vogel-

und Reptilienarten leben hier. Früher eher ein Heimattiergarten, hat sich der TierPark inzwischen zu einem kleinen, aber modernen zoologischen Garten gemausert. In der natürlichen Parkbepflanzung, dem wunderschönen Bauerngarten, dem ökologischen Lehrpfad, dem Naturpfad und den wertvollen ökologischen Biotopflächen spiegelt sich das Bewusstsein und Engagement der Parkleitung und des gemeinnützigen Vereins wider.
Im Vordergrund des Interesses der jungen Besucher stehen freilich die Tiere. Ganz besonders die Eisbären, direkt am Eingang. Wenn sie nicht gerade klettern oder herumdösen, stürzen sie sich gern mit einem beeindruckenden Sprung ins Wasser. Dort kann man sie durch eine Panzerglasscheibe beim Tauchen beobachten. Knuts Vater ist auch dabei. Er hatte sich seinerzeit bei einem Ausflug in die Hauptstadt gut amüsiert.
Tipp: Jeden Nachmittag um 14.30 Uhr werden die Eisbären mit Fleisch, Fisch und Obst gefüttert – ein lebhaftes Ereignis!

TierPark Neumünster, Geerdtsstraße 100, 24537 Neumünster
Telefon: 04321/51402, www.tierparknms.de

0033 HolstenTherme, Kaltenkirchen

Im Tropenregen

Erwachsene träumen von tropischer Sonne; Kinder lieben das Wasser; die ganze Familie freut sich auf den Besuch der Holstentherme. Dort rufen, zwischen Palmen und Orchideen, zahlreiche Wasserattraktionen: die Karibiklagune mit Wasserfällen, Geysiren, Wasserschirm und prasselndem, tropischem Regen; sprudelnde Whirlpools; Solarien; das 25-Meter-Sportbecken; das Babybecken; mehrere Bistros, zum Teil mit karibischen Snacks, und die 92 Meter lange Riesen-Wasserrutsche, die ins Außenbecken mündet.
Im August 2008 wurde ein neuer Kinderbereich mit Piratenschiff und Deutschlands erstem „Korallenriffstrand" eingeweiht.
Drinnen und Draußen gehen in der HolstenTherme fließend ineinander über, und durch den schönen Außenbereich ist sie auch an Sonnentagen richtig attraktiv.

HolstenTherme GmbH
Norderstraße 8, 24568 Kaltenkirchen
Telefon: 04191/9122-0, www.holstentherme.de

0034 Wildpark Eekholt, Heidmühlen

Natur erleben und verstehen

2008 haben Damwild, Rothirsch, Weißstorch, Graugans, Zwergziege, Heidschnucke, Skudde und Wildschwein Nachwuchs bekommen. Ein Zeichen, dass die Tiere sich im Wildpark Eekholt wohlfühlen. Das ist auch kein Wunder bei dem schönen, 67 ha großen Naturgelände und den engagierten Betreibern, tatkräftig unterstützt vom Förderverein. Artenschutz ist hier eine Herzensangelegenheit und wird nicht nur proklamiert, sondern auch praktiziert: Freilebende Vögel, Reptilien und Säugetiere, die verletzt in die Pflegestation eingeliefert werden, können sich in Ruhe erholen. Aufgefundene Jungtiere werden in Eekholt aufgezogen und auf das Leben in freier Wildbahn vorbereitet.
Bei einer Wanderung durch den Tierpark kann der Besucher über 100 heimische Wildtierarten mit über 700 Tieren entdecken. Dazu erfährt er alles Wissenswerte über ihre Bedürfnisse und ihre Lebensweise. Darüber hinaus fördert ein umfangreiches Bildungsangebot das Erkennen von Zusammenhängen und Kreisläufen in der Natur. Informieren Sie sich über die Bildungsangebote speziell für Kinder im Internet oder bei einem ersten Besuch vor Ort. Es lohnt sich, den Wildpark Eekholt häufiger zu besuchen. Er trägt den Titel „Naturerlebnisstätte“ zu Recht.

Wildpark Eekholt, Stellbrooker Weg, 24598 Heidmühlen
Telefon: 04327/99230, www.wildpark-eekholt.de

0035 ErlebnisWald Trappenkamp, Daldorf

Waldlehrpfad und Abenteuerspielplatz

Zwischen Kiel und Bad Segeberg, in Daldorf, liegt der ErlebnisWald Trappenkamp. Direkt hinter dem Hauptparkplatz empfängt der Naturpark seine kleinen Gäste mit einem abwechslungsreichen Naturspielraum. Dort sind Erdwälle, umgestürzte Bäume und Wurzeln, Höhlen und andere Elemente der freien Natur zu entdecken. Ebenfalls nicht weit vom Haupteingang befindet sich das „Waldhaus“ mit Informationszentrum, Anmeldung, Waldausstellung und Holzspielland. Hier können Sie sich über die verschiedenen Pfade durch den Naturpark erkundigen: Vom Wichtelpfad mit Holztieren

und -wichteln für die ganz Kleinen über den Familien- und Walderlebnispfad bis zum Wald- und Wildlehrpfad gibt es verschiedene Alternativen. Sogar ein Hochseilparcours zwischen den Wipfeln der Bäume ist dabei. Als Abschluss können sich die Kids auf dem Abenteuerspielplatz mit Wasserspielen und Dachsbau austoben oder die Ziegen streicheln.
Tipp: Informieren sie sich über die verschiedenen Führungen, Veranstaltungen, die Grillhäuschen und die Wildschweinfütterung (z. Z. sonntags 14.00 Uhr) telefonisch oder im Internet!

ErlebnisWald Trappenkamp, Waldhaus, 24635 Daldorf
Telefon: 04328/17048 -0
www.erlebniswald-trappenkamp.de

0036 Arche Warder

Schutz und Geborgenheit für seltene Nutztiere

Mitten in Schleswig-Holstein liegt Europas größter Tierpark für Haus- und Nutztierrassen, die vom Aussterben bedroht sind. Rund 800 Tiere aus 70 unterschiedlichen Rassen leben hier: Angler Sattelschweine, Telemark-Rinder, Alt-Oldenburger Pferde, Lockengänse, Westfälische Totleger und viele mehr.

Ein Leckerli für die Ziege

Für Kinder und Jugendliche, aber auch für Erwachsene ist es oft richtig verblüffend, dass die Tiere manchmal ganz anders aussehen als den festgefahrenen Standardvorstellungen entsprechend. Neben den vielen Vierbeinern in wunderschöner Umgebung locken eine Aussichtsplattform und der Streichelhort sowie die Strohhüpfburg für die Kleinen.

Die Arche wird von einem engagierten Verein getragen und ist von Greenpeace unterstützt worden. Nicht nur ein schönes Ausflugsziel, sondern auch eine richtig gute Sache, möchten wir behaupten.

Arche Warder, Zentrum für alte Haus- und Nutztierrassen e. V.
Langwedeler Weg 11, 24646 Warder
Telefon: 04329/9134-0, www.arche-warder.de

0037 Rappel-Zappel Tobehalle, Westerrönfeld

Toben im Trockenen

Es herrscht nicht immer Sonnenschein auf dem platten Land. Trotzdem lässt der Bewegungsdrang der Kleinen kein bisschen nach. Da hilft nur ein Besuch in der Rappel-Zappel Tobehalle. Denn hier können Kinder Trampolin springen, auf dem Hüpfberg toben, die Riesenrutsche oder die Walrutsche hinuntersausen, Fußball oder Softball spielen, die Kletterwand erklimmen oder auf der Gokartbahn fahren. Der Kleinkindbereich ist auch gut ausgestattet und vom Gastrobereich aus gut im Auge zu behalten. Apropos Gastronomie: Zwar dürfen keine Speisen und Getränke mitgebracht werden, aber die Preise hier bleiben wirklich im Rahmen.

Rappel-Zappel Tobehalle
Am Busbahnhof 16, 24784 Westerrönfeld bei Rendsburg
Telefon: 04331/4370909, www.rappelzappel-rd.de

0038 Wikingertage, Schleswig

Kettenhemdmacher, Schwertkämpfer und Drachenkopfschiffe

Jedes Jahr Anfang August fallen über 500 Wikinger in Schleswig, einem ihrer alten Hauptorte, ein. Dann wird für drei Tage die Zeit um 1.000 Jahre zurückgedreht: Ein Wikingerdorf entsteht, Wikingerschiffe liegen am Ufer, Waffen werden präsentiert und erklärt, spektakuläre Wikingerschaukämpfe und Zweikämpfe werden ausgefochten. Gaukler und Märchenerzähler unterhalten ihr Publikum, Händler stellen ihre Waren aus, Handwerker zeigen ihr Können und leiten auch an. Die Wikingermutprobe, das Folk Festival und Feuershows laden zum Zuschauen

Kampf der Wikinger

ein. Ein Kinderwikingerdorf gibt es auch. Und selbstverständlich viele spannende Mitmachaktionen für die Kleinen: Runenschnitzen, Fladenbrot backen, Schwertkampf, Kugelstoßen, Bogenschießen, Wasserspiele, Drachenzahn aus Speckstein schnitzen, Schneeballschlacht (mit Kissen), Hnefatafl (ein Brettspiel), Würfelspiel, Lebkuchen backen, Fische fangen, Rätsel raten und vieles mehr. Drei Tage Spaß, Spiel und Abenteuer!
Anfahrt: A7 Richtung Flensburg, Abfahrt Schuby – Richtung Kappeln B201 – folgen Sie der Veranstaltungsbeschilderung – rechts ab Richtung Missunde, auf der Langseestraße Richtung Zuckerfabrik, hinter dem Kreisel in die Pionierstraße (Zuckerfabrik). Das Veranstaltungsgelände befindet sich auf dem Gelände der ehemaligen Kaserne „Auf der Freiheit", der direkte Weg zu den Parkplätzen führt durch das Osttor.

Ansprechpartner/Organisatoren:
Vollbehr Events & Music, Stephan Vollbehr
Weidenstraße 38, 24340 Eckernförde
Telefon: 04351/46619, www.wikingertage.de

0039 Familien-Freizeitpark Tolk-Schau

Dinos, Scooter und Achterbahn

Der Tolk-Schau Familien-Freizeitpark ist zwar nicht mit seinen großen Verwandten, wie dem Hansa-Park, vergleichbar, aber er ist ein prima Tipp für Familien oder Gruppen mit kleinen Kindern. Denn hier gibt es Rutsch- und Achterbahnen und viele, tolle Sachen zu entdecken; doch immer eher auf kleinere Kinder zugeschnitten. Autoscooter, Minigolfbahnen, Bootsrutsche, „Swing Boot", eine über 700 m lange Sommerrodelbahn, Berg- und Talbahn, Spielplätze, Hüpfburgen, Ruderboote, Rutschen und das schöne Gelände mit dem Tal der Dinosaurier und dem Hirschpark begeistern die Kleinen locker einen ganzen Tag lang. Alles ist gut in Schuss, und einmal bezahlt, muss nirgendwo mehr Geld abgegeben werden.
Unser Tipp für befreundete Familien und Gruppen mit Kindern von 2 bis etwa 12 Jahren: eine der Grillhütten als „Basislager" anmieten. So haben die Kleinen einen Ort, an den sie immer wieder zurückkehren können, und die Großen haben auch ihren Spaß. Sehr empfehlenswert!

Familien-Freizeitpark Tolk-Schau, 24894 Tolk
Telefon: 04622/18990, www.tolk-schau.de

0040 Museumswerft Flensburg

Schiffsbau wie in alten Zeiten

Neben dem Schifffahrtsmuseum liegt der Museumshafen mit den schönen alten Segelschiffen und am Museumshafen die Museumswerft. Das können Sie sich alles auf einmal anschauen oder auch nur einen Teil. Man kann ja durchaus öfter herkommen. Auf jeden Fall aber hat die Museumswerft tolle Angebote für Kinder: Seemannsknoten machen und Seemannsgeschichten lauschen für Kinder von 5 bis 7 Jahren (2 Stunden); mit traditionellem Werkzeug der Werft arbeiten, Hafenrundfahrt und Werftrundgang für Kinder von 8 bis 15 Jahren (2 Std.) oder Bauen eines Holzsegelbootes mit Werftführung und Hafenrundfahrt ebenfalls für 8- bis 15-Jährige (4 Std.). Die Termine sollten vorher vereinbart werden.

Es darf gebastelt werden

Museumswerft Flensburg
Schiffsbrücke 43–45, 24939 Flensburg
Telefon: 0461/182247, www.historischer-hafen.info
www.flensburg-online.de/az/az-museumswerft.html

0041 Phänomenta Flensburg

Technik zum Anfassen

In der Phänomenta Flensburg können Besucher jeden Alters auf spielerische Art und Weise viel über Natur und Technik lernen. Selbst wer ansonsten eher wenig mit Physik, Chemie und Biologie anfangen kann, ist hier goldrichtig. Statt öder Formeln und komplizierter Erklärungen lernen die Besucher naturwissenschaftliche Phänomene hier nämlich eher durch aktives Ausprobieren mal von einer ganz anderen Seite kennen.
Insgesamt laden mehr als 150 Stationen zum Mitmachen und Experimentieren ein. Hierbei beantworten viele Versuche auch Fragen, die sich viele Kin-

der sicher schon einmal gestellt haben. So können die kleinen Entdecker unter anderem miterleben, wie stabil eine Brücke aus Bauklötzen wirklich ist oder wie viel Energie ein Fernseher braucht, um zum Beispiel die tägliche Lieblingsserie zu übertragen. Und da dabei so schnell keine Langeweile aufkommt, können auch die Eltern mal das eine oder andere Experiment ausprobieren.

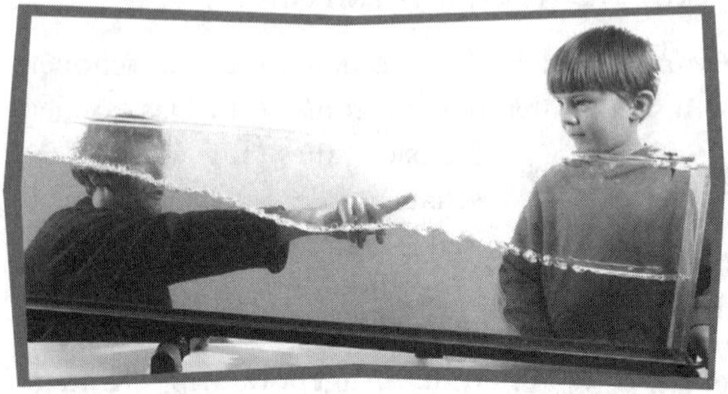

Wissenschaft zum Anfassen

Phänomenta Flensburg, Norderstraße 157–163, 24939 Flensburg
Telefon: 0461/1444911, www.phaenomenta.com/flensburg

0042 Sum Sum Flensburg

Spaß bei jedem Wetter

Toben auf über 3.000 m^2, wer kann da schon nein sagen? Kinder bestimmt nicht. Das Sum Sum in Flensburg hat alles, was die Kleinen so richtig begeistert: ein riesiges Kletter-Labyrinth, Trampoline für Groß und Klein, ein Multifunktionssportfeld, Hüpfburgen, einen Kleinkinder-Spielbereich und viele andere Spielgeräte. Außerdem kann man mit alten oder neuen Freunden oder mit Mama oder Papa Kicker, Tischtennis, Dart, Speed-Hockey oder Billard spielen. Da vergeht die Zeit wie im Flug. Und das bei jedem Wetter.

Sum Sum – Indoorspielpark, Osterallee 198a, 24944 Flensburg
Telefon: 0461/36004, www.sumsum-flensburg.de

0043 Jolos Fun-World, Quickborn

Über die Hängebrücke zur Dunkelkammer

Im Raum Hamburg/Norderstedt/Quickborn heißt es an verregneten Herbsttagen: Auf zu Jolos Fun-World. Dort warten das „Fun-Labyrinth", ein gigantisches Spiel-Modul mit vielen tollen Bereichen und Ebenen wie Kletternetzen, mehreren Rutschbahnen, Ballpool, Kriechtunnel, Hängebrücke, Ball-Kanonen, Softboden und Dunkelkammer auf Kinder von 2 bis 12 Jahren. Das luftgefüllte, 5 m hohe „Jolo-Krokodil“ öffnet sein Maul. Aber die Kleinen entdecken hier noch viel mehr: den „Santa Fe Express“; eine 10 m hohe Rutsche mit Goldwaschanlage; den „Soft Mountain“, einen Kletterberg mit Sicherheitsumrandung, der sich immer wieder aufbläst und absenkt; eine Mini-Scooter-Bahn und außerdem sechs große Tisch-Trampoline, vier Lerncomputer, Kicker- und Air-Hockeytische und die MiniKid-Corner. Im Sommer findet auch unter freiem Himmel ein tolles Programm statt!

Family-Fun Center Quickborn GmbH & Co. KG
Harksheider Weg 226, 25451 Quickborn
Telefon: 04106/2631, www.jolos-funworld.de

0044 Kids und Play Bönningstedt

Hüpfburgen, Wabbelberg und Kartbahn

Für Hamburger und Pinneberger Familien ist die Indoor-Spielanlage „Kids und Play“ ebenso attraktiv wie für die junge Mutter aus Bönningstedt. Kinder von eins bis zwölf kommen ohnehin voll auf ihre Kosten: Mehrere Hüpfburgen (immer wieder mal neue!), ein Wabbelberg, ein großes, spannendes und abwechslungsreiches Klettergerüst, 8-Feld-Trampoline und die Elektro-Kartbahn „Schumi“ wollen ausprobiert werden. Im „Kids und Play“ hat man aber auch an die Erwachsenen gedacht: Zusammen mit den Kleinen toben, nebenan Tennis spielen, sich bei einem Glas Prosecco die Nägel machen lassen oder in der Sportsbar „Campino“ etwas Leckeres essen – Sie haben die Wahl.

Kids und Play Bönningstedt, Goosmoortwiete 40, 25474 Bönningstedt
Telefon: 040/5566543, www.kidsundplay.de/boenningstedt/

0045 Seehundstation Friedrichskoog

Robbenfamilien hautnah

Kinder finden Seehunde einfach süß. Sie sind fasziniert von der Art, wie sich die Tiere geschmeidig fortbewegen und aus dem Wasser springen, von ihrer

Mimik, ihrem schlanken Körperbau und nicht zuletzt vom berühmten Heulen. Das ist keineswegs ein Klagelaut, sondern der übliche Ton, mit dem der Seehundnachwuchs die Mutter ruft. Nicht jedes Seehundbaby, das „heult“, ist schon verlassen worden. Seehundbabys, die von ihrer Mutter sitzengelassen wurden, stoßen den Ruf immer wieder aus, über einen sehr langen Zeitraum, weil eben die Mutter nicht antwortet und nicht zu ihnen kommt.
Um Seehund-Waisenkinder kümmert sich der Verein Seehundstation Friedrichskoog e. V. Die Babys werden abgeschirmt von den Besuchern, tierschutzgerecht aufgezogen und können nur über Videokameras angeschaut werden. Aber in der Seehundstation lebt auch eine – einzigartig in Deutschland – gemischte Gruppe von Seehunden und Kegelrobben dauerhaft. In einem schönen, naturnahen Becken lassen sich die kleinen Räuber hervorragend beobachten – an Land und zu Wasser. Durch Bullaugen und ein 7 m langes Unterwasserfenster können die Tiere sogar beim Tauchen betrachtet werden. Ein tolles Erlebnis für angehende Biologen und junge Tierliebhaber. Drumherum erfahren die Besucher alles über die heimischen Meeressäuger, ihre Biologie, die Gefährdungen und die Schutzmaßnahmen im Lebensraum Wattenmeer. Für die Kleinen ist extra ein Kinder-Aktiv-Bereich mit Sinnestunnel eingerichtet worden.

Ein Seehund zu Gast in Friedrichskoog

Seehundstation Friedrichskoog
An der Seeschleuse 4, 25718 Friedrichskoog
Telefon: 04854/1372
www.seehundstation-friedrichskoog.de

0046 Dithmarscher Wasserwelt, Heide

Die passende Rutsche für jedes Alter

Manchmal sollte man sich etwas gönnen. Am besten etwas für die Fitness und den Körper; etwas, was entspannt und verwöhnt. Schön wäre es, den Nachwuchs dabeizuhaben. Aber wo wird dem nicht langweilig, und wo kann man selbst gleichzeitig entspannen?

In der Dithmarscher Wasserwelt zum Beispiel. Eltern erholen sich bei 32 Grad Wassertemperatur im Solebad, angereichert mit Heider Thermalsole, oder besuchen die Sauna. Kinder haben zunächst genug damit zu tun, das Terrain und die verschiedenen Becken zu erkunden. Bald haben die Größeren die Riesenrutsche entdeckt und sind beschäftigt. Die Kleinen finden aber ebenfalls etwas, nämlich eine kleinere, 20 m lange Rutsche, die auch richtig fetzt. Selbst für die Allerkleinsten steht eine Minirutsche im Planschbecken. Die ganze Familie kann gemeinsam im beheizten Freibad an der frischen Luft schwimmen. Das macht sogar oder gerade bei leichtem Regen Spaß!

Dithmarscher Wasserwelt
Landvogt-Johannsen-Straße 61, 25746 Heide
Telefon: 0481/906-300, www.dithmarscher-wasserwelt.de

0047 Erlebnispark Land und Leute, Oesterwurth

Streicheln, toben, Gondel fahren

Sie sollten sich den Erlebnispark in Oesterwurth nicht als großen Freizeitpark mit spektakulären Fahrgeschäften vorstellen. Er richtet sich eher an die Kleinen, für die eine Loopingachterbahn ohnehin viel zu wild wäre, und ist im Prinzip eine Mischung aus Outdoor-Spielplatz und Streichelzoo. Das allerdings wiederum in ganz groß: Hier können die Kids nach Herzenslust toben, in einer Gondel über den Park schweben, auf Fahrrädern mit sonderbaren Rädern ihr Glück versuchen, Roller, Go-Kart oder Ufo-Mobil fahren, auf den Hüpfburgen springen und rutschen, Boot fahren, in den Wasserspielen herumspritzen, den Abenteuerspielplatz auskundschaften, Kapertheater anschauen und – sollte das Wetter einmal nicht mitspielen – in der Indoor-Spielhalle Bull-Riding und Autoscooter ausprobieren. Im ganzen Park gibt es Tiere zu entdecken, zum Beispiel die Ziegenherde auf der Streichelwiese oder die vielen Vögel auf den Teichen. Es kann durchaus passieren, dass plötzlich ein Pfau oder der Nandu den Weg kreuzt.
Anfahrt: Über die A23, Abfahrt Heide West Richtung Büsum, nach ca. 5 km im Kreisel Richtung Wesselburen abbiegen, am Ortseingang von Wesselburen rechts Richtung Tiebensee abbiegen, nach ca. 2 km liegt der Park auf der rechten Seite.

Erlebnispark Land und Leute, 25764 Oesterwurth
Telefon: 04833/2929 oder 2386, www.land-und-leute-erlebnispark.de

0048 NordseeMuseum Husum – Nissenhaus

Kulturraum Nordseeküste

Als das NordseeMuseum bis 2007 renoviert und umgestaltet wurde, lag besonderes Augenmerk auf der Familienfreundlichkeit. Natur und Kultur der Nordseeküste werden jetzt durch das moderne, interaktive Konzept hervorragend an Groß und Klein vermittelt. Touristen lernen hier, im Zentrum Husums, Land und Leute kennen, Einheimische ihre Vergangenheit und Wissenswertes über ihre Umwelt. Nebenher finden laufend kunst- und kulturhistorische Sonderausstellungen statt. Jugendgruppen und Schulklassen können an den unterschiedlichen Projekten der Museumswerkstatt teilnehmen, und Kindergeburtstage lassen sich im NordseeMuseum auch prima feiern.

NordseeMuseum Husum – Nissenhaus
Herzog-Adolf-Straße 25, 25813 Husum
Telefon: 04841/2545
www.museumsverbund-nordfriesland.de/nordseemuseum/

0049 Westküstenpark & Robbarium, St. Peter-Ording

Seehunde, Geier und Kormorane

Der Westküstenpark mit dem Robbarium, der größten Seehundanlage Deutschlands, zeigt zweimal täglich Seehund- und Greifvögelvorführungen, und die sind bei Kindern natürlich der Renner. Aber auch die vielen anderen Vögel, Haus- und Wildtiere im Park faszinieren die Kleinen. Sandkiste, Schaukel und Riesenrutsche auf dem großen Naturspielplatz sind ebenfalls nicht zu verachten, das Beste aber ist das riesige Hüpfkissen.

Seehundkinder schmusen gern

Der Westküstenpark macht verschiedene Erlebnisangebote und hat regelmäßig Events auf dem Programm. Informieren Sie sich auch über die Fütterungszeiten, den „Tag als Tierpfleger“ und die Möglichkeit, hier den Kindergeburtstag zu feiern.

Tipp: Das „Robbenticket“ – die Kombination von Parkbesuch und Schifffahrt mit Krabbenfang und/oder Abstecher zu den Seehundbänken. Ausgezeichnet – wie der Park!

Westküstenpark & Robbarium, Wohldweg 6, 25826 St. Peter-Ording
Telefon: 04863/3044, www.westkuestenpark.de

0050 Dünen-Therme, St. Peter-Ording

Nordsee überdacht

In St. Peter-Ording kann sich der Gast sicher sein, ohne Sturm und Regen im Nordseewasser schwimmen zu können, wann immer er will. An Schlechtwettertagen geht’s ganz einfach ab in die Dünen-Therme. Fast 1.000 Quadratmeter Original-Salzwasser aus der Nordsee, davon viele überdacht, locken die Besucher. Im Meerwasser-Brandungsbecken kommt alle halbe Stunde die Flut – ein Riesenspaß, sich in die Wellen zu schmeißen.
Der Süßwasser-Spielplatz für die Jüngsten, 60 m^2 groß und gut gesichert, liegt direkt neben der Barfußgastronomie. Mama und Papa können also beim Kaffeetrinken alles im Blick behalten. Minirutsche, Leuchtturm und Schiff mit Steuerrad sind die Attraktionen für die Kleinsten. Für ältere Kinder ist eindeutig die 100 m lange Black-Hole-Wasserrutsche der Renner. Vom verglasten Turm, mit toller Aussicht, startet die Fahrt schwungvoll und spritzig hinunter ins Landebecken. Das 285 m^2 große Erlebnisbecken mit Strömungspriel, Geysiren, Luftsprudelliegen und Massagedüsen ist direkt mit dem Außenbecken verbunden. Alles in allem so viel Attraktionen, dass der Besuch auch bei schönem Wetter lohnt.

Dünen-Therme Freizeit- und Erlebnisbad, Maleens Knoll 2
Parkplätze als „Bad 1“ und „Bad 2“ ausgeschildert
25826 St. Peter-Ording
Telefon: 04863/999161, www.duenen-therme.de

0051 Multimar Wattforum, Tönning

Wale, Watt und Weltmeere

Das Wattforum ist Aquarium, Ausstellungsort und das größte Informations- und Bildungszentrum des Nationalparks Schleswig-Holsteinisches Wattenmeer. Die empfehlenswerten Veranstaltungen für Kinder richten sich in erster Linie an Schulen und Kindergärten (Tipp für Lehrer und Erzieher). Dennoch ist es auch für eine Familie oder Vater und Sohn beileibe keine schlechte Idee, dem Multimar einen Besuch abzustatten.

Muscheln im Multimar Wattforum

Nicht nur, dass hier die verschiedenen Lebensräume und das Zusammenleben ihrer Bewohner anschaulich – angefangen vom flachen Gezeitenbecken über die Brandungszone und Muschelbänke bis zum Hochseebecken – in verschiedenen Aquarien gezeigt werden, auch das Walhaus mit dem 17,5 m langen Skelett eines 1997 gestrandeten Pottwals und vielem Wissenswerten über die Welt der Wale ist außerordentlich imposant; eine eindrucksvolle Reise von der Küste über das Watt in den Ozean und zu den größten Säugetieren unseres Planeten.
Ab 2009 kommen noch ein riesiges 250.000-Liter-Aquarium mit Panoramascheibe, verschiedene Aktionsstationen, eine Unterwasserkamera, überdimensionale Themenbücher, Kurzfilme, interaktive Computereinheiten und vieles zum Anfassen und Ertasten hinzu.

NationalparkZentrum, Multimar Wattforum
Am Robbenberg, 25832 Tönning
Telefon: 04861/9620-0, www.multimar-wattforum.de

0052 Naturzentrum Katinger Watt, Tönning

Strandkrabben und Zugvögel

Im Süden der Halbinsel Eiderstedt in Nordfriesland liegt das Naturschutzgebiet Katinger Watt. Hier unterhält der NABU das Naturzentrum, umgeben von einer 100 ha großen, landestypisch gestalteten Fläche mit guten Lebensbedingungen für die heimischen See- und Küstenvögel. Uferschnepfe, Rotschenkel, Kiebitz und Säbelschnäbler können hier ungestört brüten, lassen sich aber auch von den versteckten Beobachtungstürmen gut beobachten. Ferngläser verleiht das Naturzentrum. Dort können Sie sich in der Ausstel-

lung über das Katinger Watt informieren, die Daten der Artbestandserfassung und Forschungsergebnisse zum Naturschutzgebiet einsehen, außerplanmäßige Führungen buchen oder einfach mal so vorbeischauen.
Auch für Kinder hat man sich eine Menge ausgedacht: Von Ende März bis Ende Oktober findet jeden Mittwoch um 15.00 Uhr der Kindernachmittag (von 5 bis 12 J.) statt. Da wird gebastelt, gespielt, geforscht und entdeckt. Außerdem führt das Naturzentrum regelmäßig Watterkundungen für Kinder durch. Der „Besuch bei Willi Wattwurm & Co." (ab 6 J.) beantwortet viele Fragen zum Watt und zum Meer und macht Riesenspaß. Zur gleichen Zeit wird auch eine Wattführung für Erwachsene angeboten.

Naturzentrum Katinger Watt, Katingsiel 14, 25832 Tönning
Telefon: 04862/8004
schleswig-holstein.nabu.de/m03/m03_02/

0053 Naturkundemuseum Niebüll

Museum mit Charme

Wir finden, das Naturkundemuseum in Niebüll hat was. Keine Sensationen und Rekorde, aber Charme. Mit der überschaubaren, dennoch interessanten Ausstellung, dem schönen, alten Gebäude und dem kleinen Schaugarten mit alten Gemüsesorten wirkt es fast wie ein Überbleibsel aus der Zeit, in der noch nicht „spektakuläre Erlebniswelten" und Ähnliches ständig versuchten, sich gegenseitig zu übertrumpfen. Bescheiden, familienfreundlich und nett, wie es ist, hat Naturkundemuseum Niebüll Folgendes zu bieten: Zwei große Meerwasser- und ein großes Süßwasserbecken; Tier- und Pflanzenfossilien sowie Mineralien und „leuchtende" Steine; liebevoll gestaltete Schaukästen und Dioramen mit heimischen Singvögeln; Seeadler, Uhu und andere Greif- und nachtaktive Vögel; einen Erlebnisraum für Kinder mit Spielen, Streicheltieren, Büchern und Malecke; vieles zum Thema Watten-

Ausgestopfte Tiere zum Anfassen

meer, wie zum Beispiel die Darstellung einer Sandbank und ihrer Bewohner, und noch ein paar Kleinigkeiten mehr.
Kinder können hier ihren Geburtstag mit Museumsrallye, Basteln und Bernsteinschleifen feiern. Dazu kann preiswert ein Raum und Geschirr angemietet, Speisen und Getränke dürfen selbst mitgebracht werden. Der Eintritt ist wirklich günstig, und so sollte das Museum Einheimischen wie Touristen einen Besuch wert sein. Informieren Sie sich über die regelmäßigen Bastelveranstaltungen für Kinder!

Naturkundemuseum Niebüll e. V.
Hauptstraße 108, 25899 Niebüll
Telefon: 04661/5691, www.naturkundemuseum-niebuell.de

0054 Tierpark Tinnum

Tretboot fahren und Flamingos schauen

Wenn Sie mit Ihrer Familie Urlaub auf Sylt machen, sollten Sie einen Ausflug in den schönen Tierpark Tinnum unternehmen. Südlich von Westerland findet sich ein 3 ha großes Gelände mit vielen Teichen, Bäumen und Blumen und etwa 400 Tieren. Überwiegend Vögel, aber auch Damhirsche, Rehe, Esel, Affen und Eichhörnchen bevölkern den Park. Ihre Kleinen dürfen mit dem speziellen Futter, das man vor Ort kaufen kann, die Tiere füttern. Das findet der Nachwuchs richtig gut, zumal, wenn hinterher noch eine Tretbootfahrt mit Papi und der Spielplatz mit Hüpfburg in Aussicht stehen.

Tierpark Tinnum, Ringweg 100, 25980 Tinnum
Telefon: 04651/32601, www.sylt-ost.de

0055 Sylt Aquarium, Westerland

Mitten im Meer

Dicht an den Dünen des Strandes in Westerland liegt das Sylter Aquarium. Warum also nicht mal Pause von Strand und Flanieren machen und einmal einen Blick direkt ins Meer werfen?
Das Aquarium eröffnet Ihnen und Ihren Kindern unmittelbare Einblicke in die Welt der Ozeane und ihrer Bewohner. Durch zwei 10 m lange Acrylglas-

Auge in Auge mit den Meeresbewohnern

tunnel spazieren Sie, quasi unter Wasser, durch die größten der 25 Meerwasserbecken hindurch. Sie sind auf einer Höhe mit der faszinierenden Korallenlandschaft. Neben und über Ihnen schwimmen die verschiedensten Fische herum. Infoterminals und ein kleiner Kinobereich mit viel Wissenswertem zu heimischen und tropischen Meeren vertiefen das Verständnis der Meereswelten.

Sylt Aquarium, Gaadt 33, 25980 Westerland
Telefon: 04561/8362522, www.sylt-aquarium.de

Mecklenburg-Vorpommern

0056 Modellpark Mecklenburgische Seenplatte, Neubrandenburg

Kirchen und Burgen en miniature

Wer seinen Urlaub in der Region Mecklenburger Seenplatte verbringt, hat in Neubrandenburg die Gelegenheit, sich erst einmal einen Überblick über die Gegend zu verschaffen. Im Modellpark Neubrandenburg findet man auf 1,4 Hektar, inmitten einer reizvollen Parkanlage, alle Sehenswürdigkeiten der Umgebung. Im Maßstab 1:25 können Burgen, Kirchen, Mühlen und Scheunen in detailgetreuer Nachbildung in Augenschein genommen werden. Sogar vom Schloss und Schlosspark Neustrelitz gibt es ein Modell, obwohl das Schloss 1945 zerstört und nicht wieder aufgebaut wurde. Auf einem über einen Kilometer langen Spazierweg findet man weit über 100 Modelle, und so mancher Steppke befindet sich plötzlich mit einem Stadttor auf Augenhöhe. Beim Boule, Gartenschach oder Spielen mit Modellbooten können sich die Kids dann entspannen und sich überlegen, wohin der nächste Ausflug geht, damit sie Modell und Realität auch mal vergleichen können.

Modellpark Mecklenburgische Seenplatte
Weidenweg 6, 17033 Neubrandenburg
Telefon: 0395/5708195, www.modellpark.de

0057 Müritzeum, Waren

Ein Erlebniscenter für die ganze Familie

Spannende Streifzüge durch die Natur der durch Wasser und Wald bestimmten Müritz-Region kann man im Müritzeum, dem Haus der 1.000 Seen, erleben. Die wasserreichste Landschaft Deutschlands ist in diesem Erlebniscenter, das schon durch seine Architektur beeindruckt, interessant und spannend aufbereitet.

Eine Multivisionsshow nimmt den Besucher mit auf eine Zeitreise von der Eiszeit bis in die Gegenwart. 2.000 m^2 Ausstellungsfläche vermitteln multimedial und interaktiv die facettenreiche Natur der mecklenburgischen Seenlandschaft. Deutschlands größtes Süßwasseraquarium gibt einen Einblick in die Welt der einheimischen Fische, und auch aus der Vogelperspektive kann die Landschaft betrachtet werden. In einem anderen Bereich erschließt sich dem Besucher die Welt des Wassertourismus durch selbst zu steuernde Spielzeugboote. Zudem gibt es einen Außenbereich mit Naturlehrpfad am Herrensee. Ein Besuch im Müritzeum ist für jede Altersgruppe ein nachhaltiges Erlebnis.

Müritzeum, Zur Steinmole 1, 17192 Waren
Telefon: 03991/63368-0, www.mueritzeum.de

0058 Die Scheune, Bollewick

Vom Kuhstall zum Dorfzentrum

In der größten Feldsteinscheune Deutschlands ist immer etwas los. Bis 1991 war hier ein riesiger Kuhstall für 650 Tiere. Nach gründlicher Renovierung ist auf einer Nutzfläche von einem Hektar ein einzigartiges Einkaufs- und Erlebniscenter entstanden. „Made in Mecklenburg“ lautet die Devise, und so kann man in einer Markthalle Produkte der Region erwerben oder in den vielen kleinen Werkstätten sehen, wie traditionelles Handwerk betrieben wird. Schmiede, Fischräucherei, Korbflechterei, Weberei und Töpferei geben Einblicke in ihre Arbeit. In einer Schneiderstube und in der Kreativwerkstatt können große und kleine Besucher ihr Talent erproben. Das ganze Jahr über gibt es neben dem häufig stattfindenden Mecklenburger Marktfest mit Hand- und Kunsthandwerkermarkt und Bühnenprogramm auch Konzerte und Ausstellungen sowie Kinderfeste mit vielen Mitmachaktionen, also Spaß für die ganze Familie.

Die Scheune, Dudel 1, 17207 Bollewick
Telefon: 039931/52009, www.diescheune.de

15.

0059 Otto-Lilienthal-Museum, Anklam

Der Traum vom Fliegen

Otto Lilienthal wollte ihn unbedingt wahr machen, den Traum vom Fliegen. Unverdrossen konstruierte er Flugapparate, mit denen ihm von Anhöhen Gleitflüge gelangen. Das war 1891. Bis heute machen die Komponenten Tragfläche, Rumpf und Leitwerk, die er den Vögeln abguckte, einen Flugkörper aus und sind Grundlagen des Flugzeugbaus.

Die Geschichte des Fliegens – ein Traum wird wahr

Das Museum in seiner Geburtsstadt Anklam erzählt vom alten Menschheitstraum vom Fliegen, zeigt Rekonstruktionen von Lilienthals „Flugzeugen" und die Dokumentationen seiner Experimente und lädt kleine und große Flugzeugfans zum Anfassen und Ausprobieren ein. Der Flugpionier Otto Lilienthal, der zum ersten Mal ein Flugzeug in Serie produzierte, hat zusammen mit seinem Bruder Gustav aber auch Dampfmaschinen und Spielzeuge erfunden. Ein kreatives Team!

Otto-Lilienthal-Museum
Ellbogenstraße 1, 17389 Anklam
Telefon: 03971/245500, www.lilienthal-museum.de

0060 Affenwald Malchow

Zu Gast bei der Affenfamilie

Nein, hier ist nicht Gibraltar. Diese putzigen Tierchen leben im 1,8 ha großen Affenwald im mecklenburg-vorpommerischen Malchow. In diesem Naturgehege können die Besucher eine Großfamilie Berberaffen sozusagen tête à tête erleben. Die Affen sind geschickte Kletterer, sind schwanzlos und kommen, obwohl sie eigentlich in wärmeren Regionen wie Marokko oder Algerien leben, mit unserem Schmuddelwetter ganz gut zurecht. Bis minus 15 Grad wärmt sie ihr dickes Fell, und wenn es dann doch zu ungemütlich wird, kuscheln sie sich nett zusammen.

Bei den Berberaffen kümmern sich übrigens in erster Linie die Väter um den Nachwuchs. Das sichert ihnen ein ruhiges Leben und eine gefahrlose Annäherung an die ranghöheren Männchen. Wenn dann doch mal einer die Zähne fletscht, ist das durchaus eine freundliche Geste. Von April bis Oktober machen sich die Primaten für die Besucher zum Affen.

Affenwald Malchow, Karower Chaussee 6, 17213 Malchow
Telefon: 039932/18422, www.sommerrodelbahn-malchow.de

0061 Sommerrodelbahn Malchow

Vergnügen pur, auch ohne Schnee

Wem der Winter keine Möglichkeit gegeben hat, ausgiebig zu rodeln, der sollte sich aufmachen zur Sommerrodelbahn nach Malchow. Per Schlepplift geht es in luftige Höhen, und dann kann auf einer Länge von 800 Metern der Adrenalinspiegel ganz schön in Wallung geraten. Sieben Steilkurven und sechs Schikanen sind auf einem Höhenunterschied von 30 Metern zu bewältigen. Aber keine Angst, es gibt auch einen Bremshebel, mit dem das Rodeltempo steuerbar ist. In Rodeln für Einzel- oder Doppelfahrten kann man den Nervenkitzel je nach Gusto genießen, und Vergnügungssüchtige kaufen sich direkt die 6er-Karte. Ganz coole Rodler gucken sich auch schon mal die Landschaft an. Übrigens, auf Pudelmütze und Handschuhe kann getrost verzichtet werden. Nur genug Mut, den braucht man!

Sommerrodelbahn Malchow, Karower Chaussee 6, 17213 Malchow
Telefon: 039932/18422, www.sommerrodelbahn-malchow.de

0062 Theater Anklam

Mit dem Puppentheater auf Tour

Anklam ist nur eine von sieben Spielstätten der Vorpommerschen Landesbühne. In den Sommermonaten zieht das Ensemble durch die Badeorte, beispielsweise in die „Blechbüchse“ nach Zinnowitz oder ins Theaterzelt „Chapeau Rouge“ nach Heringsdorf, wo das Vormittagsprogramm stets den Kindern gewidmet ist.

Beim Puppenspiel fühlen sich alle bestens unterhalten

Bei Märchenaufführungen wie „Rumpelstilzchen“, „Finns fantastische Reise“ oder „König Drosselbart“ und anderen Puppenspielen ist der Ferientag für kleine Leute ab 4 Jahre gerettet. Auch das „Dschungelbuch“ erfreut sich reger Beliebtheit, sind doch Mogli und seine Freunde, der schwarze Panther Baghira und der gemütliche Bär Balu, schon Kult. Aber auch die „Klabautermanngeschichten", die auf der Barther Boddenbühne gespielt werden, sind ausgesprochen spannend. Ebenso werden Jung und Alt durch die Vineta-Festspiele in Zinnowitz bestens unterhalten. Zwei Schülertheater aus der Region profilieren sich zudem mit jungem Theater für jedermann.

Theater Anklam, Leipziger Allee 34, 17389 Anklam
Telefon: 03971/208925, www.theater-anklam.de

0063 Wisentgehege Usedom

Keine Angst vor wilden Tieren

Riesig und furchterregend sind sie, wie sie da auf der Weide stehen: die Wisente, die größten Säugetiere Europas und eigentlich seit vielen Jahrhunderten ausgestorben. 650 Jahre nach ihrer Beinahe-Ausrottung ist es gelungen, die einst in Vorpommern heimische Tierart wieder anzusiedeln. Am Südostrand der Mellenthiner Heide wurde ein Areal von sechs Hektar Fläche gefunden, wo seit 2004 Zuchttiere weiden – ein Geschenk des Naturschutzbundes vom benachbarten Wollin. Wisente können bis zu 3,50 Meter lang und zwei Meter hoch werden. Und so ein Bulle bringt dann schon mal 920 Kilo auf die Waage. Unvorstellbar, dass die Tiere kurzfristig eine Geschwindigkeit von bis zu 50 km/h erreichen und sogar Hindernisse bis zu zwei Meter Höhe überspringen können. Da kann einem angst und bange werden. Gut zu wissen, dass Wisente sich von Gräsern, Kräutern, Zweigen und Knospen ernähren, also fressen werden sie einen nicht. Aber trotzdem: Füttern und streicheln sollte man lieber nicht, gucken ist erlaubt!

Wisentgehege Usedom, Wiesenstraße 9, 17419 Dargen auf Usedom
Telefon: 38376/20554, www.wisentgehege-usedom.de

0064 Miniaturwelten, Zirchow auf Usedom

Nur Fliegen ist schöner

Welcher Junge träumt nicht einmal davon, Modellbauer zu werden? Wolfgang Breves hat sich diesen Traum erfüllt und in Heringsdorf eine einzigartige Szenerie des Frankfurter Flughafens im Maßstab 1:45 erschaffen.

Auf 200 m^2 kann man alles beobachten, was es auf einem Flughafen zu sehen gibt, und das Ganze auch bei Dämmerung, wenn Tausende von Lampen dem Flugbetrieb ein ganz besonderes Flair verleihen. Die Jets der bekanntesten Fluglinien der Welt rollen Richtung Startbahn. Hier wird Gepäck verladen, dort getankt. Bei der nächsten Maschine kommt das Bordcatering. Während ein Flugzeug startet, ist ein anderes bereits im Landeanflug. Die Flughafenfeuerwehr ist im Einsatz, weil bei einer Concorde das Triebwerk explodiert ist. Die ICE-Züge treffen im unterirdischen Bahnhof ein, und über eine Pipeline werden von einem Tankschiff auf dem nahen Main die Flughafentanks befüllt.
100 Meter lang ist der Rundweg, auf dem Besucher die ganze Anlage erfassen können. Einige Schalter laden ein, selbst irgendetwas in Bewegung zu setzen. Infotafeln vermitteln Hintergrundwissen, und ein kleines Kino zeigt Filmvorführungen zur Geschichte des Fliegens und zum Frankfurter Flughafen.

Miniaturwelten, Flughafen Heringsdorf
Am Flughafen 1, 17419 Zirchow auf Usedom
Telefon: 0171/5584398, www.airport-miniaturwelten.de

0065 Tropenhaus Bansin

Alpakas, Waschbären & Co.

Der Ara Jacko ist neugierig auf Besucher

Neugierig guckt das drollige Weißbüscheläffchen mal nach, was die Besucher so treiben, und die 5,5 Meter lange Tigerpython züngelt mit ihrer gespaltenen Zunge unruhig in der Luft. Im Tropenhaus Bansin sind seit 1996 etwa 150 exotische Tiere zu Hause. In zwei Hallen und einem Außenbereich tummeln sich zur Freude der Besucher

zwischen tropischen Pflanzen etwa 50 verschiedene Tierarten. Da gibt es Leguane, Boas, Schildkröten, Geckos und sprechende exotische Vögel, wie Graupapageien, farbenfrohe Beos und Aras. Im „Gruselkabinett“ verstecken sich pelzige Vogelspinnen und Skorpione, und im Streichelzoo warten Ziegen, Kaninchen, Meerschweinchen und Alpakas schon sehnsüchtig auf die kleinen Gäste. Vielleicht gibt's ja einen Leckerbissen?
Das Tropenhaus Bansin ist immer wieder eine nette Abwechslung zum Strandleben, und wenn es Nachwuchs gegeben hat, kann man manchmal auch Tiere kaufen.

Tropenhaus Bansin
Goethestraße 10, 17429 Seebad Bansin auf Usedom
Telefon: 038378/2540, www.tropenhaus-bansin.de

0066 Maritim Museum,
Peenemünde auf Usedom

Auf Tauchstation mit Raketen und Torpedos

Peenemünde auf Usedom rühmt sich mit dem größten U-Boot-Museum der Welt. Das dunkelgraue Ungetüm, fast 100 Meter lang und 4.000 Tonnen schwer, liegt im Peenemünder Hafen. 1965 kam die Juliett U-461 in Dienst und war mit vier Marschflugkörpern und Torpedos im Nordatlantik unterwegs. Seit 1991 geht keine Gefahr mehr von dem ehemaligen Militär-U-Boot aus, das eine maximale Tauchdauer von 33 Tagen hatte, denn in diesem Jahr wurde es außer Dienst gestellt. 1998 landete es dann in Peenemünde und wurde an der Pier des ehemaligen Marinestützpunktes der 1. Flottille vertäut. Seither ist es ein beliebtes Ziel für kleine und große Jungs, die gern mal schauen, wie es sich als U-Boot-Kommandant so leben lässt. In erster Linie ist es eng und dunkel. Die technische Ausstattung ist fast originalgetreu erhalten. Tauch- und Echolotgeräusche beflügeln die Fantasie. Dass es für 82 Besatzungsmitglieder nur drei Toiletten und eine Dusche gab, wird nicht so eng gesehen, dafür birgt so ein Boot jede Menge Abenteuerpotential.

Maritim Museum
Am Haupthafen 1, 17449 Peenemünde auf Usedom
Telefon: 038371/28565, www.u-461.de

0067 Muschelmuseum Heringsdorf

Schätze aus dem Meer

Nicht umsonst waren Muscheln bei den Urvölkern ein Zahlungsmittel, so schön und wertvoll, wie viele von ihnen aussehen. Und nicht zuletzt sind sie für uns heute noch Ausgangsmaterial für Schmuck. Nicht nur ihre wertvollen Perlen, auch die Schalen werden gern verwendet. Zahlreiche Farben, Formen und Größen machen sie attraktiv. Es gibt etwa 10.000 Muschelarten, von denen einige bis zu 120 Jahre alt werden können. Seit 1990 gibt es in Heringsdorf das Muschelmuseum, wo etwa 3.000 verschiedene Exponate von Muscheln, aber auch Schnecken, Seesterne und Korallen zu bestaunen sind. Die größte Muschel hier ist 75 cm lang und 95 Kilo schwer. Und wenn die Kids zu faul sind, selbst Muscheln am Strand zu sammeln, dann müssen die Eltern im angeschlossenen Muschelbasar in die Tasche greifen, um Muscheln zum Basteln von Ketten oder Schmuckkästchen zu kaufen. Für Jungs, denen das zu albern ist, gibt es dann ein schickes Buddelschiff.

Muschelmuseum Heringsdorf
Strandpromenade 1, 17424 Ostseebad Heringsdorf auf Usedom
Telefon: 038378/32579, www.muschelmuseum.kaiserbaeder.de

0068 Schmetterlingsfarm Trassenheide auf Usedom

Ein kleines exotisches Paradies

Die Schmetterlinge in der Freiflughalle lassen sich von den Besuchern nicht stören

Sie kommen aus Thailand, Malaysia, Südamerika oder von den Philippinen, sie sind bunt und grazil, und sie flattern beschwingt durch die 2.500 m^2 große tropische Freiflughalle. Zeitweise über 3.000 Schmetterlinge sind hier zwischen Orchideen, Passionsblumen und anderen exotischen Gewächsen unterwegs. Das größte Exemplar ist ein Atlas-Nachtfalter, mit bis zu 30 Zentimeter Flügelspannweite der größte Schmetterling der Welt. Wasserfälle und Felsen sind die Kulisse für diese kleine, traumhafte Welt, in der man auch in Schaukästen die Entwicklung der Schmetterlinge vom Ei über die Raupe zum Kokon verfolgen kann. Im spannenden Insektenmuseum lernt man, dass selbst „eklige" Spinnen nützliche Tiere sind, und erfährt, wo Stabheuschrecken und Skorpione zu entdecken sind. Das alles ist viel fesselnder als Biologieunterricht, und der Papagei Otto, das Maskottchen der Schmetterlingsfarm, freut sich ganz besonders über Kinderbesuch.

Schmetterlingsfarm Trassenheide
Wiesenweg 5, 17449 Trassenheide auf Usedom
Telefon: 038371/28218, www.schmetterlingsfarm.de/usedom

0069 Usedompark – Kinderland Trassenheide

Spielparadies für alle

Immer nur allein spielen ist öde, da trifft man im Kinderland Trassenheide lieber jede Menge Spielgefährten. Dumm ist nur, wenn alle gleichzeitig Mini-Autoskooter fahren wollen. Na gut, da sind ja noch die Hüpfburg, das Trampolin, die Eisenbahn oder das Karussell, das hat ja auch ganz schöne Autos. Da kann man die Zeit schon überbrücken, bis die Skooter-Piloten beim Boxenstopp sind, und die Mädchen gehen sowieso lieber in den Streichelzoo oder zu den Ponys. Oder man spielt im extragroßen Sandkasten mit den Baggern. Ältere Kinder vertreiben sich die Zeit dann schon eher beim Minigolf, Billard, Riesen-Schach oder mit Videospielen, oder sie treffen sich zum Flippern. Eines ist sicher: Hier kommt keine Langeweile auf. Zur Stärkung gibt es dann Eis oder Zuckerwatte im Kaffeegarten.

Usedompark – Kinderland Trassenheide
Wiesenweg 1, 17449 Trassenheide auf Usedom
Telefon: 0175/4186077, www.inselbaeder.com

0070 Tauchgondel Zinnowitz

Abtauchen in die Tiefen der Ostsee

Die Ostsee ist das größte Brackwassermeer der Erde und das tiefste Binnenmeer Europas. Kein Wunder, dass man auch mal gucken will, was sich so

unter der Wasseroberfläche tut, und das ist jetzt auch für Nichtschwimmer möglich. An der Spitze der Zinnowitzer Seebrücke wurde der Prototyp einer Tauchgondel installiert. An einem zehn Meter tief in den Meeresboden gerammten Stahlpfeiler gleitet eine 45 Tonnen schwere Tauchgondel hinab auf den Meeresboden. 17 große Sichtfenster geben den Passagieren den Blick auf die Unterwasserwelt frei. Ob sich dann die Fische und Quallen vor den Fenstern drängeln werden, bleibt abzuwarten.
Aber keine Angst, es wird nicht langweilig: Neben einer Einführung in die Meeresbiologie der Ostsee gibt es auch spannendes 3D-Kino an Bord, das den Zuschauer in tropische Gefilde mitten in Korallenriffe und bunte Fischschwärme versetzt. Seekrank wird keiner, und eisfest und orkansicher ist die Gondel auch.

Tauchgondel Zinnowitz, An der Strandpromenade
17454 Ostseebad Zinnowitz auf Usedom
Telefon: 038377/37861, www.tauchgondel.de

0071 Vogelpark Marlow

Steppenadler trifft Nymphensittich

Vögeln aller Kontinente kann man in riesigen Volieren oder im Freigelände der 20 Hektar großen Parkanlage begegnen. Alles, was piepst und Federn hat, ist hier zu bestaunen, vom winzigen Zebrafinken bis zum imposanten

Die Greifvogelschau ist immer wieder spannend

afrikanischen Strauß. Einige Volieren, wie die Südamerika-Voliere und die Anlage für afrikanische Sumpfvögel, können betreten werden. Humboldtpinguine und Meerespelikane lassen sich ganz aus der Nähe betrachten, und in der Papageienanlage herrscht munteres Geschwätz unter den farbenfrohen Bewohnern. In einer Greifvogelschau zeigen Adler, Falken und auch Uhus ihre Flugkünste, und bei der Show „Begegnung mit Tieren“ kommen die Besucher auf Tuchfühlung mit so manchem Parkbewohner.
Aber es gibt nicht nur Vögel zu beobachten: Im Laufe der Zeit hat der Vogelpark auch andere Spezies aufgenommen. Die neuesten Bewohner sind Totenkopfäffchen, denen man es in einer begehbaren Anlage gleichtun kann, indem man sich mutig auf einer Hängebrücke durch die Baumwipfel hangelt. Zu Kindergeburtstagen bietet der Park eine Überraschungstour und ein Treffen mit einem Tierpfleger an, bei dem das Geburtstagskind die Fütterung der Tiere übernehmen darf.

Vogelpark Marlow, Kölzower Chaussee, 18337 Marlow
Telefon: 038221/265, www.vogelpark-marlow.de

0072 Kinder-Uni Rostock

Wieso, weshalb, warum?

Wie entsteht ein Blitz? Warum brauchen manche Menschen eine Brille? Warum geht Brausepulver ab wie eine Rakete? Wie wird man ein Erfinder? So oder ähnlich sehen die Themen der Vorlesungen an der Kinder-Uni Rostock aus. Die Vorlesungen finden in einem richtigen Hörsaal statt, es dozieren richtige Professoren auf kindgerechte und spaßige Art über wissenswerte und interessante Themen, und es werden spannende Experimente gemacht. Die Kinder bekommen einen echten Kinder-Uni-Ausweis. Die Vorlesungen wenden sich an Schulkinder der 2. bis 6. Klasse. Begleitende Eltern können die Veranstaltung aus einem anderen Hörsaal verfolgen. Und es folgt, wie es immer so ist nach einem erfolgreichen Semester, ein rauschendes Abschlussfest mit allen „Kommilitonen“.

Kinder-Uni Rostock, Audimax – Großer Hörsaal
Ulmenstraße 69, 18057 Rostock
Telefon: 0381/4981013, www.kinderuni-rostock.de

0073 Kletterwald Hohe Düne,
Rostock

Ein naturnahes Klettervergnügen

Ich Tarzan, du Jane? Die besten Voraussetzungen, für dieses Thema gecastet zu werden, erwirbt man sich in Deutschlands größtem Kletterwald, der „Hohen Düne“ in Markgrafenheide. Da kann man den Wald mal für zwei Stunden aus einer ganz anderen Perspektive erleben. Sechs Parcours mit unterschiedlichen Schwierigkeitsgraden sorgen für den Spaßfaktor und für einen ordentlichen Adrenalinschub. Selbst die kleinsten Besucher ab fünf Jahren können hier schon Mut und Geschicklichkeit beweisen und kommen in einem Meter Höhe mächtig ins Wanken. Nach fachkundiger Einweisung in Sicherheitsschema und Equipment kann sich hier jeder, der schwindelfrei ist, in Höhenlagen von bis zu zehn Metern auf wackeligen Netzbrücken, über schwankende Bohlen oder an Seilen durch den Wald arbeiten. Ein tolles Freizeitvergnügen für alle, die sich was trauen.

Kletterwald Hohe Düne, direkt am Strand
18119 Rostock-Markgrafenheide
Telefon: 0162/4109349, www.kletterwald.de

0074 Technik-Museum Pütnitz,
Ribnitz-Damgarten

Ostalgie, so weit das Auge reicht

Die drei denkmalgeschützten Flugzeughallen auf dem ehemaligen Militärflughafen in Pütnitz bergen wahre Schätze der Fahrzeug- und Flugtechnik des ehemaligen Ostblocks. Von Motorrädern über zivile Fahrzeuge, Einsatz-, Bau- und landwirtschaftliche Fahrzeuge bis zu Schienenfahrzeugen und militärischen Rad- und Kettenfahrzeugen wird hier auf 12.000 m^2 Technik zum Anfassen geboten. Sogar zivile und militärische Flugtechnik kann begutachtet werden. Man sieht, wie ein Verbrennungsmotor arbeitet oder wie ein Allradantrieb funktioniert.

Und für Action ist hier auch gesorgt: Auf dem Außengelände können Besucher am eigenen Leib erleben, wie es sich in einem russischen LKW oder in einem Trabbi fährt. Ganz Abenteuerlustige fahren mit dem Panzer ins Gelände oder machen einen Rundflug mit historischen Flugzeugen. Und wem auch das noch nicht aufregend genug ist, der sieht sich die Show an, in der ein Kettenfahrzeug ein Auto plattfährt und die Feuerwehr einen Brand löscht.

Technik-Museum Pütnitz, Flugplatzallee, 18311 Ribnitz-Damgarten
Telefon: 0170/2235850, www.technikverein-puetnitz.de

0075 Baggerspielplatz Rostock

Hier werden müde Jungs munter

Welcher Junge stand nicht schon mal mit großen Augen an einer Baustelle und bewunderte die Männer, die mit ihren gewaltigen Baggern hin- und herkurven und in Präzisionsarbeit die Erde mit den riesigen Schaufeln mächtig in Bewegung bringen? Das ist schon anders, als im Sandkasten zu spielen. Jetzt gibt es in der Nähe von Rostock eine Baustellenlandschaft, in der jeder mal ausprobieren kann, ob er zum Baggerfahrer taugt. Und nicht nur das – Radlader, Planierraupe, Vibrationsplatte, Arbeitsbühne und Aufsitzvibrationswalze können ebenfalls bedient werden. Auch Bauwagen von 3,5 oder 5 Meter Länge kann man stundenweise mieten. Da kommt echtes Baustellen-Feeling auf! Für Kinder eignen sich die Minibagger, und Größere können sich auch schon mal mit dem Crosscart auf einem abgesteckten Parcours vergnügen, je nach Geldbeutel 15, 30, 45 oder 60 Minuten; Einweisung, Fernüberwachung und Kraftstoff inklusive. Ein Paradies für Väter und Söhne!

Baggerspielplatz Rostock
Mecklenburger Straße 4, 18184 Rostock-Pastow
Telefon: 038204/71724, www.baggerspielplatz-rostock.de

0076 Experimentarium, Zingst

Ferienabenteuer für Schlauberger

Etwa 30 interaktive Spielgeräte stehen Kindern im Experimentarium zur Verfügung. Spielerisch können Naturgesetze erlebt werden, und so ganz ohne Pauken lernen die Mädchen und Jungen, wie Mechanik, Optik oder Elektrotechnik funktionieren. Was Sonnenenergie bewerkstelligen kann, was eine Ionenorgel ist oder wie ein Wassersystem angelegt wird, all das ist ebenfalls in der Zingster Kinderwelt zu erfahren. Richtig aufregend wird es dann bei der „Führerscheinprüfung“ für Gabelstapler, Boot oder Auto. In der Pfiffikus-Werkstatt experimentiert, knobelt und bastelt der Nachwuchs in Workshops, und selbst vor dem Essen im Bistro wird es nicht langweilig: Man vertreibt sich die Zeit, bis das leckere Nudelgericht auf dem Teller dampft, einfach mit einer Runde „Halma“ oder „Mensch ärgere dich nicht“. Und nach den Ferien ist man dann ganz unverhofft Klassenprimus.

Experimentarium, Seestraße 76, 18374 Ostseebad Zingst
Telefon: 038232/84678, www.experimentarium-zingst.de

0077 Natureum Darßer Ort

Eine Schau über die Vielfalt der Natur auf dem Darß

Am nördlichsten Zipfel der Halbinsel Fischland-Darß-Zingst, inmitten des Nationalparks Vorpommersche Boddenlandschaft, trifft man auf das Natureum Darßer Ort, eine Außenstelle des Deutschen Meeresmuseums Stralsund. Seit der Eröffnung 1991 haben schon über zwei Millionen Besucher hierher gefunden.

Der Seeadler ist ein imposanter Vertreter der Vogelwelt auf dem Darß

Der 150 Jahre alte, 35 Meter hohe Leuchtturm ist repräsentativer Mittelpunkt eines Gebäudeensembles von Leuchtturmwärterhaus, Oberwärterhaus, Petroleumbunker und Stallgebäude, in denen die einmalige Flora und Fauna dieser Region in verschiedenen Ausstellungen aufbereitet wurde. Hier können Kinder präparierten Seeadlern, Kranichen und anderen Säugetieren des Waldes ganz nahe kommen, und im „Ostsee-Aquarium“ können sie schon mal sehen, welchen Fischen sie unter Umständen beim Schwimmen begegnen. Aber es gibt auch viel über die

Landschaft zu lernen. Und wenn man dann auf den Leuchtturm geklettert ist, kann es sein, dass etwas von alledem auch von dort oben in der Natur zu entdecken ist.

Natureum Darßer Ort, Darßer Ort 1–3, 18375 Born am Darß
Telefon: 038233/304, www.meeresmuseum.de

0078 Deutsches Meeresmuseum, Stralsund

Zu Gast im Katharinenkloster

In einer frühgotischen Hallenkirche hat eine Chelonia mydas – populärer: eine Suppenschildkröte – als illegale Einwanderin Asyl erhalten. Nach einer Odyssee durch verschiedene Aquarien traf sie 2003 auf eine Artgenossin, die dem Meeresmuseum vom kubanischen Fischereiministerium geschenkt worden war. Die Tiere haben ein beachtliches Gewicht von 60 bis über 70 Kilogramm. Wie viel Suppe kann man daraus machen? Aber wenn man sie hier so elegant durchs Wasser gleiten sieht, gewinnt man sie lieb, und diese Frage stellt sich nicht mehr. Das Deutsche Meeresmuseum kombiniert Ausstellungen zum Leben im Meer mit lebendigem Anschauungsmaterial quer durch die faszinierende Vielfalt heimischer und tropischer Meerestiere in 37 Schauaquarien. Selbst Schwarzspitzenriffhaie ziehen hier ihre Kreise. Im Freigelände steht ein 17 Meter langer Holzkutter der ehemaligen DDR-Hochseefischerei, deren Geschichte auch einer der Schwerpunkte des Museums ist.

Meeresschildkröten gleiten elegant durchs Wasser

Deutsches Meeresmuseum, Katharinenberg 14–20, 18439 Stralsund
Telefon: 03831/2650210, www.meeresmuseum.de

0079 Störtebeker Festspiele, Ralswiek auf Rügen

Das jährliche Highlight am Jasmunder Bodden

Im atemberaubenden Ambiente der Freilichtbühne am Großen Jasmunder Bodden auf Rügen finden alljährlich in den Sommermonaten die Störtebeker Festspiele statt. Ein einzigartiges Spektakel mit historischem Hintergrund: Es geht um die Eroberung Stockholms im 14. Jahrhundert. Die Schwestern Königin Margarete von Dänemark und Herzogin Ingeborg von Mecklenburg kämpften gegeneinander um Stockholm, das letzte Bollwerk Mecklenburgs in Schweden, und damit um die schwedische Krone. Klaus Störtebeker – auch „Robin Hood der Meere" genannt, da er als Pirat mit seinen Kumpanen Hanse-Koggen, beladen mit kostbarem Gut, ausraubte und die erbeuteten Waren an die Armen verteilte gelang es immer wieder, im Dienste Mecklenburgs Lebensmittel, Waffen und Munition ins belagerte Stockholm zu bringen. Doch die Dänen bauten ein riesiges Sperrwerk und machten so weitere Lieferungen unmöglich. Durch eine List versuchte der Pirat, nach Stockholm zu gelangen und die Blockade von innen zu zerstören. Aber er wurde enttarnt und gefangen genommen. Doch Piraten wären keine echten Kerle, wenn sie zum Schluss nicht doch noch siegen sollten. Und so lebt der Mythos Störtebeker weiter.

Mit großem Aufwand wird das Schauspiel in Szene gesetzt: mehr als 120 Mitwirkende, 4 Schiffe, viele Pferde und Kanonen. Spezialeffekte und ein Feuerwerk zum Abschluss lassen dieses Erlebnis auf Rügen lange im Gedächtnis bleiben.

Im Vorprogramm gibt es an den Spieltagen um 18 Uhr auf der Naturbühne in Ralswiek eine eindrucksvolle Flugschau mit Adlern, Falken und Bussarden, die die enormen Spannweiten ihrer Flügel in gekonnten Flugmanövern demonstrieren.

Störtebeker Festspiele, Am Bodden 100, 18528 Ralswiek auf Rügen
Telefon: 03838/31100, www.stoertebeker.de

0080 Nationalpark-Zentrum Königsstuhl, Sassnitz auf Rügen

Rügens innovatives Naturerlebnis

Der Nationalpark Jasmund mit seiner berühmten Kreideküste ist ein empfindlicher Schatz der Natur. Um das deutlich zu machen und seine Entstehung und behutsame Nutzung zu vermitteln, gibt es das Nationalpark-Zentrum, wo Besucher diese einzigartige Natur in ganz besonderer Weise erleben dürfen. Schon die Kleinsten können altersgerecht mit Mimi, der Maus, und Krax, dem Dachs, und einem kleinen roten Koffer auf eine spannende Reise zu den Geheimnissen der Natur gehen. In einem Multivisionskino sind die Naturschönheiten des Nationalparks aus der Seeadlerperspektive zu unterschiedlichen Tages- und Jahreszeiten zu betrachten, und 2.000 m^2 Ausstellungsfläche nehmen Neugierige auf eine faszinierende Zeitreise mit. Ein Naturspielplatz mit Abenteuer-Parcours auf dem 28.000 m^2 großen Außengelände lädt die kleinen Besucher ab 4 Jahren zum Klettern und Balancieren ein, und immer donnerstags wird am Lagerfeuer leckeres Stockbrot gebacken.

Eindrucksvolle Naturkulisse im Nationalpark Jasmund

Nationalpark-Zentrum Königsstuhl
Stubbenkammer 2, 18546 Sassnitz auf Rügen
Telefon: 038392/661766, www.koenigsstuhl.com

0081 Historische Handwerkerstuben im Museum Gingst

Kultureller Mittelpunkt des Ortes

Zwei wunderschöne reetgedeckte Fachwerkhäuser aus dem 18. Jahrhundert, fast 200 Jahre von Handwerkern bewohnt, dienen als Originalkulisse für die von ehrenamtlichen Mitarbeitern und Dorfbewohnern liebevoll zusammengetragenen Schätze der ehemaligen traditionellen Handwerksberufe, die auf der Insel Rügen ansässig waren. Fast 50 Berufe werden hier durch zahlreiche Exponate dargestellt.

Eine der stärksten Zünfte waren die Weber, deren Tuche weit über die Region hinaus beliebt waren.1779 wurde das Amt der „Damast- und Leineweber zu Gingst“ gegründet. Der letzte Gingster Weber meldete 1912 sein Gewerbe ab, die Weberei ist rekonstruiert. Ebenso bekommt man beispielsweise Einblicke in eine Drechslerei, Seilerei oder Schneider- und Schuhmacherwerkstatt. In einer historischen Schmiede ist mit Glück ein Schmied bei der Arbeit zu beobachten. Im Museum Gingst können Kinder erfahren, wie Produkte entstehen, die nicht – wie heute üblich – als Massenware aus China kommen. In der Scheune und im Museumshof finden oft Musikveranstaltungen und Märkte statt.

Museum Gingst, Karl-Marx-Straße 19-20, 18569 Gingst auf Rügen
Telefon: 038305/304, www.historische-handwerkerstuben-gingst.de

0082 Abenteuerland Rügen, Karnitz auf Rügen

Viel Spaß auf einer Straußenfarm

Strauße leben hier auf der Straußenfarm natürlich auch, aber das ist längst nicht alles. Neben den vielen lebendigen Tieren im Streichelzoo gibt es beispielsweise den elektrischen Bullen, und der ist gewiss nicht zahm. Man muss schon all seinen Mut zusammennehmen, damit man diesem Tier unerschrocken ins Auge schauen kann. Vom anstrengenden Ritt kann man sich dann in Indianertipis erholen oder in einem Baumhaus den Ausblick genießen, ehe es zum Kricket-, Boccia- oder Basketballspielen geht. „Vorsicht, Goldrausch!“ heißt es im Goldgräbercamp, wo mit Glück Bernsteine in einem Kieshaufen zu finden sind.

Eine tolle Herausforderung ist der Ritt auf dem Bullen

Nach all den Abenteuern laden Hängematten zum Relaxen ein, bevor eine neue Abenteuertour durch den Hofladen beginnt, der Straußenschinken, -steaks, -federn und die riesigen Straußeneier anbietet.

Abenteuerland Rügen, Swine 1, 18574 Karnitz auf Rügen
Telefon: 03838/254922, www.abenteuerland-ruegen.de

0083 Inselparadies Sellin

Ein spritziges Badevergnügen

Im Inselparadies muss man aufpassen, dass die Kleinen keine Schwimmhäute bekommen, denn bei so viel Abenteuerpotential in den verschiedenen Schwimmbecken kann man leicht die Zeit vergessen. Für die kleinsten Badegäste gibt es Rutschen, einen Schiffchenkanal und Kinderanimation. Im 30 Grad warmen Abenteuerbecken kämpfen kleine Abenteurer mit einem Wildwasserkanal und Wassergeysiren, oder sie rutschen 106 Meter durch das „Black Hole“ mit Licht- und Toneffekten, die die rasante Fahrt begleiten und noch aufregender machen. Im Warmwasserbecken mit 35 Grad amüsiert es sich gut auf Sprudelliegen oder darunter und daneben, je nach Geschick. Aber, liebe Eltern, keine Angst, es gibt auch stressfreie Zonen, beispielsweise in der Saunalandschaft oder im Gastronomiebereich. Dahin kann man bei Bedarf flüchten.

Inselparadies Sellin, Badstraße 1, 18586 Ostseebad Sellin auf Rügen
Telefon: 038303/1230, www.inselparadies.de

0084 Puppen- und Spielzeugmuseum, Putbus auf Rügen

Kindheitserinnerungen auf Rügen

Hatte ihn nicht jeder, den völlig desolaten Teddybären, der überall mit hinmusste, ständig geknuddelt wurde und von dem man sich auf gar keinen Fall trennen konnte? In einem ehemaligen Affen- und Fasanenhaus im Park Putbus ist heute ein Puppen- und Spielzeugmuseum untergebracht. Zahlreiche Teddys erinnern hier manchen an frohe Kindertage, in denen so ein Plüschbär oft Trost spendete. Und auch heute noch ist der Teddy neben Spiderman und Co. bei den Kindern gefragt, und sie können sehen, dass er sich eigentlich nicht sehr verändert hat im Laufe der Jahre. Aber auch 35 bezaubernde Puppenstuben, über 400 liebevoll gearbeitete Puppen und anderes Spielzeug aus zwei Jahrhunderten werden hier, in diesem 1830 erbauten Haus, präsentiert. Hübsch dekoriert im Strandkorb oder auf dem Schlitten kokettieren die Püppchen mit dem Betrachter, und die Kinder werden feststellen, dass die historischen Puppen Barbie so gar nicht ähnlich sehen.

Puppen- und Spielzeugmuseum, Kastanienallee 1, 18581 Putbus auf Rügen
Telefon: 038301/60959, www.puppenmuseum-putbus.de

0085 Wumbawu – Das Kindertobeland, Schwerin

Ein Paradies zum Toben

Kinder-Yoga und Kleinkind-Aerobic liegen voll im Trend im Wumbawu, dem Indoorspielplatz in Schwerin. Ob Klettern, Verstecken, Bauen oder Rutschen am meisten Spaß macht, kann man hier auch herausfinden. Auf dem Großtrampolin, der Hüpfburg oder im Funpark können kleine Besucher sich ordentlich auspowern. Aber es gibt auch für die ruhigeren Vertreter viele Möglichkeiten, im Legoland, in Mal- und Bastelräumen oder am Spiel- und Lerncomputer die Zeit zu verbringen. Damit auch die kleinsten Gäste sich nicht langweilen müssen, während die größeren Geschwister viel Spaß haben, wurde ein Baby- und Kleinkindbereich mit Wickel- und Stillräumen eingerichtet. Begleitende Eltern können es sich im Bistro oder im Wellness- und Saunabereich gemütlich machen. Sonderveranstaltungen wie Fasching, Weihnachtsfeiern oder Schatzsuche bieten immer wieder Abwechslung, und auch Kindergeburtstage lassen sich hier hervorragend feiern.

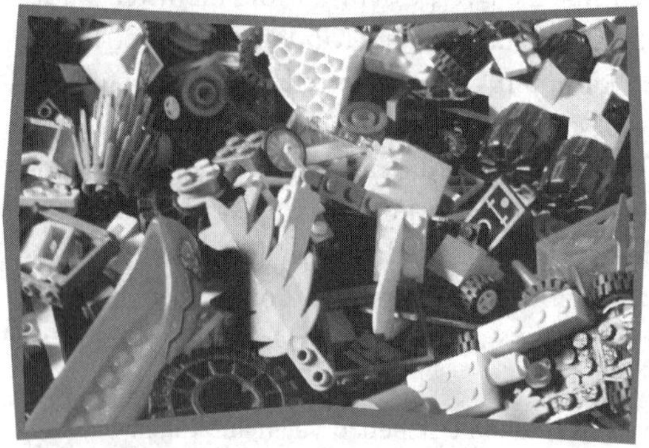

Im Wumbawu gibt es jede Menge Legosteine zum Spielen

Wumbawu – Das Kindertobeland
Am Hang 32, 19063 Schwerin
Telefon: 0385/2012345, www.wumbawu.de

0086 Motodrom Schwerin

Nervenkitzel pur in der Motorsportarena

Der Geruch von Gummi und Benzin umspielt die Nase, wenn die 6,5-PS-Benziner-Karts – mit Katalysator und superbreiten Slicks, versteht sich – mit maximal 65 km/h ihre Runden auf der 280 Meter langen und 5 Meter breiten Rennstrecke drehen. Zum Glück sorgen Seitenaufprallschutz und Helme für Sicherheit, falls doch mal einer aus der Bahn geworfen wird. Ob Warm-up, Qualifying oder Rennen, es träumt wohl jeder Fahrer davon, zum Schluss auf dem Siegerpodest zu stehen. Ob er auch ein Schaumbad aus der Magnum-Schampusflasche genießen darf, bleibt abzuwarten. Der Boxenstopp zum Energietanken findet jedenfalls im Bistro statt, wo die Fahrer durch die Panoramascheiben auch wunderbar ihre Konkurrenz beobachten können. Für das Training des hoffnungsvollen Nachwuchses stehen extra Bambini-Karts zur Verfügung. Auch Schumi hat mal klein angefangen ...

Motodrom Schwerin, Baustraße 3, 19061 Schwerin
Telefon: 0385/6666260, www.motodrom-schwerin.de

0087 Oldtimermuseum Groß Raden

Eine Präsentation mobiler Raritäten

Ein alter Getreidespeicher mit rustikalem Gebälk ist seit 1999 die Heimat für Veteranen zahlreicher Fahrzeugtypen von 1924 bis 1970. Was man sonst nur aus alten Filmen kennt, ist hier hautnah zu erleben. Die gesamte Palette der DDR-Zweiradproduktion kann man hier entdecken, dazu Motorräder aus der Vorkriegszeit, Motorradgespanne und Fahrräder mit Hilfsmotor. „Spatz", „Schwalbe", „Sperber" und „Star" sind in diesem Museum keine Vögel, sondern blitzblank gewienerte Motorradmodelle. Im Erdgeschoss befinden sich Automobile, wie Kinder sie möglicherweise noch nie gesehen haben. Auch Stationärmotoren und alte Tanksäulen können bestaunt werden. Und einmal im Jahr, auf der „Wariner Oldtimerausfahrt", dürfen die Museumsstücke beweisen, dass sie noch immer mobil sind. Ein schöner Ausflug in die Vergangenheit für die ganze Familie.

Oldtimermuseum, Dorfstraße 2a, 19406 Groß Raden
Telefon: 03847/311805, www.oldtimermuseum-grossraden.de

0088 Archäologisches Freilichtmuseum Groß Raden

Ein altslawischer Tempelort

Der Elchbulle und die zwei Elchkühe passen perfekt ins archaische Bild des originalgetreu rekonstruierten altslawischen Tempelorts aus dem 9. und 10.

Jahrhundert, den Professor Doktor Ewald Schuldt und sein Team 1973 bis 1980 ausgegraben und wieder aufgebaut haben. Der Siedlungskomplex umfasst Gebäude zweier Bauphasen: Die ältere Anlage, im 9. Jahrhundert erbaut, bestand aus Flechtwandhäusern und einem Tempel. Eine zweite Siedlung, vermutlich nach Zerstörung der ersten im 10. Jahrhundert entstanden, konnte man mit Blockhäusern, Schmiede, Mahlhaus, einer Bastion und Brückenhaus freilegen. Durch günstige äußere Bedingungen haben sich die organischen Materialien in gutem Zustand erhalten.
Ergänzend zum Freigelände informiert ein Museum über die Kultur und Geschichte der nordwestslawischen Stämme und zeigt zahlreiche Gegenstände, die bei den Ausgrabungen gefunden wurden. Eine spannende Zeitreise!

Archäologisches Freilichtmuseum Groß Raden
Kastanienallee 49, 19406 Groß Raden
Telefon: 03847/2252, www.gross-raden.de

0089 Snow Funpark, Wittenburg

Spaß, Spaß, Spaß – drinnen wie draußen

Das ist ja wohl megacool, mitten im Sommer Ski laufen! Im Snow Funpark Wittenburg ist so gut wie alles möglich. Bei null Grad Celsius herrschen auf den Indoorpisten das ganze Jahr optimale Schneeverhältnisse. Da kommt keiner aus der Übung. Ob auf blauen oder roten Pisten, auf der Slalomstrecke oder im Anfängerbereich, auf Skiern oder mit dem Snowboard, der Spaß ist garantiert. Selbst für die Kleinsten gibt es einen Übungshang mit bunten Hindernissen.
Aber das ist noch nicht alles. Es könnte ja sein, dass es Leute gibt, die nicht unbedingt im Sommer Ski laufen wollen. Sie amüsieren sich dann auf der Kartbahn, auf der Quad- und Offroad-Piste, im Mountainbike- und BMX-Park, im Airpark mit Hochseilgarten, auf dem Beach-Volleyball-Feld oder auf dem Abenteuerspielplatz.
Auf kleine und große Gäste warten eine 700 m^2 große Indoorabenteuerwelt und 4.800 m^2 Outdoorspaß. Und es ist immer Action angesagt: Basteln, Schminken, Disco oder Verwandlungstag. Und das Tollste: Man kann auch Schnee kaufen und dann zu Hause einen Schneemann bauen.

Snow Funpark, Zur Winterwelt 1, 19243 Wittenburg
Telefon: 0180/5802121, www.snowfunpark.com

0090 Großsteingräber bei Everstorf, Grevesmühlen

Der Everstorfer Forst birgt so manches Geheimnis

Bis heute ist es ein Rätsel, wie die Menschen der Jungsteinzeit es geschafft haben, diese riesigen Steinbrocken zu bewegen. Kräne und Bagger gab es damals noch nicht – hatten die Erbauer der Steingräber übernatürliche Kräfte? In Mecklenburg-Vorpommern gibt es noch etwa 400 dieser steinzeitlichen Großgräber, die auch als Hünen- oder Megalithgräber bezeichnet werden. 18 davon befinden sich im Everstorfer Forst. Archäologische Naturlehrpfade führen an den verschiedenen Gräbern entlang und informieren über die Ur- und Frühgeschichte. Zwischen Urdolmen und Ganggräbern – der etwas andere Geschichtsunterricht.

Großsteingräber bei Everstorf, 23936 Grevesmühlen-Everstorf
Telefon: 03881/723222, www.m-vp.de/1025/bodendenkmale.htm

0091 Piraten Open-Air-Theater, Grevesmühlen

Atemberaubende Stunts vor beeindruckender Kulisse

Wie wird man eigentlich Seeräuber? Capt'n Flint hat es offensichtlich geschafft, und jedes Jahr von Juni bis September lässt er am Ploggensee in Grevesmühlen alle teilhaben an seinen verwegenen Abenteuern. Inspiriert durch den Roman „Die Schatzinsel" gibt es jedes Jahr eine neue Episode vom Freibeuter Capt'n Flint und seinen Freunden. Die Abenteuer finden in einem riesigen Bühnenbild von 9.000 m^2 statt. Es geht um Macht, Gold und Liebe, und mehr als 60 Mitwirkende tragen zum guten Gelingen der „schicksalhaften Begegnungen des Capt'n Flint" bei.
Unzählige Spezialeffekte, waghalsige Fechtkämpfe und sechs echte Schwarzpulver-Kanonen halten die Zuschauer in Atem, und so ganz nebenbei lernen sie die schönsten Orte der Karibik und berühmte Personen der Zeitgeschichte kennen. Nach diesem aufwendig produzierten Action-Theater, in dem 15 Schiffsgeschütze, 25 Vorderladerpistolen und 12 Vorderladergewehre zum Einsatz kommen, gibt es dann zur Entspannung noch ein schillerndes Feuerwerk.

Piraten Open-Air-Theater, Schweriner Landstraße 15, 23936 Grevesmühlen
Telefon: 03881/756946, www.piratenopenair.de

0092 Erlebnis- und Tigerpark Dassow

Manege frei im Mitmachzirkus

Zamira, Filou, Indira, Sharu, Padma, Taja und Bavati, das sind nur einige der Tiger des Tigerparks in Dassow. Die Familie Farell liebt sie alle, die indonesischen, indischen, sibirischen, die weißen Tiger oder die golden Tabbys, und versucht auch alle Besucher für diese mächtigen Tiere, von denen manche Arten vom Aussterben bedroht sind, zu begeistern. Schon bei der Raubtierfütterung, täglich gegen 14.15 Uhr, kann man einen Eindruck gewinnen, wie wild und majestätisch die Tiger ihre Tagesration Rindfleisch verspeisen. Beim Tigertraining kann man die Wildkatzen dann beobachten, wie sie auf Podeste springen und den Befehlen ihres Trainers folgen. Eine Moderation, in der man einiges über die Tiere und ihre Lebensweise erfährt, begleitet die Vorführung.

Die Tiger sind die große Leidenschaft der Familie Farell

Neben den Tigern, die natürlich die spannendste Attraktion hier sind, gibt es noch das Showprogramm im Zirkuszelt: mit Artisten, einer Zauberschau und vier reizenden Hundedamen. Wer Lust hat, selbst einmal in einem Zirkus aufzutreten und Manegenluft zu schnuppern, für den ist der Mitmachzirkus das Richtige. Mit Musik, bunten Kostümen und ein bisschen Geschick kann man als Jongleur, Zauberer, Akrobat, Clown oder Seiltänzer eine hoffnungsvolle Karriere beginnen. Darüber hinaus ist noch eine Menge anderes zu erleben: Mit dem „Bungytrampolin“ kann man sich bis zu sieben Meter in die Höhe katapultieren, die Paddelboote warten schon am See auf kleine Wassersportler, und Kinder ab acht Jahren können sich auf einem Quad vergnügen. Nicht weniger actionreich geht es zu auf dem Spielplatz mit einer großen Geräteauswahl zum Toben, etwas ruhiger ist es in dem Streichelzoo mit Zwergziegen, Alpakas und Co.
Nach so einem ereignisreichen Tag träumt sicher so mancher von riesigen Tigerzähnen oder einem Starauftritt in Monte Carlo.

Erlebnis- und Tigerpark Dassow, Gewerbestraße 35, 23942 Dassow
Telefon: 038825/88180, www.tigerpark-dassow.de

0093 Tierpark Wismar

Ferien zwischen Wild- und Haustieren

Einen ganz besonderen Ferienaufenthalt bietet der Tierpark Wismar. In einem angegliederten Abenteuer-Camp können bis zu 80 Kinder spannende Ferientage verbringen. Geschlafen wird in historischen Planwagen, und täglich gibt es ein abwechslungsreiches Freizeitprogramm im 13 Hektar großen Tierpark, wo neben vielen Wild- und Haustieren auch mehrere Spiellandschaften locken. Einige tun es den Kattas auf der Affeninsel gleich und turnen mit dem Tarzanschwinger durch die Luft, andere schweben lieber in der Seilbahn über das Terrain und gucken sich die riesigen, zotteligen Wisente aus sicherer Entfernung an, wieder andere fahren mit der gemütlichen Kindereisenbahn.

Die imposanten Wisente sind eine der vielen Attraktionen des Tierparks

Bei warmen Temperaturen ist der Wasserspielplatz sehr beliebt, denn wo sonst kann man schon mit dem Wasserbob in den Teich springen, mit dem Elektroboot fahren oder gar auf einem Floß schippern?

Zwischendurch geht's dann mal in den Streichelzoo, zum Ponyreiten oder gucken, was die Nasenbären so treiben.

Tierpark Wismar, Am Tierpark 5, 23966 Wismar
Telefon: 03841/32730, www.tierpark-wismar.de

0094 Wonnemar Wismar

Badevergnügen für die ganze Familie

Achtung, hier bekommen Wasserratten glatt Schwimmhäute! In den vielen unterschiedlichen Schwimmbecken des Wonnemar kann man sich mühelos stundenlang vergnügen. Im Abenteuerwellenbecken kämpfen mutige Schwimmer gegen ein Meter hohe Wellen, im Erlebnisaußenbecken schwimmen sie gegen die Strömung, und vom Wonnemar Tower rutscht es sich fantastisch in unterschiedlichen Geschwindigkeiten und Schwierigkeitsgraden mit oder ohne Reifen. Blackhole oder Kamikaze, das ist hier die Frage. Selbst die Kleinsten üben im Wonniland-Kinderparadies schon das Rutschen bei einer komfortablen Wassertemperatur von 32° C, und auf den beheizten Sitzflächen lässt es sich herrlich mit Wassertieren planschen. Mit Glück ist gerade Kindertag, und alle Kinder bis zu 14 Jahren haben für 3,5 Stunden freien Eintritt ins Erlebnisbad, inklusive Animation. Eltern können sich dann getrost im Palmengarten entspannen, die Gesundheitsbecken oder den Saunabereich nutzen.

Wonnemar Wismar, Bürgermeister-Haupt-Straße 38, 23966 Wismar
Telefon: 03841/32760, www.wonnemar.de

0095 Landgut Lischow

Hier dreht sich alles um Trakehner

Trakehner sind das Ideal des modernen Reitpferdes. Gelehrig, mutig und intelligent, sind sie für alle Sparten der Reiterei geeignet. Ob Dressur oder Vielseitigkeitssport, sie erfüllen alle Erwartungen. Der Reiterhof Landgut Lischow, etwa 15 Kilometer von Wismar entfernt, hat 60 dieser edlen Warmblüter, die in der 20 mal 40 Meter großen Reithalle oder auf dem Reitplatz bewegt werden können. Hier kann man herrliche Reiterferien verbringen. Ob Ponyreiten für die Kleinsten, Reitkurse, geführte Ausritte in die herrliche mecklenburgische Landschaft oder Pferdekutschfahrten, es ist für jeden etwas dabei. Im Longierzirkel, auf dem Spring- oder Dressurplatz oder im Paddock gibt es immer etwas zu sehen, und Kinder dürfen während des Ferienaufenthaltes ein eigenes Pflegepferd betreuen. Reitkünste können in Ferienkursen, beim Westernreiten oder bei Geländeritten erworben und gefestigt werden. Nachtwanderungen und Lagerfeuer vermitteln zudem Abenteueratmosphäre und machen die Reiterferien perfekt.

Landgut Lischow, Gutshof 19, 23974 Lischow
Telefon: 03842/621974, www.landgut-lischow.de

Hamburg

0096 HighFlyer, Hamburg

Auf den Spuren der Brüder Montgolfier

Eine Fahrt im Fesselballon ist ein aufregendes Erlebnis. Und wenn der Ballon dann noch zu den größten der Welt gehört, erst recht. 23 Meter Durchmesser hat der riesige HighFlyer, er ist von der Luftfahrtbehörde als Fluggerät zugelassen und wird von einem speziell ausgebildeten Piloten gesteuert. Rund 30 Personen können mit ihm in die Lüfte gehen, bis zu 150 Meter hoch. Der Ballon startet aber nur bei gutem Wetter, außerdem ist er durch ein Stahlseil mit dem Boden verbunden. Eine Fahrt dauert 15 Minuten, da muss man sich dann schon beeilen, wenn man alles von oben genau erkennen will. Das Panorama ist atemberaubend: zur einen Seite die Hamburger Innenstadt mit ihren vielen Türmen, zur anderen das riesige Hafengebiet mit den Werften und den großen Container- und Kreuzfahrtschiffen. Gegenüber erstreckt sich das Alte Land. Und alles ist plötzlich ganz klein.

HighFlyer, Deichtorhallen, Deichtorstraße 1–2, 20095 Hamburg
www.highflyer-hamburg.de

0097 Museum für Völkerkunde, Hamburg

Eine Begegnungsstätte der Kulturen

Wo man früher staunend vor Glasvitrinen stand und schweigend Indianerpfeile, Kultgegenstände und Kleidungsstücke fremder Völker oder Gebrauchsgegenstände und Kunst der Aborigines betrachtete, ist es heute etwas turbulenter geworden. In flottem Wechsel finden immer neue Veranstaltungen und Sonderausstellungen statt, mit verheißungsvollen Namen wie: Teufelskralle goes public, Japanisches Kinderfest, Arabisches Kulturfestival oder Markt der Völker. Die Absicht ist nicht nur, das Museum mit Leben zu erfüllen und die Ausstellungsstücke in einen aktuellen Bezug zu stellen, sondern auch einen Berührungspunkt mit den vielen Kulturen unserer Welt zu schaffen, die durch die Globalisierung einerseits ganz nah zusammengerückt sind, sich andererseits aber auch in unserer multikulturellen Gesellschaft immer noch recht fremd gegenüberstehen. Geeignet für kleine und große Weltbürger.

Museum für Völkerkunde, Rothenbaumchaussee 64, 20148 Hamburg
Telefon: 01805-308888, www.voelkerkundemuseum.com

0098 MadeByYou, Hamburg

Keramik to go

Wer einen ganz besonderen Kindergeburtstag feiern möchte, dem sei MadeByYou empfohlen. Hier sind die Feinmotorik und das ästhetische Bewusstsein gefordert. Ausgewählte Keramikstücke, wie Teller, Becher, Vasen, Fliesen oder auch Skulpturen, können individuell mit lebensmittelechten Farben bemalt werden. Als Rohlinge stehen mehr als 200 Modelle zur Verfügung. Werkzeug und Material – Pinsel, Drehteller und Farben – werden gestellt. Wer seiner eigenen Kreativität noch etwas skeptisch gegenübersteht, der kann auf Schablonen und Vorlagenbücher zurückgreifen. Nach etwa 1 1/2 bis 2 Stunden Schaffenszeit werden die Kunstwerke glasiert und gebrannt. Spätestens nach drei Tagen können die fertigen Stücke abgeholt werden. Und so nimmt jeder Gast eine Erinnerung an diesen schönen Tag mit nach Hause. Eine zusätzliche Bewirtung im Partyraum kann vereinbart werden. Ebenso können Sie auch zu Hause malen; die fertigen Stücke bringen Sie dann nur noch zum Brennen vorbei. Ferienkurse für 8- bis 13-Jährige schließen außerdem das Töpfern ein.

MadeByYou, Mansteinstraße 3, 20253 Hamburg
Telefon: 040/42104358, www.madebyyou.de

0099 Theater Zeppelin – HoheLuftschiff, Hamburg

Bretter, die die Welt bedeuten

„Fuchsalarm im Hühnerstall"! Oma Slättberg steht schon mit dem scharfen Messer parat, um die Hennen zu schlachten. Aber Sprotte und ihren Freunden gefällt das gar nicht. Sie wollen die Tiere retten! Wie das gelingt, kann man

Die schwimmende Bühne des Theaters Zeppelin

sehen auf dem Theaterschiff am Isebekkanal. Die Schauspieler gehören zum Kinderensemble der Theaterschule Zeppelin, in der Kinder aller Altersstufen am Schauspieltraining teilnehmen können. Hier werden Selbstbewusstsein, Kreativität und Emotionalität spielerisch erarbeitet, Eigenverantwortlichkeit und soziales Handeln geschult, und es stellt sich heraus, wer ein echter Teamplayer ist. Selbstverständlich können auch Kindergeburtstage auf dem Schiff arrangiert werden. Die Kinder können das Theater passiv – als Zuschauer – oder aktiv als Schauspieler erleben. Eine Theatertrainerin stellt mit dem Geburtstagskind und seinen Gästen ein eigenes Stück auf die Beine, das dann vor den Eltern aufgeführt wird. Es gibt Theaterstücke für alle Altersgruppen.

Theater Zeppelin – HoheLuftschiff
Kaiser-Friedrich-Ufer 27, 20253 Hamburg
Telefon: 040/4223062
www.theaterzeppelin.de

0100 Planten un Blomen, Hamburg

Pflanzen, Blumen und jede Menge Aktivitäten

Die Parkanlage Planten un Blomen – auf Hochdeutsch: „Pflanzen und Blumen" – wurde 1934/35 das erste Mal für die Niederdeutsche Gartenschau gestaltet. In der Zwischenzeit gab es mehrere Internationale Gartenschauen auf dem Gelände, und ein steter Wandel machte die Anlage zu einem attraktiven Erholungs- und Erlebnispark mitten in Hamburg.
Speziell für Kinder gibt es ein breites Angebot an Aktivitäten: In den Sommermonaten finden in den Großen Wallanlagen im Bereich der Rollschuhbahn oder auf der neuen Kinderbühne täglich Theateraufführungen statt. Ob Puppenbühne, Figurentheater, Verkehrskasper oder Zirkusfest, kleine Leute ab 4 Jahren haben ihre Freude daran, und der Eintritt ist frei. Von Mai bis August ist die Töpferstube in den Wallanlagen geöffnet, wo Kinder nachmittags unter Anleitung lernen, mit Ton zu modellieren. Eintritt frei, Spende willkommen. Die Rollschuhbahn steht täglich kostenlos von neun bis 21 Uhr zur Verfügung; für Minigolf und Trampolin ist ein kleiner Obolus zu leisten. Im Winter kann sich der sportliche Ergeiz auf der 4.300 Quadratmeter großen Freilufteisbahn – einer der größten der Welt – entwickeln. Schlittschuhe können geliehen werden. Natürlich gibt es auch Spielwiesen und -plätze und jede Menge botanische Erlebnisse. Man könnte im Kräutergarten erschnup-

pern, was dort so wächst, eine Teezeremonie im Japanischen Garten besuchen oder im Palmenhaus vorbeischauen und die eine oder andere Schildkröte zwischen tropischen Pflanzen entdecken. Taktiker messen sich im Schachgarten, und im Bereich des großen Spielplatzes an der St. Petersburger Straße gegenüber dem Messegelände findet sonn- und feiertags das Ponyreiten statt. Da sollte doch für jeden was dabei sein!

Planten und Blomen, Holstenwall, 20355 Hamburg
Telefon: 040/42854-4723
www.plantenunblomen.hamburg.de

0101 Museum für Kommunikation, Hamburg

Hier geht die Post ab

Die Kinderpost im kleinen Pappkarton ist passé. Heutzutage kann nichts groß genug sein. Deswegen können kleine Postbeamte ab 5 Jahren im Museum für Kommunikation ihre Post mit Stempel und Briefmarke versehen und in einen echten Postkasten werfen oder Pakete packen und selbst austragen. Postuniformen und Mützen verleihen den wichtigen Tätigkeiten die entsprechende Seriosität. Die Kinderpost ist im Veranstaltungsraum des Museums für Kommunikation installiert und wird normalerweise von Schulklassen und Kindergeburtstagsgesellschaften frequentiert. Während der kalten Jahreszeit gibt es einmal im Monat sonntagnachmittags einen Termin für alle. Kinder haben freien Eintritt, und Eltern können derweil an einer Museumsführung teilnehmen.

Museum für Kommunikation, Gorch-Fock-Wall 1, 20354 Hamburg
Telefon: 040/357636-0, www.museumsstiftung.de/hamburg

0102 Das klingende Museum Hamburg

Musik zum Anfassen

„Berühren verboten“-Schilder gibt es hier nicht. Im Gegenteil, es ist nicht nur ausdrücklich erwünscht, dass die Besucher die Exponate anfassen, sondern sie sollen diesen auch noch möglichst harmonische Töne entlocken.
Das Klingende Museum im Souterrain der Laeiszhalle, der Hamburger Mu-

sikhalle, gibt großen und kleinen Virtuosen nach einer kurzen Einführung die Gelegenheit, selbst auf den ausgestellten Instrumenten zu spielen. Unter der Anleitung von erfahrenen Orchestermusikern können Kinder spielerisch den Umgang mit Geige, Trompete, Querflöte und Co. kennenlernen. Sie erfahren, wie die Klänge entstehen, wie sich die Instrumente anhören und lernen außerdem auch noch einiges zur Herkunft und Geschichte der jeweiligen Instrumente.
Das Museum bietet verschiedene Veranstaltungen an, speziell zugeschnitten auf unterschiedliche Altergruppen ab 5 Jahren.

Das klingende Museum Hamburg, Dammtorwall 46, 20355 Hamburg
Telefon: 040/35752344, www.klingendes-museum-hamburg.de

0103 Die KinderKüche, Hamburg

Backe, backe Kuchen

Wer ein Sternekoch werden will, fängt am besten früh an zu üben. Möglichst schon mit drei oder vier Jahren. Das ist nämlich die jüngste Zielgruppe in der KinderKüche der Ökotrophologin Miriam Lucke. Die Kleinen erobern Pfannen und Töpfe im Sturm. Selbstverständlich wird das Bewusstsein gleich geschärft für frische Produkte der Saison und der Region, natürlich aus biologischem Anbau. Aber auch Jugendliche können in den Koch- und Backkursen wertvolle Kenntnisse erwerben. Nudeln werden selbst gemacht, und Gemüse wird virtuos verarbeitet. Nach erfolgreicher Küchenschlacht tafeln die fleißigen Köche dann genüsslich im angeschlossenen kleinen Restaurant. Und wer es nicht gerade zum Profikoch bringt, der wird dann wenigstens ein anständiger Gourmet! Auch Kindergeburtstage können in der KinderKüche

Früh übt sich, wer ein Sternekoch werden will

gefeiert werden. Wie praktisch – da können sich die Kleinen ihren Geburtstagskuchen gleich selbst backen.

Die KinderKüche, Langenfelder Damm 14, 20257 Hamburg
Telefon: 040/28510857, www.diekinderkueche.de

0104 Miniatur Wunderland Hamburg

Eine kleine Reise durch die Welt

Die Feuerwehr rast zu brennenden Häusern, auf der Hochgeschwindigkeitstrasse braust der ICE durch die Landschaft, und auf dem Rummelplatz ist der Bär los. Überall ist Action und Bewegung. Tausend Kleinigkeiten sind zu beobachten.
Mit viel Liebe zum Detail ist das Miniatur Wunderland in Hamburg entstanden und wird nach wie vor ständig erweitert. Eine Welt im Maßstab 1:87 zeigt sich dem Besucher in bunten Facetten. Auf derzeit 12.000 Meter Gleisen fahren in dieser Miniaturlandschaft Züge durch Hamburg, Mittel- und Süddeutschland, Amerika, die Schweizer Alpen und Skandinavien. Ob Menschen oder Tiere, Winter oder Sommer, Tag oder Nacht, an alles ist gedacht, und alles bewegt sich. Die Ereignisse überstürzen sich, so scheint es. Während auf Cape Canaveral eine Rakete startet, fahren in Skandinavien Schiffe auf echtem Wasser; während in den Alpen Menschen Ski laufen, brausen weiter unten Autos und Busse durch die Straßen. Jede halbe Stunde wird es Nacht im Wunderland, und die Lichter gehen an. Durch die Betätigung zahlreicher Knöpfe können die Besucher selbst auch noch einiges in Bewegung bringen, beispielsweise Windräder, Helikopter und Seilbahnen. Feingeister hauchen Theaterstücken Leben ein, Aggressoren sprengen eine Mine. Nur nicht drängeln, jeder kommt mal dran! Man sollte sich für diesen Besuch viel Zeit nehmen, um die größte Modellbahnanlage der Welt mit ihren detailgetreuen Szenerien richtig genießen zu können. Empfohlen für Kinder ab dem Kindergartenalter, aber auch Erwachsene werden der Faszination nicht widerstehen können.

Miniatur Wunderland Hamburg, Im Kultur- & Gewerbespeicher
Kehrwieder 2 · Block D, 20457 Hamburg
Telefon: 040/300680-0, www.miniaturwunderland.de

0105 Der Kilimanschanzo, Hamburg

Eine bunte Herausforderung im Schanzenviertel

Nicht ganz so hoch wie der Kilimandscharo, der höchste Berg Afrikas, aber immerhin ziemlich steil, das ist er, der Kilimanschanzo, der höchste Kletterberg, oder besser „Kletterbunker“, im Kiez. Und er ist mindestens ebenso bunt wie das Hamburger Schanzenviertel, in dem er sich mittenmang befindet. Das Jugendprojekt im sozialen Brennpunkt Hamburgs konnte entstehen, weil sich die Bewohner des Viertels, wie so oft, gegen die Beschlüsse des Senats gewehrt und eine Bebauung des Flora-Parks mit Wohnhäusern verhindert haben. Und so ist aus dem grauen, hässlichen Hochbunker ein buntes Graffiti-Kunstwerk mit Klettersteigen geworden. Ausgerüstet mit Gurt, Karabinerhaken, einem 50 Meter langen Seil und geeigneten Schuhen kann man den 20 Meter hohen Koloss besteigen und oben auf einer Dachterrasse mit anatomisch geformten Bänken den Blick über die Schanze genießen. Kitas, Schulen, Kinderinitiativen und Einzelnutzer können auch unter Anleitung den Reiz des Freeclimbings hier für sich entdecken. Bevor der Kletterspaß beginnen kann, informiert man sich am besten über Öffnungszeiten, Preise und alle weiteren Teilnahmebedingungen im Internet. Probeklettern sonntags von 15.00 bis 17.30 Uhr bzw. nach Anmeldung.

Der Kilimanschanzo, Flora-Park hinter der „Alten Flora“
Schulterblatt, 20357 Hamburg
Telefon: 040/25485429, www.kilimanschanzo.de

0106 Abwasser- und Sielmuseum, Hamburg

Nasenklammer nicht vergessen!

Wohin fließt eigentlich unser Abwasser? Und wie sieht es unter der Erde aus? Was ist, wenn mir mal was ins Klo fällt? Alle diese Fragen können geklärt werden bei einem Besuch im Abwasser- und Sielmuseum der Hamburger Stadtentwässerung.

Auf den Spuren der Kanalarbeiter durch 160 Jahre Abwasserentsorgung besichtigt man den Zusammenfluss zweier alter Stammsiele im Hauptpumpwerk und besucht eine alte Bootskammer, von der aus früher die Inspektionsfahrten durch die Siele gestartet wurden.

Was dabei alles zu finden war, ist in einem kleinen Museum neben historischen Reinigungsgeräten zu betrachten. Da gibt es Gebisse, Kleidungsstücke aller Moderichtungen, Banknoten und Schlüssel. Selbst Kinderwagen und eine Schubkarre sind unter den 500 Exponaten.
Das Museum ist geeignet für Kinder ab 6 Jahren. Führungen finden nach telefonischer Absprache statt.

Abwasser- und Sielmuseum
Bei den St. Pauli-Landungsbrücken 49, 20359 Hamburg
Telefon: 040/78882483, www.hamburgwasser.de

0107 Harrys Hamburger Hafenbasar

Von Abenteuern in fremden Ländern

Harry war ein Seemann, bereiste viele Jahre die Welt und brachte immer originelle Erinnerungsstücke von seinen Reisen mit. Als er merkte, dass sich die Leute für sein Sammelsurium von exotischen Souvenirs interessierten, machte er sein Hobby zum Beruf. 1954 eröffnete er einen Laden in St. Pauli, nahe dem Hafen. Die Waren aus Übersee bringen heute noch Matrosen aus aller Herren Länder mit, die sich ihre Heuer etwas aufbessern wollen.

Kuriositäten aus fremden Kulturen

Der Laden, den inzwischen Harrys Tochter führt, ist vollgestopft mit Kuriositäten und wirkt wie eine Rumpelkammer. Man kann herrlich stöbern auf den 350 m² Ladenfläche und sich im Betrachten von afrikanischen Masken, Buddhas aus Fernost, Fetischen aus Zentralafrika, indischen Bronzegöttern, Buddelschiffen oder Schmetterlingssammlungen aus Übersee verlieren. Harrys Tochter weiß so manche spannende Geschichte zu den Schätzen zu erzählen. Und nicht erschrecken, wenn plötzlich ein Haigebiss, ein Leopard oder gar ein Schrumpfkopf aus dem Regal guckt! Wer noch ein ganz spezielles Souvenir aus Hamburg braucht, der wird hier fündig.

Harrys Hamburger Hafenbasar, Erichstraße 56, 20359 Hamburg
Telefon: 040/312482, www.hafenbasar.de

0108 Panoptikum, Hamburg

Hamburgs Wachsfigurenkabinett

Hallo, wer steht denn da? Ist das nicht Harry Potter? Was macht der denn hier? Ja, Harry Potter befindet sich hier mit mehr als 130 Personen des öffentlichen Interesses in illustrer Gesellschaft. Denn hier sind sie alle versammelt, die Schönen und Reichen und auch einige Hässliche, und das ist im schummerigen Licht der Räume manchmal ganz schön erschreckend. Staatsmänner wie Napoleon, Helmut Kohl und Adolf Hitler, Dichter wie Goethe und Schiller oder Wissenschaftler wie Albert Einstein bewohnen die Räumlichkeiten mit dem 50er-Jahre-Charme. Hans Albers und Freddy Quinn stehen da, als würden sie gleich anfangen zu singen. Die Kleider von Königin Silvia, Lady Di und Sissi erregen allgemeinen Neid, und was wir über Dracula denken, sagen wir lieber nicht. Nur so viel: Sie sind alle aus Wachs.
Kinder von sieben bis zwölf Jahren lassen sich von der Piratenmaus durchs Wachsfigurenkabinett führen, und Jugendliche nehmen an einer spannenden Rallye teil.

Panoptikum, Spielbudenplatz 3, 20359 Hamburg
Telefon: 040/310317, www.panoptikum.de

0109 Der Hamburger Dom

Ein zauberhaftes Volksfest

Wenn die Hamburger sagen, sie gehen auf den Dom, dann klettern sie nicht etwa auf eine Kirche, nein, sie gehen auf ein Volksfest, eine Kirmes oder einen Rummel, wie der Rest der Nation es nennen würde. Viermal im Jahr darf sich auf dem Heiligengeistfeld richtig amüsiert werden, und noch größer ist der Spaß mittwochs, da ist nämlich Familientag, und alles ist billiger.

Nervenkitzel auf dem „Spinning Racer“

Herrliche Düfte liegen in der Luft zwischen all den

Karussells und Losbuden, die sich auf der 1,6 Kilometer langen Vergnügungsmeile aneinanderreihen. Es riecht nach gebrannten Mandeln, Popcorn, Schmalzgebäck und Grillwürsten. Auf einer Sonderfläche kann man ein Hexendorf besuchen, mit 31 Buden zum Staunen und Mitmachen, mit Live-Musik der Dudelzwerge und vielen Hexereien. Der Höhepunkt ist jeden Freitag um 22.30 Uhr das Großfeuerwerk – aber das ist eher etwas für die Größeren unter den Kleinen.

Der Hamburger Dom, Heiligengeistfeld, 20359 Hamburg-St. Pauli
www.hamburger-dom.de 15.

0110 Hamburg Dungeon

Zum Gruseln schön

Hamburg Dungeon – nichts für zarte Seelen!

Dunkelheit, düstere Gestalten, Angst und Schrecken. Für die einen Abenteuer pur, für andere eher beängstigend. Der Hamburg Dungeon erweckt die Geschichte der Hansestadt mit ihren schrecklichen Katastrophen zum Leben. Der Großbrand von 1842, die Sturmflut von 1717, die Pest von 1348 oder die Exekution des Piraten Störtebeker lehren einen das Gruseln. Alles ist für Kinder ab etwa zehn Jahren geeignet. Ängstliche Naturen sollten lieber draußen bleiben, aber Mutige feiern hier sogar eine schrecklich schöne Geburtstagsparty und bekommen eine Henkersmahlzeit.

Hamburg Dungeon, Kehrwieder 2, 20457 Hamburg
Telefon: 040/36005520, www.thedungeons.com 15.

0111 Pandino-Kinderspielwelt, Hamburg

Bewegung, Spaß und gute Laune

Auch bei echtem Hamburger Schmuddelwetter braucht man den Kopf nicht hängen zu lassen, denn es gibt ja das Pandino in Bergedorf, wo 2- bis 13-Jährige herrlich spielen können und eine Menge anderer Kinder treffen. Ob Indoor-Soccer, Wabbelberg, Kartbahn, Lerncomputer, Trampolin, Geschicklichkeitsspiele, Airhockey, Mega-Klettergerüst oder Kicker – bei diesem breiten Angebot ist wohl für jeden etwas dabei. Bei schönem Wetter gibt es auch noch den Sommeraußenbereich zum Spielen mit Sonnenterrasse und Bootsbecken. Kleinkinder haben ihren eigenen Bereich, und Mama und Papa kann man sozusagen an der Garderobe abgeben. Entweder können sie sich selbst sportlich betätigen, oder sie saunen oder ruhen sich im Bistro aus, während der Nachwuchs neue Freunde findet. Wenn das kein Angebot ist!

Pandino-Kinderspielwelt, Curslacker Heerweg 263–265, 21039 Hamburg
Telefon: 040/7207777, www.pandino.de

0112 Kinder-Bauernhof Kirchdorf, Hamburg

Eine Menge Spaß und kleine Pflichten

Hamburg-Kirchdorf ist eine Ansammlung von Hochhäusern am Rande der Großstadt. Dort ist es schwierig, Tiere in der Wohnung zu halten und Kinder sinnvoll zu beschäftigen. Deshalb wurde 1987 der Kinder-Bauernhof gegründet. Ziegen, Schweine, Schafe, Hühner, Kaninchen und Katzen leben hier, und die Kinder aus der Nachbarschaft kommen, um die Tiere zu streicheln und zu füttern.

Manche Kinder haben sogar Pflegschaften übernommen und besuchen ihre Schützlinge täglich. Sonntags ab 16 Uhr ist Ponyreiten für alle angesagt, und ob der einzige Esel des Hofes dann störrisch ist, ist immer wieder eine Überraschung. Hausschwein „Schnitzel" jedenfalls wird Filmstar in einem richtigen Kinofilm. Das sind dann die ganz großen Momente auf dem Bauernhof, wenn später alle Kinder „ihren" Schnitzel im Kino sehen können. Übrigens ist der Bauernhof für Schul- und Kindergartengruppen zugänglich, und Kindergeburtstage können hier auch gefeiert werden.

Kinder-Bauernhof Kirchdorf,
Stübenhofer Weg 19, 21109 Hamburg
Telefon: 040/7508484, www.kibaho.de

0113 Spicy's Gewürzmuseum, Hamburg

Immer der Nase nach

Exotische Düfte locken den Besucher in diesen alten Backsteinspeicher

Auf den zweiten Lagerboden eines alten Backsteinspeichers in der historischen Hamburger Speicherstadt muss man klettern, wenn man den Duft der großen weiten Welt genießen möchte. Mit jeder der ausgetretenen Stufen wird der Geruch intensiver. Aber wonach? Zimt, Anis, Chili, Pfeffer? Kaum zu sagen. Oben angekommen entpuppt sich die Eintrittskarte als Gewürzprobe. Eine nette Idee! Für Kinder gibt es stattdessen vorsichtshalber Gummibärchen, damit bei einer eventuellen Kostprobe keine Panik aufkommt – es könnte scharf sein ...

Dann lässt es sich wunderbar stöbern im einzigen Gewürzmuseum der Welt. Auf 350 m^2 – zwischen Vitrinen, offenen Gewürzsäcken, historischen Verarbeitungsmaschinen und alten Landkarten, auf denen man die Anbaugebiete erkunden kann – können große und kleine Entdecker viel sehen, riechen und schmecken. Etwa 900 Exponate umfasst das originelle Museum. Vom Anbau über Ernte, Bearbeitung und Transport bleibt zum Thema Gewürze keine Frage offen.

Spicy's Gewürzmuseum, Am Sandtorkai 32, 20457 Hamburg
Telefon: 040/367989, www.spicys.de

0114 Midsommerland, Hamburg

Ein feuchtes Vergnügen

Baby-Schwimmen, Mini-Club, Kinder-Schwimmunterricht und Aqua-Workout, so fängt sie an, die Schwimmerkarriere. Wie man vom Junior-Pinguin über den Pinguin zum Star-Pinguin wird, das zeigen die Schwimmlehrer. Und dabei geht es mitunter recht lustig zu. Da schwimmt man eventuell auch

schon mal im Pyjama oder zu fetziger Musik. Und wer sich im Distanzschwimmen, im Tauchen und beim Startsprung schon etwas erprobt hat, der geht bald stolz mit einem bronzenen, silbernen oder gar goldenen Seepferdchen nach Hause. Kindergeburtstage mit oder ohne Animationsprogramm, mit speziellen Kindermenüs und Geburtstagskuchen sind immer ein großer Spaß, und das Geburtstagskind hat zur Feier des Tages freien Einritt. Ganzjährig kann man sich auch im Außenpool vergnügen, was besonders im Winter seinen ganz eigenen Reiz hat.
Sonntags um 8.45 Uhr kann man ohne Anmeldung zur Schnupperstunde antreten und den Sprung ins gar nicht so kalte Wasser wagen.

Midsommerland, Gotthelfweg 2, 21077 Hamburg
Telefon: 040/188890, www.baederland.de

0115 Die Cap San Diego, Hamburg

Ein maritimes Denkmal

Am 30. März 1962 trat sie ihre erste Reise nach Südamerika an. Am 12. August 1986, kurz vor dem Verschrottungstermin, kaufte die Freie und Hansestadt Hamburg die Cap San Diego. Und heute liegt sie, weiß mit rotem Kiel, weit sichtbar stolz im Hamburger Hafen. Das Museumsschiff ist der letzte noch erhaltene Stückgutfrachter einer Serie von sechs Schiffen, die damals für die Reederei Hamburg Süd gebaut wurden. Man kann die Cap San Diego täglich besichtigen und vom Maschinenraum bis zur Kommandobrücke alles erkunden. In den Luken befinden sich heute Event- und Konzerträume für bis zu 500 Gäste. Der Salon ist im Stil der 60er Jahre eingerichtet und bietet mit Bar und Bibliothek einen exklusiven Rahmen für kleinere Veranstaltungen. Einige wenige Kabinen stehen noch für Übernachtungen zur Verfügung, falls die Party dann doch allzu heftig war.

Die Cap San Diego sonnt sich in den bewundernden Blicken der Besucher

Doch manchmal ist er auch leer, der Liegeplatzplatz an der Überseebrücke ... An einigen Tagen im Jahr geht sie nämlich noch auf große Fahrt, die gute alte Cap San Diego, und dann amüsiert sie sich auf dem Hafengeburtstag oder auf der Kieler Woche.

Die Cap San Diego, Überseebrücke, 20459 Hamburg
Telefon: 040/364209, www.capsandiego.de

0116 U. S. Play Hamburg

Das Bowling- und Freizeitcenter

Ball-Wall-Bowling für die Kleinsten: Die Pudelrinnen neben der Bahn werden hochgeklappt, und jeder Wurf geht ins Schwarze. So macht man sich Freunde, denn Gewinner kommen immer wieder.
28 modernste Bahnen erwarten auf der größten Bowlinganlage in Hamburg Bowling-Fans und solche, die es werden wollen. Sportlicher Wettkampf und jede Menge Spaß in geselliger Runde sind garantiert. Es gibt besondere Angebote für Schulklassen sowie den Junior Club oder das Familienangebot. Fetzige Musik und Kleinigkeiten aus der amerikanischen Küche werden an der Sportsbar oder direkt an der Bahn serviert und runden das Erlebnis ab. Für Kindergeburtstage bietet das Center unterschiedliche Arrangements an. Das Geburtstagskind bowlt umsonst und bekommt eine Junior-Club-Karte gratis. Alle, die sich nicht aufs Bowling festlegen wollen, finden jede Menge Abwechslung beim Billard, Flippern, Kickern, Airhockey oder an den Fahrsimulatoren.

U. S. Play Hamburg, Wagnerstraße 2, 22081 Hamburg
Telefon: 040/291031, www.us-play.com/hamburg/

0117 Opernloft, Hamburg

Oper ist absolut cool

Junge Leute an klassische Musik heranzuführen, das ist die Aufgabe, der sich das Junge Musiktheater mit seinem Opernloft stellt. Das Opernloft versteht sich als Opernhaus für Kinder, Jugendliche und Operneinsteiger. Die Inszenierungen sind modern und unkonventionell und werden mit jungen Darstellern besetzt. Sie sollen Menschen aller Bildungsschichten die Welt der Oper zugänglich machen. Neben speziellen Kinderopern gibt es die Reihe „Opera-Breve“, in der Opern auf ein Format von 90 Minuten gekürzt und mit pointierten Dialogen oder Anekdoten zum Komponisten erläutert werden. Das Ganze findet dann statt in der legeren Atmosphäre eines Fabriklofts mit Platz für 120 Gäste. Den Opernsängerinnen Yvonne Bernbom und Inken Rahardt und ihrem jungen Ensemble gelingt es mit Bravour, alle Opernmuffel mit ihrem Konzept zu überzeugen. Ein Schritt dazu ist auch das Projekt zum Selbersingen und Mitspielen für Jugendliche ab 15 Jahren. Fazit: Ob auf der schwarzen Bühne oder im weißen Zuschauerbereich – Oper ist faszinierend!

Opernloft, Conventstraße 8–10, 22089 Hamburg
Telefon: 040/25491140, www.jungesmusiktheater.de

0118 Planetarium Hamburg

Eine Reise durch das Universum

Angehende Astronomen oder Astronauten tun gut daran, schon einmal in die Sterne zu gucken. Das ist im Hamburger Planetarium seit 2003 besonders gut möglich, denn seitdem erschließt es auch die dritte Dimension und gilt als das modernste Planetarium der Welt. Neueste Computer- und Simulationstechnik versetzt den staunenden Besucher direkt in den Weltraum. Seit 2006 gibt es hier außerdem die modernste Indoor-Showlaser-Anlage der Welt.

22 Meter Durchmesser hat die Projektionskuppel auf dem ehemaligen Wasserturm

Um möglichst viele Besucher an diesen tollen Errungenschaften teilhaben zu lassen, hat das Management ein innovatives Konzept entwickelt, das Wissenschaft und Kultur verbindet und somit größere Zielgruppen erschließt. Auch Kinder profitieren davon in zahlreichen Veranstaltungen, wie beispielsweise dem Sternenmusical von Rolf Zuckowski oder „Meine Heimat – Unser blauer Planet“, einem musikalischen Ausflug in die Natur für alle ab vier Jahren. „Kaluoka’hina – Das Zauberriff“, der erste 3D-animierte 360°-Film der Welt, wurde eigens für das Planetarium produziert und begeistert nicht nur Kinder ab fünf Jahren.

Planetarium Hamburg, Hindenburgstraße 1b, 22303 Hamburg
Telefon: 040/4288652-0, www.planetarium-hamburg.de

0119 Niendorfer Gehege, Hamburg

Bambis, Ponys & Co.

Eine der vielen grünen Oasen in der Hansestadt ist das 142 ha große Niendorfer Gehege mit zum Teil über 200 Jahre alten Laubbäumen. Eichen, Buchen und Eschen beherrschen das Parkbild, aber auch fremdländische Baumarten sind zu finden. Auf einer Waldlichtung breitet sich ein Damwildgehege aus, das von Wanderwegen oder einer Aussichtsplattform beobachtet werden kann. Gern lassen sich die Tiere auch mit Gras füttern. Ein Walderholungsplatz mit Spielgeräten für Kinder lädt in unmittelbarer Nachbarschaft zum Toben ein. Liegewiesen und Grillplätze machen den Park zum idealen Familienausflugsziel. Auch der Ponyhof ist ein immer wieder gern frequentiertes Ziel der kleinen Besucher. 15 Kilometer Wanderwege führen den Spaziergänger zum Teil auch an dem Flüsschen Kollau entlang. Für Kinder und Jugendliche finden regelmäßig umweltpädagogische Führungen durch die Tier- und Pflanzenwelt statt. Vogelkundliche Führungen beantworten die Frage: Was singt denn da?

Niendorfer Gehege, 22453 Hamburg-Niendorf
www.forst-hamburg.de/niendorf.htm

0120 Hamburger Puppentheater

Geschichten von Hasen, Drachen und Mäusen

Schaumstoff, eine Bastelschere, Kleber, ein Bastelskalpell, etwas Stoff und Perlen oder Glasaugen, mehr braucht man nicht, um eine ordentlich gruselige Drachenhandpuppe zu kreieren oder niedliche Handpuppenmäuse. Im Hamburger Puppentheater wird gezeigt, wie man's macht. Hier sind die Betreiber bemüht, die Faszination des Figurentheaters zu vermitteln, sei es

durch Aufführungen oder durch Seminare, die die Kunst des Theaterfigurenbaus vermitteln. Kinder und Jugendliche können ihrer Fantasie freien Lauf lassen und ihre Wunschfiguren erschaffen.
Und um diese dann auch zum Leben zu erwecken, werden auch Stücke entwickelt und Stimmen für die Figuren gefunden. Und dann ist es endlich so weit: Premiere!
Puppenbaukurse mit einer Dauer von zwei Stunden können auch in Vor- und Grundschulen oder auf Kindergeburtstagen veranstaltet werden.

Hamburger Puppentheater im Haus der Jugend Flachsland
Bramfelder Straße 9, 22335 Hamburg
Telefon: 040/23934544
www.hamburgerpuppentheater.de

0121 rabatzz!, Hamburg

Eltern dürfen auch mal spielen

Hey, hier kann ordentlich Rabatz gemacht werden! Kleine Rabauken kommen mächtig in Fahrt und haben rote Wangen bei so viel Remmidemmi. Fast alle Spielgeräte sind auch für Eltern geeignet. Da gibt's das Riesenkletterlabyrinth mit Fun-Shooter-Arena – sieben Meter hoch, 300 m^2 auf vier Etagen – oder den in Deutschland einmaligen SkyTrail®, einen Geschicklichkeits-Hochseilgarten.
Für die Kleinsten gibt es im Little-rabatzz!-Kleinkindbereich Herausforderungen beim Bobbycar-Rennen oder Türmebauen mit Schaumstoff-Bausteinen. Im Bällchenbad lässt es sich gut aushalten, und ein eigenes Kletterlabyrinth wartet ebenfalls auf die kleinen Sportler.
Wo soll man anfangen? Mit dem Speedflipper, dem Go-Kart-Parcours, dem Power-Aqua-Paddler? Oder erst einmal aufwärmen beim Trampolinspringen?
Nach stundenlangem Toben sind die Kids nur noch müde und erschöpft und wollen nach Hause. Nur doof, wenn man die Eltern erst von der 32 Meter langen, 4-spurigen Wellenrutsche loseisen muss ...

rabatzz!, Kieler Straße 571, 22525 Hamburg
Telefon: 040/5470969-0, www.rabatzz.de

0122 Flughafen Hamburg-Modellschau

Der Duft der großen weiten Welt

Der Hamburger Flughafen ist ein großes Terrain mit quirligem Treiben. Da verliert man leicht den Überblick. Flieger starten und landen, Menschen kommen und gehen. Da fühlt man sich ganz klein im großen Gewühle. Aber das kann auch anders sein: Man kann sich das Ganze auch erst einmal in der Flughafen-Modellschau im Maßstab 1:500 ansehen. 5.000 winzige Leuchtdioden lassen die maßstabsgerechte Flughafennachbildung samt Umfeld nicht im Dunkeln, und Modellflugzeuge finden sicher ihren Weg aufs Rollfeld. Eine Diashow vermittelt zusätzliche Informationen, und nach 45 Minuten ist eines klar: Die einen wollen Flugzeugmechaniker werden, die anderen Pilot(in) oder Stewardess. Echtes Kerosin können sie dann anschließend auf der Aussichtsterrasse schnuppern und schon mal schauen, wie die Träume in der Realität aussehen.

Die Abfertigungshalle des Hamburg Airport

Flughafen Hamburg, Flughafenstraße 1–3, 22335 Hamburg
Telefon: 040/5075-2644, www.airport.de/de/modellschau

0123 Spielstadt Hamburg XXL

Bei jedem Wetter hüpfen, springen, toben

Hier verdirbt auch das hässlichste Wetter niemandem die Spielfreude. Auf dem Indoor-Spielplatz können Kinder bis zu 12 Jahren auch bei Schnee und Regen leicht bekleidet herumtoben, klettern, rutschen, hüpfen und springen. Einen Kletterberg können sie besteigen, in ein gar nicht nasses Bad von Bällen eintauchen, auf dem Trampolin hüpfen oder mit dem Shooter Bälle durch die Gegend schießen. Keine Angst, selbst wenn man mal einen Spielkameraden trifft – die Bälle sind äußerst weich. Erwachsene dürfen natürlich gern mitspielen, können aber auch im angeschlossenen Bistro entspannen. Selbst

beim Frühstück behalten Sie die Kleinsten im Auge, denn der Kleinkinderbereich liegt direkt neben dem Bistro.
Geboten werden hier auch ein Sonntagsbrunch oder die Ausrichtung von Kindergeburtstagen.

Spielstadt Hamburg XXL, Papenreye 26, 22453 Hamburg
Telefon: 040/55449884, www.spielstadt-hamburg.de

0124 Soccer in Hamburg

Der Indoor-Kick in Stellingen

Die Regel Nummer eins: Fairplay! Dann wird 45 Minuten lang der Ball Mittelpunkt der Aufmerksamkeit, und der Run auf das zwei Meter hohe und vier Meter breite Tor beginnt. Die Kids können sich beim Soccer in übersichtlicher Mannschaftsgröße – möglichst vier Spieler und ein Torwart – so richtig austoben. Mit den „offiziellen" Regeln sieht man es nicht so verbissen. Wetterunabhängig stehen drei Soccer-Courts in einer Größe von 30 mal 15 Metern mit Kunstrasen, der naturidentische Spiel- und Laufeigenschaften bietet, zur Verfügung. Die Verletzungsgefahr ist gering. Für Kindergeburtstage besteht die Möglichkeit, die Courts zu halbieren und auf kleinere Tore zu spielen. Der Ball bleibt durch Banden und Netze permanent im Spiel, die Spielzeit kann also optimal ausgenutzt werden.
Und nach dem Spiel geht es für die erschöpften Soccer-Stars auf einen alkoholfreien Drink in die Sportsbar. Hier können sie auf einer Beamer-Leinwand auch die Profis der Bundesliga oder der Champions League beobachten. Vielleicht lernen sie ja noch den einen oder anderen Trick dazu.

Soccer in Hamburg, Kieler Straße 565, 22525 Hamburg
Telefon: 040/5404244, www.soccer-in-hamburg.de

0125 Tierpark Hagenbeck, Hamburg

Ein tierisches Vergnügen

Tyrannosaurus oder Iguanodon? Was steht da in den Büschen am Dinosaurier-Teich? Zum Glück sind sie nur aus Stein, sonst könnte man sich fürchten.

Elefanten nehmen gern Kontakt auf. Vielleicht fällt ja mal was Essbares dabei ab

Aber im Tierpark Hagenbeck tummeln sich auch durchaus lebendige Tiere: etwa 1.850 von allen Kontinenten. Das erfordert viel Arbeit und viel Geld, täglich sind 27.000 Euro nötig, um den Tierpark zu unterhalten. Da ist es schön, wenn möglichst oft möglichst viele Besucher kommen. Und das fällt gar nicht schwer bei den vielen Angeboten. Da warten beispielsweise die Ponys „Asterix", „Dusty" und „Balou" auf kleine Reiter, mit denen sie durch den Tierpark traben können; im Streichelzoo herrscht schon Neugier, vielleicht bringt ja ein Besucher einen Apfel mit? Die Kleinsten können mit einem Bähnchen durchs Märchenland fahren, ganz schnell an der Hexe vorbei. Abenteuerlich ist der Gang über die Hängebrücke zum Orang-Utan-Haus, und vielleicht gibt es ja in dem einen oder anderen Gehege kleine Tierbabys zu sehen?

Tierpark Hagenbeck, Lokstedter Grenzstraße 2, 22527 Hamburg
Telefon: 040/530033-0, www.hagenbeck-tierpark.de

0126 HSV-Museum, Hamburg

Der Hamburger Sportverein und seine Geschichte

Vergessen, wie viele Tore Otto „Tull" Harder 1928 geschossen hat? Wer 1979 Trainer des HSV war? Oder vielleicht sind Sie sich ja gar nicht sicher, wie hoch der HSV 1983 gegen Juventus Turin gewonnen hat, oder ob er überhaupt gewonnen hat? Macht nichts, um all diese Fragen zu klären, gibt es ja das HSV-Museum. Für Kinder bietet es in den Ferien zusätzliche Stadionführungen und ein Ferienprogramm an, das einen Trainingsbesuch, eine Rallye durchs Museum und Schießen an der Torwand einschließt.

HSV-Museum, Sylvesterallee 7, 22525 Hamburg
Telefon: 040/41551550, www.hsv-hshnordbank-arena.de

0127 Kletterzentrum Hamburg

Erst einmal bouldern?

Wer nicht gleich die über 15 Meter hohe Außenwand des Kletterzentrums erklimmen möchte, kann sich erst einmal im abgetrennten Boulderbereich versuchen. Hier geht es nicht so hoch hinaus, Klettererfahrung und Anseilen sind nicht nötig, und wenn einen die Kräfte verlassen, fällt man weich auf die Matte. Aber auch für erfahrene Kletterer bietet das DAV-Zentrum manche Herausforderung. Fast 300 verschiedene Routen lassen sich in zwei Hallen auf etwa 2.000 m^2 Kletterfläche bewältigen.
Wer dann auf den Geschmack gekommen ist, kann das Sportklettern in verschiedenen Kursen erlernen und auch den DAV-Kletterschein erwerben. Eine Selbstverständlichkeit sind allerhöchste Sicherheitsstandards. Kinder unter 10 Jahren haben nur in Begleitung einer Aufsichtsperson Zutritt.

Kletterzentrum Hamburg, Döhrnstraße 4, 22529 Hamburg
Telefon: 040/60088866, www.kletterzentrum-hamburg.de

0128 Kartbahn Hamburg

Der Beginn einer wunderbaren Karriere

Die große Fangemeinde des Formel-1-Rennsports ist hier bestens aufgehoben, schließlich haben die Schumachers auch mit dem Kart angefangen. In der 6.000 m^2 großen Karthalle kann man sich auf der 600 Meter langen Rennpiste schon mal im Geschwindigkeitsrausch verlieren. 40 Karts stehen zur Verfügung sowie Kinderkarts in drei Größen für Kinder ab 6 Jahren und ab 1,25 Meter Größe. Und es gibt auch Doppelsitzer, wenn der Vater mit dem Sohne mal Teamgeist beweisen will. Das aufregende Bahngeschehen kann per Videoübertragung im Panorama-Bistro verfolgt werden. Da kann man nur hoffen, dass die Zuschauer sich nicht verschlucken vor Aufregung. Wer mit etwas gemächlicheren Tätigkeiten den Adrenalinspiegel wieder etwas reduzieren möchte, der trifft sich mit den Rennfreunden im Spielzimmer zu Flipper-, Darts-, Billard- oder Kickerwettbewerben. Aber für Fans, die es wissen wollen, steht auch ein Ferrari-Fahrsimulator bereit. Also: Fun pur, neben und auf der Piste!

Kartbahn Hamburg, Nedderfeld 94, 22529 Hamburg
Telefon: 040/480023-23, www.kartbahn-hamburg.de

0129 Hamburger Stadtpark

Hier können Familien Kaffee kochen

Mit seinen 150 ha Fläche ist er eine riesige Oase mitten in der Stadt. Und das Schöne ist: Er ist für alle da und wird von allen angenommen. Hier spiegeln sich die Nationen der Stadt, und an schönen Wochenenden kommen schon mal 200.000 Besucher vorbei.

Schon 1914, als der Park angelegt wurde, sah das gartenarchitektonische Konzept die Nutzung für alle Bevölkerungsgruppen vor, und das scheint zu hundert Prozent gelungen. Auf den vielen Wiesen spielen Brasilianer mit Rumänen Fußball, Türken und Deutsche grillen, Japaner und Italiener üben Yoga oder Thai Chi, Aerobic-Gruppen trainieren in der Natur. Andere wiederum musizieren oder tanzen, spielen Tischtennis, joggen oder liegen einfach faul in der Sonne. Frisbee-Scheiben fliegen durch die Luft, Picknickkörbe werden ausgepackt. Spaziergänger erfreuen sich an der vielfältigen Pflanzenwelt oder betrachten die zahlreichen Skulpturen.

Es gibt acht Sportplätze, fünf Spielplätze, zwei Flächen für Beach-Volleyball, einen Modellbootteich, ein Planschbecken für die Kleinsten, drei Open-Air-Schachspiele für die Denker, eine idyllisch eingewachsene Freilichtbühne, auf der auch schon mal internationale Stars auftreten, und einen Stadtparksee mit Naturfreibad und Bootsvermietung. Schuhmachers Biergarten bietet den heutzutage obligatorischen Stadtstrand, wo man auf Sonnenliegen unter Palmen cocktailtrinkenderweise die Gedanken in die Karibik schicken kann, während die Sprösslinge im Sand buddeln. Andere treffen sich nach dem Training im Leichtathletikstadion im Landhaus Walter, um sich die abgearbeiteten Kalorien wieder anzufuttern. Wenn jetzt noch jemand ein Hobby hat, das er im Stadtpark nicht ausüben kann, bitte melden!

Faulenzen oder Bootfahren – der Stadtpark bietet viele Möglichkeiten

Stadtpark Hamburg, Hamburg-Winterhude
www.hamburg-stadtpark.de

0130 Mignon Circusschule, Hamburg

Von A wie Artistik bis Z wie Zauberei

Was gibt es Schöneres als staunende oder strahlende Kinderaugen in einem Zirkus? Aber muss es denn immer beim Zuschauen bleiben? Vielfach wünschen sich Kinder, auch zaubern oder jonglieren zu können, auf dem Einrad durch die Welt zu fahren oder als Clown Späße zu machen. Lassen Sie es die Kinder versuchen. Es gibt keine schönere Art, spielerisch Bewegungsvielfalt, Kreativität, Selbstsicherheit und Konzentration zu fördern als in einer Circusschule. Ein breites Spektrum an Fähigkeiten kann erprobt werden: Im FlohCircus singen Kinder ab drei Jahren Circuslieder, malen Clownsbilder und spielen Circus. Im MitmachCircus werden Schulkinder zu Akrobaten, Zauberern, Einradfahrern oder Fakiren ausgebildet. Die Zirkuskapelle fördert die Musikalität. Die schillernden Kostüme erfordern Kreativität und geschickte Schneiderkünste. Und letztendlich kann man im Mignon CircoRante herrliche Kindergeburtstage feiern.

Mignon Circusschule
Osdorfer Landstraße 380, 22589 Hamburg
Telefon: 040/32082802, www.circus-mignon.de

0131 KL!CK Kindermuseum, Hamburg

Urgroßmutters Alltag erleben

Wie es sich für ein Kindermuseum gehört, ist hier alles auf die aktive Teilnahme der kleinen und größeren Besucher eingerichtet. Verschiedene feste Ausstellungen vermitteln anschaulich Wissen zu den unterschiedlichsten Themengebieten.

So landen Kinder ab 5 Jahren in „Urgroßmutters Alltag“ in den 50er Jahren des vergangenen Jahrhunderts und erfahren, wie das tägliche Leben ohne die heute üblichen Haushaltsgeräte funktionierte. In einem großen Bottich müssen Bettwäsche, Handtücher und Hemden gewaschen, auf einem Original-Waschbrett geschrubbt und anschließend mit einem holzbeheizten Bügeleisen geplättet werden. Im „Treffpunkt Körper“ wird gemessen und gewogen, das Lungenvolumen festgestellt und das Reaktionsvermögen getestet – und so ganz nebenher lernen die Kinder ihren eigenen Körper kennen und erfahren etwas über gesundes Leben. In einer weiteren Ausstellung dreht sich alles

ums liebe Geld. Neben vielen Hintergrundinformationen über die Geschichte des Geldes und das Bankwesen können die Kleinen auch ihr eigenes Geld herstellen – aber bitte nur im KL!CK-Laden ausgeben, in anderen Geschäften wird die museumseigene Währung leider nicht akzeptiert.
Bei gutem Wetter geht es nach draußen. Dann heißt es: „Baustelle – betreten erbeten". Hier darf gemauert und gepinselt werden, hier werden Fliesen geklebt und Rohre verlegt. Leben wie die Urzeitmenschen ist dagegen beim „Steinzeitclan" für Kinder ab 8 Jahren angesagt. Dort werden Steine behauen, mühevoll muss das Feuer entfacht werden, und das Schießen mit Pfeil und Bogen darf natürlich auch nicht fehlen.
Daneben gibt es im Kindermuseum auf 1.500 m^2 Innenraum und 1.300 m^2 Außenfläche noch ständig wechselnde Ausstellungen zu spannenden Themen.

KL!CK Kindermuseum, Achtern Born 127, 22549 Hamburg
Telefon: 040/41099777, www.klick-kindermuseum.de

0132 Mellie Design, Hamburg

Kreativ sein ist nicht schwer

Schöne Bastelideen kann man manchmal gebrauchen. Und in der Gruppe basteln ist auch viel lustiger als allein zu Hause. Und deshalb gibt es Mellie. Mit ihr kann man Seife gießen, die Origami-Technik erlernen, Schmuck basteln, Schreibmappen herstellen, aus einfachen Flip-Flops tolle Designermodelle machen, Kuscheltiere nähen oder Fußmatten selbst bemalen.
Dazu gibt's zur Stärkung Tee und Gebäck, und bei schönem Wetter findet das Ganze im Garten statt. Es gibt Kurse für Kinder ab sechs, zehn oder zwölf Jahren.
Mellie kommt auch auf Kindergeburtstage, bringt alles Zubehör mit und bastelt mit den Kindern. Mamas und Papas haben dann Pause, und die kleinen Gäste nehmen zur Erinnerung ein Stückchen wunderbar duftende, selbstgegossene Seife oder selbstgerührte Ringelblumensalbe mit nach Hause. Wetten, dass der nächste Kindergeburtstag wieder eine Bastel-Party wird?

Mellie Design, Kreativraum Schanze
Lerchenstraße 106 / Hinterhof, 22767 Hamburg
www.melliedesign.de

0133 UCI Kinowelt, Hamburg

Freizeitspaß für Cineasten

Es gibt Filmstars, die muss man einfach gesehen haben. Früher hießen sie „Dick und Doof“ oder „Micky Maus“, heute „Harry Potter“, „Urmel“ oder „Iron Man“. Und um diese schönen Filme alle auch in einem besonderen Ambiente genießen zu können, gibt es europaweit die UCI-Kinowelten: groß, bequem und mit neuester Technik ausgestattet. Da fühlt man sich mittendrin im Geschehen, wenn der kleine Dinosaurier Urmel die tollsten Abenteuer erlebt.

Zu Kindergeburtstagen ist so ein Kinoerlebnis mit den Freunden natürlich auch etwas ganz Besonderes, und mit Cola und Popcorn guckt es sich nochmal so gut. Das Geburtstagskind hat sogar freien Eintritt. Wieder zu Hause kann man sich seine Kinohelden als Bildschirmschoner auf den Computer laden oder auf der Kino-Website kleine Spiele spielen. Ganz nebenbei erfährt man dann auch, was es demnächst so für Filme gibt.

Sonntags ist Familientag, da zahlen auch Eltern nur den Kinderpreis!

UCI Kinowelt Filialen

Othmarschen Park, Baurstraße 2, 22605 Hamburg
Telefon: 040/88182-0

Mundsburg, Hamburger Straße 9, 22083 Hamburg
Telefon: 040/22704-0

Smart City, Friedrich-Ebert-Damm 134, 22047 Hamburg
Telefon: 040/69442-400

www.uci-kinowelt.de

0134 Museumshafen Övelgönne, Hamburg

Ein Altersheim für Schiffe

Sie heißen „Präsident Freiherr von Maltzahn“, „Amazone“, „Hoop op Welvaart“, „Elfriede“, „Feuerschiff Elbe 3“ „Stettin“ oder „Präsident Schaefer“. Sie sind historische Segelschiffe, Feuerschiffe, Eisbrecher oder Zollbarkassen. Und alle sind sie im Rentenalter, heißt: außer Dienst.

Dank der liebevollen Pflege des Vereins „Museumshafen Övelgönne“ sind sie aber alle topfit und funktionstüchtig. Sie dümpeln nicht nur so im trüben

Wasser der Elbe vor sich hin, sondern gehen ab und an auch noch auf große Fahrt. Dann posieren sie mit ihren Gaffelriggs und lenken mit ihren Dampf-

Die Veteranen im Museumshafen zu Füßen des Augustinums können jederzeit besichtigt werden

pfeifen die Aufmerksamkeit von *tout le monde* auf sich, geben an mit ihren blankgewienerten Planken und stehlen den ein- und auslaufenden Containerriesen und Kreuzfahrtschiffen im Hamburger Hafen die Schau. Kleine Kapitäne dürfen auch mal am Ruder stehen.

Museumshafen Övelgönne, Anleger Neumühlen, 22763 Övelgönne
Telefon: 040/41912761, www.museumshafen-oevelgoenne.de

0135 Altonaer Museum, Hamburg

Bastelarbeiten, Verkleidungen und ganz nebenbei Kunst

Der museumspädagogische Dienst des Museums Altona bietet Kindern eine Fülle von Möglichkeiten, sich der Kunst anzunähern. In der Aktion „Sonntagskinder“, die in verschiedenen Hamburger Museen veranstaltet wird, basteln Kinder ab 6 Jahren sonntags von 14 bis 17 Uhr zu unterschiedlichen

Themenbereichen. Ob Scherenschnitte, Minifingerpuppen, Mal- und Klebearbeiten, Fensterbilder oder ein Abenteuerbuch, die Kleinen sind immer mit Eifer bei der Sache. Genau wie bei der Rallye durch das Museum: Unterschiedliche Altersgruppen machen sich zu verschiedenen Themenkomplexen auf die Suche quer durch die Kunstschätze. So eine Rallye kann auch gut als Geburtstagsparty arrangiert werden; Dauer: $1\frac{1}{2}$ bis 3 Stunden. Danach geht's zur Stärkung in die hauseigene Kate zu Kuchen und Kakao oder Würstchen mit Kartoffelsalat. Inklusive Geburtstagskerze, versteht sich!

Altonaer Museum, Museumstraße 23, 22765 Hamburg
Telefon: 040/428135-3582, www.altonaer-museum.de

Bremen

0136 HafenBus, Bremerhaven

Mittendrin im Überseehafen

Den Personalausweis oder Reisepass sollten Sie schon dabeihaben, wenn Sie an Bord des Hafenbusses gehen. Denn der Doppeldecker bringt Sie mitten hinein ins internationale Geschehen: durch den imposanten Überseehafen, über das Containerterminal und das Autoterminal zur Lloyd-Werft. Da gibt es eine Menge zu bestaunen. Zum Beispiel, wie die sogenannten Van-Carrier die riesengroßen Container transportieren. So etwas ist ganz aus der Nähe einzig vom Hafenbus aus zu beobachten. Denn für Besucher ist der Zutritt aus Sicherheitsgründen sonst verboten. Für kleine Nachwuchskapitäne ein ganz großes Erlebnis.

Die Alte Brücke in Bremerhaven

BIS Bremerhaven Touristik
H.-H.-Meier-Straße 6, 27568 Bremerhaven
Telefon: 0471/414141, www.bremerhaven-tourism.de

0137 Hafenrundfahrt Überseehäfen, Bremerhaven

Neben den Ozeanriesen

Nichts ausdrücklich für Kinder, aber etwas, was Kinder mit Sicherheit begeistert, ist eine Hafenrundfahrt. Wie gewaltig die Ozeanriesen aus der Nähe erscheinen, bringt schließlich jeden, der das zum ersten Mal erlebt, ins Staunen. Eine Stunde dauert die Fahrt durch das pulsierende Hafenleben, vorbei an imposanten Frachtern, schmucken Passagierschiffen, schwer beladenen Tankern sowie Containerschiffen aus aller Herren Länder. Außerdem gibt es hier jede Menge Schlepper, Schwimmkräne, Hubinseln, Docks und Reparaturwerften zu sehen. Dabei wird über Bordmikrofon alles fachmännisch erklärt. Und weil die Überseehäfen hinter den Schleusen liegen, muss zudem niemand Angst vor stürmischem Wetter und zu starkem Seegang haben. Schiff ahoi!

Anleger: Neuer Hafen – Südkaje
Kontakt: HaRuFa, H.-H.-Meier-Straße 4, 27568 Bremerhaven
Telefon: 0471/415850, www.hafenrundfahrt-bremerhaven.de

0138 Figuren-Theater Bremerhaven

Charmante Wunschvorstellung

Frische Inszenierungen mit Figuren aus der eigenen Werkstatt sind das Markenzeichen der kleinen Bühne im Fischereihafen. Laufend stehen wechselnde Stücke für Kinder auf dem Spielplan, beispielsweise „Die kleine Raupe Nimmersatt“ nach dem bekannten Kinderbuch von Eric Carle für Kinder ab 3 Jahren, „Wo die wilden Kerle wohnen“ nach dem Bilderbuch von Maurice Sendak für Kinder ab 4 Jahren oder „Das Märchen vom Fischer und seiner Frau“ nach den Brüdern Grimm für Familien und Kinder ab 6 Jahren. Durch die öffentlichen Proben, Vorpremieren, Werkstattaufführungen und Gastspiele hat das Figuren-Theater einen ganz eigenen, lebendigen Charme. Zudem macht das kleine Theater ein wirklich außergewöhnliches Angebot: Gruppen ab 15 Personen wählen ein Stück aus dem Repertoire aus, dann findet eine öffentliche Aufführung am ausgesuchten Termin statt, bei der die ersten Reihen für die Gruppe reserviert sind. „Theater auf Verlangen“ nennt sich das.

Figuren-Theater Bremerhaven
An der Packhalle V, Abteilung 10, 27572 Bremerhaven-Fischereihafen
Telefon: 0471/417584, www.figurentheater-bremerhaven.de

0139 Atlanticum, Bremerhaven

Scholle und Hummer, Ebbe und Flut

In Bremerhaven gibt es für kleine wie für große Landratten wirklich viel zu entdecken. Touristisch, aber doch spannend und informativ, geht's im Forum Fischbahnhof mit dem Erlebniszentrum Atlanticum zu. Fische und Fischerei

stehen ganz im Mittelpunkt. Die Besucher erfahren reichlich über die Nordsee, den Nordatlantik sowie die Fischverarbeitung. Im Meerwasseraquarium hat man den Eindruck, auf der Reling eines versunkenen Schiffes zu stehen. Vor, aber auch über dem Besucher wird das Wrack von zahlreichen Fischen, zu denen man sich Informationen auf den Computerterminals verschaffen kann, umkreist. Das Gezeitenbecken veranschaulicht das Leben der Meeresbewohner bei Ebbe und Flut. Angehende Kapitäne versuchen am maßstabsgetreuen Modell der Fischereihafendoppelschleuse das Forschungsschiff „Walter Herwig" durch die enge Schleusenkammer ins Hafenbecken zu steuern. An einem richtigen Steuerrad.
Wer nach dem Besuch des Atlanticums hungrig geworden ist, besucht eine der vielen Fischräuchereien oder eines der Fischrestaurants gleich nebenan. Die Anlegestelle für Hafenrundfahrten und das Museumsschiff Gera sind auch nicht weit. Daher können Sie für diesen Ausflug nach Bremerhaven getrost einen ganzen Tag veranschlagen.

Atlanticum, Am Schaufenster 6, 27572 Bremerhaven
Telefon: 0471/932330, www.forum-fischbahnhof.de

0140 Museumsschiff FMS „Gera", Bremerhaven

Hartes Leben auf rauer See

Alle Mann an Bord! Die „Gera" lädt zum Rundgang ein

So mancher Junge, und wahrscheinlich auch manches Mädchen, hat schon von einem Leben auf hoher See geträumt. Bestimmt haben sie dabei an Abenteuer, fremde Länder und aufregende Erlebnisse gedacht. Ebenso spannend ist es, einmal selbst an Bord eines Schiffes zu gehen und zu erfahren, wie der Alltag auf einem Schiff tatsächlich war. Das geht wohl nirgends so anschaulich wie auf der FMS „Gera". Denn der letzte deutsche Seitentrawler

war früher in der Hochseefischerei aktiv und ist jetzt wieder voll ausgestattet und betriebsbereit. Auf leicht verständliche Weise erklärt die Ausstellung an Bord das Schiff und die schwere körperliche Arbeit in der Hochseefischerei. Ergänzend dazu wird in der Mannschaftsmesse eine Filmdokumentation gezeigt.
Bei dem Programm „Fischfang auf der ‚GERA'. Leichtmatrosen auf dem Museumsschiff" für Kinder ab 8 Jahren und Schulklassen ab Jahrgangsstufe 3 entdecken die kleinen Matrosen bei einem Rundgang alle Bereiche des Schiffs. Sie lösen in einer Rallye knifflige Fragen, üben Knoten und lernen verschiedene Fischarten kennen. Als Preis winkt ein Heuervertrag. Das Angebot richtet sich an Schulklassen, aber auch an Kinder, die ihren Geburtstag auf dem Schiff feiern möchten.

Museumsschiff FMS „GERA"
Fischereihafen I, Fischkai, 27572 Bremerhaven
Telefon: 0471/308160, www.historisches-museum-bremerhaven.de

0141 Phänomenta, Bremerhaven

Natur und Technik spannend gemacht

„Phänomene zum Anfassen und Begreifen" ist das Motto der interaktiven Experimentierausstellung Phänomenta, unweit des Schaufensters Fischereihafen. In der ehemaligen Gewürzhalle findet sich eine Fülle unterschiedlicher Exponate, die durch selbsttätiges Experimentieren erforscht werden wollen. Auf diese Weise werden Phänomene aus Natur und Technik besser und eindringlicher begreifbar als bei der rein theoretischen Vermittlung. Und es macht Kindern so auch viel mehr Spaß!
Informieren Sie sich auch über die zahlreichen Sonderveranstaltungen, wie Mitmach-Aktionen für 5- bis 8-Jährige, „Spielerisch gemeinsam lernen und reflektieren", und Mitmach-Aktionen für 8- bis 12-Jährige, „Naturwissenschaftlich denken und arbeiten" oder „Mathematik zum (Be)Greifen". Bei der Aktion „Seifenblasen-Träume" zum Beispiel werden Riesenseifenblasen so groß wie Bälle und andere, merkwürdige Formen aus Seifenlauge selbst hergestellt.

Phänomenta Bremerhaven, Hoebelstraße 24 (zwischen Fischkai und den Restaurants Natusch und Ankerstube), 27572 Bremerhaven
Telefon: 0471/413081, www.phaenomenta-bremerhaven.de

0142 Krabbenland, Bremerhaven

Bei Wind und Wetter drinnen toben

Es regnet manchmal Bindfäden an der Küste. Nicht jeder hat zu Hause ein Klettermodul, auf dem sich kleine „Krabben" so richtig austoben können. Da bleibt nur der Besuch im Krabbenland. Dort gibt es neben dem großen Klettermodul eine Elektrokartbahn, Airhockey, ein Fußballfeld, eine große Hüpfburg und eine Hüpfburg für die Kleinen, Bausteine, eine Kletterwand, Tischtennisplatten und Trampoline. Natürlich sind auch Tischreservierungen für Geburtstagsfeiern kein Problem. Und eines ist sicher – es regnet nie im Krabbenland!

Indoor-Spielewelt Krabbenland, Weserstraße 112, 27572 Bremerhaven
Telefon: 0471/3912934, www.krabbenland.de

0143 Bremer Geschichtenhaus

Lebendige Geschichte

Im Bremer Geschichtenhaus findet sich der Besucher in einer Ausstellung zur Bremer Stadtgeschichte wieder, in der er bereits am Eingang von Schauspielern in historischen Kostümen empfangen wird. Bremer Originale, wie Fisch Lucie und Hein Holtenbeen, und typische Bewohner der Stadt, wie der Geschäftsführer eines Kaufmannskontors, haben so manches zu erzählen und entführen die Besucher durch ihre Darstellungen von Alltagsszenen der Bremer Vergangenheit in eine andere, verschwundene Welt. Das ist meistens spannend, manchmal lustig und immer äußerst lebendig. Kurzweiliger kann man wohl kaum etwas über das Leben seiner Vorfahren erfahren. Deshalb sollten Bremer das Geschichtenhaus auf jeden Fall besuchen; doch auch für Auswärtige ist es keinesfalls uninteressant. Toll ist auch das Kindergeburtstagsangebot: eine Rallye durch das Haus in historischen Original-Kostümen, spannende Geschichten von den Bremer Originalen, naschen vom Schokoladenbrunnen und abschließend eine Kaffeetafel im historischen Keller des St. Jakobus-Packhauses im Schnoor.

Bremer Geschichtenhaus
Wüstestätte 10, 28195 Bremen/Schnoor
Telefon: 0421/3362651, www.bremer-geschichtenhaus.de

0144 Überseemuseum Bremen

Welten erleben

Das Überseemuseum in Bremen ist – für Kinder wie für Erwachsene gleichermaßen – ein Muss. Natur, Kultur und Handel in den verschiedensten Teilen der Welt sind Thema der Ausstellung. Oder besser gesagt: der Ausstellungen. Denn um die Vielfalt und Menge der Exponate übersichtlich zu machen, ist das Überseemuseum nach Kontinenten gegliedert, und diese wiederum sind in Themenbereiche eingeteilt. Das klingt streng, ist aber unglaublich spannend.

Es gibt wahnsinnig viel zu entdecken: Asien, Amerika, Afrika, Ozeanien. Immer wieder werden Verbindungen geknüpft: von der Vergangenheit in die Gegenwart, von Kontinent zu Kontinent. Der Besucher kann systematisch vorgehen, spontan auf Entdeckungstour gehen oder seinen ganz persönlichen Weg mit Hilfe des Videoguides zu Hause am Computer vorbereiten. Der Videoguide ist ein PDA – ein mobiler Minicomputer, etwas größer als ein Handy –, den Sie günstig ausleihen können. Er kann zum Beispiel auf von Ihnen zuvor zusammengestellte Touren abgeglichen werden. Wenn Sie nicht so viel Zeit haben, führt er Sie auch gezielt zu den Höhepunkten und Kuriositäten der Ausstellung, oder er erzählt Ihnen an speziell gekennzeichneten Orten mehr zu dem, was Sie gerade sehen. Wahlweise in Deutsch, Englisch oder als deutsche Kinderführung.

Viel zu entdecken gibt es im Überseemuseum Bremen

Speziell für Kinder und Jugendliche gibt es reichlich museumspädagogische Angebote. Zum Beispiel die Museumsrallye für Kinder bis zu einem Alter von 10 Jahren, regelmäßige Kinderführungen und -aktionen zu speziellen Themen, Ferienkurse und Kindergeburtstagsfeiern. Es lohnt daher sehr, sich über das umfangreiche Angebot zu informieren, auch wegen der Sonderausstellungen, Konzerte und weiteren Veranstaltungen. Neugierde, Fernweh, Wissensdurst, Spaß an neuer Computertechnik, Entdeckerlust, Staunen über Fremdes, Überraschendes und Exotisches – im Überseemuseum werden all diese Leidenschaften und Wünsche erfüllt.

Überseemuseum Bremen, Bahnhofsplatz 13, 28195 Bremen
Telefon: 0421/1603800, www.uebersee-museum.de

0145 jumicar-Verkehrsübungsplatz für Kinder, Bremen-Woltmershausen

Alter: 7 / PS: 4 / Führerschein: Ja

Vier PS starke Sportwagen, Elektro- und Geländejeeps selbst fahren – welcher Siebenjährige träumt nicht davon? Auf über 2.000 m^2 können die zukünftigen Autofahrer auf dem jumicar-Verkehrsübungsplatz erste Erfahrungen im Straßenverkehr sammeln. Verkehrstrainer geben Tipps und achten darauf, dass die Regeln eingehalten werden. Ab einem Alter von sieben Jahren kann man, in drei Schwierigkeitsgraden, den Führerschein machen. Das ist nicht nur ein toller Spaß, sondern eine durchaus nützliche Übung und Erfahrung für das Verhalten im realen Straßenverkehr. Ab neun dürfen kleine Rennfahrer dann auf die schnellere Formel-Eins-Strecke. Wow!

jumicar-Verkehrsübungsplatz für Kinder,
swb-Enordia-Gelände gegenüber Sportwelt
Am Gaswerkgraben, 28197 Bremen-Woltmershausen
Telefon: 0421/5288447, www.bremen.jumicar.de

0146 Südbad, Bremen

Großes Angebot für kleine Schwimmer

Gut, das Südbad hat keine Superlative, wie die längste Wasserrutsche Deutschlands, die meisten Palmen in einer künstlichen Lagunenlandschaft oder Ähnliches, zu bieten. Trotzdem besticht das Bad durch ein gutes Preis-Leistungs-Verhältnis sowie einige nette Einfälle für große und kleine Schwimmer. Besonders Eltern mit Kleinkindern wissen das preiswerte, zeitlich variable Angebot und den großzügigen Eltern-Kind-Bereich mit Schiffchenkanal und Dachterrasse zu schätzen. Daneben sind ein 25-m-Becken mit Sprunganlage, ein Bewegungsbecken (29 Grad) und ein Lehrschwimmbecken (31 Grad) selbstverständlich auch vorhanden. Ebenso Gastronomie und Saunalandschaft. Die Riesenrutsche ist immerhin 60 m lang und macht kleinen und großen Wasserratten richtig Laune. Letzten Endes ist alles, worauf es ankommt, da. Wer braucht da noch ein riesengroßes Spaßbad?

Südbad, Neustadtswall 81, 28199 Bremen
Telefon: 0421/959710,
www.bremer-baeder.de/die-baeder/suedbad.htm

0147 Olbers-Planetarium, Bremen

Sternschnuppen und ferne Galaxien

Das kleine Planetarium der Hochschule Bremen ist mit Kindern ab dem Alter von vier Jahren auf alle Fälle einen Besuch wert. Denn mit dem abwechslungsreichen Kinderprogramm ist es eine echte Alternative zum Kino, zum Kindertheater und erst recht zum Fernsehen. Spannende Geschichten wie „Die Rettung der Sternenfee Mira", „Die Maus im Mond" oder „Die Geschichte von der traurigen Sonne" in der fremden, aber behaglichen Atmosphäre fesseln die Kleinen. Staunen und offene Münder sind auch bei der Veranstaltung „Der Sternenhimmel live für Kinder" garantiert. Schauen Sie sich das Programm auf der Internetseite an. Dort erfährt man übrigens auch, welche Stücke für welche Alterklasse am besten geeignet sind. So findet ein jeder bestimmt das Passende. Außerdem können Sie sich hier auch über Geburtstagsfeiern in dem 34 Plätze umfassenden Kleinplanetarium informieren.

Spannende Geschichten rund um den Sternenhimmel

Olbers-Planetarium, Hochschule Bremen
Werderstraße 73, 28199 Bremen
Telefon: 0421/59054678, www.planetarium-bremen.de

0148 Theaterhaus Schnürschuh, Bremen

Abwechslungsreich, bewegend, anders

Es gibt reichlich Theater für kleine Kinder: Puppentheater, Märcheninszenierungen und die vielen Freilichtbühnen mit ihrem Kinderprogramm. Schwerer ist es schon, ein Theater zu finden, dessen Programm selbst für ältere Kinder und Jugendliche interessant ist. Deshalb möchten wir hier ausdrücklich auf das Theaterhaus Schnürschuh hinweisen. Bei den Inszenierungen handelt es sich um Stücke mit Themen, die Kinder und Jugendliche direkt ansprechen, bewegen und zum Nachdenken anregen: „Die weiße Rose“ (ab 14 J.), „Das Tagebuch der Anne Frank“ (ab 12 J.), „Die Welle“ (ab 13 J.) und „Wunderzeiten“ (ab 11 J.), ein Stück über Beginn und Wirren der Pubertät, wurden 2008 im Schnürschuh aufgeführt. Daneben gibt es auch Stücke wie „Schnüffler und Co.“ und „Spacemen“ für Kinder ab sechs Jahren. Auch diese lustigen, spannenden und teils lehrreichen Vorführungen für die Kleinen sind weit vom üblichen Standardprogramm der Kindertheater entfernt. Es lohnt, sich über das Programm zu informieren. By the way: “A new English drama group for young people (14+) and adults is coming up at the Schnürschuh Theatre pretty soon.”

Auch etwas für ältere Kinder:
die Stücke im Theater Schnürschuh

Schnürschuh Theaterhaus, Buntentorsteinweg 145, 28201 Bremen
Telefon: 0421/555410, www.schnuerschuh-theater.de

0149 Gehege im Bürgerpark, Bremen

Tiere kennenlernen im Grünen

Zwischen Wasserläufen und weiten Grünflächen, mitten in der wundervollen Parklandschaft des Bürgerparks, stößt der Besucher auf das Tiergehege. Ein Ziel besonders für Familien mit kleinen Kindern. Denn mit der Aussicht,

Tiere sehen und streicheln zu können, lässt sich ein Spaziergang durchaus länger ertragen, ohne ungeduldig zu werden. Angekommen, lernen die Kleinen heimische Tiere kennen, die sie auf Waldspaziergängen kaum unter die Augen bekommen würden. Damwild, Rotwild, Bergziegen, Hasen und Enten, aber auch Schafe, Ziegen, Esel und Alpakas sowie Bentheimer Schweine und so manche Vogelart bevölkern die Volieren und Gehege. Höhepunkt für die Kleinen sind meist die Meerschweinchen und, sofern sie sich streicheln lassen, auch die Ziegen. Anschließend lockt noch der Besuch des Spielplatzes im Bürgerpark. Ein Ausflug, der Spaß macht, lehrreich und gesund ist und zudem umsonst ist.

Begegnungen mit Tieren aus den heimischen Wäldern

Parkplätze an der Parkallee, Parkplätze am Hollersee / Hollerallee
www.buergerpark-bremen.de/erleben/tiergehege

0150 Blindengarten Bremen

Riechen, tasten, fühlen

Der in Knoops Park gelegene, gezielt für Blinde konzipierte Garten ist auch für Kinder eine tolle Sache. Hier können die Kleinen Natur mit all ihren Sinnen kennenlernen. Berühren ist nicht verboten. In 16 verschiedenen Erlebnisbereichen stehen jeweils verschiedene Pflanzen, Gerüche, Blüten und Blätter im Vordergrund. Mehr als 500 verschiedene Pflanzenarten wollen ertastet und erschnuppert werden. Was es alles gibt? Zum Beispiel einen Salbei-Minzegarten, einen mediterranen Bereich, Pflanzen mit rauen und glatten Blättern, aromatische Blätter und Blüten, Pflanzen mit spezieller Rindenbildung, Polsterstauden, verschiedene Knospen, Blüten und Früchte, Nutzpflanzen, Gräser und, und, und. Sicher zu viel, um bei einem Besuch alles zu ertasten.

Außerdem sollten Sie die Geduld Ihrer Sprösslinge auch nicht zu hart auf die Probe stellen. Schließlich kostet ein Besuch im Blindengarten nichts, so dass er sich immer mal wieder für einen Abstecher anbietet. Weil der Garten ausschließlich in Privatinitiative betrieben wird, ist allerdings jede Spende willkommen.

Blindengarten Bremen
Ecke Raschenkampsweg, Ulenweg, 28759 Bremen-St. Magnus
Telefon: 0174/1608149, www.blindengarten-bremen.de

0151 Kindertheater im Kulturzentrum Schlachthof, Bremen

Nachwuchsförderung

Im Herbst und Winter gibt's am Sonntagmorgen auf dem Magazinboden des Schlachthofs was zu erleben. Das Kindertheater entführt schon die ganz Kleinen (ab 3 Jahren) in die aufregende Theaterwelt. Clowns, Zauberer, Schauspieler, Musiker und Puppenspieler sorgen gemeinsam mit ihrem jungen Publikum dafür, dass eine Stunde wie im Flug vergeht. Interaktive Spiele, spannende Geschichten, Rätsel lösen, Zauberkunststücke und anderes wechseln sich ab. Anders als der Parkplatz vor dem Fernseher bezieht das Programm die Kleinen aktiv ein.
Ältere Geschwister können montags beim Theaterlaboratorium für Jugendliche (ab 12 Jahren) mitmachen oder das internationale Jugendtheaterfestival EXPLOSIVE! als Zuschauer besuchen.

Kulturzentrum Schlachthof, Findorffstraße 51, 28215 Bremen
Telefon: 0421/377750, www.schlachthof-bremen.de

0152 BB-Kartbahn, Bremen

Früh übt sich ...

Auf der BB-Kartbahn in Bremen geht es fast schon wie auf einer professionellen Rennstrecke zu: Elektronische Zeitmessung und Computeranalyse; Live-Übertragung auf die Monitore in der Cafeteria mit Rundenzeiten; Rennoveralls, Handschuhe und Helme sowie ausführliche Einweisungen und aufmerksame Rennüberwachung durch erfahrenes Streckenpersonal gehören

zum Standard. 620 kurvenreiche Meter erwarten die kleinen und großen Rennfahrer. Dabei führt die Strecke über zwei Ebenen. Adrenalin pur.
Ab einer Mindestgröße von 1,40 m und einem Mindestalter von acht Jahren dürfen Kids zeigen, ob ein Michael Schumacher in ihnen schlummert. Festes Schuhwerk und die Eltern oder deren Einverständnis sollten dabei sein.

BB-Kartbahn, Cuxhavener Straße 31, 28217 Bremen
Telefon: 0421/385044, www.bb-kart.de

0153 Towabu, Bremen

Affenstark

In einer modernen, 2.500 m² großen, hellen und freundlichen Halle bietet das Towabu die ganze Palette eines guten Indoor-Spielparks. Über 40 Spielgeräte und Spiellandschaften stehen Kindern von 2 bis 14 Jahren zur Verfügung, um sich mal wieder richtig auszutoben. Im Towabu können die Kids ausgiebig rutschen, hüpfen, krabbeln, springen, klettern, spielen und Bobbycar oder Elektrokart fahren. Der sieben Meter hohe Kletterberg mit Riesenrutsche ist nur eine von vielen Attraktionen.
Im Sommer wird zusätzlich das „Outdoor Camp" geöffnet. Deshalb ist der Besuch bei jedem Wetter und zu jeder Jahreszeit empfehlenswert – auch wegen des freundlichen Teams und der Sonderaktionen wie Kinderschminken, Trampolinkurse oder Tischtennisturniere.

Towabu Indoor-Erlebniswelt, Julius-Faucher-Straße, 28307 Bremen
Telefon: 0421/4350200, www.towabu.de

0154 Focke-Museum, Bremen

„Bitte berühren"

Das Focke-Museum ist zunächst einmal das Bremer Landesmuseum für Kunst und Kulturgeschichte mit einer umfangreichen Sammlung, einem schönen Hauptgebäude im Stil der klassischen Moderne, gelegen in einem parkartigen Gelände, mit historischen Nebengebäuden und beträchtlichem Ruf. Darüber hinaus ist es aber auch ein Museum, das sich ganz Spezielles für Kinder einfallen lässt. Familienführungen, Wochenendworkshops,

Museumsbesuch einmal anders: Im Focke-Museum gibt es viel zum Anfassen und Mitmachen

Ferienkurse und Feriensuchspiel, Betreuung von Kindergeburtstagen sowie Fockes Labor richten sich an Kinder und Jugendliche unterschiedlicher Altersstufen. In Fockes Labor werden die jungen Teilnehmer selbst zu Museumslaboranten. Hier wird restauriert, untersucht, mikroskopiert und bestimmt. Die Jungen und Mädchen prägen mit Stempel und Hammer Münzen oder untersuchen Keramikscherben, Knochen und Möbelhölzer. Dabei heißt es dann ausdrücklich: „Bitte berühren."

Focke-Museum
Bremer Landesmuseum für Kunst und Kulturgeschichte
Schwachhauser Heerstraße 240
28213 Bremen, Stadtteil Schwachhausen
Telefon: 0421/699600-0, Aktuelle Ansagen: 0421/699600-62
www.focke-museum.de

0155 Universum Bremen

Abenteuer Wissenschaft

Im Wissenschaftsmuseum Universum kommt ganz bestimmt keine Langweile auf. Über 250 Exponate laden auf 4.000 m² ein, selbst aktiv zu werden. Besonders für Kinder und Jugendliche ist das Science Centrum eine super Sache. Hier können sie eigenständig experimentieren und spielerisch lernen. Die Expeditionen „Mensch", „Erde" und „Kosmos" bieten Lehrreiches, Verblüffendes und Unterhaltung in Hülle und Fülle. Im Kinderbereich „Milchstraße" können junge Besucher von 3 bis 8 Jahren 25 Exponate entdecken. Erst vor einigen Jahren sind der 5.000 m² große Entdeckerpark unter freiem Himmel, die Schaubox mit Sonderausstellungen und Gastronomie sowie der „Turm der Lüfte" hinzugekommen. Von dem 27 m hohen, verdrehten Bauwerk aus hat man nicht nur einen hervorragenden Überblick, sondern hier gibt es auch wieder allerlei zu beobachten und auszuprobieren. Das alles macht richtig Spaß und ist, durch die intensiven Erlebnisse, oft Anlass, sich zu Hause noch weiter über die erlebten Phänomene zu informieren.

Universum Bremen, Wiener Straße 1a, 28359 Bremen
Telefon: 0421/3346-0, www.universum-bremen.de

Niedersachsen

0156 Freilichtmuseum am Kiekeberg, Rosengarten-Ehestorf

Abenteuer Vergangenheit

Mitten im Naturpark Schwarze Berge ist die Zeit stehen geblieben. Hier ist alles immer noch genauso wie vor 200 Jahren. Kein moderner Großstadtluxus, aber dafür ein Leben mit Schweinen und Gänsen auf dem Bauernhof. Gekocht wurde ganz ohne Elektrizität am offenen Herdfeuer, und die Menschen schliefen auf Strohbetten. Im Freilichtmuseum am Kiekeberg haben Kinder freien Eintritt in die Vergangenheit. Auf der zwölf Hektar großen Anlage erleben Sie in 30 historischen Gebäuden, wie sich das Leben der Menschen in der Winsener Marsch und der nördlichen Lüneburger Heide vor vielen Jahren anfühlte. Bei der historischen Zeitreise verkleiden sich die Kinder sogar mit historischen Kostümen und erledigen mit der Bäuerin typische Hofarbeiten.

Im Freilichtmuseum am Kiekeberg wird auch viel gebastelt: Die Sprösslinge werken mit Holz und stellen sogar selbst Kerzen her. Vor 300 Jahren wurden bei Hauseinweihungen die Fensterscheiben bemalt. Aus diesem Grund malen die kleinen Museumsbesucher ebenfalls Kunstwerke auf Glas und nehmen diese als kleine Andenken mit nach Hause. Denn was früher Glück brachte, dient heute als schöne Erinnerung an einen abenteuerlichen Aufenthalt im Jahr 1808!

Freilichtmuseum am Kiekeberg
Am Kiekeberg 1, 21224 Rosengarten-Ehestorf
Telefon: 040/7901760, www.kiekeberg-museum.de

0157 Wildpark Lüneburger Heide, Nindorf-Hanstedt

Tierspurendetektive im Einsatz

Im Wildpark Lüneburger Heide haben kleine Tierdetektive eine schwere Aufgabe: Welche Fußspuren hinterlassen die wilden Tiere? Gar nicht so einfach, daran die unterschiedlichen Waldbewohner auseinanderzuhalten. An Fußspuren kann man so einiges ablesen. Richtig schwer wird es allerdings, wenn man den tierischen Nachwuchs im Wildpark bedenkt. Denn könnte es sein, dass diese kleinen Fußspuren von Mini-Elchen stammen? Ja! Denn im Wildpark Lüneburger Heide gibt es seit Sommer 2008 zwei süße Elchbabys. Die tapsigen Mini-Elche haben superlange Beinchen, und noch besser, als

ihre kleinen Fußspuren zu analysieren, ist es, die beiden live zu erleben. Kleine Wildparkbesucher schließen diese süßen Babyelche sofort in ihr Herz. Vielleicht kommt ja bald noch weiterer Nachwuchs, denn der Wildpark Lüneburger Heide züchtet seit über dreißig Jahren erfolgreich Elche.
Neben den Elchen können die jungen Tierfreunde bei einer Greifvogelshow „Jäger der Lüfte" beobachten und auch Wölfe hautnah erleben. Kein Wunder, dass die Sprösslinge daraufhin unbedingt im „Willi Wildpark Kinderclub" Mitglied werden wollen.

Wildpark Lüneburger Heide, Am Wildpark, 21271 Nindorf-Hanstedt
Telefon: 04184/89390, www.wild-park.de

0158 Salztherme Lüneburg

Quietschgelbe Seeschlange im Soleparadies

Die Salztherme Lüneburg wird auch SaLü genannt – wahrscheinlich, weil sich die kleinen Besucher so schneller den Namen merken können. Denn in diesem Badeland können vor allem Kinder riesige Abenteuer erleben.
Eine 90 Meter hohe Riesenrutsche und eine 3er-Rutsche sind Magneten für die kleinen Abenteurer. Die kleineren Wasserratten finden dafür ganz schnell neue Freunde: Die gelbe Seeschlange „Tribolin" wartet im Kinderplanschbecken auf sie. Auf einer hellblauen Robbe wagen die Sprösslinge einen Ritt, um danach neben einem Riesen-Nemo nach der funkelnden Schatzkiste Ausschau zu halten. Ein besonderes Highlight ist das „Black Hole": ein Rutschspaß mit Kinoprojektionen, Licht- und Farbeffekten, der den SaLü-Besuch zu einem unvergesslichen Ereignis macht.

Salztherme Lüneburg, Kurzentrum Lüneburg, Kurmittel GmbH
Uelzener Straße 1–5, 21335 Lüneburg
Telefon: 04131/723222, www.kurzentrum.de

0159 Kutschfahrt und Ferien auf dem Bauernhof, Lüneburger Heide

Ratter, ratter, ratter!

Wenn dir nach den Loopings im Heidepark Soltau ganz schwindelig ist, dann hilft nur eins: eine gemütliche Kutschfahrt. In der Lüneburger Heide kann man nämlich einiges sehen und erleben. Eine echte Abenteuerfahrt durch

Moorlandschaften, Wiesen, Felder und Flüsse. Dabei wird dir ganz bestimmt nicht langweilig. Im August und September ist der beste Moment, die Heide zu besuchen, denn dann steht sie in ihrer vollen Blüte!
Um diese Landschaft noch besser zu erkunden, kannst du gleich über Nacht bleiben und sogar deine ganzen Ferien auf einem Bauerhof verbringen. In der Scheune schlafen, Kühe melken, Hühner jagen, Schweinchen Babe beobachten und auf dem riesigen Hof Verstecken spielen – na, das klingt doch mal ganz anders als Asphalt und Großstadt! Die kleinen Küken warten schon darauf, von dir gestreichelt zu werden!

Lüneburger Heide, 21335 Lüneburg
www.heideurlaub.de/kutschfahrten

0160 Vogelkieker, Stade

Natur kieken!

Wenn man eine Touri-Tour durch die Großstadt macht, dann wimmelt es nur so von großen Doppeldeckerbussen. Von dort aus kann man nämlich jede Sehenswürdigkeit einer Stadt bewundern, ohne dass die Kinder einen fünfstündigen Fußmarsch absolvieren müssen. Aber warum gibt es eigentlich keine Doppeldeckerbusse, wenn es wirklich etwas zu entdecken gibt? Zum Beispiel die Natur!
Die kleinen Reisenden sind sicherlich mehr an einer Doppeldecker-Naturerlebnisfahrt interessiert als an historischen Kirchen und Museen. Der Verein zur Förderung von Naturerlebnissen hat sich genau das gedacht, und so können Kinder heute von einem Doppeldeckerbus aus die Vogelwelt der Elbmarschen zwischen Stade und Cuxhaven erleben.
„Kieken“ heißt „gucken“ auf Plattdeutsch, und deshalb wurde der Bus „Vogelkieker“ genannt. Biologen erklären den kleinen Naturfreunden die Tier- und Pflanzenwelt. Im Herbst und Frühjahr lohnt sich der Ausflug an die Niederelbe besonders, denn Zugvögel aus Sibirien und Skandinavien machen hier eine kleine Verweilpause auf ihrer Reise in Richtung Atlantik. Im Sommer spielen dann Wiesen- und Wasservögel an der Elbe. Seeadler, Kampfläufer und Säbelschnäbler lassen sich so vom „Vogelkieker“ aus beobachten. Die kleinen Vogelexperten haben Ferngläser an Bord und können anhand ihrer Vogel-Bestimmungstafeln sofort feststellen, um welchen Vogel es sich handelt.

Wer auf den „Kieker“-Geschmack gekommen ist, kann danach auch eine Fahrt mit der „Moorkieker“-Bahn oder dem „Tidenkieker“-Flachbodenschiff machen!

Verein zur Förderung von Naturerlebnissen e. V.
Am Sande 4, 21682 Stade
Telefon: 04141/12561, www.verein-naturerlebnisse.de

0161 Moorland, Stade

Unterwegs mit Moppel

Moppel, das ist die Lorenbahn, die dich sicher durch das ganze Moorland bringt. Die kleine quietschgrün lackierte Diesellok ist schon ein Erlebnis für sich. Unterwegs hält sie auch an, und du kannst dir das Moorgebiet ganz in Ruhe anschauen. Denn das Hochmoor birgt viele Geheimnisse! Natürlich sind Moorlandschaften auch gefährlich, daher musst du gut aufpassen. Die Jagd nach kleinen „Wassermonstern“ kann beginnen! Du kannst Frösche beobachten, barfuß durch das Moor wandern und an der Torfbank jahrhundertealten Torf in den Händen halten. Am Ende der Fahrt geht es auf sicherem Weg vorbei an fleischfressenden Pflanzen und tiefen „Moorlöchern“.

Kinder entdecken die Geheimnisse des Hochmoors

Verein zur Förderung von Naturerlebnissen e. V.
Am Sande 4, 21682 Stade
Telefon: 04141/12561, www.landschaftsverband-stade.de

0162 Fuxis Spiel- und Sportscheune, Neu Wulmstorf

Im Trampolinland

In der Spiel- und Sportscheune in Neu Wulmstorf können Kinder vor allem eines: ganz hoch in die Luft springen. Denn hier wartet eine 16-Feld-Trampolinanalage auf die sportlichen Kids. Hüpfen, Saltos drehen oder sich einfach mal fallen lassen, macht in der Indoor-Anlage extrem viel Spaß. Besonders bei schlechtem Wetter ist das Spielparadies eine exzellente Lösung. Auf den mehr als 3.000 m^2 fühlen sich die Steppkes auch nicht eingeengt, und wenn sie auf dem riesigen Sandspielplatz nach Lust und Laune Burgen bauen, vergessen sie ganz schnell, dass es sich nicht um einen Spielplatz handelt.
Wer sich so richtig austoben will, rutscht direkt in den Ballpool oder versucht sich in den Mini-Autos als zukünftiger Schumacher. Weitere Abenteuer erwarten die Kinder in Fuxis Spiel- und Sportscheune an der steilen Kletterwand und auf dem Hüpfberg. Eines ist klar: Bei diesem Programm kommt garantiert keine Langeweile auf, und Fuxi wird schnell zum besten Freund der kleinen Besucher.

Fuxis Spiel- und Sportscheune GmbH & Co. KG
Bei der Lutherkirche 21, 21629 Neu Wulmstorf
Telefon: 040/7005803, www.fuxis.de

0163 Kidsplanet Harsefeld

Einmal auf dem Kinderplaneten landen

Intergalaktisch angelegt ist der Kidsplanet in Harsefeld, denn wie der Name schon sagt, zeichnet diesen Planeten vor allem eines aus: Er ist nur von Kindern bewohnt. Diese hatten anscheinend auch viel zu sagen bei der Entstehung, denn der Kidsplanet hat alles, was das Kinderherz begehrt: Riesige Hüpfburgen, Trampoline und Rutschen sind einzig und allein für Kinder geschaffen, denn auch auf einem fernen Planeten wollen die Kleinen nur eines: spielen und toben ohne Ende.
Ganz besonders spacig wird es bei den „Nächten im Weltall“. Die Jungen und Mädchen können dann im Kidsplanet eine ganze Nacht verbringen und sich auf überirdische Abenteuer gefasst machen. Nachts träumen die kleinen

Raumfahrer dann vom Indoor-Soccer, vom Air-Hockey oder von der Formel-1-Elektro-Kartbahn.

Kidsplanet Harsefeld, Im Sportpark Harsefeld
Jahnstraße 17, 21698 Harsefeld
Telefon: 04164/81940, www.kidsplanet.tv

0164 Spiel- & Spaß-Scheune Otterndorf

Otti Otter und die Sandburgen

In Otterndorf verhält es sich wie in den meisten anderen Städten: Manchmal spielt das Wetter nicht so ganz mit. Vor allem für die Kleinen ist dies eine absolute Katastrophe, denn schließlich wäre es doch so schön, das ganze Jahr über Sandburgen zu bauen, um dann im Sommer am Strand vielleicht einen Preis für die allerschönste und originellste Burg zu gewinnen. Otti Otter macht jetzt Schluss mit der schlechten Laune an Regentagen und lädt die Minis ein in die Spiel- und Spaß-Scheune Otterndorf. Hier gibt es den ersehnten Indoor-Sandspielbereich, aber auch viele andere Attraktionen, die Kinderaugen strahlen lassen.
In Otterndorf kann man nicht nur Burgen bauen, sondern auch Tischfußball, Billard oder Airhockey spielen. An manchen Tagen erlaubt sich Otti Otter einen Riesenspaß, und dann läuft man schon mal ganz vielen Kindern im Bademantel über den Weg! An diesen Aktionstagen ist der Eintritt frei, und die kleinen Sportskanonen dürfen sich nach Lust und Laune auf dem Kletterberg oder auf der Trampolinanlage austoben. Sollte das Wetter doch mal zusagen, warten draußen eine Minigolfanlage und Tennisplätze auf die kleinen Otti-Fans.

Spiel- & Spaß-Scheune Otterndorf
Norderteiler Weg 2a, 21762 Otterndorf
Telefon: 04751/919676, www.spiel-und-spass-scheune.de

0165 Natureum Niederelbe, Balje/Neuhaus

Urzeit an der Elbe

Was ist ein Natureum? – Ein Museum voller Natur. Um genau zu sein, eine ganze Museumsinsel. Dort, wo der Nebenfluss Oste in die Elbe mündet, ist

nämlich ein einzigartiges Biotop entstanden, und es warten jede Menge Erlebnisse auf die kleinen Besucher.
Zuerst werden die Kids in die Urzeit entführt und suchen im Gestein nach Spuren von Meeressauriern. Danach geht es zum „Sammeln und Jagen“ ganz wie bei Fred Feuerstein! Wie haben die Menschen wohl früher gekocht? Hier kann man mal ausprobieren, an einem offenen Feuer eine Mahlzeit zu kochen. Danach schnitzen die kleinen Jäger mit Feuersteinklingen einen Zauberstab. Hokuspokus! Und schon sind die Kinder mitten in einer spannenden Schatzsuche. Es geht darum, Bernstein, das Gold der Küste, zu finden. Keine Angst, wer suchet, der findet, und so hat am Ende jedes Kind einen glänzenden Bernstein bearbeitet und darf ihn mit nach Hause nehmen.
Nun wartet eine ganz besondere Aufgabe auf die kleinen Abenteurer: Die Küstentiere im Ausstellungshaus müssen gefüttert werden; darunter sind Brillenkaimane und Wasserschildkröten – aber auch Schlangen! Weiter geht es zu Stationen, an denen Modelle die Gezeiten und sogar den Einfluss der Sturmflut auf die Unterelbe erklären. Jetzt entscheiden die kleinen Profis selbst, ob ein Sturm in Sicht ist oder ob sie bereit sind, an Bord der „Mocambo“ zu gehen. So lässt sich die Ostemündung auch mal vom Schiff aus betrachten. Wildvögel im Watt, Gänseschwärme und Seehunde, die sich in der Sonne räkeln, kann man so ganz gemütlich beobachten.

Natureum Niederelbe, Neuenhof 8, 21730 Balje/Neuhaus (Oste)
Telefon: 04753/842110, www.natureum-niederelbe.de

0166 Die KinderUniversität, Oldenburg

Herr Professor! Was ist eigentlich Wissenschaft?

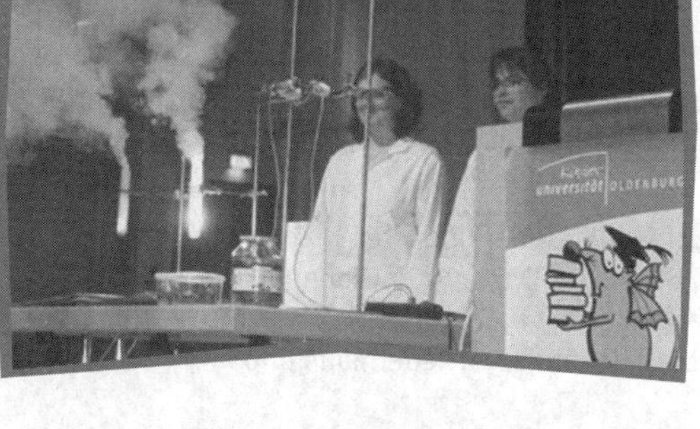

Mit spannenden Experimenten macht das Lernen doch gleich doppelt so viel Spaß!

Schule kann ja so langweilig sein! Immer die gleichen Fächer! Dabei gehen die echten Studenten an den Universitäten allem immer ganz genau auf den Grund. Sie analysieren jede Einzelheit

und beschäftigen sich so richtig lange mit einem Thema. Wenn du schon immer einmal einen Hörsaal von innen sehen wolltest, dann musst du unbedingt zur KinderUniversität in Oldenburg. Dort stehen echte Professoren vor dir, und du studierst, statt zu lernen. Das ist viel aufregender!
Wie in der echten Uni gibt es Institute, Vorlesungen und Semester. „Wie kommt Licht in die Welt?“ lernst du im Institut für Physik, und die Musik-Professorin erklärt, wie eine Oper entsteht. Du möchtest mal Lehrer werden? Kein Problem! An der KinderUniversität kannst du auch studieren, wie Unterricht Spaß macht! Nach diesen vielen Seminaren kannst du deinen Lehrern in der Schule zur Abwechselung auch mal etwas beibringen!

KinderUniversität Oldenburg
Carl von Ossietzky Universität Oldenburg, 26111 Oldenburg
Telefon : 0441/798-5446, www.uni-oldenburg.de/kinderuni/

0167 Fledermauswanderung Oldenburg

Batman spielen mit Vampirfledermäusen

Obwohl mit Fledermäusen meistens Negatives verbunden wird und sie sofort gruselige Assoziationen à la Graf Dracula hervorrufen, finden Kinder diese Tierchen überaus spannend und sympathisch.
Bei einer Nachtwanderung im Oldenburger Schlossgarten kommen alle kleinen Batman-Fans auf ihre Kosten und können die mysteriösen Tiere beobachten. Die fliegenden Säugetiere sind vom Aussterben bedroht und finden im Schlossgarten mit seinem alten Baumbestand und den Wasserflächen einen Lebensraum. Hier können die Fledermäuse in aller Ruhe nach Insekten jagen. Die Kinder zeigen bei ihrer Nachtwanderung vor allem Interesse für das Ultraschall-Echosystem der Fledermäuse. Die nachtaktiven Tierchen haben nämlich eine sehr intelligente Lösung, um im Dunkeln auf Insektenjagd zu gehen: Sie erkennen am Echo ihrer hohen Töne, ob ihre Beute in der Nähe ist. Für kleine Fledermausforscher stehen spezielle „Bat-Detektoren“ zur Verfügung, die während der spannenden „Bat-Night“ die Ultraschalltöne der Fledermäuse hörbar machen.

Fledermausfest für Kinder und Eltern
NABU-Oldenburg, Schlosswall 15, 26122 Oldenburg
Telefon: 0441/25600,
www.nabu-oldenburg.de/projekte/fledermaus.php

0168 Landesmuseum Natur und Mensch, Oldenburg

Steinzeit zum Anfassen

Eine immense Steincollage wartet im Eingang des Landesmuseums Natur und Mensch auf die Kinder. Hier lernen Sie Mineralien und Steine auf eine kreative Art kennen, denn die Installation „fließender Steine“ darf angefasst werden und ist in Bewegung. Die vielen unterschiedlichen Steine schweben über den Köpfen der kleinen Museumsbesucher und zeigen auf ungewöhnliche Weise die Bedeutung von Steinen. Nicht umsonst heißt es „Steinzeit“: Die Menschen stellten damals ihre Jagdwaffen und Werkzeuge aus Stein her. Alles erinnert in Oldenburg an eine moderne und kreative Kunstinstallation – das Besondere daran ist, dass im Museum vor allem Kindern viel geboten wird. Viele Exponate dürfen berührt werden, denn Interaktion im Museum macht den kleinen Forschern extrem viel Spaß. Neben den Mineralien und Steinen können die Jungen und Mädchen in den Dauerausstellungen der niedersächsischen Landschaften Moor, Geest, Küste und Marsch etwas lernen – und zwar auf spannende Art und Weise. So erleben sie im Moor Abenteuer inmitten von fleischfressenden Pflanzen, geheimnisvollen Moorfunden und gar Moorleichen. An einer anderen Station hören sie Vogelgesang und kommen an Skeletten vorbei. Zwischendurch können die Kids auch Dinge unter dem Mikroskop genauer unter die Lupe nehmen oder Versteinerungen aus Gips herstellen.

Landesmuseum Natur und Mensch, Damm 38–44, 26135 Oldenburg
Telefon: 0441/9244300, www.naturundmensch.de

0169 Tier- und Freizeitpark Thüle

Schaukeln wie ein Gibbon-Äffchen

Der Gibbon ist der kleinste Menschenaffe. Im Tier- und Freizeitpark Thüle kommen Affen ganz groß raus – vor allem die Gibbons. Kinder verharren lange vor der Gibbon-Insel, denn hier lassen sich die Äffchen wunderbar beobachten. Die kleinen Besucher hören, wie die Gibbons schreien, um ihr Revier zu verteidigen, und beobachten, wie sich die Tiere geschickt von Ast zu Ast schwingen. Dabei nutzen die Äffchen ihren ganzen Körper zur Steuerung – denn sie haben keinen Schwanz.

Danach möchten die kleinen Besucher des Tierparks selbst mal hoch oben durch die Lüfte schwingen. Nebenan im Freizeitpark Thüle ist das möglich; ob in der Drachen-Achterbahn, auf der Kometen-Schaukel oder in der dreistöckigen Fun-Park-Kletter-, Rutsch- und Abenteueranlage – hier können die Kinder toben und schaukeln wie die quirligen Äffchen.

Tier- und Freizeitpark Thüle, Über dem Worberg 1, 26169 Friesoythe-Thüle
Telefon: 04495/255, www.tier-undfreizeitparkthuele.de

0170 Tier- und Freizeitpark Jaderberg

Vier Wünsche in einem

Im Jaderpark gibt es nicht nur Spiel, Spaß und Spannung – wie beim Überraschungsei –, sondern auch noch einen Zoo. Tierpark, Abenteuerpark, Spaßpark und Freizeitpark in einem. Eine vielversprechende Mischung, die vor allem die kleinen Besucher freut, die an einem Tag in vier verschiedene Welten eintauchen können.

Ein kleiner Steppke schließt Freundschaft mit einem Alpaka

Angefangen hat alles mit einem Zoo, und dort ist auch die derzeitige Hauptattraktion des Jaderparks zu finden. Sie hat trotz ihrer jungen Jahre einen ganz schön langen Hals – Giraffenbaby „Jami“ lässt jedes Kinderherz schneller schlagen, wenn sie tapsig neben den großen Giraffen im Gehege auf und ab läuft. Neben dem Giraffenjungen kann man im Tierpark auch Zebrafohlen und kleine Kängurus bewundern. Im Freizeitpark befinden sich Attraktionen wie Karussells, Scooter, Achterbahn und Trampoline. Dabei müssen Sie sich keine Sorgen um die ganz Kleinen machen, denn im Jaderpark wird nicht nur der schnelle Adrenalinkick gesucht – hier ist alles speziell für Kinder eingerichtet: Kinder-Riesenrad, Hochbahn und auch Wellenrutsche bringen den Kleinen also nur Spaß und machen ihnen keine Angst.

Lustige Rundboote, eine Afrika-Anlage und der Jade-Express sorgen im Abenteuerteil des Parks für Spaß bei den Kindern. Sollte das Wetter mal nicht zusagen, können die Kleinen im überdachten Spielparadies für Kinder toben und in Tausenden von bunten Bällchen Verstecken spielen.

Tier- und Freizeitpark Jaderberg, Tiergartenstraße 69, 26349 Jaderberg
Telefon: 04454/91130, www.jaderpark.de

0171 Piratenamüseum, Wilhelmshaven

Ahoi für Lesepiraten!

Müssen Piratenfans eigentlich immer nur wild und böse sein? Im Piratenamüseum in Wilhelmshaven erlebt man kleine Seeräuber mal von einer ganz anderen Seite. Denn hier wartet auf die Kinder eine Piraten-Fachbibliothek mit über 1.000 Büchern. Vor allem „Die Schatzinsel" von Robert Louis Stevenson ist im Piratenmuseum beliebt, und bei den 250 Exemplaren müssen sich die Lesepiraten auch nicht um ein Buch streiten.
Das Piratenamüseum bietet aber auch weitere Möglichkeiten zum Amüsement. Hier warten in der Spielecke Piratenschätze aus aller Welt auf die Kleinkinder. Hinter den geheimnisvollen Türen des Piratenamüseums verbergen sich Überraschungen rund um die aufregende Welt der Seeräuber. Nachdem die Kinder genug über die Geschichte der Freibeuterei erfahren haben, können sie eine Floßfahrt wagen – ohne dabei ein Schiff zu kapern.

Piratenamüseum, Ebertstraße 88a, 26382 Wilhelmshaven
Telefon: 04421/409779, www.piratenmuseum.de

0172 Oceanis, Wilhelmshaven

3D-Unterwasserabenteuer

Im hochmodernen Oceanis erkunden Kinder die Unterwasserstation wie auf einer Weltraumreise. Ständige Begleiter bei der Tour durch die Tiefen der Ozeane sind 3D-Brillen. Dadurch sieht jeder kleine Besucher aus wie ein kleiner Forscher. Im Oceanis werden die Kids auch gerne mal „Aquanauten" genannt. Schimmernd blaues Licht, Nebelschwaden und Spezialeffekte sind ständige Begleiter bei der Reise in die Unterwasserwelt.

Aber was macht man eigentlich in der virtuellen Unterwasserstation Oceanis zwischen Weltraumatmosphäre und der Faszination des Meeres? Zuerst bringt ein 3D-Erlebnisfahrstuhl die kleine Forschungstruppe 100 m unter die Meeresoberfläche. Dort warten auf die Kinder zahlreiche Forschungsstationen, die dazu einladen, mehr über die Geheimnisse des Meeres zu erfahren. Hier lernt der Nachwuchs alles zu Unterwasservulkanen, Seeungeheuern, den Klimawandel und die Entstehung der Tsunamis. Multimedial und Mikroskopisch werden hier alle Mythen der Meere untersucht, bevor die Kinder sich am Kommandopult als Kapitän und Copilot versuchen. Im Maschinenraum mischt sich die Faszination der unerforschten Tiefen der Ozeane mit einer Bewunderung der interaktiven technischen Exponate. Alle Kinder, denen das Schiffsinnenleben auf den ersten Blick zu kompliziert erscheint, können auf Knopfdruck Informationen von Willi, dem sprechenden Fisch, abrufen. Der Audioguide begleitet die Besucher durch die Ausstellung und erklärt ihnen die Meersphänomene. Am Ende der Unterwasserreise wartet im Oceanis-Jet ein echtes 4D-Abenteuer auf die kleinen Meeresforscher: Eine stürmische Fahrt vorbei an U-Booten, Seeungeheuern, Stürmen und Gewittern hinterlässt bei den Kindern einen bleibenden Eindruck von ihrer spannenden Space-Meeresreise.

Oceanis AG, Bontekai 63, 26382 Wilhelmshaven
Telefon: 04421/755055, www.oceanis.de

0173 Störtebeker Park, Wilhelmshaven

Umwelt schützen und Pirat spielen!

Auch eine Eisenbahn fährt im Störtebeker Park

Eine Piratenstadt ganz für Kinder. Das gibt es in Wilhelmshaven, wo um 1400 ein Pirat namens Störtebeker wohnte. Im Störtebeker Park ist nämlich alles vier Mal kleiner als im wahren Leben. Das historische Rathaus oder auch die Sibetsburg sind nur für Kinder geschaffen. Im Park wartet auf die kleinen Besucher eine spannen-

de Schatzsuche. Danach flüchten die Seeräuber über den Spielteich und entkommen bei einer Floßfahrt. Erwachsene würden in diese kleine Piratenwelt nicht hineinpassen!
Das Besondere am Störtebeker Park ist, dass die kleinen Piraten bei ihrer Schatzsuche für Fragen des Umweltschutzes sensibilisiert werden. Der Piratenpark ist nämlich in erster Linie ein Lernpark. Der moderne Umweltschutzgedanke wird den kleinen Seeräubern anhand von Solaranlagen, Regenwasserreservoir und Grasdächern nähergebracht. So haben die Kinder am Ende nicht nur den Schatz gefunden, sondern auch ihr Umweltbewusstsein geschärft.

Störtebeker Park
Freiligrathstraße 426 (am Kreuzelwerk)
26386 Wilhelmshaven
Telefon: 04421/64954
www.nordwestreisemagazin.de/stoertebekerpark/

0174 Mit dem Raddampfer von Carolinensiel nach Harlesiel

Komm an Bord!

„Moin, Moin!“, so begrüßt man sich in Ostfriesland. Auf der „Concordia II“ heißt es zusätzlich „Schiff Ahoi!“, wenn für die Kleinen die Abenteuerreise zwischen Carolinensiel und Harlesiel beginnt. Der Nachbau des Raddampfers ist nämlich genau das Richtige für alle zukünftigen Kapitäne.

Leinen los! Mit dem Radampfer nach Harlesiel

Genug Seeluft haben die Kinder zuvor im Deutschen Sielhafenmuseum in Carolinensiel geschnuppert. Dort haben sie sich schon mal zu Lande darauf vorbereitet, wie ein Leben an der Küste aussieht. Dabei haben die zukünftigen Seefahrer etwas über die Geschichte der Siele und Häfen gelernt und wissen auch über den Deichbau bestens Bescheid. Beim Bewundern der antiken Schiffsmodelle haben die Kleinen so richtig Lust bekommen, auch mal selbst auf hoher See zu sein.

Das absolute Highlight für die Kinder war allerdings das alte Kapitänshaus. Wow! Nun können sie sich so richtig vorstellen, wie eine Kapitänsfamilie lebt. Inmitten von ostfriesischen Fliesen haben sich die Kinder anhand von Reiseandenken aus zwei Jahrhunderten die Abenteuerreisen der Kapitäne ausgemalt. Gleich nebenan sind sie sogar in eine echte Seemannskneipe gegangen.

Aber das Leben an Land ist für die Kleinen nicht spannend genug; denn schließlich wäre ein Besuch an der Küste nichts wert ohne eine Schiffsfahrt. Auf der „Concordia II“ stechen sie dann endlich in See. Sie fahren an der Friedrichsschleuse vorbei mit einer Klappbrücke im holländischen Stil. Hier können sie beobachten, wie Segelschiffe bis zum Museumshafen im Zentrum von Carolinensiel durchfahren.

Vorbei an bunten Strandkörben und am ostfriesischen Strand können die Kinder ihre Raddampferfahrt in vollen Zügen genießen und nicht nur davon träumen.

Ostfriesische/Friesische Nordseeküste
Reederei Albrecht, Friedrichsschleuse 3a, 26409 Carolinensiel
Telefon: 04464/9429741, www.reederei-albrecht.de

0175 Nationalpark-Haus Carolinensiel

Ebbe und Flut mit Wattwurm Willi erleben

Wusstest du, dass Strandkrabben seitwärts laufen, um im Watt schneller voranzukommen? Vielleicht solltest du das bei der nächsten Wattwanderung einmal ausprobieren! Im Nationalpark-Haus Carolinensiel lernst du aber vorher Willi, den Wattwurm, bei einem Musiktheater kennen. Er und seine Freunde haben sich dem „Pulsschlag des Meeres“ – Ebbe und Flut – angepasst und leben im Wattenmeer.

Im Haus Carolinensiel erfährst du alles über Gezeiten, Nordsee und Willis Freunde und darfst dabei alle Spiele rund ums Wattenmeer ausprobieren. Dann kannst du bei Flut mit einem historischen Segelkutter fahren und bei Ebbe einen Watt-Erlebnis-Ausflug unternehmen. Da triffst du sicherlich auf Wattwurm Willi, aber auch auf seine Wattkameraden: die Herzmuscheln, Austernfischer und andere lustige Wattbewohner.

Nationalpark-Haus Carolinensiel
„Alte Pastorei“, Pumphusen 3, 26409 Wittmund-Carolinensiel
Telefon: 04464/8403, www.wattwelt.de

0176 Mamburger Maislabyrinth, Stedesdorf

Mais mal ganz anders

Mais ist sehr lecker. Aber hast du schon mal daran gedacht, dass man auch mal etwas anderes damit machen könnte, als daran zu knabbern? Im Juli, wenn die Maisfelder sehr hoch werden, kann man wunderbar darin spielen. Denn in Stedesdorf wachsen sie zu einem Labyrinth zusammen.

In diesem Irrgarten voller Mais kannst du nicht nur Verstecken spielen, sondern auch ein spannendes Rätsel lösen. Im Mamburger Maislabyrinth warten ganze 18 verschiedene Stationen auf dich, und du musst sie alle finden. Denn jede Station birgt eine Zahl. Wenn du alle versteckten Zahlen addierst, bist du der Lösung ganz nahe und kannst dann beim Maislabyrinth-Gewinnspiel mitmachen! Und wie bei jedem echten Gewinnspiel warten echte Preise auf dich und nicht nur Maiskolben. Natürlich kann es passieren, dass du dich in diesem ganzen Mais mal verläufst, aber kein Grund zur Panik – Irren ist menschlich!

Im und um das Maislabyrinth kann man prima spielen

Nach diesem Alice-im-Maisfeld-Abenteuer hast du vielleicht Lust weiterzuspielen. Auf einem Abenteuerspielplatz kannst du in einem Riesensandkasten dein eigenes Labyrinth entwerfen oder dich in einer Heuballenhöhle verstecken. Wer genug davon hat, sich durch Labyrinthe zu kämpfen, kann auch Bobby-Car fahren oder auf einem Riesentrampolin ganz weit nach oben springen.

Solltest du immer noch nicht genug Mais gekostet haben, dann musst du die Nachtwanderung mit Fackellauf auf jeden Fall probieren! Das Maislabyrinth ist während der Sommerferien geöffnet.

Mamburger Maislabyrinth
Mamburger Straße 7, 26427 Stedesdorf
Telefon: 04971/912321, www.mamburger-maislabyrinth.de

0177 Wasserskilift Hooksiel

Coole Kids auf dem Wakeboard

In Hooksiel kriegen Teenies die Anleitung zum Coolsein praktisch mitgeliefert, denn was könnte wohl einen größeren Coolness-Faktor besitzen als Wakeboardfahren? Die mutigen Jungen und Mädchen werden ganz sanft herangeführt an diesen aufregenden Sport, bei dem man locker in die Knie geht und somit jede Kurve lässig meistert.
Los geht's mit dem Paarskifahren, denn auf zwei Skiern ist es einfacher, sein Gleichgewicht zu halten und nicht sofort ins Wasser zu fallen. Wenn man nun ganz problemlos seine Runden im Wasserskilift Hooksiel drehen kann, ist es an der Zeit, zum Monoski zu wechseln. Hierbei ist der Start schon ein wenig schwieriger, denn die Teenies müssen sich mit einem Fuß abstoßen. Dieser schleift einige Meter durch das Wasser, bevor man endlich mit zwei Beinen auf einem Brett steht und seine Balance gefunden hat. Hierbei kann man schon so richtig Lust aufs Wakeboard bekommen!
Die richtig coolen Kids wagen sich auf ein Wakeboard und legen einen gekonnten Sprungstart hin. Nachdem sie genug geübt haben, können sie vielleicht sogar am „Niedersachsen Wakeboard Cup" teilnehmen, der in Hooksiel stattfindet.

Wasserskilift Hooksiel GmbH, An der Werft 1, 26434 Hooksiel
Telefon: 04425/990180, www.wasserski-hooksiel.de

0178 Langeoog für Kids

Welche drei Sachen würdest du mit auf eine einsame Insel nehmen?

Wie wäre es mit Spaß, guter Laune und Badesachen? Langeoog ist eine Insel, glücklicherweise nicht ganz so einsam – oder doch? Auf Langeoog wartet nämlich eine riesige Überraschung auf dich. Die 12 km lange und 4 km breite Ostfriesische Insel ist autofrei! Kannst du dir eine Insel vorstellen ohne Autogeräusche, ohne Hupen und ganz ohne Abgase? Es gibt aber Ausnahmen, denn Sicherheit geht vor, und Rettungs- und Feuerwehrwagen dürfen die Straßen entlangsausen. Die autofreie Insel hat allerdings Alternativen zur Fortbewegung. Du kannst die Inselbahn nutzen oder mit E-Karren – das sind

Elektrofahrzeuge, die mit Batterien betrieben werden – die Stadt erkunden. Trotz allem ist der Verkehr geregelt, und man muss sich genauso wie überall an die Straßenverkehrsordnung halten. Vergiss also nicht, links und rechts zu schauen, wenn du die Straße überqueren möchtest. Schließlich gibt es sehr viele Fahrradfahrer.

Urlaub auf der Insel für die ganze Familie

Langeoog hat rund 2.100 Einwohner, 245 davon sind Kinder. Wenn du mit dem Fahrrad unterwegs bist, dann solltest du unbedingt zum Wasserturm, dem Wahrzeichen der Insel fahren.

Auf dem 14 km langen Sandstrand in Langeoog gibt es viel zu erleben: Sport, Spiel und Action. Der Bade- und Burgstrand ist reich an Schaukeln, Wippen, Rutschen und Reckstangen. Dazu schmücken viele bunte Strandkörbe den Strand. Na, klingt das nicht nach einem aufregenden Kinderparadies?

26465 Langeoog, www.langeoog-kids.de

0179 Ocean Wave, Norddeich

Auf der perfekten Welle schwimmen

Wie ein riesiges Schiff wirkt das Gebäude des Ocean Wave – die Fahnenmasten, die Kommandobrücke und die Bullaugen. Kinder haben allerdings nur Augen für eines: eine Riesenrutsche, die wie ein roter Leuchtturm das Ocean Wave schmückt. In 101 Metern Höhe springen sie dann abenteuerlustig in die Riesenrutsche und lassen sich in den Kurven nach rechts und links schaukeln. Die kleinen Wasserratten können es kaum abwarten, oben zu sein und wieder und wieder hinunterzurutschen.

Neben der Riesenrutsche erwartet die Kinder noch eine weitere Überraschung: Wellen ohne Ende! Das Ocean Wave heißt nämlich nicht umsonst so. Ganz wie am Ozean kann man hier auf Wellen schwimmen, die bis zu 80 cm hoch sind. Auf dem Schwimmbrett kann man dann nachempfinden, wie sich die großen Surfer in den Weltmeeren fühlen. Meeresgefühle kommen zusätz-

lich auf, wenn man bedenkt, dass man im Ocean Wave in echtem Nordseewasser planscht!
Apropos planschen: Ein großes Kinderplanschbecken lädt die ganz Kleinen mit ihren Schwimmflügeln zum Spielen ein.

Ocean Wave, Dörper Weg 23, 26506 Norddeich
Telefon: 04931/986300, www.ocean-wave.de

0180 Kartbahn Brookmerland, Upgant-Schott

Düsen wie Schumi!

Wussten Sie, dass Michael Schumacher seine Rennsportkarriere auf der Kartbahn begonnen hat? – Ihre Sprösslinge müssen ja nicht gleich vom Kartsport in den Motorsport wechseln. Aber eins ist sicher: Kartfahren macht unglaublich viel Spaß – Formel 1 hin oder her!
Aus diesem Grund dreht sich auf der Kartbahn Brookmerland alles um PS. Hier bekommt jeder Schumi die passenden Pferdestärken – je nach Alter und Erfahrung. Natürlich werden den Kindern die Regeln des Kartsports erklärt und Helmchen aufgesetzt, denn Sicherheit geht natürlich vor Geschwindigkeit. Und schon kann das aufregende Kartrennen beginnen!
Im Brookmerland erfreut sich das Kartfahren immer größerer Beliebtheit. Kein Wunder bei den Dauer-Formel-1-Siegen von Michael Schumacher! Deshalb ist die Anlage immer größer geworden, und die Bahn ist heute 600 Meter lang. Profitiert haben auch die ganz Kleinen vom Kart-Boom, denn nebenan ist 2007 ein Kinderspielhaus entstanden. So können die Dreikäsehochs auf Trampolinen, im Kletterturm oder in den drei Hüpfburgen herumspringen oder auf der Verkehrsübungsbahn trainieren, bevor das Kartabenteuer beginnt.

Kartbahn Brookmerland, Hansestraße 23, 26529 Upgant-Schott
Telefon: 04934/498700, www.kartbahn-ostfriesland.de

0181 Insel Norderney

Die große Robbenschau

Ein kleiner Ausflug nach Norderney lohnt sich besonders für Kinder. Auf der Insel kann man nämlich an bestimmten Buchten unabhängig von Ebbe und

Flut immer baden und am Wasser spielen. Schließlich ist die Zeit am Meer viel zu kurz, um an Sonnentagen nicht pausenlos schwimmen zu können. Norderney bietet kilometerlange Sandstrände. Wetten, dass Ihre Kinder hier die schönsten Sandburgen bauen werden? Wenn die kleinen Wasserratten nach dem vielen Planschen auch mal Lust haben, Seeräuber zu spielen, wartet der Piratenspielplatz am Weststrand auf sie. Kleine Fahrradfans freuen sich über 80 km befestigte Radwanderwege. Dabei erkunden die Kinder die Natur der Insel mit ihrer einzigartigen Dünenlandschaft. Sollte das Wetter mal nicht so zusagen, können die Kids im Kinderspielhaus „Kleine Robbe" basteln, malen und spielen. Natürlich werden die Sprösslinge dabei vor allem von süßen Seehunden träumen, die man auf Norderney sehen kann. Mit etwas Glück haben die Kinder bereits bei Ihrer Ankunft mit der Fähre ein paar niedliche Robben bei ihrem Sonnenbad entdeckt. Am Ostende der Insel haben die Seehunde ein Wrack zum Spielplatz umfunktioniert. Am aufregendsten für die Kinder ist allerdings eine Ausflugsfahrt mit dem Boot zu den Seehundbänken. Dort sehen sie die Seehunde majestätisch positioniert beim Sonnenbaden. Die Robben sind eigentlich solitäre Tiere, und nur auf den Sonnenbänken bilden sie sich eine Gruppe, um Gefahren besser einschätzen zu können. Trotzdem rücken sie sich nicht auf die Pelle, und so liegen sie ziemlich gleichmäßig verteilt auf den Sandbänken.

Robben beim Relaxen

Stadt Norderney, Am Kurplatz 3, 26548 Norderney
Telefon: 04932/9200, www.norderney.de

0182 Wattwanderung, Baltrum

Krabbenjagd auf Baltrum!

Die kleinste bewohnte Nordseeinsel – liebevoll auch „Dornröschen der Nordsee" genannt – ist besonders für kleine Besucher ein unvergessliches Erlebnis. Vor allem, wenn sie die Insel zu Fuß bei einer Wattwanderung erreichen.

Die nur 5 km lange und rund 1,5 km breite Insel ist auch die Insel der „kurzen Wege". Straßennamen existieren auf der Insel überhaupt nicht, die Häuser werden in chronologischer Reihenfolge einfach durchnummeriert. Natürlich ist auf dieser kleinen Insel auch kein Platz für Autos – aber umso mehr für wissenshungrige Kinder!
Während der Wattwanderung erfahren die Sprösslinge Wissenswertes über Pflanzen, Küstenvögel und Muscheln. Sie können auf Krabbenjagd gehen und entdecken, wenn sie Glück haben, sich paarende Strandkrabben: oben das kleine Krabbenmännchen, unten auf dem Rücken das große Weibchen. Die Wanderung dauert rund 2 Stunden und ist sicherlich ein unvergessliches Erlebnis.
Auf dieser Wanderung erfahren Sie viel Wissenswertes über den Nationalpark Niedersächsisches Wattenmeer und erleben einen schönen Tag auf der Insel Baltrum, bevor es mit einer Fähre oder einem Kutter zurück auf das Festland geht.

Kurverwaltung Nordseeheilbad Insel Baltrum
Rathaus, Haus Nr. 130, 26579 Baltrum
Telefon: 04939/80-0, www.baltrum.de

0183 Campener Leuchtturm

Traumberuf Leuchtturmhilfswärter?

Ja! Auf dem höchsten Leuchtturm Deutschlands wird ausgebildet. In 65 Meter Höhe können Kinder eine Prüfung zum „Leuchtturmhilfswärter Leuchtturm Campen" ablegen. Seit 1892 zeigt der rot-weiße Leuchtturm der Schifffahrt auf der Ems die Wege nach Emden, Leer, Papenburg und Delfzijl. Gar nicht so einfach, der Job eines Leuchtturmwärters! Allzu oft wird man vom tollen Ausblick über die Krummhörner Küste, auf die Insel Borkum und auf die Niederlande abgelenkt. Ganze 300 Stufen muss man steigen, um den Leuchtturm zu erklimmen.
Für Jungen und Mädchen, die Leuchtturmhilfswärter werden wollen, heißt es deshalb: Volle Konzentration! Die „Lehrlinge" müssen Rätsel lösen und spannende Fragen rund um den Leuchtturm beantworten. Haben sie die Prüfung erfolgreich bestanden, erhalten sie eine schöne Urkunde mit dem Stempel des Campener Leuchtturms.

Nicht weit entfernt, in Pilsum, befindet sich übrigens der kleinste Leuchtturm Deutschlands – falls die kleinen Leuchtturmshilfswärter ihre Arbeitsstelle wechseln möchten ...

Campener Leuchtturm, Am Leuchtturm, 26736 Krummhörn (Campen)
Telefon: 04923/916150, www.greetsiel.de

0184 Gezeitenland Borkum

Surfen wie im Meer

Die Nordsee, das Wattenmeer und Ebbe und Flut sind schon klasse! Aber irgendwie fehlt die Action der Atlantikküste mit ihren wahnsinnig hohen Wellen. Einmal im Leben surfen – davon träumen viele Jungs und Mädchen. In Borkum ist das möglich, und zwar im Hallenbad!

Badespaß im Gezeitenland Borkum

Das Gezeitenland Borkum nimmt gleich 8.000 m^2 der Insel ein und erinnert an einen Ozeandampfer. Hier befindet sich eine einzigartige Anlage zum Surfen – der Flow Rider. Es handelt sich um eine stehende Welle, auf der man durch einen durchgepumpten Wasserstrahl surfen kann. Anfänger probieren es erst einmal auf einem Bodyboard, aber beim Flow Rider hat man schnell den Dreh raus und weiß, wie man die Balance auch stehend halten kann. Die kleinen Surfer versuchen auf dem Flow Rider sogar ein paar wagemutige Kunststücke.

Gezeitenland, Goethestraße 27, 26757 Borkum
Telefon: 04922/933600, www.gezeitenland.de

0185 Butjadinger Küste, Tossens

Crazy River für crazy Kids

Wilde Strömungen und ein afrikanisches Flair erleben Kinder im Park Butjadinger Küste in Tossens. Denn in der Badelandschaft Aqua Mundo warten auf vier Ebenen Abenteuer auf die kleinen Wasserratten. Hier fühlen sich Kinder wie bei einer rasanten Fahrt auf dem Nil – mit sensationellen Stromschnellen und meterhohen Wellen. Am verrücktesten wird es allerdings im „Crazy River". Wie der Name verspricht, haben hier vor allem abenteuerlustige Kids ihren Spaß und müssen beweisen, dass sie sich ein goldenes Seepferdchen verdient haben.
Das Aqua Mundo bietet ein Wassererlebnis wie aus 1.001 Nacht. Denn in der tropischen Wasserwelt des Parks Butjadinger Küste hat man das Gefühl, ganz weit gereist zu sein. Um diese Urlaubseuphorie gebührend zu feiern, wird im Park zweimal die Woche eine Disco nur für Kinder organisiert.

Butjadinger Küste, Strandallee 36, 26969 Tossens
Telefon: 04736/9280, www.tagesausflugbutjadingerkueste.de

0186 Magic Park Verden

Hex, hex!

Buffy, Copperfield, zauberhafte Hexen und Superman wären nichts ohne ihre magischen Kräfte. Willst du auch endlich zaubern können wie Harry Potter? Dann musst du unbedingt in die Zauberwelt vom Magic Park eintauchen. Dort wird man zum Zauberer ausgebildet!

Ein Zauberer im Magic Park Verden

Hokuspokus! Mach dich auf einiges gefasst. Im Magic Park werden Zwergkaninchen weggezaubert und die tollsten Kartentricks gezeigt. In Shows und Vorführungen

wie „The Art of Magic“ oder „Magische Experimente“ zaubern Nachwuchsmagier um die Wette. Du musst genau aufpassen und kannst dann in der Schule mit den neuesten Tricks angeben und vielleicht sogar alle verhexen!
Noch mehr Zauber und Erlebnis gibt es im Märchenwald. Direkt an der Märchenstraße sind Szenen aus „Hänsel und Gretel“, „Hase und Igel“, „Die Chinesische Nachtigall“, „Schlaraffenland“, „Blumenwunder“ und „Dornröschen“ nachgebaut. Bei einem Spaziergang im Märchenwald kannst du so alle Märchenszenen nachempfinden und nachspielen. Einmal das Häuschen von Hänsel und Gretel sehen und im Schlaraffenland sein ... Hier werden deine Träume wahr – ganz ohne Zauberstab!

Tier- und Freizeitpark der Magie, Magic Park Verden
Heideweg 3, 27283 Verden (Aller)
Telefon: 04231/661110, www.magicpark-verden.de

0187 Deutsches Pferdemuseum, Verden

Eine Stadt verliebt in Pferde

In Verden dreht sich alles um Pferde! Ein ganz einfaches Rätsel zum Stadtnamen „Verden“: Mache aus dem V ein Pf und streiche den letzten Buchstaben weg. Wie lautet die Lösung? Ganz genau: „Pferde“. Ob es wohl an der Ähnlichkeit dieser beiden Wörter liegt, dass auf dem Wappen vom Landkreis Verden ein springendes, silbernes Pferd abgebildet ist?
Weil Pferde in Verden also so beliebt sind, hat man in dieser Reiterstadt auch gleich ein Pferdemuseum eröffnet. Hier kannst du alles über Pferde erfahren, was dein Herz begehrt. In Pferdeställen und Mannschaftsräumen einer ehemaligen Kaserne wird Historisches und Wissenschaftliches über Pferde gesammelt. Neben Büchern und

Auch richtiges Striegeln will gelernt sein

Zeitschriften birgt das Museum auch ein großes Archiv an Foto- und Filmsammlungen. Besonders spannend ist die Ausstellung historischer Spielsachen rund ums Pferd. Wie haben Kinder vor vielen Jahren gespielt? Das Museum zeigt historische Pferde-Marionetten und weitere Spielsachen, die so ganz anders aussehen als die heutigen Plastik- und Stoffpferde!
Auf keinen Fall solltest du den Museumsshop verpassen, denn auch dort dreht sich alles rund ums Pferd: Modellpferde, Plüschpferde, Spiele, Malbücher und vieles mehr. Wem noch nicht schwindelig ist, der sollte unbedingt mit dem wunderschönen Kinderkarussell fahren und schauen, ob sich das Sprichwort „Das Glück auf Erden liegt auf dem Rücken der Pferde“ bewahrheitet.

Deutsches Pferdemuseum, Holzmarkt 9, 27283 Verden (Aller)
Telefon: 04231/807140, www.dpm-verden.de

0188 Natur- und Erlebnispark Bremervörde

Forscher auf Sinnestour

In Bremervörde sind kleine Forscher ganz unter sich. Hier ergründen sie nicht nur die Natur, sondern auch die eigenen Sinne. Tasten, hören, fühlen, riechen, schmecken und natürlich sehen können sie bei einer ganz besonderen Expedition ins Reich der Sinne. Ganz schön spannend, mal sich selbst und die eigenen Eindrücke zu erforschen. Dabei lernt man so manch ein Geheimnis über Sinneswahrnehmung. Alles ist spielend leicht und auch ein wenig magisch. Dort summt ein kleiner Stein, hier fühlt sich etwas ganz rau an, und eben roch es wieder so schön nach Sommer. Danach geht man viel wacher und aufmerksamer zurück in die Natur, denn man hat seine ganzen Sinne perfekt geschärft.
Am besten kann man seine neuen Sinneserfahrungen im Haus des Waldes ausprobieren. Hier lernen die Jungen und Mädchen so einiges über den Wald und können um Baumstämme herumtänzeln und mal wieder frische Waldluft atmen. Im Natur- und Erlebnispark Bremervörde gilt es aber auch vor allem, den Vörder See zu erkunden. Inmitten von wohlriechenden Blüten können Besucher hier angeln und segeln, eine abenteuerliche Floßfahrt unternehmen oder auf der wackeligen Hängebrücke balancieren.
Wer bereit ist, ein ganz besonderes Sinnesabenteuer zu erleben, trinkt oder isst etwas im Café Dunkel – hier ist der Name Programm, denn es herrscht

wirklich Dunkelheit. Ganz schön interessant ist diese Erfahrung, denn man lernt nach einiger Zeit tatsächlich, seine Umgebung mit den anderen Sinnen zu spüren.

Natur- und Erlebnispark Bremervörde GmbH
Geschäftsstelle, Rathausmarkt 1, 27432 Bremervörde
Telefon: 04761/987-150, www.parkdersinne-brv.de

0189 Piratenburg, Hagen

Seeräuber und Piratenbräute in Aktion!

Captain Hook aufgepasst! Hier kommt nicht etwa Peter Pan, sondern eine neue Generation von friedlichen Piraten. Du kannst ganz schwindelfrei Pirat sein, ohne gleich auf hoher See zu kämpfen. In der Piratenburg in Hagen darfst du nach Lust und Laune Pirat spielen.
Also: Augenklappe und Piraten-Kopftuch nicht vergessen, und hinein ins Abenteuer. Inspiriert von „Fluch der Karibik“ lässt du nun deiner Fantasie freien Lauf und testest das Leben als Seeräuber. In Hagen kannst du mit vielen anderen kleinen Piraten und Piratenbräuten nach Herzenslust toben!

Piratenburg, Pferdehamm 4, 27628 Hagen
Telefon: 04746/938115, www.piratenburg.de

0190 Aeronauticum, Nordholz

Mit Luftikus übers Wasser fliegen

Im Wasser auf einem Schiff fahren oder hoch oben in den Lüften schweben? Beides klingt unglaublich spannend. Vor allem für Kinder, die sonst nur Autos als Fortbewegungsmittel kennen. Das Aeronauticum Nordholz bietet den kleinen Besuchern gleich beides; denn hier dreht sich alles um die Luftschifffahrt, See- und Marinefliegerei.
Auf dem Standort des größten Marineluftschiffplatzes während des Ersten Weltkriegs kann man 17 Original-Luftfahrzeuge bewundern. Damit es bloß nicht zu langweilig wird, bekommen die zukünftigen Piloten eine ganz besondere Führung mit „Luftikus“. Ganz modern und multimedial wird hier im Aeronauticum speziell für Kinder eine interaktive Entdeckungstour ge-

staltet. Der Erfinder „Luftikus“ ermuntert die jungen Besucher, neugierig zu sein und viele Fragen zu stellen, um am Ende alles über die Luftschifffahrt spielend leicht zu erlernen. Wenn Luftikus mal nicht weiterweiß, dann hilft ihm Lea Lexika auf die Sprünge, und die beiden erleben spannende Abenteuer mit den kleinen Aeronauten, die ihnen gespannt lauschen.

Deutsches Luftschiff- und Marinefliegermuseum – Aeronauticum
Peter-Strasser-Platz 3, 27637 Nordholz
Telefon: 04741/18190, www.aeronauticum.de

0191 Tiergarten Ludwigslust, Osterholz-Scharmbeck

Bringen Störche Kinder?

Gibt es einen Zusammenhang zwischen der Zahl der Störche und der Geburtenrate beim Menschen? Der Tiergarten Ludwigslust beweist jedenfalls, dass Störche Kinder bringen. Denn seit zehn Jahren werden hier erfolgreich freifliegende Weißstörche angesiedelt und nachgezüchtet – und seitdem besuchen auch immer mehr Kinder den Tierpark.
Neben den Störchen leben auch zahlreiche andere Tiere in Ludwigslust. Auf einem 4 Hektar großen Gelände sind über 200 Tiere zu Hause. Neben Flamingos oder bunten Papageien können Kinder auch süße Kängurus und putzige Äffchen bewundern. Am liebsten halten sich die ganz Kleinen allerdings im Streichelzoo auf, denn schließlich ist es ein ganz besonderes Erlebnis, die Tiere auch mal hautnah zu spüren und sie zu streicheln.

Tiergarten Ludwigslust
Garlstedter Kirchweg 31, 27711 Osterholz-Scharmbeck
Telefon: 04791/5271, www.tiergarten-ludwigslust.de

0192 Freizeitpark Ostrittrum

Gänseliesel und die Hirsche

Im Märchenwald des Freizeitparks Ostrittrum ist so einiges los. Hier tummelt sich alles, was im fantastischen Land der Märchen Rang und Namen hat: Gänseliesel, Max und Moritz, Frau Holle und auch Rotkäppchen sind

im Märchenwald zu Hause. In der freien Natur kann man seinen Kindern diese wunderschönen „Es war einmal“-Erzählungen zauberhaft vor Augen führen und die entzückenden Figuren bewundern.
Viele tierische Helden lassen sich darüber hinaus im Freizeitpark Ostrittrum beobachten. Ganze 400 Tiere aus allen Kontinenten wohnen hier, und die kleinen Besucher entdecken Kanadische Wildputen, Sikahirsche, Girgentanaziegen, Lamas, Wildschweine und weiße Schnee-Eulen. Bei einer Tretbootfahrt können die Sprösslinge in der schönen Natur Fische füttern. Nach diesen märchenhaften und tierischen Abenteuern geht es in den Freizeitpark, um auf Trampolinen und riesigen Hollywood-Schaukeln zu toben.

Freizeitpark Ostrittrum
Rittrumer Kirchweg 29A, 27801 Ostrittrum
Telefon: 04487/7166, www.freizeitpark-ostrittrum.de

0193 Otter-Zentrum, Hankensbüttel

Rettet Otto, den Fischotter!

Es war einmal ein kleiner, süßer Fischotter namens Otto. Er war ganz putzig und scheu, wollte niemandem etwas Böses und versteckte sich in kleinen Bauten unter der Erde, um ja nicht zu stören. Am liebsten lebte er bei flachen Flüssen, Seen oder Bächen mit wild zugewachsenen Ufern. Denn der Fischotter ist ein toller Schwimmer – wenn nicht der beste unter den Landraubtieren. Otto spielte mit seinen Otterfreunden und hinterließ nicht nur eine tapsige Trittspur, sondern auch eine kleine Schleifspur mit seinem langen Schwanz. Ganze 40 cm lang ist dieser Otterschwanz und hilft dem kleinen Marder, nicht das Gleichgewicht zu verlieren und unter Wasser in die gewünschte Richtung zu steuern.

Ein Fischotterpärchen im Otter-Zentrum Hankensbüttel

Das gemütliche Leben des Fischotters Otto wurde allerdings eines Tages bedroht von den Menschen. Diese jagten die Tierchen, um aus ihrem besonders dicken Pelz, der die Otter vor Kälte schützt, Mäntel zu machen. Sie behaupteten, auch der Marder würde den Menschen alle Fische wegessen. Das Schlimmste war allerdings, dass die Menschen alle Flussufer veränderten oder auch mit Pestiziden verschmutzten. So konnte der kleine Otter nicht mehr in Deutschland bleiben und war vom Aussterben bedroht.
Dieser Alptraum ist nun beendet, denn im Otter-Zentrum in Hankensbüttel haben die Fischotter ein neues Zuhause gefunden. Kleine Naturschützer können hier Otter wie Otto beobachten und lernen, wie man ihnen helfen kann zu überleben.

Aktion Fischotterschutz e. V., Otter-Zentrum
Sudendorfallee 1, 29386 Hankensbüttel
Telefon: 05832/98080, www.otterzentrum.de

0194 Vierhundert-Wasser-Barfußpfad, Bad Bodenteich

Schuhlose Helden

Robin Hood – ein Held in Strumpfhosen? Nicht in Bad Bodenteich, denn hier wird gezeigt, wie im Mittelalter Flüsse überwunden wurden, und das geschah barfuß. Zu Zeiten ohne Brücken an jeder Ecke wurden Flüsse nämlich an seichten Stellen durchquert. Ganz schön glitschig und aufregend, so eine Reise ins Mittelalter. Vor allem Kinder genießen es, den Vierhundert-Wasser-Barfußpfad zu gehen.
Los geht's auf der ehemaligen Wasserburg Bodenteich. Der Weg bis zum Mittelalterspielplatz „Robin-Hood-Castell“ ist lang. Bevor die kleinen schuhlosen Helden ihre mittelalterliche Zeitreise überstanden haben, müssen sie ganze 400 Meter zurücklegen. Zwei Bachdurchquerungen stehen dabei auf dem Programm, und wenn die kleinen Möchtegern-Abenteurer noch nicht genug haben, können sie am Robin-Hood-Erlebnistag teilnehmen. Dann stehen neben dem Vierhundert-Wasser-Barfußpfad auch Aktivitäten wie Bogenschießen, eine Burgturmbesteigung und Tonperlenbacken auf dem Programm.

Vierhundert-Wasser-Barfußpfad
Kurverwaltung Bad Bodenteich, Burgstraße 8, 29389 Bad Bodenteich
Telefon: 05824/3543, www.bad-bodenteich.de

0195 Filmtier-Park, Höfer/Eschede

Stars auf vier Pfoten

Kino, Film und Fernsehen – was wären sie ohne Stars wie Rex, Fury, Lassie und Flipper? Tiere in Filmen lassen vor allem Kinderherzen höherschlagen. Die kleinen Zuschauer würden am liebsten ihre ganze Liebe und Aufmerksamkeit diesen süßen Filmhelden schenken, und ihr sehnlichster Wunsch ist es, diese endlich mal persönlich zu treffen.
Im Filmtier-Park Eschede werden diese Träume wahr. So wie echte Schauspieler müssen nämlich auch Tiere vorher eine Ausbildung absolvieren, um dann in Filmszenen ihr ganzes schauspielerisches Talent unter Beweis stellen zu können. Der Filmtiertrainer Joe Bodemann weiß, wie man die Vierbeiner auf die Rolle ihres Lebens vorbereitet. Das Tollste daran ist, dass ihm die kleinen Besucher dabei zusehen können.
Unter den zukünftigen tierischen Film- und Fernseh-Stars sind nicht nur Hunde und Pferde, sondern auch ganz wilde Tiere wie Tiger und Löwen. Der Filmtiertrainer hat schon ziemlich viel Arbeit, wenn er aus einem Raubtier ein zahmes Kätzchen machen soll! So manch ein Löwenbaby ist so gut dressiert, dass die kleinen Besucher sein weiches Fell streicheln können.
Nach einem Tag im Filmtierpark fällt den Tierfreunden der Abschied von ihren Lieblingen sehr schwer. Einen Trost gibt es: So manch einen wird man sicherlich bald auf der Leinwand zu sehen bekommen.

Joe-Bodemann-Zentrum
Am Aschenberg 27, 29361 Höfer/Eschede bei Celle
Telefon: 05142/987229, www.joebodemann.de

0196 Spielzeugmuseum Soltau

Spielen wie einst Oma und Opa

Habt ihr euch schon mal gefragt, womit Omi und Opi früher gespielt haben? Als sie Kinder waren, gab es noch keine Barbie-Puppen, Pokémon-Karten und Computerspiele. Im Spielzeugmuseum Soltau könnt ihr entdecken, wie Eisenbahnen, Porzellanpuppen und Holzbauklötze vor vielen Jahren aussahen, und endlich mal sehen, wie Kinder damals gespielt haben.
Ein ganzes Museum ist Spielsachen gewidmet, und die sind nicht nur hinter Vitrinen zu bewundern. Nein! Hier dürft ihr in jedem Raum nach Herzens-

lust spielen. Spielzeuge aus über vier Jahrhunderten werden hier gezeigt, und da wird einem sicherlich nicht langweilig. An Hörstationen lauscht ihr zusätzlich noch Geschichten: Eine Stubenpuppe erzählt aus ihrem Puppenhaus, ein Sammler schwärmt von seiner Leidenschaft für Eisenbahnspiele, und euch wird aus ganz alten Kinderbüchern vorgelesen.

Ein Spielzeugauto von anno dazumal

Inmitten von Teddybären, Holzfiguren und Kutschen entdeckt ihr auch ein großes Pariser Modepüppchen und sogar die kleinste bewegliche Puppe der Welt. Eines ist klar: Im Spielmuseum Soltau geht es nur um Kinder und ihr Spielzeug!

Norddeutsches Spielzeugmuseum Soltau
Poststraße 7, 29614 Soltau
Telefon: 05191/82182, www.spielzeugmuseum-soltau.de

0197 Heide-Park Soltau

Von null auf hundert katapultiert!

Schnallen Sie sich fest an, denn im Heide-Park Soltau jagt eine Attraktion die nächste! Hier wird man im „Desert Race“ innerhalb von 2,4 Sekunden auf hundert Stundenkilometer katapultiert, dreht Loopings am Seeufer und lässt sich im „Break-Dance“ so richtig durchschütteln.

Da wird man schon mal ziemlich nass: Mountain-Rafting im Heide-Park Soltau

Das Besondere am Heide-Park Soltau ist, dass für alle Kinder

etwas dabei ist – und zwar so viel, dass man es meist nicht an einem Tag schafft, alle Attraktionen auszuprobieren. Für die besonders Mutigen stehen Achterbahnen, Wildwasserrutschen und Fahrgeschäfte wie „Scream", „Top Spin" und „Condor" zur Verfügung. Im „Enterprise" kann man sich zum Astronauten ausbilden lassen, sportlich wird es in der Schweizer Bobbahn, und wer keine Angst vor Wasser hat, der probiert die zahlreichen Wildwasserbahnen aus. Die ganz Kleinen können in der Zwischenzeit im Kaffeetassen-Karussell fahren, ins Delphinarium gehen oder auch mit der Kinderlok fahren.
Eine weitere Besonderheit im Heide-Park ist die originelle Umgebung, die jedes Kinderfoto gelingen lässt. Ob auf dem Mississippidampfer, vor der Kulisse des Capitols, neben der Freiheitsstatue oder im Holländischen Viertel – Sie können sicher sein, dass diese unvergessliche Abenteuerreise gebührend verewigt wird.

Heide-Park Soltau GmbH, Heidenhof, 29614 Soltau
Telefon: 01805/919101, www.heide-park.de

0198 Snow Dome, Bispingen

Schnee, wann immer man will!

Der letzte Winter ist schon so lange her, und die Kleinen denken sehnsüchtig ans Rodeln, Skifahren und Snowboarden. Der Snow Dome bietet allen Kindern und Teens jede Menge Spaß im Schnee, und zwar 365 Tage im Jahr. Die kleinen Ski- und Snowboardfans müssen so nicht auf den Schnee im Harz warten, und kleine Mädchen können auch mitten im Sommer Eisprinzessin spielen!

Schneespaß mit Freunden während des ganzen Jahres

Wer Lust hat, das Skifahren oder Snowboarden zu erlernen, ist im Skiclub Bispingen bestens aufgehoben. Slalom, Springen oder Carven – in der Snow Academy lernen die Kids alle Tricks. Egal ob Skifahrer oder Snowboarder, ob Anfänger, Fortgeschrittener oder Supertalent mit Rennambitionen – alle sind willkommen, denn es geht vor

allem um Spaß im Schnee! Die Kinder lernen, gemeinsam im Team zu trainieren und die eigenen Fähigkeiten zu verbessern.
Von den Schneebällen zu kleinen bunten Bällchen: Was gibt es Schöneres, als ins Bällebad einzutauchen? Bei den kleinen Schneefreunden steht im Snow Dome Kinderland Toben, Springen, Rutschen und Klettern auf dem Programm.

Snow Dome Sölden in Bispingen GmbH
Horstfeldweg 9, 29646 Bispingen
Telefon: 05194/4311-0, www.snow-dome.de

0199 Vogelpark Walsrode

Bist du auch ein komischer Vogel?

Wenn ja, dann solltest du dir den Vogelpark in Walsrode auf keinen Fall entgehen lassen! In dem größten Vogelpark der Welt kannst du sehr viel erleben und erfahren. Bringen Störche wirklich die Babys? Gibt es etwas so Gruseliges wie fleischfressende Pflanzen? Hier kannst du alles erforschen. In einer Dschungelwelt fliegen exotische Vögel über deinen Kopf hinweg und du hast das Gefühl, ganz, ganz weit gereist zu sein.

Im Vogelpark können die Tiere in wunderschöner Natur beobachtet werden

Du warst bestimmt schon einmal in einem Baumhaus. Aber hast du schon einmal ein ganzes Baumhausdorf gesehen? In Walsrode gibt es dieses einmalige Dorf – in schwindelerregender Höhe! Von ganz oben kannst du dich selbst wie ein freier Vogel fühlen und über 4.000 Vögel beobachten.
Du darfst bei der Fütterung von Pinguinen, Pelikanen und Greifvögeln zuschauen und mit etwas Glück und wenn du mutig genug bist selbst einen Pinguin füttern!

Vogelpark Walsrode, Am Rieselbach, 29664 Walsrode
Telefon: 05161/60440, www.vogelpark-walsrode.de

0200 Serengeti-Park, Hodenhagen

Der Dschungel ruft!

Ab nach Afrika! Im Serengeti-Park kannst du wilden Tieren begegnen. Du musst nur deine Eltern überreden, mit eurem Auto in den Serengeti-Park zu fahren. Ganz bequem von deinem Sitz im Auto aus kannst du dann echte Löwen, Giraffen, Zebras und Tiger beobachten. Aber bitte nicht aus dem Fenster lehnen – so eine Safari-Reise ist gefährlich! Ganz Mutige können auch einmal durch den Dschungel fahren und dort aufregende Abenteuer erleben.
Dann geht es raus aus dem Auto und rein ins Affenland! Dort warten Totenkopfäffchen, Schimpansen und Gorillas auf dich. Die nächste Station ist das Elefantenland, denn dort lebt das Elefantenbaby Bou Bou. Er wurde hier im Serengeti-Park geboren. So verspielt, wie er ist, hast du sicherlich auch Lust bekommen auf ein wenig Spaß.
Im Serengeti-Park ist für alles gesorgt, denn nun kannst auch du ganz wild werden und toben. Im Wasserland warten Wildwasserbahnen und Tretboote auf dich. Wer noch mehr Action braucht, der probiert die Riesenschiffsschaukel oder die Elefanten-Flieger im Erlebnisland aus. Die spannende Tour endet für dich auf der wackeligen Hängebrücke im Afrika-Dorf Kongo. Na, hast du nun Lust, in den Serengeti-Dschungel zu reisen?

Serengeti-Park Hodenhagen GmbH
Am Safaripark 1, 29693 Hodenhagen
Telefon: 05164/97990, www.serengeti-park.de

0201 Maschseefest, Hannover

Feuerwerke in der Karibik

Wenn Ihre Kinder ein Fest unter Palmen feiern möchten, dann sollten Sie unbedingt im Sommer nach Hannover reisen. Beim Maschseefest verbreitet sich nämlich ein mediterranes Flair. Die Open-Air-Veranstaltung möchte in Zukunft noch mehr für Kinder bieten. So hat jeder exotische Stand nun eine Attraktion für die kleinen Besucher. Dabei wird das Nord-West-Ufer sogar ganz für die kleinen Besucher reserviert, die auf der Kinderwiese nach Herzenslust spielen dürfen. Drei Wochen lang wird das See-Spektakel von

heißen Rhythmen und Live-Musik begleitet, und an jeder Ecke warten Spiele, Gaukelei oder Mitmach-Theater auf die Kleinen.
Die Highlights für Groß und Klein bleiben allerdings die bunten Feuerwerke am Anfang und Ende des Maschseefestes. Beim Fackelschwimmen gleicht der ganze See einem bunten Farbenmeer. Eine Fun-Boot-Regatta zum Abschluss und die Rodelbahn vom Snowdome Bispingen runden das bunte Programm am Seeboulevard ab.

Tourismus GmbH, Ernst-August-Platz 8, 30159 Hannover
Telefon: 0511/12345111
www.hannover.de/maschseefest/index.html

15.

0202 Erlebnis-Zoo Hannover

Tierisch gut!

Löwen, Bären, Tiger, Affen, Gorillas, Flamingos und Elefanten – sie alle sind im Erlebnis-Zoo in Hannover zu Hause. Insgesamt leben hier über 2.000 Tiere aus der ganzen Welt.
Komm sie besuchen und beobachte, wie diese wilden Tiere ihren Tag verbringen. Du hast dich sicherlich schon mal gefragt, wie sie Nahrung zu sich nehmen, wie sie spielen, welche Geräusche sie machen, wie sie riechen. Im Erlebnis-Zoo Hannover bist du hautnah dabei.

Ein Löwe im Zoo Hannover

Mit einem Boot kann man sogar in den afrikanischen Kontinent eintauchen und Indiana Jones spielen. Flusspferde und Zebras sind zum Greifen nah. Im Dschungelpalast entdeckst du Elefanten, die sich im Swimmingpool erfrischen, sich an Säulen scheuern und die riesige Palastruine genießen.
Viele Pfleger kümmern sich um die Tiere und geben sich große Mühe, dass die Tiere sich so wie zu Hause fühlen. Der Zoo ist 22 Hektar groß; das ist riesig, damit die Tiere auch ganz viel Platz haben, um sich auszutoben! Du

kannst auch toben, nämlich auf einem gigantischen, total verrückten und schrägen Abenteuerspielplatz. Dort wachsen die Bäume von oben nach unten ... Auf einem riesigen Gelände gibt es zusätzlich noch den Bauernhof „Meyers“. Dort kannst du helfen, die Schweine zu füttern, und du kannst seltene Haustierrassen entdecken.

Erlebnis-Zoo Hannover, Adenauerallee 3, 30175 Hannover
Telefon: 0511/28074163, www.zoo-hannover.de

0203 Campo Aktiv-Arena, Hannover

Im Turborausch durch den Freizeitpark

Wenn man sich der Campo Aktiv-Arena in Hannover nähert, fällt vor allem eines auf: der immense Turbo-Racer. Diese 90 Meter lange Riesenrutsche ist das ganz besondere Highlight in Hannovers größtem Freizeitpark. Kleine Besucher können hier in bunten Gummibooten eine aufregende Abfahrt in Turbogeschwindigkeit erleben.
Der Turbo-Racer steht am künstlichen See, dem Lake Campo, wo eine Attraktion die andere jagt und jeder sofort sieht, warum der Campo-Park pures Erlebnis und Abenteuer bedeutet. Von der Skaterbahn über die Riesenrutsche bis hin zu den süßen Paddelbooten am Wasserfall oder der Kinderkettcarbahn haben die Sprösslinge die Qual der Wahl, an welcher Station sie weiterspielen möchten. Hoch hinaus kommen die kleinen Besucher bei einem Wettlauf durch das Kletterlabyrinth oder beim Spielen im Megaseilzirkus.
Spezialisiert hat sich die Campo Aktiv-Arena vor allem auf die Kreation von ausgefallenen Geburtstagsideen. Bunt thematisch eingerichtet, entführen Räume wie der Prinzessinnenraum, Piratenraum oder Unterwasserraum Kinder in eine andere Welt. Die Turbo-Auswahl fällt vor allem bei den Geburtstags-Mottos: Beim Autorennen-Geburtstag lassen die kleinen Gäste ferngesteuerte Modellautos flitzen, beim Beauty-Geburtstag bekommen kleine Mädchen von einer Kosmetikerin Schminktipps für ein altersgerechtes Make-up, und beim Agenten-Geburtstag klären die kleinen Nachwuchs-007-Stars zusammen mit den Bond-Girls spannende Fälle auf.

Campo Aktiv-Arena, Hägenstraße 1, 30559 Hannover
Telefon: 0511/5868780
www.campo-arena.de

0204 Sea Life Hannover

Nemo, wo schwimmst Du?

Ab in die Tropen! Nemo und seine Freunde machen nämlich einen Ausflug in das Sea Life Hannover, das erste Sea-Life-Aquarium mit exotischen Pflanzen und echter Regenwald-Atmosphäre. Inmitten von Bambus, Feigengewächsen, Baumfarnen und Orchideen macht den Tieren schwimmen nämlich noch mehr Spaß! Die kleinen Fische begeben sich auf eine faszinierende, atemberaubende Reise über das karibische Meer bis in den tropischen Regenwald zum Amazonas. In bunt schillernden Unterwasserwelten treffen sie auf ihre Freunde: Schildkröten, Seepferdchen, Haie und Rochen.
Die Meeresbewohner ziehen direkt über den Köpfen der staunenden Besucher ihre Bahnen im Ozeanbecken. Unter der Glaskuppel kann man nicht nur Muscheln und Krebse, sondern auch gefährliche Piranhas und Ammenhaie sehen. Hoffentlich tun die unserem Nemo nichts Böses!
Weniger Gefahren lauern da im Süßwasserbereich, wo Nemo die heimischen Gewässer erkundet. Er erfährt viel über die Leine und ihre Bewohner wie Forellen oder Karpfen.

Sea Life Hannover
Herrenhäuser Straße 4a, 30419 Hannover
Telefon: 0511/123300, www.sealifehannover.com

0205 Rasti-Land, Salzhemmendorf

Rasen im Rasti-Land!

Im Rasti-Land hat man die Qual der Wahl! Egal ob hoch oben in der Luft, auf dem Wasser oder auch auf dem Festland – Abenteuer sind vorprogrammiert!
Eisenbahnfans können zwischen Oldtimer-, Truck-, Comic- und Westernbahn wählen oder gleich mit der Einschienenhochbahn das ganze Spielparadies von oben erkunden. Auf alle kleinen Hobby-Autofahrer warten eine Jeepbahn mit quietschgelben Geländewagen, eine Rennpiste mit Go-Kart-Zweisitzern und natürlich auch ein Autoscooter.
Haben die Kleinen genug vom Land, geht's ab ins Wasser. Erst werden sie in der Wildwasserbahn nass, dann kämpfen sie gegen Wasserströme in der Raf-

ting-Bahn und sausen anschließend in kleinen Booten die Wellenrutschen hinunter. „Ahoi!“, heißt es dann weiter auf den Bumper-Spaßbooten. Denn hier treffen so einige Kapitäne aufeinander. Wie beim Autoscooter kommt es auch hier zu einigen Zusammenstößen – nur diesmal im Wasser, und das kann schon mal spritzen! Eine richtige Wasserschlacht ist allerdings auf einer anderen Attraktion zu erleben: .Jedes „Wasserschlacht“- Boot ist mit einer Wasserkanone ausgestattet, und nun können die Nachwuchs-Kapitäne alle anderen Seefahrer nach Lust und Laune nassspritzen!
Ganz euphorisch vom vielen Spielen hebt man ab, denn in den Lüften warten weitere Erlebnisse: eine bunte Ballonfahrt für Träumer und eine wilde Achterbahn für die ganz Mutigen.
Wer immer noch nicht genug zu Land, auf dem Wasser und in der Luft erlebt hat, der reist einfach in die Vergangenheit: Im Rasti-Land wird er gleich in die Urzeit katapultiert. Dort kämpft ein Triceratops-Weibchen um das Leben ihrer Dino-Babys! Ein fleischfressender Tyrannosaurus Rex hat die Dino-Eier entdeckt! Wie der Kampf wohl ausgeht? – Das kann man nur im Rasti-Land erfahren.

Rasti-Land GmbH
Quanthofer Straße 9, 31020 Salzhemmendorf
Telefon: 05153/94070, www.rasti-land.de

0206 Erse-Park Uetze

Karussellfahren mit T-Rex

Stell dir mal vor, man könnte in einem Naturkundemuseum inmitten von riesigen Dinosauriern und Mammuts Achterbahn fahren! „Völlig verrückte Idee!“, denkst du dir. Im Erse-Park Uetze ist eben diese Urzeit-Fantasie Wirklichkeit geworden.

Raubsaurier im Erse-Park

Hier kannst du Szenen aus der Zeit der Jäger und Sammler beobachten und gleichzeitig die

Sommerrodelbahn hinuntersausen. Du wagst eine Fahrt mit der Wasserrutsche, und wenn du dich umdrehst, siehst du einen Riesenhai vor dir! Bei einer Bootsfahrt kannst du dann auch einen Diplodocus, ein Indricotherium und weitere gigantische Saurier bestaunen.
Bei jeder Attraktion wirst du im Erse-Park von riesigen Dinos, Elefanten oder Neandertalern beobachtet. Da macht es gleich doppelt so viel Spaß, von der Schmetterlingshochbahn oder vom Riesenrad aus das ganze Spektakel zu betrachten.
Ganz schön lustig, dieses lebendige Urzeit-Museum – mit Wikingerschiff, Bobkartbahn und Wildwasserrondell! Besser hätte man sich das in seinen wildesten Träumen nicht vorstellen können.

Erse-Park Uetze, Abbelle 2, 31311 Uetze
Telefon: 05173/352, www.erse-park.de

0207 Dinosaurier-Park Münchehagen, Rehburg-Loccum

Saurierexperten unter sich

Während Sie gerade mal Tyrannosaurus Rex kennen und vor zehn Jahren beim Schauen von „Jurassic Park" das letzte Mal etwas von Dinosauriern gehört haben, sind Ihre Kinder da ganz anders. Denn für die ganz Kleinen sind die riesigen Dinos das Aufregendste der Welt. Die kleinen Saurierexperten treffen sich im Dinosaurier-Park Münchehagen, um gemeinsam mehr über die gigantischen Dinos zu erfahren. Bei den über 500 Gattungen kann einem dann schnell schwindelig werden, wenn die Sprösslinge mit Namen wie „Halticosaurus", „Velociraptor", „Diplodocus", „Ichthyosaurus" und „Brachiosaurus" um sich werfen und nur noch

Beeindruckende Urzeit-Szenerien
im Dinosaurier-Freilichtmuseum Münchehagen

Expeditionen und Fossilien im Kopf haben. Das Ganze ist eine harmlose Form vom „Dino-Fieber“ – unheilbar und nur durch weitere Forschungsaktivitäten erträglich. Im Dinolabor des Saurier-Parks dürfen die Kleinen die Ausgrabungen mal genau unter die Lupe nehmen. Unter dem Mikroskop lassen sich nämlich fossile Zähne und andere Versteinerungen wunderbar beobachten. In der Dino-Entdecker-Ecke wartet dann ein Dino-Ei auf die kleinen Besucher. Na, ob daraus wohl doch noch mal etwas schlüpft?
Nach der ganzen Dino-Spurensuche und den erfolgreichen Ausgrabungen können die Kleinen auf dem Dino-Spielplatz in den Armen eines Stegosaurus schaukeln und darüber debattieren, warum diese sympathischen Saurier nun ausgestorben sind.

Dinosaurier-Park Münchehagen GmbH & Co.
Alte Zollstrasse 5, 31547 Rehburg-Loccum
Telefon: 05037/2075, www.dinopark.de

0208 Tropicana, Stadthagen

Planschen wie in der Karibik

Im Spaß- und Erlebnisbad Tropicana erlebt Ihr Kind ein echtes Dschungelabenteuer inmitten tropischer Bambusstauden, riesiger Palmen und exotischer Pflanzen. So fühlen sich die Kleinen wie Mowgli aus dem Dschungelbuch, wenn sie im Tropicana rutschen, schwimmen und planschen.
Ganz am Anfang der aufregenden Dschungelreise steht die Riesenrutsche auf dem Programm. Ahhh! Danach geht es weiter in den Strömungskanal. Hier kann man nachempfinden, wie Flussströme wirken und wie viel Kraft eigentlich in Wasser steckt. Bei gutem Wetter wartet ein einzigartiges, großes Wellenfreibad auf die Wasserratten. Aber auch sonst können die Kleinen beim Schwimmen in den Himmel schauen: Das Tropicana hat nämlich ein riesiges Glasdach.
Ganz müde von den vielen Erlebnissen, wartet in der Piraten-Bar ein ganz anderes Abenteuer auf die Jungen und Mädchen: Ahoi! Nun können sie sich fühlen wie in „Fluch der Karibik“ und nebenbei auch noch satt werden. Fazit: ein gut durchdachtes Dschungel-Paradies. Na, vielleicht genau das Richtige für den nächsten Kindergeburtstag?

Tropicana Stadthagen, Jahnstraße 2, 31655 Stadthagen
Telefon: 05721/973810, www.tropicana-stadthagen.de

0209 Schmetterlingsfarm und Insektenmuseum Steinhude

Vogelspinnenalarm!

Nein, man muss nicht im Dschungel übernachten, um eine echte Vogelspinne zu erleben. In Steinhude kann man sich das Ekeln vor Insekten und Krabbeltieren abgewöhnen, denn hier wimmelt es nur davon. Für die ganz Mutigen steht die Vogelspinnenfütterung auf dem Programm! Achtung: Nur für starke Nerven, denn diese haarige Spinnenart ist nun wirklich nichts für schwache Gemüter.
Weiter geht es zu den Ameisen. Dort kannst du einen lebenden Ameisenstaat beobachten und dir selbst ein Bild davon machen, ob diese winzigen Tierchen wirklich fleißig arbeiten. Im Insektenmuseum sind aber auch lebende wandelnde Blätter, Gespenstschrecken, krabbelnde Käfer, Tausendfüßler und Skorpione. Aufgepasst: Nicht zu nahe kommen und nur ganz vorsichtig beobachten!
Wenn du genug hast von diesen krabbelnden Insekten, dann flüchte schnell in die Schmetterlingsfarm. Hier siehst du exotische Schmetterlingsarten, die in ihrer Farbenpracht über deinem Kopf herumflattern. Schmetterlinge leben nur wenige Tage ob in freier Natur oder in Steinhude. Hier lernst du alles über diese faszinierenden Lebewesen. Mit etwas Glück kannst du auch die Geburt eines Schmetterlings miterleben!

Schmetterlingsfarm und Insektenmuseum Steinhude
Am Knick 5, 31515 Steinhude/Wunstorf
Telefon: 05033/939451, www.schmetterlingsfarm.de

0210 Hubschraubermuseum Bückeburg

Wie wird man eigentlich Pilot?

Im Hubschraubermuseum kommt man so richtig ins Träumen. Die kleinen Möchtegern-Piloten können ihre Aviator-Brillen aufsetzen und inmitten von vielen ausgestellten Hubschraubern ihr persönliches Lieblingsmodell auswählen. Die Exponate haben nicht nur vielversprechende Namen wie „Alouette“ und „Mil Mi“. Nein! Die Hubschrauber in Bückeburg sind auch mal knallrot, gelb oder leuchtend blau. Das Modell Bell 47G2 SIOUX ist außerordentlich raffiniert, denn sein Design erinnert an eine überdimensionale Seifenblase. Ein ganz besonderes Erlebnis ist der Nachbau von „Cornu“ – des

weltweit ersten Hubschraubers von 1907. Ganz schön spannend, diese alten Hubschrauber zu entdecken und davon zu träumen, Pilot zu sein!
Wie es ist, in einem Hubschrauber zu sitzen und in den Lüften zu schweben, erfahren die Kinder von ehemaligen Fluglehrern der Heeresfliegerwaffenschule. Die echten Piloten erzählen den Kleinen so manch eine Anekdote. Für die Technik-Freaks stehen weitere Experten Rede und Antwort.
Wetten, dass die Kids danach ohne Probleme die Modellhubschrauber aus dem Museumsshop nachbauen können?

Hubschraubermuseum e. V. Bückeburg
Sablé-Platz 6, 31675 Bückeburg
Telefon: 05722/5533, www.hubschraubermuseum.de

0211 Erlebniswelt Steinzeichen, Rinteln

Goldrausch im Steinparadies

Ein Steinbruch in Rinteln bietet die perfekte Gelegenheit für Kinder, nicht nur alles über Steine zu erlernen, sondern auch über den Zauber der Kristalle hinaus etwas über die Magie des Lebens zu erfahren. Zuerst haben die Sprösslinge die Möglichkeit, sich auf spielerische Weise über Steine zu informieren: In einem Edelsteinsuchgraben dürfen die kleinen Forscher einen kleinen Aquamarin oder einen anderen Halbedelstein ausgraben und mit nach Hause nehmen. Darüber hinaus buddeln sie bei einer Schatzsuche im Edelsteinsandkasten nach 12 unterschiedlichen Edelsteinen. Im Haus der Mineralien erfahren sie dann mehr über deren Formen und Farbenvielfalt und lernen, dass Mineralien die Basis jeglichen organischen Lebens sind.
Der Besuch in der Erlebniswelt Steinzeichen geht spannend weiter mit Goldwaschen, Ausgrabungen eines Mammutskeletts und dem Fund von Haifischzähnen. Echte kleine Forscher und Wissenschaftler ziehen sich dann in den Mikroskopieraum zurück und nehmen die Welt der Steine dort genauer unter die Lupe. Die zukünftigen Künstler zieht es hingegen in die Bauhütte, wo sie in der „Werkstatt für bildende Künste“ beim Bildhauer Arthur Friske zu Hammer und Meißel greifen, um wunderschöne Skulpturen zu erstellen. Abgerundet wird die Welt der Steine durch einen Besuch im Haus der Religionen, wo die Symbole der fünf Weltreligionen Hinduismus, Buddhismus, Judentum, Christentum und Islam in Stein gehauen sind. Im Garten der

Nationen wird diese friedvolle Atmosphäre weiterverfolgt, und die kleinen Besucher entdecken hier Bäume, Sträucher und Stauden aus der ganzen Welt. Danach kommt für die kleinen gestressten Schulkinder der Besuch im Zen-Garten genau richtig. Wer über die vielen sinnlichen Erfahrungen der Erlebniswelt Steinzeichen nachdenken will, klettert auf den schicken „Jahrtausendblick“ und genießt aus 250 Metern Höhe die „steinige“ Aussicht.

Erlebniswelt Steinzeichen
Arensburger Straße 4, 31737 Rinteln
Telefon: 05751/917590, www.steinzeichen.de

0212 Rattenfänger-Freilichtspiel, Hameln

„Rats" statt „Cats"!

Wenn der Rattenfänger von Hameln auf seiner Flöte spielt, dann folgen ihm nicht nur die Ratten, sondern auch die Kinder. – Was damals in dieser weltberühmten Sage ein trauriges Ende nahm, ist heute völlig ungefährlich. Kinder können nach Lust und Laune diesen Klängen lauschen, und gefeiert wird ein fröhliches Fest.

Viele Zuschauer beim Rattenfänger-Freilichtspiel in Hameln

Jeden Sonntag im Sommer wird das Rattenfänger-Freilichtspiel um 12 Uhr auf der Hochzeitshaus-Terrasse in Hameln aufgeführt. Die Kleinen lauschen gebannt, wenn es heißt: „Das Spiel beginnt!“ Dann präsentieren rund 80 Darsteller in historischen Kostümen, wie es zum Auszug der hämelschen Kinder kam. Das Spiel dauert ca. 30 Minuten, und Zusehen ist kostenlos.

Neben dem Rattenfänger-Freilichtspiel bietet Hameln weitere Highlights für Kinder: Das Musical „Rats“ ist eine humorvolle, 40-minütige Interpretation der Rattenfängersage. Nun können die Kleinen auch noch zu „Ohrwürmern“ von Walzern über Märsche und Balladen bis zum Rap mittanzen.
Die kleinen Zuschauer erleben jedes Jahr eine mitreißende und lebenslustige Version der Rattenfängersage. Der Rattenfänger führt die Ratten in die Weser, der Rattenkönig überlebt. Was dann im „Rats“-Musical passiert, können die Jungen und Mädchen aber selbst sehen. Das einzige Musical in Deutschland, das man kostenfrei erleben kann!
Weil es für die Gründung der Stadt Hameln kein genaues Datum gibt, werden Stadtjubiläen in Verbindung mit der Rattenfängersage begangen. Daher feiert Hameln im Jahr 2009 „725 Jahre Rattenfängersage“. Feiern Sie doch mit Ihren Kindern mit!

Hameln Marketing und Tourismus GmbH
Deisterallee 1 (am Bürgergarten), 31785 Hameln
Telefon: 05151/9578-23
www.hameln.de/tourismus/rattenfaenger/rf_flspiel.htm

15.

0213 Ratzfatz Indoor-Spielparadies, Hameln

Riesensnappy schnappt zu!

So leicht lassen sich die Kinder in Hameln nicht mehr von einem Rattenfänger einfangen, denn durch das Spielen im Ratzfatz Indoor-Spielparadies werden sie heute so schnell und beweglich, dass sie ratzfatz wegrennen würden. Die Betreiber der Indooranlage haben vor allem eines im Sinn: Großstadtkindern den Spaß an Bewegung zu zeigen. Deshalb jagt im Ratzfatz eine sportliche und spielerische Attraktion die nächste.
Hamelns Kinder können nun toben ohne Ende – zum Beispiel auf der Hüpfburg, der Palmeninsel oder dem vier Etagen hohen Klettergerüst. Oder sie gleiten auf der bunten Riesenrutsche ganz weich herunter oder spielen mit Riesensnappy, der regelmäßig sein Maul auf- und zuklappt.

Ratzfatz Indoor-Spielparadies
Hohe Linden 40, 31789 Hameln
Telefon: 05151/787079, www.ratzfatz-spielparadies.de

0214 Bowl' & Racket Center, Luhden

Zehn auf einen Strike

Würde der tapfere Schuster aus der alten Sage heute noch leben, so würde er wahrscheinlich nicht mehr zehn Fliegen auf einen Streich erschlagen. „Auf einen Streich" heißt auf Bowling-Englisch „at one strike", und lustigerweise können sich Kinder genauso stark und talentiert fühlen wie der Schuster, wenn sie beim Bowling einen „Strike" schaffen.
Der Begriff „Bowling" kommt natürlich aus dem Amerikanischen, und der Sport ähnelt stark dem Vorläufer Kegeln. Nur ist das Bowling eher was für coole Kids. Im modernen Bowl' & Racket Center Luhden kann man auf 12 vollautomatischen, „seillosen" Bahnen mit computergesteuerter 3D-Animation nach Herzenslust spielen. Der Ball wird dabei mit drei Fingern gegriffen, und für Kinder ist das Bowling eine extrem spannende Angelegenheit. Die Kegel heißen übrigens Pins, und es gibt genau zehn. Wer alle Pins beim ersten Wurf sofort abräumt, der schafft einen Strike. Wer weiß, vielleicht möchten sich die kleinen Bowlingfans dann auch, so wie der tapfere Schuster, den Spruch „Zehn auf einen Strike" in Gold gravieren lassen.

Bowl' & Racket Center, Hainekamp 1, 31711 Luhden
Telefon: 05722/84777, www.bowl-racket.de

0215 Tierpark Bad Pyrmont

Ein Muss für Großstadt-Indianer

Alle Indianer fangen mal klein an, und deshalb dürfen die Mini-Winnetous nicht gleich auf großen Pferden davonreiten. Im Tierpark Bad Pyrmont können sie sich allerdings beim Ponyreiten vorstellen, wie es damals im Wilden Westen war. Nach ihrem gelungenen Ritt können die kleinen Häuptlingssöhne eine Tour mit der Kindereisenbahn durch den Tierpark machen, und dort merken sie ganz schnell, dass in dem Kurörtchen Bad Pyrmont viele Abenteuer auf sie warten.
Jaguare, Servale und Schimpansen freuen sich auf den Besuch der Kinder, die sich vor allem für die öffentlichen Fütterungen im Zoo begeistern lassen. Besonders beliebt sind natürlich die wilden Löwen, denn hier gab es vor kurzem Nachwuchs, und diese Löwenbabys lassen sogar Indianerherzen ganz

weich werden. Im Anschluss an den Zoobesuch haben die Kids Gelegenheit, auch selbst Tiere zu füttern. Zwar nicht die ganz wilden und gefährlichen, aber dafür lassen sich die Bewohner des Bad Pyrmonter Streichelzoos streicheln und knuddeln!

Tierpark Bad Pyrmont
Hauptmann-Boelcke-Weg 1, 31812 Bad Pyrmont
Telefon: 05281/2539, www.tierpark-badpyrmont.de

0216 Hochseilgarten Springe

Hoch oben im Seillabyrinth

Mut, Selbstvertrauen, Flexibilität und Risikobereitschaft – diese Eigenschaften werden Ihre Sprösslinge besitzen, wenn sie im Hochseilgarten Springe einen Kurs belegt haben. Über den Wolken in der freistehenden Anlage wachsen die Kleinen über sich selbst hinaus.
Einen Extremsport einmal ganz sicher erleben können die Abenteurer bei einem Parcours am Boden. Je nach Alter machen die jungen Teilnehmer auch an der Kletterwand oder bei einem Rundkurs im Hochseilgarten mit. Auf künstlich geschaffenen Erlebnisparcours aus Baumstämmen und Drahtseilen werden die ganz mutigen Kinder vor verschiedene Hindernisse und Aufgaben gestellt, die es zu bewältigen gilt. Wer weiß, vielleicht probiert Ihr kleiner Akrobat auch die 150 Meter lange Seilrutsche „Flying Fox“ aus? Zum krönenden Abschluss wartet dann noch die Riesenschaukel auf die Kinder …

Hochseilgarten Springe GmbH
An der Weide 5, 31832 Springe/Altenhagen I
Telefon: 05041/6400036, www.hochseilgarten-springe.de

0217 Barfußpfad Naturpark Münden

Dreckige Füße garantiert!

Warum tragen wir eigentlich immer Schuhe? Es fühlt sich doch nichts besser an, als im Sommer barfuß im Freibad herumzulaufen oder am Strand zu spielen. Für alle Kinder, die von Lackschühchen genug haben, ist der Barfußpfad in Nienhagen südlich von Hann. Münden genau das Richtige! Ganz

„unten ohne“ kann man nämlich den Boden unter unseren Füßen wirklich spüren.
Ah! Viel besser als die kalten Kacheln in der Küche! Beim Barfußgehen erleben die kleinen Wanderer endlich mal, wie sich ein Waldboden anfühlt. Da piekst etwas, dort ist es matschig und auch ein wenig rutschig, und hier kitzelt es ganz angenehm unter den Füßen. Wer hätte gedacht, dass das Barfußgefühl so lustig sein kann? Auf der Wanderstrecke können die Kleinen aber nicht nur ihre Sinne schärfen, sondern auch gleichzeitig klettern und auf Baumstämmen balancieren.
Bei diesem Barfußlaufen gibt es bestimmt keine Stinkfüßchen, aber dafür jede Menge Spaß!

Naturpark Münden e. V., Böttcherstraße 3, 34346 Hann. Münden
Telefon: 05541/75-259, www.naturpark-muenden.de
www.barfusspark.info/parks/nienhagen.htm

0218 Wilhelm-Busch-Mühle, Ebergötzen

Rickeracke! Rickeracke! Auf den Spuren von Max und Moritz

„Max und Moritz wird es schwüle, denn nun geht es nach der Mühle. (…) Rickeracke! Rickeracke! Geht die Mühle mit Geknacke.“ – Ganz schön gruselig dieses Ende! Die beiden Lausbuben und ihre Geschichten kennst du sicherlich schon. Max und Moritz haben sich so manch einen Streich geleistet! Wo haben diese Lausebuben wohl gewohnt? Und wo ist diese berühmte Mühle?

Wer kennt sie nicht, Max und Moritz?

In Ebergötzen werden die berühmten Kinderbuchgeschichten wahr! Viel aufregender als das Wilhelm-Busch-Buch zu lesen. Hier sind die Original-Schauplätze der Max-und-Moritz-Bildergeschichten. Du kannst so selbst zum Lausebuben werden und ihre Streiche nachspielen. In Ebergötzen stehen nämlich das alte Pfarrhaus und die alte Wilhelm-Busch-Mühle.

Ganz schön spannend, ein Kinderbuch mal ganz hautnah zu erleben. Die Mühle ist nun ein Museum, und du kannst dort nach Lust und Laune auf den Spuren von Max und Moritz wandeln. Ganz nebenbei kannst du auch noch lernen, wie früher in diesen Mühlen Mehl gemahlen wurde.

Wilhelm-Busch-Mühle, Förderkreis Wilhelm-Busch-Stätten
Mühlergasse 8, 37136 Ebergötzen
Telefon: 05507/7181, www.wilhelm-busch-muehle.de

0219 Brotmuseum Ebergötzen

Teiche und Gräben, Windmühle und Museum

Im Frühling, Sommer oder Herbst ist ein Ausflug mit den Kleinen nach Ebergötzen immer eine gute Idee. Denn dort gibt es das Brotmuseum mit einem wundervollen historischen Park und prächtigen, alten Bäumen drumherum. Die komplett restaurierte und funktionstüchtige Bockwindmühle, eine Wassermühle aus römischer Zeit und der alte Wehrturm der Wasserburg wollen bei einem Spaziergang entdeckt werden. Nicht zu vergessen der Getreidegarten und der Kräutergarten gleich nebenan. Mittendrin ist die eigentliche Ausstellung in einem schönen Barockbau untergebracht. Hier erfährt der Besucher alles über unser tägliches Brot, seine Geschichte, das Getreide und die Müllerei. Aber auch die Themen Brot in der Religion, Welternährung, Hunger, Brot als Grundnahrungsmittel und Brot in Kunst, Kultur und Brauchtum werden behandelt. Das ist beileibe nicht so trocken, wie es sich anhört, und fesselt auch kleine Besucher.

Europäisches Brotmuseum e. V. Ebergötzen
Göttinger Straße 7, 37136 Ebergötzen
Telefon: 05507/999498, www.brotmuseum.de

0220 Salztal-Paradies, Bad Sachsa

Indiana Jones im Reich der wilden Gewässer

Um Abenteuer im Wasser zu erleben, muss man nicht zum Colorado River reisen. Die kleinen Wasserratten im Erlebnisbad Salztal-Paradies finden ihren

Nervenkitzel mitten im Harz. Hier gibt es nicht nur ein Wellenbecken, sondern richtig stürmisches und reißendes Gewässer für Mutige. Eine 100 Meter lange Reifenrutsche macht allen Kindern Spaß. Dabei bekommen sie einen Vorgeschmack darauf, wie sich echtes Wildwasser-Rafting anfühlt, wenn sie in riesigen Reifen die kurvenreiche Strecke in Rekordgeschwindigkeit hinunterdüsen. Wer noch nicht genug Abenteuer erlebt hat, zieht weiter in den Wildwasserkanal. Hier versuchen lauter kleine Indiana Jones, die tobenden Gewässer zu durchqueren.
Im Salztal-Paradies warten noch weitere Erlebnisse auf den Nachwuchs. Eisprinzessinnen können in der benachbarten Eishalle Pirouetten drehen, und gleich nebenan kommen kleine Bowlingfans auf ihre Kosten.

Salztal-Paradies, Talstraße 28, 37441 Bad Sachsa
Telefon: 05523/950902, www.salztalparadies.de

0221 Münchhausen-Museum, Bodenwerder

Lügen wie gedruckt!

Ein bisschen flunkern doch alle Kinder mal. In Bodenwerder kann man nun Lügen direkt vom Profi erlernen. In dem kleinen Städtchen an der Weser war nämlich einst der Baron von Münchhausen zu Hause. Ja, genau! Der weltberühmte „Lügenbaron“, der auf einer Kanonenkugel flog und dessen Pferd zweigeteilt wurde.

Der Ritt auf der Kanonenkugel

Im Münchhausen-Museum in Bodenwerder findet man zahlreiche Bücher über den Baron von Münchhausen. In unterschiedlichen Sprachen beschreiben und illustrieren über 700 Buchausgaben die wunderbaren Reisen des Barons. Jetzt versteht

man auf einmal das Sprichwort „Lügen wie gedruckt"! Im Museum bekommt man einen Kurs über die hohe Kunst des Fabulierens. Danach ist Lügen erlaubt, denn um richtig gut zu sein, muss man auch extrem viel Fantasie haben.
Die Kinder können so den ganzen Tag neue Lügen erfinden und stoßen dabei immer wieder auf Spuren des Barons, der ab 1720 in Bodenwerder lebte. Wem die Ideen für neue Lügengeschichten ausgehen, der wird sicherlich vom Münchhausen-Musical oder beim musikalischen Höhenfeuerwerk inspiriert. Unglaubliche Abenteuer – ganz so wie der Baron – können Kinder übrigens auch dann erleben, wenn sie auf der Sommerrodelbahn Rekordgeschwindigkeiten erreichen oder vom Segelflugzeug aus die Landschaft des Münchhausenlandes erkunden.

Tourist-Information Bodenwerder
Münchhausenplatz 3, 37619 Bodenwerder
Telefon: 05533/4054, www.muenchhausenland.de

0222 Staatliches Naturhistorisches Museum Braunschweig

Das große Krabbeln

Um mal so richtig viele krabbelnde Insekten zu sehen, müssen kleine Kinder nicht erst in den australischen Dschungel reisen oder gar „alberne" TV-Sendungen wie das „Dschungelcamp" sehen. Das Staatliche Naturhistorische Museum Braunschweig hat die Lösung und veranstaltet eine spannende Exkursion mit dem vielversprechenden Titel: „Das große Krabbeln". Kinder mit starken Nerven können sich dann alle einheimischen Insekten im Waldboden von Nahem ansehen.
Bei anderen Exkursionen beobachten die kleinen Naturfreunde Eichhörnchen im Braunschweiger Prinzenpark, lernen die Namen der Bäume und Blüten, sammeln Pilze oder graben Fossilien aus. Im Museum selbst warten weitere Abenteuer auf die Kinder. Im Aquarium schwimmt eine Piranha-Familie, eine Sonderaustellung zeigt echte Mumien, und das enorme Skelett einer Riesenseekuh schwebt in einem der Räume. Riesenseekühe sind übrigens bereits seit 1768 ausgestorbenen.
Kleine Forscher kommen im Staatlichen Naturhistorischen Museum Braunschweig ebenfalls auf ihre Kosten. Mit der Braunschweiger Bienentanzuhr erkennen sie anhand des Bienentanzes, wo sich die Futterquelle der kleinen

Honigsammler befindet. Für alle Kids, die eine Fortsetzung vom großen Krabbeln wünschen, bietet der Stereomikroskoptisch, eine Eigenkonstruktion des Museums, die Möglichkeit, über 100 Präparate von Insekten in 10- bis 40facher Vergrößerung zu betrachten.

Staatliches Naturhistorisches Museum Braunschweig
Pockelsstraße 10, 38106 Braunschweig
Telefon: 0531/288920
www.naturhistorisches-museum.niedersachsen.de

0223 Zoo Braunschweig

Drama auf der „Arche Noah" mit Murmeltier „Karlchen" und den Zwillingsäffchen

In der Braunschweiger „Arche Noah“ spielen sich höchst dramatische Szenen ab. Zuerst erkrankte das süße Murmeltier „Karlchen“ an Epilepsie, und alle Kinder fieberten mit, als ihn die Tierpfleger mit viel Liebe aufpäppelten. Und dann geschah das Wunder im Zoo: Karlchen, das Murmeltier, verlor seine Angst vor Menschen. Alpenmurmeltiere sind normalerweise extrem scheu, verstecken sich in ihren Erdlöchern und stoßen Warnpfiffe aus, sobald Menschen nur in die Nähe kommen. Weil Karlchen so besonders ist, wurde er sogar in die ARD-Fernsehsendung. „Die große Show der Naturwunder“ eingeladen, wo ihn die Moderatoren Frank Elstner und Ranga Yogeshwar begrüßten. Kinder dürfen nun den TV-Star Karlchen im Braunschweiger Zoo bewundern und vielleicht sogar streicheln.

Im Zoo grüßt nun nicht nur täglich das Murmeltier, sondern es gibt noch ein anderes Highlight: die Zwillingsäffchen Chico und Nepomuk. Auch sie hatten eine traurige Geschichte, die aber wie bei Karlchen mit einem „Happy End“ ausging. Die Eltern der beiden Lisztäffchen haben zuerst Nepomuk und drei Wochen später Chico verstoßen. Seitdem ziehen Pfleger die Zwillingsbrüder auf und kümmern sich ganz rührend um sie. Und auch die kleinen Zoobesucher unterstützen die beiden Äffchen moralisch. Hoffentlich können die Zwillinge bald wieder in die Gruppe der Lisztaffen im Zoo integriert werden!

„Arche Noah“ Zoo Braunschweig, Uwe Wilhelm GmbH
Am Zoo 35, 38124 Braunschweig
Telefon: 0531/611269, www.zoo-bs.de

0224 Eulenspiegel-Museum, Schöppenstedt

Einmal zum Narr werden

Eine Stadt voller Narren in bunten Kostümen, und alle lachen. In Schöppenstedt wird es wahr. Eine Erlebniswelt zwischen Burgen, Klöstern und Wäldern auf den Spuren von Eulenspiegel, eine Zeitreise ins Mittelalter.
Vor rund 700 Jahren wurde der größte Komiker geboren. Er hieß Till Eulenspiegel, trug eine alberne Narrenkappe, und sein ganzes Leben lang hatte er nur Streiche im Kopf. Er reiste durchs Land und verspottete seine Mitmenschen. So buk Eulenspiegel Eulen und Meerkatzen beim Bäcker, brachte einem Esel das Lesen bei, heilte Kranke und verkaufte eine Katze im Sack. Mal war er Bäcker, dann wieder Maler oder auch Turmbläser, Schreiner und Soldat. Am Ende von jedem Abenteuer musste er ganz schnell weiterziehen, und jede seiner Geschichten endet mit: „... da war er schon verschwunden."
Willst du wissen, wie Narren früher mal gelebt haben, und in die Spuren von Eulenspiegel treten? Im Schöppenstedter Museum kannst du endlich mal die Erwachsenen verspotten und zum Narr werden. Eulenspiegel hielt nämlich den Menschen den Spiegel ihrer Dummheit vor und lachte über sie!
Einmal im Jahr erweckt die ganze Stadt Eulenspiegels Welt zum Leben. Das Buch von Eulenspiegel wird dann wahr, und du kannst dann jeden seiner Streiche erleben. Alle sind lustig und bunt verkleidet, und du kannst dann natürlich noch mehr lachen als beim Lesen seiner Abenteuer!

Till Eulenspiegel-Museum
Nordstraße 4, 38170 Schöppenstedt
Telefon: 05332/6158, www.eulenspiegel-museum.de

0225 phæno, Wolfsburg

Wissenschaft trifft Architektur

Im phæno, der Experimentierlandschaft, werden nicht nur die Phänomene der Wissenschaft für Kinder anschaulich dargestellt – vor allem die Architektur des Wissenschaftsmuseums ist ein echtes Phänomen. Die Star-Architektin Zara Hadid war nämlich jahrelang vor allem für ihre ausgesprochen kreativen Entwürfe berühmt, ohne dass diese tatsächlich gebaut wurden. Somit wurde ausgerechnet in der Autostadt Wolfsburg ein architektonischer Traum

wahr, und das spektakuläre Gebäude steht genauso im Vordergrund wie die innovative Idee, ein Science Center für Kinder nach US-Vorbild in Deutschland zu bauen.
Der Besuch auf dem phæno-Raumschiff startet deshalb mit einer kurzen Einführung in die Zara-Hadid-Architektur. Dabei fassen die kleinen Besucher auch die Betonwände an und spüren so selbst, warum diese fließende Architektur so besonders ist. Wissenschaftler mussten diesen Beton fürs phæno erst extra erfinden! Inspiriert von so viel Kreativität dürfen die Kinder sich an den 300 Experimentierstationen austoben. Einige davon wurden nur für das Wissenschaftsmuseum in Wolfsburg hergestellt. Seien Sie nicht verwundert, wenn dann Ihr Kind auf einmal mehr versteht als Sie von Biologie, Physik, Chemie, Mathematik und Technik. Denn im Science-Museum sind alle Wissenschaften zum Anfassen und Spielen aufbereitet. Als besonderes Highlight warten ein Feuertornado und Shows zu den Themen Feuer, Luft und Klang auf die kleinen Forscher. Achtung: Dabei kann auch schon mal etwas explodieren!

Phänomene, wohin man schaut

phæno gGmbH, Willy-Brandt-Platz 1, 38440 Wolfsburg
Telefon: 0180/1060600, www.phaeno.de

0226 Autostadt Wolfsburg

Autofahren wie die Großen!

Autos darf man erst fahren, wenn man erwachsen ist … Denkst du und wartest sehnsüchtig auf deinen 18. Geburtstag. In der Autostadt Wolfsburg geht das viel schneller. Dort düsen Kinder mit kunterbunten Mini-Autos durch die

Gegend! Im Rumfahr-Land sieht alles aus wie auf echten Straßen – nur eben in klein: Straßenschilder, Einbahnstraßen und Ampeln. Damit du dich so richtig austoben kannst, gibt es auch eine Rennstrecke für die Flitzekisten.
Noch nicht genug vom Autofahren? Um den komplizierten Straßenverkehr zu verstehen, muss man doch einen Führerschein machen. Im Lern-Park der Autostadt ist auch das möglich! Dort können Fünf- bis Elfjährige ihren Kinder-Führerschein machen. So weißt du, was später bei der echten Führerscheinprüfung auf dich zukommt!
Zuerst übt die Kinderverkehrsschule der Autostadt mit dir wesentliche Begriffe des Straßenverkehrs. Danach geht es auf das Freigelände am Mittellandkanal. Dort musst du Verkehrssituationen mit Geh- und Radwegen, Zebrastreifen und Ampeln meistern und immer schön auf der richtigen Straßenseite bleiben. Keine Angst, es wird nicht so gefährlich wie auf echten Straßen, denn die kleinen Kinderautos fahren nur vier Stundenkilometer.
Nach insgesamt 45 Minuten harter Prüfung bekommen alle Kinder ihr Führerschein-Dokument – inklusive eigenem Foto und professionellem Stempel. Na, wäre so ein Führerschein nicht etwas zum Angeben in der Schule?

Autostadt GmbH, StadtBrücke, 38440 Wolfsburg
Telefon: 0800/288678238, www.autostadt.de

0227 Planetarium Wolfsburg

Eine Reise zum Mond durch die Sternengalaxie

Von Peterchens Mondfahrt hast du sicherlich schon mal gehört: Peterchen und Anneliese begeben sich auf eine abenteuerliche Reise zum Mond und helfen dem Maikäfer Sumsemann, sein sechstes Beinchen zurückzuholen. Das Beinchen hat der böse Mondmann geraubt. Spannung pur! Du kannst dabei sein auf dieser aufregenden Mondfahrt, vorbei an Sternen und Planeten.
Im Planetarium Wolfsburg kann man abenteuerliche Geschichten auf ganz besondere Weise erleben – umgeben von Sternen. Sei dabei, wenn Teddy die Eiskönigin trifft und diese ihm erklärt, warum es im Winter kalt ist. Hier kannst du endlich verstehen, warum Sonne, Mond und Sterne über den Himmel wandern. Teddys Freund, der Zauberer Magistrat, erklärt, dass die Erde eine Kugel ist, die sich um sich selbst dreht. Mit Magistrats selbstgebauter

Rakete fliegen beide um die Erde, um sich das einmal anzuschauen, und du kannst hautnah dabei sein.

Die blaue Kuppel ist das Erkennungszeichen des Planetariums Wolfsburg

Im „Sternentheater“ ist es ganz dunkel, und du bist in einer anderen Welt, umgeben von glitzernden Sternen. Annika und Michael entdecken dort eine „Zeitblasenmaschine“. Es gelingt den Kindern, heimlich in einer „Zeitblase“ durch das Weltall und in die Vergangenheit zu reisen. Dabei beobachten sie den Urknall, die Entstehung der Planeten, eine Sternexplosion und ein Schwarzes Loch. Hast du nicht auch Lust, in diese fernen Galaxien zu reisen?

Planetarium Wolfsburg GmbH
Uhlandweg 2, 38440 Wolfsburg
Telefon: 05361/21939, www.planetarium-wolfsburg.de

0228 Wake-Park im Allerpark Wolfsburg

Ein wilder Ritt über das Wasser

Wolltest du schon immer mal auf dem Wasser laufen? Manchmal kann man die Naturgesetze ein wenig austricksen. Du musst nur deine Füße an ein Wasserbrett schnallen, dich dann ziehen lassen, und schon kannst du über das Wasser gleiten.
Wasserski ist ein Mix aus Ski und Wasserbrett und ist eine der jüngsten Sportarten; ursprünglich kommt es aus Amerika. Eigentlich wird man dabei von einem Boot gezogen. In Deutschland wird Wasserski allerdings an Seilbahnen gefahren.

Natürlich kann es dann passieren, dass du ins Wasser fällst, daher ist es wichtig, dass du schwimmen kannst. Aber das Gute ist, dass der See nur 1,20 m tief ist. Im Sommer wird das Wasser also richtig schön warm. Geschwindigkeit, Action und Spaß kannst du bei dieser spannenden Sportart erleben – und was so unglaublich kompliziert aussieht, ist ganz leicht zu erlernen!

Wake-Park, Wasserski Wolfsburg GmbH
Berliner Ring 1, 38446 Wolfsburg
Telefon: 05361/6093989, www.wasserski-wolfsburg.de

0229 Wind- und Wassermühlen-Museum, Gifhorn

Wo kommen denn diese ganzen Mühlen her?

Wilhelm Busch hat sie für Kinder berühmt gemacht: die Windmühlen. Für alle kleinen Leseratten, die sich die Bildergeschichte „Der Bauer und der Windmüller" mal so richtig schön vor Augen führen möchten, ist Gifhorn die richtige Anlaufstelle. Im Internationalen Wind- und Wassermühlen-Museum wimmelt es nämlich von Wind- und Wassermühlen.

Mühlen aus aller Herren Länder sind in Gifhorn versammelt

Faszinierend ist für die Kleinen vor allem das ungewohnte Erscheinungsbild. Wo sieht man denn schon mal 16 Windmühlen und Wassermühlen an einem Ort? Wie auf einer kleinen Zeitreise können die Kinder die erste Maschine der Welt in allen Farben und Formen betrachten und sich vorstellen, wie es war, als dort einst Getreide zu Mehl und Schrot gemahlen wurde.

Was ein Alptraum für Max und Moritz wäre, ist hier eine lustige Weltreise, denn die Mühlen kommen aus unterschiedlichen Ländern. Neben Mühlen aus Asien und Afrika stehen auch bunte Hollandmühlen. In dieser wundersamen Landschaft fühlen sich die kleinen Besucher wie in einer Märchenwelt. Wer danach immer noch nicht genug von Mühlen hat, kann im Ausstellungsraum auch noch 45 Modelle bewundern und sogar eine Mini-„Moulin“ aus Paris entdecken.

Internationales Wind- und Wassermühlen-Museum
Bromer Straße 2, 38518 Gifhorn
Telefon: 05371/55466, www.muehlenmuseum.de

0230 Waldbühne Melle

Michel und Maja im Steinbruch

Jedes Jahr im Sommer wird die Waldbühne im alten Steinbruch zur Amateurbühne. Ein lustiges und kreatives Team von fast 100 Leuten sorgt dann für ein tolles Programm, das immer wieder Groß und Klein begeistert. Nachdem schon die Biene Maja für Begeisterung sorgte, konnten die Besucher 2008 die wunderbaren Geschichten um Michel aus Lönneberga genießen. Jedes Jahr gibt's etwas anderes, immer im Spätsommer wird das neue Programm fürs kommende Jahr vorgestellt.
Die Waldbühne Melle hat eine magische Anziehungskraft auf kleine Kinder. Kein Wunder! Nach Michel und Maja lässt sich das Team sicher auch im nächsten Jahr etwas tolles einfallen.

Geschäftsstelle der Waldbühne Melle e. V.
Mühlenstraße 25, 49324 Melle
Telefon: 05422/42442, www.waldbuehne-melle.de

0231 Märchenwald Bad Harzburg

Hexen und Märchen rund um den Brocken

Dass auf dem Brocken gehext wird, ist ja allseits bekannt. Aber im Märchenwald werden Kinder regelrecht verzaubert. Die berühmten Szenen der Gebrüder Grimm werden hier auf eine ganz fantasievolle Weise gezeigt: Dornröschen, Rotkäppchen, Schneewittchen und Hänsel und Gretel sind hier neben weiteren hundert handgeschnitzten Figuren in beweglichen Bühnenbildern zu sehen.

Gespannt lauschen die Kinder den Märchen – und dann ziehen sie weiter, um an der historischen Drehorgel ihre Ohren zu spitzen. Kleine Jungs begeistern sich vor allem für die naturgetreue Modellanlage LGB der Harzquer- und Brockenbahn. Danach lädt der Safari-Express auf ein paar schöne Runden mitten im Märchenwald ein.
Weiter mobil bleibt man im Kinderverkehrsgarten des Märchenwalds, wo batteriebetriebene Fahrzeuge bereitstehen, in denen die Kinder erste Fahrversuche wagen. Danach kann man nach Herzenslust auf der Hüpfburg springen, an der Hasenburg echte Hasen beobachten oder mit ferngesteuerten Booten spielen. Alles in allem eine zauberhafte Reise ins Reich der Fantasie.

Märchenwald, Nordhäuser Straße 1a, 38667 Bad Harzburg
Telefon: 05322/3590, www.maerchenwald-harz.de

0232 Freilichtbühne Lohne

Zauberhafte Theaterwelt

Auf der Freilichtbühne in Lohne drücken sich Kinderhelden die Klinke in die Hand. Neben Pippi Langstrumpf, Cinderella und Peter Pan standen hier auch schon Jim Knopf und der Räuber Hotzenplotz auf der Bühne. Mit bunten Kostümen begeistern die Schauspieler staunende Kinder, die jede Saison neue Freunde aus der Märchenwelt zu Gesicht bekommen.

Der kleine Muck auf der Freilichtbühne Lohne

Eines ist sicher: Der Zauber bleibt. Die kleine Hexe hat den Ort nämlich nachhaltig verhext, und jedes Mal, wenn Kinder ein Stück auf der Bühne sehen, werden sie in eine andere märchenhafte Welt entführt. 2008 geht es mit dem „Kleinen Muck“ gar in den Orient, wo er den Kindern die Zauberkräfte von seinem Stöckchen und seinen Pantoffeln vorführt. Der Open-Air-Theaterspaß findet in den Sommermonaten übrigens wetterunabhängig statt, denn seit 2007 ist der Zuschauerraum komplett überdacht.

Freilichtbühne Lohne, Zur Freilichtbühne, 49393 Lohne
Telefon: 04442/921155
www.freilichtbuehne-lohne.de

0233 Naturtierpark und Vollblutaraber-Gestüt Ströhen

Auf riesigen Elefanten reiten

Haben Sie sich eigentlich schon mal gefragt, warum kleine Kinder vor allem große Tiere lieben? Und Elefanten stehen ganz oben auf der Liste; mit ihren vier Tonnen Körpermasse sind sie die größten lebenden Landtiere und lassen Kinderaugen leuchten. Ob es nun Benjamin Blümchen, Dumbo oder der kleine blaue Elefant aus der Sendung mit der Maus war, der diese Liebe zwischen Kindern und den Rüsseltieren entfachte, kann man gar nicht mehr nachvollziehen.
Im Naturtierpark Ströhen können Sie dem Phänomen Kinder/Elefanten mal so richtig auf den Grund gehen und ganz nebenbei Ihren Kleinen den größten Wunsch erfüllen; denn hier können die jungen Besucher auf Elefanten reiten.
Das ist schon ein einmaliges Erlebnis für die Sprösslinge, hoch oben auf diesen Dickhäutern zu sitzen und den Eltern zuzuwinken. Natürlich können die kleinen Elefantenfreunde nicht jeden Tag auf den Rücken dieser riesigen Tiere klettern. Deshalb empfiehlt es sich, mit den Kindern gleich danach das Vollblutaraber-Gestüt aufzusuchen, das in unmittelbarer Nähe des Tierparks Ströhen liegt. Bei dem Anblick der vielen Spring- und Dressurpferde bleibt den Kleinen für die Zukunft wenigstens die Hoffnung aufs Reiten erhalten. Die Vollblutaraber des Gestüts Ismer sind zwar nicht so groß wie die Rüsseltiere, haben aber umso mehr Anmut und Grazie. Bei der Show „Arabische Faszination“ zeigen die Pferde dann auch, dass sie sich ganz und gar nicht verhalten wie ein Elefant im Porzellanladen.

Naturtierpark Ströhen, Vollblutaraber-Gestüt
Tierparkstraße 43, 49419 Ströhen
Telefon: 05774/505, www.tierpark-stroehen.de

0234 Museumsdorf Cloppenburg

Zeitreise in die Vergangenheit

Wie sah es denn eigentlich vor 200 Jahren in Niedersachsen aus? – In Cloppenburg kannst du genau in diese Epoche reisen. In einem Museumsdorf erlebst du eine kleine Zeitreise zurück in die Vergangenheit. Simsalabim! Plötzlich bist du mittendrin! Ein riesiges Dorf mit mehr als 50 historischen Gebäuden umgibt dich, und nichts erinnert dich mehr an unsere Zeit.

Angekommen in der Vergangenheit, gibt es jede Menge zum Ausprobieren. Die Menschen lebten früher ganz anders, und nun kannst du es am eigenen Leibe spüren. Du kannst in die Dorfschule gehen und dort deine Dorfreife machen oder auch mal einer historischen Tätigkeit nachgehen. Welche Berufe gab es damals? In der Museumstöpferei versuchst du dich an der Töpferscheibe oder auch als Zinngießer – und natürlich darfst du dein selbst hergestelltes Werkstück mit zurück in die Gegenwart nehmen.

Rosen im Museumspark Cloppenburg

Im Museumsdorf siehst du, wie Korn zu Brot wird. In der Museumsbäckerei kann man die im Steinofen gebackenen Köstlichkeiten probieren. Dabei fragt man sich sicherlich, wie die Menschen wohl damals gegessen haben. In einem Bauernhaus werden täglich Gerichte nach historischen Rezepten serviert, und du erhältst Antworten auf Fragen: Woher nahm man die Lebensmittel? Wer aß früher was? Wie bewahrte man Lebensmittel auf? Wie waren die Tischsitten? Gab es denn immer genug zu essen?

Nach einer spannenden Reise in dieses historische Umfeld wirst du die Gegenwart mit ganz anderen Augen sehen.

Museumsdorf Cloppenburg, Niedersächsisches Freilichtmuseum
Bether Straße 6, 49661 Cloppenburg
Telefon: 04471/94840, www.museumsdorf.de

0235 Freilichtbühne Meppen

Tabalugas Open-Air-Party

Kinder haben Tabaluga, den grünen Drachen, fest in ihr Herz geschlossen und würden am liebsten im „Grünland“ mit ihm leben. Die Freilichtbühne Meppen holt alle Tabaluga-tivi- Fans von der Mattscheibe direkt vor die belebte Theaterbühne. Denn in Meppen wird von Mai bis September Theater gespielt. Seit 50 Jahren wird in jeder Saison ein neues Stück für Kinder aufgeführt, getanzt und gesungen. Die Spezialität der Meppener Freilichtbühne sind eindeutig Musicals. Kein Wunder, dass diese Freilichtbühne auch seltene Aufführungsrechte wie „Tabaluga und Lilli“ ergattern konnte.
Das Musical nach Peter Maffay, Gregor Rottschalk und Rolf Zuckowski ist ein Highlight für die Kinder. Diese fiebern mit, wenn Tabaluga versucht, das Eispüppchen Lilli vor dem bösen Schneemann Arktos zu retten.

Freilichtbühne Meppen, Geschäftsstelle Stadthaus
Markt 43, 49716 Meppen
Telefon: 05931/8812188, www.freilichtbuehne-meppen.de

Berlin

0236 Welcome Kids, Berlin

Allzeit bereit für Eltern ohne Zeit

Wenn Eltern einmal etwas in der Hauptstadt unternehmen wollen, was ihre Kinder langweilig finden, sind die Mitglieder des Teams von Welcome Kids immer zur Stelle. Den Händen dieser kompetenten Nannys kann man seine Kinder mit gutem Gewissen für ein paar Stunden überlassen. Kinder von fünf Monaten bis 15 Jahren erleben hier zusammen mit den Betreuern aufregende Fahrten durch Berlin oder beschäftigen sich bei schlechterem Wetter anderweitig in den vier Wänden. Auch wenn es bei Mama und Papa etwas später wird, ist auf die Mitarbeiter Verlass. Sie versorgen und betreuen die Kinder und Jugendlichen nicht nur am Tag, sondern stehen auch in der Nacht zur Verfügung. Welcome Kids bietet also ein Rundum-Paket für die Kleinen, wenn die Großen mal keine Zeit haben.

Welcome Kids, Berlin
Telefon: 030/94398368, www.welcome-kids-berlin.de

0237 Saurierwelten im Museum für Naturkunde, Berlin

Den größten Dinosaurier gibt's in Berlin!

Für Kinder, die auf Dinosaurier stehen, gibt es in Berlin eine Pflichtadresse: Das Museum für Naturkunde in der Invalidenstraße, nicht weit vom Hauptbahnhof entfernt. Hier können sie sich gruseln unter dem größten Saurierskelett der Welt! Natürlich ist der 13 Meter hohe und 23 Meter lange Brachiosaurus nicht der einzige Saurier, den es hier zu bestaunen gilt. Auch ein Archaeopteryx leistet ihm Gesellschaft, und ringsherum taucht man in die Welt vor 150 Millionen Jahren ein. Neben der Saurierwelt gibt es natürlich jede Menge Fossilien und Mineralien. In den übrigen Abteilungen des Museums findet man Vögel, Säugetiere, Insekten und Huftiere, außerdem ist viel Interessantes zu den Themen Evolution und Kosmos zu entdecken. Sogar über die Präparationstechniken, mit denen die Tierkörper für alle Zeiten erhalten werden, informiert das Museum.

Und das ist noch nicht einmal alles! Das zum Museum gehörende Humboldt Explanatorium lädt zum Mitmachen ein. Hier werden Tiere gemalt, Tiermodelle aus Gips geformt, und oft gibt es auch noch etwas Süßes zum Naschen (Kinder von sechs bis zwölf Jahren können mitmachen).

Im Carl Zeiss Mikroskopierzentrum entdecken neugierige Kinder mit Hilfe von Mikroskopen, wie viel Leben in einem kleinen Tropfen Flusswasser steckt. Wer ein bisschen mehr Geld ausgeben kann und möchte, meldet sich zu einem Ausgrabungskurs an (90,– €) und wird selbst zum Paläontologen – so heißen die Forscher, die sich mit Fossilien beschäftigen.
Langeweile kommt also garantiert nicht auf, denn hier gibt es so viel zu sehen, dass sich durchaus öfter mal ein Besuch lohnt.

Museum für Naturkunde der Humboldt-Universität zu Berlin
Abteilung für Ausstellungen und Öffentliche Bildung
Invalidenstraße 43, 10115 Berlin
Telefon: 030/2093-8540
www.museum.hu-berlin.de

0238 Kinder-Uni an der Humboldt-Universität Berlin

Studieren wie die Großen

Wolltest du schon immer einmal wie die Großen in einem Hörsaal sitzen und dem Professor bei seinen Ausführungen über spannende Themen lauschen, dachtest aber, du wärst noch zu jung dafür? Die Humboldt-Universität in Berlin öffnet seit dem Jahr 2004 für dich einige Wochen im Jahr ihre Pforten, und du lernst so den Unterrichtsalltag eines richtigen Studenten kennen. Hier wirst du in die Welt der Wissenschaft, Technik und anderer interessanter Gebiete eingeführt und nimmst an aufregenden und zugleich lehrreichen Vorlesungen teil, die am späten Nachmittag stattfinden. Die Kinder-Uni lockt jedes Jahr mit neuen aufregenden und abwechslungsreichen Themen, bei denen du dich bestimmt nicht langweilst. Außerdem erhältst du hier dein persönliches Studienbuch, mit dem du dann ganz stolz beweisen kannst, dass du auch schon ein bisschen erwachsen bist. Und deine Lehrer und Eltern werden Augen machen, wenn du ihnen von dem Neuerlernten erzählst. Um dieses Angebot wahrnehmen zu können, solltest du zwischen 8 und 13 Jahren sein.

Humboldt-Universität zu Berlin
Unter den Linden 6, 10099 Berlin
Telefon: 030/20932518
www.hu-berlin.de/kinderuni

0239 Bonbonmacherei, Berlin

Paradies für Zuckerschlecker

Wie werden eigentlich die leckeren Süßigkeiten hergestellt? Und welche Zutaten spielen für die Bonbonproduktion eine Rolle? Wenn Ihnen solche Fragen schon einmal untergekommen sind, dann sind Sie in der Bonbonmacherei in Berlin an der richtigen Adresse. Die Bonbonmacherei ist ein Familienunternehmen mit einem Laden und einer eigenen kleinen Werkstatt, in der die süßen Leckereien auf traditionelle Weise produziert werden. Die Besucher erleben hier Schritt für Schritt mit, wie die Naschereien hergestellt werden. Vom Erhitzen des Zuckers und Glukosesirups über das Hineinschieben in die Presswalzen bis hin zum Dragieren – jede einzelne Phase wird detailliert vorgeführt und erläutert. Zwischendurch bekommen Groß und Klein auch immer mal wieder eine Kostprobe der süßen Köstlichkeiten. Das wird also nicht nur ein Spektakel für die Augen, sondern ein wahrer Gaumengenuss.
Wer von den Süßigkeiten nicht lassen kann, nimmt sich am besten noch ein Tütchen voll für zu Hause mit. Im hauseigenen Laden werden über 30 Sorten verkauft. Die Auswahl reicht von Blockmalz über Feuerhimbeer-Bonbons bis hin zu den klassischen Berliner Maiblättern. Bei diesem großen Angebot an Köstlichkeiten bleiben bestimmt keine Wünsche mehr offen.

Bonbonmacherei
Heckmann-Höfe, Oranienburger Straße 32, 10117 Berlin
Telefon: 030/44055243, www.bonbonmacherei.de

0240 Internationales Kinderfest 23 Nisan, Berlin

Ein Tag für alle Kinder

„Was bedeutet 23 Nisan eigentlich?“, fragen sich bestimmt jetzt einige. Zwar kennt jeder das Kinderfest, das unter diesem Namen veranstaltet wird, aber viele können mit dem Begriff nichts anfangen. Das ist ganz einfach: Der 23. April 1920 ist ein historischer Tag in der Geschichte der Türkei. Der Staatsgründer Mustafa Kemal Atatürk hatte es sich zum Ziel gesetzt, einen Modernisierungsprozess innerhalb der Türkei einzuläuten. Da die Zukunft bekanntlich in den Händen unserer Kinder liegt, widmete er diesen Tag den Kindern, und der 23. April wurde zum offiziellen Feiertag. An diesem Tag

werden in der Türkei Feste auf den Straßen und in den Schulen veranstaltet. „Nisan“ ist türkisch und heißt übersetzt „April“.
Seit 1993 feiert jedes Jahr im April der Verein EATA diese türkische Tradition nun auch in Deutschland. Austragungsort dafür ist in Berlin das Areal zwischen dem Brandenburger Tor und der Siegessäule. Hierher kommen aber nicht nur türkischstämmige Kinder, sondern die Kleinen aller Nationen und auch Glaubensrichtungen sind herzlich eingeladen, den „Tag des Kindes“ zu würdigen. Das Kinderfest steht für den Beginn einer toleranten Gesellschaft und soll Kindern vermitteln, verantwortungsbewusst und respektvoll mit ihrer Umgebung und ihren Mitmenschen umzugehen.
Aber nicht nur die Aufklärung des Nachwuchses steht hier im Vordergrund, sondern auch der Spaß soll hier nicht zu kurz kommen. So laden viele Spiele und sportliche Betätigungen Klein und Groß dazu ein, dem Fest beizuwohnen. Auch das Bühnenprogramm, das von TV-Größen, wie zum Beispiel „KiKa“, ausgerichtet wird, macht einen Besuch auf dem Kinderfest zum absoluten Muss.
Also nehmen Sie ihre Kinder an die Hand, und zeigen Sie ihnen spielerisch eine Welt, wo ihnen alle Möglichkeiten offenstehen, denn sie sind unsere Zukunft, und daran wird sich auch nichts ändern.

EATA Berlin Brandenburg e. V.
Charlottenstraße 60, 10117 Berlin
Telefon: 030/20641565, www.eata.info

15.

0241 Kommunikationsmuseum, Berlin

Immer in Kontakt bleiben

Wie hat man eigentlich kommuniziert, bevor es Handys gab? Das Kommunikationsmuseum in Berlin beschäftigt sich seit über 130 Jahren mit der Geschichte der Informationsübertragung und gilt somit als das älteste Postmuseum der Welt. In dem imposanten historischen Gebäude werden berühmte Exponate gezeigt, wie zum Beispiel die legendäre Blaue Mauritius, die wohl die bekannteste Briefmarke unserer Zeit ist, sowie andere geschichtsträchtige Ausstellungsstücke. In den Ausstellungsräumen durchläuft man die verschiedenen Stationen der Vergangenheit und kommt vorbei an alten Telefonen und sogar einer historischen Postkutsche. Doch das Kommunikationsmuseum vermittelt nicht nur einen Einblick in die Geschichte, sondern zeigt auch die Entwicklung des Informationsaustausches bis in die nähere Zukunft.

Museum für Kommunikation
Leipziger Straße 16/Mauerstraße, 10117 Berlin
Telefon: 030/202940, www.museumsstiftung.de

0242 Madame Tussauds Berlin

Die prominente Welt des Wachses

Sie wollten schon immer mal einem Star begegnen, wussten aber nicht, wie Sie sich Ihrem Idol nähern können? Das berühmte Wachsfigurenkabinett „Madame Tussauds“ hat nun auch in Berlin Einzug gehalten und bringt Sie hautnah an die nationale und internationale Prominenz, wobei das Wort „Haut“ vielleicht in diesem Zusammenhang ein bisschen fehl am Platz ist. Hier finden Sie berühmte Personen aus Politik, Musik oder Film, aus der Vergangenheit bis hin zur Gegenwart. Messen Sie sich doch mal mit TV-Größen wie Thomas Gottschalk, oder stehen Sie neben Bundeskanzlerin Angela Merkel am Podium.
Auch für die kleinen Besucher wird es ein aufregendes Erlebnis, neben den Berühmten für ein Foto zu posieren. Liebt Ihre Tochter die Musik von Jennifer Lopez und wollte die Diva schon immer mal live sehen? Oder ist Ihr Sohn ein begeisterter Tennisspieler, und sein großes Idol ist Boris Becker? Diese und viele andere Prominente geben sich bei „Madame Tussauds“ die Ehre. Außerdem kann man mit Hilfe von Touchscreens auch einen Blick hinter die Kulissen werfen und erleben, wie die lebensnahen Figuren aus reinstem Wachs hergestellt werden. Tauchen Sie also ein in die glamouröse Welt Ihrer Lieblinge, auch wenn sie nur aus Wachs ist.

Madame Tussauds Berlin, Unter den Linden 74, 10117 Berlin
Telefon: 0180/5545800, www.madametussauds.com

0243 Berliner Fernsehturm

Hier ist man ganz oben

Berlin ist riesig und unübersichtlich, man kann eine ganze Stunde damit vergeuden, von einer Stadtgrenze zur nächsten zu fahren. Wer die Stadt einmal (fast) komplett betrachten möchte, der muss schon hoch hinaus. Genauer gesagt: 368 Meter. So hoch ist nämlich der Berliner Fernsehturm am Alexanderplatz. Der Turm dient als Sendemast – daher der Name – für Fernsehen und Radio, aber er ist auch ein beliebtes Ausflugsziel bei Berlinern und Berlinbesuchern. Denn fast ganz oben, in etwa 200 Meter Höhe, gibt es eine Aussichtsetage. Die ist natürlich nicht wie ein offener Balkon, denn in dieser Höhe wäre es vermutlich viel zu windig und zu kalt. Stattdessen kann man durch die Panoramafenster bequem den Blick über das Berliner Häusermeer schweifen lassen. Unglaubliche 892 km² misst die Fläche der deutschen Hauptstadt, und so ist es nicht verwunderlich, dass man selbst vom Turm aus an manchen Stellen kein Ende zu sehen scheint. Aber wenn das Wetter gut ist, blickt man bis in die Brandenburger Landschaft. Und der Clou ist: Um alles zu sehen, muss man nicht einmal im Kreis laufen – denn die Kugel des Fernsehturms dreht sich um die eigene Achse, für eine komplette Umdrehung braucht sie 30 Minuten. So kann man es sich bequem machen und einfach nur staunen.

Der Fernsehturm am Alex

Wer vom vielen Schauen hungrig geworden ist, dem bietet sich ein Besuch im Restaurant ein Stockwerk darüber an.

2009 feiert der Turm seinen 40. Geburtstag (1969 wurde er eingeweiht), mittlerweile gilt er als Symbol der ganzen Stadt. Man kann ihn auch mit nach Hause nehmen, in kleinerer Ausführung und aus Plastik oder Wachs, versteht sich.

Berliner Fernsehturm, Panoramastraße 1A, 10178 Berlin
www.berlinerfernsehturm.de

0244 Sea Life Center im AquaDom, Berlin

Haie in der Hauptstadt

Einen Ausflug in die Wunderwelt des Meeres kann man im Berliner Sea Life Center unternehmen, direkt am Berliner Dom gelegen. Ähnlich wie im Aquarium des Berliner Zoos lassen sich hier unzählige Fische und andere Meeres-

bewohner mal ganz aus der Nähe betrachten. Dass auch die heimische Unterwasserwelt einiges zu bieten hat, sieht man bereits zu Beginn der Ausstellung. Den Anfang macht das Leben in der Spree, dann folgt die Ausstellung den Flüssen in die Nordsee und schließlich in die sagenhaften Lebenswelten des Ozeans. Höhepunkt und Abschluss des Rundgangs bildet die Fahrt mit einem verglasten Aufzug durch ein zylinderförmiges Riesenbecken (Höhe: ca. 25 m, Wassermenge: ca. 1 Mio. Liter!). Der AquaDom gilt als eines der größten Becken weltweit, man kann ihn auch ganz unentgeltlich besichtigen, indem man sich in die Lobby des Radisson-Hotels begibt, wo sich der AquaDom befindet.
Insgesamt bietet das Sea Life Center 1.800 m^2 Aquarien mit ca. 4.000 tierischen Bewohnern, von denen die spektakulärsten wohl die Oktopoden und Haie sind. Da es bei der Haltung dieser schwierigen wie faszinierenden Tiere immer wieder Probleme gibt, sollte man nicht allzu traurig sein, wenn gerade weder Hai noch Oktopus zu sehen ist, denn daneben gibt es noch viel mehr zu entdecken!

AquaDom & Sea Life Berlin
Spandauer Straße 3, 10178 Berlin
Telefon: 030/9928012, www.sealifeeurope.com

0245 DDR-Museum, Berlin

Die eine Seite der geteilten Vergangenheit

Das DDR-Museum versucht, mit Hilfe vieler verschiedener Exponate Familien die Kultur eines untergegangenen Staates näherzubringen. Es ist egal, ob man aus dem Osten oder Westen Deutschlands kommt, jeder wird fasziniert sein von der Ausstellung, die das Leben im Sozialismus zeigt. Es gibt hier Möbel, technische Geräte und vieles mehr zu bewundern. Die Ausstellung präsentiert sogar nachgebaute Zimmer, die die damalige Zeit sehr authentisch wiedergeben. Das Beste ist, dass Besucher die Ausstellungsstücke nicht nur ansehen, sondern sie auch anfassen dürfen. Das heißt zum Beispiel: Schubladen öffnen und entdecken, was sich darin verbirgt.

Eines der beliebtesten Exponate: der Trabi

Der Höhepunkt eines jeden Besuches im DDR-Museum ist aber der Original-Trabi, der wohl eine der bekanntesten Eigenschöpfungen der Deutschen Demokratischen Republik ist. Groß und Klein setzen sich hier in das historisch bedeutende Fahrzeug und erleben das etwas andere Fahrgefühl anhand einer simulierten Fahrt durch eine Plattenbausiedlung.

DDR-Museum, Karl-Liebknecht-Straße 1, 10178 Berlin
Telefon: 030/847123731
www.ddr-museum.de/

0246 Märchenschiff „Spree-Prinzessin", Berlin

Märchenstadt Berlin

Die „Spree-Prinzessin" sticht jedes Jahr im Sommer in See und mit ihr staunende Kinderaugen und lauschende Ohren. Eine Fahrt mit dem Märchenschiff „Spree-Prinzessin" entführt sie in eine Welt, in der Gestalten wie Feen, Zauberer und Hexen real sind. Das Boot fährt entlang der Spree und zeigt den Passagieren Berlin von einer neuen und ganz ungewohnt magischen Seite. Nicht nur Kinder werden sich daran erfreuen, sondern auch Eltern fühlen sich in ihre Kindheit zurückversetzt, wenn sie den spannenden Geschichten und Märchen lauschen, die während der Fahrt erzählt werden.
Dabei widmen sich die Erzähler jedes Jahr einem anderen Thema. Mal kommen die Geschichten aus fernen Ländern wie Portugal oder auch mal aus der näheren Umgebung.
So verwandelt sich die Hauptstadt einige Tage im Sommer in ein kleines Märchenparadies für die großen und kleinen Zuhörer.
Tagsüber ist das Programm speziell auf Schulklassen ausgerichtet. Um dieses Angebot wahrnehmen zu können, sollte man sich rechtzeitig anmelden. Die aktuellen Termine entnehmen Sie bitte der Homepage.
Am Abend und an Wochenenden heißt es dann für Familien: „Alle Mann an Bord", und die Fahrt in das Reich der Fantasie und des Zaubers kann losgehen.

Märchenland e. V., Deutsches Zentrum für Märchenkultur
Spreeufer 5, 10178 Berlin
Telefon: 030/34709478
www.maerchenland-ev.de

0247 LOXX – Miniaturwelten, Berlin

Mit Märklin, Roco & Co. durchs Brandenburger Tor

Eltern können sich selten für Spielzeug begeistern, doch beim Thema Modelleisenbahn ist das anders: Hier leuchten nicht nur Kinderaugen, sondern auch die Papas und manche Mama lassen hier dem Spieltrieb noch mal richtig freien Lauf. Und während die heimische Modelleisenbahn meistens mit Platzmangel zu kämpfen hat, haben sich einige Enthusiasten in Berlin einen Traum verwirklicht und eine Modelleisenbahnlandschaft geschaffen, die scheinbar grenzenlos ist. Das Loxx am Alexanderplatz verspricht eine der größten Modelleisenbahnen der Welt, und digital gesteuert ist sie noch dazu. Im Maßstab 1:87 (H0) kann man hier nicht irgendeine Landschaft bewundern: Es ist die Stadt Berlin, die akribisch in Ausschnitten nachgebaut wurde. Im Loxx fährt die S-Bahn vom Zoo zum Alexanderplatz ganz wie im richtigen Leben, nur eben im Format H0. Nebenbei lässt sich hier also auch ein bisschen Sightseeing erledigen, denn natürlich findet man auch die berühmten Berliner Wahrzeichen wieder, vom Reichstag über das Brandenburger Tor bis zum Gelände des Berliner Zoos.

Auf ca. 2.500 m² Ausstellungsfläche bleibt kein Modelleisenbahnertraum unerfüllt. Und das ist noch nicht alles: Nicht nur Züge und Autos fahren durch die Miniaturwelt, auf einem Miniatur-Flughafen ist sogar reger Start- und Landebetrieb zu beobachten.

Den Technikern des Hauses kann man zudem bei Reparaturen zusehen, was für Besitzer einer Modelleisenbahn sicherlich besonders interessant ist.

Im dazugehörigen Restaurant (nicht im Maßstab H0!) werden einfache, aber dafür günstige Speisen angeboten, und die Kleinen toben sich in der Kinderspielecke aus.

LOXX am ALEX, im ALEXA (Alexanderplatz), 10179 Berlin
Telefon: 030/44723040, www.loxx-berlin.com

0248 Kindercity, Berlin

Auf den Spuren der Wissenschaft

Wissenschaft – was ist das eigentlich? Die Wissenschaft ist schon ein ziemlich komplexes Thema, das man auf die Schnelle wohl nicht erklären kann. In der Kindercity kommen Kinder durch verschiedene Angebote der Antwort

jedoch näher und entdecken diese Welt des Forschens auf ihre eigene Art und Weise. Ihre Schützlinge begeben sich bei ihrem Streifzug durch die Wissenschaft neugierig auf verschiedene Wissenswege oder machen eine Rundfahrt in der mobilen Stadt „Metropolis“. Auch das Fabrikatelier bietet interessante und lehrreiche Kurse an. Hier wird Ihr Kind zum Konditor und kreiert seine eigenen Leckereien aus Schokolade oder versucht, bewaffnet mit Schraubenzieher und Zange, ein Skoda-Modellauto flottzumachen. Im hauseigenen Kino erleben die Jungen und Mädchen die bunte Welt der Kinderfilme.
Das breitgefächerte Angebot der Kindercity ist für jeden jungen Besucher ein wunderschönes Erlebnis, und wer einmal hier war, der kommt bestimmt auch wieder.

Kindercity Berlin, ALEXA am Alexanderplatz
Grunerstraße 20, 10179 Berlin
Telefon: 030/30874390, www.kindercity.de

0249 Kreativhaus, Berlin

Viel Programm für wenig Geld

Das Kreativhaus in Berlin bietet für Jung und Alt ein bunt gemischtes Angebot an Kursen und Veranstaltungen, die sich der Förderung von Kunst und Kultur widmen.
Besonders das Angebot für die kleinen Besucher des theater-pädagogischen Zentrums ist breitgefächert. Für die Jüngsten veranstalten die Betreiber die „Zwergenspielstunde“. Hier können sich die Kleinen nicht nur an vielen bunten Spielen erfreuen, sondern sie entdecken auch ihre persönliche Gestaltungsfähigkeit. Kinder von 3 bis 6 Jahren gehen in dem Kurs „Die kleine Rasselbande“ auf Entdeckungsreise in das Reich der Geräusche. Ihr Nachwuchs bastelt hier seine eigene Rassel und begleitet mit deren Klang eine spannende Geschichte, die von den Betreuern währenddessen erzählt wird. In der „Zauberakademie“ präsentieren Magier das Einmaleins der Zauberkunst und ziehen so manchen Zuschauer, egal ob klein oder groß, in ihren Bann. Es gibt im Kreativhaus viel zu entdecken, sodass sich ein Besuch ganz bestimmt lohnt!

Kreativhaus e. V., Fischerinsel 3, 10179 Berlin
Telefon: 030/2380913, www.kreativhaus-tpz.de

0250 Museum Kindheit und Jugend, Berlin

Schreiben will gelernt sein

Von der Geburt bis zum 18.Lebensjahr passiert viel im Leben eines Menschen. Man wächst, man lernt wichtige Dinge wie sprechen oder schreiben, und man beginnt, auf eigenen Beinen zu stehen. Der erste Lebensabschnitt legt die Grundlagen für die Zukunft.
Genau mit dieser besonderen Zeit beschäftigt sich das Museum Kindheit und Jugend, das seit 1987 existiert. Es zeigt der heutigen Jugend und auch Erwachsenen, unter welchen Umständen die Kinder im 19. und 20. Jahrhundert aufgewachsen sind. Womit haben sie gespielt? Gingen sie damals auch schon zur Schule? Fragen wie diese werden kleinen und großen Besuchern durch die vielen Ausstellungsstücke aus über 150 Jahren Kindheitsgeschichte beantwortet. Rund 250.000 Spielzeuge gibt es zu bestaunen, die den historischen Wandel von sehr geschlechtsorientierten bis hin zu den heutigen, weitgehend geschlechtsunabhängigen Spielsachen erkennen lassen. Besonders spannend für Kinder ist die Schreibstube. Da sich das Museum in einem alten Schulgebäude befindet, ist dieser Raum sehr authentisch. Hier nehmen sie die Feder in die Hand und versuchen sich im Schönschreiben. Auch Kreide und Schiefertafeln stehen zur Verfügung.
Ein Besuch im Museum Kindheit und Jugend verschafft einen Einblick in die ersten Lebensjahre unserer Vorfahren.

Museum Kindheit und Jugend, Wallstraße 32, 10179 Berlin
Telefon: 030/2750383, www.berlin-kindheitundjugend.de

0251 Rumpelstil, Berlin

Theaterkunst mit auffallend guter Note

Hier gibt es Bühnenkunst der ganz besonderen Art! Im Musiktheater Rumpelstil erlebt die ganze Familie Geschichten, die nicht immer nur gesprochen, sondern vor allem auch gesungen werden. Besuchen Sie Theaterstücke, Musicals oder auch mal ein Live-Konzert. Die musikalischen Einlagen verleihen den Vorstellungen eine ganze besondere Note und lassen den Besuch zu einem sinnlichen Ereignis werden. Die Besucher erfreuen sich an den Klängen und viele lassen sich von den Rhythmen anstecken. Besonders die Vorstellungen für Kinder sind ein wahres Erlebnis für Augen und Ohren.

Ihre Kleinen werden begeistert sein, denn die Laute der für sie komponierten Musik entführen sie in die fantasievolle Welt der Tonkunst. Doch auch die herkömmlichen Theaterstücke sind hier immer wieder für eine Überraschung gut. Statten Sie dem Musiktheater Rumpelstil einfach mal einen Besuch ab, und lassen Sie sich und Ihre Sprösslinge von den ausgefallenen Stücken begeistern.

Rumpelstil, Annenstraße 29, 10179 Berlin
Telefon: 0172/3122353, www.rumpelstil.de

0252 EFK Kart- und Eventcenter Berlin

Auf die Plätze, fertig – und los!

Wärst du auch gern mal so schnell wie Michael Schumacher in seinem Flitzer? Zwar erreichst du in den batteriegesteuerten Karts im EFK Kart- und Eventcenter nicht so eine hohe Geschwindigkeit wie die Großen in ihren Formel-1-Wagen, doch auch „Schumi" hat mal im Kart angefangen. Fahr mit deinen Eltern oder Geschwistern um die Wette und zeig, dass du das Auto im Griff hast, auch ohne Führerschein. Besonders aufregend ist es auch, hier seinen Geburtstag zu verbringen. Setz die Sturmhaube auf und fahr mit deinen Freunden zwei Mal sieben Runden. Werde mit Hilfe der Motorenpower zum König der Bahn. Nach den rasanten Runden geht's an den Flipper, oder du forderst deine Freunde bei einem Spiel am Fahrsimulator heraus. Auch Billard und Dart stehen dir hier zur Verfügung. Dieses Erlebnis an deinem Ehrentag wirst du bestimmt nicht so schnell vergessen.

Fast wie Schumi

EFK Kart- und Eventcenter Berlin
Koppenstraße 8, 10243 Berlin
Telefon: 030/24540160, www.elektrokartbahn.de

0253 Kindertreff „So-nett“, Berlin

Mit Spaß an der Freude

Der Kindertreff „So-nett“ lockt mit einem aufregenden Angebot an kreativen Möglichkeiten für Ihren Nachwuchs. Hier können Ihre Kleinen mit anderen Kindern zusammen viel Spaß haben und nebenbei auch noch interessante Dinge lernen. Ist Ihr Kind musikalisch begabt? Dann sollte es einmal beim Kinderchor vorbeischauen oder sich in den Tanzstunden zur Musik bewegen. Oder liebt Ihr Kind es, Ihnen beim Kochen zuzugucken? Im Kochkurs nimmt Ihr Sprössling selbst den Kochlöffel in die Hand und lernt zum Beispiel, wie man Gewürze richtig dosiert. Auch für die kleinen Handwerker gibt es hier etwas zu entdecken: Sie gehen in der Werkstatt auf Erforschungstour durch die Welt der Hölzer, Nägel und Schrauben und bauen kleine Meisterstücke aus dem Naturrohstoff.
Die Film-Arbeitsgemeinschaft ist bei Kindern ebenfalls sehr beliebt. Sie stehen hier vor und auch hinter der Kamera und produzieren ihre eigenen Filme. Besonders aufregend wird es dann, wenn sie die fertigen Filme vor ihren Freunden und Ihnen präsentieren. Mit Spannung warten die kleinen Filmemacher dann auf die Reaktion des Publikums. Das ist wirklich eine ganz besondere Erfahrung. Der Kindertreff ist nicht nur „nett“, sondern auch perfekt, um künstlerisch aktiv zu sein.

Kindertreff „So-nett“, Fürstenwalder Straße 25, 10243 Berlin
Telefon: 030/40393433, www.so-nett.net

0254 Abenteuerlicher Bauspielplatz Kolle 37, Berlin

Elementarischer Spaß für kleine Entdecker

Du willst dein eigenes Abenteuer in der Großstadt Berlin erleben? Dann komme doch auf den Bauspielplatz Kolle 37. Hier warten viele spannende Stationen auf dich, die von dir entdeckt werden wollen. Feuer, Erde, Wasser und Luft – alle vier Grundelemente erlebst du hier auf deiner persönlichen Erforschungstour durch die Natur. Lerne an der offenen Feuerstelle, verantwortungsvoll mit dem Feuer umzugehen, ohne dich gleich zu verbrennen oder einen Großbrand auszulösen. Entdecke das feuchte Nass im Feuerlöschbecken oder an der Pumpe im Sandkasten. Hast du Lust, dich mal so richtig dreckig zu machen, ohne dass die Mama schimpft? Dann ist die Lehmgrube genau das Richtige für dich; doch Kleidung, die schon mal schmutzig werden kann, solltest du unbedingt anziehen. Auf dem Bauspielplatz bist du durch seine freie Lage unter dem Berliner Himmel immer an der frischen Luft.

Hier ist handwerkliches Geschick gefragt

Würdest du dich gern einmal bei verschiedenen Handwerken austesten? Dann mach dich auf in die Werkstatt und lerne tischlern oder töpfern. Auch für kleine und große Musikliebhaber gibt es auf dem Bauspielplatz etwas zu entdecken: Musiziere mit anderen auf den verschiedenen Musikinstrumenten und gebe nach den Proben dein eigenes kleines Konzert. Der Bauspielplatz hat noch viel mehr zu bieten. Erforsche diese Wunderwelt mit ihrem reichhaltigen Angebot auf deine eigene Weise.

Abenteuerlicher Bauspielplatz Kolle 37
Kollwitzstrasse 35–37, 10405 Berlin
Telefon: 030/4428122, www.kolle37.de

0255 Abenteuerspielplatz Marie, Berlin

Altes Gewerbe neu entdecken

Du bist ein kleiner Abenteurer und willst die Welt entdecken? Doch leider ist es schwer, einen passenden Ort zu finden, der deinen Vorstellungen von Spannung, Spiel und Spaß entspricht? Der Abenteuerspielplatz Marie schafft Abhilfe. Auf dem Abenteuerspielplatz Marie ist die Zeit scheinbar stehen geblieben. Hier lernst du, wie man vor hundert Jahren seine Häuser baute. Nach der Theorie kommt die Praxis, und deine Fähigkeiten sind gefragt: Nun nimmst du Lehm und Stroh in die Hand und baust dir dein eigenes kleines Reich. In dieser Erlebniswelt erfährst du auch, wie man verantwortungsvoll mit lodernden Flammen umgeht. Außerdem werden hier auch alte Handwerke wieder zum Leben erweckt, und du lernst, wie man webt, spinnt oder auch schmiedet. Interessiert du dich für Musik und würdest gern ein Instrument lernen? Auch für dich gibt es das passende Angebot, denn du kannst hier an dem Gitarrenkurs teilnehmen.

Der Abenteuerspielplatz bietet dir eine breitgefächerte Auswahl an Möglichkeiten, dich auszuleben und auszuprobieren.

Abenteuerspielplatz Marie
Marienburger Straße 42/46, 10405 Berlin
Telefon: 030/44041163, www.netzwerkspielkultur.de

0256 KochSpatzen, Berlin

Zum Fingerablecken lecker

Geschmäcker sind verschieden, das weiß jedes Kind. Besonders Kinder sind ziemlich wählerisch, wenn es ums Essen geht. Viele mögen zum Beispiel Gemüse nicht, andere wiederum essen keinen Käse. Bei den KochSpatzen erforscht Ihr Nachwuchs seine Geschmacksnerven. Ob süß, ob sauer oder auch mal scharf – auf den Tisch kommt, was Ihrem Kind schmeckt, denn hier darf es selbst den Kochlöffel in die Hand nehmen.
Ihr Sprössling lernt Schritt für Schritt den richtigen Umgang mit Lebensmitteln und erfährt nebenbei, was gesunde Ernährung bedeutet. Auch für Sicherheit ist gesorgt: Den Steppkes wird gezeigt, wie sie auch ohne Verletzungen mit scharfen Messern und anderen Kochgeräten umgehen. Bei den KochSpatzen macht Ihr Nachwuchs nicht nur erste Versuche am Herd, sondern das Kochen in der Gruppe macht auch noch richtig viel Spaß. Auf dem Programm stehen viele leckere Gerichte, die bestimmt allen Kindern richtig gut schmecken werden. Und auch Sie werden von den neu erlernten Kochkünsten Ihres Kindes profitieren, denn welche Mama oder welcher Papa würde sich nicht darüber freuen, wenn ihr kleiner Küchenchef einmal für sie kocht oder Ihnen auch mal zu Hause zur Hand geht? Ihrem Kind wird es ganz bestimmt gefallen, Ihnen zu zeigen, was es bei den KochSpatzen alles gelernt hat.

KochSpatzen, Marienburger Straße 1, 10405 Berlin
Telefon: 030/32597020, www.kochspatzen.de

0257 Schaubude Berlin

Zu Gast bei Theaterfreunden

Kommen Sie mit in die Welt der Holzpuppen und lassen Sie sich von kleinen Akteuren fesseln. In der Schaubude, die 1993 gegründet wurde, erleben

Groß und Klein, was es heißt, wahre Puppenkunst auf die Bühne zu bringen. Die kleinen Puppen agieren so lebensecht, dass Sie und Ihre Kinder ins Staunen kommen werden. Doch nicht nur mit Hilfe der Holzfiguren wird Leben in die Bude gebracht, sondern auch Objekte und Materialien werden kreativ eingesetzt. Es gibt ganzjährig ein interessantes und wechselndes Programm. Die Schaubude lockt vor allem auch mit ihrem Angebot an sehr außergewöhnlichen Vorstellungen, die das Flair fremder Länder vermitteln. Nationale und internationale Gastspieler sind auf den Brettern, die die Welt bedeuten, immer willkommen und verzaubern Sie mit klassischen und experimentellen Aufführungen. Auch Neueinsteiger und junge Talente, wie zum Beispiel die Puppenspielkünstler der Hochschule für Schauspielkunst „Ernst Busch" Berlin, bekommen hier die Chance, vor einem großen Publikum ihr Können unter Beweis zu stellen. Machen Sie sich bereit für einen Abend oder einen Nachmittag voller Fantasie und schöner Geschichten.

Schaubude Berlin, Greifswalder Straße 81–84, 10405 Berlin
Telefon: 030/4234314, www.schaubude-berlin.de

0258 Zeiss-Großplanetarium, Berlin

Sonne, Mond und Sterne – nicht mehr nur in weiter Ferne

Sterne – geheimnisvolle und faszinierende Gebilde am nächtlichen Himmel. Wollte Ihr Kind auch schon mal nachts lange wach bleiben, um die Sterne zu beobachten? Doch als es dunkel wurde, hieß es: „Schlafenszeit! Oder Wolken versperrten den Kleinen die Sicht zum erhofften Sternenerlebnis. In dem Berliner Zeiss-Großplanetarium kann man seit 1987 auch am Tage die Sterne funkeln sehen und viel Interessantes und Lehrreiches rund um die Astronomie erfahren. Das optische Erlebnis wird von Klängen und Lasershoweffekten begleitet.

Besonders die kleinen Gäste werden von den Einblicken in die Welt der Sternschnuppen und Feuerräder begeistert sein. Das Zeiss-Großplanetarium hat auch eigens für die jungen Sternengucker Programme eingerichtet, die bestimmt jedes Kind ins Staunen versetzen. 5- bis 8-jährige Kinder begleiten zum Beispiel den kleinen Moritz bei seinen Abenteuern durch unser Sonnensystem und lernen dabei Planenten, wie Merkur oder Mars, Kometen und auch die Bedeutung von Sternschnuppen kennen. Eine kleine Quiz-Frage:

Was sind eigentlich Feuerräder? Die Auflösung und auch Antworten auf andere Fragen zur Astronomie gibt's bei der schönen Vorstellung „Sterne, Nebel, Feuerräder“ für Kinder ab 8 Jahren. Kommen Sie also mit in eine Welt außerhalb unserer Vorstellung, und lassen Sie sich von den Geheimnissen unseres Sonnensystems in den Bann ziehen.

Zeiss-Großplanetarium, Prenzlauer Allee 80, 10405 Berlin
Telefon: 030/42184512, www.astw.de

0259 Flohmärkte, Berlin

Spielzeug und Trödel für Groß und Klein

Flohmärkte sind nicht nur etwas für Freunde von Trödel, Antiquitäten und 70er-Jahre-Designobjekten, sondern auch für Kinder! Denn auf einigen der vielen Berliner Flohmärkte werden immer wieder Kinderbücher und jede Menge Spielzeug aller Art angeboten. Auch Computerspiele und Hörspiel-CDs findet man oft ganz billig. Zwei Märkte sind bei Familien besonders beliebt: Der Flohmarkt am Mauerpark liegt gerade so, dass man ihn ideal mit einem Sonntagsspaziergang durch den Park verbinden kann. Wenn es Mama und Papa langweilig wird, können sie in einem der Cafés in der Eberswalder Straße ausspannen.
Ähnlich bunt geht es zu auf dem Boxhagener Platz in Friedrichshain, und auch hier laden die zahlreichen Cafés in der Nähe dazu ein, seine Funde bei einem Stück Kuchen zu begutachten.

Flohmarkt am Mauerpark (sonntags)
Bernauer Str. 63–64, 10435 Berlin

Flohmarkt am Boxhagener Platz (sonntags)
Boxhagener Platz 1, 10245 Berlin

0260 Volkspark Friedrichshain, Berlin

Half-Pipe, Kriegstrümmer und Grimms Märchen

Berlin ist eine der grünsten Städte der Republik, das wissen vor allem Familien mit Kindern zu schätzen. Fast jeder Stadtteil hat seinen eigenen Volkspark, und seit die Stadtoberen sich vor einigen Jahren durchgerungen haben,

Berliner Hundehaltern gewisse Schranken aufzuzeigen, kann man zumindest einige der städtischen Grünflächen einigermaßen sorglos betreten, ohne dass gleich nach dem ersten Schritt ein übel riechendes Malheur an der Schuhsohle klebt. Das ist umso erfreulicher, als einige Berliner Parks ihren Besuchern eine Menge zu bieten haben. Der Volkspark Friedrichshain etwa ist eine gute Adresse für Aktive:

Beachvolleyballfeld, Half-Pipe, Rodelbahn, mehrere Basketball- und Bolzplätze, Kletterfelsen und ein Rundkurs zum Inline-Skaten, daneben Liegewiesen zum Ausspannen und große Spielplätze gibt es hier. Für die etwas Älteren kommen noch das sommerliche Konzertprogramm und das Freiluftkino hinzu. Die Kleinen lassen sich derweil vom Märchenbrunnen verzaubern, der mit steinernen Figuren aus Grimms Märchen bevölkert ist. Im Zentrum des Parks liegt einer der zahlreichen Trümmerberge Berlins, der sogar eine gute Aussicht bietet. Zur Erfrischung geht's anschließend ins Café Schönbrunn.

Volkspark Friedrichshain
Am Friedrichshain 1, 10407 Berlin
www.berlin.de/tourismus/sehenswuerdigkeiten/00162.html

0261 Jugendfarm Moritzhof, Berlin

Alte Weisheiten mit viel Charme

Die Jugendfarm Moritzhof, die nach dem einst auf dem Bauernhof lebenden Edelziegenbock Moritz benannt wurde, lockt mit vielen interessanten Angeboten für Kinder und Jugendliche. Hier erleben Ihre Kleinen, wie es ist, auf einem richtigen Bauerhof zu leben und zu arbeiten. Sie kümmern sich um Tiere, wie Schweine oder Schafe, und lernen so, Verantwortung für andere Lebewesen zu übernehmen. Außerdem erwirbt Ihr Sprössling landwirtschaftliche und gärtnerische Fähigkeiten, die er dann auch mal bei Mama oder Papa im Blumenbeet gut einsetzen könnte. Die Kinder werden auch in die Geheimnisse des Kochens und Backens mit frischen Lebensmitteln eingeweiht. Da die Kleinen die Zutaten hierfür selbst erwirtschaftet haben, schmeckt es dann gleich doppelt so gut. Auch die fast schon vergessene Kunst des Konservierens üben Ihre Kinder hier.

Fleißige Handwerker dürfen unter Anleitung an die Geräte. Hier wird gefilzt, gesponnen und auch getöpfert. Am Vormittag richtet die Jugendfarm Moritzhof spezielle Programme für Kitagruppen und Schulklassen aus. Kita-

gruppen werden durch die Ställe geführt und erfahren viel Wissenswertes über deren Bewohner. Außerdem dürfen sie die Tiere streicheln und manchmal auch füttern.
Schulklassen stehen neben der Besichtigung des Hofes noch weitere Angebote zur Verfügung. Wie wäre es denn vielleicht mit einer Lehrstunde im Schmieden? Schüler haben die freie Wahl und dürfen verschiedene Möglichkeiten testen.

Jugendfarm Moritzfarm, Schwedter Straße 90, 10437 Berlin
Telefon: 030/44024220, www.jugendfarm-moritzhof.de

0262 MACHmit! Museum für Kinder, Berlin

Durch Berührungen verstehen

Bei diesem Museum ist der Name eindeutig Programm, denn hier können Kinder die Welt mit Hilfe ihrer Sinne auf ihre eigene Weise entdecken. Sie dürfen gewohnte, meist aber auch ungewohnte Dinge anfassen und ausprobieren. Darüber hinaus gehen sie auf eine Entdeckungsreise und erforschen verschiedene Sachverhalte, die eng mit ihrem Alltag und ihrer Umgebung in Verbindung stehen. Durch künstlerische und handwerkliche Aufgaben sollen die kleinen Besucher spannenden Themen auf den Grund gehen und ihre Wahrnehmung für ihre Umwelt, der sie sich täglich aussetzen, schärfen. Somit wird den Kindern auf eine spielerische Art und Weise gezeigt, wie viel Spaß Lernen und das Entdecken ihrer Umgebung machen kann. Das Museum, das es seit 1993 gibt, präsentiert jährlich zwei bis drei interaktive Ausstellungen, wie zum Bespiel „Seifenladen". Außerdem werden hier auch immer wieder Projektwochen zu faszinierenden Themen veranstaltet.

Projektwochen im MACHmit!

Das Museum richtet im Übrigen auch interessante und außergewöhnliche Stadttouren aus, damit die Kinder ihre Gegend besser kennenlernen können, wobei sich diese Rundgänge besonders dem Bezirk Prenzlauer Berg widmen. Wer mit offenen Augen durch die Welt gehen und wichtige Sachverhalte begreifen möchte, sollte mit seiner Forschungsreise schon im Kindesalter beginnen. Statten Sie dem Kindermuseum MACHmit! mit Ihren Kleinen zusammen einen Besuch ab, sie werden es Ihnen später danken.

MACHmit! Museum für Kinder, Senefelderstraße 5, 10437 Berlin
Telefon: 030/74778200, www.machmitmuseum.de

0263 Popelbühne, Berlin

Klangvoll kreativ sein

Bist du ein aufgewecktes Kind mit viel Fantasie? Dann komm in die Popelbühne und lasse bei verschiedenen Kursen deiner Kreativität freien Lauf. Hier kannst du zum Beispiel deinen Körper zu Klängen bewegen. Lerne, deine Gefühle in Form von Tanz auszudrücken, und schwinge deinen Körper zu der Klavierbegleitung.
Magst du es, im Mittelpunkt zu stehen, und schlüpfst du gern in Kostüme? Dann probiere dich doch mal als Schauspieler und übernehme eine Rolle in einem interessanten Theaterstück. Doch eine Bedingung gibt es: Du solltest mindestens 12 Jahre alt sein.
Wer es lieber laut mag, für den ist der Schlagzeugunterricht genau das Richtige. Hier darfst du dich an den Trommeln austoben, ohne dass die Mama oder der Papa sagen, du sollst doch bitte leiser sein.
Die Popelbühne bietet wirklich für jeden das richtige Programm, um sich kreativ auszuleben.

Popelbühne e. V., Dunckerstraße 16–17, 10437 Berlin
Telefon: 030/4458700, www.popelbuehne.de

0264 Puppentheater Felicio, Berlin

Kaspar lädt ein

Geschichten und Märchen über Prinzessinnen, Drachen oder auch Hexen von den Eltern vorgelesen zu bekommen, ist schon etwas Schönes – aber für richtige Abwechslung sorgen die Inszenierungen im Puppentheater Felicio, das seit 1993 Groß und Klein in die spannende Welt der Holzpuppen entführt. Hier wird den Märchen und auch den hölzernen kleinen Akteuren Leben eingehaucht, und so ziehen sie so manchen kleinen und großen Gast

in ihren Bann. Das wird ein Erlebnis für Ihre optischen und akustischen Sinne, und die Münder Ihrer Kinder werden nicht mehr aufhören zu lächeln, denn sie werden von den Inszenierungen ihrer Lieblingsgeschichten und Märchen hellauf begeistert sein.
Auf dem Programm stehen Stücke wie „Kaspar und das Krokodil vom Nil", „Rotkäppchen" oder „Rumpelstilzchen", die dem Sohnemann und auch dem Töchterchen mit Sicherheit gefallen werden. Selbst die Abenteuer von Robin Hood, dem „Rächer der Armen", werden auf der Bühne zu einem fast schon realen Erlebnis. Das wird Spannung pur! Also treten Sie ein in die fesselnde Welt der Fantasie und Träume, und lassen Sie sich von den plötzlich so lebendig wirkenden Holzpuppen fesseln.

Puppentheater Felicio, Schivelbeiner Straße 45, 10439 Berlin
Telefon: 030/44673530, www.felicio.de

0265 Grips Theater, Berlin

Erst raufschauen, dann reinschauen

Im Grips Theater Berlin gibt es immer einen guten Grund, Theater zu lieben. Es gibt ein besonderes Programm für Kinder, aber Höhepunkt eines Besuches ist sicherlich der Blick hinter die Kulissen. Was machen eigentlich die Schauspieler in den Pausen oder vor einem Auftritt? Wer ist denn für das wechselnde Licht verantwortlich? Diese und noch viel mehr Fragen beantworten die kompetenten Mitarbeiter des Theaters. Der Nachwuchs lernt die verschiedenen Abteilungen kennen und bekommt einen Rundum-Überblick über das Theater. Und wer weiß, vielleicht werden die Jungen und Mädchen ja später auch selbst mal auf den Brettern stehen, die die Welt bedeuten. Der Wunsch danach kommt nach einem so erlebnisreichen Tag bestimmt auf.

Grips Theater, Altonaer Straße 22, 10557 Berlin
Telefon: 030/397474, www.grips-theater.de

0266 Sandskulpturenfestival, Berlin

Sandige Kunst

Jeder von uns hat doch schon einmal, als er noch klein war, eine Kleckerburg oder gar eine riesige Sandburg gebaut. Für uns waren diese Bauten aus Sand und ein bisschen Wasser schon wahre Kunst. Seit dem Jahr 2003 wird einem aber gezeigt, was man wirklich alles mit Sand machen kann. Das Sandskulpturenfestival präsentiert im Sommer jeden Jahres an der Spree wahre Meisterwerke aus dem körnigen Mineral. Die Künstler, die diese kleine Wunderwelt aus Sand erschaffen, kommen aus allen Kontinenten unserer Erde. Die großen Sandskulpturen bringen nicht nur Kinderaugen zum Strahlen, auch Eltern werden von den Möglichkeiten begeistert sein.

Kunst aus Sand

Der Höhepunkt des Festivals ist die Vergabe des Sandskulpturenpreises, der den Künstler mit der schönsten Skulptur ehrt. Bei so einem denkwürdigen Ereignis wäre sicherlich gern jedes Kind dabei. Am Samstag gibt es für Mama und Papa in dieser schönen Kulisse auch noch ein ganz besonderes Programm, denn dann wird die Nacht zum Tag: Ab 21 Uhr legen nämlich DJs auf, es gibt Live-Musik, und es wird Salsa und Tango getanzt.

So wird aus einem bisschen Sand ein wahres Erlebnis für Jung und Alt. Im nächsten Urlaub kann man sich dann am Strand auf das nächste Sandskulpturenfestival vorbereiten und schon mal üben, wie die ganz Großen seine eigenen kleinen Kunstwerke aus Sand zu errichten.

Veranstalter: Sandsation GmbH
Bahnhofstraße 11, 26122 Oldenburg
Telefon: 0441/2171704, www.sandsation.de

0267 Kasperletheater im Lavandevil, Berlin

Ne dufte Type zum Ankieken

Wer sagt denn, dass man in Restaurants nur seinen Hunger stillen kann? Die Gaststätte Lavandevil belehrt uns eines Besseren. Zwar kann man hier auch etwas essen, doch am Wochenende und manchmal auch innerhalb der Woche stehen hier die Kinder Schlange, um den Kasper auf seinen aufregenden Reisen und bei seinen interessanten Begegnungen zu begleiten.

Die Vorstellungen werden im traditionellen Stil präsentiert und erfreuen Jung und Alt auf ihre ganz besondere Weise. Der freche Kasper bringt Kinder mit seinen Sprüchen und Witzen zum Lachen, und musikalische Showeinlagen animieren zum Mitsingen. Die Aufführungen sind so unterschiedlich wie die Zuschauer, die das Schauspiel betrachten. Die kleine Holzpuppe schlüpft in verschiedene Rollen und trifft auf ihrem Weg durch die kleine Puppenwelt so manchen lustigen Gesellen. Aber Sie müssen genau zuhören, wenn Sie nicht gerade aus der näheren Umgebung kommen, denn der Kasperle ist ein waschechter Berliner, und das hört man auch! Also spitzen Sie die Ohren, und besuchen Sie mit Ihren Kleinen das Kasperletheater im Lavandevil. Übrigens schaut der Kasper auch mal auf Geburtstagen und Kinderfesten vorbei. Also immer schön die Augen offen halten.

Lavandevil, Schustehrusstraße 3, 10585 Berlin
Telefon: 030/7812633, www.kasper-aus-berlin.de

0268 Zaubertheater Igor Jedlin, Berlin

Wahrhaft zauberhaft

Ist Ihr Kind ein Fan des jungen Zauberers Harry Potter, und auch Sie sind spannenden Geschichten von Hexen und Gauklern verfallen? Dann lassen Sie sich doch von dem Zauberkünstler Igor Jedlin in die bunte Welt der Magie und Fantasie entführen. Der gebürtige Russe ist im Alter von vier Jahren das erste Mal mit dem Zauber in Berührung gekommen und konnte seitdem seine Finger nicht mehr von den magischen Sprüchen lassen. Er wurde schon in jungen Jahren zum gefeierten Künstler. Der Zauberer verblüfft seither mit seinen Tricks die Menschen aus 72 Ländern in der ganzen Welt. Mit der Einweihung seines Zaubertheaters in Berlin erfüllte sich Igor Jedlin einen Kindheitstraum. Seit nun über 25 Jahren verzaubert er hier Jung und Alt mit seinem atemberaubenden Programm. Besonders die Kleinen werden bei dem Programm „Zauberhits für Kids", das genau auf die Wünsche und Vorstellungen von Kindern zugeschnitten ist, begeistert sein. Der Magier nimmt sie mit auf eine Reise ins Traumland und zieht Ihren Nachwuchs mit den Illusionen und den wundervollen Tricks in seinen Bann. Das Programm grenzt nicht nur an Zauberei, sondern es ist wahre Magie.

Zaubertheater Igor Jedlin, Roscherstraße 7, 10629 Berlin
Telefon: 030/3233777
www.zaubertheater.de

0269 Toka-Tohei, Berlin

Spielen in luftiger Höhe

Toka-Tohei ist ein Hallenspielplatz im schönen Bezirk Charlottenburg in Berlin. Hier findet man alles, was Kinder zum Strahlen bringt. Die Kleinen toben sich auf dem 5 m hohen Klettergerüst nach Herzenslust aus. Die Riesenrutsche sorgt für rasante Abfahrten, und rauf geht's wieder an dem Kletterturm. Besonders beliebt bei den kleinen Rabauken ist die Hängeseilbahn. Mutige kleine Entdecker trauen sich in die Geisterhöhle und gehen deren Geheimnissen auf den Grund. Auch an die Eltern wurde in dieser Kinderwelt gedacht: Das Bistro lockt mit leckeren Speisen und einer großen Auswahl an alkoholischen und natürlich auch alkoholfreien Getränken. Kindergeburtstage können hier ebenfalls ausgerichtet werden, damit man die Unordnung, die Kinder gern mal machen, bei einer Feier zu Hause vermeidet. Das ist doch wirklich ein tolles Angebot, das man wohl als Elternteil ungern abschlägt.

Toka-Tohei, Wintersteinstraße 22, 10587 Berlin
Telefon: 030/34540346, www.tokatohei.de

0270 Kindersprachclub, Berlin

Sprachen kinderleicht sprechen lernen

Wenn Eltern langfristig etwas für die Bildung und den Charakter ihres Kindes tun möchten, sind sie bei dem Kindersprachclub in Berlin an der richtigen Adresse. Hier lernt Ihr Nachwuchs spielerisch die spannende Welt der Vokabeln und Grammatik kennen. Das ist also kein trockener Sprachunterricht, wie man ihn vielleicht aus so manchen Klassenzimmern kennt, sondern Ihre Kinder werden mit Spiel und Spaß auf ihre Zukunft vorbereitet.

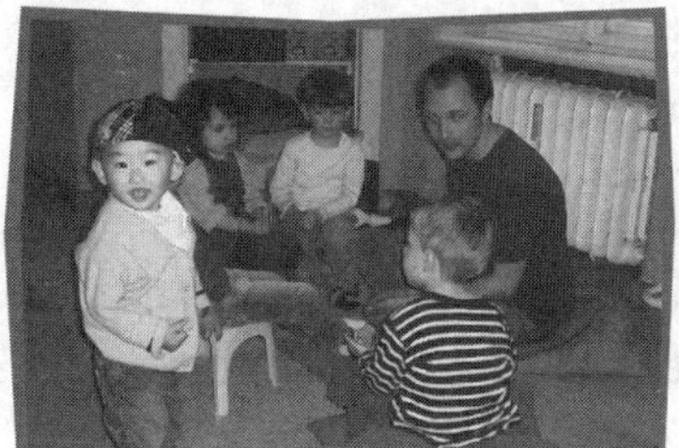

Sprachen lernen leicht gemacht

Der Kindersprachclub bietet ein langfristiges Lernangebot für Kinder von 3 bis 14 Jahren an, bei dem die Youngster zwischen den Fremdsprachen Englisch, Französisch und Spanisch wählen. Außerdem werden auch Deutschkurse angeboten. Der Unterricht wird aus-

schließlich von Muttersprachlern, die etwas von ihrem Handwerk verstehen, abgehalten. Dies ist nicht nur für die Aussprache und das Erlernen der Sprache allgemein von Vorteil, sondern dadurch setzen sich Ihre Sprösslinge auch mit anderen Kulturen auseinander und lernen zum Beispiel deren Traditionen kennen.
Je früher man eine Sprache lernt, umso besser wird sie aufgenommen. Also nehmen Sie Ihr Kind doch einmal mit zu einer kostenfreien Schnupperstunde. Es wird ihm bestimmt viel Freude bereiten.

Kindersprachclub
Joachim-Friedrich-Straße 3, 10711 Berlin
Telefon: 030/8935666, www.kindersprachclub.de

0271 The Story of Berlin

Komm mit auf Bärensuche

Wie kam es zu der Teilung Berlins? Und welchem Wandel unterzog sich die heutige Hauptstadt innerhalb der Industrialisierung? In der Erlebnisausstellung erfährst du mehr über die Geschichte von Berlin. Hier siehst du die Entwicklung der Stadt von ihrer Gründung bis heute. Es ist viel passiert in den über 700 Jahren, und was genau in Berlin so los war, siehst du anhand von begehbaren Kulissen und Multimediatechnik.
Speziell für dich werden hier auch besondere Führungen veranstaltet. Mache zum Beispiel mit bei dem Suchspiel „Der kleine Bär und seine Freunde“ und finde die im ganzen Museum verteilten Bären. Kinder von 4 bis 8 Jahren erfreuen sich an der Führung „Berlin zur Zeit der Ritter & Könige“. Hier erlebst du die Berliner Kultur des Mittelalters und machst dich auf die Entdeckungsreise durch die Welt der Gaukler und der Adligen. Ganz besonders spannend ist auch die Besichtigung eines echten Atomschutzbunkers. Wie sieht so ein Bunker denn eigentlich aus, und unter welchen Lebensbedingungen müssen die Menschen im Fall der Fälle dort leben? Entdecke selbst die geheimnisvollen Räume des Luftschutzkellers. So wird deine Reise in die Vergangenheit zu einem wahren Erlebnis.

The Story of Berlin
Kurfürstendamm 207–208, 10719 Berlin
Telefon: 030/88720100, www.story-of-berlin.de

0272 Hans Wurst Nachfahren, Berlin

Urkomisches Spiel der kleinen Akteure

Das Puppentheater „Hans Wurst Nachfahren“ öffnet seine Pforten für dich. Aber wer ist überhaupt dieser Hans Wurst? Hans Wurst ist die Gestalt des Spaßmachers der deutschen Stegreifkomödie im 16. Jahrhundert. Jetzt, wo das geklärt ist, weißt du auch schon, was dich bei den „Hans Wurst Nachfahren“ erwartet: wahre Späße. Die Betreiber des Theaters haben es sich zum Ziel gesetzt, Groß und Klein in die wunderschöne Welt des Puppenspiels zu entführen, und dabei kommt die gute Laune bestimmt nicht zu kurz.

Lustiges Puppentheater: gute Laune garantiert

Zum Einsatz kommen Handpuppen, Stabpuppen, Klappmaulpuppen, Tierfiguren und auch Marionetten. Es gibt besondere Programme, die auf dich und deine Altersgenossen abgestimmt sind. Hier bleibt ganz bestimmt kein Auge trocken, wenn die kleinen Akteure auf der Bühne ihre Witze machen. Es stehen immer wieder interessante und aufregende Stücke auf dem Programm, die wirklich sehenswert sind und mehrfache Besuche lohnen.

Hans Wurst Nachfahren, Gleditschstraße 5, 10781 Berlin
Telefon: 030/2167925
www.hans-wurst-nachfahren.de

0273 Juxirkus, Berlin

Manege frei, jetzt kommst du!

Würdest du auch gern einmal zwischen Clowns und Trapezkünstlern auf der Bühne stehen? Bist du sportlich begabt und möchtest gern deine körperlichen Fähigkeiten unter Beweis stellen? Kein Problem. Im Juxirkus bist du der Star der Manege!

Doch vor einem so großen Auftritt muss man natürlich üben. Komm zu den offenen Trainings innerhalb der Woche und werde Mitglied der freundlichen Zirkusfamilie.

Hier wartet eine große Auswahl an vielen verschiedenen Disziplinen darauf, von dir entdeckt zu werden. Versuche, auf dem Einrad oder auf dem Hochseil dein Gleichgewicht zu halten. Oder jongliere ein paar Bälle in der Luft. Wenn du musikbegeistert bist, dann werde doch ein Teil der Juxi-Band. Diese sorgt bei den Auftritten der Akrobaten für Stimmung und verzaubert mit wunderschönen Melodien große und kleine Zuschauer.
An deinem großen Tag, wenn die Vorstellung dann endlich stattfindet, kannst du deiner Familie und dem Rest des Publikums zeigen, was du im Juxirkus gelernt hast. Die Besucher werden begeistert sein von den tollen Klängen der Kapelle und den Vorstellungen der Akrobaten.

Juxirkus, Zelt: Hohenstaufenstraße, 10779 Berlin
Büro: Barbarossastraße 65, 10781 Berlin
Telefon: 030/2155821, www.juxirkus.de

0274 Kinderfest in der Gemäldegalerie, Berlin

Spaß und Spiel mit Rembrandt & Co.

Museen stehen bei Kindern nicht gerade weit oben auf der Hitliste der beliebtesten Orte. Schade, denn viele Museen bieten auf Kinder zugeschnittene Veranstaltungen an, die oft wirklich Spaß machen und den Sprösslingen einen entspannten Zugang zur Kunst vermitteln. Die Gemäldegalerie Alter Meister am Kulturforum lädt jedes Jahr im Herbst zum Kinderfest ein. Das bunte Programm für Kinder von 5 bis 15 steht jedes Mal unter einem bestimmten Motto. Natürlich geht es dabei nicht nur um das Anschauen von Gemälden, sondern es gibt viel zum Mitmachen: Theateraufführungen, Gaukeleien, Zaubereien, Wettbewerbe, Musik, Basteln und manchmal sogar Modenschauen mit Kostümen.
Damit Mama und Papa sich dabei nicht langweilen, bietet der Kaiser-Friedrich-Museums-Verein, der das Fest veranstaltet, natürlich auch Führungen für die ganze Familie an.
Doch der Verein bemüht sich nicht nur einmal im Jahr um jüngeres Publikum: Jeden Sonntag gibt es in der Gemäldegalerie „Kunst für Kinder“.
Der Eintritt zum Fest ist für Kinder unter 16 Jahren frei.

Staatliche Museen zu Berlin, Gemäldegalerie Kulturforum Potsdamer Platz
Matthäikirchplatz, 10785 Berlin, Telefon: 030/2662951
www.smb.museum, www.kaiserfriedrich-museums-verein.de

0275 Legoland Discovery Centre, Berlin

Legoland liegt an der Spree!

Ob Oma, Eltern oder Kinder – alle haben eines gemeinsam: Sie haben mal mit Lego gespielt. Seit 1934 begeistern die bunten Steine aus Dänemark weltweit Jungen wie Mädchen, und selbst die stets kritischen Pädagogen haben daran nichts auszusetzen, denn der Fantasie sind beim Spiel mit den Steinen keine Grenzen gesetzt.
Für alle, die noch einmal eintauchen wollen in die grenzenlose Welt der bunten Steckbausteine, hat 2007 das Berliner Legoland eröffnet. Anders als die diversen Legoland-Parks ist das Legoland Discovery Centre eine reine Indoor-Veranstaltung, und das Berliner Centre war das erste seiner Art. Von der Drachenburg über die Dschungel-Expedition bis zur Lego-Fabrik gibt es alles, was das Kinderherz begehrt. In der „Galerie der Stars" trifft man John F. Kennedy und Marilyn Monroe – selbstverständlich zusammengebastelt aus Legosteinen.
Und im Miniland Berlin kann man die Lego-Variante von Berliner Sehenswürdigkeiten besichtigen – ob Reichstag, Dom oder Brandenburger Tor. Schulklassen bzw. Lehrer haben sogar die Möglichkeit, mit lehrplanbezogenem Material den Klassenausflug ganz speziell zu gestalten. Pädagogik gibt es also auch im Legoland.

Legoland Discovery Centre
im Sony Center am Potsdamer Platz, 10784 Berlin
Telefon: 030/3010400, www.legolanddiscoverycentre.com

0276 Sommerferienprogramm der Staatlichen Museen, Berlin

Den Wissenshunger stillen

Sommerferien in der Hauptstadt zu verbringen kann ein wahres Erlebnis sein, auch für die Gehirnzellen. Die Staatlichen Museen bieten zu dieser Zeit ein reichhaltiges Angebot an verschiedenen Veranstaltungen, die extra für Kinder ausgerichtet werden. Das Programm beginnt schon am Tag der Zeugnisausgabe. An diesem besonderen Datum kann man mit der ganzen Familie kostenlos in ein Museum seiner Wahl gehen. Die einzige Voraussetzung ist, dass dieses Museum Mitglied im Verbund der Staatlichen Museen sein muss. Innerhalb der Ferienwochen werden interessante Führungen und

Workshops in den Ausstellungsräumen angeboten. Ein ganz besonderer Höhepunkt der museumsreichen Ferien ist auch ein Besuch des Kinderfestes auf der Zitadelle. Einen Tag lang gehören die alten Gemäuer den Kindern, und die Jungen und Mädchen erleben hier verschiedene Programme, die ihnen ganz bestimmt viele Freude bringen.

Staatliche Museen zu Berlin, Stauffenbergstraße 41, 10785 Berlin
Telefon: 030/2660, www.smb.museum

0277 Berliner Zoo und Tierpark Berlin

Mit Schloss, Pagode und Tempel - Berlin ist die Hauptstadt der Tiere

Nicht erst, seit der Eisbär Knut zum Popstar wurde, ist der Berliner Zoo ein Paradies für Kinder. Er wartet mit einer ganzen Reihe von Superlativen auf: ältester Zoo Deutschlands, (laut eigener Angabe) artenreichster Zoo der Welt – 13.722 Tiere haben die Tierpfleger bei der letzten „Volkszählung" erfasst, darunter 1.149 Säugetiere, 2.680 Vögel, 434 Kriechtiere, 422 Lurche, 3.747 Fische und 5.290 Wirbellose. Insgesamt tummeln sich im Berliner Zoo 1.388 verschiedene Tierformen – bei der Vorstellung kann einem schon schwindlig werden.

Einer von 13.722 Zoo-Bewohnern

Viele der Tiere leben hier nicht in hässlichen Betonkisten, sondern in einer wunderschönen Landschaft, die einem Märchen entsprungen scheint. Fernöstliche Pagoden, orientalische Häuser und thailändische Tempel erinnern an 1001 Nacht, wenn nicht manchmal dieser strenge Geruch wäre …

Neben den Millionen „Normalsterblichen", die den Zoo jedes Jahr besuchen, bekommt der Zoologische Garten manchmal auch ganz, ganz hohen Besuch: Im 19. Jahrhundert zum Beispiel traf sich der Kaiser Wilhelm I. mit dem russischen Zar Alexander II., um im ehemaligen Antilopenhaus (heute wird es von den Giraffen bewohnt) zu frühstücken.

Wem all dies nicht reicht: Berlin hat noch mehr! Im Stadtteil Friedrichsfelde lockt der Tierpark Berlin mit sage und schreibe 160 ha Fläche; er gilt als größter Landschaftszoo der Welt. Hier leben noch einmal knapp 8.000 Tiere. Dank seiner großen Ausdehnung bietet der Tierpark seinen Bewohnern großzügigen Auslauf, was natürlich auch den Besuchern deutlich mehr Ausdauer abverlangt. Der Tierpark Friedrichsfelde entstand, nachdem die Stadt vor 60 Jahren in Ost- und Westberlin geteilt wurde. Anstelle der Tempel und Pagoden des Zoos gibt es hier sogar ein richtiges, dreihundert Jahre altes Schloss!

Zoologischer Garten Berlin
Hardenbergplatz 8, 10787 Berlin
Telefon: 030/254010, www.zoo-berlin.de

Tierpark Berlin-Friedrichsfelde GmbH
Am Tierpark 125, 10319 Berlin
Telefon: 030/515310, www.tierpark-berlin.de

0278 Jugend Museum, Berlin

Offene Kisten und verschlossene Türen

Im Jugend Museum erleben Kinder und Erwachsene nicht nur Geschichte, sondern auch die Gegenwart durch Mitmachen und Ausprobieren.
Die beiden Dauerausstellungen begeistern Jung und Alt gleichermaßen. Zum einen entdeckt man in der Ausstellung „Wunderkammern – Wunderkisten" die Geschichte Berlins von einer spannenden und einzigartigen Seite: 27 riesige Transportkisten beherbergen allerhand Objekte aus 200 Jahren, die von den Besuchern aufs Gründlichste untersucht werden wollen. Die zweite Ausstellung mit dem Titel „Villa Global" lässt einen in fremde Kulturen blicken. Hinter den Türen der 14 verschieden gestalteten Räume verbergen sich Behausungen von Menschen aus unterschiedlichen Kulturkreisen. Man erfährt hier mehr über die Lebensgeschichten der Bewohner und deren Gewohnheiten. Das Erlebnis gleicht dem Lesen eines fremden Tagebuches: Man hat die Person noch nie gesehen, kennt aber trotzdem ihre Gedanken. Doch nicht nur geschriebene Worte weisen auf den Charakter eines Menschen hin, sondern auch die Einrichtung seiner Wohnung. Die Entdeckungsreise durch fremde Zimmer ist wirklich aufregend und auch sehr geheimnisvoll, denn man weiß nie, auf wen oder was man als Nächstes trifft.

Das Jugend Museum veranstaltet zu den einzelnen Ausstellungen auch Projekttage und Workshops für Schulen.

Jugend Museum, Hauptstraße 40–42, 10827 Berlin
Telefon: 030/75606163, www.jugendmuseum.de

0279 Deutsches Technikmuseum, Berlin

Einmal Pilot, Matrose oder Lokführer sein!

Schon von Weitem erkennt man, dass das Deutsche Technikmuseum am Landwehrkanal in Kreuzberg kein gewöhnliches Museum ist. An der Fassade des Neubaus hängt ganz spektakulär ein echtes Flugzeug, es ist eine Douglas C-47. Im Innern des Gebäudekomplexes warten zahllose Flugzeuge, Wracks, Schiffe, Lokomotiven und Waggons auf die Besucher, einige der Ausstellungsstücke darf man sogar betreten.
In den weiteren Abteilungen des Museums lässt sich der Ur-Computer von Konrad Zuse bestaunen, daneben Druckmaschinen, Webstühle, Kameras, Radios, Dampfmaschinen und vieles mehr.
Viele der Objekte stehen nicht einfach herum, sondern sie sind noch immer funktionsfähig und werden den Besuchern auch oft vorgeführt. Wer möchte, darf sich auch mal selbst versuchen, z. B. als Drucker.
Für Technikbegeisterte gibt es also keinen besseren Ort in Berlin!

Deutsches Technikmuseum Berlin (DTMB)
Trebbiner Straße 9, 10963 Berlin
Telefon: 030/90254-0, www.dtmb.de

0280 Gruselkabinett im Luftschutzbunker, Berlin

Zu Besuch bei Deutschlands einzigem hauptberuflichen Gespenst

Ein Gruselvergnügen für etwas ältere Kinder mit starken Nerven verspricht das Gruselkabinett im ehemaligen Luftschutzbunker am Anhalter Bahnhof. Hier lässt es sich auf mehreren Etagen vorzüglich gruseln, dafür sorgen diverse schaurige Installationen und das hauseigene Gespenst. Da gibt es einen Friedhof mit Scheintoten, die nicht im Sarg bleiben wollen, einen Galgen und

vieles mehr – so kommt richtig Stimmung auf. Sogar Kindergeburtstage mit Schatzsuche und „gruseliger Überraschung" werden hier gefeiert.
Ganz Hartgesottene wagen sich weiter in die Ausstellung mit spektakulären Medizinszenen im Erdgeschoss (komplett mit nachgestellter Operation), und weniger Gruselbegeisterte informieren sich im Bunkermuseum über die Geschichte des „Hauses" und das Leben im Bunker.
Das Gruselkabinett ist sicher nichts für die ganz Kleinen und Zartbesaiteten, doch manche Kinder erweisen sich ja als abgebrühter als ihre Eltern. Sagen Sie jedenfalls nicht, wie hätten Sie nicht gewarnt!

Gruselkabinett im Luftschutzbunker
Schöneberger Straße 23a (Bunkereingang auf dem Hof)
10963 Berlin-Kreuzberg
Telefon: 030/26555546, www.gruselkabinett.de

0281 Kids Tours Berlin

Erlebnistour durch die Hauptstadt

Die Welt mit Kinderaugen zu erleben, ist etwas ganz Besonderes. Alles erscheint einem so groß und aufregend. Kinder machen aus unserer Erde ihren eigenen, riesigen Abenteuerspielplatz, auf dem sie den Geheimnissen auf den Grund gehen und ihre Erfahrungen machen. Was gibt es also Besseres als eine Tour durch das faszinierende Berlin, die genau auf unsere Kleinen zugeschnitten ist?

Kinder entdecken Berlin

Kids Tours Berlin hat sich mit seinen Rundgängen auf Kinder spezialisiert und zeigt ihnen die Hauptstadt, wie sie ganz bestimmt in keinem Reiseführer beschrieben wird. Das Programm, das von Sightseeing bis hin zu Aktivitäten reicht, wurde liebevoll von den zwei Pädagogen Christine Behnisch und Gloria Kuperszmidt, die selbst eingefleischte Berlinerinnen sind, zusammengestellt. Somit können Sie sicher sein, dass Ihre Kinder bei ihrem aufregenden Trip in guten Händen sind. Die Touren sind besonders auf das Alter der Kinder zugeschnitten, denn man möchte sichergehen, dass

es auch wirklich allen gefällt. Zum Beispiel widmet sich ein Rundgang, den man Kindern von 10 bis 15 Jahren wirklich ans Herz legen kann, den Programmpunkten Klettern, Spektrum und Europa-Center. Es geht hier also erst in die T-Hall, um die Wände zu erklimmen, dann ins Technik-Museum, und zum Schluss führt der Weg ins Europa-Center. Auch die anderen Touren sind so abwechslungsreich, denn welches Kind möchte sich schon gerne hintereinander fünf Kirchen oder Denkmäler angucken?
Das Gute an Kids Tours Berlin ist auch, dass die Eltern mal ein paar Stunden Zeit für sich haben und sich um ihre Kinder keine Sorgen machen müssen. Und für einen Stundenpreis ab 15 Euro ist noch einiges für die Kleinen inbegriffen: Sie müssen keine Eintrittgelder oder Fahrkarten mehr zahlen, und eine Einweg-Kamera, mit der Ihr Nachwuchs seine eigenen Eindrücke der schönen Stadt Berlin einfangen kann, gibt es obendrauf auch noch. Selbst für die Verpflegung, also ein Mittagessen und Wasser, ist gesorgt. Nur das Lieblingsgetränk Ihrer Kinder sollten Sie schon einpacken. Und dann geht es auf Wanderschaft durch die Straßen und Gebäude unserer Hauptstadt, um sein eigenes kleines Abenteuer zu erleben.

Kids Tours Berlin, Wartenburgstraße 4, 10963 Berlin
Telefon: 030/69509307, www.kids-tours-berlin.de

0282 Spatzenkino, Berlin

Großes Kino für kleine Filmgucker

Finden Sie auch, dass zu viel Mist im Fernsehen läuft? Besonders für Kinder ist das Programm meist nicht breit genug gefächert oder geeignet. Eltern wollen, dass ihre Kinder pädagogisch wertvolle Sendungen sehen, und gerade an solchen mangelt es oftmals im deutschen Fernsehprogramm. Wie wäre es dann vielleicht mal mit einem speziell auf Kinder zugeschnittenen Kinofilm? Die Initiative „Spatzenkino“ hat es sich zum Ziel gemacht, Kinder behutsam in die Welt des Filmes zu führen. Das angebotene Programm dauert ungefähr 45 Minuten und zeigt zwei bis drei Kurzfilme, die spezifisch auf die Wünsche und das Alter Ihres Kindes abgestimmt sind. Gezeigt werden vor allem Zeichen- und Puppentrickfilme, aber auch Dokumentationen werden den Kindern nähergebracht. Die Vorstellungen variieren ständig und werden einmal im Monat in 20 Kinos in Berlin angeboten, die über die Stadt verteilt sind.
An jedem zweiten Montag im Monat gibt es ein „Spatzen Spezial“. Hier be-

schäftigen sich kompetente Mitarbeiter mit Ihren Kleinen und besprechen mit ihnen die Themen der gesehenen Filme.

Spatzenkino, Obentrautstraße 55, 10963 Berlin
Telefon: 030/4494750, www.spatzenkino.de

0283 Spectrum, Berlin

Des Rätsels Lösung auf der Spur

Das Spectrum gehört zum Deutschen Technikmuseum in Berlin und versucht Jung und Alt die Welt der Wissenschaft näherzubringen. Was ist ein Echo? Und wie funktioniert ein Radio eigentlich? Die Auflösungen finden sich an den einzelnen Stationen im Spectrum. Anhand von über 250 Experimenten, die sich mit verschiedenen Themenbereichen, wie zum Beispiel Akustik oder auch Mechanik, auseinandersetzen, lernen Besucher ihre Umwelt besser kennen und begreifen unterschiedliche technische Funktionsprinzipien. Hier darf alles angefasst und ausprobiert werden. Kopfeinsatz ist hier gefragt, um die Lösung für kleine Rätsel zu finden, die uns unsere Umwelt aufgibt.
Jungen und Mädchen werden zum Beispiel ein kleiner Rockstar an der Lasergitarre, ohne eine Saite zu berühren. Wer jetzt fragt: „Wie soll das denn funktionieren?“, findet es am Besten bei einem Besuch im Spectrum selbst heraus. Hier können kleine Besucher auch zeigen, wie stark sie sind, indem sie ihre ganze Familie „hochheben“. Und das „Psychopendel“ führt Klein und Groß gern in die Irre.
Im Spectrum gibt es so viele aufregende Dinge zu entdecken, dass ein Besuch sich mehr als lohnt.

Spectrum, Trebbiner Straße 9, 10963 Berlin
Telefon: 030/90254284, www.dtmb.de

0284 Die gelbe Villa, Berlin

Erwecke deine Fantasie zum Leben

Die gelbe Villa bietet dir ein aufregendes und reichhaltiges Angebot. Hier erlebst du den Luxus, das Gefühl der kreativen Freiheit zu spüren. Lebe deine Fantasie aus, und entdecke deine eigene Schöpferkraft. Erschaffe Kunst und

bringe im Kunstatelier deine Träume und Vorstellungen auf die Leinwand. Oder möchtest du gern dein eigenes T-Shirt gestalten? Dann verziere in der Siebdruckwerkstatt eines mit deinem selbstentworfenen Motiv. Du hältst Momente gern mit deiner Kamera fest und möchtest mehr über die Kunst des Fotografierens erfahren? Entdecke im Fotolabor die Welt der Bilder.
Auch eine Multimediawerkstatt lockt mit vielen interessanten Möglichkeiten, sich kreativ auszuleben. Hier lernst du, wie du deine persönliche Internetseite gestalten kannst. Oder tobe dich in der Bluebox aus. Magst du es lieber bodenständig, und würdest du gern einmal etwas Handfestes machen? Dann nehme Hammer und Säge in die Hand und erschaffe in der Holzwerkstatt dein eigenes Meisterwerk aus Holz. Bist du eine kleine Modeexpertin? Kreiere doch deine eigene Modekollektion im Modeatelier. Hier entstehen Stücke aus deiner Hand, die es bestimmt in keinem Laden zu kaufen gibt. Kleinen Dramatiker entdecken den spannenden Theaterkurs – schlüpfe in Kostüme und Rollen, und präsentiere dich dem Publikum. Das wird ein ganz besonderer Moment für dich, wenn die Augen aller Zuschauer dich begeistert anschauen und am Ende des Stückes applaudieren.

Kreative Kids

In der gelben Villa gibt es noch viel mehr interessante und lehrreiche Möglichkeiten zu erleben, so dass bestimmt jeder auf seine Kosten kommen wird. Entdecke die bunte Welt der Kunst!

Die gelbe Villa, Wilhelmshöhe 10, 10965 Berlin
Telefon: 030/7676500, www.die-gelbe-villa.de

0285 Jolos Kinderwelt, Berlin

Im Maul des Krokodils

Egal ob Frühling, Sommer, Herbst oder Winter – in Jolos Kinderwelt kannst du das ganze Jahr über Spaß haben. Das reichhaltige Angebot an Spielmöglichkeiten wartet nur darauf, ausprobiert zu werden.
Bist du ein Fan von den kleinen bunten Bausteinen, die man aufeinanderstapeln kann? Dann komme doch in die Bauecke, wo es deine geliebten Steine

eine Nummer größer gibt. Wer gern auf dem Rummel Kettenkarussell fährt, freut sich über eine kleinere Variante in Jolos Kinderwelt. Im Abenteuerland kannst du dich an verschiedenen Stationen, wie zum Beispiel der Kletterwand, testen. Magst du Eisenbahnen und Autos? Fahre mit einer richtigen kleinen Eisenbahn durch das Kinderparadies, oder schwinge dich in eines der kleinen Autos und mache eine aufregende Spritztour. Besonders toll sind auch die verschiedenen Hüpfangebote. In Jolos Kinderwelt ist neben einer Hüpfburg und einem Trampolin auch ein Riesen-Krokodil zu bezwingen. Steige in das Maul des Reptils und beweise deine Geschicklichkeit an der Strickleiter, die sich im Gaumen des Ungeheuers befindet.
Es gibt noch so viele schöne Dinge in dem Kinderparadies zu sehen. Komm einfach vorbei und gehe auf Entdeckungsreise.

Jolos Kinderwelt, Am Tempelhofer Berg 7d, 10965 Berlin
Telefon: 030/61202796, www.jolo-berlin.de

0286 Hi-Flyer, Berlin

Stadtbesichtigung in luftiger Höhe

Die Textzeile „Über den Wolken muss die Freiheit wohl grenzenlos sein“ von Reinhard Mey sagt wohl am besten das aus, was wir uns schon immer alle dachten. In Berlin gibt es nun die Möglichkeit, dieses wundervolle Gefühl von Befreiung wahrhaftig am eigenen Leib zu erleben. Wer möchte denn nicht mal die ganze Hauptstadt im Blick haben und sich die frische Luft um die Nase wehen lassen? Die grenzenlose Freiheit über den Dächern von Berlin können Sie mit dem Hi-Flyer erleben. Der Fesselballon steigt in luftige 150 m Höhe, und der Ausblick ist wirklich atemberaubend.
Doch die Idee, einen Ballon an eine Leine zu binden, ist nicht neu, sondern sie hat schon einige Jahre auf dem Buckel: Im Jahre 1794 wurde der Fesselballon zur militärischen Fernaufklärung in der Schlacht bei Fleurus von dem französischen Arzt und Kapitän Jean Marie Joseph Coutelle das erste Mal eingesetzt. In den letzten Jahrzehnten diente der Fesselballon besonders Werbezwecken, und auch als Publikumsattraktion wie in Berlin wird er häufig verwendet.
Besonders für Kinder ist ein Flug im Hi-Flyer ein wahres Erlebnis, denn da können die Kleinen mal die große Stadt von ganz weit oben sehen und ein bisschen Freiheit schnuppern. Die Fahrt macht nicht nur Spaß, sondern ist

vor allem auch sehr lehrreich, denn hier erfahren die kleinen Gäste, wo zum Bespiel das Brandenburg Tor oder auch der Berliner Dom sind. Am besten ist es, wenn man gleich mit der ganzen Schulklasse oder Kindergartengruppe abhebt, aber natürlich müssen sich hierfür auch Erzieher oder Lehrer anmelden. Wenn das getan ist, heißt es nur noch: „Ab dafür! Und los geht's!"

Hi-Flyer, am Checkpoint Charlie
Wilhelmstraße, Ecke Zimmerstraße, 10969 Berlin
Telefon: 030/226678811
www.air-service-berlin.de

0287 Paint your Style, Berlin

Zwischen Tellern und Tassen kreativ werden

Jemand in der Familie hat Geburtstag, und du würdest ihm gern etwas schenken? Wie wäre es denn mit einem selbstgestalteten Teller oder einer bemalten Tasse? Leider hast du vielleicht zu Hause nicht die passenden Materialien. Dann schau doch einfach bei Paint your Style vorbei. Hier suchst du dir nach deinen Wünschen ein Keramikobjekt aus. Dann zeichnest du mit Hilfe eines Bleistiftes dein eigenes oder ein ausgewähltes Motiv darauf. Nun kommt Farbe ins Spiel! Male deine Vorlage mit deinen Lieblingsfarben aus. Fertig! – Zumindest ist dein Job getan. Die freundlichen Mitarbeiter des Keramikstudios glasieren und brennen dein Meisterwerk nun noch für dich. Nach drei Tagen kannst du dann das von dir gestaltete Stück abholen. Die Familie wird Augen machen, wenn du erzählst, dass du das ganz allein gemacht hast! Auch ohne Anlass zum Verschenken der guten Stücke, Spaß macht der Besuch in der Kreativwelt auf alle Fälle immer. Außerdem bietet das Paint-your-Style-Studio interessante Malworkshops an. Vielleicht ist da ja etwas für dich dabei – probier es doch einfach mal aus!

Berlin-Charlottenburg:
Paint your Style, Bleibtreustraße 46, 10623 Berlin
Telefon: 030/88552223

Berlin-Kreuzberg:
Paint your Style, Mehringdamm 73 / Bergmannstraße, 10965 Berlin
Telefon: 030/28837355

www.paintyourstyle.de

0288 Jüdisches Museum, Berlin

Eine Religion im Wandel der Zeit

Was bedeuten eigentlich Begriffe wie „jüdisch" oder „katholisch"? Wie entstanden diese Religionen? Und wie unterscheiden sich die Glaubensrichtungen letzten Endes voneinander? Jeder weiß: Kinder stellen viele Fragen, und das ist auch gut so. Und das ist auch das Motto für eine Führung durch das Jüdische Museum in Berlin. Hier erfährt Ihr Nachwuchs alles über die Geschichte und auch über die Gegenwart des jüdischen Volkes, und kompetente Mitarbeiter beantworten die Fragen der Jungen und Mädchen.

Kinder erleben jüdische Kultur

Bei der Besichtigung „Halacha und Hefezopf – was kommt in den Schabbattopf?" bekommen die kleinen Besucher zum Beispiel einen Einblick in das Leben einer jüdischen Händlerin von vor 300 Jahren. Auch die jüdischen Traditionen im Wandel der Zeit werden Kindern hier nähergebracht. Für ältere Schulkinder, die das Jüdische Museum mit ihrer Klasse besichtigen, lohnen sich Führungen wie „Moses Mendelssohn oder Nathan der Weise?" oder „Die jüdische Welt im Mittelalter". Ein Besuch im Jüdischen Museum ist eine gute Ergänzung zum Geschichtsunterricht, denn hier wird das Erlernte durch optische Wahrnehmungen noch einmal unterstrichen, und Fragen, die einem der Lehrer vielleicht nicht beantworten konnte, werden hier geklärt.

Jüdisches Museum, Lindenstraße 9–14, 10969 Berlin
Telefon: 030/25993300
www.juedisches-museum-berlin.de

0289 Kinderkarneval der Kulturen, Berlin

Multikulturelles Spektakel für Kinder von Kindern

Wenn uns Kinder in farbenfrohen Kostümen den Atem rauben und die exotischen Klänge unsere Ohren verzaubern, dann sind wir mitten im Gewusel des Kinderkarnevals der Kulturen gelandet. Leuchtende Farben, fremdartige

Rhythmen, Tänze aus fernen Ländern und spektakuläre Akrobatik ziehen so ziemlich jeden kleinen wie großen Zuschauer in ihren Bann, und das Fernweh, das einen an einem trüben Tag in Deutschland oftmals so plagt, ist wie durch Geisterhand verschwunden. Der Kinderkarneval ist von Kindern für Kinder, denn selbst die Kostüme wurden mit viel Kreativität von den Kleinen entworfen, und auch fantasievolle Skulpturen steuert der Nachwuchs bei. Seit Pfingsten 1996 verzaubern die schönen Vorstellungen so manchen Besucher und entführen ihn in eine Welt, die nicht farbenfroher und schöner sein könnte. Der Kinderkarneval hat sich zum größten Kinderfest der Hauptstadt gemausert und begeistert jährlich Tausende von Zuschauern am Pfingstsonntag.
Der Karneval ist nicht nur ein Fest für Augen und Ohren, sondern er versucht auch, die Aussage zu vermitteln, dass man keine Unterschiede zwischen verschiedenen Kulturen machen sollte, denn am Ende sind wir alle Menschen. Es ist egal, welche Hautfarbe man hat oder aus welcher sozialen Schicht man kommt. Besonders Kinder sollen mit dieser Aussage angesprochen werden. Nehmen Sie Ihre Kinder auf diesem Kinderkarneval mit auf eine Reise durch fremde Länder.

Kreuzberger Musikalische Aktion/Antenne
Friedrichstraße 2, 10969 Berlin
Telefon: 030/25295164, www.karneval-berlin.de

15.

0290 Die Gorillas – Improvisationstheater Berlin

Kinderleicht improvisieren

Schauspieler, die nach der Pfeife der Kleinsten tanzen – wo gibt es das denn? Im Improvisationstheater „Die Gorillas“ haben die Kinder die Zügel in der Hand und sagen, wo es langgeht. Improvisationstheater bedeutet, dass die Darsteller den Ablauf eines Stückes nicht planen, sondern alle Interaktionen sind spontan, und niemand kann voraussagen, was als Nächstes auf der Bühne geschehen wird. Bei den Kinder- und Jugendshows werden Ihre Sprösslinge zu Spielleitern und bestimmen durch Vorgaben den Verlauf des Stückes. Alles, was auf der Bühne passiert, wird von den Kleinen beeinflusst. Es ist auch schon mal gut möglich, dass Ihre Rabauken in das Geschehen einbezogen werden und selbst zeigen, was sie auf der Bühne so draufhaben. So entsteht eine verrückte und aufregende Geschichte von Kindern für Kinder.

Dabei sind der Fantasie und Kreativität, mit der sie ihre Ideen umsetzen, keine Grenzen gesetzt.
Da die Stücke so gestaltet werden, wie Ihr Nachwuchs es für richtig hält, sind die Vorstellungen sowohl etwas für Grundschüler wie auch für ältere Jugendliche. Nach der Aufführung wird auf Anfrage ein Publikumsgespräch durchgeführt. Dabei sind die Zuschauer hautnah an den Akteuren und können sie mit Fragen über die Theaterkunst löchern. Außerdem wird anhand von theaterpädagogischen Übungen gezeigt, worauf es beim Improvisationstheater ankommt. Es werden im Übrigen auch Schul-Workshops zum Thema „Nachbereitung einer Vorstellung" veranstaltet. So bekommen die Kinder einen guten Einblick in diese besondere Form der Theaterkunst.

Hier haben die Zuschauer das Sagen

Für besonders interessierte Schülergruppen, wie zum Beispiel Theater-AGs, gibt es auch Workshops, wo die Schüler im Mittelpunkt der Improvisation stehen und sich beim spontanen Spiel auf der Bühne austesten dürfen.

Die Gorillas – Improvisationstheater Berlin
Cuvrystraße 20, 10997 Berlin
Telefon: 030/6186199, www.die-gorillas.de

0291 Puppentheatermuseum, Berlin

Auf den Spuren der Puppenkunst

Wie alt ist wohl die Kunst des Puppenspiels? Und wie sehen Puppen aus vergangenen Tagen aus? Kommen Sie mit Ihrer ganzen Familie in das Puppentheatermuseum, und machen Sie sich auf eine Reise in die Vergangenheit. Betrachten Sie die historischen Puppen und lassen Sie sich von dem Charme verzaubern, den die kleinen Gesellen auch noch nach so langer Zeit versprühen. Die Puppen stammen zum Teil von berühmten Bühnen aus Asien, Afrika und Europa. Besonders aber ist die Stadt Berlin mit ihrem Bestand an historischen Puppen vertreten. Zu sehen gibt es im Puppentheatermuseum neben Handpuppen auch Marionetten, Flachfiguren und viele andere lustige

Gestalten. Ein besonderes Programm bietet das Museum Kindern an Nachmittagen. Hier erfahren die Kleinen mehr über das Puppenspiel und dessen Hintergrund. Außerdem erhält Ihr Nachwuchs auch einen Einblick in den Entstehungsprozess der Puppen und darf bei dem Bau in den Werkstätten zusehen. Nach der Theorie kommt ja bekanntlich die Praxis, darum ist nun die Kreativität Ihrer Kleinen gefragt: Sie erschaffen ihre eigenen kleinen Figuren oder basteln sich ein Papiertheater. Kinder sind auch immer wieder begeistert, wenn sie die Zügel in die Hand nehmen dürfen. Sie entwickeln mit Hilfe ihrer Fantasie und den Puppen eigene kleine Geschichten. Ein Besuch im Puppentheatermuseum wird also immer zu einem aufregenden Erlebnis für kleine, aber auch für große Besucher.

Puppentheatermuseum, Karl-Marx-Straße 135, 12043 Berlin
Telefon: 030/6878132
www.puppentheater-museum.de

0292 T-Hall Kletteranlagen, Berlin

Rauf geht's

Berge erklimmen ist schon ein wahnsinniges Abenteuer, das den ganzen Körper beansprucht. Bei diesem Extremsport treibt einen ein wahrer Adrenalinschub zu Hochleistung und zeigt dem menschlichen Körper seine Grenzen auf. Wollen Ihre Kleinen sich auch einmal auf höchstem Niveau testen? Vielleicht sollte es nicht gleich am Anfang der Mount Everest sein, ein Besuch in der T-Hall würde schon reichen.

Die T-Hall ist eine Kletterhalle, in der Sie und Ihre Kinder die ersten Schritte im Bereich des Aufstieges erlernen können. Lassen Sie sich in die Geheimnisse des sicheren Kletterns einweihen, und versuchen Sie Ihr Glück an der Wand.

Speziell für den Nachwuchs gibt es auf sie abgestimmte Kurse, die ihnen die Anfänge im Klettern vermitteln sollen. 8- bis 12-Jährige nehmen an dem Kinderkletterkurs teil und trainieren mit verschiedenen spielerischen Übungen, wie dem „Pyjamaklettern" oder dem „Paarklettern", den Aufstieg nach ganz oben.

Doch auch ältere Kinder und Jugendliche kommen hier nicht zu kurz. Sie versuchen unter Anleitung, den Berg innerhalb von aufregenden 90 Minuten so oft es geht zu überwinden.

Den Geburtstag Ihrer Kleinen können Sie ebenfalls in der T-Hall feiern. Erst erlebt der Nachwuchs anderthalb Stunden voller Spannung an der Kletterwand, und dann geht's zum Stärken an den für Sie reservierten Geburtstagstisch. Dieses Abenteuer werden Ihre Kinder ganz bestimmt so schnell nicht vergessen. Also ziehen Sie sich bequeme Sportkleidung an, und kommen Sie in der T-Hall vorbei. Ganz wichtig: Saubere Turnschuhe mitbringen!

T-Hall Kletteranlagen, Thiemannstraße 1, 12059 Berlin
Telefon: 030/68089864, www.t-hallberlin.de

0293 Spielwerkstatt, Berlin

Theater für euch und mit euch

Die Spielwerkstatt gewährt euch einen Einblick in die Kunst der Schauspielerei. Hier warten interessante und spannende Stücke auf euch, die von den Mitarbeitern des Theaters selbst entwickelt und gestaltet wurden. Somit sind sie genau auf eure Interessen zugeschnitten. Lasst euch von dem Zauber der Bühnenkunst entführen und von den engagierten Schauspielern mitreißen.
Doch in der Spielwerkstatt seid ihr nicht immer nur Zuschauer, sondern es kann auch schon einmal vorkommen, dass ihr zwischen den Profis auf der Bühne steht und euer Talent unter Beweis stellt.
Außerdem dürft ihr den Akteuren in der Nachbereitungszeit Fragen stellen. Jeder von uns würde doch gern einmal erfahren, wie es ist, jeden Tag auf einer Bühne zu stehen, vor Menschen, die man gar nicht kennt. Keine Hemmungen, denn hier gibt es bestimmt keine dummen Fragen. Die Schauspielergruppe ist im Übrigen auch mobil unterwegs. Wie wäre es denn, wenn sie einmal an deiner Schule spielen würden?

Spielwerkstatt, Friedrich-Franz-Straße 17, 12103 Berlin
Telefon: 030/6252588, www.spielwerkstatt-berlin.de

0294 miniMAXI-Kinderstudio, Berlin

Talentsuche auf unterschiedlichen Ebenen

Das Kursangebot des miniMAXI-Kinderstudios bietet Eltern wie Kindern maximalen Spaß für einen minimalen Preis.

Besonders das Programm für Kinder ist sehr vielseitig. Von Tanzkursen über Sprachkurse bis hin zum Musikunterricht – alles ist genau auf Ihren Nachwuchs zugeschnitten.
Lassen Sie Ihre Kinder doch einmal in die südländische Kultur Spaniens eintauchen. Die Youngster lernen hier mit Hilfe von verschiedenen Spielen und Übungen, Spanisch zu sprechen. Kann Ihr Sprössling vielleicht gut singen? Im miniMAXI-Kinderstudio nimmt er seine erste CD auf. Das ist nicht nur eine schöne Erinnerung, sondern vielleicht auch der erste Schritt in eine erfolgreiche Musikkarriere. Die Chance, sich zu beweisen, bekommt Ihr Kind auch bei den verschiedenen Castings im Bereich Gesang, Film und Fernsehen. Ihr kleines Nachwuchstalent könnte schon in jungen Jahren ein kleiner Star werden. Aber auch für Kinder, die Wissenshunger verspüren, gibt es hier schöne Kurse: Die „Science Kids“ führen Experimente durch und begeben sich auf eine Reise durch die aufregende Welt der Wissenschaft.

miniMAXi-Kinderstudio, Menckenstraße 18, 12157 Berlin
Telefon: 030/4124093, www.minimaxi-kinderstudio.de

0295 Berlin Crime Tours – Kriminalspiel, Berlin

Spürnasen aufgepasst!

Achtung, Sondermeldung: Räuber machen die Stadt unsicher und treiben die Polizei an der Nase herum. Sie sind mit ihrer Beute geflüchtet, und nun braucht die Polizei Verstärkung, um das Diebesgut zu sichern und die Diebe ausfindig zu machen!
An diesem Punkt seid ihr gefragt, liebe Kinder! Helft der Polizei dabei, den Fall zu lösen, und stürzt euch in ein spannendes Abenteuer, das ihr bestimmt so schnell nicht vergessen werdet. Auf der 5 km langen Strecke durch die Stadt sind Hinweise über das Versteck der Beute verteilt. Das wird eine Berlin-Besichtigungstour der ganz besonderen Art, denn die Spur führt euch in Ecken und Winkel, in denen ihr sicherlich noch nicht wart. Damit ihr Spürnasen nicht schon am Anfang völlig im Dunkeln tappen müsst, bekommt ihr am Startpunkt, der sich am Ufer des Wannsees befindet, schon nützliche Tipps. Danach kann die geheimnisvolle Reise ins Ungewisse über Stock und Stein losgehen. Und frei nach dem Motto „Wer es gefunden hat, der darf es behalten“ dürft ihr euch dann nach erfolgreicher Suche über die Beute hermachen (nein, was das ist, wird bis zum Ende hin nicht verraten ...).

Wichtig für eine gut geplante Fahndung ist die passende Ausstattung. Benötigt werden also festes Schuhwerk und waldtaugliche Kleidung, denn man weiß ja nie, wohin einen die Jagd führt. Außerdem solltet ihr auch ausreichend Verpflegung mitnehmen. Das Abenteuer und die frische Luft machen kleine Detektive ganz bestimmt ziemlich hungrig. In den Wintermonaten wäre eine Taschenlampe klar von Vorteil, damit ihr nicht glatt noch etwas überseht.
Wenn eure Eltern euch auf der Verfolgungsjagd begleiten, erfahren sie währenddessen interessante geschichtliche Hintergründe zu den einzelnen Stationen. Somit werdet nicht nur ihr begeistert sein, sondern auch die Großen werden ihren Spaß haben. Um die Fährte aufnehmen zu dürfen, solltest du mindestens 8 Jahre alt sein. Na, dann steht der packenden Kriminaltour ja nichts mehr im Wege!

Berlin Crime Tours, Birkbuschstraße 25, 12167 Berlin
Telefon: 030/50911660
www.berlincrimetours.de

0296 Minigolf am Insulaner, Berlin

Die kleine Welt des Rasensports

Golf ist langweilig und nur etwas für Schnösel? Hier ganz bestimmt nicht! Die kleinere Variante des Sportes begeistert Jung und Alt gleichermaßen. Den Ball und den Schläger leihen Sie sich vor Ort aus. Und dann geht's auch schon los. Versuchen Sie ihr Glück bei den achtzehn Bahnen. Gewonnen hat am Ende, wer die wenigsten Versuche zum Einlochen des Balles gebraucht hat. Besonders für Ihre Kinder ist Minigolf eine nette Abwechslung.

Minigolf fur die Kleinen

Außerdem: Kinder können auch ihre Geburtstage auf der Minigolfanlage feiern. So wird der Ehrentag zu einem besonders schönen Ereignis.

Minigolf am Insulaner
Munsterdamm/Prellerweg, 12169 Berlin
Telefon: 030/7961558, www.minigolf-insulaner.de

0297 Planetarium am Insulaner, Berlin

Klarer Himmel für Sternengucker

Einen sternenklaren Nachthimmel sieht man leider viel zu selten. Oft stören Wolken das erhoffte Sternenerlebnis, und in der Stadt ist es sowieso meistens zu hell. Im Planetarium am Insulaner kannst du auch am Tag die funkelnden Gebilde am Himmel erblicken. Hier erwarten dich Vorführungen, bei denen du mehr über unser Sonnensystem erfährst. Die Programme sind extra auf dein Alter zugeschnitten.
Bist du gerade erst eingeschult worden und weißt eigentlich gar nicht so richtig, was da oben nachts am Himmel vorgeht? Dann solltest du zusammen mit deiner Klasse in die Vorstellung „Sonne – Mond – Erde“ gehen. Hier lernst du nicht nur die Unterschiede zwischen den drei Himmelskörpern kennen, sondern siehst auch die einzelnen Sternenbilder. Bist du schon ein bisschen älter und würdest gern mehr über Space-Shuttles und ihre Aufgaben erfahren? Dann solltest du die Vorführung „Raumfahrt“ besuchen. Hier erhältst du alle wichtigen Informationen zu den nationalen und internationalen Raumfahrtprogrammen. Außerdem kommst du hier auch zu Wort und kannst an der Diskussion über die Ergebnisse dieser Programme teilnehmen. Das Planetarium am Insulaner bietet jedem Kind und Jugendlichen, egal welcher Klassenstufe, das richtige Programm und verschafft so einen Einblick in die aufregende Welt der Astronomie.

Planetarium am Insulaner, Munsterdamm 90, 12169 Berlin
Telefon: 030/7900930, www.wfs.be.schule.de

0298 naTOUR-Kind, Berlin

Berlins grüner Daumen

Berlin ist nicht, wie viele denken könnten, zugepflastert. Nein – Berlin ist sogar eine der grünsten Städte Europas, und somit gibt es hier jede Menge Natur zu erforschen. Das ist besonders für Kinder ein wahres Abenteuer. Bei der naTOUR erleben Kinder die grüne Seite der Hauptstadt und machen sich auf Entdeckungsreise durch die Wälder und Wiesen. Es gibt besondere Touren mit einem tollen Programm. Zum Beispiel bietet naTOUR-Kind eine Nachtwanderung auf den Spuren der Indianer an. Die Exkursion beginnt mit einem Räucherritual, um die Waldgeister auf seiner Seite zu haben. Und dann geht es auch schon in den Wald, wo beispielsweise Wahrnehmungsspiele auf dem Programm stehen. Auch die Kletterwald-Tour ist zu empfehlen: Hier lernen die Kinder ihre Grenzen kennen und steigen in ungewohnte Höhen. Nach der Kletterpartie geht es zum Grillen auf einen Kinderbauernhof. Nach der vielen frischen Luft sind die kleinen Abenteurer sicherlich ganz müde und fallen abends mit den Gedanken an die schönen Erlebnisse ins Bett.

naTOUR-Kind, Steinäckerstraße 21 B, 12205 Berlin
Telefon: 030/91709280, www.natour-kind.de

0299 Miniaturmuseum Arikalex, Berlin

Riesige, berühmte Bauwerke einige Nummern kleiner

Die große Welt gibt es ganz klein in dem Miniaturmuseum Arikalex zu entdecken. Das Museum, das sich im Hotel Morgenland befindet, präsentiert historisch bedeutende Bauwerke im Kleinformat. Die Gebäude wurden im Maßstab 1:12 nachgebaut, und viele wurden mit Möbeln ausgestattet. Kinder und Erwachsene bekommen nicht nur viel zu sehen, sondern erhalten auch interessante Informationen zu den verschiedenen Stilrichtungen, wie dem Barock oder der Romanik. Das wird also ein kleiner Exkurs durch die Geschichte und Architektur. Höhepunkte sind Ausstellungsstücke wie das Schloss Sanssouci oder das Bernsteinzimmer. Besucher entdecken hier Gebäude aus dem Mittelalter bis hin zur Gegenwart.
Wenn man schon im echten Leben nicht überallhin fahren kann, lohnt sich auf jeden Fall im Miniaturmuseum Arikalex ein Blick auf die kleinen Meisterwerke.

Miniaturmuseum Arikalex, im Hotel Morgenland
Finckensteinallee 23–27, 12209 Berlin
Telefon: 033/203508211, www.miniaturmuseumarikalex.com

0300 Britzer Garten, Berlin

Lehmdorf im Pflanzenreich

Vor über zwanzig Jahren fand die Bundesgartenschau in (West-)Berlin statt, damals wurde im Bezirk Neukölln extra dafür der Britzer Garten angelegt.

Die 90 ha große Anlage existiert heute noch, und es lohnt sich, sie zu besuchen. Hier gibt es nicht nur Pflanzen und Blumen in allen Farben und Formen, sondern eigens für Kinder angelegte Spiellandschaften. In der Mitte der Spiellandschaft steht ein Klettergerüst, das die Erde darstellt. Ringsherum stoßen kleine Abenteurer auf schaukelnde Brücken, Felsen und ein Lehmdorf. Es heißt Makunaima; dieser Name stammt von den Indianern Südamerikas. Hier wird ständig weiter gebaut und geformt, alles natürlich aus Lehm. Auch für Tierfreunde hat der Britzer Garten einiges zu bieten: Schafe, Enten, Ziegen, Esel und viel mehr.
Am Rande des Parks steht eine 20 m hohe Mühle, die noch voll funktionsfähig ist. Für Kinder werden spezielle Führungen durch die Mühle angeboten. Wer Glück hat, kann dabei zuschauen, wie das Korn gemahlen wird und aus dem Mehl Brote gebacken werden.

Britzer Garten, Sangerhauser Weg 1, 12349 Berlin
Telefon: 030/7009060, www.gruen-berlin.de/britz/

0301 Ritterland, Berlin

Sir Drago erwartet euch

Wärst du gern ein kleiner Ritter oder ein Burgfräulein? Komme mit Sir Drago auf eine Endeckungsreise in die Vergangenheit, und lasse dich zum Ritter des Spielparadieses schlagen. Das Ritterland ist ein ganz besonderer Hallenspielplatz, denn es wurde liebevoll im Stil einer richtigen Ritterburg gestaltet. Die wunderschöne Kulisse lädt mit ihren vielen verschiedene Attraktionen und Spielmöglichkeiten zum Toben ein. Von der Hüfburg über die Kletterwand und die Seilbahn bis hin zu einem Meer aus Bällen – hier findest du wirklich alles, was dein Herz höherschlagen lässt.
Ein besonderes Erlebnis ist es, seinen Geburtstag im Ritterland zu verbringen. Dein Ehrentag wird hier nicht nur mit Spiel und viel Spaß gefeiert, sondern du und deine Freunde bekommt hier auch ein Rittermahl. Es gibt wahlweise leckere Hähnchennuggets mit Pommes Frites oder Spaghetti mit Tomatensoße. Deine Mama und dein Papa richten den Geburtstag nach deinen Wünschen aus, denn er soll ja zu deinem ganz besonderen Abenteuer werden.

Ritterland, Buckower Damm 191, 12349 Berlin
Telefon: 030/66707560, www.ritterland-berlin.de

0302 Archenhold-Sternwarte, Berlin

Ein rotierendes Erlebnis

Der Blick in den nächtlichen Himmel kann schon ziemlich faszinierend sein. Überall funkeln die Sterne, und man beginnt zu träumen. Jetzt stellt so manch einer Vermutungen an, was noch da draußen in der weiten Galaxie sein könnte. Zwar sind noch nicht alle Rätsel, die uns unser Sonnensystem aufgibt, gelöst, doch bekommt man auf einige Fragen bei einem Besuch der Archenhold-Sternwarte eine Antwort. Besonders für die Jüngsten wurde hier ein aufregendes und interessantes Programm gestaltet, das den kleinen Sternenbeobachtern ein Lächeln ins Gesicht zaubert. Hier erfährt Ihr Nachwuchs, wofür eine Sternwarte eigentlich gut ist, und kann die kompetenten Mitarbeiter mit seinen Fragen löchern.
Kindern von 5 bis 6 Jahren ist ein „Besuch im Sternhaus" wärmstens zu empfehlen. Hier dürfen die Kleinen zum Beispiel durch das große Fernrohr gucken, auch wenn vielleicht gerade mal keine Sterne am Himmel zu sehen sind. Außerdem lernen Ihre Sprösslinge die Erdrotation auf spielerische Art und Weise kennen. Am Ende der Besichtigung geht's für die kleinen Besucher zum Sternegucken ins Kleinplanetarium.
7- bis 10-jährige Kinder erfreuen sich an der Vorstellung „Als der Mond zum Schneider kam" im Kleinplanetarium. Spannende kleine Geschichten erklären ihnen die verschiedenen Erscheinungen des Mondes, wie Vollmond oder auch die Mondfinsternis.
Ein Besuch in der Archenhold-Sternwarte verspricht interessante Einblicke in die Welt der Astronomie und sorgt für so einige optische Höhepunkte. Lassen Sie sich doch auch mal den Sternenhimmel erklären!

Archenhold-Sternwarte, Alt-Treptow 1, 12435 Berlin
Telefon: 030/5348080, www.astw.de

0303 Figurentheater Grashüpfer, Berlin

Die Zauberwelt des Puppenspiels aktiv erleben

Mitten im schönen Treptower Park liegt das kleine Figurentheater Grashüpfer. Erleben Sie die Kunst des Puppenspiels in gemütlicher Runde, und lassen Sie sich von den kleinen Akteuren in ihren Bann ziehen. Eingesetzt werden hier neben den traditionellen Handpuppen auch Marionetten, Schatten- und Stabpuppen. Diese lustigen Bühnenkünstler verzaubern ihr Publikum mit kleinen Geschichten oder Märchen. Nach der Vorstellung gibt es noch ein besonderes Angebot, denn jetzt können Sie und Ihre Kinder ein Blick hinter die Kulissen wagen. Schlüpfen Sie in Kostüme aus dem Fundus. Um Ihren Aufzug zu komplettieren, kreieren Sie noch eine passende Maske. Ihre Kinder sind begeistert von den Puppen und hätten auch gern so einen kleinen Gesellen? Kein Problem: Basteln Sie doch im Theater mit Ihren Kleinen eine eigene Puppe.

Frau Holle am Fenster

Figurentheater Grashüpfer, Puschkinallee 16 a, 12435 Berlin
Telefon: 030/53695150, www.theater-grashuepfer.de

0304 Zirkus Cabuwazi, Berlin

Die Welt ist eine Bühne, und du bist der Star!

Hereinspaziert, hier gibt es etwas zu erleben! Seit 1994 lässt der Zirkus Cabuwazi Kinderherzen höherschlagen. Zugucken war gestern, hier wird Ihr Kind selbst zum Star der Manege. Unter der Woche gibt es an fünf verschiedenen Standorten in Berlin offene Trainings, wo Kinder lernen, wie es ist, ein Mitglied des Zirkus zu sein.

Der Zirkus Cabuwazi bietet verschiedene Workshops an, bei denen Kinderaugen zu funkeln beginnen. Ist Ihr Kind aufgeweckt und der Spaßvogel der Familie? Dann wäre vielleicht Clownerie die passende Disziplin. Oder interessieren sich Ihre Kleinen doch eher für Sport? Dann könnten sie sich ja mal in Akrobatik versuchen. Für jeden Geschmack gibt es hier etwas zu erleben. Und wenn man dann erst einmal etwas einstudiert hat, heißt es: „Manege frei!“, und Ihr kleiner Künstler betritt das Zirkusrund und führt das erlernte Programm vor einem richtigen Publikum vor. Welche Eltern wären nicht stolz zu sehen, was ihre Kleinen schon alles können? Nach dem Applaus geht es wieder zum Training, und die nächste Übung wird einstudiert. Ein weiteres Plus an der ganzen Sache ist natürlich der Preis, denn sämtliche Trainingseinheiten sind für Kinder von 9 bis 14 Jahren kostenfrei. Also, nichts wie hin!

Cabuwazi Kinder- und Jugendzirkus e. V.
Bouchéstraße 75, 12435 Berlin
Telefon: 030/5300040, www.cabuwazi.de

0305 Die Lange Nacht der Wissenschaften, Berlin

Lehrreicher Streifzug durch die Finsternis

Sich auf den Spuren der Wissenschaft zu bewegen, ist immer wieder ein aufregendes Erlebnis für Groß und Klein. Die „Lange Nacht der Wissenschaften" ist zu einem der beliebtesten kulturellen Events in Berlin geworden. Jedes Jahr zieht es Tausende von Besuchern in die Hauptstadt und nach Potsdam, um sich die interessanten und spannenden Ausstellungen anzusehen. Hunderte von Wissenschaftseinrichtungen, die man sonst nur tagsüber besichtigen kann, öffnen für eine Nacht im Jahr ihre Pforten und locken mit einem vielseitigen Programm. Besucher können den Forschern bei ihrer Arbeit über die Schulter schauen. Auch für Kinder gibt es tolle Touren, die speziell auf die Kleinen zugeschnitten sind. Universitäten, Bibliotheken und andere Institute führen die Jungen und Mädchen mit faszinierenden Experimenten in die Welt der Wissenschaft ein und zeigen ihnen, dass Forschung und das Lernen von Neuem Spaß machen. Die „Lange Nacht der Wissenschaften" ist wirklich ein guter Grund für Eltern, ihre Kleinen auch mal etwas länger aufbleiben zu lassen.

IGAFA e. V., Rudower Chaussee 17, 12489 Berlin
Telefon: 030/28493847
www.langenachtderwissenschaften.de

0306 FEZ-Berlin

Alles unter einem Dach

Das FEZ-Berlin ist das größte Kinder-, Jugend- und Familienzentrum Europas und befindet sich inmitten eines 100 ha großen Waldgebietes. Bei einem Besuch kommt es einem so vor, als wenn es eine Stadt wäre, die nur

für Kinder erbaut wurde. Doch auch größere Besucher erfreuen sich an dem reichhaltigen Angebot.
Im Hauptgebäude sind auf 13.000 m² Theater- und Konzertsäle, ein Kino, ein Raumfahrtzentrum, eine Puppenbühne und eine Studiobühne, eine Schwimmhalle und zahlreiche, vielseitig nutzbare Räume untergebracht. Hier gibt es sicherlich für jeden etwas zu entdecken. Interessieren sich Ihre Kinder für die unendlichen Weiten des Weltalls? Dann finden sie einen Besuch im Orbitall-Raumfahrtzentrum sicher besonders spannend.
Im FEZ-Berlin steht neben dem Spaß auch die Bildung von Kindern im Vordergrund. Die Jungen und Mädchen nehmen hier an verschiedenen Workshops teil, wo sie spielerisch etwas lernen, und auch Sie entdecken hier einige Programme, bei denen Sie Ihren Horizont erweitern können. Im Außengelände finden Ihre Kleinen tolle Spielplätze, um sich auszutoben. Im Sommer lädt ein Badesee zur Abkühlung ein. Ein besonderes Erlebnis ist eine Fahrt mit der Parkbahn. Betrachten Sie so die Schönheit der Anlage mit ihrer wundervollen Naturwelt. Das FEZ-Berlin bietet Ihnen viele Möglichkeiten, gemeinsam mit Ihrem Kind Ihre freie Zeit auszukosten.

FEZ-Berlin, An der Wuhlheide 197, 12459 Berlin
Telefon: 030/53071200, www.fez-berlin.de

0307 UniLab Schülerlabor Adlershof

Physik zum Anfassen

Wie breitet sich der Schall aus, und warum sind Seifenblasen eigentlich bunt? Solchen und anderen spannenden Fragen gehen Schüler im UniLab Schülerlabor Adlershof auf den Grund. Unter Anleitung von Lehrern und Lehramtsstudenten der Physik haben Schüler der Primarstufe und Oberstufe hier die Möglichkeit, interessante Experimente durchzuführen und physikalische Themenbereiche wie Akustik, Optik und Energie selbst zu erforschen. Ziel dabei ist es, das Interesse der Schüler an den Naturwissenschaften zu fördern und zu zeigen, dass Physik auch Spaß machen kann und nicht nur graue Theorie ist.
Das UniLab liegt direkt auf dem naturwissenschaftlichen Campus der Humboldt-Universität in Berlin-Adlershof, inmitten eines der größten Forschungs- und Technologieparks der Welt. Besonders spektakulär dabei ist, dass sich das UniLab im historischen Gebäude des Großen Windkanals

befindet, mit einer Windkanalröhre, die aber heute nicht mehr in Betrieb ist. Jeden Mittwoch werden spezielle Module für Schulklassen angeboten, wie zum Beispiel „Strom und Wärme“ für die Jahrgangsstufen 5–6 oder „Unter Wasser“ und „Unter Strom“ für die Oberstufe sowie verschiedene Standardexperimente. Lehrer sollten ihre Klassen rechtzeitig per E-Mail anmelden, da der Andrang oft recht groß ist. Für die Oberstufe gibt es keine regulären Termine, hier können individuelle Absprachen getroffen werden.

UniLab Schülerlabor Adlershof
Brook-Taylor-Straße 1/Windkanalgebäude, 12489 Berlin
Telefon: 030/20937945 (Sekretariat) oder 030/20937996
unilab.physik.hu-berlin.de

0308 Rosinenbomber-Zeitreise, Berlin

Berliner Geschichte über den Wolken erleben

Eine Reise in die Vergangenheit ist für so manchen ein Traum, den man sich aber ohne Zeitmaschine, die bis jetzt nur eine Fantasieerfindung vieler Filmemacher ist, nicht erfüllen kann. Der Air Service Berlin kann zwar auch nicht für große und auch kleine Besucher die Zeit zurückdrehen, aber mit seiner Hilfe kommt man der Berliner Geschichte schon ziemlich nah.

Der berühmte Rosinenbomber

Treffpunkt für Eltern und Kinder ist der Flughafen Berlin-Schönefeld. Hier startet die Zeitreise. Die erste Etappe des Programms wird mit einem Empfang der Familien in der Offizierslounge des Air Service Berlin eingeleitet, wo leckere Snacks und Erfrischungen im Ambiente der 40er Jahre serviert werden. Danach geht es ins Kino. Jung und Alt begeben sich zurück in die Jahre 1948 und 1949, wo West-Berlin durch die von der Sowjetischen Union ausgehende Berliner Blockade vom Rest der Welt abgeschnitten war. Um die Versorgung von West-Berlin mit Lebensmitteln, Medikamenten und Kohle sicherzustellen, flogen Rosinenbomber von den Westzonen aus in das eingekesselte Gebiet.
Nach diesem aufregenden Erlebnis folgt der Höhepunkt der Zeitreise: ein Rundflug in einem echten Rosinenbomber. Die Gäste besteigen das histori-

sche Flugzeug, das detailgetreu restauriert wurde, und machen sich auf eine ganz besondere Besichtungstour entlang der Flugrouten der damaligen Versorgungsflieger. Aus 600 Meter Höhe haben die Passagiere einen wunderschönen Blick auf Berlin und seine Sehenswürdigkeiten. Die Zeitreise endet mit der Überreichung eines Zertifikats, das vom Flugkapitän persönlich signiert wurde.

Air Service Berlin
Flughafen Berlin-Schönefeld, Terminal C, 12521 Berlin
Telefon: 030/60913730, www.air-service-berlin.de

0309 Bim & Boom Kinderspielland, Berlin

Dein Traumland in Sachen Spaß

Mach dich auf ins Kinderland und entdecke die bunte Welt der Spiele. Das Bim & Boom Kinderland ist genau auf deine Wünsche ausgerichtet. Du bist ein kleiner Klettermax? Dann erklimme den Kletterturm und teste deine Fähigkeiten. Rasant geht es auf der Riesenrutsche zu, oder in den Tretfahrzeugen. Wie hoch kannst du eigentlich schon springen? Mit Hilfe des Trampolins geht das bestimmt noch ein bisschen höher. An den Lern- und Spielcomputern zeigst du bei kleinen Rätseln, was du schon alles weißt. Auch deinen Geburtstag kannst du zusammen im Bim & Boom Kinderland mit deinen Freunden und deiner Familie feiern. Deine Eltern können hier zwischen verschiedenen Geburtstagsangeboten wählen. Natürlich werden sie deinen Ehrentag aber auch nach deinen Wünschen ausrichten, denn er soll ja ein besonderes Erlebnis für dich werden. Übrigens feiert das Bim & Boom Kinderspielland auch im Sommer immer mal wieder schöne Grillfeste.

Ein Paradies zum Spielen

Bim & Boom Kinderspielland
Beilsteiner Straße 109, 12681 Berlin
Telefon: 030/78085939, www.bim-boom.de

0310 Natur- und Abenteuerspielplatz Köpenick, Berlin

Viel Raum für Spaß in der grünen Lunge Berlins

Wer Natur mit großem Spaßfaktor erleben möchte, kommt auf dem Natur- und Abenteuerspielplatz in Köpenick auf seine Kosten. Streife durch die Wiesen und Felder und gehe auf Entdeckungsreise. Die 7.000 m² Fläche direkt an der Wuhle laden dazu ein, kleine Abenteuer zu erleben und mehr über die bunte Naturwelt zu erfahren.
Begebt euch auf den Pfad der Sinne oder kümmert euch um die auf dem Hof lebenden Tiere, wie zum Beispiel Ziegen oder auch Kaninchen. Du bist sportbegeistert? Dann kicke doch ein paar Bälle auf dem Bolzplatz oder teste dich am Kletterbaum. Oder bist du doch eher einer der Kreativen? Spiel mit im Waldtheater oder bastele etwas aus Materialien wie Ton oder Filz. Der Kreativität sind hier keine Grenzen gesetzt. Auf die ganz Kleinen warten auf dem Gelände ein Buddelkasten und ein Planschbecken.
Wenn die Sonne mal nicht scheint oder es draußen zu kalt ist zum Spielen, gehst du einfach mit deinen Freunden ins Spielhaus. Auch dort hast du bei dem großen Spielangebot bestimmt eine Menge Spaß. Auch ganz tolle Feste stehen hier immer mal wieder auf dem Programm.

Natur- und Abenteuerspielplatz Köpenick
Kaulsdorfer Straße 18 / Alte Kaulsdorfer Straße
12555 Berlin
Telefon: 030/65260840, www.netzwerk-in-koepenick.de

0311 Aktivspielplatz Berle, Berlin

Glückseligkeit in netter Runde

Der Aktivspielplatz Berle ist perfekt zum Erforschen der Natur und ihrer Lebewesen. Kinder gestalten sich hier ihren Spielplatz nach ihren Wünschen und werden bei wichtigen Fragen einbezogen. Das Konzept gliedert sich in vier Hauptbestandteile, die auch im Logo durch ein vierblättriges Kleeblatt repräsentiert werden:
Die erste Säule steht für die Naturerlebnisse, die hier auf die Jungen und Mädchen warten. Die kleinen Abenteurer machen sich auf spannende Entdeckungsreisen durch die Pflanzen- und Tierwelt und begeben sich auf Sinnespfade, auf denen sie ihre Empfindungen schärfen.

Säule Nummer zwei beschäftigt sich mit Spiel und Bewegung. Kleine Rabauken probieren sich in der Zielwurfecke aus oder müssen durch geschickte Wahl des richtigen Pfades den Ausweg aus dem Steinlabyrinth finden.
Der Kreativität widmet sich der nächste Bereich. Musikalisch wird es am Klangbaum, und in den Werkstätten beweist der Nachwuchs, dass er bestimmt keine zwei linken Hände besitzt.
Erholung und Kommunikation verbergen sich hinter der letzten Säule. Die Kleinen machen es sich in Hängematten gemütlich, und ausgeschlossen wird hier niemand.
Der Aktivspielplatz ist der perfekte Ort, um Freunde fürs Leben zu finden, weil man hier zusammen so viele aufregende Dinge erleben kann.

Aktivspielplatz Berle, Am Berl 13, 13051 Berlin
Telefon: 0176/26584290
www.naturschutzstation-malchow.de

0312 Kinderbauernhof Pinke-Panke, Berlin

Strohträume und tierische Freude

Der Kinderbauernhof Pinke-Panke sorgt für ein ländliches Flair innerhalb der Großstadt Berlin. Hier lernen Ihre Kinder, wie man Verantwortung für andere Lebewesen übernimmt, und sie entdecken diese Idylle mit all ihren Facetten und Aufgaben. Der Nachwuchs kümmert sich mit Hilfe von den Betreuern um die auf dem Bauerhof lebenden Tiere und Pflanzen. Das Anwesen beherbergt neben Schafen, Schweinen und Gänsen auch das Pony Paule und den Esel Momo, von denen Ihre Sprösslinge bestimmt ganz begeistert sein werden. Zum Toben ist der Platz natürlich auch wie gemacht. Die Kinder spielen hier Fußball oder auch Tischtennis. Außerdem baut Ihr Nachwuchs hier auch seine eigene kleine Hütte mit richtigem Werkzeug auf.
Wenn die Nacht hereingebrochen ist, wird ein kleines Lagerfeuer angezündet. Doch auch hier heißt es irgendwann: „Schlafenszeit!“ Dann machen es sich die Kinder auf dem Heuboden oder auch in ihren selbstgebauten Hütten gemütlich und träumen von ihren tollen Erlebnissen auf dem Kinderbauernhof. Und das werden bestimmt auch nicht die letzten Abenteuer sein, die sie hier erlebt haben.

Kinderbauernhof Pinke-Panke, Am Bürgerpark 15–18, 13156 Berlin
Telefon: 030/47552593, www.kinderbauernhof-pinke-panke.de

0313 Grundschule im Grünen, Berlin

Lehrreiches Programm für Naturliebhaber

Kein Ausflugstipp für einen Nachmittag, sondern eher eine grundlegende Empfehlung ist die Schule im Grünen. Diese etwas andere Schule bietet ein ambitioniertes langfristiges Programm für Kinder. Die Grundschule ist spezialisiert auf den Bereich der Umweltlehre und führt kleine Entdecker in die Welt der Biologie ein. Dafür gibt es extra einen Tierhof, und die Klassen kümmern sich selbst um die Bewirtschaftung der „Knirpsenfarm".
Natürlich wird der „normale" Schulbetrieb mit Fächern wie Deutsch oder Mathematik hier nicht vernachlässigt, denn es handelt sich ja immer noch um eine normale Bildungsstätte. Bereits von der ersten Klasse an können Kinder hier auch an einem Englischkurs teilnehmen. Ab der vierten Klasse kommen weitere Sprachangebote wie Latein, Französisch oder Spanisch hinzu. Von 6 bis 18 Uhr kümmern sich neben den Lehrern auch Erzieher im Hort um die Sprösslinge, nur in den Winterferien findet hier kein Programm statt. Am Nachmittag zwischen 16 und 18 Uhr treffen sich verschiedene Interessengemeinschaften. Hier können die Kleinen Fußball spielen, Körbe flechten oder auch an Geräten turnen. Diese Aktivitäten sind sehr beliebt bei den kleinen Schulgängern.

Grundschule im Grünen
Malchower Chaussee 2, 13051 Berlin
Telefon: 030/96248595
www.grundschule-im-gruenen.de

0314 Tommys turbulente Tobewelt, Berlin

Spaß bei jedem Wetter

Du möchtest dich einmal so richtig austoben? Dann komm mit Tommy in seine aufregende Tobewelt und erlebe auf 2.000 m² Spiel und Spaß.
Magst du es gern schnell? Dann drehe doch ein paar schnelle Runden auf der Kart-Bahn oder genieße die die Abfahrt auf der Rodelbahn.
Versuche dich an der Kletterwand oder springe mit anderen kleinen Hüpfern auf dem Trampolin um die Wette. Auch Lerncomputer stehen in dem Kinderparadies für dich bereit, an denen du dein Wissen auf die Probe stellen kannst. Hier gibt es viele aufregende und turbulente Spielstationen, die alle

von dir ausprobiert werden wollen. Also mach dich bereit für eine große Portion Spaß in Tommys turbulenter Tobewelt.

Tommys turbulente Tobewelt, Roelckesstraße 106, 13088 Berlin
Telefon: 030/92093056, www.tommys-tobewelt.de

0315 Alte Bäckerei, Berlin

Was riecht denn hier so gut?

Der leckere Duft von frischem Brot steigt einem in die Nase. Wenn man dem Geruch folgt, ist es gut möglich, dass man in der Alten Bäckerei in Berlin landet. Das Gebäude ist das älteste des ehemaligen Dorfkerns von Pankow. Hier wird das Brot noch traditionell hergestellt. Kinder und Erwachsene können dem Bäckermeister beim Kneten und Formen der Laibe zuschauen und erhalten viele nützliche Tipps zum Thema Brotbacken, die sie dann zu Hause selbst ausprobieren können. Mittwochs und freitags kann man die Gebäcke auch zu einem geringen Preis mit nach Hause nehmen.
In der Umgebung der Alten Bäckerei erfahren große und kleine Besucher dann mehr über den historischen Kern des Bezirks. Übrigens werden in der Alten Bäckerei auch verschiedene Veranstaltungen wie zum Beispiel Märchenstunden, Bastelaktionen oder Kochkurse für Kinder angeboten.

Alte Bäckerei, Wollankstraße 130, 13187 Berlin
Telefon: 030/4864669, www.alte-baeckerei-pankow.de

0316 Der Gletscher, Berlin

Ganzjähriger Schneespaß!

Was ist eigentlich der „Gletscher“? Fachleute der Geografie würden einem jetzt mit „sich bewegende Eismassen“ kommen. Dass es bei der Beantwortung dieser Frage aber auch ohne das Gefrorene geht, beweist die Indoor-Skihalle „Der Gletscher“. Hier können kleine und große Ski- und Snowboard-Freude sich das ganze Jahr über auf dem Hang ausleben. Für das fast reale Schnee-Erlebnis sorgt ein 5 m breiter Spezialteppich, der sich entgegen der Fahrtrichtung bewegt. Die Besucher wählen selbst zwischen den Neigungswinkelstufen der Piste und stellen ihre gewünschte Geschwindigkeit ein, mit

der sie den „Berg“ bezwingen möchten. Der „Gletscher“ ist der optimale Lernplatz, wenn man sich nicht gleich auf die richtig großen Pisten traut, und auch für das ganzjährige Training ist er wie gemacht.
Ihr Nachwuchs kommt auf Anfrage auch mit seiner ganzen Schulklasse oder in den Ferien in den Genuss dieses sportlichen Erlebnisses. Nach der Wahnsinnsfahrt kommt, wie nach jeder guten Schneepartie, der Après-Ski. Hierfür geht man einfach an die Bar, die in der Halle zu Erfrischungen lädt. Also, schnallen Sie die Skier an, und los geht's!

Der Gletscher, Berliner Straße 21, 13187 Berlin
Telefon: 030/4799813, www.der-gletscher.de

0317 Klax-Kinderbildungswerkstatt, Berlin

Viel Raum zum Tüfteln und Kreativsein

Hättest du gern einen Ort, wo du dich kreativ ausleben kannst? In der Klax-Kinderbildungswerkstatt kannst du deine Fähigkeiten testen und weiter ausbauen. Malst du gern? Dann besuche doch das Atelier. Hier erlernst du verschiedene Techniken, mit denen du deine Fantasien auf einem Blatt Papier oder einer Leinwand ausdrücken kannst. Alle Farben des Regenbogens warten auf dich und wollen auch benutzt werden. Außerdem kannst du hier auch zum Beispiel verschiedene Dinge aus Ton formen. Deiner Kreativität sind keine Grenzen gesetzt.
Oder möchtest du dich einmal vor einem Publikum in Szene setzen? Dann spiel doch bei dem nächsten Stück des Kindertheaters mit. Das Stück darfst du mit deinen Schauspielerkollegen auswählen, und auch das Bühnenbild und was sonst noch so für eine kleine Vorstellung wichtig ist, erstellt ihr selbst.
Auch kleine Wissenschaftler haben hier viel zu erforschen. Experimentiere, untersuche verschiedene Themenbereiche und finde Antworten auf die wichtigen Fragen der Wissenschaft. Begib dich auf Entdeckungsreise, und vielleicht gelingt dir ja ein Durchbruch in Sachen unbelebter und belebter Natur. Selbst wenn dir das nicht gelingt – Spaß macht es auf alle Fälle.

Klax-Kinderbildungswerkstatt
Asta-Nielsen-Straße 11, 13189 Berlin
Telefon: 030/3474510, www.klax-gruppe.de

0318 Atze Musiktheater, Berlin

Ein Wahnsinnstheater in Mitte

Seit Jahren schon ist das Musiktheater Atze im Bezirk Mitte eine feste Adresse für Kinder. Mit zwei Sälen und über 60.000 Zuschauern im Jahr ist es das größte deutsche Konzerthaus speziell für Kinder. Für optimalen Klang sorgt unter anderem ein echter Steinway-Flügel, professionelle Lichttechnik unterstützt das Programm visuell. Das Ensemble aus Musikern und Schauspielern bietet eine bunte Mischung aus den Bereichen Musical, Klassik und Rockmusik. Darunter sind beliebte und bewährte Programme wie „Die kleine Meerjungfrau“, „Kletter-Ida“ und „Ronja Räubertochter“, aber auch „Giganten des Rock“ und ein Musical über Albert Einstein. Mit diesem gemischten Programm geht die Truppe regelmäßig auch auf Tour.
Für Schulklassen bietet das Musiktheater spezielle Projekttage an, in denen auch kleine Szenen einstudiert werden können, die im Anschluss dargeboten werden. Diese Angebote richten sich an Schüler von der ersten Klasse bis hin zur Oberstufe.

Atze Theater- und Konzerthaus, Luxemburger Straße 20, 13353 Berlin
Telefon: 030/81799188, www.atzeberlin.de

0319 Weddinger Kinderfarm, Berlin

Ein tierisches Erlebnis mitten in der Großstadt

Natur und ein Flair von Landleben hautnah in der Großstadt erleben – das geht nicht? Die Weddinger Kinderfarm ist der Beweis, dass es funktionieren kann. Hier erleben Kinder aus der Stadt, was es heißt, auf einem Bauernhof zu leben. Die Kinderfarm lädt dazu ein, die Welt der Tiere und Pflanzen kennenzulernen. Auf ihr findet man Tiere wie zum Beispiel Ponys, Ziegen, Kaninchen oder auch Schweine.
Der Hof besitzt nicht nur eine spannende Erlebniswelt, sondern auch eine interessante Vorgeschichte: 1981 gründete der Betreiber Paule auf einem Schrottplatz seinen ersten kleinen Bauernhof. Doch als der Platz für eine neue Kita eingeplant war, musste der Hof in die Luxemburger Straße ausweichen, wo er sich nun schon seit dem Jahr 1983 befindet. Hier baute Paule ein kleines Paradies für seine Tiere und die jungen Besucher auf. Die Kinderfarm

ist in der Umgebung zu einem sehr beliebten Ort geworden, wo die Kinder gern ihre Zeit verbringen. Das liegt nicht zuletzt an dem sehr schönen Freizeitprogramm, das die Betreiber ihnen anbieten. Neben so tollen Dingen wie Ponyreiten und dem kreativen Handwerk werden hier auch kleine Zirkusprojekte durchgeführt. Besonders wichtig ist den Machern auch, dass die Kinder den richtigen Umgang mit Pflanzen und Tieren lernen. Ein Besuch der Kinderfarm wird also ein wahres Abenteuer mit Lerneffekt.

Weddinger Kinderfarm e. V.
Luxemburger Straße 25, 13353 Berlin
Telefon: 030/4621092
www.sparrplatz-quartier.de/Weddinger-Kinderfarm-e-V.126.0.html

0320 Telux-Abenteuerspielplatz, Berlin

Erlebnisparadies unter dem Berliner Himmel

Mitten im „Grünen Dreieck" des Bezirks Mitte befindet sich der Telux-Abenteuerspielplatz. Hier kann man verschiedene aufregende Stationen durchleben oder sich auf Entdeckungsreise durch die Natur begeben. Danach tobt man sich bei einem Fußballspiel richtig aus oder misst sich mit anderen Kindern bei einer Partie Tischtennis.
Unter fachmännischer Anleitung lernt man in der Werkstatt, wie man mit Hammer und Schraubenzieher richtig umgeht. Wer möchte, kann sich sogar an der Spielplatzgestaltung beteiligen. Für Kreative Köpfe und Hände steht Ton bereit, der geformt werden will. Zukünftige Meisterköche dagegen üben hier schon mal Kochen und jonglieren mit Töpfen und Zutaten. Abends sitzen dann alle zusammen am Lagerfeuer.

Abenteuerspielplatz Telux
Tegeler Straße 28a, 13353 Berlin
Telefon: 030/4629829, www.sparrplatz-quartier.de

0321 Zuckermuseum, Berlin

Viel Süßes zum Gucken

Das Zuckermuseum wurde 1904 zusammen mit dem Institut für Zuckerindustrie, das sich im gleichen Haus wie das Museum befand, gegründet und

ist somit weltweit das älteste Spezialmuseum seiner Art. Die Stadt Berlin ist für die Herstellung des süßen Stoffes sehr bedeutend, weil hier der Chemiker Andreas Sigismund Marggraf den Zucker in der Runkelrübe entdeckte.
Im Zuckermuseum bestaunen Familien heute eine große Auswahl von Dokumenten und Objekten, die ihnen einen Überblick über die Geschichte des Zuckers bieten. Zu sehen sind elf Abteilungen mit historischen Verkaufsverpackungen, Zuckergefäßen und Geräten zur Herstellung des Zuckers. Besondere optische Höhepunkte unter den Exponaten sind Ausgrabungsstücke einer mittelalterlichen Zuckerrohrmühle und eine Drei-Walzen-Zuckerrohrmühle aus Bolivien. Die Ausstellung macht auch die Unterschiede zwischen den verschiedenen Zuckerarten deutlich. Neben dem Rübenzucker und dem Zuckerrohr befasst sich das Museum zum Beispiel auch mit anderen Zuckerquellen wie dem Honig und sogar mit Süßungsmitteln. Für kleine und große Besucher, die sich für die Welt der Biologie interessieren, gibt es etwas Besonderes zu entdecken, denn hier wird auch die Wirkung des Zuckers im menschlichen Körper beschrieben. Das wird wirklich ein zuckersüßes Erlebnis.

So werden also Bonbons gemacht

Zuckermuseum, Amrumer Straße 32, 13353 Berlin
Telefon: 030/31427574, www.dtmb.de

0322 Klingendes Museum, Berlin

Zwischen Mozart und Jimi Hendrix

Jetzt gibst du den Ton an – und das nicht zu leise! Das Klingende Museum ist kein Museum im ursprünglichen Sinne, wo man nur von einer Vitrine zur anderen geht und sich die Ausstellungstücke ansieht. Nein, hier dürfen und sollen Besucher alles anfassen und ausprobieren.
Die Idee für ein durch Musik lebendig werdendes Museum hatte 1989 der Dirigent Gerd Albrecht. Aus dem genialen Einfall wurde schnell ein richtig gutes Konzept. Und kurz darauf öffnete in Hamburg das erste Klingende

Museum seine Pforten. Da die Resonanz der kleinen und auch großen Besucher so positiv war, wurde in Berlin am 12. Mai 2007 ebenfalls ein Klingendes Museum eingeweiht.
Hier könnt ihr euch nun nach Herzenslust auf allen möglichen Instrumenten aus der Klassik bis hin zum Rock 'n' Roll ausprobieren. Ihr bekommt einen ersten Einblick in die Theorie und Praxis der Musik, und eure Fragen rund um Klänge und Tonarten stoßen nicht auf taube Ohren, denn hier werdet ihr von kompetenten Musikern und Musikpädagogen durch den Tag geführt. Wer früher gerne mit Kochlöffeln auf Töpfe geschlagen hat und sich schon damals als richtiger Rockstar gefühlt hat, für den ist es sicherlich interessant, wie der Ton eines Schlagzeuges eigentlich zustande kommt. Im Klingenden Museum gibt es wirklich viel zu entdecken, und ihr könnt auf spielerische Weise in die bunte Welt der Musik eintauchen.
Am Nachmittag gibt es zudem noch ein ganz besonderes Programm, denn dann können Familien den wundervollen Klängen der Musiker lauschen, wenn diese ihre kleinen Konzerte geben. Hier werden so schöne musikalische Kindermärchen wie zum Beispiel „Peter und der Wolf" oder auch „Die Zauberflöte" aufgeführt. Da ist sicherlich für jeden etwas dabei, egal wie alt man ist. Auch Schulklassen oder Kita-Gruppen können nach Voranmeldung das Klingende Museum für einen Tag zu ihrem eigenen kleinen Musikerlebnisplatz machen.

Klingendes Museum, Zingster Straße 15, 13357 Berlin
Telefon: 030/39993522, www.klingendes-museum.de

0323 Magic Mountain, Berlin

Der magische Weg eines Gipfelstürmers

Klettern ist ein beliebter Sport, ob an künstlichen Wänden oder im Gebirge als Extremsportart. Schon in der Kindheit ist so mancher davon fasziniert und lässt sich nur schwer von Nachbars Baum herunterkriegen. Heutzutage gibt es aber auch weit ungefährlichere Methoden, seinen Drang nach luftigen Höhen zu stillen. Den Beweis hierfür liefert die Kletterhalle Magic Mountain. Hier lernen Sie und Ihr Nachwuchs von einem kompetenten Trainer, wie man sich sicher an der Wand hoch bewegt. Man schult besonders seine Koordination und das Gleichgewicht, wenn man versucht, von einem Punkt zum anderen zu kommen. Ihr kleiner Gipfelstürmer trainiert bei diesem abenteuerlichen Aufstieg auch sein Selbstbewusstsein, denn wer kann schon von sich behaupten, einen Berg bewältigt zu haben? Außerdem wird auch die Konzentrationsfähigkeit verbessert. Somit ist Klettern nicht nur eine Herausforderung für den menschlichen Körper, sondern auch für den Geist.

Hoch hinaus

In dem „magischen Berg“ genießen besonders kleine Kletterer ihren ganz besonderen Tag, denn neben dem Kletterprogramm steht ein schön gedeckter Geburtstagstisch bereit. Die Betreiber der Halle sorgen auch in den Ferien für Abwechslung, denn dann kann Ihr Sprössling das KletterCamp besuchen. Wenn sie alle Prüfungen bewältigt haben, erhalten die Kleinen natürlich jeder ihre verdiente Urkunde, und es wird eine Pizzaparty veranstaltet.

Magic Mountain Kletterhallen GmbH
Böttgerstraße 20–26, 13357 Berlin
Telefon: 030/88715790
www.magicmountain.de

0324 Labyrinth Kindermuseum Berlin

Von Station zu Station spielend lernen

Durch Anfassen verstehen – wie das funktioniert? Im Labyrinth Kindermuseum ist genau dies das Motto. Kinder sollen durch Probieren und Anfassen bestimmte Zusammenhänge unseres alltäglichen Lebens begreifen. Hierbei gibt es für die Kleinen viele verschiedene Stationen zu entdecken. Jede einzelne davon beschäftigt sich mit einem interessanten Themengebiet, das Kinderaugen zum Strahlen bringt. Die Gestaltung des Museumsprogramms ist immer abhängig von der aktuellen Ausstellung.

Ihr Nachwuchs lernt anhand von verschiedenen Versuchen und Spielen die wichtigen Dinge des Lebens kennen und wird so bestmöglich auf seine Zukunft vorbereitet.

Dabei werden Themenkomplexe wie die sinnliche Wahrnehmung, die Gesundheit oder auch unterschiedliche Kulturen behandelt. Die einzelnen Ausstellungen richten sich genau nach den Wünschen von Kindern und helfen ihnen dabei, sich in der großen Welt besser zurechtzufinden. Außerdem gewährleistet ein Besuch des Museums eine optimale Entwicklung Ihres Kindes. Doch auch Sie werden von den Ausstellungen profitieren, denn Sie wissen ja: Man lernt nie aus. Und es gibt sicherlich Dinge im Museum zu entdecken, die selbst Sie noch nicht wussten.

Spielend lernen

Labyrinth Kindermuseum Berlin
Osloer Straße 12, 13359 Berlin
Telefon: 030/800931150
www.labyrinth-kindermuseum.de

0325 Indoor Beach Center Berlin

Barfüßige Sportskanonen gesucht

Das Indoor Beach Center Berlin lässt wahres Strandfeeling aufkommen, egal ob es regnet, schneit oder was Petrus sonst noch einfällt. Auf den großen Sandfeldern kann man sich neben Beachvolleyball und Fußball auch in so aufregenden Sportarten wie Footvolley testen. Was das sein soll? Tja, das wird man auf dem körnigen Untergrund schon herausfinden. Hier gibt es auch besondere Veranstaltungen, die auf die kleinen Besucher abgestimmt sind. Wer aus der Gruppe gräbt eigentlich am schnellsten das tiefste Loch? Im Indoor Beach Center kann man für einen sehr niedrigen Eintrittspreis dieser Frage mit Sicherheit auf den Grund gehen. In den verschiedenen Kursen, die hier für Kinder und auch für Jugendliche angeboten werden, erfährt man die wichtigsten Grundregeln und Techniken der einzelnen Sportarten und kann sich in spannenden Turnieren mit anderen messen.

Indoor Beach Center Berlin
Königshorster Straße 11–13, 13439 Berlin
Telefon: 030/41408888, www.beachberlin.de

0326 Jugendfarm Lübars, Berlin

Buttern wie bei Muttern

Die traditionell geführte Jugendfarm Lübars lädt Jung und Alt auf Entdeckungstour durch die bunte Welt des Landlebens ein – und das mitten in der Großstadt Berlin. Hier wartet eine große Auswahl von verschiedenen Tieren auf Sie und Ihre Kleinen. Beobachten Sie die Kühe, wie sie auf der Weide grasen, oder die wild schnatternden Enten und Gänse.
Besonders für die Kinder bietet der Hof ein breites Angebot an Interessantem. Die Kleinen erfahren hier Wissenswertes über die Stallbewohner oder beobachten die Hühner. Außerdem lernen die Jungen und Mädchen, wie man Brot backt oder Butter herstellt. Wenn sie Glück haben, gibt's dann vielleicht zur Stärkung für zwischendurch ein leckeres, selbstgebackenes Butterbrot. Die ganze Familie lernt auch die Milchverarbeitung von der Kuh bis hin zur Molkerei kennen. Interessant wird es vor allem, wenn Sie dann selbst an den Euter dürfen. Doch keine Angst, es wird für den Anfang erst einmal nur an einem Modell geübt. Im Sommer ist auch die kleine Imkerei zu besichtigen. Erfahren Sie, wie der Honig aus den Waben kommt und welche Geräte dafür notwendig sind. Die Jugendfarm Lübars ist aufgrund ihres reichhaltigen und interessanten Angebotes mindestens einen Besuch wert, wenn nicht noch mehr.

Jugendfarm Lübars, Alte Fasanerie 10, 13469 Berlin
Telefon: 030/21466735, members.surfeu.de/home/rhini

0327 Feuerwehrmuseum Berlin

Tatütata - die Feuerwehr ist da

Welcher kleine Junge, welches Mädchen hatte in seiner Kindheit nicht so einen kleinen roten Wagen mit einer Leiter, der Sirenengeheule von sich gab? Kinder lieben Feuerwehrautos, und ihre Augen funkeln, wenn das große Fahrzeug vorbeifährt. Das Feuerwehrmuseum bringt großen und kleinen Besuchern die aufregende Welt der Berliner Feuerwehr näher. Viele interessante Exponate und Foto- und Videodokumentationen stellen die Geschichte der letzten 150 Jahre auf 800 m² dar. Sehr spannend sind für Kinder die Vorführungen der historischen Feuermelderempfangsanlagen und Feuermelder, die noch ganz schön Lärm machen können. Anhand dieser Darbietungen erläutern die kompetenten Mitarbeiter den Alarmablauf in einer Feuerwehr. Man findet hier auch Gerätschaften, die in der Vergangenheit beim Eignungstest für einen Platz in der Mannschaft verwendet wurden. Besonders Ihr Nachwuchs wird hiervon begeistert sein, denn er darf alles ausprobieren und anfassen. Somit findet Ihr Sprössling schnell heraus, ob er zur damaligen Zeit die Voraussetzungen gehabt hätte, ein Retter in Rot zu werden. Ein besonderer Höhepunkt der Ausstellung ist der vor dem Gebäude aufgestellte Rettungshubschrauber. Also folgen Sie den Sirenen, und begeben Sie sich auf eine ganz besondere Geschichtsreise.

Feuerwehrmuseum Berlin
Feuerwache Tegel, Berliner Straße 16, 13507 Berlin
Telefon: 030/43906180, www.berliner-feuerwehr.de

0328 Jacks Fun World, Berlin

Viel Raum für Riesenspaß

Draußen regnet es, der Spielplatz ist nass, und zu Hause ist einfach zu wenig Platz, um sich richtig auszutoben – was nun? Die Antwort könnte heißen: Jacks Fun World. Dieser Hallenspielplatz macht seinem Namen alle Ehre, denn er bietet nicht nur Vergnügen nach Herzenslaune, sondern er ist mit seinen über 4.000 m² Spielfläche auch der größte seiner Art in Berlin. Hier warten zu einem angemessen Eintrittspreis spannende Abenteuer auf Ihre Kleinen, und auch für Eltern gibt es etwas zu erleben.

Bumperboote

Kinder, die Geschwindigkeit lieben, zieht die Indoor-Seilbahn magisch an. Sie besticht durch ihre Höhe von 10 m und bringt die Kleinen wie der Wind an das 100 m entfernte Ziel. Neben dieser schnellen Attraktion kann man seine Runden auch in kleinen Autos auf der Go-Kart-Bahn drehen. Kleine Hüpfer finden hier ebenfalls genau das Richtige: Zum einen laden die vier Bungee-Trampoline zum Springen ein, und zum anderen gibt es hier

auch eine tolle Hüpfburg. Wer lieber eine ruhige Kugel mit Mama oder Papa schieben möchte, dem sei die Minigolfanlage ans Herz gelegt. Auch für die Bildung der Kinder wird in diesem Erlebnisparadies etwas getan, denn es gibt hier Lerncomputer, die Kinder spielerisch zum Lernen animieren. Da Berlin ja eine multikulturelle Stadt ist, kann man bei den Computern zwischen sieben verschiedenen Sprachen wählen. Somit wird kein Kind von dem Lernerlebnis ausgeschlossen.
Für den kleinen oder auch großen Hunger zwischendurch gibt es natürlich auch Abhilfe: Das Straßencafé sowie das Restaurant „McJack" locken mit leckeren Speisen und kleinen Snacks. Wenn das Wetter es im Sommer doch mal zulässt, wird draußen der 2.000 m^2 große Biergarten geöffnet. Dieser sorgt dann für Erfrischungen, die wohl Klein und besonders auch Groß erfreuen werden. Also lohnt sich ein Besuch in Jacks Fun World auch, wenn die Sonne mal scheint. Ihren Ehrentag dürfen die Kleinen hier ebenfalls feiern. Die Geburtstagsparty kann ganz individuell, und wie es am Ende der Geldbeutel zulässt, ausgerichtet werden.

Jacks Fun World, Miraustraße 38, 13509 Berlin-Reinickendorf
Telefon: 030/41900242, www.jacksfunworld.de

0329 Peter's Miniatur-Golf-Welt, Berlin

Klein, aber oho

Hast du Lust, eine Runde Minigolf zu spielen? Dann schau bei Peter's Miniatur-Golf-Welt vorbei. Seit dem Jahr 2003 wird hier eine gepflegte Runde Golf auf achtzehn Bahnen gespielt. Jede einzelne Bahn, wie zum Beispiel „Die Pyramide" oder „Das Netz", wartet mit verschiedenen Hindernissen auf dich, die das Einlochen des Balles erschweren sollen.
Und so geht's: Nimm dir einen Schläger, und konzentriere dich auf den Ball. Versuche mit Geschicklichkeit und einer Portion Glück die Hindernisse zu überwinden. Wenn alle achtzehn Löcher bewältigt sind, wird abgerecht, und der König der Bahnen wird gekrönt. Gewonnen hat der, der am wenigsten Schläge benötigt hat, um den Ball ins Loch zu bringen.
Nach der Partie kannst du dich mit deinen Eltern oder Freunden an den Teich setzen und ein leckeres Eis essen oder eine andere Erfrischung genießen.

Peter's Miniatur-Golf-Welt, Berliner Straße 71–82, 13507 Berlin
Telefon: 030/29030621, www.miniaturgolfwelt.de

0330 Kartland, Berlin

Blitzschnell um die Kurven

Motorengeräusche, der Duft nach Benzin, Geschwindigkeit – das sind wohl die Dinge, die eine Wahnsinnsfahrt auf vier Rädern ausmachen. Du willst das auch erleben? Dann auf ins Kartland! Hier gibt es kleine Flitzer mit viel PS unter der Haube und eine tückische Rennsprache. Schwing dich in einen Wagen, drück auf das Gaspedal, und los geht's. Messe dich mit deinen Eltern oder Freunden in aufregenden Kopf-an-Kopf-Rennen und werde der nächste Schumi.
Besonders toll ist es, hier seinen Geburtstag zu verbringen. Lade deine Freunde ein und mache dich für das schnelle Abenteuer bereit. Du hast 30 Minuten Zeit, dich auf der Bahn auszutoben. Am Ende der Fahrt wird der Sieger des Rennens bestimmt, und ihr bekommt sogar richtige Medaillen. Das muss gefeiert werden! Für dich und deine Freunde ist hier extra ein Tisch reserviert. Es gibt zur Stärkung nach der aufregenden Fahrt und zur Feier deines Ehrentages einen leckeren Kuchen und ganz viele Süßigkeiten. Außerdem könnt ihr euren Durst mit einer großen Auswahl an verschiedenen Getränken löschen. Das wird sicherlich ein besonderer Tag für dich und deine Gäste.

Kartland, Miraustraße 62–66, 13509 Berlin
Telefon: 030/43566841, www.kartland.de

0331 Racing Department Spandau, Berlin

Ferngesteuerte, flotte Wagen mit Spaßgarantie

Kleine Flitzer ohne den unangenehmen Duft von Benzin und auf übersichtlichen Rennstrecken finden Sie im Racing Department Spandau. Hier kann man sich nach Herzenslust mit anderen auf den drei Rennbahnen messen. Die Spielregeln sind schnell erklärt – denn es gibt keine. Man sucht sich einfach seinen Rennwagen aus und stellt ihn auf die Bahn. Jetzt heißt es: Die Fernbedienung in die Hand nehmen, und los geht's! Die Wahnsinnsfahrt kann über mehrere Runden gehen, und man muss so manches Hindernis, wie abenteuerliche Loopings, überwinden. Doch Achtung – man wird schnell aus der Bahn geworfen. Aber auch das wäre kein Beinbruch, denn man kann so-

fort wieder mitten im Spiel sein. Ein Besuch im Racing Department Spandau wird ein wahres Erlebnis für die ganze Familie, denn Groß und Klein werden sich dem Adrenalinschub, der sie bei so viel Spannung und Modellmotorenpower überkommen wird, nicht entziehen können.
Auch Veranstaltungen wie Weihnachtsfeiern oder die Geburtstage Ihrer Kleinen können hier gefeiert werden. Wenn Sie möchten, können Sie sich die Rennbahn auch selbst zu Hause aufbauen und in Ihrer gewohnten Umgebung flotte Rennen mit Ihren Liebsten austragen, denn man kann die komplette Ausstattung mieten. Egal, wo Sie die Wagen flitzen lassen, an sich ist das Wichtigste ja, dass alle Spaß haben, und dafür wird auf jeden Fall gesorgt!

Racing Department Spandau, Am Juliusturm 106, 13597 Berlin
Telefon: 030/35108811, www.racing-dept.de

0332 Fledermaus-Tour in der Zitadelle Spandau, Berlin

Für kleine Vampir-Freunde

Bist du ein mutiges Kind und hast keine Angst vor fliegenden Säugetieren? Trau dich in die dunklen Gewölbe der Zitadelle Spandau und gehe auf Tuchfühlung mit den hier lebenden Fledermäusen. Über 10.000 Flattertiere haben die Bauten zu ihrem Zuhause für den kalten Winter gemacht. Damit ist die Zitadelle Spandau zu einem der größten Winterquartiere für Fledermäuse geworden.
In den heißeren Monaten werden hier Führungen durch den Fledermauskeller angeboten. Sehe diese interessanten Geschöpfe hautnah und beobachte ihre Verhaltensweisen. Du fragst dich jetzt wohl, wie das tagsüber gehen soll, denn jedes Kind weiß ja, dass Fledermäuse nachtaktiv sind. Doch im Keller wird der Tag zur Nacht gemacht. Also sind die Tiere wach, wenn du da bist, und schlafen, wenn es draußen dunkler wird, genau wie du. Erfahre bei der Führung auch mehr über die kleinen Fledermäuse und ihre Gewohnheiten. Wusstest du zum Bespiel, dass sie Laute von sich geben, die das menschliche Ohr nicht wahrnehmen kann?
Wenn du richtig furchtlos bist, kannst du einigen zahmen Feldermäusen sogar noch näher kommen, statt sie nur in ihren Gehegen zu beobachten. Mit viel Glück bekommst du hier auch die Chance, eine richtige Fledermaus zu streicheln. Das ist ein Erlebnis, das du bestimmt so schnell nicht verges-

sen wirst. Also gehe auf Erforschungsreise und entdecke die geheimnisvolle Welt der Flattertiere.

Fledermaus-Tour in der Zitadelle Spandau
Am Juliusturm, 13599 Berlin
Telefon: 030/36750061, www.bat-ev.de

0333 Freilichtbühne an der Zitadelle, Berlin

Aufregende Schauspielkunst unter freiem Himmel

Ein Theater zu besuchen ist schon etwas Schönes. Man lässt sich ein bis zwei Stunden in eine Welt entführen, die nichts mit dem eigentlichen Alltag zu tun hat. Sie können sich so von den manchmal so stressigen Zeiten erholen und sich einfach nur auf das schöne Programm konzentrieren. Fühlen Sie mit den Akteuren, und lassen Sie sich von dem spannenden Geschehen auf der Bühne fesseln. Doch wenn viele Menschen in einem Raum sitzen, kann es besonders im Sommer ziemlich warm und stickig werden. Was gibt es also Besseres, als das gewünschte Theatererlebnis auf einer Bühne im Freien zu verfolgen? Machen Sie es sich in den wärmeren Monaten unter dem blauen Himmel gemütlich, und genießen Sie so ganz entspannt die Vorstellungen. Vor allem das Programm für Kinder ist auf der Freilichtbühne an der Zitadelle wirklich sehr schön und genau auf die Interessen der Kleinen ausgerichtet. Die Akteure ziehen ihr Publikum mit den oftmals auch sehr witzigen Geschichten in ihren Bann. Ein Besuch der Freilichtbühne ist ein schönes Erlebnis für Groß und Klein.

Freilichtbühne an der Zitadelle, Mauerstraße 6, 13599 Berlin
Telefon: 030/3334022, www.freilichtbuehne-spandau.de

0334 Zitadelle Spandau, Berlin

Durch historische Hallen wandern

Das alte Gemäuer der Zitadelle Spandau öffnet seine Pforten und lädt zu einer Entdeckungsreise durch das Mittelalter ein. Speziell für Kinder gibt es „Zitadelle für Kids“, ein Programm, das kindgerechte Führungen und Aktionen der Jugendkunstschule Spandau umfasst.

Bei einer Führung durch die Hallen der Burg erleben die Jungen und Mädchen, wie die Menschen vor Hunderten von Jahren gelebt haben, und erfahren auch so manche andere interessante Hintergrundinformation zur einzig erhaltenen Bastion Berlins. Ein besonderer Spaß sind auch die Theatervorstellungen, die immer mal wieder in der Zitadelle aufgeführt werden. Der wechselnde Spielplan zeigt Puppentheater, wie es wohl jedem kleinen und auch großen Besucher gefallen wird. Verschiedene Werkstätten werden hier ebenfalls angeboten. Die Kinder lernen, wie man mit einem Spinnrad umgeht, oder musizieren zum Beispiel mit Klanghölzern.
Bei diesem Programm ist mit Sicherheit für jeden etwas dabei.

Zitadelle, Am Juliusturm, 13599 Berlin
Telefon: 030/354944
www.zitadelle-spandau.de

0335 Kickerworld Berlin

Kinder vor, noch ein Tor

Fußball ist Ihr Leben? Selbst wenn nicht, in der Kickerworld wird jeder auf seine Kosten kommen. Hier laden sechs 30 m x 50 m große Hallenfelder zum Bolzen ein. Auch wenn der Rasen blau und synthetisch ist, Spaß kann man auf dem Platz allemal haben, nicht weniger als draußen in den großen Kicker-Arenen. Die Spielregeln sind wie folgt: Fünf spielen gegen fünf, und der Ball muss ins Tor der gegnerischen Mannschaft gebracht werden. Natürlich wird hier auch das Handspiel nicht gern gesehen, denn wer ein wahrer Fußballer sein will, macht es – wenn schon, denn schon – richtig. Bei Anpfiff geht's los, und dann heißt es: „Nicht kleckern, sondern klotzen!“ Ein Aus gibt es nicht, denn Banden und Netze verhindern, dass der Ball das Spielfeld verlässt. Dieses entscheidende Merkmal sorgt für richtig Tempo im Spiel.
Nach dem spannenden Match mit dem runden Leder können sich die Fußballer noch in der Sportsbar einen Drink genehmigen. Außerdem werden hier auch die Spiele der ganz Großen des Fußballs auf mehren Plasma-Fernsehern präsentiert.
Ein ganz besonderes Highlight für die kleinen Kicker wäre bestimmt, ihren Ehrentag in der Kickerworld Berlin zu verbringen. Die Betreiber veranstalten Geburtstagsfeiern für Ihren Sprössling, die er oder sie bestimmt nicht so schnell vergessen wird. Das Angebot enthält alles, was Kinderaugen zum

Strahlen bringt und Herzen höher schlagen lässt. So können Sie diesen Tag für Ihr Kind zu einem spannungsgeladenen und wunderschönen Erlebnis machen.

Kickerworld Berlin, Kleine Eiswerderstraße 1, 13599 Berlin
Telefon: 030/74744224, www.kickerworld-berlin.de

0336 Hobbyland, Berlin

Zwischen künstlerischer Farbenwelt und Autohimmel

Der Begriff „Hobbyland" steht für eine der größten Modellbau-, Modelleisenbahn- und Kreativmessen in Ostdeutschland, die in den Wintermonaten stattfindet. Hier findet man von A bis Z alles, was künstlerischen Köpfen Freude bereitet. Ein Besuch auf der Messe ist sicher etwas für die ganze Familie. Sind Ihre Kinder zum Beispiel ganz verrückt nach Autos und Flugzeugen? Und sie lieben Handarbeiten, Töpfereien und andere Basteleien? Dann sind Sie hier genau richtig, denn hier werden Kreativ- und Modellbautechniken vorgestellt, und wenn Ihnen etwas gefällt, können Sie es auch vor Ort erwerben. Natürlich dürfen Sie das gute Stück vorher auf der Messe ausgiebig testen.
Übrigens lassen sich hier auch tolle Geschenkideen für Geburtstage oder andere Festlichkeiten ergattern. Praktisch, denn die Messe findet meist rechtzeitig vor Weihnachten statt.
Die Hobbyland Messe ist für alle Altersklassen geeignet, zum Schauen und Mitmachen.

Hobbyland, Messedamm 22, 14055 Berlin
Telefon: 030/30382203, www.messegmbh.de

0337 YOU – Jugendmesse, Berlin

Mittendrin statt nur dabei

Wolltet ihr schon immer mal hautnah an den Stars sein? Kein Problem – die YOU-Messe auf dem Messegelände Berlin bietet hierfür seit 1999 den perfekten Rahmen. Eure Lieblingsbands performen auf den Bühnen für euch, und auch Dance-Acts werden euch zum Staunen bringen.

Für sportlich begeisterte Jugendliche ist ebenfalls etwas dabei: Die Betreiber der Messe lassen sich jedes Jahr spannende Sportspiele einfallen und stellen euch die neuesten Trendsportarten vor, die ihr natürlich auch ausprobieren dürft. Und wem der Spaßfaktor immer noch nicht hoch genug ist, der misst sich mit anderen an den neuesten Konsolen, die gerade erst auf den Markt gekommen sind. Neben dem Spiel- und Spaßprogramm wird auch die Bildung der Jugend auf der YOU-Jugendmesse großgeschrieben. Zum Beispiel finden jedes Jahr parallel die „Tage der Berufsausbildung" statt. Dort werden nicht nur Berufsbilder vorgestellt, sondern auch Ausbildungsplätze vermittelt.
Die YOU-Messe ist zum Treffpunkt für Lifestyle, Musik, Beauty, Sport, Games und Bildung geworden und bietet jedes Jahr aufs Neue ein interessantes Programm – also nichts wie hin!

YOU – Jugendmesse, Messe Berlin GmbH
Messedamm 22, 14055 Berlin
Telefon: 030/30380, www.you.de

15.

0338 KS Kulinarischer Salon, Berlin

Für die Sterneköche von morgen

Wieso kocht eigentlich immer nur die Mama oder der Papa? Im Kulinarischen Salon regieren die Kinder die Küche, und statt nur in die Töpfe zu gucken, sind sie hier mitten im Geschehen. Hier dürfen sie den Kopflöffel schwingen und stehen wie die Großen hinter dem Herd. Doch keine Angst – verbrennen wird sich hier keiner! Die Kinder lernen auf spielerische Weise den Umgang mit Lebensmitteln kennen und machen ihre ersten Versuche auf dem Weg zum Meisterkoch. Dabei zaubern sie richtige kleine Menüs oder backen auch mal ein leckeres Brot.
Der Kulinarische Salon bietet verschiedene Kurse für Kinder an, bei denen für jeden etwas dabei ist. Zwischendurch werden die Kinder zum Beispiel auch in die Kunst des Serviettenfaltens eingeführt, oder sie unterziehen sich dem Fast-Food-Test. Solche kleinen Spielereien sind aber natürlich nur machbar, wenn es die Zeit erlaubt. Wir wollen ja nicht, dass am Ende noch etwas anbrennt. Wenn das Essen fertig ist, wird angerichtet. Selbstgekocht schmeckt doch immer noch am besten... zumindest sagt man das so. Natürlich sind auch die Eltern herzlich eingeladen, die Gerichte ihrer Kleinen zu

probieren. Vielleicht dürfen die Kleinen unter Aufsicht der Eltern jetzt öfter mal zu Hause mitkochen – die neugewonnenen Kochkünste sollen sie ja nicht gleich wieder verlernen. Und wie sagt man so schön: „Übung macht den Meister." Vielleicht beginnt so eine Karriere als Sternekoch?
Man kann auch seinen Geburtstag im Kulinarischen Salon feiern, einzige Bedingung: Ihr Kind muss seine neun besten Freunde einladen. Dann steht dem Kocherlebnis an dem ganz besonderen Tag nichts mehr im Wege.

KS Kulinarischer Salon
Danckelmannstraße 20, 14059 Berlin
Telefon: 030/34095103, www.kulinarischersalon.de

0339 Ziegenhof, Berlin

Meckern und Schnattern

Der Ziegenhof am Klausenerplatz in Berlin-Charlottenburg bietet Groß und Klein ein Stückchen Grün in der sonst eher tristen Gegend. Die 6.000 m^2 große Fläche sollte in den 80er Jahren eigentlich bebaut werden, doch die Bürger waren gegen dieses Bauvorhaben und protestierten. Somit wurde die Fläche zu Begrünung freigegeben. Die Anwohner des Kiezes nahmen sich dessen an und schufen ein kleines Paradies, in dem sich schon bald auch Tiere wohlfühlen sollten. Der kleine Bauernhof beherbergt heute zahlreiche glückliche Ziegen, Gänse, Hühner und Enten. Besonders Kinder zieht es immer wieder wegen der tierischen Bewohner auf den Hof. Sie helfen bei der Tierpflege und lernen so Verantwortungsgefühl und Respekt gegenüber anderen Lebewesen. Schauen Sie doch auch mal vorbei.

Ziegenhof, Danckelmannstraße 14, 14059 Berlin
www.klausenerplatz-kiez.de

0340 Pfaueninsel, Berlin

Märchenschloss mit Alchimist

Im Südwesten Berlins, am Rande der Großstadt, gibt es eine richtige kleine Märcheninsel mit Schloss: die Pfaueninsel. Omas steuern sie gern an am Wochenende, weil man dort so schön spazieren kann. Man muss mit der Fähre über die Havel fahren, schon ist man in einem ganz eigenen Reich.

Pfauen leben dort tatsächlich, und wenn man sie nicht sieht, kann man sie meistens hören, denn sie haben ganz eigenwillige Rufe. Das Schloss ist schon über 200 Jahre alt, ein König hat es einst als Liebesnest erbauen lassen. Es ist ganz aus Holz (das war billiger), man hat es allerdings bemalt, damit es aussieht wie aus Stein. Ein bisschen erinnert es an eine Ruine, denn das fand man damals romantisch.

Wie im Märchen

Ringsherum wachsen uralte Bäume, und bei schönem Wetter ist die Pfaueninsel wirklich ein kleines Paradies. Neben dem Schloss stehen auf der Insel noch weitere alte Gebäude, die ganz eigenwillig aussehen: eine Meierei – die gestaltet ist, als wäre sie eine Kirche –, das Kavaliershaus für die Angestellten des Königs, Tempelchen, Jagdhütten, und ein Stein im Gras erinnert an den unglücklichen Wissenschaftler und Alchimisten Johann Kunkel, der hier in einer Glashütte versuchte, für den König Metall in Gold zu verwandeln. Das war vor dreihundert Jahren, aber noch heute erzählt man seine Geschichte.

Angenehm ist auf der Insel auch, dass es hier keine Fahrzeuge gibt: Autos, Fahrräder oder Ähnliches sind nicht erlaubt. Davon gibt's ja in der Stadt schon genug.

Schloss Pfaueninsel, Nikolskoer Weg, 14109 Berlin
www.spsg.de, www.pfaueninsel.info

0341 Schlachtensee, Berlin

Ein Paradies für jedermann

Der Schlachtensee liegt am Rande des Grunewalds und ist ein ideales Ausflugsziel für Familien. Das Gewässer zählt mit einer Fläche von über 420.000 Quadratmeter und mit einem Umfang von ungefähr 7 km zu den größten Seen in Berlin. Die tiefste Stelle des Sees liegt bei 9,50 m. Die wunderschöne Umgebung lädt Klein und Groß dazu ein, die Seele baumeln zu lassen und

für einige Zeit mal dem oftmals so hektischen Alltag zu entfliehen. Ein Spaziergang in dieser Idylle wird sicherlich nicht nur Eltern gefallen, sondern auch Kinder sind von der Natur begeistert. Man kann auf den Wiesen Picknicks mit der ganzen Familie veranstalten oder sich sportlichen Aktivitäten an der frischen Luft widmen.
Im Sommer verlocken die zwei Badestellen und zahllose kleinere Nischen des klaren Sees kleine und große Besucher, sich ins kühle Nass zu stürzen. An der Ostseite des Gewässers gibt es auch einen Bootsverleih. Ein Ort also, an dem man sich richtig austoben kann.
Bei Anglern ist der Schlachtensee vor allem wegen seines Fischreichtums beliebt. Hier gibt es über 18 verschiedene Fischarten. Übrigens eignet sich das Areal auch sehr gut zum Joggen.

Schlachtensee, Am Schlachtensee 1, 14129 Berlin
Telefon: 030/250024 (Touristeninformation)
www.suedwestweb-berlin.de

0342 Strandbad Wannsee, Berlin

Feuchter Familienspaß

Das Strandbad Wannsee ist mit seinen 355.000 m² Fläche, wovon ungefähr 130.000 m² Wasserfläche sind, wohl das beliebteste Freibad Berlins.
Seit 1907 bietet das Familienbad im Südwesten Berlins Erholung und Spaß pur. Der 1.200 m lange und 50 bis 80 m breite Strand lädt dazu ein, von der weiten Ferne zu träumen, und ist ein Paradies für kleine Buddler. Bei dem großen Angebot an Sportmöglichkeiten, wie Volleyball oder Basketball, können Klein und Groß sich die Zeit vertreiben. Auch Wassersportgeräte, zum Beispiel Surfbikes, stehen zum Ausleihen zur Verfügung. Die jungen Badegäste freuen sich über einen Spielplatz zum Austoben. Vor Ort findet man auch Umkleidekabinen und Duschen, um sich umzuziehen und frischzumachen. Die Laden-

Relaxen an Berlins beliebtestem See

straße lockt mit leckerer Eiscreme und anderen Snacks und Getränken Kinder und Erwachsene gleichermaßen an. Sonne, Strand, Wasser – so lässt sich das Leben genießen.

Strandbad Wannsee, Wannseebadweg 25, 14129 Berlin
Telefon: 030/787325 (Berliner Bäder-Betriebe)
www.100-jahre-strandbad-wannsee.de

0343 Museumsdorf Düppel, Berlin

Das Mittelalter hautnah erleben

Viele Menschen fragen sich ja oft, wie es gewesen wäre, wenn sie in einer anderen Zeit, wie zum Beispiel dem Mittelalter, gelebt hätten. Unsere Lebenswelt hat sich in den letzten Jahrhunderten ganz drastisch verändert, dessen ist man sich oft nicht wirklich bewusst.

Wer gern einmal in die Vergangenheit reisen möchte, um etwas mehr über die Lebensweise der Menschen von früher zu erfahren, begibt sich in das Museumsdorf Düppel. Das Dorf und seine Umgebung erinnern an die Umstände, in denen die Menschen vor rund 800 Jahren gelebt haben. Die Häuser und auch die Landschaft wurden mit Hilfe von historischen Aufzeichnungen detailgetreu rekonstruiert. Doch nicht nur die Kulisse erinnert an vergangene Zeiten, sondern man erlebt dort ebenso, wie alte Handwerke verrichtet werden. Ehrenamtliche Mitarbeiter führen Jung und Alt diese Techniken vor. Außerdem sind hier auch rückgezüchtete Tiere und längst vergessene Pflanzen zu bewundern.

Vergangenheit zum Erleben

Besonders für Schulklassen ist eine Führung durch das geschichtliche Dorf sehr spannend, denn hier erleben die Schüler den Stoff, den sie sonst nur aus Büchern kennen, hautnah. Die Führung vermittelt nicht nur viele Informationen, sondern sie wird auch durch kleine Spiele oder dem Ausprobieren von einigen historischen Handwerken aufgelockert. Das ist also keine langweilige Geschichtsstunde, sondern ein wahres Erlebnis.

Fördererkreis des Museumsdorfes Düppel e. V.
Clauertstraße 11, 14163 Berlin
Telefon: 030/8026671, www.dueppel.de

0344 Bambooland, Berlin

Wenn einen das Dschungelfieber packt

Im Bambooland gibt es genug Platz zum Herumtoben, Klettern und was dem Kinderherz sonst noch Freude bereitet. Der Kinder-Dschungel bietet neben einer weiträumigen Softplay-Anlage, wo man spielend sportlich aktiv sein kann, auch Attraktionen wie die Dschungelmine und das Baumkarussell, die Kinderaugen zum Funkeln bringen. Außerdem sind so tolle Dinge wie die Hüpfburg, der Ballvulkan oder auch der Spielgarten zu entdecken. Wem das immer noch reicht, der betätigt sich mit anderen Altersgenossen sportlich. Wie wäre es zum Beispiel mit einer Runde Tischtennis? Oder mögen Ihre Kinder lieber Fußball? Im Bambooland finden sich viele Möglichkeiten, um Ihr Kind bei Laune zu halten. Für die Verpflegung an einem abenteuerreichen Tag sorgt das kleine Bistro, das mit Snacks und warmem Essen nicht nur Kindergaumen verwöhnt, sondern auch alle Eltern kommen hier ganz bestimmt auf ihre Kosten.

Neben den normalen Öffnungszeiten bietet dieses Kinderparadies auch immer wieder spannende Aktionen an. Die jungen Gäste dürfen zum Beispiel jeden ersten Freitag im Monat in dieser aufregenden Dschungel-Atmosphäre schlafen, und unter der Woche lockt eine Kinderdisco junge Musikfreunde an.

Ihren ganz besonderen Tag dürfen Kinder hier ebenfalls mit all ihren Freunden verbringen. Eltern können im Bambooland ganz individuell das Geburtstagsprogramm und das Menü für ihren Sonnenschein zusammenstellen.

Übrigens kann es auch vorkommen, dass man hier in prominenter Gesellschaft ist, denn selbst Angelina Jolie und Brad Pitt statteten dem Bambooland schon einmal einen Besuch ab. Na, wenn das nichts ist!

Bambooland, Goerzallee 192, 14167 Berlin
Telefon: 030/86203888, www.bamboo-land.de

0345 Drachensteigen und Rodeln auf dem Teufelsberg, Berlin

Drachenpiste über der Stadt

Ein Fleckchen Natur zu finden, ist in einer Großstadt meist nicht so leicht. Natürlich gibt es immer mal wieder einen Park, der meist auch wirklich sehr schön ist, doch eine richtig herrliche Landschaft sieht man hier eher selten. Ausnahmen bestätigen aber bekanntlich die Regel, und so besticht auch der Teufelsberg mit seiner Tier- und Pflanzenwelt.

Dass es sich bei diesem Hügel nicht ganz um wahre Natur handelt, wissen jedoch viele Menschen nicht.

An der Stelle, wo sich heute der Teufelsberg erhebt, stand einmal der Rohbau der Wehrtechnischen Fakultät. Nach dem Zweiten Weltkrieg wurde dieses unfertige Gebäude abgerissen, und der freie Platz diente von 1950 bis 1972 als Deponie für den Trümmerschrott der im Krieg zerbombten Häuser. Ab den 70er Jahren baute man hier ein Erholungsgebiet auf, das nun Jung und Alt magisch anzieht. Hier kann man sich nach Herzenslust ausleben und vielen Aktivitäten nachgehen.

Am Teufelsberg gibt es Drachen aller Art zu sehen

Überaus beliebt ist der Teufelsberg an Tagen, wenn der Wind besonders stark ist, denn dann werden hier die Drachen ausgepackt. Auch Ihre Kleinen werden sich freuen, wenn sie die Leinen in die Hand bekommen und den kleinen Flieger selbst lenken.

Im Winter wird der Teufelsberg, wenn Sie Petrus auf Ihrer Seite haben, zur Rodelbahn. Nehmen Sie Ihre Kinder mit auf eine rasante Abfahrt mit dem Schlitten. Bei so viel Schnelligkeit geht sicherlich jedem Kind das Herz auf.

Der Teufelsberg lockt mit viel frischer Luft einer schönen Landschaft und einem atemberaubenden Blick auf ganz Berlin. Also packen Sie Ihre Kinder ein, und fahren Sie mal mit ihnen ins Grüne.

Teufelsberg, Teufelsseechaussee, 14193 Berlin
Telefon: 030/250025 (Berlin Tourismus Marketing)
www.berlin.de

0346 Freilichtmuseum Domäne Dahlem, Berlin

Große Motoren und kleine Tiere

Das Freilichtmuseum Domäne Dahlem wartet mit einem interessanten Angebot auf dich und deine Familie oder Freunde. Auf spannenden Führungen durch das Museum erfährst du mehr über das Landleben. Wie entsteht Honig? Woher kommt die Milch, die du morgens zum Frühstück trinkst? Und wie wird aus Weizen eigentlich ein Brot? Die Antworten auf deine Fragen kannst du hier erforschen und entdecken. Außerdem warten viele verschiedene Tiere auf dich, die sich gern streicheln lassen.
Wem dieser Einblick in das Leben auf dem Land noch nicht reicht, der lässt sich die Umgebung auf einer Traktorrundfahrt zeigen. Auch die Marktfeste, die die Betreiber des Freilichtmuseums Domäne Dahlem immer wieder ausrichten, locken mit einem bunten Blumenstrauß voller Möglichkeiten zum Spaßhaben. Also stürze dich in dein eigenes Landerlebnis mitten in der Großstadt.

Freilichtmuseum Domäne Dahlem
Königin-Luise-Straße 49, 14195 Berlin
Telefon: 030/666300-0, www.domaene-dahlem.de

0347 JuniorMuseum Berlin

Andere Länder, andere Sitten?

Pack deinen Koffer und mache dich auf die Reise zu fremden Kulturen. Okay, es muss ja auch nicht gleich eine echte Reise sein. Für den Anfang reicht auch ein Besuch im JuniorMuseum Berlin. Hier erhältst du viele interessante Informationen rund um ferne Kulturen, ohne ein Flugzeug besteigen zu müssen. Entdecke in der Ausstellung „Ab durch die Wüste“ die Hintergründe zweier Völker, die nomadisch leben. Nomaden sind Menschen, die nicht immer an derselben Stelle wohnen, sondern wandern. Die Ausstellung besteht aus drei inszenierten Räumen: Der erste Raum zeigt das afrikanische Volk der Tuareg. Wandere auf ihren Karawanenwegen und spüre richtigen, heißen Sand unter deinen Fußsohlen. Das Abenteuer geht im zweiten Raum weiter, wo du auf die zentralaustralischen Aborigines triffst. Hier erfährst du mehr über ihre Vorfahren und ihre Kultur. Im dritten Raum geht es zurück nach Hause, in die Großstadt Berlin. Auch hier leben viele Menschen aus unterschiedlichen Kulturen, und im Museum erfährst du mehr über sie. Mach dich bereit für ein Abenteuer, und komme mit auf eine Reise in Länder, die unterschiedlicher nicht sein könnten.

JuniorMuseum Berlin, Arnimallee 23, 14195 Berlin
Telefon: 030/2663666, www.juniormuseum-berlin.de

0348 Müggelsee, Berlin

Abgetaucht oder losgejoggt

Der Müggelsee ist mit seiner Fläche von über 7,4 km² der größte See in Berlin und befindet sich im naturreichen Stadtteil Treptow-Köpenick. Auf ihm kann man nicht nur gut segeln oder in das kühle Nass eintauchen, sondern auch am Land gibt es viel Schönes zu sehen. Das grüne Umland eignet sich perfekt für sportliche Aktivitäten, wie zum Beispiel Joggen, und ist auch für einen entspannenden Spaziergang zu empfehlen. Ganz besonders schön ist an heißen Tagen ebenfalls ein Besuch im Strandbad Rahnsdorf, das sich im Osten des Sees befindet. Hier kann man sich an den Strand legen und die Seele baumeln lassen, oder man begibt sich ins Wasser, um sich abzukühlen. Und wen an einem Tag im Grünen mal der Hunger packt, der geht in eines der vielen Restaurants, die sich um den Müggelsee herum angesiedelt haben. Hier gibt es ein leckeres und reichhaltiges Angebot an Speisen und Getränken.

Touristinformation Köpenick, Alt-Köpenick 31–33, 12555 Berlin
Telefon: 030/65575-51 oder -50, www.berlin-tourismus-online.de

0349 Deutsches Schweinemuseum Ruhlsdorf

Schweinereien aller Art!

Schweine sind dreckig und nur zur Fleischproduktion nütze? Bei einem Rundgang im Deutschen Schweinemuseum Ruhlsdorf am Südrand von Berlin können sich große und kleine Besucher eines Besseren belehren lassen. Als deutschlandweit einziges Museum zum Nutztier Schwein zeigt es mit vielen anschaulichen Exponaten die historische Entwicklung der Schweinehaltung und -zucht. Gerade heute, wo das Schnitzel für die meisten Menschen fertig und abgepackt im Supermarkt liegt, ist es durchaus interessant, sich einmal Gedanken zu machen, woher unser Fleisch eigentlich kommt. Umso mehr, als die meisten Großstadtkinder kaum je ein Schwein zu Gesicht bekommen. Neben Dauerausstellungen, die zum Beispiel auch beleuchten, wie das Schwein kulturgeschichtlich gesehen wurde, gibt es wechselnde Sonderausstellungen zu verschiedenen Themen rund ums Schwein.

Schon 1918 wurde in Ruhleben die erste Versuchswirtschaft für Schweinehaltung gegründet, deren Versuchsergebnisse seitdem die gesamte deutsche Schweinehaltung beeinflusst haben. Unter anderem wurde nachgewiesen, dass Schweine zu den intelligentesten Tieren überhaupt zählen, eine Tatsache, die immer noch vielfach unbekannt ist. Die Idee zur Gründung des Museums entstand schließlich Anfang der 1990er Jahre, und 1993 öffnete es seine Pforten, um das allgemeine Ansehen des Nutztiers Schwein zu verbessern. Da kann man nur sagen: Schwein gehabt!

Deutsches Schweinemuseum Ruhlsdorf
Dorfstraße 1, 14513 Teltow
Telefon: 03328/436105 oder 03328/4360
www.deutsches-schweinemuseum.de

Brandenburg

0350 Raumflugplanetarium Juri Gagarin, Cottbus

Auf den Spuren der Raumfahrtpioniere

Am 12. April 1961 umrundete der Superheld aus Russland mit seinem Raumschiff Wostok 1 in einem sensationellen, nur 108 Minuten kurzen Rundflug unsere Erde. Und aus dieser Zeit stammen auch wichtige Geräte, Maschinen und Instrumente des Planetariums: Das spektakuläre Sternenprojektionsgerät etwa und tolle Diaprojektoren. Voll betriebsfähig, haben alle Projektoren heute großen historischen Wert. Freilich wird in Cottbus auch der modernen Zeit Tribut gezollt, in vielen Details wurde die Planetariumstechnik in den letzten Jahren auf den neuesten Stand gebracht.

Was aber hat das Planetarium, was ein Kino nicht hat? Im Planetarium kann der gesamte Gesichtskreis des Menschen im Durchmesser von 360° erfasst werden; die Kuppel im Cottbuser Planetarium ist eine Halbkugel mit einem Durchmesser von 12,5 m; jede Halbkugel kann 3.000 Sterne in riesiger Größe darstellen; das Planetariumsgerät in der Mitte des Saals besteht aus 120 Einzelprojektoren; zusätzlich verfügt das Planetarium über 20 Einzelprojektoren für Dias, die allesamt computergesteuert werden; mit sechs solcher Projektionen können komplette Landschaften oder Räume in das Kuppelrund projiziert werden!

Vor dem Hintergrund der wunderbaren Sternkulisse ist ein Besuch dieser Bildungsstätte in Sachen Weltraumkunde empfehlenswert für die ganze Familie. Wechselnde Veranstaltungen und Ausstellungen sorgen für den passenden Rahmen.

Raumflugplanetarium Juri Gagarin, Lindenplatz 1, 03042 Cottbus
Telefon: 0355/713109, www.planetarium-cottbus.de

0351 Puppenbühne Regenbogen, Cottbus

Erste Schritte auf dem Parkett

Die Puppenbühne Regenbogen in Cottbus bietet ein rundum schönes Programm für die ganze Familie. Jüngere Kinder werden hier oftmals zum ersten Mal mit der Kunst der Schauspielerei konfrontiert und erleben mit viel Spaß die bunte Bühnenwelt. Auf dem Spielplan stehen Stücke, die von der Kulisse bis hin zur Herstellung von Requisiten liebevoll in Eigenarbeit der

Puppenbühne gestaltet wurden. Handpuppen, Marionetten und auch Knaufpuppen kommen zum Einsatz und sorgen immer für ein Lächeln im Gesicht der kleinen Theaterneulinge. Doch auch ältere und erfahrene Freunde des Bühnenspiels kommen bei den wundervollen Vorstellungen auf ihre Kosten, denn sie lassen sich nicht minder von den kleinen Gesellen auf den Brettern begeistern, die wieder mal eine tolle Show abliefern.

Puppenbühne Regenbogen, Priorstraße 2, 03050 Cottbus
Telefon: 0355/522023, www.puppenbuehne-regenbogen.de

0352 Kahnfahrt im Spreewald

Zu Wasser durch den Dschungel

Menschenskinder! Als sei man im fernen Amazonas, drunten im Urwald Südamerikas, bewegt sich der hölzerne Kahn um die nächste Biegung – und keiner kann sagen, was dahinter lauert! Für Kinder ist eine Spreewald-Kahnfahrt ein echtes Abenteuer: unter blauem Himmel, mitten in der wuchernden Natur, geht es dank der Ruderkraft eines unerschrocken Gondoliere auf den Wassern der Spree voran. Die Fahrt macht richtig Spaß. Überdies ist sie ein Vergnügen für die ganze Familie, denn hier auf dem Wasser dürfen der Papa und die Mama kurz einmal durchschnaufen, bevor es an den Ufern der Spree, im Herzen des Spreewaldes, weitergehen kann.

Kahnfahrt durch die grüne Idylle entlang der Spree

Seit hundert Jahren schon florieren die Spreewald-Bootsfahrten. Und wer je eine mitgemacht hat, den wundert das nicht.

Tourismusverband Spreewald e. V.
Lindenstraße 1, Ortsteil Raddusch, 03226 Vetschau
Telefon: 035433/72299, www.spreewald.de

0353 Lausitztherme Wonnemar, Bad Liebenwerda

Volle Power im Rutschentower

„Ein Tag wie Urlaub!“, verspricht die Betreibergesellschaft. Dem hehren Ziel der Badespaß-Macher steht nichts im Wege. In Bad Liebenwerder – und in drei weiteren Spaß- und Erholungsbädern, die Wonnemar in Deutschland betreibt – wird das Besucherwohl ganz groß geschrieben.

Ob Groß oder Klein, in der Lausitztherme Wonnemar kommt niemand zu kurz; die ganze Familie genießt den Urlaubstag im Erlebnisbad. Volle Power im Rutschentower oder Entspannung total im Lazy River? Den Wünschen sind kaum Grenzen gesetzt: Mit Sport- und Außenbecken, dem Strömungskanal und einem Wellnesspool sind Spaß und Action, Rast und Ruhe garantiert. Die Fitnessabteilung und das Day-Spa stehen mit umfangreichem Angebot ebenfalls zur Verfügung. Aromadampfbad, Vital-Sauna und der Kamin-Ruheraum runden das vielseitige Angebot der Wasser-Wellnessfarm auf niveauvolle Weise ab.

Und so vergeht ein Tag in der Lausitztherme Wonnemar Bad Liebenwerda wie im Flug. Mama macht noch Aquajogging, Papa ist beim Nordic Walking, die Kleinen düsen eine letzte Runde im Strömungskanal – dann geht der gelungene Badetag auch leider schon viel zu schnell zu Ende.

Lausitztherme Wonnemar, Am Kurzentrum 1, 04924 Bad Liebenwerda
Telefon: 035341/49020, www.wonnemar.de/liebenwerda

0354 Tierpark an der Bürgerheide und Kreismuseum Finsterwalde

Erst Tiere, dann Tante Emma

Im schönen Elbe-Elster-Land gelegen, überzeugt dieser familiäre Tierpark auf rund fünf Hektar Fläche. Die Erholungsstätte für Groß und Klein ist bestrebt, Naturleben mit Naturbildung zu verbinden.

Direkt an der Bürgerheide, am Rande der Stadt Finsterwalde in Richtung Doberlug-Kirchhain, wohnen auf weitem Raum rund 220 Tiere in 45 Arten in abwechslungsreichen Gehegen und Volieren. Neben vielen einheimischen Tieren leben hier auch einige Exoten. Die vorrangige Zielsetzung der Betreiber ist es, durch Zucht zur Erhaltung bedrohter Tierarten beizutragen sowie das Interesse an der Wissenserweiterung in Bezug auf Ökologie und allge-

meinen Natur- und Artenschutz – ein wichtiger Faktor im verantwortungsbewussten Umgang des Einzelnen mit der Natur – zu fördern. Hehre Ziele vor idyllischer Kulisse – ein Besuch des Tierparks an der Bürgerheide lohnt vor diesem Hintergrund also doppelt! Für Kinder gibt es überdies einen liebevoll gestalteten Streichelzoo und einen gut ausgebauten Spielplatz.
Ferner lohnt die Stadt Finsterwalde mit ihren zwei Bädern – der Schwimmhalle Fiwave und dem Schwimmstadion der Freundschaft – einen Besuch. Und die Stadt im Süden Brandenburgs beherbergt auch das Kreismuseum Finsterwalde. Dessen Kernstück ist ein Original-Kolonialwarenladen, der im November 1850 eröffnet wurde. Das Museum bietet hiermit einen Einblick in einen authentisch eingerichteten Tante-Emma-Laden – ein großer Spaß für kleine Menschen. Einige Verkaufsmöbel stammen noch aus der Gründerzeit; das Interieur, die Warenverpackungen und die Werbung vermitteln einen anschaulichen Eindruck von der Verkaufskultur in der Zeit nach dem Ersten Weltkrieg. So kommen auch die älteren Semester der Familie auf ihre Kosten. Und am Ende des Tages sind alle zufrieden und glücklich.

Tierpark Finsterwalde,
An der Bürgerheide, 03238 Finsterwalde
Telefon: 03531/8522

Kreismuseum Finsterwalde,
Lange Straße 6/8, 03238 Finsterwalde
Telefon: 03531/30783, www.finsterwalde.de

0355 Kletterwald „AbenteuerPark“, Potsdam

Wipfelstürmer

Seit seiner Eröffnung im März 2008 ist dieser Kletterwald das große Thema der Kleinen. Kletterwälder, auch Hochseilgärten genannt, werden immer beliebter. Der größte seiner Art in Deutschland hat erst vor Kurzem in Potsdam seine Pforten eröffnet. Und was für ein Start war dem „AbenteuerPark Potsdam“ beschieden: sofort ein Riesenerfolg. Wen wundert’s: Dienten die Geschicklichkeitsübungen an Seilen und Balken anfangs noch der Ausbildung beim Militär, ist das sichere Spiel mit der Höhenangst mittlerweile zum richtigen Breitensport geworden. Landauf, landab jedenfalls sprießen die beliebten Kletterparks wie die Pilze aus den Wäldern. Allein in Brandenburg gibt es mit Strausberg und Luckenwalde gleich zwei weitere Hochseilgärten, die

die nationale Konkurrenz nicht zu scheuen brauchen. Die Potsdamer Anlage – 700.000 Euro teuer – ist topmodern und sieht nur von unten recht verwirrend aus: In vier Etagen schlängeln sich die strammen Drahtseile der sieben Parcours auf einer Gesamtstrecke von 1,2 Kilometern durch die Baumkronen, doch nur auf den ersten Blick scheint das Geflecht und Getäu unentwirrbar, denn es ist ein durchkonzipiertes Konstrukt aus Plattformen und Hindernissen. Das freut besonders die kleinen Wipfelstürmer. Man hört es und man sieht es: In den Wipfeln ist Lärm, in den Kinderaugen Glanz. Von einer Plattform zur nächsten hüpfen, tänzeln, balancieren; Tippelschritte über gähnende Abgründe; vorsichtig über schmale Balken; Sandsäcke versperren die Sicht und auch den Weg; die Brücke dort schaukelt, die nächste ist löchrig wie ein Schweizer Käse.

Anschnallen, und schon geht's durch die Baumkronen des Kletterwaldes

Webcams bringen das authentische Flair des Kletterwaldes ins heimische Wohn- oder Kinderzimmer. So kann man schon einmal im Trockenen üben. Später, direkt vor Ort, unter den Baumkronen im Potsdamer Forst, wird der virtuelle Besuch des Hochseilgartens zum realen Abenteuer.

AbenteuerPark, Albert-Einstein-Straße 49, 14473 Potsdam
Telefon: 0331/6264783, www.abenteuerpark.de

0356 Exploratorium Potsdam

Wissensdurst stillen

„Albert Einstein würde mitspielen", verkünden die Macher des Exploratoriums selbstbewusst: ein Kindermuseum, das Naturwissenschaften so vermittelt, dass es Kindern Spaß macht. Die Kleinen zwischen fünf und etwa zwölf Jahren erkunden in dem „Mitmachmuseum" aktiv und spielerisch die

Grundlagen der Naturwissenschaften, lernen physikalische Gesetze kennen und erfahren ganz unmittelbar, was Magnetismus oder Gravitation bedeuten. Ungefähr 100 „So-funktioniert-die-Welt“-Exponate machen’s möglich. Nicht umsonst gehört das Exploratorium zu den Gewinnern des Wettbewerbs „Deutschland – Land der Ideen“. Wen wundert’s, sind doch die Macher stets bemüht, mit monatlich wechselnden Programmen und Schwerpunkten die Neugier auf die Vielfältigkeit der Naturwissenschaften wachzuhalten. Ein Motto, das rundum aufgeht.
Übrigens: Besucher des Exploratoriums zahlen freitags ab 14 Uhr nur noch die Hälfte des regulären Eintritts. Außerdem bleibt die wissenschaftliche Mitmachwelt an diesem Tag bis 19 Uhr geöffnet. Mehr Zeit zum Experimentieren haben somit die Gäste der Kindergeburtstage, die im Exploratorium gern gefeiert werden, und freilich auch alle anderen Besucher des Potsdamers Mitmachmuseums. Exploratorium? Einfach spitze!

Exploratorium Potsdam e. V.,
Wetzlarer Straße 46, 14482 Potsdam-Babelsberg
Telefon: 0331/8773628, www.exploratorium-potsdam.de

0357 Filmpark Babelsberg

GZSZ, Rambazamba und Kinolegenden

Viele bunte Attraktionen bietet der berühmte Filmpark Babelsberg – sowohl für große wie besonders auch für kleine Besucher. Seit 1991 ist der Filmpark Babelsberg eine Amüsiermeile mit hohem Entertainment-Potential für die ganze Familie. Ob Stuntmenshows auf heißen Öfen, 4D-Kino-Erlebniswelten oder das Sandmann-Haus: Für jede Altersklasse ist auf dem Areal etwas dabei. Neben der historischen Studiotour und der „Schatzkammer des Films“ zieht besonders auch die Tiershow in ihren Bann. Kein Wunder: Oft sind die Tiere ja die wahren Stars in großen Film- und Fernsehproduktionen. Deutschlands bekannteste Filmtierschule zeigt täglich, wie tierische Helden auf ihre Rollen vorbereitet werden. Im Fernsehstudio 1 dürfen die Besucher dann sogar selbst vor der Kamera agieren. Kinder finden all das einfach klasse.
Zum Abschluss der fünf bis sechs Stunden dauernden Erkundungstour durch den Filmpark Babelsberg lässt man es sich im Erlebnisrestaurant Prinz Eisen-

herz gut schmecken. Und wer etwas abseits der Pfade auf Pirsch geht, begegnet vielleicht auch dem einen oder anderen GZSZ-Star. Zwar heißen diese nicht Hans Albers, Marlene Dietrich oder Emil Jannings. Die jedoch drehten auch hier an dieser Stelle, damals noch vor expressionistischer Kulisse, so manchen Kultfilm.

Filmpark Babelsberg
Besuchereingang: Großbeerenstraße, 14482 Potsdam-Babelsberg
Telefon: 0331/7212750, www.filmpark-babelsberg.de

0358 Katjes-Werk Potsdam

Für große und kleine Naschkatzen

Katjes darf sich trotz 189 Millionen Euro Jahresumsatz zu Recht als das freundliche Familienunternehmen von nebenan präsentieren, denn die Türen zu der Bonbonfabrik stehen der Öffentlichkeit während des Produktionsbetriebes jederzeit offen. Und so zählt das Katjes-Werk längst zu den heimlichen Potsdamer Sehenswürdigkeiten.

„Kenner kaufen Katjes" lautete einst der Werbeslogan des Süßwarenherstellers. Heute wirbt Ex-Model und TV-Ikone Heidi Klum für die kunterbunten Weichbonbons. Wie sich die Zeiten ändern: In der gläsernen Bonbonfabrik laufen täglich fast 10 Millionen Süßigkeiten über das Fließband, jede Woche fließen 120 Tonnen Glukosesirup aus einem sechs Meter hohen Silo, erhitzt auf 140 Grad Celsius. Jedes Jahr werden so 4.000 Tonnen Bonbons produziert. Und irgendwie ist die Bonbonfabrik von Katjes auch ein Haus der Generationen: Zu zwei Dritteln besteht das Personal aus Mitarbeitern, die 50 oder älter sind – die nette Belegschaft lässt sich jedoch gern von

Blick hinter die Kulissen der Produktion von leckeren Lakritzen im Katjes-Werk

ihren kleinen Gästen über die Schultern gucken. Wie die Süßigkeiten gewalzt und geschnitten werden und schließlich im 120 m^2 großen Katjes-Flagship-Store landen, das erfahren auf diesem Wege große wie kleine Naschkatzen an Ort und Stelle.

Katjes Bonbon GmbH & Co. KG,
Wetzlarer Straße 96–104, 14482 Potsdam
Telefon: 0331/704240, www.katjes.de

0359 Sinterklaasfest Potsdam

Sinterklaas und der Zwarte Piet besuchen Potsdam

Der Duft von gebrannten Mandeln, würzigem Zimt und frischen Tannenzweigen kitzelt in der Nase; der Glühwein dampft in Papas Hand. Und Groß und Klein aus nah und fern können es kaum erwarten, wenn der Nikolaus aus dem Nachbarland und sein treuer Gehilfe jedes Jahr am zweiten Dezemberwochenende im pittoresken Holländischen Viertel zu Potsdam ein weihnachtliches Wiedersehen mit ihren deutschen Freunden feiern. Zusammen treibt das weitgereiste Duo aus den Niederlanden allerlei Schabernack. Freilich sehr zur Freude aller kleinen Gäste – haben die weihnachtlichen Gesellen doch stets die großen Taschen voller Süßigkeiten.
Bereits am 6. Dezember – wie überall in Deutschland – verwandelt sich auch der Potsdamer Marktplatz, inmitten des historischen Holländischen Viertels, in eine weihnachtliche Wunderwelt. Authentisches Mittelalter-Flair dient den Marktmachern als stimmungsvolle Kulisse: Zinngießer, Holzschuhmacher, Spinnerinnen, Glasbläser, Korbflechter und weitere traditionelle Zünfte werden von Laiendarstellern, in niederländische Trachten gehüllt, ins Gedächtnis gerufen.
Übrigens: Seinem Ruf in das rote Backsteinensemble des Holländischen Viertels folgt der Sinterklaas samt Zwarte Piet traditionell per Schiff, das er zu diesem Zwecke im Potsdamer Flusshafen vor Anker gehen lässt. Zusammengenommen bietet all dies die ideale Kulisse für das über die Landesgrenzen Brandenburgs hinaus beliebte Sinterklaasfest, einen wunderbaren Weihnachtsmarkt, wie es ihn sonst nirgendwo in Deutschland gibt.

Sinterklaasfest in Potsdam, Holländisches Viertel
www.weihnachtsmarkt-deutschland.de

15.

0360 Stadtbad Park Babelsberg, Potsdam

Hier tobt im Sommer das Leben

Das Stadtbad Park Babelsberg ist etwas nördlich des Zentrums von Potsdam gelegen und in eine der schönsten Parkanlagen der Stadt gebettet. Als einziges urbanes Strandbad Potsdams – insgesamt verfügt die brandenburgische Landeshauptstadt über vier Schwimmbäder – wird es dem Anspruch gerecht, ein Stadtbad zu sein: Seiner exponierten Parklage verdankt es die einzigartig idyllische Note.

Und das Potsdamer Badeparadies wird im Sommer von prallem Leben erfüllt: Lifestyle ist eine von den Unternehmern des Stadtbads Park Babelsberg weniger gern benutzte Floskel. Lebensqualität – und wenn nur für einige Stunden – wird ganz einfach großgeschrieben. Das etwas andere Angebot der Spaßbad-Betreiber und ihre großen wie kleinen Gäste verleihen dem Freibad ein besonderes Image, ein einzigartiges Flair.

Die Auswahl an Aktivitäten ist vielfältiger als anderswo: Ob spaßorientierte Partykultur nahe den Wellen des Tiefen Sees oder praktizierte fernöstliche Lebenskultur – den Geschmäckern und Reizen sind keine Grenzen gesetzt. Kontinuität in Sachen Qualität ist den Stadtbad-Machern aber ebenso wichtig wie ihr besonders einzigartiges Programm. Von vergnügt bis sportlich, das Stadtbad Park Babelsberg erfüllt die vielfältigen Wünsche seiner Gäste ohne viel Tamtam: So wird der gute Ruf des Bades weiter verbessert.

Stadtbad Park Babelsberg, Am Babelsberger Park, 14482 Potsdam
Telefon: 0331/6619834, www.potsdams4baeder.de

0361 Vogelpark und Streichelzoo Teltow

Unsere kleine Farm

„Herzlich willkommen in unserem kleinen Paradies für Kinder und Tiere!“, heißt es in der Werbung des beliebten Ausflugziels freundlich. Und vor Ort, hinter den Toren im Vogelpark und Streichelzoo Teltow, wird die Ankündigung ruckzuck wahr: Die Menschen und die etwa 300 Tiere, große wie kleine Besucher und Bewohner genießen die paradiesischen Zustände, die nicht nur ein Versprechen sind.

Besonders während der Sommermonate herrscht hier rege Betriebsamkeit: Kunterbunte Kinderprogramme mit Spaßmacher und Sackhüpfen stehen

dann auf der Tagesordnung, fußballbegeisterte Kids üben sich im Torwandschießen. Zum Abschluss der Sommersaison, an zwei Tagen im September, wird die Zahl der Vögel in einer Zählvoliere ermittelt. Wer die richtige Zahl schätzt und aufschreibt, gewinnt einen tollen Preis. Zusätzlich wird die beliebte Vogelbörse abgehalten, bei der viele Tiere zum Erwerb angeboten werden. Kutschfahrten, Ponyreiten und eine Hüpfburg sorgen für das passende Rahmenprogramm.
Der ganzjährig und täglich geöffnete Vogelpark und Streichelzoo an Berlins südwestlicher Stadtgrenze hat sich aber längst auch auf das Veranstalten von Privatfesten verlegt. So gestalten die Betreiber die Feiertags- und Geburtstagsfeste, Jubiläen und Kinderfeten ihrer Besucher nach deren individuellen Wünschen. Grillabende für Groß und Klein sind hier – zwischen Tiergehege und Vogelkäfig – im Sommer keine Seltenheit.
Kurzum, ein Heidenspaß für Besucher wie für Bewohner. Nicht wundern also, wenn ein Papagei „Guten Appetit!“ in Ihrem Rücken krächzt.

Vogelpark und Streichelzoo Teltow, Feldstraße 30a, 14513 Teltow
Telefon: 03328/41678, www.vogelpark-streichelzoo-teltow.de

0362 Skate-Bahnen im Landkreis Teltow-Fläming

Von der Babypiste bis zum Kamikazehang

Besonders bei den jüngeren Semestern ist das Inlineskaten sehr beliebt. Im Süden Berlins kommen die rollbegeisterten Nachwuchssportler voll auf ihre Kosten: 100 km Skatekurs-Bahnen, Strecken mit drei Meter Breite, feinster Asphalt – ein Traum für alle Skate-Verrückten. Skaten, so weit das Auge reicht, und weiter ... So oder ähnlich muss vor einigen Jahren das Motto gelautet haben. Schließlich ging das ambitionierte Bauvorhaben an den Start, und seit 2002 wird der Traum vom schier endlosen Skaten Wirklichkeit in Brandenburg und wird immer weiter geträumt. Die Strecken verfügen schon jetzt über eine konkurrenzlose Infrastruktur: 18 Rastplätze, jeweils mit einer Holzhütte ausgestattet, zusätzlich zur Skate-Spur etwa 40 km Radwege, nur schmaler und mit etwas rauerer Oberfläche; insgesamt sind es derzeit mehr als 200 km asphaltierte Wegstrecke, die durch die herrliche Landschaft führen. Bis auf 250 km soll die Strecke in den nächsten Jahren noch ausgebaut werden.

Und das Beste daran: Alle befestigten Wege führen durch abgasfreie Natur, unbehelligt von Autos, Motorrädern und Ampeln, quer durch das Urstromtal und den Niederen Fläming. Dass die Skate-Bahnen für jede Altersklasse die richtige Strecke bieten, ist der Verdienst der sportbegeisterten Projektmacher im schönen Brandenburger Land; von der Babypiste bis zum Kamikazehang, hier kommt jeder auf seine Kosten, egal ob Anfänger oder Fortgeschrittener.

Tourismusverband Fläming e.V., Küstergasse 4, 14547 Beelitz
www.flaeming-skate.de

0363 Spargelhof Klaistow, Schwielowsee
und Märkische Wildschweinbäckerei

Familienglück im Dreierpack

Wenn die schmackhaften Blaubeeren reif in den Sträuchern hängen, zwischen Juli und September also, empfiehlt sich eine sonntägliche Radtour oder Wanderung mit der ganzen Familie in den Südwesten von Berlin. Früh aufstehen lohnt sich. Wer ab 9.30 Uhr am Spargelhof Klaistow eintrifft, den erwartet das einzigartige „Kasperfrühstück": ein riesiges Frühstücksbuffet samt Puppentheater zum Vergnügen der Kleinen. Gestärkt geht es ans eigentliche Werk, denn die Hauptattraktion auf diesem Erlebnishof mit all seinen Angeboten (Vergnügungspark, Ponyreiten etc.) ist zweifelsohne die Beerenlese. Getreu dem Motto: „Selbst ist der Mann oder die Frau" gehen eifrige Pflücker in der Obstplantage hinter dem Wildgatter „in die Beeren". Selbst pflücken und dabei kräftig naschen sind ein Heidenspaß.

Fütterung der gehörnten Vierbeiner im Erlebnishof

Zur Abkühlung nach der schweißtreibenden Beerenlese empfiehlt sich ein erfrischendes Bad im nahen Schwielowsee. Von Klaistow bis ins familien-

freundliche Strandbad Ferch sind es nur wenige Kilometer auf gut ausgebauten Wegen.
Spätestens am Abend meldet sich der große Hunger wieder. Also ist das nächste Ziel die ebenfalls nur einen Steinwurf entfernte Märkische Wildschweinbäckerei (eine Reservierung lohnt sich besonders an den Wochenenden), eine urige Jägerhütte mit Bollerofen in der Küche und Jagdtrophäen an den Wänden der Gaststube. Ob Hirsch, Fasan, Ente oder Reh: Hier stehen so einfache wie wohlmundende Wildspezialitäten auf der Speisekarte. Und im Biergarten nahe dem Wildschweingehege können die Familienmitglieder ihren ereignisreichen Tagesausflug noch einmal Revue passieren lassen.

Spargel- und Erlebnishof Klaistow, Glindower Straße 28, 14547 Klaistow
Telefon: 033206/61070, www.buschmann-winkelmann.de

Schwielowsee
www.schwielowsee-tourismus.de

Märkische Wildschweinbäckerei
Beelitzer Straße 68, 14548 Schwielowsee (Ortsteil Ferch)
Telefon: 033209/70626

0364 Kinderbauernhof Marienhof, Ribbeck

Kinder und das liebe Vieh

Kids lieben große wie kleine Tiere. Und hier, im havelländischen Ribbeck, kommen kleine Menschen voll auf ihre Kosten – auch wenn freilich der Papa zahlt. Aber es lohnt sich allemal: Die Betreiber des Marienhofs legen besonderen Wert darauf, den kleinen Besuchern ihren Aufenthalt im Kinderbauernhof nicht nur abenteuerlich, sondern auch lehrreich zu gestalten. Hier freuen sich Pferde, Esel und Kühe, Schafe, Ziegen und Schweine, Wildenten und Feldhasen darauf, bestaunt, gestreichelt und gefüttert zu werden. Auf einem Barfußpfad spazieren nackte Sohlen über einen sogenannten Fühlstrecken-

Mit dem Esel auf Streichelkurs

parcours, und in einem 20.000 m^2 großen Labyrinth, im Maisfeld gelegen, können Kids ihren Orientierungssinn schärfen. Besonders beliebt in der Sommerzeit sind die Kinderferienlager, die der Kinderbauernhof sehr zur Freude der Kleinen, aber auch der erholungsbedürftigen Eltern veranstaltet.
Bekannt wurde Ribbeck durch das Gedicht „Herr von Ribbeck auf Ribbeck im Havelland“ von Theodor Fontane. Der berühmte Birnbaum nämlich, den Theodor Fontane darin beschrieben hat, steht – oder vielmehr „stand“ – in dem 350-Seelen-Dorf. Der Stumpf des Original-Birnbaums befindet sich heute in der Dorfkirche.
Und nur zwei Kilometer von diesem weithin berühmten Ribbeck entfernt, inmitten der malerischen havelländischen Wiesen, liegt der Kinderbauernhof Marienhof. Ein Besuch lohnt sich immer, auch ohne gleich einzuchecken. Stets gibt es frischen Kuchen und Kaffee oder einen kleinen Imbiss für Tagesbesucher – und oftmals brennt ein Lagerfeuer zum Stockbrot-Backen.

Kinderbauernhof Marienhof, Am Marienhof 1, 14641 Ribbeck
Telefon: 033237/88891, www.marienhof-ribbeck.de

0365 Storchenhof Paretz

Reitferien im Havelland

Auf dem Storchenhof Paretz scheint die Zeit stehen geblieben zu sein. Ideale Bedingungen also, um mit Kind und Kegel dort unbeschwerte Urlaubstage zu genießen.
Besonders Mädchen werden den Storchenhof lieben, die Pferde des Hofes erobern ihre Herzen bestimmt im Sturm. Es ist aber auch die frische Luft, die Städter hierher zieht, ins wunderbar beschauliche Havelland. Naturverbundenheit und Tierliebe sollte freilich ein jeder Gast mitbringen: Ponys, Schafe, Schweine, Enten, Hühner, Katzen und Hunde dürfen gestreichelt und manchmal auch gefüttert werden, Streifzüge durch die urtümliche Umgebung sorgen für Erholung. Von April bis August haust eine Storchenfamilie auf dem Dach des Bauernhauses. Groß und Klein beobachten dann fasziniert die stolzen Tiere. Ebenfalls für Jung und Alt zu empfehlen: Reitunterricht auf Ponys und Pferden, als Gruppen- oder Einzelstunden. Besonders die Reitferien für Kinder haben sich in den vergangenen Jahren zum Schlager für den Storchenhof entwickelt. Ein uriges Stallcafé überzeugt mit süddeutschen Spe-

zialitäten – eine unbedingte Empfehlung neben Kaffee und Kuchen, die ebenfalls gern gereicht werden. Natürlich stehen auf dem Storchenhof Paretz auch Übernachtungsmöglichkeiten zur Verfügung. Das Organisieren von Kindergeburtstagen ist für die Betreiberfamilie ebenfalls kein Problem, hierfür bitte vorher anmelden. Wunschkuchen, Würstchen und lustige Reiterspiele auf den Rücken der kinderfreundlichen Ponys sorgen dann für großen Spaß bei kleinen Leuten.

Storchenhof Paretz, Werderdammstraße 12, 14669 Paretz
Telefon: 033233/73710, www.storchenhof-paretz.de

0366 Reiterhof und Erlebnisbauernhof
Groß Briesen

Auf dem Isländer durchs äußere Havelland

Eine einzigartige Gangart – den „Tölt“ – beherrschen nur wenige Pferderassen, darunter die Islandpferde. Und hier auf dem Reiterhof und Erlebnisbauernhof in Groß Briesen leben diese schönen Tiere. Auf den gutmütigen „Isis“, wie die Pferde liebevoll genannt werden, fühlen sich selbst reitunerfahrene Menschen sicher – an der Longe, auf dem Reitplatz oder im Querfeldein-Gelände. Großes Augenmerk richten die Betreiber auf individuelle Feriencamps für alle sport- und bewegungsbegeisterten Kids. „Reiten ohne Angst und Drill“ und „mit dem Pferd die Natur erleben“: Das sind Grundsätze des begrüßenswerten Konzeptes, nach dem die Groß Briesener schon bei vielen kleinen und großen Pferdefreunden das Vertrauen zum Partner Pferd geweckt haben.

Inmitten von feinem Sand und dichten Kiefern liegen der wildromantische Reiterhof und das professionell geführte Gestüt für Islandpferde; auf dem märkischen Vierseitenhof am Rande des Havellandes herrschen ein vertrauensvoller Umgang sowie Harmonie zwischen Mensch und Pferd. Besonders beliebt in Groß Briesen sind die Mutter-und-Kind-Wochenenden. Die Abenteuercamps für Jungs zählen ebenso zum spezialisierten Repertoire des Reiterhofes wie Aktivurlaub für Erwachsene, Kita- und Klassenfahrten und therapeutisches Reiten für Menschen mit Behinderung. Die vielfältigen Angebote können ganz einfach auf der Website, die der Reiterhof und Erlebnisbauernhof Groß Briesen unterhält, von zu Hause aus studiert werden. Auf Ihren Besuch freuen sich die Groß Briesener Erlebnisurlaubmacher schon heute!

Reiterhof und Erlebnisbauernhof Groß Briesen,
Kietz 11, 14806 Groß Briesen
Telefon: 033846/4167, www.erlebnisbauernhof.info

0367 Climb Up! – Kletterwald
Berlin/Brandenburg, Strausberg

Kraxeln und Grillen im schönen Märkisch-Oderland

„Adrenalin ohne Risiko!“, verspricht der Betreiber auf seiner Website. Ein Mordsspaß ist das Klettern in diesem Kletterwald auf alle Fälle.
Insgesamt sind es 70 Kletterelemente, die auf große wie kleine Kraxler warten und sich auf sieben Parcours verteilen, die wiederum in verschiedene Schwierigkeitsgrade gestaffelt sind. Während des Auf- und Abstiegs ist der Sportler permanent gesichert. Auf der einfachsten Strecke dürfen sich selbst die Kleinen ab 7 ausprobieren. Und besonders die Kids lieben die 60 m lange Seilrutsche im Climb Up. Gut auch, dass die Betreiber an Rast- und Ruhemöglichkeiten in ihrem 30.000 m² großen Klettergarten gedacht haben: Im gesamten Wald-Areal befinden sich zahlreiche naturbelassene Sitzmöglichkeiten, auf denen Gäste ihr mitgebrachtes Picknick genießen dürfen. Nur um eines wird vor dem Hintergrund der Selbstversorgung gebeten: „Hier im Wald können wir nur kompostierbaren Müll entgegennehmen“, heißt es auf der Website. „Die Tiere und Pflanzen werden es Ihnen danken.“ Es wäre schön, wenn sich alle Besucher daran hielten – immerhin ist die Müllentsorgung vor Ort kostenlos!

Rasante Abfahrt im Kletterwald Climb Up!

Auch in Sachen Events und Feierlichkeiten sind den Kundenwünschen im Kletterwald nahe Strausberg kaum Grenzen gesetzt. Wer rechtzeitig bucht, kann über den Natur-Pavillon mit bis zu 60 Sitzplätzen frei verfügen. Dass sich der Climb-Up-Kletterwald auf einer ausgedehnten Sport- und Freizeitstätte befindet, dem rund 30 Hektar großen Sport- und Erholungspark (SEP) Strausberg, macht den Standort auch für aktive Menschen attraktiv, die nicht nur Kraxeln und Grillen möchten. Denn neben dem Kletterangebot gibt es auch viele andere Möglichkeiten quasi unter einem Dach: Beachvolleyball, Fußball, Basketball, Bowling, Kegeln, Tennis, Leichtathletik, Squash und ein Fitnessstudio lassen keine Wünsche offen.

Climb Up!, Landhausstraße 16–18, 15344 Strausberg
Telefon: 0177/7375255, www.climbup.de

0368 Fläming-Therme Luckenwalde

Abtauchen ohne unter zu gehen

Das Erlebnisbecken mit dem Strömungskanal sowie die knapp 60 m lange Turbo- und die kurvenreiche, 90 m lange Reifenrutsche sind den Kids die liebsten Argumente für einen Besuch der Luckenwalder Fläming-Therme. Papa und Mama kommen ebenfalls gern in das Spaßbad im Südwesten Brandenburgs. Und zwar nicht nur wegen des 25 m langen Schwimmbeckens samt seiner acht Bahnen und den zwei topmodernen Whirlpools, sondern auch, weil hier viel Erholung zum vernünftigen Preis geboten wird.
Sowohl freizeitorientierte Familien als auch entspannungssuchende Einzelgäste sind in der Fläming-Therme an der richtigen Adresse, denn hier werden alle Geschmäcker zufriedengestellt. Veranstaltungen und Kursangebote wie Kindergeburtstage, Mitternachtssauna, Geburtsvorbereitungskurse mit Wassergymnastik für Schwangere und Baby- bzw. Kleinkindschwimmen sind fester Bestandteil des Programms. Als weiteres Plus ist das liebevoll gestaltete Ruhehaus mit offenem Kamin zu nennen. Einzig die Saunalandschaft kommt recht konventionell daher, den Gesamteindruck schmälert das aber nicht.
Ergo: Wer sich ein bisschen Urlaub vom Alltag gönnen, die freie Zeit genießen und für ein paar Stunden oder einen ganzen Tag abtauchen mag, gönnt sich einen Besuch in der Fläming-Therme Luckenwalde.

Fläming-Therme Luckenwalde, Weinberge 40, 14943 Luckenwalde
Telefon: 03371/40020, www.flaemingtherme.de

0369 Schwapp, Fürstenwalde

Dreieinhalb Stunden Adrenalin

Brandenburg ist das deutsche Spaßbad-Mekka, verfügt das Bundesland doch über ein halbes Dutzend großer wie kleiner Familienbäder mit enormem Erholungsfaktor. Neben dem bundesweit bekannten Tropical Island ist besonders das Schwapp in Fürstenwalde zu nennen: ein wahrer Tempel des Wasserspaßes – dem in seinen Ausmaßen gigantischen Tropical Island bietet das Schwapp mit ausgeklügelter Action erfolgreich die Stirn.
Über 270 m Rutschen bieten für alle etwas, darunter die Abenteuer-Attraktion schlechthin: Das 94 m tiefe Black Hole führt zum Abtauchen geradewegs ins Dunkle. Kaum weniger Thrill bietet freilich die 108 m lange Master-Blaster-Wildwasserstrecke. Es geht rund – für alle, die das Risiko lieben; die Sicherheit steht aber immer an erster Stelle, versichern die Betreiber. Da entern die Kleinen doch mit großem Hurra die 10 m hohe Piratenburg samt Schiff. Gar nicht so einfach, denn die Festung wird von einem 120 m langen Actionriver umspült. Im seichten Wasser und an den Ufern erwarten den Besucher nicht weniger fantasievolle Überraschungen: Ein Grotten-Wasserfall, ein Whirlpool und diverse Spielgeräte für Kinder seien genannt. Obligatorisch: die Saunalandschaft mit Dampf-, finnischer und Blockhaus-Sauna, dazu eine recht ungewöhnliche Schneekabine.
Dreieinhalb Stunden intensive Badefreuden haben ihren Preis: 14 Euro kostet das Ticket, ohne Massagen und diverse Aqua-Fitness-Kurse.

Schwapp Fürstenwalde, Große Freizeit 1, 15517 Fürstenwalde
Telefon: 03361/36370, www.schwapp.de

0370 Fort Gorgast, Küstriner Vorland

Mit Kind und Kegel in die Vergangenheit

Erbaut zwischen 1883 und 1889, ist das Fort Gorgast heute das besterhaltene Außenfort der einstigen preußischen Festung Küstrin. Ein Besuch mit der ganzen Familie lohnt sich: Live-Rollenspiele, die an Fantasywelten à la Tolkiens „Herr der Ringe“ erinnern und für Laiendarsteller zwischen 13 und 30 Jahren geeignet sind, verzaubern Jung wie Alt. Militärfeste mit Dragonern und Paraden begeistern Zaungäste von nah und fern. Chortreffen, die der

Oderbruchchor Manschnow alle zwei Jahre im Fort Gorgast veranstaltet, liegen bei Musikfreunden aus ganz Brandenburg hoch im Kurs. Die Kunstwochenenden mit tollen Gemälden, die der Gast einfach nur bewundern oder kaufen kann, sind ebenfalls sehr beliebt in der Region. Und die vielen Feste zu allen Jahreszeiten – Maifeier und Pfingstfest oder Weihnachtsmarkt – sind längst echte Highlights in der Oderbruch-Region. Nicht nur aus Deutschland, auch aus Polen kommen dann die Gäste – und erfreuen sich des Lebens!

Zu dem Fort Gorgast zählen u. a. das sogenannte Blockhaus (mit Waffenplatz, Torhaus mit Hindernisgitter, Zugbrücke und Wachkasematten), das Kriegspulvermagazin (in der Mittelkaserne), einige Kasernen sowie eine Brunnenanlage mit artesischem Brunnen und einem Tank, der heute noch funktionsfähig ist. Als Gesamtensemble ist das Fort Gorgast eine perfekte Kulisse für einen Familienausflug auf den Spuren des Deutsch-Französischen Kriegs. Nach dessen Ende 1871 sollte es als einziges Fort in der Umgebung das westliche Ufer der Oder kontrollieren sowie einen Rückzugsraum für deutsche Truppen bieten. Das Fort wurde aus den für Brandenburger Bauten so typischen Sichtziegeln auf Ackerland erschaffen und ist von einem 42 m breiten und 3 m tiefen Wassergraben umgeben.

Fort Gorgast, 15328 Küstriner Vorland
Telefon: 033472/51632, www.fort-gorgast.de

0371 Museumspark Rüdersdorf

Im Grand Canyon Brandenburgs

Ausstellungen und Führungen für die großen, Spiele und Action für die jüngeren Besucher: Am besten besichtigt man den „Grand Canyon von Brandenburg“ motorisiert mit viel Karacho. Dafür können Familien und Reisegruppen einen oder mehrere Landrover samt Fahrer mieten, der auf staubigen Wegen entlang der Bruchkante des bis zu 60 m tiefen aktiven Tagebaus kreuz und quer durch die Grube prescht. Nervenkitzel und Geschichtsstunde werden hier miteinander verbunden – und vielleicht ändert der eine oder andere junge Besucher nach der Besichtigung der riesigen Fördergeräte und Maschinen noch seinen Berufswunsch. Nachdem zuerst die Germanen an dieser Stelle ihre Spuren hinterließen, dann die preußischen Könige Berg-

arbeiter im Tagebau zwangsverpflichteten und schließlich Regisseure des expressionistischen Films die bizarr anmutende weiße Landschaft als Filmkulisse entdeckten, ist der Museumspark Rüdersdorf heute in Teilen zum Weltkulturerbe erklärt. Die technischen Anlagen, etwa die historischen Rumford-Brennöfen und die riesige Schachtofen-Batterie, können im Museumspark bestaunt werden.
Im Rüdersdorfer Museumspark lässt es sich wunderbar auf Spurensuche gehen – und zum Abschluss mit herzhaften Speisen den Hunger vertreiben. Alljährliche Festivitäten wie das Fred-Feuerstein-Fest, die Walpurgisnacht oder das traditionelle Bergfest veredeln das kulturhistorische Veranstaltungsangebot in Rüdersdorf.

Museumspark Rüdersdorf, Heinitzstraße 45, 15562 Rüdersdorf
Telefon: 033638/77445, www.museumspark.de

0372 Kinderbauernhof Gussow

Ferien auf dem Bauernhof

Hier ist Kunde Kind König – in Schulklassenstärke kommen die Kids und genießen tolle Tage, denn mehrtägige Ferienlager zählen hier, südöstlich von Königs Wusterhausen, zum Regelprogramm. Zweifellos lohnt sich beim Kinderbauernhof Gussow auch eine Tagesreise im Kreise der Familie: Das Gut steht auf einem stattlichen Grundstück mit Ställen und Streichelzoo. Die vierbeinigen Bewohner – Schweine, Ziegen, Pferde, Kaninchen und Schafe – freuen sich immer über Besuch. Und die kleinen Gäste staunen nicht schlecht, kennen doch viele von ihnen die typischen Tiere eines Bauernhofes bloß aus dem TV. Eine Kälbchengeburt hautnah miterleben? Kein Problem, auf dem Kinderbauernhof Gussow sitzt jedes Kind in der ersten Reihe!
Das Gasthaus und die Schlafunterkünfte mögen recht einfach sein, bei derlei Vielfalt in Sachen Freizeitangebote, wie sie die Gussower bieten, fällt das für Kinder und Jugendliche jedoch kaum ins Gewicht. Denn die Expeditionen gehen weit über die Gutsgrenzen hinaus: Ob hoch auf dem Mähdrescher, stolz zu Ross oder lautstark auf dem Traktor-Sozius – dem Freizeitprogramm für Kinder und Jugendliche sind hier, im herrlichen Dahme-Seengebiet, fast keine Grenzen gesetzt. Und im nahen See gibt es die willkommene Abkühlung nach einem turbulenten Tag.

Übrigens: Besonders beliebt bei Groß und Klein, weil in puncto Bauernhof-Romantik kaum zu übertreffen, sind Übernachtungen auf dem Heuboden. Hierfür den Schlafsack nicht vergessen!

Kinderbauernhof Gussow, Feldweg 2, 15754 Gussow
Telefon: 033763/63481, www.kinderbauernhof-gussow.de

0373 Blossin am Wolziger See

Jugendbildung großgeschrieben

Dem gebührt Respekt – und die Kinder- und Jugendfreundlichkeit in und um Blossin hat sich längst in der ganzen Region herumgesprochen: Engagement und Teamgeist haben in den vergangenen Jahren ein Ausflugszentrum entstehen lassen, das brandenburgischen Vorzügen in Sachen aktiver Freizeitgestaltung konkurrenzlos Vorschub leistet. Wo gibt es sonst ein solches Angebot an Möglichkeiten? Bootsfahren, Segeln, Fahrradtouren, Kletterwand, Surfkurse und Inlineskaten stehen auf dem Programm. Organisierte Touren durch das Dahme-Seengebiet ebenso. Und wo bitteschön findet sich eine Funsport- und Mehrzweckhalle, die auch bei schlechtem Wetter für beste Laune sorgt? Siehste ...

Besonders die Paddeltouren auf Fluss und See sind absolut zu empfehlen, wenn Kindern und Jugendlichen der Reiz der Landschaft im Südosten Brandenburgs ans Herz gelegt werden soll. Denn vom Wasser aus sieht alles so atemberaubend spannend aus. Deshalb empfiehlt sich auch durchaus ein mehrtägiger Aufenthalt mit der ganzen Familie im Freizeitzentrum Blossin. Einfache Übernachtungsmöglichkeiten in Apartments, Einzel- und Doppelzimmern stehen zur Verfügung. Den Teilnehmern der Segelkurse wie auch Jugendgruppen und Vereinen bietet Blossin, ein Ortsteil von Heidesee, ebenfalls ein einfaches Dach über dem Kopf (je nach Auslastung, denn die Bekanntheit steigt).

Blossin, mit seinem in der Region einzigartigen Hafen, ist Spezialist für kombinierte Bildungs- und Freizeitangebote zu Land und auf dem Wasser. Hier können Jung und Alt gemeinsam aktiv werden und auf einzigartige Weise Bildung, Entspannung und Spaß verbinden. Auf dem großzügigen, elf Hektar großen Außenareal mitten im Kiefernwald, in dem die genannten Sport- und Veranstaltungshallen entstanden sind, sowie direkt im Hafen finden alle großen wie kleinen Gäste ideale Voraussetzungen, unvergessliche Brandenburger Momente erleben zu dürfen.

Blossin.de, Waldweg 10, 15754 Heidesee (Ortsteil Blossin)
Telefon: 033767/750, www.blossin.de

0374 Tropical Islands, Brand/Niederlausitz

Planschen unter Palmen

Willkommen im weltgrößten Indoor-Regenwald mit Deutschlands längster Wasserrutsche – die Tropical Islands haben ihr Zuhause in der größten Halle der Welt gefunden! Unter der Riesenkuppel, die sich wie ein Raumschiff im märkischen Sand erhebt, lässt ein üppiges Familienprogramm keinerlei Wünsche offen. Das Entertainment reicht vom Tropico-Kinderclub bis zu großen Showevents wie dem Circus Tropical, der die badefreudigen Besucher begeistert. Die wahren Höhepunkte der Schwimm- und Planschsaison sind jedoch speziell für diese einzigartige Wasser- und Tropenwelt konzipierte Galashows, die authentisches Südsee-Flair versprühen: Im Jahr 2008 verzaubert die „Magie der Tropen" alle Zuschauer. Selbst Akrobatikgrößen wie Alexander Sharkov, der schon in der Manege des Circus Roncalli die Massen entzückte, sind unter der Kuppel des Vergnügungsdoms bereits aufgetreten.

Tropisches Feeling unter Brandenburger Sonne mit Riesenrutsche

Und auch das Tropendorf, die Bali-Lagune und die eigens eingelassene Mini-Südsee mit ihrem sieben Meter breiten Sandstrand und mehreren Hundert Liegestühlen sind konkurrenzlos – sogar im internationalen Vergleich. Also, Jungs und Mädels, packt Badehose und Bikini ein. Papa und Mama: Quasi rauchfrei ist das Tropical Islands seit Neuestem auch!

Tropical Islands, Tropical-Islands-Allee 1, 15910 Krausnick
Telefon: 035477/605050, www.tropical-islands.de

0375 Erlebnisbahn Zossen–Jüterbog

Hier geht's richtig rund

Kinder aufgepasst! Viel Bewegung kann richtig Spaß machen, wenn sie, wie hier im schönen Süden Berlins, zum Abenteuer wird: auf der Erlebnisbahn Zossen–Jüterbog. Sich mit Fahrrad oder Handhebeldraisinen – das sind mit Muskelkraft betriebene Laufräder – an der frischen Luft mit viel Mumm und Können zu bewegen, ist ein Riesenspaß für die ganze Familie. Es geht an den Gleisen der ehemaligen „Königlich Preußischen Militäreisenbahn" entlang; vorbei an malerischen Örtchen und halb verwitterten Bahnhöfen führt die Strecke durch saftige Wiesen und romantische Wäldchen. Besonderes Schmankerl: die Sommernachtsfahrten mit der Draisine und anschließend Barbecue satt am historischen Güterschuppen oder der S-Bahn in Mellensee. Einfach reservieren, und die Fahrt kann beginnen. Verbringt mit euren Eltern und besten Freunden einen wunderschönen und spannenden Tag auf Rollen oder Rädern. Papa oder Mama sollten allerdings vorbuchen – und schon bald geht's los!

Erlebnisbahn Zossen–Jüterbog
Am Bahnhof Mellensee 3, 15838 Am Mellensee
Telefon: 03377/3300850, www.erlebnisbahn.de

0376 Zoologischer Garten Eberswalde

1.400 Tiere aus fünf Kontinenten

In Fläche und Tierbestand größer ist in Brandenburg bloß der Zoo in Cottbus. Doch dessen Standort ist lange nicht so herrlich wie der in Eberswalde: Mitten im Wald erfreut sich der Zoobesucher hier an spektakulären Naturkulissen, die dem Tierbestand der Eberswalder beste Bedingungen bescheren.

Hauptattraktion ist das zwei Hektar große Damwildgehege, das man frei erkunden darf. Ähnlich frei geht es zu im Kängurugehege. Die hüpfenden Tiere sorgen für staunende Kinderaugen. Gleich um die Ecke liegt das Urwaldhaus: Hier feixen die frei lebenden Affen und Halbaffen, denn die Lust am Kontakt mit Menschenkindern ist groß. Doch die beiden uneingeschränkten Highlights für alle Kids im Zoologischen Garten Eberswalde sind zweifelsohne die öffentlichen Fütterungen und Streichelstunden. Richtig gelesen: Einmal am Tag dürfen Zoogäste selbst Hand anlegen bei der Fütterung der Primaten – ein Riesenspaß für die ganze Familie. Und vis-à-vis in der Zooschule dürfen Tiere vieler Arten gestreichelt werden. Hübscher Nebeneffekt in Sachen Bildung: Hier erfahren wissbegierige Kinder einfach alles rund ums Tier.

Das Lama begrüßt seine Gäste

Mehrere Spielplätze, Klettergerüste und ein Streichelzoo runden das durch und durch kindgerechte Angebot im Zoologischen Garten Eberswalde ab.

Zoologischer Garten Eberswalde,
Am Wasserfall 1, 16225 Eberswalde
Telefon: 03334/22733, www.zoo.eberswalde.de

0377 Familiengarten Eberswalde

Springinsfeld

Dank toller Freizeitmöglichkeiten ist im wunderbaren Barnimer Land, auf dem ehemaligen Gelände der Bundesgartenschau 2002, ein Gartenparadies für die ganze Familie entstanden. Gerade die kleinen Gäste erleben hier im Familiengarten unbeschwerte Stunden und große Abenteuer: Sie durchklettern auf einem sicherheitsgeprüften Holzpfad einen wildromantischen Feenwald, erfreuen sich in der Märchenwelt an den Kletter-, Schaukel- und Versteckspiel-Objekten oder gehen in dunklen Tunnellabyrinthen auf Expedition ins Ungewisse. Lautstark ist es dabei immer. Zum Verschnaufen lohnt ein Blick von der 30 m hohen Plattform eines ehemaligen Krans, bevor es auf einer eigens an den Kran gebauten Riesenrutsche mit viel Gebrüll zurück nach unten geht.

Gartenparadies für die ganze Familie: das Gelände der Bundesgartenschau 2002

Erwachsene genießen, während ihre Kinder in einer Riesenflipperbahn erneut alles um sich herum vergessen, die Unterwelten des Familiengartens. Im Tretboot erkunden sie ein Kanalgewirr, das zu einem ehemaligen Walzwerk gehört.
Besonderes Bonbon für das abendliche Kulturprogramm: Auf dem Areal des Familiengartens stehen auch die Eberswalder Freilichtbühne und die Stadthalle. Verschiedene Veranstaltungen wie Konzerte, Kino und Theater, aber auch spezielle Kinderprogramme machen das Erlebnispaket Eberswalde zu einer runden Sache. Auch das Preis-Leistungs-Verhältnis spricht für sich: Die günstigen Eintrittspreise für den Familiengarten machen dessen Namen alle Ehre. Im Familiengarten Eberswalde wird noch das größte Kind zum naturverbundenen Springinsfeld!

Familiengarten Eberswalde, Am alten Walzwerk 1, 16227 Eberswalde
Telefon: 03334/384910, www.familiengarten-eberswalde.de

0378 Freilichtmuseum Altranft, Bad Freienwalde

Unvergessliche Zeitreise

Ganz im Osten, unweit der Grenze zu Polen, liegt ein Dorf, das wirkt, als sei die Zeit stehen geblieben: Und was aussieht wie anno dazumal, steht auch unter Denkmalschutz!
Besonders beliebt bei den kleinen Gästen sind die verschiedenen Programme, die ganzjährig auf der Altranfter Agenda stehen. Hier lernt der Nachwuchs viel über das Leben im 18. Jahrhundert kennen. Nach der Trockenlegung des

Oderbruchs Mitte des 18. Jahrhunderts wurde das Land besiedelt – und aus dieser Zeit stammen auch die ersten Wohnhäuser, die noch immer zu bestaunen sind. Der wunderschöne Lenné-Park ist Ausgangspunkt einer Entdeckungstour durch das Freilichtmuseum Altranft. Überall gibt es liebevoll konzipierte Ausstellungen zu sehen: von der Weidenkoch- und -schälanlage bis zum Back- und zum Feuerwehrhaus – das mal beschwerliche, alsbald beschauliche Leben der Oderbrucher Urbevölkerung wird klug zur Schau gestellt. Schnell ist der Besucher sich sicher: Dies ist das spektakulärste Ausflugsziel im Märkisch-Oderland.
Handwerker präsentieren im Freilichtmuseum ihre althergebrachten Künste, verschiedene Aktionstage und aufregende Veranstaltungen besonders für Kinder finden ebenfalls statt: Ob Flachsen oder Weben – alten Handwerkstechniken können Kids kaum besser nachspüren als hier, wo das Motto gilt: „Keine Schilder mit der Aufschrift ‚Berühren verboten!', sondern Schilder mit der Aufforderung, ‚Ausprobieren!'". Und während sich der Nachwuchs an den Zünften übt, schließen sich Eltern zweistündigen Führungen an. Staunen machen, neben verblüffend vielfältigen Bauernhausformen, die Dorfkirche, die alte Schmiede und Dorfschule und die vollständig erhaltenen Scheunen. Das großmännische Gutshaus im Zentrum der wunderschönen Gartenanlage ist Anfangs- und Endpunkt einer Zeitreise, die keiner aus der Familie so schnell vergessen wird!

Brandenburgisches Freilichtmuseum Altranft,
Am Anger 27, 16259 Altranft
Telefon: 03344/414319, www.freilichtmuseum-altranft.de

0379 Blumberger Mühle,
Schorfheide-Chorin/Uckermark

Natur und Erholung pur

Wunderbare Weite verspricht das Biosphärenreservat Blumberger Mühle in der ebenso schönen wie wenig besiedelten Schorfheide. Hier, nahe dem Großen Wolletzsee, findet die ganze Familie Ruhe und Erholung, muss dabei aber nicht auf Aktivitäten verzichten. Der Naturschutzbund Deutschland – kurz: NABU – hat in der Blumberger Mühle seit Mitte der neunziger Jahre viel Gutes getan. Wer mit Kind und Kegel die Natur erleben will, kann hier aus dem Vollen schöpfen: 21 Fischteiche auf 240 ha Fläche, Natur- und Um-

weltausstellungen, zwölf Hektar gestaltete Naturerlebnislandschaft, begehbares Sumpfschildkrötenhabitat und Fischotterschauanlage, große Kinderspiellandschaft mit Wasserquelle und Irrgarten. Dies sind die Highlights des an weiteren Angeboten nicht armen Areals. Allein das Informationszentrum des NABU, einem hohlen Baumstumpf nachempfunden, sucht architektonisch seinesgleichen und lohnt den Besuch. Wenn der Wissensdurst rund um das Thema Naturschutz gestillt ist, kann es ins nahe Restaurant gehen, um dem leiblichen Hunger Abhilfe zu schaffen: Mit regional-ökologischen Speisen und Getränken, Back- und Räucheraktionen liegt die Bewirtung voll im Trend, weil in Einklang mit der Natur.
Kutsch- und Kremserfahrten sind sehr beliebt bei Groß wie Klein. Und wer weiß, vielleicht grüßt an der Wegstrecke durch dieses wunderbare Stück Uckermark der eine oder andere Vertreter wahrhaft tierischer Attraktionen: Biber, Fischotter, Seeadler, Rotbauchunken, Sumpfschildkröten und Kraniche – teils sehr seltene Tierarten – sind in diesen Breitengraden gottlob noch heimisch. Und diesen Reichtum möchten besonders die Anwohner erhalten wissen, er ist ihr großes Kapital als Gastgeber eines sanften Tourismus. Kurzurlauber wie Besucher, die länger in der Schorfheide weilen, sollten sich darüber im Klaren sein: Hier herrschen die Regeln eines Wasservogel- und Naturschutzgebietes; ein harmonisches Miteinander von Mensch und Natur ist quasi oberstes Gebot.

Blumberger Mühle, 16278 Angermünde
Telefon: 03331/26040, www.blumberger-muehle.nabu.de

0380 HOBI-Klettergarten, Hobrechtsfelde

Von Baum zu Baum

Der HOBI-Klettergarten in Hobrechtsfelde lädt auf knapp 17.000 m^2 Familien zu abenteuerlichen Balance-Akten in luftigen Höhen ein. Seit Juli 2006 in Betrieb, besteht der beliebte Klettergarten aus einem Gerüst aus Balken, Stämmen und Stahlseilen, die die verschiedenen Kletterelemente verbinden. Beim Bau des Hochseilgartens wurden laut Betreiber höchste Sicherheitsanforderungen erfüllt.
Die wagemutigen Kinder und Eltern bewegen sich, immer durch eine Sicherheitsausrüstung abgesichert, durch die Lüfte. Sie balancieren, schwingen und

hangeln sich gemeinsam durch den Hochseilgarten. Ausgebildete Trainer stehen mit Rat und Tat zur Seite – nicht nur, wenn Hilfe wirklich nötig wird. Der HOBI-Klettergarten eignet sich sowohl für Anfänger als auch für Fortgeschrittene. Unterschiedliche Schwierigkeitsgrade ermöglichen den Kindern und Eltern, selbst auszuwählen, welchen Übungselementen sie sich gewachsen fühlen. Mehrere Plattformen und insgesamt 23 Übungselemente, die zwischen acht und zehn Meter über dem Boden schweben, warten darauf, erobert zu werden.
Sonntags wird zweimal ein zweistündiger Schnupperkurs für Kletterneulinge angeboten. Für Stärkung und Erfrischung vor oder nach dem aufregenden Klettererlebnis sorgt das Café in der Blockhütte direkt am Klettergarten. Auf der gemütlichen Sonnenterrasse ist viel Platz für Groß und Klein. Kuchen, Eis, Kaffee und Erfrischungsgetränke stehen auf der Speisekarte.

HOBI-Klettergarten
Hobrechtsfelder Dorfstraße 30a,
16341 Panketal OT Hobrechtsfelde
Telefon: 03338/762575, www.hobi-klettergarten.de

0381 T.U.R.M. ErlebnisCity Oranienburg

Cliffhanger's Paradise

Oh weh! Immer diese zwanghaften Versuche, schon im Namen durch Anglizismen den internationalen Premiumanspruch zu suggerieren. Nun ja, wenn's hilft ... Dabei hätten es die Oranienburger gar nicht nötig, denn ihr Freizeit- und Erlebnisbad – um ein solches handelt es sich bei der T.U.R.M. ErlebnisCity nämlich – ist auch so zu hundert Prozent konkurrenzfähig im hart umkämpften Familien-Entertainment-Business.
Im Zentrum der Anlage stehen eine 80 m lange Wasserrutsche und das riesige Wellenbecken. Verschiedene Sole- und Entspannungsbäder sorgen für Erholung. Allein die Vielfalt der Sportmöglichkeiten sucht landesweit ihresgleichen: eine Tennishalle mit drei Plätzen, mehrere Badmintonfelder, zig Tischtennisplatten und eine Beachsporthalle mit herbeigebrachtem, märkischem Sand. All das sorgt für authentisches Flair made in Brandenburg. Während sich Papa und seine Kegelbrüder über die angegliederte Bowlingbahn freuen und Mutti sich im Wellness-Bereich mal richtig schön verwöhnen lässt, bleiben die Kids für einige Stunden tobend unter sich. Zur kälteren Jahreszeit

stellen die Macher des familienkompatiblen Spaßtempels kurzerhand auf Wintersportbetrieb um – die T.U.R.M. ErlebnisCity wird dann zur Eissporthalle. Und sommers wie winters ist für das leibliche Wohl gesorgt: Preisgünstige Bistros und ein Restaurant auf dem Gelände machen alle Gäste satt.
Zwar bilden sich besonders an den Wochenenden lange Schlangen in der Kassenhalle, aber wer erst drinnen ist, hat besonders an der Warterei anderer seinen Spaß: Von oben, in den Seilen der 15 m hohen Kletterwand, fällt der mitleidsvolle Blick nach draußen.

T.U.R.M. ErlebnisCity Oranienburg,
André-Pican-Straße 42, 16515 Oranienburg
Telefon: 0180/3162162, www.erlebniscity.de

0382 Wet & Wild Wasserskilift,
Borgsdorf-Velten

Wassersport auch für Anfänger

Das Angebot kann sich sehen lassen: Neben der riesigen Sonnenterrasse, auf der Sehen und Gesehenwerden in höchster Vollendung vollzogen wird, überzeugen besonders die große Party- und Liegewiese samt Grill, eine Cocktailbar, ein Imbiss mit leckerem Fingerfood, ein Beachvolleyball-Feld und der hervorragend gepflegte Badestrand. Von hier aus, im feinkörnigen märkischen Sand, lassen sich auch die ehrfurchteinflößenden Hindernisse im nahen Wasser bewundern, über die waghalsige Wakeboarder hinwegfegen. Nicht selten landen die tapferen Sportler bei ihren spektakulären Sprüngen bäuch- oder rittlings im Wasser. Kaum ist der Kopf aus den Fluten gestreckt, wird er auch schon Richtung Strand gereckt. Denn dort raunen die sich auf ihren Badetüchern fläzenden Zaungäste vor lauter Respekt.
Aller Ehren wert ist die Wasserski-Anfängerkarte, die entweder für zwei Runden oder – bei besonders hoffnungslosen Fällen – für den ganzen Tag gilt. Dann muss man sich aber auch den mitleidsvollen Blicken der Fortgeschrittenen mit Missachtung erwehren. Gestaffelte Tarife und verschiedene Schwierigkeitsstufen machen den modernen Wasserskilift an der Grenze des Berliner Nordens für Jedermann attraktiv. Seine Nähe zur Hauptstadt kolportiert der Wet & Wild Wasserskilift bereits mit der Adresse seiner Website, die immer einen Besuch wert ist, weil dort alle bevorstehenden Events und

auch mal Sondertarife für Sparfüchse angekündigt werden. Dass Jugendliche bis zum vollendeten 16. Lebensjahr nach Vorlage des Ausweises weniger zahlen, macht einen Besuch im Wet & Wild besonders für die Familienkasse interessant. Viel Spaß und viel Erfolg!

Wet & Wild Wasserskilift
Pinnower Chaussee/Bernsteinsee, 16727 Velten (Ortsteil Borgsdorf)
Telefon: 03303/400145, www.wakeboard-berlin.de

0383 Tierpark Kunsterspring,
Neuruppin

Fischotter und Shetlandfohlen

„Barrierefrei Natur erleben!“ – im Tierpark Kunsterspring wurde und wird an alles gedacht: In abwechslungsreichen Gehegen und Anlagen können die Besucher vor allem heimische Wildtiere kennenlernen. Lehrschauen, Umweltspiele und Informationstafeln fördern die naturkundliche Bildung.
Für Kinder bietet der Tierpark seit Kurzem allerhand aufregende Neuheiten: Der liebevoll gestaltete Abenteuerspielplatz sucht nicht nur im Ruppiner Land seinesgleichen, und die begehbare Uhu-Fluganlage steht bei den Kids ebenfalls hoch im Kurs. Es fliegen und kreuchen, springen und streunen hier – neben den Tieren der Region – auch Luchse, Weißstörche, Kraniche und Wisente umher. Sozialisierte (d. h. nicht mehr menschenscheue) Wölfe lassen sich ebenfalls blicken. Unter den insgesamt 500 Bewohnern des Tierparks ist jedoch ein Fischotter der große Star. Einen Otter in freier Natur aufzuspüren, gelingt fast niemandem, aber im Tierpark Kunsterspring ist mit etwas Geduld ein solcher Geselle zu sehen: Zwar ist er kaum zu erkennen, denn er tarnt sich perfekt. „Turbo“, so sein Name, trägt ein Fell, das fast nicht zu unterscheiden ist vom matschigen Ufer. Die Tierparkmacher sind stolz darauf, dass es dem sehr seltenen Tier hier in Brandenburg richtig gut geht. Und über einen Neuzugang sind sie besonders glücklich: Ein kleines Shetlandponyfohlen hat im Mai 2008 das Licht der Welt erblickt. Gesund und munter erkundet es seither seine neue Umgebung unter den wachsamen Augen seiner Mutter, sehr zur Freude der Tierparkbesucher. Die Tiere fühlen sich sichtlich wohl hier. Kein Wunder in diesem Idyll zwischen Wiesen, Wäldern und sumpfigen Gebieten inmitten des pittoresken Kunstertals, wo immer im Juni

das bei Groß und Klein beliebte Tierparkfest stattfindet. Auf dem Programm steht dann, neben Wissensquiz und Tombola, vor allem gute Laune.

Tierpark Kunsterspring, Kunsterspring 4, 16818 Neuruppin
Telefon: 033929/70271, www.tierpark-kunsterspring.com

0384 Theatersommer Netzeband

Theater mit Programm für Kids

Mit unglaublicher Energie und enormer Leidenschaft bereiten die Bewohner von Netzeband ihren Besuchern das Feld für ein echtes Highlight in der brandenburgischen Sommersaison: den Theatersommer!
Die Kyritz-Ruppiner Heide ist nicht nur von Natur aus schön; hier, im Dreieck zwischen den drei Kreisstädten Rheinsberg, Neuruppin und Kyritz, findet auch jedes Jahr der bei Groß und Klein beliebte Theatersommer statt: In Netzeband nämlich wird in diesem Sommer bereits zum 13. Mal der örtliche Gutspark bespielt. Und etwas Besonderes haben sich die Macher ausgedacht, denn neben Klassikern des erwachsenen Sprechtheaters bringen die hiesigen Theaterleute diesmal auch ein großes Stück für kleine Leute auf die Bühnenbretter: „Pinocchio". Und das ist ganz sicher keine Lüge ...
Ebenfalls neu im Sommer 2008: ein Schauspielkurs für Laien. Wer also schon immer davon träumte, einmal echte Theaterluft schnuppern zu dürfen – hier ist die Gelegenheit! Und wer weiß, vielleicht entdecken die Netzebander Theatermacher noch das eine oder andere im Verborgen gebliebene Talent. Alles in allem: großes Kino ohne Leinwand und doppelten Boden.

Theatersommer Netzeband, Dorfstraße 6, 16818 Netzeband
Telefon: 033924/79936, www.theatersommer-netzeband.de

15.

0385 Lügenmuseum Kyritz-Gantikow

Ein Feuerwerk an Flunkereien

Lügen sind nicht immer etwas Schlechtes: Im Lügenmuseum Kyritz-Gantikow werden sie richtig zelebriert. Hier ist die Lüge oder der Schwindel nichts Böses, sondern Kunstwerk, inszenierter Spuk. Da rattert, wuschelt, braust es aus allen Ecken, plötzlich erklingen Melodien, oder es scheint ein Teppich vorbeizufliegen. Illusionen, Dinge ohne praktischen Nutzen, die nicht das sind, was sie zu sein scheinen, lauter Wunderliches ist hier zu sehen und zu bestaunen. Echt oder unecht, nützlich oder unnütz? Egal, hier regiert die Fantasie, auf dass sich die Balken biegen. Schloss Gantikow, oder das „Lügenmuseum", verspricht Abenteuer pur. Zwar ohne Anspruch auf Wahrhaftigkeit, das jedoch für die ganze Familie. Durch ein knappes Dutzend liebevoll inszenierte Fantasiewelten wandeln die neugierigen Besucher, vorbei an bunten Installationen, durch verführerische Düfte und mysteriöse Klänge. Den neugierigen Blicken entgeht nichts, in dieser Wunderwelt der Kreativität und Träumerei.

Hier gehen die Besucher den Lügen auf den Grund

Und ganz ehrlich, bedeutende Exponate von weltweiter Einzigartigkeit lassen sich hier mit Begeisterung bewundern oder machen schlicht schaudern: das abgeschnittene Ohr van Goghs; in einer Gruft der Anblick von Kyritzer Mordinstrumenten; im MausOleum ein Sarkophag samt Mäusemumie ... Und erst der Titanic-Raum: Die letzten Minuten des weltberühmten Untergangs können Sie live miterleben.
Das Motto des Museums sorgt noch mehr für Verwunderung: „Die Lüge im Dienste der Wahrheit wäscht den Staub von den Sternen."

Kunstaffäre Lügenmuseum e. V., Am Anger 1, 16866 Gantikow
Telefon: 033971/54782, www.luegenmuseum.de

0386 Caravan-Touren, Suckow

Mit Tier und Wagen als Selbstfahrer auf Erlebnisurlaub

Caravan-Touren durch die Uckermark sind beliebt bei allen Familienmitgliedern: Ferien im Pferdewagen, da werden romantische Abenteuerträume wahr. Rund um den Oberuckersee, unweit der deutsch-polnischen Grenze, wo das Land flach und still, und die Großstadt fern ist, beginnt das Abenteuer in der urtümlichen Uckermark.

Allein die gutmütigen Pferde: Die Rasse der Irish Tinker ist durch nichts und niemanden aus der Ruhe zu bringen. Besonders für Kinder sind die Pferde im Zaumzeug ideale Partner. Während der Reise können die Kids sogar auf den gutmütigen Tieren reiten. Was Papa und Mama sonst so interessiert: Die Wagen haben alle einen Aufbau aus Holz, dieser bietet eine Wohnfläche von etwa acht Quadratmetern. Auf Komfort muss niemand verzichten: Alle Wagen verfügen doch tatsächlich über eine kleine Küchenzeile mit fließendem Wasser. Zur Ausstattung gehören ferner Kochgeschirr und Propangas für den Herd. Bis zu vier Personen finden in den brandenburgischen Präriewagen eine gemütliche Schlafstätte. Auf Alleen und Wegen, überschattet von uralten Bäumen, geht die Fahrt im Planwagen gemächlich durch die Uckermark.

So lässt sich der Alltagsstress im 1-PS-Tempo wahrlich schnell vergessen. Dank der unmittelbaren Nähe zur Natur stellt sich allseits schnell Entspannung ein. Dass in diesem Tempo die Menschen jahrtausendelang gelebt haben, mag den einen oder anderen Passagier womöglich auch ins Grübeln bringen.

Vorkenntnisse sind nicht erforderlich. Und egal, ob Sie einem der Tourenvorschläge der Veranstalter folgen oder auf eigene Faust die Gegend erkunden: Eine ausführliche Einweisung im Umgang mit Pferd und Wagen erfolgt ebenso im Voraus wie eine Probefahrt mit einem professionellen Trainer.

Celine-Caravan, Am Haussee 41, 17268 Suckow
Telefon: 039887/69078, www.celine-caravan.de

0387 Templiner Land und Seen

Unter Geiern in der Uckermark

Kajak, Tretboot, Paddeltour: Dass man an den Templiner Seen tollen Familienurlaub machen kann, wissen viele. Doch das weitläufige Wasserrevier in der Uckermark, das dank guter Wasserqualität und abwechslungsreicher Routen in der mannigfaltigen Seenlandschaft einen hervorragenden Ruf genießt, verspricht weit mehr als maritimes Ferienglück. Zwar glänzt besonders der Bootsverleih am Eichwerder mit vielen Angeboten: Vom führerscheinfreien Motorboot mit Heckantrieb bis zum Charterboot mit vier Schlafplätzen ist alles mietbar für den Teilzeit-Skipper. Aber sonst?

Nun, Großstadtcowboys und Westernfans schlendern lässig durch die Main Street im „El Dorado Templin“. Actionreiche Stunt-Shows und vielfältige Veranstaltungsangebote sorgen hier für authentisches Spektakel im feinen Sand der Uckermark: Im August steigt z. B. ein Rodeo-Festival. Das gefällt den kleinen Jungs. Und oft auch den Mädchen, wenn die sich nicht gerade in den Hof am Weinberg verliebt haben – oder vielmehr in dessen Bewohner in den Boxen: Pferdesport für Groß und Klein, für Anfänger wie Fortgeschrittene. Die Konkurrenz belebt das Geschäft: Eine ganze Reihe Wellness-Ressorts hat sich in der Templiner Seenlandschaft niedergelassen und erfreut sich wirtschaftlich guter Gesundheit.

Western-Spektakel im Templiner Land

Und wer dem Strandbad Templin seine Aufwartung macht, hat schon bei der Anreise seine helle Freude, denn bereits die Fahrt durch das Biosphären-Reservat Schorfheide-Chorin ist ein echtes Erlebnis. Und das Strandbad Templin, das sich weitläufig hinter dem Parkplatz am Ende der Reise erstreckt, setzt dem Familienausflug in das Templiner Seenland quasi die Krone auf, denn an den Ufern des sehr sauberen Sees ist ein wahres Wassersportmekka entstanden. Egal, ob der eine Tauch-, Bade- oder Segelmöglichkeiten sucht, der andere paddeln, Kanu fahren oder bloß schwimmen will – im Strandbad Templin erfüllen sich alle Wünsche. Wer zelten will, kann das im Übrigen direkt auf dem Gelände tun.

Bootsverleih Templin, Seestraße 4, 17268 Templin
Telefon: 03987/53661, www.bootsverleih-templin.info

El Dorado Templin, Am Röddelinsee 1, 17268 Templin
Telefon: 03987/20840, www.eldorado-templin.de

Hof am Weinberg, Weinbergstraße 1, 17268 Templin
Telefon: 03987/54605, www.hofamweinberg.de

Strandbad Templin, Prenzlauer Allee 26, 17268 Templin
Telefon: 0172/7841801, www.wassersport-templin.de

0388 Tierpark Perleberg

Fühlen sich die Tiere wohl, freut sich auch der Mensch

Der Tierpark vor den Toren der Stadt Perleberg, im äußersten Nordwesten Brandenburgs, hat auf recht kleinem Raum ziemlich Großes zu bieten: Zu den Highlights zählen an erster Stelle ein großes Bärengehege, das vor zwölf Jahren eingeweiht wurde, und ein Wolfgehege, das 2005 fertiggestellt wurde. Die ganz kleinen Besucher tollen gern am idyllischen Teich, in dem viele Goldfische schwimmen, die etwas Größeren dagegen schätzen eher das Bärengehege. Den riesigen Nasen- und Braunbären begegnen jedoch alle Menschenkinder – ob Groß oder Klein – mit gebührendem Respekt. Nebenan lebt auch eine größere Gruppe von Totenkopfaffen, in einem zweiten Teil eine Gruppe Kattas. Und mal ehrlich: Wer weiß schon, wie ein Katta aussieht, was ein Guanako ist und womit sich ein Guanako die Langeweile vertreibt? Eben! Im Tierpark Perleberg gibt es Antwort auf 101 Fragen. Ungeduldig drängen die Kinder schon weiter zum Waschbären- und Nasenbärengehege. Nach ausgiebiger Beobachtung dieser possierlichen Tierchen wird es Zeit für eine kleine Pause. Dafür stehen auf dem Tierparkgelände ein Spielplatz für die Kinder und ein Kiosk für die Eltern zur Verfügung. Kaum zu überhören sind die Greifvögel in den Gehegen in unmittelbarer Nachbarschaft.

Wer Heißhunger auf urige Speisen verspürt, kann ganz in der Nähe der Vogelvolieren den Park durch einen Nebeneingang kurz verlassen: In der Gaststätte Hubertus gibt es eine vorzügliche Speisenauswahl. Und auf dem Verdauungsspaziergang zurück zum Haupteingang empfiehlt sich ein ausgedehnter Blick in die Eulenburg, die 2007 fertiggestellt wurde und der ganze Stolz des Tierparks Perleberg ist: Aus alten Abrisssteinen ist die Kulisse einer alten Burg entstanden, samt komplettem Turm-Ensemble – ein perfekter Lebensraum und ein so authentisch wie gespenstisch wirkendes Reich für die nachtaktiven Riesenaugen.

Die Eintrittspreise sind moderat, Ermäßigung gibt's für Kinder und nach Vorlage eines Sozialpasses.

Tierpark Perleberg,
Wilsnacker Chaussee 1, 19348 Perleberg
Telefon: 03876/789892, www.tierpark-perleberg.de

0389 Senftenberger See

Wasserparadies statt Mondlandschaft

Einer der schönsten Seen im Südosten Brandenburgs liegt in der Niederlausitz: Der Senftenberger See betört mit scheinbar endloser Stille. Das war nicht immer so. Früher war das Areal einmal eine vom Braunkohletagebau zerfurchte Mondlandschaft – riesige Bagger beuteten die Landschaft in der Lausitz aus.

Nach dem Zusammenbruch der DDR und dem Ende des Braunkohleabbaus kamen statt der Bagger die Wassermassen: Nach der Flutung hat sich dieses Fleckchen Erde in ein wahres Freizeitparadies verwandelt. Die „Riviera Brandenburgs", wie der Volksmund und der Reiseführer sagen, gehört zu den sonnenintensivsten Regionen der Bundesrepublik! Und dann erst die Wasserqualität: glasklares Nass, umsäumt vom feinen Sand der Strände. Nicht zuletzt überzeugt der Senftenberger See heute mit einer 1-a-Infrastruktur für Wassersportler.

Ergo: Der Senftenberger See lohnt einen Familienausflug.

Senftenberger See
Anfahrt: A13, Abfahrt Ruhland, oder mit dem Zug: DB Senftenberg
www.senftenberger-see.de

Sachsen-Anhalt

0390 Raumflug-Planetarium „Sigmund Jähn", Halle

3-2-1! Raumflug!

Im Raumflug-Planetarium „Sigmund Jähn" treffen sich alle wissenshungrigen Kinder, um zusammen mit Uli und Dirk eine Weltraumreise vorbei an leuchtenden Galaxien und Sternen zu unternehmen. Das Raumschiff führt die kleinen Weltraumfahrer in die Mysterien des Weltalls, entlang der Planeten mit ihren Monden, und siehe da – eine Sternschnuppe! Jetzt können sich alle Kinder etwas wünschen.
Ganz nebenbei lernen die kleinen Besucher bei ihrer Reise mit der Rakete den Aufbau des Sonnensystems und die Besonderheiten der Planeten kennen. Ob die jungen Astronauten bei ihrer Reise wohl auch auf E. T. stoßen werden? Irgendwie sieht alles ziemlich außerirdisch aus in diesem Planetarium – Kometen, Meteore und dann noch eine geheimnisvolle Mondfinsternis. Dieser Simulationsflug hat es in sich und weckt bei den Kindern garantiert das Interesse für Sonne, Mond und Sterne. Nachdem Uli und Dirk den Kindern erklärt haben, wie man Sterne beobachtet, werden die Steppkes sicherlich auch einen Blick ins Observatorium werfen, wo sie über Teleskope die Planeten selbst beobachten können.

Raumflug-Planetarium „Sigmund Jähn" Halle
Peißnitzinsel 4a, 06108 Halle
Telefon: 0345/8060317, www.planetarium-halle.de

0391 Schokoladenmuseum,
Halle/Saale

Wie Charlie in der Schokoladenfabrik!

So wie Johnny Depp in dem Film „Charlie und die Schokoladenfabrik" die Kinder mit leckeren Naschereien verführte, können Sie Ihren Sprösslingen mit dem Besuch im Schokoladenmuseum einen riesigen Wunsch erfüllen. Während die Helden in Roald Dahls Kinderbuch-Klassiker ein extrem seltenes goldenes Ticket ergattern mussten, um die Schokoladenfabrik von Willy Wonka zu besichtigen, bekommen alle Kinder, die nach Halle reisen, für ein paar Euro ein Ticket ins Schlaraffenland.

In der Halloren-Schokoladenfabrik erfahren die Jungen und Mädchen, wie purer Kakao schmeckt und wie Schokolade gemacht wird. Schließlich ist es interessant zu wissen, wie die Herstellung der Lieblingsnascherei funktioniert. Ein besonderer Traum wird für die Kids wahr, wenn sie das Schokoladenzimmer betreten: Wie in einer Märchenwelt wandern die kleinen Naschkatzen durch den Raum, der fast komplett aus Schokolade besteht. Decken, Tische, Stühle – alles ist mit einem Wechselspiel aus Vollmilch- und Zartbitterkuvertüre verziert. Die Stuckelemente aus der Biedermeier-Zeit sind übrigens nicht aus Gips, sondern aus Marzipan.
Bei den Hunderten von schwarz-weißen Halloren-Kugeln, Pralinen, Trüffeln, dem Halloren-Eis und Spezialitäten wie Nougatriegeln und Katzenzungen müssen Kinder nur aufpassen, nicht so zu enden wie Augustus Glupsch. Der arme Junge aus „Charlie und die Schokoladenfabrik" konnte leider an nichts anderes mehr denken, als sich mit Schokolade vollzustopfen.

Halloren Schokoladenfabrik GmbH
Delitzscher Straße 70, 06112 Halle/Saale
Telefon: 0345/56420, www.halloren.de

0392 Zoo Halle

Der Elefantenberg ruft!

Bei einem Besuch im Zoologischen Garten Halle kommen Kinder nach ganz oben. Der Zoo liegt nämlich auf einem Berg. Es handelt sich zwar nicht um den Mount Everest – aber dafür können die kleinen Besucher ohne Probleme den Reilsberg erklimmen und dabei sowohl die herrliche Landschaft als auch die vielen Tiere von einem Aussichtsturm aus betrachten.

Leguan im Zoo Halle

Schon vor über 100 Jahren wurde der Zoologische Garten Halle eröffnet. Natürlich bot sich die Landschaft an, alle Tierarten zu beherbergen, die gut klettern können, wie Steinbock und Mähnenspringer. Von den Bergtieren und Kletterkünstlern animiert, können die klei-

nen Besucher nicht nur den Berg hochlaufen, sondern auf der Kletterspinne oder auf einer Spielarche weiterklettern.
Ganz besonders spannend wird es allerdings im Elefantenhaus: Durch die vielen multimedialen und interaktiven Aktionswände lernen Kinder auf spielerische Weise alles über die grauen Riesen. An einem Drehrad lässt sich der Tagesablauf eines Elefantentages im Zoo nachvollziehen, und an einem Tastkästchen können die kleinen Elefantenfans feststellen, ob sie auch so viel Feingefühl haben wie die Dickhäuter mit ihrer Rüsselspitze. Ein Highlight im Zoo ist die Station „Infraschall“: Hier werden die für Menschen nicht wahrnehmbaren Laute der Elefanten in Vibrationen umgewandelt. Kinder fühlen so mit ihren Handflächen, wenn die Elefanten mit ihnen kommunizieren möchten. So verstehen Ihre Sprösslinge auf einmal die Geheimsprache der Elefanten.

Zoologischer Garten Halle GmbH
Fasanenstraße 5a, 06114 Halle/Saale
Telefon: 0345/5203300

0393 Maya mare, Halle (Beesen)

„Biene Maya“ geht planschen

In einem wohlbekannten Land,
vor gar nicht allzu langer Zeit,
war ein Schwimmbad sehr bekannt,
von dem sprach alles weit und breit.
Und dieses Schwimmbad, das ich meine, nennt sich Maya.
Plansche, rutsche, lach im Schwimmbad Maya.
Maya schwimmt durch ihre Welt,
zeigt euch das, was euch gefällt.
Wir treffen heute ein im Schwimmbad Maya mare,
dieses große Schwimmbad Maya mare.
Maya, alle lieben Maya,
Maya, Maya, Maya – schwimmt davon mit ihr!

Maya mare und die Biene Maja haben vor allem eines gemeinsam: Sie werden von allen Kindern geliebt. Das Schwimmbad in Halle hat sich besonders aufgrund seiner vier Wasserrutschen zu einem absoluten Kindermagneten

entwickelt. Im ganzen Land Sachsen und Sachsen-Anhalt findet sich kein anderes Schwimmparadies, das so viel Wert auf das Rutschen legt. Insgesamt können die Kinder auf 440 Metern heruntergleiten und dabei rasende Geschwindigkeiten erreichen. Darüber hinaus warten bunte Doppelbobs und Reifen auf die kleinen Wasserratten.
Wenn die Kinder nach den schnellen Wildwasserfahrten entspannen wollen, sorgt das Sprudelbecken mit Unterwassermusik für Erholung. Wer weiß, vielleicht kann man dort auch bald den neuen „Schwimmbad Maya"-Song hören?

Maya mare GmbH & Co. KG, Am Wasserwerk 1, 06132 Halle (Beesen)
Telefon: 0345/77420, www.mayamare.de

0394 Luftfahrt- und
Technik-Museumspark Merseburg

Im Flugzeugcafé Stewardess spielen!

Ganz ohne Flugangst können Kinder im Flugzeugcafé des Luftfahrt- und Technik-Museumsparks in Merseburg Steward und Stewardess spielen. Die alte Interflug-Maschine IL-62 hebt nämlich schon seit Jahren nicht mehr ab. Die kleinen Fluggäste können so in aller Ruhe und ohne Aufregung und Reisestress ein Flugzeug von innen inspizieren und dabei auch noch Eis schlecken.
Neben dem einmaligen Café bietet der Museumspark natürlich allerlei für Möchtegern-Piloten und Technikfreunde. Der ehemalige Flugplatz Merseburg ist gefüllt mit Flugzeugen und anderen Fahrzeugen, die nicht gleich abheben. So entdeckt man hier auf dem Gelände auch Trabis und alte Harley-Davidson-Maschinen.
Natürlich sind die Kinder vor allem an den Flugzeugen und Hubschraubern interessiert. Unzählige Objekte befinden sich im Museum. Die ganz neugierigen Besucher nehmen Platz im Hubschrauber und gehen ganz nah heran an die Gas- und Heißluftballons.

Luftfahrt- und Technik-Museumspark Merseburg
Kastanienpromenade 50/Hans-Grade-Straße, 06217 Merseburg
Telefon: 03461/525776
www.luftfahrt-technik-museum.de

0395 Holzwurmmuseum, Quedlinburg

Da ist der Wurm drin!

In Quedlinburg ist der Wurm drin! Um genauer zu sein: der Holzwurm! Der Gemeine Nagekäfer richtet nämlich gern mal Schaden an – vorzugsweise an schicken Holzmöbeln. Zurück bleiben hässliche kleine Holzwurmlöcher.
Im Holzwurmmuseum Quedlinburg werden diese von den Insekten verunstalteten Möbelstücke ausgestellt. Kinder erkennen im Museum überall Spuren der Holzschädlinge; hier ein angefressenes Tischbein, dort ein paar Löcher in den Dielen eines Fachwerkhauses. Eines ist klar: Diese Tierchen haben extrem viel Hunger! Selbst vor Kirchenaltären machen sie keinen Halt. Das Holzwurmmuseum zeigt etwa 200 Exponate – alles Holzstücke mit einer leidvollen Geschichte.
Nach den vielen Indizien bekommen die Kinder die Übeltäter auch mal zu Gesicht. Im Holzwurmmuseum warten Hausbockkäfer und Weidenbohrer auf sie. Der Gründer des Quedlinburger Museums, Christof Silz, erzählt den jungen Besuchern so manch eine Anekdote von zernagtem Holz und beantwortet auch gern Fragen zum Holzschutz.

Holzwurmmuseum Quedlinburg
Halberstädter Straße 47, 06484 Quedlinburg
Telefon: 03946/701183
www.harzlife.de/kurios/holzwurm.html

0396 Hüttenmuseum Thale

Auf der Spur des Eisens

Dampfmaschine im Hüttenmuseum

Vor der Tür des Hüttenmuseums in Thale steht eine grüne Dampfspeicherlokomotive. Die kleinen Fans von Jim Knopf und Lukas dem Lokomotivführer sind schon kaum mehr zu bremsen und wollen hinein in das Hüttenmuseum. Hier geht

es aber nicht um Loks, sondern um eine vorgelagerte Produktionsstufe. Die Besucher machen sich auf die Spuren der Eisenherstellung. Stahl, Eisenpulver und enorme Maschinen begleiten sie auf dieser spannenden Tour durch die Geschichte der Eisenverhüttung.
Ganz schön kompliziert, dieser Prozess des Verhüttens und der anschließenden Eisenverarbeitung. In Thale wird den Jungen und Mädchen aber anhand von Modellen wie dem Rennofen und dem Hohen Ofen alles kinderleicht und anschaulich präsentiert. Von der Blechhütte im Jahr 1686 bis zu einem riesigen Eisenhüttenwerk in der ehemaligen DDR – die Kids erhalten hier allerlei Informationen über das Werk.
Besonders aktuell ist die ständige Ausstellung zum Umweltschutz im Museum. Damals wie heute ist dies ein brisantes Thema. Im Hüttenmuseum sind die Kinder gefordert, selbst aktiv zu werden; sie bedienen die Modelle zum Umweltschutz selbst, und Riech- und Tastproben stehen für die kleinen Eisenexperten zum Experimentieren bereit.

Hüttenmuseum Thale, Walter-Rathenau-Straße 1, 06502 Thale
Telefon: 03947/72256, www.huettenmuseum-thale.de

0397 Bau-Spiel-Haus Thale

Abtauchen im Bällebad!

Es regnet schon wieder! Und es ist kalt! Bevor im Kinderzimmer mal wieder schlechte Laune aufkommt, sollten Sie lieber ganz schnell mit Ihren Sprösslingen ins Bau-Spiel-Haus Thale fahren. Hier lautet das Motto: Bauen, spielen, toben. Wetten, dass das auch Ihren Kleinen gefällt!
Am besten nehmen die jungen Besucher gleich zuerst ein Bad im kunterbunten Bällebad. „Warum kann man so was eigentlich nie im Kinderzimmer haben?“, fragt sich Ihr Nachwuchs sicherlich. Denn hier kann man stundenlang tauchen und spielen, und es wird nie langweilig. Und falls doch? Dann warten eine Superwellenrutsche, eine Trampolinanlage, ein Kletterberg und sogar Softballkanonen auf die spiellustige Meute!

Bau-Spiel-Haus Thale
Otto-Schönermark-Straße 1, 06502 Thale
Telefon: 03947/778899
www.bauspielhaus.eckpunkt.de

0398 Tierschule Memleben

Zirkusstars beim Proben

Im Erlebnistierpark Memleben sind die ca. 350 Tiere ganz besonders. Hier handelt es sich nämlich nicht um einen gewöhnlichen Zoo – in Memleben werden die Tiere für TV und Film ausgebildet. Die zukünftigen Fernsehstars haben also jede Menge Tricks drauf, die sie den kleinen Besuchern auch bei fünf verschiedenen atemberaubenden Live-Shows präsentieren.
Ob Schweinchen, Elefant, Seebär oder Hund – die Tierlehrer bringen jeder Tierart ein paar Kunststücke bei. Natürlich ist für die Arbeit vor der Kamera besonders wichtig, dass die tierischen Stars keine Menschenscheu entwickeln und auch keine Gefahr am Filmset darstellen. Die kleinen Tierparkbesucher profitieren somit doppelt von diesem Training: Sie schauen den Tierlehrern bei ihrer Arbeit über die Schulter, und gleichzeitig lassen sich viele wilde Tiere gefahrlos streicheln und kommen von allein auf die Kinder zu.
Ein weiteres Highlight für die Kids sind das Pony- und Elefantenreiten. Aber auch ohne Vierbeiner amüsieren sich die Kinder auf den Fahrgeschäften und dem Abenteuerspielplatz. Hier warten ein Riesenrad, eine Safari-Car-Bahn und ein Riesenhamsterrad auf die kleinen Besucher. Die Abenteurer unter den Kindern versuchen, sich beim Bullenreiten so lange wie möglich auf dem Sitz zu halten.

Ritt auf der Riesenschildkröte

Um diese Zirkusatmosphäre zu verlängern, übernachten Familien in Original-Zirkuswagen des ehemaligen Staatscircus der DDR auf dem Zoogelände und lassen sich am nächsten Tag von den wohldressierten Tieren im Park wecken.

Tierschule Memleben gGmbH, Mönchsweg 1, 06642 Memleben
Telefon: 034672/69640, www.erlebnistierpark.de

0399 Freizeitspaß Eckartsberga

Sachsen-Anhalt im Miniformat

Im Burgenland Eckartsberga können sich die ganz Kleinen endlich mal riesig fühlen. Denn auf 6.000 m² können Kinder die Burgen und Schlösser aus Sachsen, Sachsen-Anhalt und Thüringen an nur einem Tag kennenlernen. In der Miniaturlandschaft können die Kinder Burgherr und Prinzessin spielen und dabei bei einem Rundgang die süßen Nachbauten im Maßstab 1:75 bestaunen. In dem Mini-Land darf natürlich auch eine Mini-Eisenbahn nicht fehlen: Auf diese Weise macht das Burgenland Eckartsberga den Zwergen noch viel mehr Spaß.

Was für ein Labyrinth: der Irrgarten Eckartsberga

Wer dachte, nach diesem Burgenabenteuer alles in Eckartsberga gesehen zu haben, irrt sich gewaltig. Und weil Irren auch mal Spaß bringen kann, ist das nächste Highlight ein enormer Irrgarten. Hier wird alles versucht, um die kleinen Besucher in die Irre zu leiten. Nur die sehr Geschickten schaffen es schnell zum Ziel. Meistens verlieren sich die Kleinen im Labyrinth wie Alice im Wunderland. Am Ziel angekommen, können die kleinen Abenteurer von einer Aussichtsplattform auf die Märchenwelt herunterschauen. Vielleicht entdecken die Jungen und Mädchen von hier aus auch die Sommerrodelbahn, das Bungee-Trampolin oder die Minigolfanlage im Freizeitspaß Eckartsberga.

Irrgarten Eckartsberga, Burgstraße 4, 06648 Eckartsberga
Telefon: 034467/40359, www.freizeitspass-eckartsberga.de

Burgenland Eckartsberga, Burgstraße 1, 06648 Eckartsberga
Telefon: 034467/40373

0400 Woliday Wolfen

Wasserwölfe

Dachten Sie, Wölfe wären wasserscheu? Dann müssen Sie unbedingt nach Wolfen reisen und sich vom Gegenteil überzeugen. Im „Woliday“ springen

vor allem die kleinen Wolfener ohne Unterlass ins Wasser. Dabei werden die Wasserwölfe sogar richtig mutig und sausen den Wildwasserkanal hinunter, als ob sie ihr ganzes Leben nichts anderes getan hätten.
Viel einfacher wird es dann beim Rutschen. Hier rauschen Kinder in jeder Position von der Breitrutsche oder trauen sich ohne Angst auf die 75 Meter hohe Riesenrutsche. Die Mini-Babywölfe müssen nicht neidisch zu ihren älteren Geschwistern blicken, denn das Kinderplanschbecken ist ebenfalls mit einer kleinen Rutsche und sogar einem Wasserfall ausgestattet!

Woliday Wolfen, Freizeitforum Bitterfeld-Wolfen
Reudener Straße 87, 06766 Bitterfeld-Wolfen
Telefon: 03494/368690, www.woliday.de

0401 Ferropolis, Gräfenhainichen

Ferropolis - Die Stadt für stahlharte Nerven!

Wie in einem Science-Fiction-Film fühlen sich die Kinder in Ferropolis. Dabei handelt es sich nicht um einen düsteren, fernen Planeten oder ein Fantasiegebilde: Ferropolis ist eine Stadt aus Eisen und ziemlich einmalig. Verkleidet in ein schweres Gewand aus Eisenkonstruktionen verbirgt sich hinter Ferropolis ein begehbares Museum für die Entwicklung der Technologie des Braunkohleabbaus.
Natürlich ist Ferropolis schon allein aufgrund seiner immensen Größe nicht mit einem gewöhnlichen Museum zu verwechseln. Hier tauchen Kinder in eine Erlebniswelt voller Eisen ein, und auch das Anfassen der Exponate ist erlaubt. In Ferropolis ist alles ganz schön spacig – aber dabei handelt es sich um sperrige alte Bagger und einen Absetzer, die das Landschaftsbild prägen. Und das was futuristisch klingt, ist in Wirklichkeit längst Vergangenheit geworden, denn die industrielle Epoche ist hier zu Ende.
Kinder erleben die Welt des Braunkohletagebaus in Ferropolis auf spielerische Weise und dürfen dabei sogar auf einen Bagger klettern. Weiter toben können die sportlichen Kids auf dem Ferropolis-Spielplatz, wo Klettergerüste aus Stahl und Gummi auf sie warten.

Ferropolis – Stadt aus Eisen, Museum und Veranstaltungen
Ferropolisstraße 01, 06773 Gräfenhainichen
Telefon: 034953/35125, www.ferropolis.de

0402 Biosphärenreservat Mittelelbe

Prinzen und Prinzessinnen im Elbe-Gartenreich

Kleine Prinzen, Fürsten und Prinzessinnen sollten zum Spielen eine ganz besonders königliche Landschaft wählen. So fällt es Kindern viel leichter, ihren Fantasien freien Lauf zu lassen. Denn schließlich lebten die damaligen Könige immer an extrem schönen Gärten, und auch wenn man dabei zuerst an den Sonnenkönig und Versailles denken muss, hat Deutschland ebenfalls einiges zu bieten.

Aus diesem Grund wurde das Gartenreich Dessau-Wörlitz zum Weltkulturerbe ernannt. Die einzigartige Mixtur aus Landschaft und Kunst, Erziehung und Wirtschaft macht aus dem Elbreich einen Star. In der zweiten Hälfte des 18. Jahrhunderts entstanden Schlösser, Gartenanlagen und romantische Alleen mitten im Biosphärenreservat Mittelelbe.

Fürst Leopold III. Friedrich Franz von Anhalt-Dessau (1740–1817) hatte hier den Traum, das ganze Land in einen Garten zu verwandeln. Dieses nutzen heute die kleinen Besucher als wunderbare Spielkulisse. Die jungen Prinzen und Prinzessinnen schlüpfen in historische Kostüme und imitieren Fürstin Anna Wilhelmine. Bei ihrem Spiel beobachtet werden die kleinen Abenteurer im Biosphärenreservat Mittelelbe von Elbebibern und Fischottern, besungen von der Nachtigall, und hin und wieder applaudiert der Weißstorch mit seinem Geklapper.

Landesverwaltungsamt Sachsen-Anhalt
Biosphärenreservat Mittelelbe, Kapenmühle, 06813 Dessau
Telefon: 034904/4210
www.BiosphaerenreservatMittlereElbe.de

0403 Haus der Geschichte, Wittenberg

Reise rückwärts durch die Zeit

Es mussten nicht erst Filme wie „Sonnenallee“ und „Good Bye Lenin!“ gedreht werden, um eine riesige Ostalgie-Welle hervorzurufen. Viele Produkte aus der ehemaligen DDR erleben einige Jahre nach der Wiedervereinigung eine Renaissance und erfreuen sich enormer Popularität, die übrigens sowohl im Osten als auch im Westen des Landes ungebrochen ist.

Was bei Erwachsenen in Sachsen-Anhalt Erinnerungen weckt, ist bei den Kindern auf einer ganz anderen Ebene anzusiedeln, denn die neue Generation hat die Wende nicht live miterlebt und vom Leben in der DDR keine Vorstellung. Dabei sind Kinder aus ganz Deutschland neugierig, wie der Alltag in der DDR aussah, welche Produkte benutzt wurden und wie es war, als Kind im Osten Deutschlands aufzuwachsen.
Im Haus der Geschichte zeigen Wohnräume mit Original-DDR-Einrichtung, wie damals ein Haus aussah. Im DDR-Design zu bewundern sind zudem Spielsachen, Haushaltsgeräte, Kosmetika und auch Bücher und Magazine. Bei den unzähligen Produkten und Konsumgütern kommen Kinder ganz schön ins Staunen. Da bildet sich sogar bei den ganz Kleinen eine Ostalgie-Leidenschaft! Vielleicht fühlen sich Ihre Sprösslinge gar dazu animiert, in der Disco den lustigen Tanz der coolen Jungs aus der Sonnenallee nachzuahmen.

PFLUG e. V., Haus der Geschichte
Schlossstraße 6, 06886 Lutherstadt Wittenberg
Telefon: 03491/669452, www.pflug-ev.de

0404 Schraube-Museum,
Halberstadt

Haben die in Halberstadt eine Schraube locker?

Nein. In Halberstadt hat niemand eine Schraube locker! Und auch wenn das Städtchen ein Schraube-Museum hat, verhält es sich ganz anders, als alle immer denken. Hier werden eben keine Schrauben gezeigt. Nun sind Ihre Kinder aber ganz schön verwirrt; doch nicht überall, wo „Schraube" draufsteht, ist auch Schraube drin! So haben die Kleinen mal wieder etwas dazugelernt, denn man darf nicht immer alles wörtlich nehmen.
Aber was verbirgt sich nun wirklich hinter dem Namen Schraube-Museum? Das Schraube-Museum zeigt die Wohnung der Familie Schraube – und zwar um 1900! Vor über hundert Jahren haben hier Menschen gewohnt, und das ist für Kinder natürlich besonders spannend. Denn eine Zeitreise in die Wohnkultur der Jahrhundertwende ist ein ungewöhnliches Erlebnis. Der schicke, gutbürgerliche Salon ist bis ins kleinste Detail erhalten. In der Küche des Schraube-Museums versuchen Familien nach ihrem Besuch sogar, am Kohleherd zu kochen (Voranmeldung!). Dabei staunen die kleinen Muse-

umsbesucher über die Original-Küchengeräte und ziehen direkte Vergleiche zum heimischen Herd.

Schraube-Museum, Voigtei 48, 38820 Halberstadt
Telefon: 03941/551430, www.halberstadt.de

0405 Nordharzer Städtebundtheater, Halberstadt

So ein Theater im Harz!

Der Harz bietet sich super an, um Theater zu spielen. Dort, wo es auf dem Brocken ziemlich verhext zugeht, bilden sich immer mehr Theatergruppen, die vor allem die Kinderherzen im Sturm erobern. Denn schließlich gibt es nichts Schöneres, als in Waldnähe eine aufregende Geschichte erzählt zu bekommen.
Das Nordharzer Städtebundtheater in Halberstadt hat ebenfalls vor, Kinder zu begeistern, und lockt mit Open-Air-Events, bei denen sogar Stars wie Pippi Langstrumpf vorbeischauen. Für die kleinen Theaterfreunde werden auch Theaterführungen organisiert. Dabei werfen die Kinder einen Blick hinter die Kulissen der schillernden Theaterwelt. Wer hätte gedacht, dass sich hinter der Bühne noch so viel abspielt – Schneiderei, Ballettsaal und Kostümfundus! Spannend ist es für die Kids aber auch, einmal unter die Bühne zu sehen – hier versteckt sich nämlich ein Souffleur oder eine Souffleuse im Souffleurkasten, und wenn die Schauspieler ihren Text vergessen, wird er ihnen ganz diskret zugeflüstert!

Nordharzer Städtebundtheater
Spiegelstraße 20a, 38820 Halberstadt
Telefon: 03941/6965-49, www.harztheater.de

15.

0406 Das kleinste Haus, Wernigerode

Ein Puppenhaus für Menschen

In Wernigerode steht ein Mini-Häuschen – so klein, dass vor allem Kinder liebend gern davor stehen bleiben und sich wundern, ob man hier wohl wohnen kann. Im „Kleinsten Haus“ in Wernigerode haben tatsächlich einmal Menschen gelebt. Schon von außen sieht das Häuschen ziemlich gedrückt aus: Die Bauherren haben es in eine 3 Meter kleine Lücke zwischen zwei

Das kleinste Haus in Wernigerode

Häuser gezwängt, und innen sind nur winzig kleine Räume zu finden. Sogar Kinder fühlen sich ziemlich riesig im Vergleich zu diesem etwas zu groß geratenen Puppenhäuschen.

Bei einem Besuch im Inneren des „Kleinsten Hauses“ können sich die kleinen Besucher gar nicht vorstellen, dass hier früher Großfamilien mit bis zu elf Personen gewohnt haben sollen. Das niedliche Fachwerkhaus wurde 1792 erbaut, und bis 1976 war es noch bewohnt. Das „Kleinste Haus“ bringt die Kinder nicht nur zum Staunen und Lachen über seine Größe – die Sprösslinge verstehen bei einem Besuch sofort, wie die Wohnverhältnisse damals waren.

Sollten die Kinder nach dem „Kleinsten Haus“ Lust auf mehr lustige Fachwerkbauten bekommen haben, so warten das „Schiefe Haus“, das „Älteste Haus“ (um 1400 erbaut) und das „Café Wien“ in Wernigerode auf sie.

Stadt Wernigerode, Marktplatz 1, 38855 Wernigerode
Telefon: 03943/6540, www.wernigerode.de

0407 Wintersport in Benneckenstein

Ein Wintermärchen im Harz

Benneckenstein liegt im Herzen des Harzes auf einer Höhe von 540 bis 600 Metern. Obwohl im Sommer hier Wanderungen durch die blühenden Bergwiesen ein besonderes Erlebnis sind, erwacht das Städtchen vor allem im Winter und erhält einen unvergleichlichen Zauber. Diese nahezu märchenhafte Atmosphäre ist gerade für die kleinen Besucher Benneckensteins eine unvergessliche Erfahrung.

Wenn man nämlich noch an den Weihnachtsmann und Rudolph, das Rentier, glaubt, werden in diesem Örtchen alle bunten Fantasien der Kinder Wirklichkeit. Bei Kutsch- und Schlittenfahrten geht es durch die schneeweiße Landschaft, und die Magie von Weihnachten erhält ganz neue Dimensionen. Die Pferde von „Kalles Reiterhof“ führen die Kinder durch die verschneiten harztypischen Fichtenwälder.

Mitten in diesem weißen Paradies fährt eine historische Dampfeisenbahn in einer perfekten Postkartenlandschaft. Für kleine Eisenbahnliebhaber ist eine Fahrt mit der 1899 eingeweihten „Harzer Schmalspurbahn" ein weiteres Highlight. Wissenswertes zu der Dampflok erfahren Kinder im Benneckensteiner Bahnhofsmuseum.
Aber was wäre ein Winterkurort ohne den Wintersport? Natürlich kann man in Benneckenstein Ski fahren und rodeln. Für die kleinen Anfänger bietet der örtliche Ski- und Rodelverein Skiunterricht an. Die jungen Wintersportfreunde schauen sich aber auch von Profis etwas ab, denn Benneckenstein ist ein Austragungsort von Sprung- und Langlaufwettbewerben.
Zum Schluss noch ein Extra-Tipp für den perfekten Winterurlaub: In dem verschneiten Städtchen findet jedes Jahr ein internationales Rennen reinrassiger Schlittenhunde statt. Nun bleiben kaum noch Winterträume übrig, die sich in Benneckenstein nicht verwirklichen ließen!

Kurverwaltung Benneckenstein, Haus des Gastes
Straße der Einheit 5, 38877 Benneckenstein
Telefon: 039457/2612, www.benneckenstein.de

0408 Naturlehrpfad Schierke

Brockenwanderung mit Naturerlebnissen

Auf dem Brocken ist so einiges los! Walpurgisnacht, Hexen, Wintersport und Wanderungen. Bei jeder Jahreszeit können Kinder hier ihre Freude haben.

Hexenaltar und Teufelskanzel auf dem Brocken

Das kleine Örtchen Schierke liegt dabei ganz in Brockennähe, und deshalb ist es besonders sinnvoll, von hier aus den Brocken zu besteigen. So verkürzt man sich ein wenig die Aufstiegszeit und kann dann umso länger die tolle Aussicht genießen.
Um den Brocken herum findet man eine unglaublich schöne Landschaft. Das fällt natürlich auch den kleinen Wanderern auf. Auf dem Naturlehrpfad Schierke weisen zusätzlich informative Schilder auf die Umgebung hin. So entdecken Kinder auf einen Blick, was die Flora und Fauna des Harzes ausmacht. Der Naturlehrpfad ist ganze 4,5 Kilometer lang, aber wenn man den

Tafeln folgt, vergeht der Spaziergang wie im Flug. Am Ende ist es kinderleicht, Pflanzen wie die Brockenanemone oder das Wollgras und brockentypische Tiere wie den Auerhahn und die Alpensmaragdlibelle mit Sicherheit zu erkennen!

Kurverwaltung Schierke, Brockenstraße 10, 38879 Schierke
Telefon: 039455/8680, www.schierke-am-brocken.de

0409 Rübeländer Tropfsteinhöhlen

Funkelnde Kristalle und Grottenolme in den Tropfsteinhöhlen

Hinein ins Dunkel der Höhlen! In Rübeland ist vor allem unter der Erde viel los. In nur 500 Meter Entfernung voneinander befinden sich die Baumannshöhle und die Hermannshöhle. Für Kinder ist eine mutige Wanderung in das Dunkel der Tropfsteinhöhlen ein unvergessliches Erlebnis. Die beherzten kleinen Besucher wagen sich mit ihren Taschenlampen bewaffnet und ganz dick eingemummt hinunter in das Höhlenreich.
Die Baumannshöhle ist eine der ältesten Schauhöhlen der Welt, und seit 1646 finden hier Führungen statt. Auf den Spuren von Stalaktiten und Stalagmiten entdecken die Kinder die Mysterien der Höhle und erfahren dabei Wissenswertes zum Höhlenschutz und zur Entstehung von Tropfsteinhöhlen. Am besten, Sie besuchen den Goethesaal der Höhle mit Ihrem Nachwuchs zu einem ganz besonderen Anlass. Denn hier finden regelmäßig Events wie Theatervorstellungen und Konzerte statt. Und so eine Höhlenakustik ist sicherlich atemberaubend!
In der Hermannshöhle nebenan warten nicht nur glitzernde Kristalle auf die kleinen Höhlenmenschen. Die Calzitkristalle in der Kristallkammer funkeln so sehr, dass es hier unten auf einmal doch ganz hell leuchtet. Das absolute Höhlenhighlight ist allerdings der Olmensee, denn hier lebt der Grottenolm. Einmalig in Deutschland haben die Tierchen in der Hermannshöhle ihr Zuhause gefunden, und die Kinder entdecken mit ein wenig Glück bei ihrer Höhlenwanderung ein paar der äußerst seltenen Gesellen.

Rübeländer Tropfsteinhöhlen –
Tourismusbetrieb der Stadt Elbingerode (Harz)
Blankenburger Straße 35, 38889 Rübeland
Telefon: 039454/49132, www.harzer-hoehlen.de

0410 Glasmanufaktur Harzkristall, Derenburg

Träume aus Glasblasen

Wusstest Du, dass aus Sand, Pottasche und Soda Glas entsteht? Ganz schön spannend, wie man aus Asche schöne Glasvasen zaubern kann. Die Geschichte von Glas ist dabei so lang wie die unseres Planeten Erde, denn aus Quarzsand, Kalk und sodaähnlichen Substanzen entstand damals bei großer Hitze bereits Obsidian – ein Naturglas. Im Laufe der Jahre wollten es die Menschen der Natur gleichtun, und die Glasblaskunst verbreitete sich. Vor allem die Römer holten dieses Handwerk nach Europa und sollen auch damals schon ihre Fenster verglast haben.

Die Glasmanufaktur Harzkristall in Derenburg

Kannst du dir heute ein Leben ohne Glas vorstellen? Ohne Fenster, ohne Trinkgläser und ohne die gute Sehbrille? In der Glasmanufaktur Harzkristall Derenburg wird noch traditionell Glas geblasen. Das ist eine Seltenheit, denn die Glasherstellung ist heutzutage industrialisiert. Vielleicht hast du Lust, auch mal selbst am Schmelzofen eine Kugel zu blasen? Ganz schön anstrengend, eine kreative Form mit dem Mund zu zaubern! Derenburg ist sicherlich der richtige Ort, um das auszuprobieren. Hier wanderst du auf den Spuren des Glashandwerks und entdeckst dabei auch Lampen und Vasen mit einem ganz schön modernen Design.

Glasmanufaktur Harzkristall GmbH & Co. KG
Im Freien Felde 5, 38895 Derenburg
Telefon: 039453/6800, www.harzkristall.de

0411 Harzköhlerei Stemberghaus, Hasselfelde

Zu Besuch bei den Räuchermännchen

Wir leben in einer modernen Zeit, in der viele traditionelle Handwerke und Berufe förmlich aussterben. Wie haben unsere Vorfahren gelebt, und welche Tätigkeiten und Berufe haben sie ausgeübt? Viele Kinder sind sehr interessiert an erfahrbarer Geschichte. In Hasselfelde befindet sich das Stemberg-

haus, eine der letzten Köhlereien in Deutschland. Hier kämpfen Kids gegen das Vergessen, indem sie die Arbeitsweise der Köhler kennenlernen.
Auf dem Weg zur fertigen Holzkohle wird es ganz schön rauchig. Denn zur Verkohlung des Holzes brennen in Hasselfelde Erdmeiler. Früher war das im ganzen Harz gang und gäbe. Die Arbeitsbedingungen eines Köhlers, das sehen Kinder auf einen Blick, waren ganz schön hart. Denn die Holzköhlerei erfordert viel Kraft und Anstrengung. Im Holzköhlermuseum stellen die neugierigen Besucher bei der Führung viele Fragen – vor allem nach dem nächsten Köhlerfest. Denn dann feiern und tanzen alle direkt neben den rauchenden Erdmeilern.

Harzköhlerei Stemberghaus
Stemberghaus 1, 38899 Hasselfelde
Telefon: 039459/72254, www.harzkoehlerei.de

0412 Pullman City/Harz, Hasselfelde

Kleine Cowboys und Cowgirls auf der Ponyranch

Der Wilde Westen kommt in den Harz! In der Pullman City/Harz unternehmen Kinder eine völlig ungefährliche Zeitreise, denn der Wilde Westen im Harz ist völlig gewaltfrei. Hier wird nicht mit geladenen Colts auf den Sheriff geschossen und auch sonst keine Gewalt verherrlicht. Die kleinen Cowgirls und Cowboys in der Pullman City dürfen sich dafür auf jede Menge originelle Western-Shows freuen.

Wilder Westen – mitten im Harz

Bei der Reit- und Lasso Show können die Kinder sich jede Menge Tricks abgucken. Mit einem Lasso lässt sich nämlich noch viel mehr, als nur Rinder zu fangen! Das grenzt schon fast an Zauberei. Aber diese überlässt man in der Pullmann City vor allem Tom Ace, der auf der Hauptstraße täglich seine wilden Zaubertricks vorführt. Wie von Zauberhand verschwinden hier die Sachen der Kinder und tauchen an ganz anderer Stelle wieder auf!

Buffalo Bill Cody bringt den kleinen Besuchern die Geschichte des Wilden Westens näher. Danach zeigen die Wild Girls bei einer atemberaubenden Trickreitshow ihre Stunts. Wetten, dass die kleinen Besucher danach gleich in die Pferderanch stürmen, um selbst ein wenig zu reiten?
Aber Moment mal – was wäre der Wilde Westen ohne Indianer? Natürlich darf auch die Geschichte der amerikanischen Ureinwohner in der Pullmann City nicht fehlen. Im „Mandan Erdhaus“ erklärt der Indianerhäuptling „Shadow“ den kleinen Winnetous die Gebräuche der Indianer. Für diejenigen, die immer noch nicht genug haben vom Western-Flair, stehen Tipis mit Lagerfeuerstellen zur Übernachtung bereit.

Pullman City/Harz, Am Rosentale 1, 38899 Hasselfelde
Telefon: 039459/7310, www.pullmancity-2.com

0413 Puppentheater der Stadt Magdeburg

In Magdeburg tanzen die Puppen!

Im Magdeburger Puppentheater haben die Puppen keine Verschnaufpause. Kaum ein Theater hat so viele Premieren, Neuinszenierungen und so viel Erfolg bei Kindern. Das Puppentheater in Magdeburg ist eines der größten in Europa, und vor allem die ganz Kleinen freuen sich über die süßen Stücke. Neu für die Kleinkinder: Seit 2008 steht Hermine, die Schildkröte, auf der Bühne. Sie wird bereits 86 Jahre alt, freut sich aber wie die Jungen und Mädchen im Zuschauersaal auf Gäste, Geschenke und den leckeren Geburtstagskuchen.

Der Wolf und die sieben Geißlein

Auch der Intendant des Puppentheaters freut sich, denn er ist sich seiner pädagogischen Aufgabe bewusst und möchte den Kindern ab drei Jahren durch die Stücke mit Wiedererkennungswert und echten Gefühlen ein wenig Glück bereiten.
Vorschulkinder genießen eine andere Premiere: „Der Wolf und die sieben Geißlein“ wurde in Magdeburg als Ziegenkrimi inszeniert. Das junge Publikum fiebert mit, wenn es darum geht, ein Versteck vor dem bösen schwar-

zen Wolf zu finden. Anspruchsvoller wird es bei „Moby Dick“, und hier sind es bereits Schulkinder, die immer noch ganz wild auf die bunten Puppen sind. Inzwischen schlummern Hunderte von Püppchen im Magdeburger Puppentheater – von Robin Hood über Schneewittchen und Rotkäppchen bis zu Hänsel und Gretel. Sie sind alle ganz heimisch geworden in der Stadt mit langer Puppenspieltradition. Das Puppentheater lockte in fast 50 Jahren mit über 200 Premieren, und das bunt gemischte Repertoire von klassischen Märchen, fantastischen Geschichten, Aktionstheater und Open-Air-Veranstaltungen im Sommer macht einen Besuch in Magdeburg extrem lohnenswert.

Puppentheater der Stadt Magdeburg
Warschauer Straße 25, 39104 Magdeburg
Telefon: 0391/54033-10 u. -11,
www.puppentheater-magdeburg.de

0414 Technikmuseum Magdeburg

Technik begeistert!

Ratter, ratter! In Magdeburg werden im Technikmuseum schwere Maschinen wie Kesseldampfmaschinen und Dampfhammer aufgefahren. Hier erleben kleine Technikfreunde aus nächster Nähe, was während der industriellen Blütenzeit das Denken der Menschen beherrschte. So, wie für uns nun der neueste Computer ein Highlight darstellt, wurden damals innovative Maschinen gefeiert, die den Menschen Arbeit abnahmen.
Die kleinen Besucher kommen ganz schön ins Staunen, wenn sie auf einmal vor diesen riesigen Exponaten stehen. Ob aus Industrie, Handwerk, Landwirtschaft oder auch Verkehrstechnik – die Kinder finden schnell etwas Faszinierendes an diesen eindrucksvollen Ausstellungsobjekten. Neben der ersten Straßenbahn Magdeburgs bis hin zur ersten Magdeburger Pilotenrakete spüren die Sprösslinge die Spannung von damals und die Hoffnungen, die mit diesen Erfindungen verbunden wurden.

Technikmuseum Magdeburg
Dodendorfer Straße 65, 39112 Magdeburg
Telefon: 0391/6223906
www.technikmuseum-magdeburg.de

0415 Fahrzeugmuseum Glöthe

Huup! Huup! Im Fahrzeugparadies

Dass sich kleine Jungs für Autos begeistern, ist altbekannt. Aber stellen Sie sich vor: Im Fahrzeugmuseum Glöthe kommen alle Fahrzeuge vor – vom Kinderroller über Mopeds bis hin zu Autos. Müsste da die Freude bei den Kindern nicht noch mehr steigen?

Hier in Glöthe werden nämlich Kinderträume wahr. Vor allem die Einsatzfahrzeuge der Polizei und Feuerwehr lassen die Kinderherzen höherschlagen. Schließlich gehört zu jedem Traumberuf das richtige Auto. Für die jungen Besucher, die es kaum abwarten können, ihren Führerschein zu machen, besteht in Glöthe zumindest einmal die Möglichkeit, ein Sonderfahrzeug aus der Fahrschule zu betrachten. Der Fahrlehrer muss nämlich jederzeit eingreifen können, falls die Schüler die Kontrolle über das Fahrzeug verlieren.

Wer jetzt glaubt, dass Glöthe vor allem für Jungs interessant ist, der irrt sich gewaltig. In die Kategorie der Fahrzeuge gehören auch Puppenwagen und niedliche Dreiräder – und dafür lassen sich Mädchen ebenfalls begeistern. Aber warum sollte man diese überholten geschlechterrollenspezifischen Geschmacksunterschiede aufrechterhalten? Die Girls werden sich mit Sicherheit auch für die Motorräder und Trabanten interessieren.

Fahrzeugmuseum Glöthe, Friedensstraße 4, 39240 Glöthe
Telefon: 0160/97442898, www.fahrzeugmuseum-gloethe.de

0416 Storchenhof Loburg

Auf einem Bein stehen wie die Störche!

Ein Storchennest bringt Glück! Deshalb zieht es kleine Glückspilze in den Storchenhof Loburg. Denn waren Störche früher noch auf vielen Dorfdächern zu Hause, ist es heute schwer, diese besonderen Tiere zu erblicken, die in Deutschland vom Aussterben bedroht sind. Dabei schlagen Kinderherzen höher, wenn sie das laute Geklapper der Störche in Loburg hören. So eine nette Begrüßung der Storchenfamilien lädt natürlich dazu ein, etwas mehr über Vogelschutz zu lernen.

Im Storchenhof Loburg wird auch einiges getan, um die Störche besser zu verstehen. „Albert von Lotto" – ein männlicher Altstorch – wurde zum Beispiel mit einem Sender ausgestattet; so werden neue Erkenntnisse anhand von Satellitentechnik gewonnen, um die Wanderungen der Storchenfamilie nachzuvollziehen. Darüber hinaus ist der Storchenhof ein Zufluchtsort für verletzte und verwaiste Störche. Beim Herumfliegen lauern nämlich zahlreiche Gefahren auf die Vögel, wie Elektroleitungen, Antennen und Schornsteine. Die Pfleger im Storchenhof Loburg erklären den kleinen Tierfreunden gern, wie sie den Zugvögeln helfen und wie sie die Tiere wieder aufpäppeln.

Störche beim Nestbau

Besonders schön ist es zuzusehen, wie die Störche ausgewildert werden. Ein kleiner Balancierakt gefällig? Dann sollten Ihre Kinder einmal versuchen, es den Störchen gleichzutun und auf einem Bein stehend den davonfliegenden Störchen zuzuwinken!

Vogelschutzwarte Storchenhof Loburg e. V.
Chausseestraße 18, 39279 Loburg
Telefon: 039245/2274, www.storchenhof-loburg.de

0417 Hochseilgarten Friedensau

Ein Balanceseilakt in luftigen Höhen

Ganze 12 Meter über dem Erdboden, zwischen Bäumen platziert, befindet sich der Hochseilgarten Friedensau. Hier wird wesentlich mehr geboten als auf einem Abenteuerspielplatz, denn so ein Hochseilparcours ist eine riesige Herausforderung. Kinder lernen beim Klettern, ihre Ängste zu überwinden und im Team zu arbeiten. Attraktionen wie die Jakobsleiter – eine überdimensionale Leiter, bei der die einzelnen Stufen einen enormen Abstand haben – oder die Burma Bridge sind besondere Aufgaben für die abenteuerlustigen Kids.

Die Kleineren – denn im Hochseilgarten klettern Kinder erst ab 1, 50 m Körpergröße – beweisen sich im spannenden Niedrigseilgarten. Beim Balancierparcours stellen kleine Kletterfreunde in sicherer Bodennähe ihren guten

Gleichgewichtssinn unter Beweis. Auch die Kletterwand wartet auf die jungen Besucher, denn hier gibt es vier Schwierigkeitsgrade, und somit kommen alle Kinder – ob groß oder klein – im Hochseilgarten Friedensau hoch hinaus.

Hochseilgarten Friedensau, An der Ihle 12, 39291 Friedensau
Telefon: 0175/5742670, www.hochseilgarten-friedensau.de

0418 Schulmuseum Hundisburg

Schule nur aus Spaß!

Wer geht denn schon freiwillig an einem Ferien- oder Sonntag in die Schule? „Keiner!“, denkst du und bist froh, endlich mal deine Ruhe zu haben nach den vielen Klassenarbeiten.
In dem Städtchen Hundisburg gehen aber viele Kinder nach der Schulklingel in eine Schule. Und das macht richtig viel Spaß! Denn hier warten keine Lehrer mit Fangfragen auf dich, sondern jede Menge Abenteuer. Die Schule in Hundisburg ist nämlich ein Museum, und du unternimmst hier eine Zeitreise in ein Klassenzimmer aus dem Jahr 1705. In so einem Raum haben deine Ururgroßeltern Schreiben und Rechnen gelernt. Der Gelehrte Gottfried Wilhelm von Leibniz besuchte die Schule übrigens 1704.
Im Schulmuseum Hundisburg kannst du dich auf die alte Schulbank setzen, auf Schiefertafeln schreiben und am Lehrerpult einen Lehrer deiner Wahl imitieren. Nun stell dir mal vor: In diesem kleinen Raum saßen früher 44 Kinder. Ganz schön eng! Irgendwie kehrt man dann doch gern in seine jetzige Schule zurück – die Stühle sind bequemer, und die Lehrer waren angeblich früher noch viel strenger.

Schulmuseum Hundisburg, Dönstedter Straße 15, 39343 Hundisburg
Telefon: 03904/42831, www.museumhaldensleben.de

0419 Kanu-Verleih Werben

Natur erleben bei einer Kanufahrt

Das verschlafene Städtchen Werben an der Elbe ist ruhig und vor allem von atemberaubender Natur umgeben. Kinder können in diesem 900-Seelen-

Nest aber trotzdem auf ihre Kosten kommen und unglaublich viel Spaß haben. Denn hier sorgt der Kanu-Verleih Werben für Spannung und Aufregung. Die kleinen Paddelfreunde überqueren den großen, ruhigen Fluss und können dabei in vollen Zügen die Natur genießen und Vogelstimmen lauschen.

In den Kanus haben zwei, aber auch vier Personen Platz. So können Kinder mit ihren Eltern mal so einen richtig schönen Familienausflug auf dem Wasser unternehmen.

Die Stadt Werben ist übrigens schon seit 1.000 Jahren Hansestadt. Nach dem Zauber der Paddel-Tour können die Kinder die idyllische Landschaft mit dem Fahrrad erkunden. Ganz ohne Großstadt-Smog und Verkehr macht auch der Radsport in Werben viel mehr Spaß!

elbe-kanu Werben (Altmark), Fabianstraße 12, 39615 Werben/Elbe
Telefon: 039393/92746, www.elbe-kanu.de

Nordrhein-Westfalen

0420 Tierpark Herford

Geburtstagfeiern einmal ganz besonders

Sicher, es gibt fast überall kleinere Streichelzoos oder Mini-Tierparks, was ja auch keine schlechte Sache ist. Manche aber heben sich vom Durchschnitt ab.

Der Tierpark Herford ist zunächst einmal auch so ein typischer Mini-Zoo. Allerdings denkt man hier intensiv über spezielle Angebote für die Besucher nach. Seit Kurzem präsentieren die Macher eine pfiffige Idee für unvergessliche Kindergeburtstagsfeiern: altersgerechte Betreuung mit verschiedenen Aktionen, wie z. B. (K)indianerdorf, Schatzsuche, Tiere hautnah erleben und vieles andere. Diese Angebote richten sich an Kinder im Alter von 5 bis 12 Jahren. Die „Raubtierfütterung" der lieben Kleinen erfolgt nach Absprache. Aber natürlich lohnt auch der normale Besuch. Am Wochenende kann die ganze Familie im Café Waldfrieden ab 9.00 Uhr entspannt frühstücken. Außerdem gibt es immer wieder die verschiedensten Sonderveranstaltungen, wie 2008 bereits zum zweiten Mal das große Tierparkfest des WDR. Informieren Sie sich auf der hübsch gemachten Website, oder rufen Sie bei der Planung einer außergewöhnlichen Geburtstagsfeier einfach persönlich an.

Tierpark Herford
Stadtholzstraße 234, 32049 Herford
Telefon: 05221/81284
www.tierpark-herford.de
Winterpause 11. November bis Ende Februar

0421 H2O Herford

Karibikinsel oder Turborutsche?

Gott sei Dank, dass es in Deutschland nahezu überall ein großes Freizeitbad in der Nähe gibt. Wenn man in Herford und Umgebung Lust aufs kühle Nass bekommt, heißt das Ziel H2O. Und das muss sich hinter seinesgleichen nicht verstecken: Eine 120 m lange Black-Hole-Rutsche, 70-m-Turbo-Rutsche, Wellenbad und Wellenkanal, 25-Meter-Wettkampfbecken, 25-Meter-Außenbecken, Whirlpool, Kinderbecken, Kinderspielbereich, Schwimmkurse, Aqua-Fitness-Kurse, 1- und 3-Meter-Sprungtürme und Erlebnisgastronomie

Hinab ins frische Nass

werden geboten. Und für die Kleinen kommt noch ein besonderes Highlight hinzu: die TABOKIRI-Dschungelinsel. Sie besteht aus einem 400 m² großen Dschungel mit Wasserrutschen, einem alten Holzsegelboot, Wasserkanonen, einer Tauchergrotte samt animierten Fischen und Korallenriff, einem Maja-Tempel und anderen die Fantasie anregenden Dschungel-Attraktionen. Ausgiebig spielen ist da für Kinder kein Problem.

H2O Herford, Herforder Sport- und Freizeitbad
Wiesestraße 90, 32052 Herford
Telefon: 05221/922277, www.h2o-herford.de

0422 Springolino, Herford

Deutschlands größte Indoorspielanlage

Bei jedem Wetter toben, springen, klettern, rutschen und spielen ... Auf 5.000 m² können Kinder und Jugendliche im Springolino ihrem Bewegungsdrang freien Lauf lassen. Trampolins, Kletterwände, 3-Etagen-Kletterlabyrinth, Wellenrutschen, Röhren-Turbo-Rutsche, Ballschussarena, Bungee-Trampolins, Kletterberg, Kettenkarussell, Wabbelberg und Teufelsrad sind eine echte Verlockung. Daneben gibt es eine Kinderdisco, Partyräume zum Geburtstagfeiern, den Gastrobereich für die Großen und einen Kleinkinderspielbereich für die ganz Kleinen.

Springolino, Ackerstraße 35, 32051 Herford
Telefon: 05221/692424, www.springolino.de

0423 Freilichtbühne Nettelstedt

Lebendiges Theater selbstgemacht

„Theater, das einfach Spaß macht“ ist das Motto des Amateurtheatervereins mit professionellem Anspruch. Folglich werden jedes Jahr zwei Stücke mit professionellem Equipment unter der Leitung professioneller Regisseure auf der Freilichtbühne gespielt. Jeweils ein Stück für Erwachsene und eines, am Sonntagnachmittag, für Kinder – 2008 beispielsweise „Emil und die Detektive“. Saison ist üblicherweise von Mai bis Ende August. Nach den Aufführungen haben die Besucher Gelegenheit, die Bühne zu besichtigen und mit den Darstellern zu sprechen.

Freilichtbühne Nettelstedt e. V.
Hünenbrinkstraße 4, 32312 Lübbecke
Auskunft: 05741/370192, Anmeldung: 05741/370193
www.freilichtbuehne-nettelstedt.de

0424 potts park, Minden

In der Riesenwohnung

Für Familien mit kleinen und ganz kleinen Kindern (2–11 Jahre) sei der potts park ausdrücklich empfohlen. Hier sind viele Attraktionen schon für ganz Kleine geeignet. Der potts park verbindet Spielen und Lernen auf großartige Weise miteinander. In der großen Parkanlage sind originelle Ideen wie die Riesenwohnung (alle Möbel sind doppelt so groß, Papa und Mama erleben mal, wie das ist!), Fahrgeschäfte, die noch selbst angetrieben werden müssen, der faszinierende Spiegeldom und Deutschlands schönstes Toilettenhaus zu finden. Der etwas andere Freizeitpark hebt sich wohltuend ab vom Einerlei der großen Themen- und Freizeitparks.

potts park, Freizeit- und Erlebnispark
Bergkirchener Straße 99, 32429 Minden-West/Dützen
Telefon: 0571/51088, www.pottspark-minden.de

0425 Freilichtbühne Porta, Porta Westfalica

Theater im Steinbruch

Jedes Jahr hat die Freilichtbühne Porta auch ein Kinderstück im Programm. Im Sommer finden die Aufführungen in einem ehemaligen Steinbruch zu Füßen des Kaiser-Wilhelm-Denkmals statt, das für sich schon sehenswert ist. Die Naturbühne vor der beeindruckenden Felswand wurde mehrmals erwei-

tert und bietet nun über 600 Zuschauern Platz. Es lohnt sich durchaus, etwas früher zu kommen, um die natürliche Kulisse zu bewundern oder noch einen Spaziergang zu machen.
Und auch die Aufführungen sind nicht ohne. Aufwendige Produktionen und die beliebten Kinderstücke zeigen, dass hier ein Verein von theaterbegeisterten Amateuren voller Leidenschaft am Werk ist. Denn hinter jedem Stück steckt viel Arbeit und Engagement – auf der Bühne, aber auch dahinter. Die Jugendgruppe des Vereins schreibt: „Egal ob Theater spielen, Kulissen bauen, Kostüme nähen, Affen schminken oder einfach nur gemütlich beisammen sitzen: Das sind wir, die JUGRU Porta!“

Goethe-Freilichtbühne Porta Westfalica e. V.
Unter den Tannen, OT Barkhausen, 32457 Porta Westfalica
Telefon: 0571/71368 von donnerstags bis samstags
zwischen 16.00 Uhr und 18.30 Uhr
www.portabuehne.de

0426 Salz- und Zuckerland, Bad Oeynhausen

Süßigkeiten selbstgemacht

Für Salz sollte Bad Oeynhausen hinreichend bekannt sein, aber Zucker?
In der Sielallee finden Sie nicht nur das historische Brunnenmeisterhaus mit Biergarten – ganz in der Nähe der ersten Solebohrungen – und das Salzland mit typisch Bad Oeynhauser Wellnessprodukten, sondern auch das Bonbonhaus. Hinter einem antiken Lädchen entdecken Sie den Eingang zur Zuckerbäckerei. Hier können die Kleinen auf extra erhöhten Podesten der Herstellung von Süßigkeiten zuschauen und anschließend die noch warmen Klümpchen probieren. Sonntags von 14 bis 16 Uhr dürfen Besucher ihre eigenen Lutscher herstellen. Natürlich wird zuerst einmal anschaulich, lustig und kindgerecht erklärt, wie das geht. Und sollte Ihr Kind demnächst Geburtstag haben – das Bonbonhaus hat ein spezielles Kindergeburtstags-Angebot: Die süßen Kleinen werden in den Herstellungsprozess einbezogen, können über

Süß und klebrig

Geschmack und Farbe entscheiden und dürfen ihre Werke als Andenken mit nach Hause nehmen.

Café/Restaurant Brunnenmeisterhaus
Sielallee 2, 32545 Bad Oeynhausen
Telefon: 05731/105588, www.salzundzuckerland.de

0427 Werry-Kids, Bad Oeynhausen

Action bei jedem Wetter

Spielen, toben, klettern, rutschen – ganz egal, wie das Wetter ist! Im Herzen von Bad Oeynhausen, im Werre-Park, lockt das Indoor-Spiel-Paradies Werry-Kids. Als Spezialist für junge Familien hat es so einiges im Angebot: Für die ganz Kleinen bis zu einem Alter von 5 Jahren gibt es den Ballpool, die großen Softlegobausteine und die Riesenkugelbahn zu entdecken. Schon etwas Ältere toben auf der 14 mal 22 Meter großen Kletterspielanlage, starten ihre ersten Fahrversuche auf der Elektro-Kartbahn oder bezwingen den Kletterberg.
Mama und Papa entspannen sich im Bistrobereich oder hüpfen gemeinsam mit dem Nachwuchs auf der 6-Feld-Trampolin Anlage. Wirklich empfehlen kann man das Werry-Kids auch für Kindergeburtstage: Es gibt verschiedene Spezialangebote, die Kinder können sich so richtig austoben, und Sie müssen hinterher nicht aufräumen!

Werry-Kids
Mindener Straße 22–24, 32547 Bad Oeynhausen
Telefon: 05731/1532400, www.werrykids.de

0428 Tierpark Kalletal

In der Wolfsschule

Der Tierpark Kalletal hat sich zum Ziel gesetzt, die vorhandene Natur so wenig wie möglich zu verändern. Die Gehege sind sauber, aber unordentlich. Es gibt keine exotischen Bauten oder künstliche Landschaften. Die Tiere werden artgerecht gehalten und überdies zum Teil aus Gründen des Tierschutzes oder wegen ihrer Einstufung als „Problemtier“ aufgenommen. Aber hier sind auch exotische Tiere zu beobachten, wie Tiger, Panther und Schim-

pansen. Entlang der großzügigen Landschaftsgehege finden kindgerechte Führungen und liebevolle Tiervorführungen statt.
Besonders interessant sind die Wolfsabende. Dr. Neumanns Wolfsschule ist die einzige ihrer Art in ganz Europa. An den Wolfsabenden können die Besucher nach Diavortrag und Videovorführung die trainierten Wölfe erleben und gemeinsam mit diesen heulen – ein spannender Abend für schon etwas ältere Kinder. Den Jüngeren seien die Tierfütterung – bei gutem Wetter, um 15.00 Uhr – und die Mäusestadt gleich hinter dem Eingang empfohlen.

Tierpark Kalletal, Dalbke 1, 32689 Kalletal
Telefon: 05264/242, www.tierparkkalletal.de

0429 Aqualip, Detmold

Ob Regen, ob Sonnenschein

Bei gutem Wetter ins Freibad, in das Planschbecken oder auf den Spielplatz, bei schlechtem in das Sportbecken, den Strömungskanal, einen Hot Whirlpool, das Solebecken, in die Spielhöhle für kleine Besucher oder in eine der vielen Ruhezonen der Lagunenlandschaft: Das sind einige der Alternativen im Aqualip. Nicht zu vergessen die 84 m lange Rutsche „Aquablitz“.

Ruhepause am Beckenrand

Beliebt sind auch die Seepferdchenkurse. Kids ab 6 Jahren, die bereits ans Wasser gewöhnt sind, lernen von erfahrenen Schwimmmeistern, wie man sich im Schwimmbecken richtig fortbewegt. So ein Kurs umfasst 15 Einheiten in drei Wochen. Wenn Sie in Detmold und Umgebung wohnen – erkundigen Sie sich!

Aqualip
Georg-Weerth-Straße 19, 32756 Detmold
Telefon: 05231/607-250, www.aqualip.de

0430 Freilichtmuseum Detmold

Wie Urgroßvater und Urgroßmutter lebten

Das Freilichtmuseum Detmold gilt als eines der bedeutendsten in Europa und ist wahrscheinlich das größte Deutschlands. Auf einer Fläche von 90 ha mit über 100 Gebäuden tauchen die Besucher in das Landleben unserer Ahnen ein. Einfach losspazieren, alte Höfe mit Werkstätten, zwischen Schweinen und Gänsen, entdecken und sich überraschen lassen ist sicher eine gute Möglichkeit, einen abwechslungsreichen Tag zu erleben. Aber im Freilichtmuseum können die Besucher auch selbst aktiv werden. Die Leitung des Museums hat sich die unterschiedlichsten Führungen und Mitmach-Angebote einfallen lassen. Nicht nur Gruppen, auch Familien und ganz besonders Kinder sind dazu herzlich eingeladen. Beispielsweise „Vom Korn zum Brot", eine Führung speziell für das Grundschulalter. Oder „Nachts in Fahrt! Keine Angst vor Fledermäusen": Kinder von 6 bis 10 Jahren lernen allerhand über das Leben der Fledermäuse und bauen selbst Fledermauskästen, die sie zu Hause aufhängen können. Auch „Kinderalltag früher", geeignet für Kindergärten, die ersten Klassen und Erwachsene, begeistert und erstaunt die kleinen Besucher. Sie erfahren eine Menge über das doch viel härtere Leben der Kinder in früheren Zeiten, die Arbeitswelt, die wenige Freizeit und über Spielzeug und Spielmöglichkeiten. Gelegenheit, selbst zu spielen, gibt's selbstverständlich auch.
Das Infobüro finden Sie direkt am Eingangspavillon hinter der Infotheke.
Von Anfang April bis Ende Oktober ist das Infotelefon unter 05231/706104 erreichbar.

LWL – Freilichtmuseum Detmold / Westfälisches Landesmuseum für Volkskunde
Krummes Haus, 32760 Detmold
Telefon: 05231/706-0
www.lwl.org/freilichtmuseum-detmold/01_startseite.php

0431 Freilichtbühne Bellenberg, Horn-Bad Meinberg

Mal nicht ins Kino

Jedes Jahr von Mitte Mai bis Anfang September steht ein Stück für Kinder auf dem Programm der Freilichtbühne Bellenberg. Beispielsweise Märchen der Brüder Grimm, das „Dschungelbuch", „Ronja Räubertochter" oder

„Der kleine Vampir". Die Erwachsenenstücke sind meist heitere Volksstücke und daher für Zuschauer von 4 bis 94 Jahren verständlich und unbedenklich. Also sind im Grunde sämtliche Vorstellungen für die ganze Familie bestens geeignet. Eine Aufführung kostet nicht mehr als ein Kinobesuch. Parkplätze sind kostenlos. Die Bühne liegt idyllisch am Waldrand, und Sie atmen frische Luft.

Freilichtbühne Bellenberg
Zur Freilichtbühne, 32805 Horn-Bad Meinberg
Telefon: 05234/2675, www.freilichtbuehne-bellenberg.de

0432 Familienpark Funtastico, Schieder

Spaß und Spiel im Freizeitparadies SchiederSee

Eigentlich ist der Schiedersee ein Stausee der Emmer und heißt daher offiziell Emmerstausee. Dennoch wird das Naherholungsgebiet in Lippe den meisten wohl unter dem Namen Schiedersee bekannt sein. Denn sowohl das Fahrgastschiff, der Freizeitpark, das Seerestaurant als auch der Wohnmobilhafen tragen diesen Namen. Auf jeden Fall ist der See besonders im Sommer ein beliebtes und lohnendes Ausflugsziel. Bootsverleih, Minigolfanlage, Motorschiff, Seerestaurant und nicht zuletzt der Familienpark Funtastico locken die Besucher. Die Kleinen sind vom Hüpfberg, einem riesigern Luftkissen, der 32 m langen und 10 m hohen Riesenrutsche, der Motorschaukel, den Bumperboats, den Trampolinen und der Kletterlandschaft „Fun Cliff" ganz begeistert – Mama und Papa von den im Vergleich zu größeren Parks wirklich günstigen Preisen. Außerdem findet sich am See auch noch ein riesiger Abenteuerspielplatz mit Spielsee – Eintritt frei!

Freizeitzentrum SchiederSee, 32816 Schieder
Telefon: 05282/411, www.schiedersee.com

0433 Freilichtbühne Bökendorf, Brakel

Open Air bei jedem Wetter

Als eine der zehn meistbesuchten Freilichtbühnen im Verband hat die Freilichtbühne Bökendorf viel zu bieten. Eine vollständig überdachte Zuschauertribüne auf schräger Ebene garantiert optimale Sicht und Regensicherheit. Körpermikrofone sichern eine klare Akustik bis in die letzte Reihe. Das computergesteuerte, digitale Licht- und Tonmischpult sorgt für überraschende visuelle wie akustische Effekte. Kiosk und Imbiss dienen dem leiblichen Wohl, und kostenfreie Parkplätze ganz in der Nähe schonen Nerven und Geldbeutel. Das alles in einem ehemaligen Steinbruch vor natürlicher Waldkulisse. Selbstverständlich gibt man jedes Jahr ein Kinderstück.

Freilichtbühne Bökendorf e. V., 33034 Brakel-Bökendorf
Telefon: 05276/8043
www.freilichtbuehne-boekendorf.de

0434 Freilichtbühne Schloss Neuhaus

Draußen ist's anders

„Theater pur in der Natur" lautet das Motto der Freilichtbühne Schloss Neuhaus. Seit ihrer Gründung 1959 auf einem ehemaligen Schießplatz wurde die kleine Amateurbühne mehrmals umgebaut und fasst mittlerweile 600 Zuschauer. Wie das Motto zeigt, ist den Machern ein möglichst unmittelbares Theatererlebnis, eingebunden in die besondere Freilichtatmosphäre, mit wechselnden Geräuschen, Stimmungen und Witterungen sehr wichtig. In letzter Zeit hat man sich erfolgreich zunehmend auf ein Publikum aus Kindern und Jugendlichen fokussiert; 2008 beispielsweise stand „Peter Pan" auf dem Programm.

Freilufttheater direkt beim Schloss

Freilichtbühne Schloss Neuhaus e. V.
Marstallstraße 19, 33104 Paderborn-Schloss Neuhaus
Telefon: 0175/8903710, www.fbsn.de

0435 Tierpark Nadermann, Delbrück-Schöning

Löwe, Luchs und Lama

Der Tierpark Nadermann hat üblicherweise von Anfang/Mitte März bis Ende November geöffnet. Wie es sich für einen kleinen Tierpark gehört, gibt es eine ganze Anzahl teils exotischer Tiere zu sehen und ein Ausflugslokal gleich nebenan. Während man die Raubkatzen – Löwen, Geparde, Jaguare – aus der gebotenen Distanz betrachten sollte, fressen die Dromedare den Besuchern mitunter auch mal aus der Hand. Besonders beliebt sind die zahlreichen Affen des Parks. Die Vogelwelt ist mit Geiern und Eulen vertreten, aber es gibt natürlich auch Enten und Gänse. Wer Pferde mag, wird sich für das Ponyreiten interessieren, das ebenfalls angeboten wird.
Der Eintritt ist nicht teuer, und als Ziel für einen Ausflug mit Kindern lohnt sich der Tierpark allemal – vielleicht zur Belohnung für eine gute Klassenarbeit?

Tierpark Nadermann
Grafhörster Weg 5, 33129 Delbrück-Schöning
Telefon: 05244/5163 oder 902930, www.tierpark-nadermann.de

0436 Westfalen-Therme, Bad Lippspringe

Unter Palmen

Die Westfalen-Therme hat alles, was ein Freizeitbad braucht, und für Kinder noch ein paar ganz spezielle Extras: Beim Babyschwimmen machen die ganz Kleinen bei angenehmer Temperatur ihre ersten Erfahrungen mit dem Element Wasser. Der Flipperkindergarten ist eine kindgerechte Wasserwelt mit Rutsche, Planschbecken und Wasserspielen für die schon etwas Älteren. Kinder und Jugendliche erforschen das gigantische, unter Palmen gelegene Terrain. Die Riesenwasserrutsche mit Steilabfahrt, der Strömungskreisel, die Wasserkanone, spritzende Fontänen und rauschende Wasserfälle wollen entdeckt werden. Die Erwachsenen widmen sich je nach Laune der Fitness im Vita-Spa-Fitnessclub oder der Entspannung in Sauna oder Hot-Whirl-Pool. Wirklich für jeden ist hier etwas dabei.

Westfalen-Therme, Schwimmbadstraße 14, 33175 Bad Lippspringe
Telefon: 05252/9640, www.westfalentherme.de

0437 Barfußpfad Bad Wünnenberg

Eine ganz natürliche Sache

Immer mehr Menschen entdecken den Reiz von Barfußpfaden. Barfußlaufen entspannt, stärkt das Immunsystem und schult Konzentration und Bewegungskompetenz. Tun Sie sich, Ihren Kindern und Ihren Füßen etwas Gutes und planen Sie zwischen April und Oktober einen Abstecher nach Bad Wünnenberg ein. Der dortige Barfußpfad führt unter anderem über Rasen, Matsch und Kiesel, eine Hängebrücke, warmen Rindenmulch und zum Schluss durch einen erfrischenden Bachlauf. Nachdem Ihre Füße wieder sauber sind, kann es mit den Kleinen noch zum Paddeln auf den nahe gelegenen Paddelteich gehen, oder Sie besuchen gemeinsam die Tiere im Wildgehege nebenan.
Anfahrt: Autobahn A33 Paderborn/Brilon, nach Bad Wünnenberg, erste Ampelkreuzung links (Mittelstraße), zweiter Abzweig rechts (Im Aatal), Richtung Kurhaus, daran vorbei, und nach einem Kilometer sehen Sie auf der linken Seite den Barfußpfad. Von Dortmund fährt man über die B1 und A44 Richtung Rausingen bis zum Autobahnkreuz Bad Wünnenberg/Haaren. Dann nach Bad Wünnenberg und ins schöne Aatal.

Bad Wünnenberg Touristik, Im Aatal 3, 33181 Bad Wünnenberg
Telefon: 02953/9988-0
www.barfusspark.info/parks/wuennenb.htm

0438 Die Welle, Gütersloh

Seegang in Westfalen

Anfang 2008 wurde „Die Welle“, nach einer Generalüberholung, mit neuen Einbauten wiedereröffnet. Eine kurvenreiche Riesenrutsche mit Licht- und Soundeffekten gehört jetzt ebenso zum Inventar wie der neu geschaffene, besonders geschützte Kleinkindbereich:

Spritzen ist cool

ein flaches Becken mit Dschungelatmosphäre und tropenwarmem Wasser. Kleine Entdecker müssen sich zwischen Rutschberg, Abenteuerbecken und Strömungskanal entscheiden. Highlight bleibt das Wellenbad mit 29 Grad Wassertemperatur und beachtlichem Seegang. Riesenspaß und Urlaubsstimmung sind garantiert.

Die Welle, Stadtring Sundern 10, 33332 Gütersloh
Telefon: 05241/822164
www.schwimmen-in-guetersloh.de/Die_Welle.6.0.html

0439 Heimat-Tierpark Olderdissen

Eintritt frei - Spenden erwünscht!

Warum immer nur exotische Tiere anschauen? Kinder mögen (fast) alle Tiere, und die heimischen Geschöpfe verdienen unsere Aufmerksamkeit ebenso sehr wie die Exoten im Zoo.
Ziege, Pfau und Graureiher haben durchaus ihre Anziehungskraft, gerade auch auf die Jüngsten. Diese lernen im Heimat-Tierpark manche selten gewordenen Tiere erst kennen und dadurch auch begreifen und achten. Wenn Sie im Raum Bielefeld wohnen, sollte der eine oder andere Besuch im 15 ha großen Tierpark Olderdissen mit seinen über 430 Tieren in 100 verschiedenen Arten also rechtzeitig auf dem Programm gestanden haben.

Heimat-Tierpark Olderdissen
Dornberger Straße 149a, 33619 Bielefeld
Telefon: 0521/512956, www.bielefeld.de/de/un/tpo/

0440 Archäologisches Freilichtmuseum Oerlinghausen

Auf in die Vergangenheit!

„In unserem Museum wird auf 1,5 ha Fläche Vorgeschichte lebendig gemacht. Vom Sommerlager eiszeitlicher Rentierjäger bis zur frühmittelalterlichen Hofanlage erhält man in sechs großen Baugruppen einen Eindruck vom prähistorischen Alltag. Bei den Versuchsgärten wird das Verhältnis der Menschen zur Umwelt ihrer Zeit erfahrbar. In speziellen Gehegen werden mittelalterliche Weideschweine und Ziegen gehalten. Darüber hinaus erwar-

tet Sie ein breit gefächertes Programm an Vorführungen und Aktionen." So kurz und trocken stellt sich das Archäologische Freilichtmuseum auf seiner Website selbst vor.
Wir möchten Ihnen und Ihren Kindern das Freilichtmuseum Oerlinghausen ausdrücklich ans Herz legen. Selten wird dem Nachwuchs eine so interessante, zugleich spannende und lehrreiche Sache geboten, die noch dazu großen Spaß macht. Die Organisatoren haben sich unglaublich viel einfallen lassen, was nicht nur die außerordentliche Fülle der verschiedensten Aktionen, Veranstaltungen, praktischen Übungen und sonstigen Angebote beweist.
Die Palette reicht von Kindergeburtstagsfeiern mit Speerschleudern, Feuermachen, Brotbacken und Tonperlenherstellung über Gruppenübernachtungen im Stroh mit original Steinzeitfeeling bis zu einer endlosen Reihe von themenbezogenen Sonderveranstaltungen und museumspädagogischen Gruppenangeboten (Schmieden, Bronzeguss, Pfeil und Bogen, Steinzeittöpfern usw.). Es gibt Schnupperführungen für Erwachsene mit Kindern ab 8 Jahren, Mitmachführungen, und auf der Website einen Baukasten mit verschiedenen Angeboten zum Selbst-Zusammenstellen. Das ist für Familien interessant, aber auch für Gruppen, Kindergärten oder Schulklassen. Für jedes Alter ist etwas dabei. Schlagen Sie doch beim nächsten Elternabend einen Besuch im Archäologischen Freilichtmuseum als Klassenfahrt vor! Die Jugendherberge Oerlinghausen ist auch nicht weit.

Archäologisches Freilichtmuseum
Am Barkhauser Berg 2–6, 33813 Oerlinghausen
Telefon: 05202/2220, www.afm-oerlinghausen.de

0441 Aquazoo und Löbbecke Museum, Düsseldorf

Auch „Nemo" ist hier zu Hause

Gleich hinter dem Eingangsbereich des Gebäudes erwarten den Besucher ein 17 Meter langes Pottwalskelett – und lebendige Eselspinguine. „Aquazoo und Löbbecke Museum" in Düsseldorf bietet Naturkundemuseum und Aquarium in einem.
Die Attraktion sind sicherlich die etwa 450 Tiere in über hundert Aquarien und Terrarien. Da verkommen die Fossilien, die auch zur Ausstellung gehören, leicht zum Beiwerk. Wie der Name „Aquazoo" schon sagt, geht es in der Ausstellung um Wasserbewohner – vom Kleinstlebewesen bis zum Hai. Fi-

sche bilden den Schwerpunkt, aber auch die erwähnten Pinguine gehören hierher. Schließlich sind die Wasservögel ja perfekt ans Leben im nassen Element angepasst, ähnlich wie der riesige Wal (der leider nur als Skelett vertreten ist). Besonders beeindrucken das Korallenriff und die großen Schwärme bunter Fische im 15-Meter-Aquarium. Und da, ist das nicht Nemo? Ja, richtig, auch der grell gestreifte Anemonenfisch, seit „Findet Nemo" in jedem Kinderzimmer bekannt, ist hier vertreten.
Ein zweiter Höhepunkt der Ausstellung: Der Teil mit den großen Reptilien. In einer großen Tropenhalle wurde ein tropischer Flusslauf nachgebildet. Gelegentlich sieht man dessen Bewohner, gepanzerte Kaimane und Alligatoren, träge durch das Wasser gleiten. In einem weiteren großen Terrarium repräsentieren Pythons und Anakondas eindrucksvoll die Familie der Riesenschlangen. Die Insekten- und Spinnen-Abteilung ist sicher nicht die Lieblingsabteilung für viele Kinder (und Erwachsene). Ein Hinweis auf die prächtigen Schmetterlinge, die hier auch zu sehen sind, könnte helfen, damit es beherzt an Skorpionen und Vogelspinnen vorbeigeht.
Alles in allem ist der Düsseldorfer Aquazoo ein idealer Ort, um einen regnerischen Vor- oder Nachmittag mit Kindern zu verbringen. Doch findet sich Faszinierendes für alle Altergruppen auf den 7.000 Quadratmetern des Aquariums. Führungen finden meist sonntagnachmittags statt. In den Ferien gibt es Sonderaktionen für Kinder. Den Kindergeburtstag kann man ebenfalls mit Nemo und seinen Mitbewohnern feiern. Auch die Umgebung ist ideal für einen Ausflug: Der weitläufige Düsseldorfer Nordpark ist gleich nebenan.

Aquazoo – Löbbecke Museum
Kaiserswerther Straße 380, im Nordpark, 40200 Düsseldorf
Telefon: 0211/8996150, www.duesseldorf.de/aquazoo/

0442 Filmmuseum Düsseldorf

Mehr als nur bewegte Schatten an der Wand

„Anschaulich" ist sie in jedem Fall, die Ausstellung im Düsseldorfer Filmmuseum – kein Wunder beim Thema Film und Kino. Aber nicht, dass es allenthalben nur Filmausschnitte zu sehen gäbe oder ausschließlich Technik, Requisiten und Kostüme zu bewundern wären: Es gibt auch Möglichkeiten zum Mitmachen. Zum Beispiel kann man selbst Schatten auf einer Wand zum

Leben erwecken – schließlich ist das Schattenspiel einer der Vorläufer des Kinos. Natürlich geht es auch um den Kultstatus, den die großen Regisseure wie Hitchcock, Fellini, Bergman genießen – und auch Leinwand-„Göttinnen“ und „-Götter“ wie Greta Garbo und andere Schauspieler. Auch der Kinosaal selbst, der Ort der mythischen Lichtspiel-Wunder, wird beleuchtet.

Filmikonen, Requisiten und Technik

Die Ausstellung erzählt nicht bloß die Geschichte der bewegten Bilder nach, sondern fragt darüber hinaus kritisch nach wichtigen Aspekten des Mediums: Bewegung, Montage, dem Verhältnis von Abbild und Wirklichkeit. Durch Ausstellungsstücke und Filmausschnitte bleiben diese Fragestellungen aber stets einleuchtend. So dürfte zum Beispiel die Abteilung, in der es um Filmtricks und Trickfilme geht, für so manches „Ach, so funktioniert das!“ sorgen. Regelmäßig finden Führungen und Workshops im Museum statt (auch für Kinder und Jugendliche) und natürlich Filmvorführungen. Kindergeburtstag im Museum ist ebenfalls möglich, Schattenspiel und Daumenkino zum Mitmachen inklusive.

Filmmuseum Landeshauptstadt Düsseldorf
Schulstraße 4, 40213 Düsseldorf
Telefon: 0211/8992232 (Kasse)
oder 0211/8992256 (Führungen)
www.duesseldorf.de/kultur/filmmuseum/

0443 Düsselstrand, Düsseldorf

Alles, was Eltern und Kindern Spaß macht

Auch Nordrhein-Westfalens Landeshauptstadt hat mit dem „Düsselstrand“ ein Spaßbad vorzuweisen. Es bietet in einem großen Innen- und einem eher kleinen Außenbereich alles, was Familien mit Kindern Spaß macht. Kinder sausen auf der Rutsche „Black Hole“ ins Spaßbecken. Kleinere Kinder planschen in einem Kinderbecken. Leider ist die Preisstruktur ziemlich unübersichtlich, auch darf man keine mitgebrachten Lebensmittel im Bad verzehren.

Bädergesellschaft Düsseldorf
Kettwiger Straße 50, 40233 Düsseldorf
Telefon: 0211/8216220
www.baeder-duesseldorf.de/duesselstrand.htm

0444 Trampolino, Hilden

Ein Spielplatz für kleine und große Wilde

Wie es der Name schon andeutet, sind Riesen-Luftkissen und Hüpfburgen die Hauptattraktionen des Hildener Indoorspielplatzes „Trampolino". Aber es gibt noch mehr, vor allem ein vierstöckiges Klettergerüst mit mehreren Rutschen und eine Go-Kart-Bahn. Die Kleinen können sich hier also als Nachwuchs-Schumi oder als kleiner Wildhüter im australischen Busch betätigen. Aber schon Kleinkinder bauen mit Legosteinen und „planschen" in einem Bällebad. Größere „wilde Kerle" kicken in Straßenfußball-Käfigen (der Fußball ist gegen Pfand zu leihen). Für Kinder bis zwölf Jahren.

Trampolino, Kleinhülsen 17, 40721 Hilden
Telefon: 02103/95800, www.trampolino.de

0445 Neanderthal Museum, Mettmann

Zu Besuch bei „Herrn N.", dem Mann mit Schurz und Keule

Wer kennt sie nicht, die Karikaturen vom fellbeschürzten und keulenschwingenden Neandertaler? Der *Homo sapiens neanderthalensis* wird immer wieder als geistig minderbemittelter Vetter des *Homo sapiens sapiens* dargestellt – vielleicht wegen seiner gedrungenen Kopfform. Doch unsere „Verwandten" konnten genauso gut sprechen wie wir. Wie unsere Vorfahren auch benutzten sie Steinwerkzeuge, trugen Felle – und viele Funde von Neandertaler-Wohnungen liegen tatsächlich in Höhlen.

In seiner „Heimat“, dem niederbergischen Neandert(h)al (die Schreibweise variiert), existiert seit 1992 ein Museum. Die Ausstellung klärt nicht nur über den Neandertaler auf, sondern widmet sich allgemein auch den Themen Evolution und Frühgeschichte des Menschen. Im Jahr 1856 hatte ein im Neandertal entdecktes Skelett eines urzeitlichen Menschen die aufflammende Debatte um die neue Evolutionstheorie angeheizt – und letztlich bestätigt. Nach neuerer Forschung lebte der Mettmanner Neandertaler vor ca. 42.000 Jahren im Tal der Düssel. Der Fundort des Skeletts ist heute ein Außenbereich des Museums und ebenfalls zugänglich. In der Abteilung beeindrucken lebensechte Figuren und Multimedia-Präsentationen – das Museum hat für sein Konzept und seine Erlebnispädagogik mehrere Preise gewonnen. Führungen und Audioguides runden das Angebot ab. Für Kinder und Jugendliche macht die Steinzeitwerkstatt die Erkenntnisse der Archäologen mehr als nur anschaulich: Hier können steinzeitliche Werkzeuge wie Knochennadel, Feuersteinmesser oder Pfeil und Bogen ausprobiert werden (Anmeldung erforderlich). Dies ist auch im Rahmen eines „Steinzeitgeburtstags“ möglich.

Unsere Vorfahren

Neanderthal Museum, Talstraße 300, 40822 Mettmann
Telefon: 02104/979797, www.neanderthal.de

0446 Textilfabrik Cromford, Ratingen

Barockbauten, ein Wasserrad und Industriespionage

Überraschend ist der erste Eindruck: Das Industriemuseum Cromford besteht aus einem barocken Herrenhaus aus dem 18. Jahrhundert. Doch nahebei erhebt sich ein fünfstöckiges Backsteingebäude: Die „Hohe Fabrik“ war die Quelle des Reichtums der Unternehmerfamilie Brügelmann – und die erste Textilfabrik Deutschlands. In Ratingen wurde nämlich 1783 die Textilherstellung revolutioniert. Erstmals in Deutschland wurde hier Wolle mit Hilfe von Wasserkraft zu Garn versponnen, auf sogenannten „water

frames“, genau wie im englischen Cromford. Kurz zuvor war dort mit dieser neuen Technik die erste Baumwollfabrik der Welt entstanden. Wie es der deutsche Unternehmer Johann Gottfried Brügelmann schaffte, die Maschine nachzubauen und in Ratingen sein eigenes „Cromford“ in Betrieb zu nehmen, ist eine spannende Geschichte früher Industriespionage. Sie wird in der Ratinger Ausstellung erzählt. Aber Brügelmanns Reichtum beruhte, wie damals üblich, auf Kinderarbeit: Arbeitsschutz und Krankengeld waren unbekannt, dafür war der Arbeitstag 12 Stunden lang.
Heute kann man die prächtigen Innenräume des Herrenhauses besichtigen und in der historischen Fabrik das Wasserrad, den Antrieb der „water frames“, von denen natürlich auch Nachbauten zu sehen sind. Sie treten während der Führungen in Aktion. Neben solchen Führungen bietet der Förderverein des Museums außerdem Kinder-Ferienworkshops an, bei denen z. B. ein Wasserrad gebaut wird. Einmal jährlich findet ein Kinderfest mit Picknick im wunderschönen Park des Herrenhauses statt.

Industriemuseum Cromford
Cromforder Allee 24, 40878 Ratingen
Telefon: 02102/125952, www.cromford.de

0447 Erlebnispark „Woodland Blauer See“, Ratingen

Indianercamp und Märchenzoo

Schroffe Felswände umschließen das „Woodland“, ein ehemaliges Steinbruchgelände am Ratinger Blauen See. Das Waldreich bietet viele zum Teil kostenlose Attraktionen und Aktivitäten, für andere hingegen sind Eintritt und Voranmeldung erforderlich.
Der Blaue See verlockt zu einer Bootspartie im Ruder- oder Tretboot, im grünen Gelände ringsherum können kleine Pfadfinder Hütten bauen, klettern und herumtollen – zum Beispiel auch auf einem (kostenfreien) Waldspielplatz. Wer Abseilen und Balancieren in einem richtigen Hochseilgarten und mit Anleitung lernen will, bucht dies in der „Erlebniswelt Seillandschaft“ (für Gruppen, ab 12 Jahren). In 10 Meter Höhe werden auf Riesenstrickleiter, Urwaldbrücke und im Schlaufenweg nicht nur Mut und Selbstvertrauen verlangt, sondern auch Kommunikation und gemeinsames Handeln trainiert. Nur nach Voranmeldung können die „kleinen Wilden“ im Indianercamp aus

Naturmaterialien Pfeil und Bogen, Friedenspfeifen, Schmuck und andere indianische Gebrauchsgegenstände herstellen. Der Rundgang durch den „Märchenzoo“ führt zu Eseln, Äffchen und Pfauen, die seit über 50 Jahren in sagenhafter Eintracht mit Schneewittchen, den sieben Zwergen und anderen Märchenfiguren zusammenleben. Folgt man dem Naturerlebnispfad, wird man zu einem echten Mammutbaum geführt – oder man steigt, fußmüde geworden, in eine Minieisenbahn mit echter Dampflok.
Das „Woodland“ bietet ein großes Erlebnisangebot inmitten ausgedehnter Waldflächen.

Woodland Blauer See, Zum Blauen See 20
40878 Ratingen, www.woodland-blauersee.de

0448 Kidsplanet, Mönchengladbach

(Fast) unendliche Weiten - Spaß auf 2.400 Quadratmetern

Der „Kidsplanet“ wird von sogenannten „Kindern“ (die zwischen einem und zwölf Jahren alt sind) bewohnt. Diese Aliens zeichnen sich durch ihre Bewegungsfreude aus und tummeln sich in diversen Lebensräumen: auf einer „Hüpfburg“, im „Bällchenbad“, in einem Biotop mit bunten Bausteinen oder auf einem mehrstöckigen Klettergerüst. Wenn sie sich gut benehmen, dürfen auch „Eltern“ genannte Lebensformen an den Aktivitäten teilnehmen – sofern sie an den Füßen ebenfalls Überzieher, gemeinhin unter dem Namen „Socken“ bekannt, tragen. Sportliche Wesen kommen in einem Käfig bei Fußball und Basketball zum Zuge. Vor allem aber kann der Planet in einem verwinkelten Kletterlabyrinth auf mehreren Ebenen erforscht werden. Auch Rennen mit vierrädrigen Wagen sind möglich. Für die kleinsten Außerirdischen stehen diverse Pedalgefährte bereit. Von anderen Planeten mitgebrachte Nahrungsmittel dürfen hier verzehrt werden. Fazit: Dieser Planet ist sehr gut für eine Zwischenlandung an einem regnerischen Nachmittag geeignet!

Kidsplanet, Sportpark Mönchengladbach West
An den Holter Sportstätten 1
41069 Mönchengladbach
Telefon: 02161/3539737
www.sportpark-west.de

0449 Natur- und Tierpark Brüggen

Eine schöne Mischung aus Natur, Tieren und Attraktionen

Seit Jahrzehnten eine grüne Attraktion für Kinder: Der kleine Natur- und Tierpark im niederrheinischen Brüggen besteht seit 1958. Auf dem schönen Grüngelände können Kinder mit den Eltern spazieren gehen – aber weitaus interessanter ist es, auf den Spielgeräten und Rutschen herumzuklettern und zu -tollen. Auch einige Fahrgeschäfte hat der Park zu bieten. Vor allem aber können Klein und Groß hier Tiere betrachten, und sie zum Teil sogar füttern und streicheln (Futter separat im Park erhältlich). In den Tiergehegen und im Streichelzoo leben dreißig Arten einheimischer Tiere und Exoten, darunter auch viele Vögel – insgesamt sind es über hundert Tiere.
Relativ neu im Angebot ist eine Kletterlandschaft. Rasante Fahrt verspricht die Sommerrodelbahn; bei ihr ist nur eine Fahrt frei, die anderen sind kostenpflichtig – auch bei Minigolf und den Trampolinen ist eine kleine zusätzliche Gebühr fällig. Natürlich kann auch der Kindergeburtstag hier gefeiert werden (ab acht Kindern).

Natur- und Tierpark Brüggen
Brachter Straße 98, 41379 Brüggen
Telefon: 02163/5447
www.natur-und-tierpark-brueggen.de

0450 Jever Skihalle, Neuss

Der Berg ruft!

Eislaufen im Sommer war gestern – heute ist auch Skifahren in der Halle ganzjährig möglich. Zum Beispiel im rheinischen Neuss. Zugegeben, im Sommer ein eher kühles Vergnügen bei 4 Grad Minus. Auch meldet das Umweltgewissen Bedenken an: Wie hältst Du's mit dem Klimaschutz? Immerhin erspart ein Besuch in der Jever Skihalle eine Reise in die Alpen. Und hier liegt auch rund ums Jahr garantiert Schnee auf den Pisten – also kann man jederzeit Ski fahren und snowboarden auf der 300 Meter langen und 60 Meter breiten Abfahrt. Gefälle: 28 Prozent. Bergauf geht's – wie in den Alpen – per Skilift, bergab dann mit klopfendem Herzen.

Wem das nicht reicht: Für Snowboarder und Freeski-Fans gibt es auch noch einen kleinen Funpark. Kleine Pistenflitzer können sich auf einer recht flachen Anfängerpiste erproben. Zum alpinen Urlaubsambiente trägt auch eine rustikale Almhütte mit Gastronomie bei. Familien mit Kind erhalten vergünstigte Karten. Der Newsletter des Kinderclubs „Schneebärenbande“ (kostenlos) informiert über Clubtreffen und über Veranstaltungen mit Animation (diese kosten aber extra). Kindergeburtstage in der Skihalle versprechen abwechslungsreiche Stunden – „Snow and Fun” heißt das sportliche Programm mit Überraschungen; dazu gehört Schlitten- bzw. Zipflbob-Fahren für die ganz Kleinen. Für die schon etwas größeren Wintersportfans ist natürlich Ski- oder Snowboardfahren unter Anleitung eines Betreuers angesagt. Alternativ haben die Kleinen in der Sommersaison die Möglichkeit, außen an der Halle Abseilen und Klettern zu üben, unter Aufsicht natürlich. Danach wird gegrillt. Auch außerhalb von gebuchten Geburtstagsfeiern sind in der Klettersaison Schnupper- und Fortgeschrittenenkurse möglich.

Jever Skihalle Neuss, An der Skihalle 1, 41472 Neuss
Telefon: 02131/12440, www.allrounder.de

0451 Märchenspiele Freilichtbühne Zons, Dormagen

Verwunschener Prinz im Zwinger

Das mittelalterliche Städtchen Zons bei Dormagen ist ein gutes Ziel für einen Ausflug mit Kindern. Für kleine Ritter und Prinzessinnen gibt es am historischen Ort einiges zu sehen. Der Kölner Erzbischof ließ hier im 14. Jahrhundert eine Festung bauen – erst mussten die Rheinschiffer den Zoll an den Landesherrn zahlen, dann durften sie mit ihren Waren weiterfahren. An diese Zeiten erinnern nicht nur das kurkölnische Schloss, der Sankt-Peters-Zollturm und die anderen Türme der imposanten Festungsanlage, sondern natürlich vor allem die mächtigen Stadtmauern selbst – nicht umsonst nennt sich der Ort „Feste Zons“. Noch im Dreißigjährigen Krieg sorgten die Wehranlagen dafür, dass Zons nicht eingenommen werden konnte.
Im ehemaligen Zwinger des Schlosses befindet sich seit 1935 eine Freilichtbühne, wo der Verein „Märchenspiele Zons“ seit über fünfzig Jahren sehr erfolgreich Märchen aufführt: Mittlerweile kommen mehrere Zehntausend Zuschauer pro Jahr. Den Anfang machte „Dornröschen“, und auch 2008 steht mit dem „Froschkönig“ wieder ein Brüder-Grimm-Klassiker auf dem

Programm. Ein Besuch der Aufführung ist sicher ein gelungener Abschluss eines Ausflugs – wo sonst kann man schon die Geschichte von der Prinzessin und dem verzauberten Prinzen vor der Kulisse eines echten Schlosses erleben? (Aufführungen von Juni bis September meist nachmittags an Wochenenden.)

Märchenspiele Zons e. V.
Elisabeth Krumbein, Grüner Weg 16, 41541 Dormagen
Telefon: 02133/42274
und 0221/441201 (Kartenvorbestellung)
www.freilichtbuehne-zons.de

15.

0452 Zoo Wuppertal

Per Schwebebahn zu Pinguin, Elefant und Co.

Natürlich ist er auch „schwebend" zu erreichen – denn selbstverständlich liegt auch der Wuppertaler Zoo an einer Haltestelle der berühmten Schwebebahn. Schon in der Kaiserzeit wurde der Zoo im Tal der Wupper gegründet – mit damals 34 Tieren. Heute sind es etwa 5.000.

Die größte Anlage gehört den Dickhäutern: das moderne, erst in den 90er Jahren erbaute Elefantengehege. „Tusker", „Punda", „Numbi" und „Sabie" und ihr Nachwuchs sind auf jeden Fall einen Besuch wert. Seit 2005 bringen die Afrikanischen Elefanten stetig Nachwuchs zur Welt. Andere Lieblinge der Zoobesucher sind Eisbären und Affen sowie die Großkatzen; auch Tiger und Löwen haben seit Kurzem ein neues Freigelände, wo sie auf künstlichen Felsen dösen. Es sind aber auch noch Gitterstäbe zu sehen – im Zoo bemüht man sich, nach und nach Freigehege für eine naturnahe Tierhaltung zu bauen. Derzeit noch im Umbau ist die Pinguinanlage – die markanten Königspinguine mit dem gelben Fleck am Hals sind auch die Wappentiere des Zoos. Den eleganten Schwimmern aus der Antarktis und den kleineren Brillenpinguinen bei ihrem quirligen Treiben zuzusehen dürfte nicht nur Kinder begeistern.

Tiger ganz nah

Kleiner Hinweis: Wie so fast alles im Tal der Wupper liegt der Zoo am Hang und demnach sind die Wege manchmal steil. Feste Schuhe sind also zu empfehlen und die Mitnahme eines Sportwagens (Buggy) beim Besuch mit kleineren Kindern. Alternativ kann man auch einen Bollerwagen ausleihen. Kindergeburtstage mit Zooführungen sind ebenfalls buchbar.

Zoologischer Garten der Stadt Wuppertal
Hubertusallee 30, 42117 Wuppertal
Telefon: 0202/5633600, www.zoo-wuppertal.de

0453 Erlebnisbad „Waterworld Bergische Sonne“, Wuppertal

Hier geht die Sonne auf - bei jedem Wetter!

Wenn das „Regenloch“ Bergisches Land mal wieder wolkenverhangen sein sollte, dann geht in der „Waterworld“ trotzdem die Sonne auf. Inmitten von Palmwipfeln, Wasserfall und Felsklippen fühlt sich der Besucher der Badelandschaft (mit Wellenbecken) in die Karibik versetzt. Schwimmbecken befinden sich sowohl drinnen als auch draußen – man muss also nicht unbedingt auf schlechtes Wetter warten, um diese Wasserwelt zu besuchen. Das Highlight für kleine und große Kinder sind die beiden 104 und 98 Meter langen spektakulären Rutschen im Innenbereich: In den Röhren gibt es sogar Stroboskop-Lichteffekte. Und während die lieben Eltern ein paar Minuten im Solebad oder Whirlpool verschnaufen, erobern die kleinen Wasserratten nebenan im weitläufigen „Abenteuerland“ ein Piratenschiff, bauen Dämme, erforschen eine Piratenhöhle oder schauen sich einen Zeichentrickfilm an.

Auf dem Piratenschiff

Waterworld Bergische Sonne
Lichtscheider Straße 90, 42285 Wuppertal
Telefon: 0202/553605, www.bergische-sonne.de

0454 Upsalla Kinderwelten, Wuppertal-Vohwinkel

Burghausen, eine Ritterburg zum Klettern und Toben

Für einige Stunden Ritter und Prinzessin sein – dieser Traum geht in den „Upsalla Kinderwelten“ in Wuppertal-Vohwinkel in Erfüllung. Das Kletterlabyrinth „Burghausen“ sieht so aus, wie man sich eine echte Ritterburg vorstellt. Hinter farbigen Planen und Netzen erstrecken sich verwinkelte Gänge auf vier Ebenen. Von den Burgmauern aus kann man Drachen und andere Feinde mit einer Ballkanone abwehren. Kleinere Kinder (ab dem Babyalter) spielen währenddessen in einer Minihüpfburg. Außerdem gibt es Trampoline und Hüpfburgen sowie Tret-Go-Karts auf einem Parcours. Die Wettfahrt auf den „richtigen“ Go-Karts kostet allerdings zusätzlich. Auf blitzschnelle Reaktionen kommt es an den Airhockey-Tischen und beim Tischfußball an. Der Kleinkindbereich ist vom Gastronomiebereich gut einzusehen, so dass Mama und Papa sich auch einmal hinsetzen können. Für Kindergeburtstage können Geburtstagsbuchten gemietet werden – sozusagen als „Basisstation“ und zur Essensaufnahme, da die Mini-Ritter fast ausschließlich an den Spielgeräten zu finden sein dürften.
Upsalla betreibt eine weitere Spielhalle, „Funny Max“ in Wuppertal-Oberbarmen. Dort steht im Kletterlabyrinth „Spaceland“ ein Weltraum-Thema im Vordergrund, aber die meisten anderen der in Vohwinkel angebotenen Spiele findet man dort ebenfalls.

„Upsalla“ im Sportpark Vohwinkel
Vohwinkeler Straße 145d, 42329 Wuppertal
Telefon: 0202/736076, www.upsalla.de

0455 Zeittunnel Wülfrath

Eine Reise in die Zeit vor 400 Millionen Jahren

Im Bergischen Land, zwischen Ratingen und Wuppertal, liegt ein Ort, an dem man in die Vergangenheit unseres Planeten reisen kann: 400 Millionen Jahre der Erdgeschichte sind in einem ehemaligen Bergwerksstollen bei Wülfrath erlebbar.

Das Gebiet ist Europas wichtigster Kalklieferant, und in den Kalkschichten blieben im Lauf der Jahrmillionen Lebewesen aus verschiedensten Erdzeitaltern erhalten: Devon, Karbon, Perm, Jura ... Erdschichten und Fundstücke aus insgesamt acht geologischen Zeitaltern sind hier zu sehen. Und anzufassen: Auf dem „Klopfplatz“ ist eigene geologische Forschung gefragt. Mit Hammer und Meißel können auch Kinder selbst Hand anlegen. Am Ende des Rundgangs durch den Stollen steht eine recht spektakuläre Aussichtsplattform mit Blick auf den ehemaligen Steinbruch Schlupkothen. Der Kalkstein-Abbau hinterließ schroffe Bergwände und einen See. Heute ist das Gelände ein wunderbar grünes Naturschutzgebiet mit Waldlehrpfad. An den Wochenenden werden Führungen und verschiedene Veranstaltungen angeboten, Voranmeldung ist erforderlich. Auch Kindergeburtstagsfeiern sind möglich, bei denen die Mädchen und Jungen z. B. einen nahegelegenen Bach und seine Lebewesen erkunden.

Zeittunnel Wülfrath
Hammerstein 5, 42489 Wülfrath
Telefon: 02058/894644, www.wuelfrath.net/zeittunnel/

0456 Deutsches Klingenmuseum, Solingen

Museum mit „Schneid“ – eins für Kinder und eins für Erwachsene

In diesem Haus ist alles messerscharf

Im Rasen vor dem Deutschen Klingenmuseum in Solingen steckt eine überdimensionale Schere, die mit einer Spitze in den Boden gespießt ist. Denn der Schwerpunkt dieses Museums ist alles, was scharf ist und „Schneid“ hat – ob es nun in Küche, Badezimmer, Metzgerei, Haarsalon oder Operationssaal zum Einsatz kommt.

Seit Jahrhunderten schon kommen alle möglichen Schneidwaren – Scheren und Messer, Rasierer, Taschenmesser und Bestecke – aus

Solingen. Die für ihre Schmiedekunst berühmte Stadt ist somit der perfekte Ort für das Deutsche Klingenmuseum, das sich den genannten Gegenständen widmet. Nun sind sich Hunderte Messer, Scheren, Bestecke usw. eigentlich doch letztlich recht ähnlich – also ein langweiliges Museum? Keineswegs! Denn auch Schwerter, Degen, Rapiere, Florette und Dolche aus vergangenen Jahrhunderten sind hier zu sehen. Und da dürften die Herzen kleiner Ritter höherschlagen, zumal man einige der „Blankwaffen" im Museum auch anfassen darf.

Auch die Museumsleitung hat „Schneid" – im Sinn von Mut und Entschlossenheit: Sie hat ein „kleines" Klingenmuseum nur für Kinder eingerichtet, gleich neben dem Museum für die „Großen". Hier ist eine Ausstellung für alle Sinne zu erleben, durch die ein virtueller, neunmalkluger Zwerg führt. Und hier darf man wirklich fast alles anfassen. Regelmäßig steht Schmieden zum Mitmachen auf dem Programm. Darüber hinaus sind im Museum auch Geburtstags-Nachmittage mit Ritter-Thema oder „Tischlein-deck-Dich" möglich (6–12 Jahre).

Deutsches Klingenmuseum
Klosterhof 4, 42653 Solingen
Telefon: 0212/258360, www.klingenmuseum.de

0457 Schloss Burg, Solingen-Gräfrath

Per Seilbahn ins Mittelalter

Seit dem zwölften Jahrhundert thront es stolz und wehrhaft über der Wupper – das eindrucksvolle Schloss Burg nahe der Klingenstadt Solingen. Innerhalb der Anlage glaubt man sich fast ins Mittelalter versetzt: Schloss Burg ist eine der größten rekonstruierten Burgen Deutschlands. Jahrhundertelang war es die Residenz der Grafen von Berg, der Herren des Bergischen Landes. Unter anderem ist in Schloss Burg heute das Museum des Bergischen Landes untergebracht. Da ist es passend, dass bei den Ritterspielen vor

Mitmachen für Kinder vor historischer Kulisse

historischer Kulisse gelegentlich scharfe Schwerter aufeinanderprallen – und zwar mit Bildungsauftrag: Die Handlung beruht immer auf einer Episode aus der regionalen Geschichte.
Und für Kinder gibt es immer etwas zu sehen und zum Mitmachen: Aufführungen von Kinder-Ritterspielen, Märchenerzähler, Bogenschießen, Basteln usw. Aber die historischen Ritterspiele sind nur ein Teil des reichhaltigen Veranstaltungskalenders. Dazu gehört auch ein mittlerweile überregional bekannter Ostermarkt, auf dem man bergisches Kunsthandwerk bewundern und erwerben kann, und natürlich ein Mittelaltermarkt. Außerhalb der Sonderveranstaltungen locken diverse Geschäfte, die in der Burganlage zu Hause sind: Seifenladen, Bürstenmacher, Töpferei, Holzspielzeug und anderes Kunsthandwerk. Auch Ritter-Ausrüstung für Kinder ist im Angebot – damit die „Ritterspiele" daheim gleich weitergehen können. Bei gutem Wetter laden die ausgedehnten Waldgebiete der Umgebung zu einem Spaziergang ein. Und wem selbst der Anstieg auf den Burgberg zu viel ist: Schloss Burg ist vom Solinger Ortsteil Unterburg aus mit einer Seilbahn zu erreichen.

Schloss Burg, Wermelskirchener Straße 2, 42659 Solingen
Telefon: 0212/2422611, www.schlossburg.de

0458 Zoo Dortmund

Was lebt am Amazonas?

Im Zoo Dortmund geht es ausgesprochen südamerikanisch zu. Freilich erwarten den Besucher hier alle Tiere, auf die besonders die kleinen Gäste für gewöhnlich ganz gespannt sind (Giraffen, Affen, Tiger usw.). Spezialisiert hat man sich in Dortmund jedoch, wie gesagt, auf Südamerika und kann einige echte Raritäten und beträchtliche Zuchterfolge vorweisen. In der Nachzucht von Ameisenbären ist der Zoo weltweit führend. Im Tamundahaus, wo neben Großen Ameisenbären, Faultieren und verschiedenen Gürteltieren eben auch Tamundas (oder Kleine Ameisenbären) leben, kam im Sommer 2006 ein Tamundababy zur Welt. 2007 wurde „Ronja", ein südamerikanisches Seebärbaby, geboren. Schon erwachsen sind Jaguar, Oncillas, Guanakos, Vikunjas, Flachlandtapire, Humboldt-Pinguine, Maras, Capybaras, Pudus, Halsbandpekaris, Waldhunde, Mähnenwölfe und viele mehr. Auch den Besuch des Amazonashauses sollte sich kein Besucher entgehen lassen. Im feuchten Regenwald leben auf den drei Ebenen des 12 Meter hohen Glashauses Piranhas, Schlangen, Affen und vielerlei Getier fast so wie im echten Urwald Amazoniens. Nach so viel Südamerika steht der Zoobesucher vor der Wahl: Erst einmal zum großen Kinderspielplatz, in den Streichelzoo, zur Gaststätte, etwas essen? Oder doch vorher noch nach Sumatra: Im „Rumah hutan"-Regenwaldhaus wohnen Tapire und Orang-Utans in einer „WG" – weltweit einmalig.

Zoo Dortmund, Mergelteichstraße 80, 44225 Dortmund
Telefon: 0231/5028581, www.zoo.dortmund.de

0459 Geburtstags-Bauernhof Mowwe, Dortmund

Bei Dortmund auf dem Lande

Wenn Sie im Raum Dortmund, Unna, Hamm, Kamen, Bergkamen, Lünen wohnen und Ihr Kind zwischen März und Ende Oktober Geburtstag hat, ziehen Sie bei der Planung der nächsten Feier doch den Bauernhof Mowwe in Betracht. Er liegt in einem schönen Landschaftsschutzgebiet, freut sich auf Besuch und bietet neben Kuchen und Getränken auch einen Streichelzoo mit Meerschweinchen, Hasen, Schweinen und Ziegen, Ponyreiten, eine Strohburg für eine zünftige Schlacht, eine Kutschfahrt mit Pferd Bruno und zum Abschluss Grillwürstchen mit Powergemüse. Das macht Spaß und ist gesund.

Meerschweinchen im Streichelzoo

Familie Michael und Gerlinde Mowwe
Im Ostfeld 185, 44329 Dortmund
Telefon: 0231/351331
www.mowwe-der-hof.de

0460 Kidsplanet, Herne

Trampolin, Hüpfburg & Co.

In städtischen Gebieten kann man gerade die Jüngsten nicht einfach auf der Straße spielen lassen. Ein Spielplatz ist auch nicht immer nebenan. Und so ist ein Abstecher zu dem nächsten Indoorspielplatz für die ganze Familie sehr lohnend. Für die Eltern, weil sie zwischendurch im Restaurant ausspannen können, und für die Kids, weil sie ungestört herumtollen können: im Kidsplanet Herne am großen Klettergerüst, auf dem Soccer-Court, in der Dino-Hüpfburg, auf der Kartbahn oder auf dem Trampolin. Für die Allerjüngsten existiert ein spezieller Kleinkindbereich. Im Kidsplanet sind die Preise für Eintritt, Geburtstagsfeiern sowie Essen und Trinken durchaus moderat.

Kidsplanet Herne, Castroper Straße 80, 44628 Herne
Telefon: 02323/38430, www.kids-planet.de

0461 Tierpark und Fossilium Bochum

Haifischfütterung und Nachtwanderungen

300.000 Besucher pro Jahr kann der Tierpark Bochum verzeichnen. Und die haben eine Menge zu erzählen. Selbst, wenn sie die Haifischfütterung, täglich um 15.00 Uhr, verpasst haben. Denn insgesamt leben hier ungefähr 3.300 Tiere in 370 Arten. So ganz genau kann man das natürlich nicht sagen. Schließlich kommt in einem Zoo öfter mal Nachwuchs zur Welt. Eine tolle Idee sind die Namenswettbewerbe für Tierbabys: Junge Zoobesucher sind aufgefordert, Namensvorschläge zu machen. Auf einem der Kinderfeste im Sommer findet dann die Taufe, zum Beispiel eines Seehundbabys, statt – ein außergewöhnliches Ereignis und gleichzeitig Anlass zu verschnaufen, zwischen den zahlreichen Wettbewerben, Ball- und Geschicklichkeitsspielen.
Das Fossilium, im südlichen Teil des Tierparks, ist nicht nur für angehende Paläontologen eine besondere Attraktion. Versteinerte Flugsaurier, Quastenflosser, Schnabelköpfe und viele andere Fossilien regen die Phantasie aller Besucher an, sich unseren Planeten vorzustellen, wie er vor vielen Millionen Jahren ausgesehen hat. Nach einer solchen Zeitreise ist es umso interessanter, sich die heutigen Verwandten der prähistorischen Tiere lebendig anzuschauen.

Am anderen, nördlichen Ende des Tierparks wurde mit den „Nordseewelten“ im Juni 2006 ein weiteres Highlight eröffnet: Vier Unterwasserfenster gewähren großartige Einblicke in das riesige Nordseebecken; Seehunde und Pinguine können live beim Tauchen beobachtet werden. Ganz so, als sei man mit der Unterwasserkamera dabei.

Flamingos im Bochumer Tierpark

Mit einem umfangreichen Programm von Sonderveranstaltungen – wie Fossilientage, Greifvogeltage, Kinderfeste, Halloween, Piratenfest, Erntedankfest und die Bochumer Familientage – reizt der Tierpark Bochum die Besucher, immer wiederzukehren. Gerade für ältere Kinder, die schon den einen oder anderen Zoobesuch hinter sich haben, dürften die Nachtwanderungen richtig spannend sein.

Tierpark + Fossilium Bochum, Klinikstraße 49, 44791 Bochum
Telefon: 0234/950290, www.tierpark-bochum.de

0462 Spielfabrik Bochum

In der Kletterlehre

Eine ganze Halle zum Spielen – welches Kind kann da schon nein sagen? In der Spielfabrik Bochum wird im Akkord getobt. Mitten im Gebäude lockt ein riesiges Spielmodul. Das bietet die verschiedensten Klettermöglichkeiten und ist richtig hoch. Alle Wege hinauf und herunter auszukundschaften – das kann dauern. Schneller hinab geht's auf der Rutsche.

Nur wer angeseilt ist, darf unter der Aufsicht von fachkundigem Personal die 10 m hohe Kletterwand erklimmen. Ein großer Spaß für Kinder wie für Erwachsene sind der Rodeobulle und das Bungeetrampolin. Daneben runden Piratenschiff, Elektro-Motorrad-Kartbahn und ein Extra-Spielbereich für die ganz Kleinen das Angebot ab. Kinder ab acht Jahren dürfen die Spielfabrik allein besuchen, müssen aber eine Vollmacht ihrer Aufsichtsperson mitbringen.

Spielfabrik Bochum, Bessemer Straße 85, 44793 Bochum
Telefon: 0234/9128834
www.spielfabrik-bochum.de

0463 Mini-G-Factory, Essen

Einlochen, flippern und kickern

Nicht nur filigranes Putten ist in dieser Halle angesagt. Zwar ist die turniertaugliche 18-Loch-Minigolf-Anlage die Hauptattraktion der „Mini-G-Factory“, aber auch darüber hinaus bietet die Freizeithalle ideale Möglichkeiten, einen Kindergeburtstag zu feiern oder einen verregneten Ferientag doch noch zu retten. Das klassische Geburtstags-Paket umfasst unbegrenztes Minigolf-Spielen, Kickern und einen Imbiss. Flipper, Dart und Billard dürften auch ältere Kinder glücklich machen. Beim Airhockey sind Konzentration und blitzschnelle Reaktionen gefordert, wenn der Puck nicht ins eigene Tor gehen soll – er schwebt auf einem Luftpolster über der Tischfläche und erreicht hohe Geschwindigkeiten. Bei Brettspiel-Klassikern wie „Mensch ärgere dich nicht“ oder „Trivial Pursuit“ können es Groß und Klein wieder etwas ruhiger angehen lassen.

Mini-G-Factory, Maxstraße 75, 45127 Essen
Telefon: 0201/5203663, www.indoorminigolf.de

0464 Grugapark, Essen-Rüttenscheid

Grünes Himmelreich im Ruhrgebiet

Seit den zwanziger Jahren ist er ein Klassiker und wohl der größte und schönste Park des Ruhrgebiets. Viele „Ruhrpott“-Bewohner haben schöne Kindheitserinnerungen an Besuche im Grugapark und bringen nun ihrerseits Kinder und Enkel hierher.

Exotisch: Papageienpärchen

Eine abwechslungsreiche Landschaft aus Moor, Heide und Wald mit altem Baumbestand kann in Essen-Rüttenscheid spazierend durchquert werden: Die einzelnen Zonen des Parks sind Landschaften und Lebensräumen verschiedener Arten nachgebildet. In den Tropenhäusern des Botanischen Gartens blühen exotische Pflanzen fern ihrer Heimat. Auch gibt es insgesamt mehr als 500 Tiere im Grugapark zu sehen. Adler und Uhus sind in verschiedenen Volieren zu bestaunen, und durch große Freifluganlagen flattern und stolzieren auch Exoten wie Papageien, Kraniche und Flamingos. Heimliches Highlight für manchen großen Nostalgiker – für Kinder allemal – ist die Fahrt mit dem Grugabähnchen über das Gelände. Fans von Friedensreich Hundertwasser können sich besonders auf einen Besuch freuen: Am Rand des Parks steht ein von ihm entworfenes Wohngebäude für Eltern schwerkranker Kinder, die in der nahe gelegenen Klinik behandelt werden. Grillen ist möglich, Grillplätze müssen aber lange vorher gebucht werden – so beliebt ist der Grugapark.

Grugapark Essen, Virchowstraße 167a, 45147 Essen
Telefon: 0201/8883106, www.grugapark.de

0465 Schiffstour auf dem Baldeneysee, Essen

Wasser, Grün und Sonne an der Ruhr

Grüne Baumwipfel, sanft geschwungene Hänge, ein leichter Wind kräuselt das Wasser. Kanuten und Segler sind unterwegs, die Rufe von Wasservögeln sind zu hören. Sind wir wirklich im Ruhrgebiet? Allerdings, sogar mittendrin: im Tal der Ruhr nämlich – auf dem Baldeneysee. Anfang der Dreißiger Jahre wurde der Fluss südlich von Essen aufgestaut, und rund um den größten Ruhrsee entstand ein Naherholungsgebiet.

Entspannung pur mitten im Ruhrgebiet

Damals wie heute kann man von den Booten der „Weißen Flotte“ das mittelalterliche Schloss Baldeney und die Villa Hügel sehen – der einstige Familiensitz der Industriellenfamilie Krupp, erbaut 1873, ist heute ein Ort für Kunstausstellungen und Konzerte. Auch ein traditionsreiches Freibad befindet sich am Seeufer. Seit ein paar Jahren ist es allerdings eine Strandbar, an der man Beach-Volleyball spielen kann. Mit dem filigranen Förderturm der Zeche Karl Funke ist vom See aus dann doch

ein handfestes Symbol der industriellen Vergangenheit zu erblicken. Es ist heute ein Industriedenkmal. Also doch: Wir sind im Ruhrgebiet.
(Die Schiffe der Weißen Flotte verkehren zwischen Essen-Kupferdreh und Essen-Kettwig, je nach Streckenlänge verschiedene Tarife. Kinder bis 6 Jahre frei, bis 14 Jahre ermäßigt.)

Weiße Flotte Baldeney, Hardenbergufer 379, 45239 Essen
Telefon: 0201/8404360, www.flotte-essen.de

0466 Aquarius Wassermuseum, Mülheim-Styrum

Virtuelle Reisen durch die Wasserwelt

Früher schwappte und tropfte es, wo heute Bildschirme und Computerterminals stehen: Das „Aquarius Wassermuseum" ist passend in einem ehemaligen Wasserturm in Mülheim-Styrum untergebracht. Einst versorgte er aus seinem Tank Betriebe und Haushalte des Ruhrgebiets mit Trinkwasser. Heutzutage aber sind hier Bildung und High-Tech angesagt; viele Computer und multimediale Präsentationen beantworten – durchaus auch spielerisch – im Wassermuseum Fragen zum lebenswichtigen Element: Woher kommt das Wasser? Wohin fließt es? Was kann man gegen Wasserverschmutzung tun? Wie funktioniert eigentlich ein Wasserturm? Beim Ausstellungsrundgang spielen Magnetkarten, die man am Eingang erhält, eine Schlüsselrolle: Auf ihnen werden Punkte gespeichert, die bei Wissenstests an diversen Stationen erzielt werden. Lernen also, bei dem die Art der Präsentation mindestens so spannend ist wie das Ausstellungsthema.
Gleich zu Anfang geht es hoch hinaus: Der Museumsrundgang beginnt auf der Aussichtsplattform des Turms. Ein gläserner Fahrstuhl bringt die Besucher nach oben – er fährt durch den ehemaligen Wasserbehälter, der immerhin noch zum Teil gefüllt ist. Auf der Plattform bietet sich ein toller Ausblick über das Ruhrgebiet zwischen Duisburg und Oberhausen. Dann folgt der Abstieg in die „Aquasphäre" des Museums: Eine eindrucksvolle multimediale Inszenierung verdeutlicht hier die Bedeutung des Wassers auf unserem Planeten. Wichtige Grundlagen über das „Element Wasser" lernt der Besucher ein weiteres Stockwerk tiefer – selbstverständlich wieder mit Hilfe modernster Technik. Wiederum weiter unten fährt man auf einem „Cyber-Fahrrad" virtuell durch das Ruhrtal. An verschiedenen Stationen stehen Themen wie Wassergewinnung und Ökologie auf dem Programm. Nicht zuletzt können

große und kleine Besucher einmal selbst am Steuerpult eines (simulierten) Wasserwerks oder Wasserkraftwerks sitzen und so Abläufe und Funktionsweisen kennenlernen.
Fazit: Nichts ist hier langweilig. Die Wasserbetriebe RWW haben eine hochmoderne, intelligent konzipierte und lehrreiche Ausstellung im Industriedenkmal geschaffen. Sehenswert!

Aquarius Wassermuseum
Burgstraße 70, 45476 Mülheim an der Ruhr
Telefon: 0208/4433390, www.aquarius-wassermuseum.de

0467 Ketteler Hof, Haltern am See

Spielpark im Grünen

Der Ketteler Hof ist ein „Mitmach-Erlebnispark“, kein Rummelplatz mit Lärm und energiefressenden Fahrgeschäften. Naturverträglich in die Hohe Mark eingebettet, erstrecken sich die Spielanlagen – mehrere Hundert Spielgeräte in insgesamt 32 Bereichen – in einer parkähnlichen, abwechslungsreichen Landschaft mit üppigem Baumbestand, grünen Picknickwiesen, großflächigen Strandsand- und Wasserlandschaften und zahlreichen Grillmöglichkeiten. Grillgut oder andere Verpflegung kann mitgebracht werden. Die Kinder spielen und toben, die Großen genießen die Natur und entspannen. Oder alle gehen gemeinsam auf Entdeckungstour: zum Beispiel auf den Natur-Erlebnis-Pfad, in den Seilwald oder in das Räubernest. Spielen, Bewegen und Natur-Erkunden auf rund 12 Hektar Fläche machen den Kleinen viel Spaß und sind letztlich auch sinnvoller und gesünder, als einen Tag von Karussell zu Karussell zu hasten. Einmal Eintritt zahlen, und der Spaß kann losgehen, denn die Benutzung der Attraktionen – mit Ausnahme von Sommerrodelbahn und Münz-Scooter – ist frei.

Naturerlebnispfad: der Natur auf der Spur

Ketteler Hof, Familie Schulze Robert
Rekener Straße 234, 45721 Haltern am See/Lavesum
Telefon: 02364/3409, www.kettelerhof.de

0468 maritimo Oer-Erkenschwick

Wasser und Sand - Sport und Entspannung

„Badespaß pur“ garantiert das Sport- und Erlebnisbad „maritimo“ in Oer-Erkenschwick. Für Wasserratten jeder Größe hält es etwas bereit: für Sportliche das 25-Meter-Becken mit Gegenstromanlage; für Abenteurer und Entdeckernaturen das Erlebnisbad mit Whirlpools, Turboduschen, Strömungskanal, Wasserfällen, Whirlliegen und Bodensprudlern. Außerdem lädt ein ganzjährig nutzbares Außenbecken zum ausgiebigen Schwimmen ein. Für kleine Wasserratten gibt es einen Spielbereich mit interaktivem Wasserspielzeug.
Auch im Sommer ist das maritimo echt klasse. Draußen rufen eine ausgedehnte Liegewiese, ein 50-Meter-Sportbecken, ein 50-Meter-Wellenbecken, ein 60-Meter-Nichtschwimmerbecken, eine 10 Meter hohe Sprunganlage, drei Kinderbecken, eine Riesenrutsche und Beach-Volleyball-Plätze. Im Beach-Bereich mit Palmen fühlen Sie sich in kürzester Zeit wie im Urlaub.

maritimo Oer-Erkenschwick, Freizeitbad GmbH & Co. KG
Am Stimbergpark 80, 45739 Oer-Erkenschwick
Telefon: 02368/698-0, www.maritimo.info

0469 Trampolino, Gelsenkirchen

Völlig schwerelos

Wochenende im Ruhrgebiet. Endlich Zeit für die Kids. Es regnet. Was nun? Auf ins Trampolino. Da gibt’s ein Mega-Klettergerüst mit drei Riesenrutschen bis zu 4 m Höhe; außerdem den Softballshooter, einen großen Wabbelberg, das Dschungelrodeo, Cageball, eine Grand-Prix-Strecke für Kinder ab 1 Meter und einen Kleinkinderbereich mit geschultem Personal. Insgesamt bietet das Trampolino Spaß auf über 3.500 m². Die Krönung sind – na klar – die Trampoline. Beim Bungee-Trampolin kann man nichts falsch machen und wahnsinnig hoch springen. Erst einklinken, dann abheben. Die Power-Trampoline sind für Leute ab 1 Meter Größe

Schießerei mit Schaumstoff

– also auch für Papa und Mama. Und wenn die sich trauen, finden die Kids sie genauso cool wie das Trampolino.

Trampolino
Kurt-Schumacher-Straße 157–161, 45881 Gelsenkirchen
Telefon: 0209/44011, www.trampolino.de

0470 ZOOM Erlebniswelt, Gelsenkirchen

Alaska, Afrika, Westfalen

Das ZOOM in Gelsenkirchen hat sich vorgenommen, kein gewöhnlicher Zoo, sondern eine außergewöhnliche Erlebniswelt zu sein. Und das ist gelungen. Denn im ZOOM tauchen die Besucher wie auf einer Expedition in exotische Landschaften ein. Die beiden schon fertiggestellten Erlebniswelten bieten Tiere aus Afrika und Alaska ohne sichtbare Gehegegrenzen in ihren typischen Lebensräumen und dazu ungewöhnliche Abenteuer in einer beeindruckenden Landschaftsarchitektur. Zum Beispiel eine Bootsfahrt auf der African Queen, nur wenige Meter von den Flusspferden entfernt, oder einen Pfad mitten durch den Dschungel zu den Schimpansen; einen 13,5 m langen Unterwasser-Glastunnel durch das Polarmeer, vorbei an schwimmenden Eisbären, oder die Fahrt in einem Iglu auf einer Eisscholle, neben Robben und Orcas. Nach den bestandenen Abenteuern geht's zur Stärkung in den stilechten Alaska-Saloon oder in die Afrika Lodge mit weitem Blick über die Savannenlandschaft. Nebenan können sich die Kids auf dem Afrikaspielplatz vor echter Urwaldkulisse von Baum zu Baum hangeln oder an Lianen schaukeln. Natürlich ist das bei Weitem noch nicht alles. 2009 kommt noch die Erlebniswelt Asien hinzu. Entdecken Sie das ZOOM gemeinsam mit Ihren Kindern!

Afrikanische Landschaft

ZOOM Erlebniswelt Gelsenkirchen
Bleckstraße 47, 45889 Gelsenkirchen
Telefon: 0209/95450, www.zoom-erlebniswelt.de

0471 Gasometer, Oberhausen

Industriedenkmal und Ausstellungshalle der Superlative

Als „höchste Ausstellungshalle Europas“ steht der Gasometer Oberhausen sogar im Guinness-Buch: Der ehemaligen Gasbehälter ist eindrucksvolle 117,5 Meter hoch, noch bis 1988 diente er als Zwischenlager für Gicht- und Kokereigas. Doch seit Anfang der Neunziger Jahre finden Ausstellungen und Kunstevents im riesigen vierundzwanzigseitigen Innenraum statt. Sie lockten bereits über zwei Millionen Besucher in das Industriedenkmal in Oberhausens „Neuer Mitte“.
Aber auch ohne Ausstellung lohnt sich ein Besuch im spektakulären Bauwerk, das eigentlich ein „Scheibengasbehälter“ ist – seine Geschichte und seine Technik sind ein wichtiges Zeugnis der industriellen Kultur der Region. Und erst, wenn der Gasometer leer ist, kommt die gewaltige Größe des hallenden Innenraums so richtig zur Geltung. Die über tausend Tonnen schwere Abdeckscheibe, die früher auf der Gasblase „schwamm“ und durch ihr Gewicht für Druck in den Gasleitungen sorgte, bildet heute die Decke eines Vortragsraums. Nicht zuletzt bietet sich vom Dach des Gasometers ein spektakulärer Blick über das westliche Ruhrgebiet. Offene Führungen finden sonntags statt (ohne Anmeldung, gegen Gebühr zusätzlich zum Eintrittspreis), Sonderführungen für Gruppen sind nach Voranmeldung möglich. Kopfhörer und Audioguides sind gegen Gebühr an den Kassen erhältlich, erfreulicherweise gibt es spezielle Audioguides für Kinder.

Gasometer, Am Grafenbusch 90, 46047 Oberhausen
Telefon: 0208/8503730, www.gasometer.de

15.

0472 CentrO.Park, Oberhausen

Erfrischend und vielfältig

Eine bunte Welt voller Attraktionen bietet sich auf dem weitläufigen grünen Gelände in Oberhausens „Neuer Mitte“. Natürlich gibt es hier verschiedene Karussells und Fahrgeschäfte wie Riesenrad, Piraten-Schiffschaukel und einen Rutschenturm. Aber auch eher ruhigere Attraktionen wie ein asiatischer Garten, ein Labyrinth oder ein Wasserspielplatz sind im Angebot. Beim „Goldschürfen“ bestehen gute Chancen, dass die ganze Familie nass wird. Wie auch beim Kampf um die „Piratenflotte“: Wer hier dem eigenen Boot zu nahe kommt, der bekommt mit der Wasserkanone eine unfreiwillige Erfrischung verpasst! Trockene Ersatzkleidung sollte man also besser dabeihaben.

Open Top durch den Park

Ab dem Kindergartenalter können auch Kindergeburtstage hier gefeiert werden; das Geburtstagskind erhält ein Freiticket für alle Attraktionen (für Kindergruppen ab sechs Personen).

CentrO.Park, Promenade 10, 46047 Oberhausen
Telefon: 0208/456780, www.centropark.de

0473 Movie Park Germany, Bottrop-Kirchhellen

Ach du Shrek!

Von Mitte März bis Anfang November sollten Kinofans und große wie kleine Freunde des Adrenalins einen Abstecher in den Movie Park in Bottrop-Kirchhellen auf dem Zettel haben. Neben der neuesten Attraktion, „Shrek in 4D“ – einem viertelstündigem Kinoabenteuer auf computergesteuerten Sitzen, mit 3D-Brillen, voller Special Effects –, gibt es allerhand zu entdecken: das Hollywood-Filmmuseum, eine Special-Effects-Bühne mit Blick hinter die Kulissen, die Crazy Action Stuntshow und zahlreiche Fahrgeschäfte mit Bezug zu Film und Fernsehen. Jimmy Neutrons „Atomic Flyer“ und Spongebobs „Splash Bash“ im „Nickland“ für Gäste ab 0,95 bzw. 0,90 cm zählen noch zu den gemäßigten Bahnen. Im „Side Kick“ oder im „High Fall“ schießt selbst dem abgebrühten Fahrgast Adrenalin ins Blut; beide sind allerdings auch erst ab einer Größe von 1,45 cm und einem Alter von 10 Jahren zugelassen. Der Movie Park hält für jede Größe und für jeden Geschmack das passende Karussell oder eine Achterbahn bereit. Also: Die ganze Familie mal wieder nachmessen, und auf in den Movie Park!

Movie Park Germany, Warner Allee 1, 46244 Bottrop-Kirchhellen
Telefon: 02045/8990, www.movieparkgermany.de

0474 Freizeitpark Schloss Beck, Bottrop-Kirchhellen

Großer Spaß für die ganz Kleinen

Für Familien mit kleinen Kindern eignet sich der Freizeitpark Schloss Beck sehr. Familienachterbahn, Tretboote, Klettergerüste, Kinderriesenrad, Schaukeln und Rutschen sowie Gruselkeller und Schlossbesichtigung mit bewegten Stofftieren werden geboten. Aber es finden auch viele Sonderveranstaltungen statt, wie Kinderfeste in den Schulferien, Geisterfest im Herbst, Puppentheater oder Weihnachts-Spekulatiusmarkt. Es ist also immer gut, sich vorher über aktuelle Termine zu informieren!

Freizeitpark Schloss Beck
Am Dornbusch 39, 46244 Bottrop-Kirchhellen
Telefon: 02045/5134, www.schloss-beck.de

0475 Inselbad Bahia, Bocholt

Reifenrutschen unter Palmen

Im Mai 2008 präsentierte das Freizeitbad Bahia die erste Weichenrutsche in Deutschland. In der über 100 m langen Reifenrutsche haben Mutige nach dem ersten Teilstück die Wahl: Bleiben sie in der blauen Röhre und steuern weiter kurvig dem Ende entgegen, oder entscheiden sie sich für die orangefarbene Röhre und schießen 30 m rasant durch „Stripes“ und „Daylights“ steil auf das Finale im Wasserbecken zu? Ein hoher Adrenalinspiegel ist dabei garantiert.

Neben dieser Herausforderung für „junge Wilde“ hat das Inselbad für jedes Alter etwas im Angebot: einen 60 m^2 großer Wasserspielgarten mit Quellen, Schiffchenkanal und Planschbecken; einen Eltern-Kindbereich und einen Wickelraum; das große Tiefbecken mit Cabriodach – bei schönem Wetter oben offen; Whirlpools; einen Strömungskanal; die „Gischt“ mit 3-Meter-Sprungturm; Unterwasser-Luftsprudelliegen sowie Außenbecken, Saunalandschaft und Gastronomie.

Inselbad Bahia, Hemdener Weg 169, 46399 Bocholt
Telefon: 02871/27266-0, www.bahia.de

0476 Archäologischer Park, Xanten

Wandeln auf den Spuren der Römer

Helles Klirren von Stahl auf Stahl, anfeuernde Rufe des Publikums, die Gestalten kämpfender Gladiatoren – all das glaubt man zu hören und zu sehen, steht man in der Arena des Amphitheaters im Archäologischen Park Xanten (APX). Eine echte Römerstadt, mit Kapitol, Tempel, einem Forum, Hafen, Thermen und Amphitheater ist hier ausgegraben und teilweise nachgebaut worden – ganz, wie man's aus „Asterix“ kennt.
Immerhin etwa zehntausend Einwohner hatte das antike Städtchen namens „Colonia Ulpia Traiana“ im zweiten Jahrhundert. Es war die zweitwichtigste Stadt in der Provinz Niedergermanien (nach Köln) und lag an der damaligen römischen Nordgrenze. Eindrucksvoll kann man zwischen den Ruinen und Gebäuden nachvollziehen, welche Errungenschaften ihrer Zivilisation die Römer in diesen entlegenen Teil des Reiches gebracht haben – zum Beispiel anhand der Thermen. Sie waren mehr als bloß die Badeanstalt der Antike, hier traf man sich zu geschäftlichen Terminen und wichtigen Besprechungen.
Im archäologischen Park ist es den Archäologen und Museumsmachern gelungen, die Steine zum Sprechen zu bringen. Das Museumskonzept berücksichtigt Kinder durchaus: Im Spielehaus können römische Spiele ausprobiert werden. Manche sind gar nicht so fremd, wie Mühle oder Backgammon, aber sehr alt. Archäologen bei der Arbeit beobachten kann man bei den Führungen – und an den Sommerwochenenden darf man sogar Fundstücke in die Hand nehmen. Ausnahmsweise. Zwischen den Rekonstruktionen trifft man dann auch auf „echte“ Römer in historischer Kleidung, es gibt Vorführungen römischer Handwerkskunst zum Mitmachen und römisches Essen. Im Amphitheater hört und sieht man dann schließlich wirklich Schwerter

aufeinanderprallen: bei Gladiatoren-Kampfvorführungen. Stets darf man auf den Rasenflächen des APX picknicken, auch Ballspielen ist erlaubt. Erfreulich: Es gibt einen Service für Gehörlose (Dolmetscher werden bei Bedarf bestellt), und der Park ist größtenteils für Rollstühle erschlossen.

Archäologischer Park Xanten
Trajanstraße 4, 46509 Xanten
Telefon: 02801/7120
Auskunft, Führungen: 02801/9830-10/-11
www.apx.de

15.

0477 Freizeitzentrum Xanten

Südsee-Feeling für die ganze Familie

In Xanten liegen „Nordsee“ und „Südsee“ ganz dicht beieinander – die Welt ist eben klein am Niederrhein. Urlaub vor der Haustür ist jetzt am Rand des Städtchens an zwei ehemaligen Kiesgruben möglich. Sie wurden zu einem Freizeitzentrum umgestaltet, in dem zunächst einmal Wassersport im Vordergrund steht. Es gibt nicht nur Wasserski an einer Seilbahn, auch Segler, Surfer und Taucher kommen ebenfalls auf ihre Kosten. Da ist Tretboot-, Ruderboot- oder Floßfahren fast schon langweilig. Und natürlich ist im Strandbad Xantener Südsee auch Schwimmen angesagt. Das Naturbad entzückt durch den langen, sehr feinen Sandstrand und eine riesige Liegewiese. Die Kids meutern hier höchstens auf dem Spielschiff „Bounty“. Gruppen von bis zu acht kleinen Seebären können beim Kindersegeln wirklich in See stechen (nur nach Buchung und Voranmeldung). Vorsicht vor dem Eisberg! Nein, er ist nicht echt, sondern wie der Sprungturm und das Trampolin eine von mehreren schwimmenden Spaß-Inseln.
Muss die Badesaison bei ungünstigem Wetter nach nebenan ins „Nibelungenbad“ verlegt werden, so macht das nichts. Dann kommt man in den Genuss des Wellenbads, und kleine Wasserratten lernen in der Kletter- und Spiellandschaft den Drachen „Draxi“ kennen. Schön, dass die Welt so klein ist, zumindest in Xanten.

Freizeitzentrum Xanten, Strohweg 2, 46500 Xanten
Telefon: 02801/715656, www.f-z-x.de

0478 Zoo Duisburg

Wasseraerobic mit Ivo, Pepina, Delphi und Daisy

Delphine und Koalas sind sicherlich die Hauptattraktionen des Duisburger Zoos. Bei den Beuteltieren sind erst kürzlich wieder zwei Jungtiere auf die Welt gekommen, sie können zweimal wöchentlich beim Wiegen bestaunt werden. Aber weit größer und imposanter als das Koala-Gehege ist das Heim für Flippers Artgenossen: das zooeigene Delphinarium. Ivo, Pepina, Delphi und Daisy tummeln sich in einer ausgedehnten Wasserlandschaft aus mehreren Becken, die 3 Millionen Liter Seewasser enthalten. Die hochintelligenten Meeressäuger zeigen bei Vorführungen ihre Geschicklichkeit und Bewegungsfreude – das ist freiwilliges „Wasser-Aerobic“, keine Quälerei. Hier wird kein Tier dazu gezwungen, für sein Futter zu arbeiten.

Ein Wüstenschiff im Ruhrpott

Wenn Sie den Geburtstag Ihres Kindes im Zoo feiern, ist das Highlight eine besondere Delphinvorführung. Ausgestattet mit Schwimmweste und Wasserhose wird dabei das Geburtstagskind in einem Boot von den Tieren gezogen. Außerdem kann es ein Wunschtier füttern – Elefanten, aber auch Seehunde, Koalas und Krallenäffchen sind möglich (der Zoo empfiehlt, mindestens 4 Wochen vorher zu buchen). Die „Kindernachtsafari“, eine Dämmerungsführung für Erwachsene und Kinder, ist ebenfalls ein besonderes Erlebnis für kleine Gäste (im Winter, 6–12 Jahre, mit Voranmeldung).

Der Zoo stellt gegen eine kleine Gebühr Bollerwagen bereit. Mehrere Wickelmöglichkeiten für kleinere Kinder sind vorhanden. An verschiedenen Kiosken und auf den Zooterrassen können Hunger und Durst gestillt werden. Der Zoo befindet sich verkehrsgünstig am Autobahnkreuz Duisburg-Kaiserberg.

Zoo Duisburg
Mülheimer Straße 273, 47058 Duisburg
Telefon: 0203/305590, www.zoo-duisburg.de

0479 Landschaftspark Duisburg-Nord

Der Zauber des Ruhrgebiets

Naherholung in Duisburg-Nord? Mit Kindern? Aber sicher! Das erste Zauberwort hieß „Strukturwandel" – der Prozess ließ Industrieanlagen stillstehen und machte Kumpel und Stahlkocher arbeitslos. Er warf das Ruhrgebiet auf sich selbst zurück. Das zweite Zauberwort hieß „Internationale Bauausstellung Emscherpark": Aus der Not wurde eine Tugend, aus den früheren Fabriken und Industriebrachen wurden Ausstellungshallen, Grünanlagen und Erlebnisparks. Und die ehemalige Thyssen-Hütte in Duisburg-Meiderich, nach der Stahlkrise 1985 stillgelegt, wurde zu einem grünen Schmuckstück: Auf 200 Hektar Parkgelände finden sich heute reichlich Angebote für Erholungssuchende und Erlebnishungrige jeden Alters. Und natürlich faszinierende Industriearchitektur.

Spazierengehen ist langweilig? Na, dann lass uns auf den Hochofen steigen! Markant ragt der ehemalige Hochofen 5 über das Gelände. Bis zu einer Aussichtsplattform ist der über 70 Meter hohe Stahlkoloss begehbar; bei entsprechendem Wetter sieht man bis nach Düsseldorf. Oder wollen wir Fahrräder leihen und im Park umherfahren? Oder skaten? Rechnen Sie damit, dass Ihr kleiner Skateboard-Fan nicht mehr von der Halle wegwill, wo die ganz coolen Sprünge geübt werden. Auch die kleineren Kinder haben Spaß auf den großen Klettergerüsten im ehemaligen Maschinenhaus. Oder auf der Riesenröhrenrutsche, die in die früheren Erzbunker eingebaut wurde. Gleich nebenan meckern Ziegen und blöken Kühe! Auf dem „Ingenhammshof", einem alten Bauernhof, können Kinder auch Pferde, Schweine, Gänse und Hühner kennenlernen. Na, ist das nichts? Da dürfte doch auch für Ihre Sprösslinge etwas dabei sein.

Der Vollständigkeit halber: Ein Veranstalter offeriert im früheren Hüttenwerk auch Hochseil-Kletterevents für Gruppen. Der ehemalige Gasometer ist jetzt ein Trainingstank für Sporttaucher. Im „Möllerbunker" entstand ein Klettergarten mit mehreren Kletterwänden. Nicht zuletzt sind auch Gruppenführungen über das Gelände oder Rallyes für Jugendliche buchbar. Und sollten Sie am Wochenende bis abends bleiben, erleben Sie noch ein Highlight des Parks: Eine spektakuläre Lichtinstallation taucht den früheren Hochofen in ein grün-blaues Farbenspiel.

Tour-de-Ruhr im Landschaftspark Duisburg-Nord
Emscherstraße 71, 47137 Duisburg
Telefon: 0203/4291942, www.landschaftspark.de

0480 Rhein-Ruhr-Bad, Duisburg-Hamborn

Ein Erlebnisbad, das alle glücklich macht

Spaßbäder bieten Eltern die verführerische Möglichkeit, Spaß und Spannung für den Nachwuchs mit gleichzeitiger Erholung wenigstens eines Elternteils zu verbinden. So auch das Duisburger Rhein-Ruhr-Bad: Kinder vergnügen sich im Erlebnisbecken, auf der Innenrutsche und auf einem großen Klettergerüst in Form eines Fisches. Abseits davon bieten diverse Saunen (römische, finnische und Bio-Sauna), Solarien und Massagen Wellness und Entspannung für die Erwachsenen. Einmal im Monat kommt Clown Happy, zaubert für die Kids und gestaltet Tiere aus Ballons. Es ist auch möglich, den Kindergeburtstag hier zu feiern; Geburtstagskinder haben freien Eintritt.

Rhein-Ruhr-Bad Hamborn
Kampstraße 2, 47166 Duisburg
Telefon: 0203/544710
www.duisburg.de/micro/duisburgsport/baeder/RheinRuhrBad.php

0481 Revierpark Mattlerbusch, Duisburg

Grüne Oase, Therme und Spaßbad

Ideal für lange Spaziergänge sind die ausgedehnten Wald- und Grünflächen mit großem Wegenetz – der Park ist etwa 45 Hektar groß. Wer kleinere Kinder dabeihat, weiß die Spielplätze zu schätzen. Und das alles liegt im Ruhrgebiet, im Dreieck zwischen Duisburg, Dinslaken und Oberhausen.
Um einen alten Bauernhof, den „Mattlerhof", herum entstand Ende der 70er Jahre der „Revierpark Mattlerbusch". In den alten Hofgebäuden stillen jetzt ein Landgasthaus und ein Brauhaus Hunger und Durst der Gäste. Für kleine und große Pferdefreunde ist der Reiterhof eine Attraktion. Übrigens kann man hier auch Kutschen- und Planwagenfahrten buchen. Ein weiteres Highlight im Revierpark ist die „Niederrhein-Therme": Mit Wellenbad, Kleinkindbereich, separaten Solebädern, Whirlpool und Gegenstrombecken bietet dieses Erlebnisbad eine reichhaltige Badelandschaft. Dazu gehört auch eine Familiensauna. In den Genuss gesunder „Seeluft" kommen auch Besucher des Parks: Gleich neben der Therme rieselt an einer 40 Meter langen Saline

Solewasser die Reisigwände hinunter. Wie im Kurort. Und das in Duisburg-Nord.

Revierpark Mattlerbusch/Niederrhein-Therme
Wehofer Straße 42, 47169 Duisburg
Telefon: 0203/9958412, www.niederrhein-therme.de

0482 Erlebniswelten am idyllischen linken Niederrhein

Kanutouren, Bogenschießen und kleine „Niers-Piraten"

Ruhig fließt sie durch die idyllischen Auen und Niederungen des linken Niederrheins: die Niers, ein Nebenfluss der Maas. Gemächliche Paddeltouren in Kajak, Kanadier oder Schlauchboot sind ideal für eine Entdeckungsfahrt durch die deutsch-niederländische Grenzregion und ihre grüne Landschaft. Vorbei an Wiesen, Wäldchen und Kopfweiden geht es zu alten Herrenhäusern und Mühlen. Zwischenstopps an Gasthäusern und Biergärten oder Ausflüge in die historischen Städtchen Wachtendonk, Straelen und Kevelaer bieten sich zusätzlich an.
Mehrere Veranstalter haben Bootsverleih, organisierte Niers-Touren und mehr im Programm: Das Angebot reicht von der Paddel-Kurzstrecke bis zur Mehrtagestour mit Zeltübernachtung. Auf Planwagenfahrten, bei Fahrradtouren oder beim Erlebnis-Strampeln auf dem siebensitzigen „Geccomobil" geht es weg vom Fluss, aber hin zu neuen Attraktionen, beispielsweise zum Gruppen-Abenteuerspiel. Hier müssen die Teilnehmer ihre Mannschaft zum Beispiel von der „Titanic" retten. Ein Spaß für die ganze Familie! Wer lieber hoch hinauswill, für dessen „Seilschaft" ist die Kombination aus Bootstour und Kraxeln im Kletterwald eine willkommene Herausforderung. Und nicht zuletzt können kleine Niers-Pira-

Entspanntes Paddeln

ten auch Geburtstag auf dem Fluss feiern – Schatzsuche und Bogenschießen inklusive.

GeccoTours, Sonnenweg 43, 47533 Kleve
Telefon: 02821/896120
www.geccotours.com/kanu-touren-nrw/kanutouren-auf-der-niers/

Kanu- & Kajakverleih Josef Goetzens
Schlick 2, 47669 Wachtendonk
Telefon: 02836/900795, www.nierstouren.de

Camping & Freizeit Hammans, Remigiusstraße 82, 41747 Viersen
Telefon: 02162/22901, www.niers.de

0483 Wunderland Freizeitpark Kalkar

Achterbahn statt Atomkraft

Das liebenswerte Maskottchen „Kernie“ steht zwar in erster Linie für Spaß und Abenteuer im Freizeitpark „Wunderland“, nicht von ungefähr wird hier aber auch Wissen vermittelt – eine kleine Ausstellung bringt Kindern Themen wie Stromerzeugung, Kernkraft und erneuerbare Energiequellen leicht verständlich näher. Der Familienpark im niederrheinischen Kalkar entstand Mitte der Neunziger Jahre nämlich an einem äußerst ungewöhnlichen Ort: in den Gebäuden eines nie in Betrieb genommenen Atomkraftwerks. Einige Jahre nach Einstellung des milliardenschweren Projekts errichtete ein niederländischer Investor Hotels, diverse Gastronomiebetriebe, ein Tagungszentrum und eben den Freizeitpark auf dem Gelände.
Der markante Kühlturm bildet den Mittelpunkt, auf ihn ist das „Gebirge“ des Wunderlands aufgemalt, seine Außenseite dient als Kletterwand. Innen heißt es: „Hallo Echo!“ Unter dem Betonkegel fahren kleinere Kinder (ab 1,10 Meter Größe) in bunten kreisrunden Booten. Bei Regenwetter sorgt ein Indoorspielplatz mit nachgebauter Dschungellandschaft für Kinder in Bewegung. Doch am schönsten ist es natürlich bei Sonnenschein: Von „höchsten Miniriesenrad Europas“ und vom „Samba-Tower“ genießen kleine und große Gäste einen tollen Blick auf den Rhein. Für die ganz Kleinen gibt es am Eingang einen eigenen Bereich, während Nervenkitzel wie Wildwasserbahn und Achterbahn sich eher für die Größeren eignen. Rennsport-Fans können ihren Idolen auf der Kartbahn nacheifern oder auf dem Quad-Par-

cours. Im Eintrittspreis sind der Besuch aller Attraktionen sowie Essen, Eis und Getränke enthalten.

Wunderland Freizeitpark
Griether Straße 110–120, 47546 Kalkar
Telefon: 02824/9100, www.wunderlandkalkar.eu

0484 Bauernhof Kropmann, Kranenburg-Wyler

Bauernhof zum Anfassen

Wie wäre es einmal mit einem Kindergeburtstag auf einem echten Bauernhof? Bei einer organisierten Schnitzeljagd können Geburtstagskinder und ihre Freunde auf dem Hof von Landwirt Norbert Kropmann bei Kleve allerlei entdecken: Tiere, Gebäude und Landmaschinen. Der Hof ist ein „echter“, funktionierender Milchvieh- und Schweinezuchtbetrieb und bietet Gruppen großer und kleiner Besucher „Bauernhof zum Anfassen“. Und das im wahren Wortsinne: Streicheln kann man die Kaninchen, Shetland-Ponys, Ziegen und Schafe – und bei alltäglichen Arbeiten können die Kinder auch mithelfen. Zum Spielen und Toben gibt es einen Naturspielplatz. Geburtstagskinder und ihre Freunde entdecken den Hof auf einer organisierten Schnitzeljagd. Bei schlechtem Wetter ist die Heuscheune ein idealer Ort für fast vergessene Kindergeburtstags-Klassiker wie Tauziehen oder Sackhüpfen.

Bauernhof Kropmann
Breiter Weg 5, 47559 Kranenburg-Wyler
Telefon: 02826/802148

0485 Erlebnis- und Wellness-Bad, Goch-Kessel

Das Ungeheuer von GochNess

Natürlich darf das quietschgrüne See-Ungeheuer Nessie nicht fehlen – es wirkt, als sei es aus dem nahegelegenen See in das Spaßbad an der niederländischen Grenze gekommen. Vielleicht wollte Nessie in einer der sechs Saunen des Wellnessbereichs entspannen? Jetzt lümmelt sie sich friedlich am Rande des Kleinkinder-Planschbeckens und bläst Wasser aus den Nasenlöchern. Im Erlebnisbecken sorgen eine 65 Meter lange Röhrenrutsche, Wasserspiele und ein Strömungskanal für etwas mehr Action. Im Sommer ist der See nebenan ein schönes Naturfreibad – wer will, kann ja mal nachsehen, ob in dem Gewässer noch mehr Nessies lauern ...

GochNess, Gocher Bädergesellschaft
Kranenburger Straße 20, 47574 Goch-Kessel
www.gochness.de

0486 Maislabyrinth „Irrland", bei Kevelaer

Eine Erlebniswelt für die ganze Familie

Ein Labyrinth ist unüberschaubar – die vielen Attraktionen im „Irrland" an der niederländischen Grenze auch. Zum Beispiel leben auf dem weitläufigen Gelände bei Kevelaer-Twisteden Kaninchen, Ziegen, Esel und Pferde – eben alles, was ein Bauernhof so hergibt. Dazu kommen eine Windmühle, eine Melkkammer und selbstverständlich ein Stall voller schwarzbunter Kühe. Schließlich sind wir am Niederrhein, da sind diese Kühe ein fester Bestandteil der Landschaft.
Im Irrland Erlebnislabyrinth können also Kinder und Erwachsene Landluft schnuppern. Beim „Live-Melken" dürfen Kinder sogar mit anfassen. Aber auch Technikfans kommen auf ihre Kosten: Auf einer Wasserbaustelle können sie aus Wasserrohren interessante Konstruktionen austüfteln. Fans von rasanten Tretautos brausen auf der Bahn für Riesen-Bobby-Cars herum. Ein echter Blickfang auf dem Dach einer Scheune ist eine Antonow 2, der größte Doppeldecker der Welt; vom Flugzeug führen zwei lange Rutschen in die Tiefe. Und auch bei Regenwetter hört der Spielspaß noch lange nicht auf: Da gäbe es zum Beispiel den Indoor-Sandspielplatz mit Seilbahn und ein Kino, das den Kindern den „Bauernhof gestern und heute" näherbringt.

Ganz schön irre!

Wegen der Matschplätze wird unbedingt geraten, robuste Kleidung mitzubringen. An warmen Tagen empfehlen sich Badekleidung und Strandspielzeug, damit sich die kleinen Racker am Piratenschiff mit Wasserrutsche richtig austoben können. Kurzum: Das Irrland bietet ein fast schon unüberschaubares Angebot für Klein und Groß. Und ein Labyrinth? Das gibt es natürlich auch: Ein riesiges Maislabyrinth führt unermüdliche Sucher zu einer Überraschung in der Mitte.

Irrland Erlebnislabyrinth
Am Scheidweg 1, 47624 Kevelaer
Telefon: 0172/2646726, www.irrland.de

0487 Vogel- und Blumenpark Plantaria, Kevelaer

Am Niederrhein flattert's und piept's

Drinnen bunte Exoten, draußen ein Blumenmeer: Prächtig gefiederte Papageien und Hühnervögel sind der Schwerpunkt des niederrheinischen Vogel- und Blumenparks Plantaria. Und draußen erstreckt sich eine im Sommer üppig blühende Parklandschaft mit insgesamt 120 Volieren. Über tausend Vögel aus mehreren Kontinenten sind hier zu Hause. Aber hier wohnen auch andere Tiere, zum Beispiel die possierlichen Kattas, Äffchen aus Madagaskar mit geringelten Schwänzen. Richtig zum Anfassen sind Esel, Zwergschweine, Ziegen, Ponys, Kaninchen und Meerschweinchen – das „Personal" des Streichelzoos.

Kinder am Fischbecken

Inmitten einer bunten Vogelwelt findet sich der Besucher dann in den drei großen begehbaren Volieren wieder. Hoppla! Wer es nicht mag, sollte aufpassen, dass sich die sehr zahmen Kakadus nicht auf dem eigenen Kopf oder den Schultern niederlassen – Eltern sollten auch bei Kindern darauf achten. Auch auf seinen Schmuck und Ähnliches sollte man aufpassen, denn diese Papageien sind besonders neugierig und nehmen gern mit, was nicht niet- und nagelfest ist.

Sollte die Familie mal hungrig oder müde werden: Mitten auf dem Gelände steht der Glaspalast „Twisterland“ mit Selbstbedienungsrestaurant. Müden Kinderfüßen kann vorgebeugt werden: Es ist möglich, Bobbycars und Bollerwagen auszuleihen. Auch Kindergeburtstage können im Plantaria gefeiert werden, sogar ein „Indianer-Geburtstag“ im Four Winds Camp.

NiederRheinPark Plantaria
Am Scheidweg 1–5, 47624 Kevelaer
Telefon: 02832/93270, www.plantaria.de

0488 Blaue Lagune, Wachtendonk

Ein Naturstrand für Aktive

Inmitten der abwechslungsreichen Wald-, Fluss- und Seenlandschaft des Naturparks Schwalm-Nette liegt dieser Badesee. Aber die „Blaue Lagune“ ist mehr als nur ein Baggersee mit Sandstrand und begrüntem Ufer: Hier sind vielfältige Fun- und Sport-Aktivitäten im Angebot.
Surfer und Skater kommen beim Wakeboarding und Wakeskating auf ihre Kosten – der Parcours bietet Herausforderungen auf Rampen und Schanzen. Aber auch „klassischer“ Wasserski ist möglich, die Wassersportler werden mit einer Seilbahn über den See gezogen. Für Nicht-Wasserratten eignen sich der Hochseilgarten (ab 1,20 Meter Körpergröße) und das große Trampolin. Ballspiel-Fanatiker vergnügen sich beim Beach-Fußball und natürlich beim Beach-Volleyball. Übernachtungen und längere Aufenthalte sind in kleinen Ferienhäusern auf dem Gelände bei Wachtendonk möglich – die Grenzregion zu den Niederlanden lädt zu ausgedehnten Ausflügen mit Auto, Rad oder Kanu ein.

Freizeitanlage Wankumer Heidesee GmbH
Am Heidesee 5, 47669 Wachtendonk
Telefon: 02839/277, www.blauelagune.de

0489 Zoo Krefeld

Klein, aber fein

Mit seinen über 400 Pflanzen- und Tierarten ist das Regenwaldhaus sicherlich der Höhepunkt des kleinen, aber feinen Zoos in Krefeld.

In schweißtreibendem Klima wird hier auf 1.100 Quadratmetern ein Ausschnitt aus dem reichhaltigen Ökosystem eines südamerikanischen Regenwalds erfahrbar. Die Besucher werden von Schmetterlingen umflattert, hören schrille Schreie tropischer Vögel und sehen Kaimane, Anakondas und Fischschwärme im Amazonas-Flussbecken. Daneben leben hier auch Fledermäuse, Blattschneiderameisen und flinke Sakis (Schweifaffen); Faultiere hängen gut versteckt in den Bäumen.
Natürlich finden sich auch in Krefeld die bei Kindern allseits beliebten Dickhäuter – bei einer „Elefantenshow“ zeigen die asiatischen Elefanten-Damen sogar, welche Kunststücke sie können (täglich, um die Mittagszeit). Andere Highlights sind die Fütterung der Pinguine und Seelöwen – und nicht zu vergessen das Affenhaus. Hier leben, wiederum in tropischem Ambiente, verschiedene Menschenaffen in getrennten Bereichen: Orang-Utans, Flachland-Gorillas und Schimpansen und auch einige kleinere Affenarten. Demnächst soll eine Außenanlage für das Gorilla-Männchen „Massa“ und seine Gruppe entstehen.
Für Kinder ist der Aufbau eines „Forscherhauses“ geplant, in dem sie selbst biologische Zusammenhänge mit Mikroskop und Lupe ergründen können. Jetzt schon ist für Kinder ein „Zoorallye“-Fragebogen an den Kassen erhältlich (gegen Gebühr). Regelmäßig finden im Zoo Sonderveranstaltungen und am ersten Sonntag im Monat offene Führungen statt.

Zoo Krefeld, Uerdinger Straße 377, 47800 Krefeld
Telefon: 02151/95520, www.zookrefeld.de

0490 Linner Flachsmarkt, Krefeld

Handwerker, Ritter und Gaukler

Kerzenzieher, Spinner, Bürstenmacher, Filzer und Schuster – wo kann man diese alten Handwerksberufe heute noch erleben? Zum Beispiel auf dem Flachsmarkt in Krefeld-Linn. Jedes Jahr an den Pfingstfeiertagen findet rund um eine echte Burg mit Wassergraben und Bergfried der große historische Handwerkermarkt statt. Die spektakulärste Attraktion sind wohl die Spiele der „echten“ Ritter an der Linner Burg – da fühlt man sich wirklich ins 13. Jahrhundert zurückversetzt, als die Burg ihre heutige Gestalt erhielt. Beim Turnier messen sich die edlen Ritter im Ringstechen, Lanzenreiten, Schwert-

kampf und in anderen Disziplinen. Beim Bogenschießen im Ritterlager dürfen Kinder sogar mitmachen.
Zwischen den über 300 bunten Ständen und den Schaulustigen tauchen im Gedränge immer wieder kostümierte Musiker mit historischen Instrumenten oder bunte Gaukler auf und sorgen mit ihren Tönen und fliegenden Bällen für noch mehr Flair. Falkner tragen majestätische Greife auf der Faust und lassen sie bei zahlreichen Flugdarbietungen fliegen. Da – der Falke stößt auf die am Boden liegende „Beute“ nieder! Doch es fließt kein Blut: Es ist nur eine Lederattrappe. Selbst die angebotenen Speisen und Imbisse – Spießbraten, Würstchen, Kuchen und Waffeln – entsprechen dem Mittelalter-Feeling. Wer über Pfingsten ins Mittelalter eintauchen will, ist auf dem Flachsmarkt genau richtig!

Größte Attraktion: die Ritterspiele

Arbeitsgemeinschaft Flachsmarkt
Rheinbabenstraße 144, 47809 Krefeld
www.flachsmarkt.de

0491 Städtisches Kramer-Museum, Kempen

Ritter für einen Nachmittag

Einen Nachmittag in Original-Rüstungsteilen Ritter spielen: Das können Geburtstagskinder jetzt im Kramer-Museum im niederrheinischen Kempen. Den Ritterschlag erteilt die Museumspädagogin des Museums für Stadtgeschichte, eine Urkunde gibt es obendrein. Die kleine Stadt Kempen hat ja auch eine bewegte mittelalterliche Vergangenheit; eine kurkölnische Burg im Stadtzentrum und einige alte Stadthäuser aus dem Mittelalter erinnern daran. Das Museum selbst ist im ehemaligen Franziskanerkloster aus dem 18. Jahrhundert untergebracht – und ein bisschen unheimlich ist es schon, wenn die frischgebackenen Ritter bei Kerzenschein in die Gruft hinuntersteigen. Aber Ritter sind tapfer, und eine Mama oder ein Papa sind ja immer dabei. Alternativ zum Rittergeburtstag können die Kinder mittelalterliche Küchengeräte und Zubereitungsarten kennenlernen und in der Küche aktiv werden. Bei dieser Variante sind leckere, selbstgebackene Waffeln der süße Höhepunkt.

Städtisches Kramer-Museum
Nebenstelle Burgstraße, Burgstraße 19, 47906 Kempen
Telefon: 02152/917380, www.kempen.de

0492 Niederrheinisches Freilichtmuseum Dorenburg, Grefrath

„Wiederauferstandene" Bauernhöfe, eine Schnapsbrennerei und leckere Pfannkuchen

Für viele kleine und große Schleckermäulchen ist womöglich das „Pannekookehuus" Abschluss und Höhepunkt oder eigentlicher Grund für einen Besuch im Freilichtmuseum Dorenburg. Süße und herzhafte Pfannkuchen werden im Gebäude einer ehemaligen Posthalterei frisch zubereitet.

Doch das Museum hat für die ganze Familie weit mehr zu bieten: Am Rande des Städtchens Grefrath sind seit 1973 mehrere historische Bauernhöfe aus der Region „wiederauferstanden". Hier wird das bäuerliche Leben am Niederrhein in vergangenen Jahrhunderten erlebbar, und zwar nicht nur durch die historische Einrichtung der Häuser. Was wäre ein Bauernhof schließlich ohne Tiere? Auch die vierbeinigen und gefiederten Bewohner von Ställen und Gehegen gehören quasi zur Ausstellung: Kaltblutpferde, Esel, Schafe, Ziegen, Hühner und Hasen. Originalerhaltene Werkstätten verschiedener Handwerker – Schreiner, Radmacher, Schuster, Sattler und Schmied – bieten Einblick in die frühere Arbeitsweise dieser Berufe. Bei den Vorführungen des Schmieds darf auch schon einmal mitgedengelt werden. In den Anlagen einer historischen Schnapsbrennerei lässt sich der Weg vom Getreide zum „Korn" nachvollziehen.

Historische Bauernhöfe liebevoll restauriert

Das eigentliche Herzstück und Highlight der Anlage ist aber die Dorenburg, eine kleine Wasserburg aus dem 17. Jahrhundert. Neben wechselnden Ausstellungen beherbergt sie ein kleines Spielzeugmuseum. Hier faszinieren eine Modelleisenbahn-Anlage, Puppenhäuser, Puppen und Spiele aus den frühen Jahren des letzten Jahrhunderts. Geburtstagskinder und ihre Gäste können auch auf dem Museumsgelände feiern und mit Hilfe einer Zeitmaschine in vergangene Jahrhunderte reisen.

Niederrheinisches Freilichtmuseum Grefrath
An der Dorenburg 28, 47929 Grefrath
Telefon: 02158/91730, www.freilichtmuseum-dorenburg.de

0493 Allwetterzoo Münster

Pinguin, Löwe & Co.

Über den Allwetterzoo gibt es viel zu sagen, und zwar viel Gutes. Er stellt sich allerdings auch ganz hervorragend selbst vor. Klicken Sie auf der Startseite von www.allwetterzoo.de links unter „Besucherinfos“ den Menüpunkt „Öffnungszeiten“ an. Im Absatz „Zoobesuch mit Kindern“ klicken Sie auf „Beobachten, berühren, begeistert sein“, und Sie finden einen Text, der Kinder direkt anspricht und Ihnen deutlich macht, warum ein Besuch im Allwetterzoo wirklich ein tolles Erlebnis ist.
Alle Highlights hier zu nennen, würde den Rahmen sprengen, deshalb nur so viel: Der Allwetterzoo trägt seinen Namen nach den überdachten Verbindungswegen zwischen den verschiedenen Tierhäusern. Die Dächer schützen vor Regen, spenden aber auch Schatten. Es gibt unglaublich viel zu sehen – das Delphinarium, das Elefantenhaus, das Tropenhaus, das Bärenhaus, das Affenhaus, das Löwenhaus, das Aquarium, die zoORANGerie, begehbare Affenanlagen, ein Afrikapanorama und, und, und. Dazwischen sind immer wieder tropische Pflanzen zu entdecken. Der Kinder- und Pferdepark ermöglicht Kontakt zu den Vierbeinern, genau wie der Streichelzoo. Ihren Hund dürfen Sie übrigens auch mitnehmen. Und Sie dürfen fotografieren.
Das Motto des Zoos ist: „Tiere hautnah“. Bei Fütterungen zu speziellen Zeiten dürfen die Tiere berührt werden. Liegen, Liege-, Picknick- und Spielplätze für Pausen sind vorhanden, ebenso Restaurants und Imbisse. Von Babywickelräumen bis Einrichtungen für Menschen mit Behinderungen ist wirklich an alles gedacht. Der Zoo ist einfach schön.

Verschaffen Sie sich selbst einen Eindruck, und vergessen Sie bei Regen Ihren Schirm nicht, wenn Sie auch einen Blick auf die Freigehege werfen wollen!

Allwetterzoo Münster, Sentruper Straße 315, 48161 Münster
Telefon: 0251/8904-0
www.allwetterzoo.de

0494 Zeiss-Planetarium Münster

Unterm Sternenhimmel

Was tun an einem verregneten Sonntag? Auf nach Münster ins Planetarium des Museums für Naturkunde!
Die Größe des Weltalls beeindruckt bei jedem Wetter. Unter der Kuppel mit einem Durchmesser von 20 Metern finden 270 Besucher in bequemen, drehbaren Armlehnsesseln Platz. Das Zeiss-Planetarium ist aber nicht nur eines der wenigen Großplanetarien in Deutschland, sondern bietet auch ein spezielles Programm für Familien mit Kindern, sogar für Kinder unter 6 Jahren. Einfache, manchmal bekannte Geschichten führen die jungen Besucher an das Thema Sterne heran. Während des Programms ist es ganz dunkel – gut also, wenn Papa oder Mama in der Nähe sind. Phänomene des Sternenhimmels und leicht verständliche Erklärungen dazu gibt es in den allgemeinen Vorführungen. Diese sind üblicherweise für Familien mit Kindern ab 8 oder 10 Jahren geeignet.

LWL-Museum für Naturkunde
Westfälisches Landesmuseum mit Planetarium
Sentruper Straße 285, 48161 Münster
Telefon: 0251/591-6099
www.lwl.org/LWL/Kultur/WMfN/Zeiss_Planetarium/

0495 Barfußgang Tilbeck

Schuhe aus!

Es muss nicht immer Streichelzoo oder Safaripark sein. Wollen Sie Natur hautnah erleben, fangen Sie doch bitte einmal ganz einfach und unmittelbar an. Haut haben wir schließlich alle unter unseren Füßen, und Natur ist doch überall, wo der Asphalt endet. Überwinden Sie sich!

Sie werden merken, wie gut es tut, auf den verschiedensten Untergründen zu gehen. Die Chinesen glauben, dass alle Teile unseres Körpers mit bestimmten Punkten unter unseren Füßen verbunden sind. Barfuß gehen ist gesund, entspannend, eine sinnliche Wahrnehmung – und ein ganz großer Spaß für Ihre Kinder. Die haben bestimmt keine Hemmungen, ihre Schuhe auszuziehen und einen Weg über Sand, Wiese, Waldboden, Kiesel, Kork, durch Wasser, Schlamm und anderes zu finden. Im Gegenteil: So ist Spazierengehen wenigstens nicht langweilig!

Übrigens, niemand ist gezwungen, seine Schuhe auszuziehen oder schon beim ersten Mal alle Abschnitte zu durchlaufen. Es gibt immer einen Weg drumherum.

Stift Tilbeck, Tilbeck 2, 48329 Tilbeck
Telefon: 02507/981-0, www.barfussgang.de

0496 NaturZoo Rheine

Natürlich gut!

Dies ist kein gewöhnlicher Tierpark. Und sicherlich gibt es größere Zoos. Dennoch lohnt der Besuch unbedingt. Warum? Weil das Konzept klasse ist:

Zutrauliche Pinguine

Anerkanntes Engagement im Arten- und Naturschutz verbindet sich mit dem Ziel, Natur erleb- und greifbar zu machen. Lernspiele, Veranstaltungen, Naturlehrpfad, Kinderzoo und Zooschule schaffen ein geschärftes Bewusstsein für Tiere, Natur und Umwelt. Gleichwohl gibt es echte Attraktionen, wie die (fast) freilebenden Berberaffen in Deutschlands erstem begehbaren Affenwald oder die Seevogel-Voliere. Die Seehunde lassen es sich seit Sommer 2004 im „Erlebnisbad“ mit Sonneninsel, Tauchbecken, Whirlpool und Sandstrand gutgehen. Dort werden sie im Rahmen einer kommentierten Dressurvorführung täglich um 11.00 und 16.00 Uhr gefüttert.

Verpassen Sie auch die anderen Infofütterungen nicht! In den Sommerferien täglich, von Mitte März bis Mitte Oktober an Sonn- und Feiertagen, geben Zoomitarbeiter Erläuterungen zu den Fütterungen bei Nasenbären, Präriehunden, Dscheladas und im Affenwald. Am Zooeingang erfahren Sie mehr über das Tagesprogramm.

NaturZoo Rheine
Salinenstraße 150, 48432 Rheine
Telefon: 05971/16148-0, www.naturzoo.de

0497 rock'n'popmuseum, Gronau

Elvis ganz nah

In welchem Kinderzimmer hängen sie nicht über dem Bett? „Tokio Hotel", „Die Ärzte", Justin Timberlake. Ein zerknicktes Poster, ein Hochglanzartikel mit den neuesten Fotos der geliebten Stars werden gehütet wie Schätze. Aber wie wäre es mal, ein Original-Hemd vom Gitarren-Gott Jimi Hendrix (vielleicht noch mit seinem Bühnenschweiß?) zu sehen? Oder den Opel Admiral der Fantastischen Vier? Ein Mikrofon der Beatles?
Das rock'n'popmuseum in Gronau – der Heimatstadt von Udo Lindenbergs – widmet sich der Geschichte der Popmusik des frühen 20. Jahrhunderts bis heute, von den Comedian Harmonists über Rock 'n' Roll bis zu Techno und Hip-Hop. Die Sammlung lädt ein zu einer musikalischen Zeitreise mit Stars von jetzt, gestern und vorgestern: Memorabilia, Original-Bühnendekoration, uralte Abspielgeräte, Poster, Instrumente, Kurioses. Für die passende Musikuntermalung ist selbstverständlich auch gesorgt: Eine tolle Technik ergänzt die Ausstellung in Ton und Bild, mit Multimedia-Präsentationen, Mitmach-Erlebnisstationen, Klangkorridoren und „Emotionsbereichen", zum Beispiel „Trance". Wer noch mehr wissen will, fragt einfach die umfangreiche Datenbank, die speziell für das rock'n'popmuseum entwickelt wurde und jede Menge zusätzlicher Informationen liefert.
Neben der Dauerausstellung finden wechselnde Sonderausstellungen zu verschiedenen Themen statt, etwa „On the Road" oder „Punk in der DDR". Speziell für Kinder ab 4 Jahren bietet das Museum einmal monatlich sonntags „rock'n'pop KIDS" an; neben außer einer Erkundungstour durch das Museum steht gemeinsames Musik machen auf dem Programm, es wird getrommelt und gesungen, gerätselt und gespielt. Natürlich dürfen auch Ge-

burtstagskinder mit ihren Freunden eine tolle rockige Party im rock'n'popmuseum feiern. Wer immer noch nicht genug hat, der schaut in den Veranstaltungskalender – von Clubkonzerten (Eintritt frei) über Vorträge, Rundgänge und Exkursionen ist alles dabei.

rock'n'popmuseum
Udo-Lindenberg-Platz 1, 48599 Gronau
Telefon: 02562/8148-0, www.rock-popmuseum.de

0498 Schloss Pfaffendorf, Bergheim

Ein Schloss an der „Straße der Energie"

Schloss Paffendorf ist ein kleines Schmuckstück unter den Wasserburgen des Rheinlandes. Es liegt mitten im rheinischen Braunkohlegebiet nordwestlich von Köln und wird auf die Mitte des 16. Jahrhunderts datiert. Ursprünglich gehörte die zweiteilige Burg aus Backstein der Familie von den Bongart, doch im Jahre 1958 kaufte eine Tochterfirma des Energiekonzerns RWE das Objekt. Heute betreibt RWE Power hier ein Informationszentrum über Energieerzeugung aus diesem Rohstoff.

Viele Infos über die Braunkohleindustrie gibt's hier

Über eine kleine Vorburg nähert man sich dem eindrucksvollen Schloss, das von einem künstlichen See umgeben ist. Das eindrucksvoll mit Türmen, Erkern, Zinnen und Bögen versehene Herrenhaus wurde Ende des 19. Jahrhunderts im Stil der Neogotik umgebaut. Im Innenhof finden jetzt regelmäßig Konzerte statt. In der Burg selbst befindet sich eine Dauerausstellung über die rheinische Braunkohleindustrie. Hier erfährt man, wie die Braunkohle entstanden ist und wie ihr Abbau seit dem 19. Jahrhundert die Region prägt. Schlossführungen sind nach Voranmeldung möglich.
Vor allem aber ist auch der große Schlosspark sehenswert. Heute präsentiert er sich als üppige Gartenanlage mit seerosenüberwucherten Teichen und einem kleinem Moor. Die heimischen und exotischen Bäume des Forstlehrpfads (Arboretum) haben Schildchen mit Nummern; an der Information er-

hält man einen Plan mit den dazugehörigen Namen und Erklärungen. Die Pflanzenarten, die im Sumpf-Moor-Wald zu sehen sind, existierten schon im Tertiär-Zeitalter: Aus ihnen entstand im Lauf vom Jahrmillionen der Energielieferant Braunkohle.
Der Tagebau Fortuna-Garsdorf lag noch vor einigen Jahrzehnten nur ein paar Kilometer entfernt; heute ist das Gebiet ein Bespiel für rekultivierte Landschaft. Aber nicht allzu weit von Bergheim ist es noch möglich, den Abbau „live" zu erleben, denn in Hambach bei Elsdorf wird nach wie vor Braunkohle gefördert. Wie Schloss Pfaffendorf liegt dieser Tagebau an der „Straße der Energie", mit der RWE Power über die Nutzung von Braunkohle, über Stromerzeugung, Ökologie und Rekultivierung informieren möchte. Die acht Stationen im Umkreis von Bergheim sind ideal, um sie mit dem Rad zu abzufahren.

RWE Power, Informationszentrum Schloss Paffendorf
Burggasse, 50126 Bergheim
Telefon: 02271/75120043, www.paffendorf-erft.de/schloss/

0499 Phantasialand, Brühl

Von Afrika nach Mexiko, von Berlin nach Chinatown

Der Themenpark in Brühl bei Köln ist der Klassiker unter den Freizeitparks im Rheinland. Hierhin fährt, wer etwas erleben will. Allerdings sind die Fahrgeschäfte nicht nur atemberaubend und schnell, sie sind auch fantasievoll in ihre thematische Umgebung eingebettet – Afrika, Mexiko, der Wilde Westen und Fantasy sind nur die wichtigsten Bereiche. Ein neues Asien-Thema wurde vor ein paar Jahren mit der Eröffnung von „China-Town" eingeführt. Wer's heimischer mag: Schon seit den Anfängen des Phantasialands ist eine Miniatur-Version von Alt-Berlin im Programm.
Auf verschiedenen mehr oder weniger rasanten Attraktionen kann man sich den Fahrtwind um die Nase wehen lassen. Eines der neuesten Highlights ist „Talocan" im nebligen Azteken-Ambiente: Während die riesige „Schaukel" mit den Sitzreihen ausschwingt, dreht sie sich um sich selbst – darunter gähnt ein Abgrund mit Wasserfontänen und Feuerzungen (ab 12 Jahren). Nass werden die Besucher auch auf zwci Wildwasser-Abenteuern. Ins tiefste Afri-

ka entführt werden sie auf der Achterbahn „Black Mamba“. Hier „hängt“ man in den Sitzen, denn die Schienen der Bahn sind oben. Aber es ist schwer, während der Fahrt unten und oben auseinanderzuhalten; oft dreht sich die Bahn nämlich um die eigene Achse – und das bei atemberaubender Geschwindigkeit (ab 10 Jahren). Die Dunkelachterbahn „Temple of the Nighthawk“ und der Westernzug „Colorado Adventure“ gehören ebenfalls zur etwas schnelleren Kategorie. Für kleinere Kinder gibt es aber auch Bienchen- oder Ballon-Karussells.

Die Achterbahn „Black Mamba“

Die Fläche des Phantasialands ist überschaubar, im Park sind Gastronomie-Angebote verteilt. Die Ein- oder Zwei-Tages-Karten sind nicht wirklich billig, dafür bekommt man aber einiges geboten. An Wochenenden in der Saison kann der Park voll werden, so dass Wartezeiten entstehen.

Phantasialand, Berggeiststraße 31–41, 50321 Brühl
Telefon: 02232/36600, www.phantasialand.de

15.

0500 Kletterhalle „Bronx Rock“, Wesseling

Fun, Sport und Action auf 2.500 Quadratmetern

Alle Klettermaxe müssen zunächst in einem Pflicht-Grundkurs wichtige Grundlagen wie Achterknoten, Umgang mit Gurten und Top-Rope-Sicherung lernen. Sicherheit wird großgeschrieben in der größten Indoorkletterhalle Deutschlands – ihre höchste Kletterwand ist immerhin 16 Meter hoch. In der Halle sind Routen verschiedener Schwierigkeitsstufen zu durchsteigen, besonders schwierig sind solche mit Überhängen. Vielleicht wäre es doch besser, zuerst einen Kletterkurs zu absolvieren? Schnupperkurse gibt es bereits für Kinder ab acht Jahren. Auch Familien oder andere Gruppen können einen Einsteiger-Kletter-Kurs buchen. Für Kinderfeiern bietet „Bronx Rock“ abenteuerliche Action-Programme an: Hier dürfen sich die Kleinen als Geheimagenten aus einem Tresorraum abseilen. Oder sich auf den Spuren von Indiana Jones an Seilen durch den Urwald schwingen. Für die ganz Kleinen steht eine Kinderspielburg zur Verfügung. Kinder und Jugendliche bis zu 17 Jahren dürfen nur in Begleitung Erwachsener oder mit schriftlicher Erlaubnis bei Bronx Rock klettern.

Bronx Rock Kletterhalle
Vorgebirgsstraße 5, 50389 Wesseling
Telefon: 02236/890570, www.bronxrock.de

0501 Schokoladenmuseum Köln

Ein „Mmmuseum" voller Genuss

Auf einer Rheininsel im früheren Hafen Kölns liegt die wohl süßeste Attraktion der Domstadt: das Schokoladenmuseum. Das Sammeln und Bewahren von Zeugnissen der Geschichte des Genussmittels hat sich das Museum zum Ziel gesetzt. Und natürlich ist die Kulturgeschichte der Schokolade ganz sinnlich zu erleben – im Komplex auf der Rheininsel steht ein 10 Meter hohes Tropenhaus, in dem die Kakaopflanzen zu bestaunen sind, die die Kakaobohnen liefern. Sie sind das Ausgangsmaterial, aus dem die süßen Sünden hergestellt werden.

Mitarbeiter führen den Herstellungsprozess vor aller Augen in einer kleinen Schokoladenfabrik im Museum vor. Der Höhepunkt des Rundgangs durch das Schlaraffenland ist sicherlich der Schokoladenbrunnen: Museumsangestellte tauchen Waffeln in die sprudelnden 200 Liter flüssiger Schokoladenmasse, und große und kleine Besucher können die Süßigkeiten dann verkosten. So gestärkt kann man sich anschließend in den oberen Geschossen über die Geschichte der Schokolade informieren: Sie beginnt etwa um 1500 v. Chr., als die Olmeken die Pflanze *kakawa* (Kakao) schätzen lernen. In der Ausstellung

Leckerer Transport

geht der Streifzug weiter über das *cacahuatl*, das Getränk der Mayas und Azteken, auf das unser heutiger Name der „Götterspeise" zurückgeht, hin zur Kolonialgeschichte, in der die braunen Bohnen lange von Sklaven geerntet werden. Ab etwa 1800 wird Schokolade schließlich zum Industrieprodukt und Massenartikel. Wussten Sie, dass die erste Tafel Schokolade 1846 hergestellt wurde?

Derzeit geht der Trend wieder hin zum Luxus, und auch im Museumsshop in Köln kann man sich natürlich edle Pralinés und Tafeln namhafter Hersteller auf der Zunge zergehen lassen – und damit auch das Thema eines Bildungsprogramms, bei dem einem das Wasser im Munde zusammenläuft. Spezielle Kinderführungen bietet das Museums sonntags und feiertags jeweils um 15.00 Uhr an. Auch Kindergeburtstage im Museum (mit „kleiner Schoko-Schule") und Gruppen-Workshops sind zu buchen: In den Workshops formen die Kleinen Figuren aus Marzipan oder stellen selbst Tafeln der braunen Köstlichkeit her (nur für Gruppen oder Schulklassen).

Schokoladenmuseum Köln GmbH
Am Schokoladenmuseum 1a, 50678 Köln
Telefon: 0221/931888-0, www.schokoladenmuseum.de

0502 Deutsches Sport- und Olympiamuseum, Köln

Von Abfahrtslauf bis Zehnkampf

Um fast 3.000 Jahre Sportgeschichte geht es im Sport- und Olympiamuseum in Köln – und zwar an ungewöhnlichem Ort: in einer ehemaligen Zoll- und Lagerhalle im Rheinauhafen. Die ursprünglichen Olympischen Spiele fanden vermutlich erstmals 776 vor Christi statt. Ende des 19. Jahrhunderts wurden die Spiele – nach einer Pause von anderthalb Jahrtausenden – „wiederbelebt". Dass viele heutige Sportarten etwa vor 150 Jahren populär wurden, erfährt man beim Rundgang durch die Ausstellung: Fit und nationalbewusst sollte das deutsche Volk werden – durch das „Turnen", eine Idee Friedrich Ludwig Jahns. Fußball, Tennis und Rudern, wichtige britische Beiträge zum Sport, bekamen vor allem wegen der britischen Wettleidenschaft ein festes Regelwerk. Nur so nämlich konnte im Zweifelsfall geklärt werden, wer gewonnen hatte.

Stichwort „König Fußball": Natürlich fehlen im Museum die Andenken nicht, die an legendäre Spieler oder große deutsche Fußballsiege erinnern –

zum Beispiel präparierte Rasenstücke aus diversen Stadien, Original-Trikots mit Autogramm, Medaillen, Urkunden und vieles mehr. Zusätzlich ist die multimediale Ausstellung mit vielen Filmclips bestückt. In der Ausstellung wird besonders das Verhältnis zwischen Sport und Medien hinterfragt: Wie werden Sportereignisse legendär, wie wurden und werden Sportler zu Stars? Und immer wieder wird der Besucher zum Mitmachen animiert, erlebt Ausschnitte aus der Welt des Sports – zum Beispiel beim Versuch, auf einem Rennrad die Geschwindigkeit der Profis zu erreichen. Wer möchte, kann am Schluss selbst bei Fußball, Tennis oder Basketball aktiv werden: Auf dem großen Dach des Museums liegt der höchste Sportplatz Kölns.

Deutsches Sport & Olympia Museum
Im Zollhafen 1, 50678 Köln
Telefon: 0221/336090, www.sportmuseum-koeln.de

0503 Kölner Zoo

Mehr als 500 Tierarten aus allen Kontinenten

Die majestätischen Dickhäuter im Elefantenpark zählen sicher zu den Hauptattraktionen des Kölner Zoos: Dort leben Bindu, der mächtige Bulle, die Elefantenkühe Thi Ha Phyu („Weiße Prinzessin“) und Maha Kumari („Große Prinzessin“), drei Jungtiere und weitere Elefanten. Im Zoo können große und kleine Besucher mehr als 500 Tierarten aus allen Kontinenten bestaunen. Dazu gehören auch Matschie-Baumkängurus, Flughunde, Kurzkrallenotter und verschiedene frei fliegende Vogelarten im Regenwald-Haus. Auf 2.000 m^2 wurde hier mit einer Vielzahl tropischer Pflanzen ein Stück südostasiatischer Regenwald nachempfunden. Im Menschenaffen-Urwaldhaus leben Gorillas, Orang-Utans und Bonobos wie in freier Wildbahn im Familienverband zusammen. Das Aquarium bietet vom heimischen Rhein bis zum indopazifischen Korallenriff Ausschnitte der Tierwelt verschiedener Gewässer. Piranha-Fütterung ist montags um 15.00 Uhr! Auch die Fütterungen von Pinguinen, Seelöwen, Fischottern, Pavianen und anderen Zoobewohnern sind sicherlich eine Attraktion nicht nur für die kleineren Besucher. Für Kids werden spezielle „Nachtexpeditionen“ angeboten, also Abendführungen zu Raubkatzen, Eulen und Flughunden im Dämmerlicht. Es ist sogar möglich, beim Zoo ein Geburtstagsprogramm für Kindergruppen zu buchen: Hier stehen Themen wie „Geheimnisvolles Afrika“, „Im richtigen Kleid unterwegs", „Die Wüste lebt" zur Auswahl. Kinder von 8 bis 14 Jahren können im Zoo auch eine Nacht im Zelt verbringen, inklusive Nachtführung zu Tigern, Eulen und anderen nachtaktiven Tieren (Buchung einige Monate im Voraus). In den NRW-Schulferien findet außerdem ein umfangreiches Ferienprogramm statt, mit täglichen Rätselspielen und Kindersafari; als Ergänzung zum Biologie-Unterricht gibt es für Schulklassen und begleitende Lehrer die „Zooschule".

Zoologischer Garten Köln, Riehler Straße 173, 50735 Köln
Telefon: 01805/280101 (0,14 €/Min), www.zoo-koeln.de

0504 Planetarium und Sternwarte Köln

Sternstunden für kleine und große „Erdlinge"

Möchtegern-Sterngucker und andere astronomische Laien können in Köln in die „Sternenschule" gehen – die kleine Sternwarte und das Planetarium Köln sind am Gymnasium Köln-Nippes angesiedelt. In zwei Kuppeln auf dem Dach des Schulgebäudes stehen die Fernrohre; das Zeiss-Kleinplanetarium mit 6-Meter-Kuppel liegt im Keller und hat etwa 30 Plätze. Immer samstags ist hier ein künstlicher Sternenhimmel zu sehen – bei ganz besonderen Himmelsereignissen werden mit einer Kamera auch schon einmal Live-Bilder von den Fernrohren nach „unten" übertragen.
Abwechselnd bietet das Planetarium Vorträge zu verschiedenen Planeten, Sternen oder Himmelserscheinungen. Und wie leben, schlafen und essen eigentlich Astronauten in einem Raumschiff? Auf solche Fragen erhalten große und kleine „Erdlinge" hier Antworten – unter anderem, indem sie selbst Astronautennahrung probieren. Zahlreiche Ausstellungsstücke im Korridor des Kleinplanetariums veranschaulichen, wie Sterne entstehen, warum wir von Sternbildern sprechen oder was eine Supernova ist. Und wer interessierte sich nicht für die Frage: Gibt es außer uns Erdlingen noch andere intelligente Wesen, und wie findet man sie?

Planetarium und Sternwarte Köln (im Gymnasium Blücherstraße)
Blücherstraße 15–17, 50733 Köln
Telefon: 0221/71661429
www.koelner-planetarium.de

0505 NeuLand-Park, Leverkusen

Wie geschaffen für Kinder

Schon am Eingang des weitläufigen Parks begrüßen „Fontänenhüpfer" alle kleinen Wasserratten – und bieten mit ihren springenden Wasserstrahlen einen Platz zum spritzig-fröhlichen Planschen. Auf dem Rest des 20 Hektar großen Geländes am Leverkusener Rheinufer laden insgesamt zwölf Spielstationen und Spielplätze zum Verweilen und Toben ein. Zum Beispiel der Spielplatz „Großes Kuddelmuddel", auf dem alles windschief ist. Nicht weniger Begeisterung lösen der Windradturm mit Rutsche oder die Spielstationen „Chaospendel" und „Wackelhocker" aus. Es gibt sogar eine Skateranlage mit allen Schikanen. Das Kernstück des ehemaligen Landesgartenschau-Geländes ist der „Bumerang", eine gebogene, langgezogene Anlage mit verschiedenen Ebenen. Er wurde mit unterschiedlichen Themengärten gestaltet, wie zum Beispiel dem harmonischen Feng-Shui-Garten und dem „Hexengarten" mit seinen hübschen Heilkräutern. Ein Geschenk der chinesischen Partnerstadt Leverkusens ist der exotische „Drachenpavillon", der jetzt im Park steht.
Im Sommer finden Veranstaltungen wie die Leverkusener Talentwochen und Konzerte statt. Im wunderschönen NeuLand-Park vergisst man, dass der Park auf einer ehemaligen Deponie entstand. Hunde sind im Park übrigens nicht erlaubt. Aber für Kinder ist der Park wie geschaffen.

NeuLand-Park, Westring/Rheinallee, 51373 Leverkusen
www.laga-leverkusen.de

0506 Papiermuseum Alte Dombach, Bergisch Gladbach

So knistert Geschichte

Fachwerkgebäude, Wiesen, Bachläufe und ein klapperndes Mühlrad: So idyllisch liegt das Papiermuseum in der Natur. Bergisch Gladbach, wo sich das Museum Papiermühle Alte Dombach befindet, ist aber ein alter Industriestandort. Papierherstellung – ein zu trockenes Thema für Kinder? Keineswegs! Das Museum widmet sich allen Themen rund um die Herstellung und Verwendung des Schreib-, Mal- und Verpackungsmaterials. Schließlich ist es ja allgegenwärtig, auch und gerade für Kinder. Aber wie wird es hergestellt?

Die Geschichte des Papiers

Das wassergetriebene Mühlrad, das Lumpenstampfwerk und die Laborpapiermaschine veranschaulichen historische Papierherstellung, bei der die Besucher auch mit anfassen dürfen. Spezielle Kinderführungen bringen den Kindern nahe, wie das Leben von Papiermacherkindern in der Zeit der Industrialisierung um 1850 aussah. In den zum Museum gehörigen Fachwerkgebäuden lebten und arbeiteten Papiermacher ab 1620. Und mit Hilfe eines Schaupfads können Neugierige in der Umgebung des Museums auch die Pflanzen entdecken, die die Rohstoffe zur Herstellung des knisternden Materials liefern.

Rheinisches Industriemuseum Papiermühle Alte Dombach
Kürtener Straße, 51465 Bergisch Gladbach
Telefon: 01805/743465 (0,12 €/Min.)
www.bergischgladbach.de/Industriemuseum.aspx
www.rim.lvr.de/schauplaetze/bergisch_gladbach/default.htm

0507 Vieh- und Krammarkt, Waldbröl

Federvieh, Schweine, Ziegen und gelebte Tradition

Sie möchten mit Ihren Kindern einen historischen Markt besuchen, aber es soll kein Pseudo-Mittelalterspektakel sein, sondern eine Veranstaltung, die wirklich Tradition hat? Der Vieh- und Krammarkt in Waldbröl, gelegen im Dreieck zwischen Hennef, Gummersbach und Siegen, existiert schon seit über 150 Jahren! Heute ist er als Einkaufs- und Erlebnismarkt alle 14 Tage donnerstags *die* Attraktion in der 20.000-Einwohner-Stadt im Oberbergischen Kreis. Mit bis zu 250 Händlern, die vor allem aus der Region kommen, ist er sogar der größte in ganz Westdeutschland.

Im Jahr 1851 begann das Markttreiben als reiner Viehmarkt, bald gesellten sich zu den Viehhändlern fliegende Händler mit ihren Haushaltswaren – dem „Kram". Heutzutage ist er auch das wichtigste Marktgut. Dennoch gibt es nach wie vor auch Vieh zu bestaunen und zu kaufen – vor allem Federvieh, wie Hühner und anderes Geflügel. Ab und zu aber auch Schweine und Ziegen. Der Markt findet alle 14 Tage donnerstags statt.

Waldbröler Vieh- und Krammarkt, Wir für Waldbröl GmbH
Hochstraße 11, 51545 Waldbröl 15.
Telefon: 02291/9099808, markt.wir-fuer-waldbroel.de

0508 Freizeit- und Wellness-Bad „monte mare“, Reichshof-Eckenhagen

Hier können Kleine ganz große Wellen schlagen

Im kleinen Ort Reichshof-Eckenhagen, am Rand des Naturparks Bergisches Land, bietet eine Bade- und Wellness-Landschaft Spaß und Entspannung. Für Kinder dürfte im „monte mare“ vor allem die Badelandschaft interessant sein: Eine Rutsche in Form eines bunten Wasserdrachens speit kleine Wasserratten ins kühle Nass. Das macht Spaß! Noch etwas aufregender sind die langen Röhren der Turbo-Rutsche oder der Dunkelrutsche „Black Hole“ – mit Strobo-Licht- und Sound-Effekten. Ganz Wagemutige hüpfen vom Sprungturm, der an einem abgeteilten Bereich des Sportbads steht. Wer Erholung braucht, legt sich in einen sprudelnden Whirlpool. Im Sommer sorgt ein kleines Außenbecken für willkommene Abkühlung.
Wer noch kein „Seepferdchen“ hat, kann es hier erwerben: Schwimmkurse (ab 5 Jahren) sind im „monte mare“ im Angebot. Wer drei bis zwölf Jahre alt ist, kann dem „mini-monti-Club“ beitreten. Nach vorheriger Anmeldung ist auch die Feier des Kindergeburtstags hier möglich.

monte mare Reichshof
Hahnbucher Straße 21, 51580 Reichshof-Eckenhagen
Telefon: 02265/997400
www.monte-mare.de/de/reichshof

0509 Lamatrekking, Reichshof-Löffelsterz

Wanderungen mit den Kamelen der Inkas

Wie wäre es mal mit etwas ganz anderem? Zum Beispiel mit Lamatrekking? In den Alpen sind Wanderungen mit den Tieren aus den südamerikanischen

Mit Lamas durchs Bergische Land

Anden schon seit einiger Zeit möglich, auch als Trekking mit therapeutischer Wirkung: Behutsamkeit und Ruhe sind nötig, um die scheuen Lamas zu führen.

Auch im Bergischen Land kann man jetzt so zur Ruhe kommen – oder auch einfach nur schöne Natur in ungewöhnlichem Rahmen erwandern. Mitten im Naturpark Bergisches Land, nahe der Wiehltalsperre, bieten die Betreiber des Balsamhofs geführte Wanderungen mit den grazilen Tieren an. Die zwei- oder vierstündigen Touren können auch für Kindergruppen gebucht werden, je nach gebuchter Tour ist Grillen, Glühwein (für die Kinder Kinderpunsch) oder Übernachten im Heu inklusive.

Balsamhof, Bernd Ost und Sandra Seynsche
Schanzenweg 2, 51580 Reichshof-Löffelsterz
Telefon: 02296/908054
www.lamatrekking.org

0510 Bergisches Freilichtmuseum, Lindlar

Zwischen „Schafsnasen", „Krähern" und „Rotbunten"

Der ländlich-bäuerlichen Kultur des Bergischen Landes widmet sich das etwa 30 Kilometer östlich von Köln gelegene Bergische Freilichtmuseum. Hier wird für die kleinen und großen Besucher erlebbar und begreifbar, wie man früher „auf dem Land" lebte. Beim Rundgang durch das weitläufige Gelände mit seinen historischen Bauern- und Handwerkerhäusern kann man viel über die Landwirtschaft, das bäuerliche Leben und das Handwerk vergangener Zeiten lernen. Oder wissen Sie, was „Schlotterkämme", „Kräher" und „Krüper" sind? Es handelt sich um alte bergische Hühnerrassen. Auch die Schafe, Kühe, Pferde, Ziegen und Schweine im Museum sind allesamt Vertreter historischer Haustierrassen. Sie sind an das raue Klima der Gegend und an die Aufgaben in der Landwirtschaft angepasst. Schweinedame Berta (Deutsches Weideschwein) und Pferd Nico (Rheinisches Kaltblut) machen das sehr anschaulich.

Landleben wie früher

Leben, Arbeiten und Hauswirtschaft auf dem Hof waren für bäuerliche Selbstversorger mit Fragen der Ökologie verzahnt. Das bringt die Hauswirtschafterin den Besuchern im historischen Bauernhaus näher und lädt ein, bäuerliche Gerichte und alte Obstsorten zu probieren. Auch traditionelles Handwerk, z. B. das des Schmieds, wird vorgeführt. Steinhöhle, Vogelnestschaukel und ein Kletterhaus dürften aber sicherlich auch Highlights für das Spiel der Kleinen sein. Für Kinder bietet das Museum Pferdetrekking mit Lagerfeuer sowie besondere Ferienprogramme und Gruppenangebote an, eine Voranmeldung ist zum Teil erforderlich.

Bergisches Freilichtmuseum für Ökologie
und bäuerlich-handwerkliche Kultur
Schloss Heiligenhoven, 51789 Lindlar
Telefon: 02266/9010-0
www.bergisches-freilichtmuseum.lvr.de

0511 Selfkantbahn, Gangelt und Geilenkirchen

Ein Ausflug unter Dampf

Dass Kinder auf Eisenbahnen und Züge „abfahren“, ist ja bekannt. Warum also nicht einmal eine Ausflugsfahrt mit der Selfkantbahn unternehmen? Und die Eisenbahnfreunde, deren Verein die historischen Dampf- und Dielselloks betreibt, freuen sich besonders, wenn sie Kinderaugen leuchten sehen: Sie bieten in Verbindung mit der Fahrt kostenlose Kinderführungen an. Hier können die Kleinen selbst mit Hand anlegen, Weichen stellen und auf den Führerstand einer Lok klettern. Die heutige Selfkantbahn war 70 Jahre lang Kreisbahn der Stadt Geilenkirchen. Als die alte Strecke um 1970 eingestellt wurde, sorgte die „Interessengemeinschaft Historischer Schienenverkehr" dafür, dass Loks und Wagen der Schmalspurbahn auf einer Strecke von 5,5 Kilometern weiterfahren konnten. Die Eisenbahnliebhaber haben mittlerweile eine respektable Sammlung historischer Schienenfahrzeuge zusammengetragen. Einige der Museumsstücke werden auf den Ausflugsfahrten zwischen Gillrath und Schierwaldenrath eingesetzt (sonntags von Mai bis September). Vor Weihnachten finden sehr beliebte Nikolausfahrten statt, bei denen der „heilige Mann" selbst mitfährt und den Kindern Geschenke überreicht.

Bahnhof Schierwaldenrath, Am Bahnhof 13a, 52538 Gangelt
Telefon: 02454/6699

Bahnhof Gillrath, Bergstraße 1, 52511 Geilenkirchen
Telefon: 02451/66990, www.selfkantbahn.de

0512 Aachener Tierpark

Ein Zoo zum Anfassen

Affen, Luchse, Servale, Präriehunde, Esel, Zebras, Waschbären, Lamas, Ziegen, Strauße, Pfaue, Eulen, Greifvögel, Pinguine und viele andere Tiere bewohnen den Aachener Zoo. Vor allem einheimische Tiere und kleine Exoten sind vertreten; Löwen, Tiger und Elefanten sucht man hier vergebens. Dafür darf man viele der Tiere streicheln – der Tierpark im „Drimborner Wäldchen" ist ein Zoo zum Anfassen. Auf der Streichelwiese und im Kinderbauernhof kann man mit Hühnern, Ziegen, Schafen und anderen Vierbeinern auf Tuchfühlung gehen. Kleine Pferdefreunde kommen auf dem Pony-Reithof auf ihre Kosten. Regelmäßig stehen Führungen zu verschiedenen Themen auf dem Programm – auch Kinderführungen sind im Angebot. Überhaupt ist der Tierpark sehr familienfreundlich: Unter dem Motto „Kinderspaß" bietet der Zoo Bögen für eine Zoo-Rallye an (auch auf der Website zum Download), und Geburtstagskinder können auf dem Piratenschiff oder auf dem Kinderbauernhof feiern. Mehrere neue Kinderspielplätze und ein Café runden das Angebot ab.

Aachener Tierpark, Obere Drimbornstraße 44, 52066 Aachen
Telefon: 0241/59385, www.aachener-tierpark.de

0513 Aquana, Würselen

Grenzüberschreitender Wasserspaß für Jung und Alt

Rheinländer und Niederländer aller Altersstufen treffen sich im beliebten Erlebnisbad der Grenzregion: im Aquana in Aachen-Würselen. Schließlich gibt es hier mehrere tolle Wasserrutschen: eine „Black Hole"-Dunkelrutsche und die Wasserachterbahn „Master Blaster", in deren blauer Röhre man auf Gummireifen nicht nur abwärts saust. Andere Attraktionen für Jüngere und Junggebliebene sind ein Spiel-Piratenschiff, das Wellenbecken sowie ein großes Schwimmerbecken. Im Sommer lockt ein kürzlich modernisiertes Außenbecken. Auch die großzügige und prämierte Saunalandschaft mit „Saunagarten" ist sehr populär.
Im Spaßbad kümmert man sich wirklich um die junge Zielgruppe: Für die Allerkleinsten steht ein Wickelraum bereit – und natürlich ein Kleinkinderbecken. Allerdings müssen die ganz Kleinen aus hygienischen Gründen wasserfeste Gummi-Windeln tragen, die am Eingang erhältlich sind. Ältere Kinder können in Kursen Schwimmen lernen und den Kindergeburtstag im Aquana feiern. Zur Zeugnisausgabe möchte das Aquana Schüler belohnen und motivieren: Echten „Sportskanonen" (Note 1) und Schülern, die in Sport besonders schlecht abgeschnitten haben (Note 5), spendiert das Aquana einmal freien Eintritt. Zeugnisse wasserdicht einpacken und mitbringen!

Euregio Freizeitbad Würselen
Willy-Brandt-Ring 100, 52146 Würselen
Telefon: 02405/411925, www.aquana.de

0514 Bubenheimer Spieleland, Nörvenich

Spaß für alle Altersgruppen - bei jedem Wetter

Vom Wetter unabhängiges Vergnügen garantiert das Bubenheimer Spieleland Nörvenich. Der ehemalige Bauernhof liegt in der Nähe von Düren, südwestlich von Köln.
Im Sommer ist ein riesige Maisfeld mit seinem grünen Labyrinth die Attraktion: Hier muss man verschiedene Aufgaben erfüllen, dann winkt die Chance, Preise zu gewinnen. Fast schon sportliche Herausforderungen sind die

zehn Meter hohe Riesen-Teppichrutsche und eine Steilrutsche. Überhaupt kommt Bewegung nicht zu kurz: Neben reichlich Platz zum Toben und Ballspielen lockt der Abenteuerspielplatz auch mit einem Riesenluftkissen und einem Bungee-Trampolin. Wem hier das Hüpfen noch nicht vergangen ist, der findet in der Allwetterhalle noch mehr Gelegenheiten zum Trampolinspringen, während kleine „Spidermen" (und „-women") auf dem Netzspielplatz herumklettern. Nachwuchs-Rennfahrer strampeln auf einer großen Go-Kart-Bahn um die Wette. Für die ganz Kleinen ist der große Sandkasten ein idealer Ort – bei Hitze und Regen können sie hier buddeln, klettern oder rutschen. Egal ob drinnen oder draußen: Hier haben Kinder aller Altersgruppen Spaß. Erholung auf dem Gelände bietet das Mais-Café. Die verschiedenen Hallen (z. B. mit Kegelbahn, Airhockey- und Billardtisch) können von Gruppen stundenweise für Feiern oder Veranstaltungen gemietet werden.

Bubenheimer Spieleland, Burg Bubenheim, 52388 Nörvenich
Telefon: 02421/71194, www.bubenheimer-spieleland.de

0515 Zoologisches Forschungsmuseum Alexander Koenig, Bonn

Ohne Mücke keine Schokolade, ohne Biene keine Jeans

Anders als in anderen Naturkundemuseen sind Dinosaurierskelette im Bonner Museum Alexander Koenig rar. Aber keine Sorge: Das Gerippe eines indischen Elefanten im Foyer und das Skelett eines Zwergwals in der Ausstellung sind genauso imposant. Das zentrale Thema des Museums ist sehr aktuell: „Biodiversität" – um die vielfach bedrohte natürliche Artenvielfalt also geht es. „Ohne Mücke keine Schokolade, ohne Biene keine Jeans, kein Kürbis und keine Äpfel": Mit diesen zunächst abwegig klingenden Behauptungen möchten die Museumspädagogen besonders Kinder auf die faszinierenden Beziehungen zwischen verschiedenen Pflanzen- und Tierarten neugierig machen. So lautet nämlich der Titel eines Workshops, in dem Kinder und Museumspädagogen die weltberühmte, schon im 19. Jahrhundert begründete Ausstellung des naturkundlichen Museums zusammen entdecken (Voranmeldung für Worksshops ist erforderlich).

„Unser blauer Planet – Leben im Netzwerk" heißt die Dauerausstellung mit ihren Tausenden von Präparaten und eindrucksvollen Dioramen. Sie gliedert sich in verschiedene Lebensräume: Savanne, Regenwald, Mitteleuropa, Arktis/Antarktis, Vogelwelt und Vivarium. Vom tropischen Regenwald geht es per Kältetunnel in die Polargebiete, wo die Lebensbedingungen von Walen, Pinguinen und Eisbären erfahrbar werden. Besonders eindrucksvoll ist eine afrikanische Savannenlandschaft im Lichthof des Hauses inszeniert. Das Diorama mit Baobab (Affenbrotbaum), Gazellen und Elefanten steht übrigens an einem historischen Ort: Hier kam im Herbst 1948 erstmals der Parlamentarische Rat zusammen, der schließlich das Grundgesetz der Bundesrepublik erarbeitete.

Zoologisches Forschungsmuseum Alexander Koenig
Museumsmeile Bonn, Adenauerallee 160, 53113 Bonn
Telefon: 0228/9122-0, www.zfmk.de

0516 Botanischer Garten Bonn

Barocke Gartenkunst und die größte Blüte der Welt

Heute gehört er zur Bonner Universität, früher aber war er einmal der Lustgarten des Erzbischofs von Köln. Aber seinen Garten würde Kurfürst Clemens August heute sicher kaum wiedererkennen. Einer seiner Vorgänger legte schon um 1650 einen Renaissancegarten hier an, diesen ließ Kurfürst Clemens August in einen Barockgarten umgestalten. Seit 1819 dient die Anlage als botanischer Garten der Universität – und heute werden in den botanischen Forschungsanlagen am Poppelsdorfer Schloss unter anderem bedrohte Pflanzen gezüchtet und der Öffentlichkeit vorgestellt.

Große Pflanzenvielfalt

Vor allem aber beeindruckt der etwa 6 Hektar große Park durch seine Pflanzenvielfalt: Ungefähr 8.500 verschiedene Pflanzenarten sind zu sehen, in Gewächshäusern auch exotische Pflanzen aus aller Welt, wie Tropenpflanzen,

Seerosen, Kakteen und Orchideen. Die größte Blüte der Welt, die Titanwurz (Amorphophallus titanum), ist während ihrer Blütezeit (Mitte Juli) die Hauptattraktion des Parks. Über die Webcam des Botanischen Gartens kann man sich auf der Internetseite vor dem Besuch über das Stadium ihrer Entfaltung und auf einer „Blühliste" über andere gerade blühende Pflanzen informieren. Eine Attraktion besonders für Kinder dürften die Wasserschildkröten sein, die im Sommer beim Sonnenbad zu beobachten sind. Themenführungen, auch für Kindergruppen, bietet der „Freundeskreis Botanische Gärten" an.

Botanische Gärten der Universität Bonn
Meckenheimer Allee 171, 53115 Bonn
Telefon: 0228/735523, www.botgart.uni-bonn.de

Freundeskreis Botanische Gärten
Führungsservice, Dr. Ulrike Sobick
Telefon: 0228/2497903, www.freunde.botgart.uni-bonn.de

0517 Rheinaue, Bonn

Ein Park für tausendundeine Aktivität

„Umsonst und draußen" – dieses Motto gilt in der Rheinaue nicht nur im Juli während des eintrittsfreien Musikfestivals „R(h)einkultur". Auch sonst ist hier meist ordentlich was los – bei schönem Sonnenwetter sind die Park- und Grillplätze des Bonner Parks sehr schnell besetzt. Vor einer eindrucksvollen Kulisse aus Rhein, Siebengebirge und dem Petersberg kann man hier fantastisch entspannen – und außer Grillen, Picknicken und Faulenzen bietet der Park noch viele weitere Möglichkeiten dazu. Auf dem 135 Hektar großen Parkgelände ist genug Platz zum Ballspielen, Joggen oder um Drachen steigen zu lassen.

Über ein ausgedehntes Wegenetz im überwiegend flachen Gelände freuen sich Spaziergänger und Inline-Skater. Und immer wieder gibt es etwas anderes zu sehen, z. B. künstliche Seen oder eine sogenannte „Römerstraße", an der eine Reihe antiker Grabsteine aus der Römerzeit aufgestellt wurden. Auch am Bienenhaus, im Rosen- oder im Blindengarten erfährt man Lehrreiches und Spannendes. Und im Japanischen Garten sind Beispiele fernöstlicher Gartenbaukunst zu genießen. Schließlich entstand die weitläufige Parkanlage am Rheinufer einst für die Bundesgartenschau (BUGA) 1979 in Bonn.

Ihr größerer Teil befindet sich in der Nähe des früheren Regierungsviertels, ein viel kleinerer Teil liegt rechtsrheinisch.
Soll es ein bisschen mehr „Action“ sein – bitte sehr: Auf dem Rheinauensee bietet sich Bootfahren an, für Skateboard-Fans existieren entsprechende Anlagen, inklusive Halfpipe. Vor allem aber dürften die Kinder von dem großen Spielplatz begeistert sein. Zusätzlich ist in der schönen Jahreszeit ein (kostenpflichtiger) transportabler Irrgarten aufgebaut. Wer danach eine Stärkung braucht, aber keinen Picknickkorb dabeihat: Im ehemaligen Rheinland-Pfalz-Pavillon der BUGA gibt es ein feines Restaurant. Vom erwähnten Open-Air-Festival abgesehen finden regelmäßige Veranstaltungen statt: Flohmärkte (einmal monatlich, an Wochenenden), Bonsai-Ausstellungen usw. Ein besonderes Highlight ist das jährliche Feuerwerkspektakel „Rhein in Flammen“.

Bei schönem Wetter immer was los

Freizeitpark Rheinaue
Ludwig-Erhard-Allee/Herbert-Wehner-Platz, 53175 Bonn
www.bonn.de/tourismus_kultur_sport_freizeit/freizeitpark_rheinaue

0518 Junges Theater Bonn

Vom Sams bis Romeo und Julia

Im Jahr 2007 wurden wieder einmal junge Nachwuchsdarsteller gesucht – das Junge Theater Bonn brachte eine Theaterfassung des Romans „Tintenherz“ von Cornelia Funke auf die Bühne. Und zwar sehr erfolgreich. Jetzt steht der Nachfolger „Tintenblut“ auf dem Programm. Das Theater in Bonn-Beuel macht Kindertheater – von „Das Sams“ bis hin zu „Romeo und Julia“. Und das schon seit 1969. Es ist eines der ältesten und traditionsreichsten Kinder- und Jugendtheater in Deutschland. Es hat ein kleines festes Ensemble mit (erwachsenen) Profi-Schauspielern – aber die Kinder und Jugendlichen in den Stücken werden von jungen Nachwuchsschauspielern gespielt. Diese werden aus den Schauspiel-Workshops ausgewählt, die das Theater kontinuierlich anbietet. Talente können sich aber auch bei offenen Auditions vorstellen. Schauspiel- oder Musical-Schnupper-Workshops bieten spielerisches Herangehen an Gestik, Mimik, Ausdruck und Gesang (ab 6 Jahren, Musicalworkshop ab 10 Jahren) und finden in den Ferien statt.

Junges Theater Bonn, Hermannstraße 50, 53225 Bonn
Telefon: 0228/463672, www.jt-bonn.de

0519 Pützchens Markt, Bonn

Von der heiligen Äbtissin zum Hexentanz

Ein Karussell namens „Hexentanz“ ist eine der Attraktionen auf „Pützchens Markt“. Wenn das die heilige Adelheid wüsste! Denn der im September stattfindende große Jahrmarkt in Bonn hat seinen Ursprung in der Verehrung der wundertätigen Äbtissin: Um das Jahr 980 herum soll sie während einer großen Dürre für die dürstenden Menschen und deren Vieh am Fuß des Riesengebirges eine sprudelnde Quelle entdeckt haben – ein „Pützchen“ eben. Später wurden Adelheids Quelle und Grab Ziele einer Wallfahrt, und schon seit dem späten 14. Jahrhundert soll auch ein jährlicher Pilgermarkt stattgefunden haben.
Heute ist Pützchen ein rechtsrheinischer Bonner Ortsteil, und das große Volksfest im September zieht jedes Jahr mehrere Hunderttausend Besucher an. Attraktionen sind natürlich Achterbahn, Autoscooter und Co., aber auch ruhigere Fahrgeschäftige haben ihren Platz. Und selbstverständlich Stände mit rheinischen und internationalen Spezialitäten. Wahrscheinlich wäre sogar die heilige Adelheid zufrieden: Auch heute noch findet am Eröffnungswochenende ein besonderer Gottesdienst statt.

Pützchens Markt, 53229 Bonn 15.
www.puetzchens-markt.de

0520 Roller-Paradies freshFANTASY, Holzwickede

Im Gleichgewicht bleiben

Wie es der Name schon sagt, ist das Roller-Paradies freshFANTASY eine Halle, in der Kinder die Möglichkeit haben, sich auf selbst mitgebrachten

oder ausgeliehenen Rollfahrzeugen ausgiebig zu bewegen. Unter anderem kreisen Inlineskates, X-Slider, Tretautos, Roller, Einräder, Tretautos und Kickboards um das Fußballfeld in der Mitte der großen Aktionshalle. Tanzen, klettern, Tischtennis, Fuß- und Basketball spielen können Kinder hier auch prima. Regelmäßig startet die Spiel- und Sportdisco. Tolle Klettergerüste und Hochebenen wurden aus Baugerüsten konstruiert. Denn die freshFANTASY GmbH ist ein gemeinnütziger Verein und deshalb auch auf Spenden, wie eben Baugerüste vom Gerüsthersteller, angewiesen.
Der engagierte Verein hat ein pädagogisches Konzept mit tollen Ideen und setzt dies auch konsequent um. So verzichtet das freshFANTASY beispielsweise darauf, Umsatz mit Pommes und Cola zu machen. Vielmehr sind die Besucher aufgefordert, ihr Essen selbst mitzubringen. Denn man will die durch das spielerische Training geförderte körperliche Entwicklung der Kleinen nicht sofort wieder durch Fastfood zunichte machen. Sogar auf den Kindergeburtstagen ist Selbstversorgung ausdrücklich erwünscht.
Mit der Initiative „Social Kids“ soll erreicht werden, dass nicht nur Kinder, die sich unsozial verhalten, Aufmerksamkeit bekommen, sondern dass diejenigen, die sich sozial engagieren und schon verantwortungsbewusst zeigen, auch belohnt werden: Kindergärten, Schulklassen oder Kindergruppen von Vereinen, die sich für einen guten Zweck eingesetzt haben, haben freien Eintritt. Letzten Endes ist das Ziel des Vereins, Kinder in ihrer Entwicklung zu verantwortungsbewussten, ausgeglichenen Persönlichkeiten – ohne Bedarf an und Begeisterung für Drogen, Nikotin und Alkohol – zu fördern. Das alles ohne den Anspruch, vom Staat unterstützt zu werden. Spenden und viel Arbeit müssen genügen; ein sehr amerikanisches Konzept also.

Roller-Paradies freshFANTASY
Wilhelmstraße 22, 59439 Holzwickede
Telefon: 02301/912080, www.freshFANTASY.de

0521 Rheinschwimmen, Linz–Bad Honnef

Mitten im Sommer: Karneval im (!) Rhein

Im Jahr 2007 gingen beim Rheinschwimmen südlich von Bonn wieder 340 zum Teil bunt verkleidete Schwimmer im Alter zwischen neun und siebzig Jahren an den Start. Sollten also Sie und Ihr Kind echte sportliche „Wasser-

ratten" sein, dann ist diese Fun-Sport-Veranstaltung vielleicht etwas, was Sie gemeinsam unternehmen wollen.
Die Schwimmstrecke zwischen Linz und der Insel Grafenwerth bei Bad Honnef ist aber immerhin etwa 11 Kilometer lang. Allerdings ist es erlaubt, „Schwimmhilfen" mit in die Rheinfluten zu nehmen – gern benutzt werden quietschbunte Gummitiere. Neoprenanzug und Flossen sind Pflicht. Was, Sie finden den Vorschlag völlig abwegig? Keine Bange. Vater Rhein, bis in die 80er Jahre als Dreckbrühe verschrien, hat sich in den letzten zehn Jahren gründlich gewaschen. Und für die Sicherheit der Teilnehmer sorgen Typen wie die „Baywatch"-Stars – die Ausrichter des Spektakels sind die Rettungsschwimmer der Deutschen Lebensrettungsgesellschaft (DLRG), Ortsgruppe Bad Honnef-Unkel. Auch Boote von Feuerwehr, Wasserpolizei und viele Kanus begleiten die Freizeitsportler. Das klingt doch beruhigend!
Falls sich aber doch nur die lieben Eltern ins kühle Nass stürzen wollen, um den Drachenfels einmal aus einer ganz anderen Perspektive zu sehen: Nachmittags und abends klingt der Spaß-Wettbewerb im Bad Honnefer Freibad mit einem kleinen Grillfest und bei ein paar Gläsern Kölsch bzw. Limonade aus. Und davon haben sicher auch die Kleinen etwas. (Teilnahme für Schwimmer ab 7 Jahren möglich, alle Kinder unter 16 Jahren müssen in Begleitung eines Erziehungsberechtigten oder einer von ihm beauftragten Person sein.)

DLRG Ortsgruppe Bad Honnef-Unkel e. V.
Birkenweg 7, 53604 Bad Honnef
Telefon: 02224/968018
Anmeldung und Teilnahmebedingungen:
www.bad-honnef-unkel.dlrg.de

15.

0522 Sea Life, Königswinter

Von den Nibelungenschätzen nach Atlantis

Eine märchenhafte Unterwasser-Reise durch die Nibelungensage steht am Anfang des Rundgangs durch dieses Aquarium: Zunächst geht es im „Sea Life" Königswinter in mehreren Becken um die Unterwasserwelt des Rheins. Weiter führt die Reise zur Nordsee und zum Atlantischen Ozean. Hierbei kann man so exotische Reptilien wie den „chinesischen Wasserdrachen" (Grüne Wasseragame), aber auch das allseits beliebte Seepferdchen erspähen.

Bei der Entdeckungsfahrt im versunkenen Atlantis wird den kleinen Besuchern die unterseeische Fauna sogar auf ganz besondere Weise nähergebracht: Im 360-Grad-Unterwassertunnel können sie fast auf Tuchfühlung mit Atlantik-Bewohnern wie Rochen und Haien gehen. Insgesamt fasziniert das „Sea Life" vor allem durch die naturnahe Gestaltung der unterschiedlichen Unterwasserlebensräume – eine authentischere Kulisse bietet wirklich nur noch die Natur selbst. Für alle kleinen Aquarianer gibt es übrigens ein ganz besonderes Angebot: Wer möchte, kann an seinem Geburtstag zusammen mit seinen Freunden im „Sea Life" auf eine spannende Schatzsuche gehen.

Sea Life Königswinter, Rheinallee 8, 53639 Königswinter
Telefon: 02223/297297, www.sealifeeurope.com

0523 Aggua, Troisdorf

Actionreicher Badetag zu jeder Jahreszeit

„Urlaub vom Alltag" verspricht das „Aggua" im rheinischen Troisdorf. Aber wer mit Kindern reist, weiß: Bloß keine Langeweile – Erlebnisurlaub, bitteschön! Das Aggua lässt in dieser Hinsicht keine Wünsche offen. Schon die allerkleinsten Wasserratten vergnügen sich in einem bunten Plansch-Paradies – hier tasten sich ganz Ängstliche erst allmählich auf der flachen Rampe ans nasse Element heran. Für die Älteren sorgt eine windungsreiche Riesenrutsche für Spaß mit etwas Nervenkitzel im Dunkeln – auf 80 Metern überrascht das „Black Hole" immer wieder durch Lichtblitze und bizarre Sounds. Abgerundet wird das Angebot durch eine Breitreifenrutsche, durch den über dem Becken „schwebenden" Kletter-Delfin und einen rasanten Wildwasserkanal, der sich nach draußen fortsetzt. Im Sommer sind natürlich Sonnenbaden und Tollen auf einem weitläufigen Außengelände angesagt. Mehrere Becken, mit Sprungtürmen, Rutsche und „Windkanal-Strudel", sorgen dafür, dass der Spaß im Freien weitergeht. Aber vielleicht finden sich ja ein paar Minuten, in denen die begleitenden Erwachsenen im 32°C-Entspannungsbecken oder im Warmwasser-Massagebecken verweilen können ...
Kurz: Im Sommer wie im Winter sorgt das Aggua für einen gelungenen und actionreichen „Badetag". Es ist möglich, den Kindergeburtstag im

Schwimmbad zu feiern – auf Wunsch auch mit Animationsprogramm (für Kinder von sieben bis neun).

Aggua Troisdorf, Aggerdamm 22, 53840 Troisdorf
Telefon: 02241/98450, www.aggua.de

0524 Ritterspiele auf Burg Satzvey, Mechernich

Gaukeley und Schwertgeklirr

Sie gilt als eine der schönsten Wasserburgen im Rheinland, wenn nicht gar in Deutschland. Sicherlich ist sie aber eine der bekanntesten. Bis auf das 12. Jahrhundert geht die Geschichte der Burganlage zurück, doch die heutige Anlage mit den Türmchen und Spitzdächern erhielt ihr „Gesicht“ erst vor 120 Jahren. Dietrich Wolff-Metternich zur Gracht, ein Vorfahr des jetzigen Burgherrn, sorgte damals für die heutige romantische Atmosphäre. Um seinen Besitz zu erhalten, begann der derzeitige Burgherr vor über 20 Jahren, stimmungsvolle und populäre Mittelalter-Spektakel zu veranstalten. Schließlich ist Burg Satzvey seit etwa 300 Jahren im Besitz der Familie. So kann man heute das ganze Jahr hindurch Ritterspiele, Gauklermärkte, Konzerte und Aufführungen besuchen.

Viele unterschiedliche Veranstaltungen finden hier statt

Und nicht umsonst war Franz Josef Graf Beissel von Gymnich einmal Antiquitätenhändler: Im Innern ist die Burg liebevoll eingerichtet. Der in Rot gehaltene „Bourbonensaal“ und der mit Schilden geschmückte „Wappensaal“ gingen aus ehemaligen Stallungen des Gutshofs hervor. Sie sind heute (wie auch die stimmungsvolle „Ritterschenke“) für Veranstaltungen zu mieten. Bei einem Besuch kann man sich in verschiedenen Restaurants und Cafés stärken oder in kleinen Läden stöbern, die Mittelalter-Accessoires, Schmuck, Seifen, Kerzen und Kunsthandwerk feilbieten.

Mit der „Schlacht von Worringen“ steht im Herbst 2008 ein wichtiges Ereignis des Mittelalters im Zentrum der Ritterspiele. Diese Schlacht war 1288 das blutige Finale eines Erbstreits zwischen verschiedenen Adligen der Region. Ohne diese Schlacht gäbe es wohl die bekannte Rivalität zwischen Köln und Düsseldorf nicht, denn der kleine Ort an der Düssel wurde kurz nach der Schlacht zur Stadt erhoben – eine direkte Folge der vernichtenden Niederlage des damaligen Erzbischofs von Köln. Bei der auf Burg Satzvey nachgestellten Schlacht werden vermutlich nicht – wie 1288 – knapp zehntausend Kämpfer aufeinandertreffen. Aber sicherlich wird es ein spannendes und buntes Spektakel mit Pferden, fein gearbeiteten Kostümen und Rüstungen geben. Und ordentlich Schwertgeklirr obendrein!

Burg Satzvey
An der Burg 3, 53894 Mechernich-Satzvey
Telefon: 02256/95830
Kartenbestellungen: 02256/958312
www.burgsatzvey.de

15.

0525 Rheinisches Freilichtmuseum, Mechernich-Kommern

Begegnungen mit Schmitze Billa und Schweinchen Jupp

Derzeit ist „Jupp“ die Attraktion des Museums in der deutsch-belgischen Grenzregion. Nein, wir sprechen nicht respektlos über dessen neuen Direktor, Dr. Josef Mangold. Gemeint ist sein Namensvetter – ein Anfang 2008 geborenes kleines Ferkel. Jupp genießt Kultstatus in Kommern, ein bisschen wie Eisbär Knut nach seiner Geburt.

Das zweitgrößte volkskundliche Freilichtmuseum Deutschlands hat den kleinen Eifel-Ort überregional bekannt gemacht: 65 historische Bauernhöfe und Gebäude aus der ganzen ehemaligen preußischen Rheinprovinz wurden hier wieder aufgebaut. Sie stammen aus dem Westerwald, dem Bergischen Land, vom Niederrhein und natürlich aus der Eifel selbst. Im historischen Ambiente in und an den Häusern wird die bäuerliche Kultur vergangener Jahrhunderte erlebbar. Kommern will aber kein „Häuser-Museum“, sondern ein „Menschen-Museum“ sein. So begegnet man beim Rundgang diversen historischen Gestalten. Bäuerin Anna Ippendorf, „Schmitze Billa“ aus Bonn und der Agrarökonom von Schwerz schildern das Landleben aus verschiede-

nen Perspektiven, erzählen von ihrem Leben und ihrer Zeit. In Workshops und Kursen können Besucher auch durch eigenes Tun erfahren, wie Brot gebacken und Stoffe gewebt wurden, oder die Grundlagen der Kräuterkunde erlernen. Nicht zuletzt hat man vom Hügel „Kahlenbusch“ auch einen großartigen Blick auf Landschaft und Natur der Eifel.
Im angeschlossenen Waldpädagogischen Zentrum stehen Naturerfahrung und Auseinandersetzung mit dem Wald auf dem Programm. Das Angebot an Walderlebnisprojekten für Kids und Erwachsene reicht vom Baumklettern bis zu Führungen zum bewussten Umgang mit dem Wald (fünf bis zehn Teilnehmer, Preis auf Anfrage, vorherige Anmeldung erforderlich).

Rheinisches Freilichtmuseum und Waldpädagogisches Zentrum
Auf dem Kahlenbusch, 53894 Mechernich-Kommern
Telefon: 02443/99800, www.kommern.lvr.de

0526 Naturzentrum Eifel, Nettersheim

Korallenriffe in der Eifel?

Wasser spielt eine Schlüsselrolle in der Geschichte des Eifel-Ortes Nettersheim. Vor einem Jahrhundert war er als Kneipp-Bad beliebt, vor 2.000 Jahren bauten die Römer von hier aus eine Wasserleitung bis nach Köln. Vor 380 Millionen Jahren aber war die Region komplett überflutet: In der Mitteldevonzeit lag hier ein flaches, warmes Meer.
Ein 4.000 Liter fassendes Meerwasser-Aquarium mit Korallenriff ist daher Kernstück der Ausstellung im Nettersheimer Naturzentrum. Das Zentrum hat sich zur Aufgabe gesetzt, über Natur und Geschichte der Region aufzuklären – auch unter dem Gesichtspunkt Umwelt- und Artenschutz. Auf dem Schmetterlingspfad erfährt man beispielsweise, dass auch Falterarten wie Waldteufel und Kaisermantel gefährdet sind. Und nur noch als Versteinerungen findet man die ganz früher hier heimischen Korallen, Brachiopoden, Stromatoporen und Seelilien. Eine reiche Sammlung und Ausstellung ist im „Haus der Fossilien“ zu sehen – wer aber selbst auf die Suche gehen möchte, wird vielleicht auf dem „Fossilienacker“ fündig.
Auch zur Geschichte der menschlichen Besiedlung der Eifel ist einiges zu erfahren: Seit der Steinzeit bewohnt, erblühte die Kultur erstmals in der Römer- und Frankenzeit. Aber das Los der Menschen im Mittelgebirge war immer hart. Daran erinnert die Bezeichnung „Sibirien Deutschlands“ –

wegen der kargen Böden galt die Eifel als Armenhaus. In der Ausstellung „Bäuerliche Traditionen und Handwerk“ ist ein alter Bauernhof mit Garten hergerichtet, auch Handwerkstraditionen kann man erleben. Viele dieser Berufe, wie Kalkbrenner oder Stuckateure, haben letztlich wieder mit der Geologie zu tun: Aus den kalkhaltigen Riffen des Devon-Meeres wird bis heute Baumaterial gewonnen.

Naturzentrum Eifel
Römerplatz 8–10, 53947 Nettersheim
Telefon: 02486/1246
www.naturzentrum-eifel.de

0527 Aktivi Kinder-Abenteuerland, Kall

Mehr als nur ein Indoor-Spielplatz

Hier gibt es zwar auch Trampoline, Hüpfburgen, Rutschen und Go-Karts, aber das „Aktivi Kinder-Abenteuerland“ ist mehr als nur ein Indoor-Spielplatz. Als Teil des Sportzentrums „Aktivpark Kall“ steht hier zwar Toben auf dem Programm – aber auch sportliche Bewegung und Koordination. Entsprechend sind die Hauptattraktionen ein Kletterturm und eine Kletterwand mit sechs Routen, die beide über sieben Meter hoch sind. Fußballfanatiker treten in netzverhangenen „Käfigen“ in Fünfermannschaften gegeneinander an. Der Aktivpark richtet hier sogar Kinderturniere aus und bietet natürlich auch Kinder-Sportkurse an.
Für die „Minis“ existiert eine Spielzone mit Bällchenbad (Kinder unter zwei Jahren haben übrigens freien Eintritt), für die Größeren gibt es, neben dem oben erwähnten Sportangebot, eben auch Go-Karts mit Elektromotor und einiges mehr. Das wird sportliche Mamas und Papas freuen: Während sie selbst beim Tennis oder Aerobic schwitzen, können sie die lieben Kleinen im „Aktivi“ betreuen lassen. Für Gruppen gibt es vormittags Sonderöffnungszeiten; Essen und Trinken darf dann mitgebracht werden. Regelmäßig können kleine Künstler donnerstags den Pinsel schwingen und unter Anleitung malen und basteln. In den Ferien finden besondere Veranstaltungen für Kinder statt.

Aktivpark Kall, Auelstraße 40, 53925 Kall
Telefon: 02441/4747
www.aktivi-kinder-abenteuerland.de

0528 Wildgehege und Greifvogelstation Hellenthal

Falken, Wappenadler und röhrende Hirsche

Im südlichsten Zipfel Nordrhein-Westfalens liegt der 65 Hektar große Wildpark Hellenthal. Als Besucher sieht man hier überwiegend Vertreter der heimischen Tierwelt: Rehe und Hirsche, Wildschweine, Füchse, aber auch Rentiere, Mufflons und einige mehr leben in großen Freigehegen. Im Lauf der Jahreszeiten sind die verschiedenen Aktivitäten der Tiere zu beobachten – von Balz und Paarung im Frühjahr bis zu Geburt und Aufzucht der Jungtiere im Sommer.

Herrscher der Lüfte

Auch bedrohte oder fast ausgestorbene Tiere wie Luchs und Braunbär sind in Hellenthal zu sehen. Deren Nachzucht und Erhaltung sieht der Wildpark als eine seiner Hauptaufgaben. So wurde das im 19. Jahrhundert ausgerottete eurasische Wildpferd, der Tarpan, hier nachgezüchtet. Auch bei den Greifvögeln: Die Nachzucht des Weißkopfseeadlers ist eine Spezialität des Parks. Als „bald eagle“ ist er das Wappentier der USA.
Im Greifvogel-Teil des Hellenthaler Parks halten die Herrscher der Lüfte Hof: Hier sind verschiedene Falken, Adler und Bussarde, Mönchsgeier und Eulen zu bewundern, bei der Freiflugschau sogar aus nächster Nähe. Manchmal sausen die Vögel sogar haarscharf über die Köpfe der Besucher hinweg. Kinder und Erwachsene können (nach Anmeldung und gegen Gebühr) einen „Tag unter Adlern und Geiern“ im Park verbringen und nach dem Kennenlernen die Greifvögel sogar füttern und trainieren.
Für Gruppen bietet die Parkleitung Führungen an (nach Voranmeldung) und gelegentlich Sonderveranstaltungen wie die „Hubertusnacht“ im Herbst. Dann hallt das Röhren der brünftigen Hirsche durch den nächtlichen Park.
Das Wildgehege und die Greifvogelstation Hellenthal sind familienfreundlich erschlossen; neben den Tieren des Streichelzoos sind auch Kinderspielplatz und die parkeigene Bimmelbahn echte Attraktionen für die Kleinen.

Wildgehege und Greifvogelstation Hellenthal
Aachener Straße, 53940 Hellenthal
Telefon: 02482/7240, www.greifvogelstation-hellenthal.de
www.wildgehege-hellenthal.de

0529 Elspe Festival

Unter Geiern und Ganoven

Als eines der zwei größten und bekanntesten Karl-May-Festspiele in Deutschland kann das Elspe Festival auf eine lange Tradition zurückblicken. Bereits 1958 wurde hier zum ersten Mal ein Stück nach Karl May aufgeführt. Auf Anhieb verdreifachte sich die Zahl der zuvor mit althergebrachten Inszenierungen wie „Wilhelm Tell“ angelockten Besucher der Freiluftbühne.

Elspe hatte seine Bestimmung gefunden, und im Laufe der Jahre entwickelten sich die immer ausgefeilteren Karl-May-Spiele zum Elspe Festival mit regensicherer Zuschauertribüne und erstklassigen Shows im Rahmenprogramm. Da gibt es zum Beispiel eine halbstündige Musikshow, die zur Zeit speziell für das Festival in den Vereinigten Staaten produziert wird. Zirkusluft können die Besucher bei Tierdressuren, vorgeführt von international ausgezeichneten Dresseuren, in der Showhalle schnuppern. In der Rodeo-Arena lassen sich bei der Cascadeur-Show die Stuntmen des Elspe Festival in die Karten schauen. Musiker und Komödianten treffen die Besucher bei der „Elspe Street Party“ auf dem gesamten Gelände rund um die hundert Meter breite Naturbühne. Oder wie wäre es mit einer Fahrt in der Western-Eisenbahn, einer Führung hinter die Kulissen des Festivals oder einem Gläschen nach Cowboy-Art im Saloon? Elspe hat eine Menge zu bieten, da ist ein Tag fast schon zu kurz. Vielleicht planen Sie besser ein ganzes Wochenende im wilden Sauerland ein.

Elspe Festival, Naturbühne 1, 57368 Lennestadt-Elspe
Tickets: Elsper Hotline: 02721/94440, www.elspe.de

0530 Panorama-Park Sauerland, Kirchhundem

Im Wald, da ist was los

Man kennt das: Bei längeren Spaziergängen oder Wanderungen wird den Kids schnell langweilig. Das kann schon mal an den Nerven zerren. Im Panorama-Park müssen Sie sich nicht den Kopf zerbrechen, wofür die lieben Kleinen als Nächstes begeistert werden können. Eine ausgewogene Mischung aus Wild- und Waldlehrpfad mit vielen Kilometern Wanderwegen –

vorbei an Wölfen, Luchsen, Rot- und Damwild, Mufflons, Ottern und anderen Tieren und vielen Pflanzen – einerseits und andererseits Attraktionen zum Austoben, wie „Fichtenflitzer“, Kletterburg und Hüpfkissen, lassen den Panaroma- und Wildpark nie langweilig werden. Zwischendurch wird Station am Grillplatz gemacht oder z. B. die „Fichtenhütte“ besucht. Müde, satt und zufrieden kehren abends alle heim, sofern sie nicht gleich im Waldhotel übernachten. Ach ja, und eine Seilbahn hinauf zu wunderschöner Aussicht gibt’s natürlich auch. Der Park heißt ja schließlich Panorama-Park.

Panorama-Park Sauerland Wildpark
Rinsecker Straße 100, 57399 Kirchhundem
Telefon: 02723/71622-0, www.panoramapark-wildpark.de

0531 Erlebnispark Gevelsberg

Klettern, rutschen, toben

Südlich des Ruhrgebietes bietet der Hallenspielplatz in Gevelsberg auf 5.000 m² Fläche reichlich Abwechslung für den Nachwuchs. Während Mama einen Kaffee trinkt und Papa bei wichtigen Fußballspielen die Live-Übertragungen verfolgt, toben die Kleinen ausgiebig im Erlebnis-Klettergerüst, fahren auf der Elektrokartbahn, erkunden die verschiedenen Rutschen, erklimmen die Kletterwand „Gevelsberg“ und hüpfen auf dem Trampolin. Bei sonnigem Wetter geht’s raus auf den Außenspielplatz. Schön, hier den Kindergeburtstag zu feiern, noch besser, wenn es für die Feier einen Geschenkgutschein gab.

Erlebnispark Gevelsberg GmbH
Kölner Straße 110, 58285 Gevelsberg
Telefon: 02332/553433, www.erlebnispark-gevelsberg.de

0532 Freizeitbad Heveney, Witten

Wasser im Pott

Mitten im südlichen Ruhrgebiet liegt der Kemnader See. Und am und um den Kemnader See das Freizeitzentrum Kemnade. Zum Freizeitzentrum Kemnade wiederum gehört das Freizeitbad Heveney, eine Bade-, Sauna- und

Freizeitanlage im Uferbereich des Hafens Heveney. Ganz gleich, ob Sie erholsam, vergnüglich, genüsslich, spielerisch oder sportlich schwimmen wollen: Hier wird Spaß für die ganze Familie geboten.
Mittelpunkt ist die Warmbadehalle mit 700 m² Innenwasserfläche, 28 Grad Wassertemperatur und bis zu 1,35 m Wassertiefe. Mit Schwimmkanal und Wassergrotte, Gegenstromanlagen, Bodensprudler, Wasserkanonen, Wand- und Nackenduschen, Massagedüsen und Hot-Whirl-Pool wird Schwimmen zum prickelnden Vergnügen. Das große Edelstahlbecken im Außenbereich mit 32 Grad Wassertemperatur und vielen Attraktionen wird als Bewegungsbecken genutzt. Neben den zwei Ganzjahresrutschen ist die 100 m lange Sommer-Wasserrutsche die Attraktion für kleine, junge und jung gebliebene Leute. Strömungskanal, Whirlpool, Brodeltopf, Whirlliegen, Saunaanlage und Restaurant machen die Sache rund.

Freizeitbad Heveney, Querenburger Straße 35, 58455 Witten
Telefon: 02302/56263, www.kemnadersee.de

0533 Naturbad Biebertal, Menden-Lendringsen

Schwimmen biologisch

Wenn Sie genug von lauten Spaßbädern haben, in denen eine Attraktion die nächste jagt, und „Deutschland sucht das Superfreizeitbad“ für keine gute Idee halten, dann haben wir hier den passenden Tipp für Sie! Das Naturbad Biebertal geht einen ganz anderen Weg. Hier sind keine Gott weiß wie langen Wasserrutschen zu finden. Hier reizt kein Chlor Haut und Augen. Das ausgesprochen hübsche, aber einfache Freibad reinigt das Wasser auf natürliche Art. Zum Beispiel durch die Sumpfdotterblume, die sich im Ruhe- und Regenerationsbereich angesiedelt hat. Es gibt Strandkörbe, schöne Holzstege, ein Schwimmer- sowie ein Nichtschwimmerbecken. In den flach abfallenden Nichtschwimmerbereich gelangen Kinder gefahrlos und vorsichtig über einen Kiesstrand. Mit Kleinkindern können Sie in einem 35 cm tiefen Bachlauf mit Frischwasser zwischen kleinen Steinkaskaden planschen. Die Wasserqualität ist auch ohne Chemikalien sehr gut und wird von einem unabhängigen Labor streng überwacht.

Naturbad Biebertal, Bieberkamp 78, 58710 Menden-Lendringsen
Telefon: 02373/81262
www.menden.de/kfb/freizeit_sport/baeder/biebertal.php

0534 Maximare, Hamm

Maximales Schwimmvergnügen

Das Maximare, 2004 mit dem EWA-Award für das beste Badkonzept ausgezeichnet, bietet Action auf der Wildwasserrutsche und der Reifenrutsche, Spaß und Überraschung im Erlebnisbecken, Erholung in der Wellness- und der Saunawelt, Entspannung im Solebecken und im Whirlpool, ungewohnte Sinneseindrücke im Kalt-/Warmbecken, spritziges Vergnügen im Wellenbecken und, für den kleinen oder großen Appetit, das Saunabistro, das Café Mare und den Freeflow-Imbiss. Schon geübte Schwimmer sind von etwas erst einmal gar nicht so Spektakulärem begeistert: dem Sportbecken mit 50 m langen Bahnen, wie in den großen Schwimmwettkampfarenen. Es lohnt daher durchaus, eine längere Anreise in Kauf zu nehmen. Nur sollten Sie sich zunächst über die Belegungszeiten des Sportbades informieren. Kids aus Hamm und Umgebung wird in den Schulferien der „Kinderferienspaß" mit Animation, tollen Gewinnen und Urkunden geboten.

Maximare, Jürgen-Graef-Allee 2, 59065 Hamm
Telefon: 02381/8780, www.maximare.com

0535 Maximilianpark Hamm

Natur, Kultur und grillen - der andere Freizeitpark

Der Maximilianpark in Hamm besticht nicht durch die längste Achterbahn oder die Vielzahl seiner Fahrgeschäfte, sondern durch ungewöhnliche Ideen und ein abwechslungsreiches Programm. Sein Wahrzeichen ist ein gläserner Elefant, der 1984 von dem Künstler Horst Rellecke auf der Kohlenwäsche der stillgelegten Zeche Maximilian errichtet wurde. Hinter den Glasscheiben der begehbaren Plastik befinden sich ein Garten mit kinetischen – also bewegten – Objekten und der Aufzug zur 35 m hohen Aussichtsplattform, wo Sie sich zunächst einen hervorragenden Überblick über den Park, aber auch über Stadt und Umland, verschaffen können. Danach sollten Sie einfach losspazieren und mit Ihren Kindern die weitläufige Gartenlandschaft erforschen.

Jede Menge Skulpturen lassen sich in der bunten Landschaft mit Sumpfgebieten, Teichen, Maximiliansee und Haldengelände entdecken, ebenso das

Elefanten-Gebäude

Ökohaus von Friedensreich Hundertwasser, das 600 m^2 große Schmetterlingshaus mit tropischem Klima, voller Falter, und das Kinderspielland. Ganz begeistert sind die Kleinen vom Wasserspielplatz, von der riesigen Kletterspiellandschaft und von den vielen ungewöhnlichen Spielgeräten. Als ob das nicht genug wäre, bietet der Maximilianspark ein umfangreiches Veranstaltungsprogramm mit vielen Angeboten speziell für Kinder. Wenn Sie wollen, können Sie währenddessen im gemieteten Grillhaus ganz entspannt das Essen vorbereiten. Eine Vorbestellung ist dringend zu empfehlen.

Maximilianpark Hamm, Alter Grenzweg 2, 59071 Hamm
Telefon: 02381/98210-0, www.maximilianpark.de

0536 Waldbühne Heessen, Hamm

Pipi Hotzenplotz und Räuber Langstrumpf

„Münchhausen junior", „Der Räuber Hotzenplotz", „Emil und die Detektive", „Oliver Twist" und „Pipi Langstrumpf", das sind nur einige der Kinderstücke, die die Waldbühne Heessen in den letzten Jahren aufgeführt hat. Was erwartet das Publikum 2009? Das ist noch nicht raus. Mit Sicherheit können Sie sich aber auf ein unterhaltsames Kinderstück von Mai bis September einstellen. 60.000 Besucher nehmen jährlich im modernen, überdachten Tribünenbau Platz. Vor der Aufführung, in der Pause und danach werden Speisen und Getränke zu humanen Preisen angeboten. Kommen Sie mit dem Auto, erwarten Sie kostenlose Parkplätze; kommen Sie mit dem Fahrrad über die empfehlenswerten Fahrradwege Hamms, finden Sie ausreichend Fahrradständer vor der Waldbühne.

Westfälische Freilichtspiele e. V. Waldbühne Heessen
Gebrüder-Funke-Weg 3, 59073 Hamm
Telefon: 02381/309090, www.waldbuehne-heessen.de

0537 Tobimax, Ense

Regensicher

Auf dem Lande können Kinder herrlich spielen – denkt man. Im Falle des Sauerlandes darf allerdings das Wetter nicht vergessen werden. Gut also, dass es in dieser regenreichen Gegend Indoorspielparks wie das Tobimax gibt. Dort wartet so manche Attraktion auf Kids mit Bewegungsdrang: die Kletterwand mit verschiedenen Schwierigkeitsstufen, eine 6-Platz-Trampolinanlage, das 3-Etagen-Kletterlabyrinth mit Riesenspielturm, die Hindernis-Hüpfburg, der Autoscooter, die Ballschuss-Arena, die 4-spurige Wellenrutsche, die 7 m lange Röhrenrutsche, Lern- und Spielecomputer, Bobbycars, Malecke, Air-Hockey, Kicker, Flipper und vieles mehr. Nicht zu vergessen der 55 m^2 große Kleinkinderbereich mit Miniplayground und der Gastrobereich. Kindergeburtstagsfeiern bitte rechtzeitig reservieren!

Tobimax, Oesterweg 18, 59469 Ense-Höingen
Telefon: 02938/979193, www.tobimax.com

0538 AquaFun Soest

Badeurlaub zu jeder Jahreszeit

Das ganze Jahr über herrlich warmes Wasser, sommerliche Temperaturen, Bewegung, aber auch entspannende Momente. Das alles nicht weit von zu Hause. Wo finden Sie so etwas? In Soest!

Das AquaFun Soest lässt keine Wünsche offen und bietet ein umfassendes Angebot für die ganze Familie: Sport- und Freizeitbad, Saunalandschaft, Wellnessparadies und nicht zuletzt das Freibad mit großer Liegewiese (alles behindertengerecht!). Die vielfältigen Wasserattraktionen – Wellenbecken, Strömungskanal, Bodensprudler, Whirlpool, Whirlliegen und ein ganzjährig nutzbares Außenbecken – garantieren Badespaß pur für die ganze Familie. An alles ist gedacht. Wer es rasant liebt, für den ist die Röhrenrutsche mit einer Länge von 90 Metern genau das Richtige. Alle sportlich Ambitionierten kommen in den zwei 25 Meter langen Sportbecken und auf der Sprungturmanlage mit einem 1-Meter- und einem 3-Meter-Brett auf ihre Kosten. Für die Schwimmanfänger oder auch die Wassergymnastik steht ein flaches Lehrschwimmbecken zur Verfügung. Die ganz Kleinen können sich im wohlig warmen Planschbecken tummeln. Das Angebot wird abgerundet durch qualifizierte Massageangebote, eine großzügige Saunalandschaft mit unverwechselbarem Ambiente, Restaurants und gemütliche Ruhezonen, um richtig entspannen zu können. Kurz: Für jedes Alter und für jedes Bedürfnis ist etwas im Angebot.

AquaFun Soest, Ardeyweg 35, 59494 Soest
Telefon: 02921/392700, www.aquafun-soest.de

0539 Erlebnisbauernhof Sprikeltrix, Erwitte-Schallern

Aufm Hof was los

Ein Kurzurlaub muss nicht immer ein Wochenende in einer großen Stadt bedeuten. Machen Sie mit Ihren Freunden und Kindern doch mal einen Abstecher aufs Land. Einerlei ob Erlebnistag, Abenteuerübernachtungen im Stroh oder Kindergeburtstagsfeier, ein Besuch auf dem Bauernhof Sprikeltrix macht riesigen Spaß. Denn neben Stallbesichtigung und Schweinefütterung könnten eine Planwagenfahrt, die Schatzsuche im Wald oder Maislabyrinth, Toben in der Strohburg, der tolle Abenteuerspielplatz und Grillen am Lagerfeuer auf dem Programm stehen. Sollte es regnen, wird in einem der gemütlichen Blockhäuser weitergemacht.

Gleich gibt's Futter

Weil der Bauernhof auch ein Angebot für Große hat (Vereins-, Betriebs-, Hochzeitsfeiern), ist er ideal für Familienfeste mit vielen Kindern. Die Kleinen bekommen ihr passendes Programm. Die Großen genießen das leckere Essen, das sich von der üblichen Ausflugsgastronomie abhebt. Hier isst man schließlich auf einem Bauernhof. Im Gästebuch werden Bewirtung und Personal ausdrücklich gelobt.

Sprikeltrix, Familie Jöring,
Am Westbach 5, 59597 Erwitte-Schallern
Telefon: 02945/1039, www.sprikeltrix.de

0540 Freilichtbühne Herdringen, Arnsberg

Abenteuer Theater

Nicht jedes Jahr muss man in den großen Ferien in den Urlaub fahren. Gerade den lieben Kleinen kann auch zu Hause so einiges geboten werden. Nehmen Sie sich die Zeit, ein paar besondere Unternehmungen zu planen. Neben dem Zoobesuch oder dem Ausflug in das nächste Freibad ist der Besuch einer Theatervorstellung mal was anderes und für Kinder ein außergewöhnliches Erlebnis. Erst recht, wenn es sich um ein Freilufttheater mit speziellem Kinderprogramm handelt.

Die Freiluftbühne Herdringen veranstaltet jedes Jahr von Ende Mai bis Ende August ihr Sommerprogramm mit einem spannenden Stück für Kinder. Pipi Langstrumpf, Räuber Hotzenplotz und andere große Namen aus der Welt der Kleinen standen schon auf dem Programm. 2008 wird „Wicki und die wilden Männer" gespielt. Und keine Angst vor schlechtem Wetter: 800 überdachte Sitzplätze bieten reichlich Schutz.

Freilichtbühne Herdringen e. V.
Lohweg (Postadresse: Gänsepfad 7), 59757 Arnsberg-Herdringen
Telefon: 02932/39140, www.freilichtbuehne-herdringen.de

0541 Wildwald Vosswinkel, Arnsberg

Bei Fuchs und Dachs zu Hause

Hier fühlt sich der Besucher nicht wie in einem Tierpark, sondern erlebt direkt und authentisch die Natur. Eine Begegnung mit dem Wald und seinen Tieren mit allen Sinnen, mit Füßen, Kopf und Herz hat sich der Betreiber zum Ziel gesetzt. Auf 200 ha können Rotwild, Damwild, Füchse, Dachse, Wildschweine, Waschbären, Eichhörnchen, Mufflons, Schwarzstörche, Raben, Uhus, Waldkäuze und viele andere Tierarten in ihrer natürlichen Umgebung beobachtet werden.

Die Besucher werden auf Fußwegen durch den Wald geführt, am Rande der Stege befinden sich Sitzkanzeln und Informationshütten. Durch die große Zahl der verschiedenen Blickwinkel, die so ermöglicht werden, bietet der Wildwald Vosswinkel auch den schlimmsten Stubenhockern ein intensives Erlebnis und Zugang zur Natur. Kinder begeistern die täglichen Fütterungen der Hirsche um 11.30 Uhr und der Wildschweine um 14.30 Uhr ganz besonders. Im Frühjahr, wenn die Geweihe wechseln und Muffellämmer und Hirschkälber fröhlich auf der Wiese spielen, ist es besonders spannend. Im Herbst ist die Hirschbrunft ein beeindruckendes Ereignis, an das man sonst kaum so nah herankommt wie im Wildwald Vosswinkel.

Wildwald Vosswinkel, Bellingsen 5, 59757 Arnsberg
Telefon: 02932/9723-0, www.wildwald.de

0542 Freizeitbad NASS, Arnsberg

Entdecke das Nass!

Das Erlebnisbad NASS deckt die ganze Palette von Vorlieben ab, die sich in einer Familie so finden lassen: Wer ein paar Runden richtig schwimmen will, geht ins 25-m-Sportbecken; wer Aufregung und Abenteuer liebt, entdeckt die 80 Meter lange Riesenrutsche; wer Entspannung sucht, der findet Ruhe, ein Natursolebecken unterm Sternenhimmel, Solarien und Whirlpools sowie eine Saunalandschaft. Für die Kleinsten gibt es ein Kleinkinder-Spielbecken, für Abenteuerlustige und Neugierige das Erlebnisbecken mit Wasserspielattraktionen, für Sportliche den Fitnessclub und für alle das 50-m-Sommerbecken mit Liegewiese sowie verschiedene Restaurants. Und das war noch nicht alles. Informieren Sie sich auf der Website. Es gibt eine ganze Reihe Sondertarife.

NASS – Neues Freizeitbad Arnsberg GmbH
Vogelbruch 30, 59759 Arnsberg
Telefon: 02932/47573-0, www.nass-arnsberg.de

0543 Fort Fun Abenteuerland, Bestwig/Wasserfall

Europas längste Sommerrodelbahn

Willkommen im Wilden Westen! Im Abenteuerland Fort Fun sind kleine Cowboys und Cowgirls ganz in ihrem Element. Denn es sind hier mehr als nur eine Handvoll Abenteuer zu bestehen. Westernstadt, Stuntshows, verschiedene Achterbahnen, „Trapper Slider“ (Europas längste Sommerrodelbahn), die Dampfeisenbahn Santa Fé Express mit Westernshows, Wasserfahrten im „Rio Grande“ oder „Wild River“, der Drachenflieger „Wild

Eagle“ und andere Wagnisse wollen gemeistert werden. Ein richtiger Trapper verschafft sich auf dem 57 m hohen Stüppelturm sicher zuerst einen Überblick über Landschaft und Gelände, bevor er zur Erfrischung den Saloon besucht. Natürlich kann im Wilden Westen auch jeder seinen eigenen Proviant mitbringen – nicht in den Saloon, aber an den Grillplatz. Übrigens besteht die Möglichkeit, direkt neben dem Abenteuerland, im Davy Crocket Camp, in urigen Blockhütten zu übernachten. Das ist für Familien, ganz besonders aber auch für Gruppen zu empfehlen.

Fort Fun Abenteuerland, Aurorastraße, 59909 Bestwig/Wasserfall
Info-Hotline: 02905/81123, www.fort-fun.de

0544 Nimmerland, Winterberg

Zu Gast bei Peter Pan

Für alle, die „Peter Pan“ nicht gelesen oder gesehen haben: Peter Pan ist ein Junge, der nicht erwachsen wird. Er lebt auf einer Insel namens Nimmerland, wo er mit den Kindern, mit denen er Freundschaft geschlossen hat, so manches Abenteuer erlebt – bis diese Kinder Heimweh bekommen und zurück zu ihren Eltern wollen. Nur Peter Pan bleibt in Nimmerland.
Dieses Land der Fantasie kann allerdings im Sauerland besucht werden. Auf 2.100 m^2 ist in Winterberg eine spannende Erlebniswelt für Kinder entstanden – mit Reptilienzoo, Finsterstollen, Trollenbergwerk, Schiffswrack, Kanonenfestung, Kletterburg und Wichtelwald. Witterungsunabhängig kann im Nimmerland gespielt, getobt, geklettert und geträumt werden. Ausgebildete Erzieherinnen kümmern sich um die Kleinen und gegen ein kleines Entgelt auch ganz speziell um Ihren Nachwuchs, sollten Sie einmal in Ruhe shoppen oder Ski fahren wollen.

Nimmerland, Wernsdorfer Straße 1, 59955 Winterberg
Telefon: 02981/929497, www.nimmerland-winterberg.de

Hessen

0545 Bergpark Wilhelmshöhe, Kassel

Märchenlandschaft mit Burg und Herkules

Abenteuerlandschaft mal ganz anders: Der Kasseler Bergpark Wilhelmshöhe ist eine paradiesische Landschaft, für Erwachsene wie für Kinder. Hier lässt es sich wunderbar spazieren und herumtoben zwischen Herkules, Wasserfall und Schloss. Die verwunschene Parklandschaft geht praktisch nahtlos über in den umliegenden Wald, so eignet sie sich für kurze und auch für ausgedehnte Wanderungen. Unter dem wachen Blick des Steinriesen gibt es eine Menge zu entdecken und erkunden: Teufelsbrücken, Höllenteiche, Wasserspiele, Grotten, ein mächtiger Aquädukt, eine Pyramide, eine Einsiedlerhütte, kleine Tempel und orientalische Pagoden.

Einer der Höhepunkte im Bergpark Wilhelmshöhe: die Löwenburg

Besonderes Highlight dieser Märchenlandschaft ist die Löwenburg. Wie eine richtige mittelalterliche Burg mit Türmen, Zinnen und Graben wurde sie vor 200 Jahren errichtet, schon damals eine abenteuerliche Fantasie zur Unterhaltung des Landgrafen von Hessen-Kassel, Wilhelm I. Die Burg wurde zum Teil als künstliche Ruine gebaut, weil man das besonders romantisch fand. Trotzdem ist sie bewohnbar, die historisch eingerichteten Wohn- und Schlafräume kann man besichtigen. Wie es sich für eine richtige Burg gehört, gibt es auch eine Rüstkammer mit vielen Ritterrüstungen und mittelalterlichen Waffen.

Die beleuchteten Wasserkünste finden monatlich samstags nach Einbruch der Dunkelheit statt (nur von Juni bis September). Informieren Sie sich! Sie erleben das beeindruckende Schauspiel der illuminierten Kaskaden und der grandiosen Fontäne in der Dämmerung. Ihre Kinder werden staunen!

Tourist- & Kurinformation
im Bahnhof Wilhelmshöhe, 34131 Kassel
Telefon: 0561/34054, www.wilhelmshoehe.de

0546 Naturkundemuseum im Ottoneum, Kassel

Auf den Spuren des Mammuts - Wissenschaft & Natur kindgerecht entdecken

Das Museum mit seiner 450-jährigen Sammlungsgeschichte bietet besondere Nachmittage für Kinder zu den Themen Insekten, Fossilien, Pflanzen und Märchen an. In der Märchenstunde wird den Kindern spielerisch Wissenswertes über verschiedene Tiere nähergebracht, und es werden spezielle Märchen, die von diesen Tieren handeln, erzählt.
Das Museum organisiert ein- bis zweimal im Jahr 4-tägige Veranstaltungsreihen für Kinder von 8 bis 12 Jahren. Nach Anmeldung und je nach Angebot können sich die Kinder in Gruppen über Fledermäuse oder Amphibien informieren, abschließend unternehmen sie eine Exkursion, die das Leben der Tiere in der Natur veranschaulicht.
Darüber hinaus veranstaltet das Museum Geburtstagsfeiern für Kinder. Das Angebot umfasst eine Kinderführung, ein Ratespiel oder Bastelarbeiten wie zum Beispiel Eiszeitlandschaften bauen, Bernsteinschmuck herstellen oder Fossilien abgießen.
Der Höhepunkt eines jeden Besuches sind das Mammut und sein Junges in der ersten Etage. Im gleichen Stockwerk befindet sich außerdem ein Vivarium mit Zwergmäusen, der kleinsten Mäuseart der Welt. Für Dino-Fans sind das ausgestellte Iguanodon-Skelett und die naturgetreue Nachbildung des Sauriers eine Attraktion. Im Erdgeschoss sind im Fulda-Diorama 58 verschiedene Tierarten zu entdecken, die in den Fuldaauen von Kassel leben.
In der Mal- und Leseecke können sich die Kleinen bei Bedarf kreativ beschäftigen.

Naturkundemuseum im Ottoneum, Steinweg 2, 34117 Kassel
Telefon: 0561/7874066, www.naturkundemuseum-kassel.de

0547 Planetarium Kassel

Den Sternen ganz nah

Jeden Sonntag um 15 und um 16 Uhr finden im Planetarium Kassel Familienvorführungen statt, die sich besonders an Kinder unter 13 Jahren richten. Verträumt in die Sterne schauen können Eltern und Kinder, wenn mit einem

Projektor ein nachgestellter Sternenhimmel an die Kuppel projiziert wird. Planeten, Asteroide, Kometen und viele andere Gestirne werden den Kleinen bei der Veranstaltung „Reise unter dem Sternenhimmel“, die sonntags um 15 Uhr stattfindet, vorgestellt.
Zum Familienprogramm gehört außerdem jeweils sonntags um 16 Uhr eine „Reise um die Erde in 60 Minuten“, die den aktuellen Sternenhimmel über die Stadt Kassel hinaus darstellt. Eine telefonische Kartenbestellung ist ratsam.
Das Programm umfasst weiterhin Vorführungen des Astronomischen Arbeitskreis Kassel e. V. Jeden Donnerstag (Okt.–März um 19 Uhr, April–September um 20 Uhr) werden Vorträge zu den Themen Physik, Astronomie und Philosophie gehalten. Zusammen mit dem Physikclub Kassel organisiert das Planetarium darüber hinaus weitere Veranstaltungen wie Exkursionen, Experimente rund um das Thema Physik. Das Projekt Astronomie4Kids vermittelt den angehenden Physikern u. a. den spielerischen Umgang mit dem Teleskop und zeigt ihnen, wie Himmelskörper beobachtet werden können. Um eine Voranmeldung wird ebenfalls gebeten.

Astronomisch-Physikalisches Kabinett mit Planetarium
An der Karlsaue 20c, 34121 Kassel
Telefon: 0561/31680500, www.astronomie-kassel.de

0548 Vertical World, Kassel

An die Kletterwand, fertig, los!

In einer alten Industriehalle stellt die Vertical World in Kassel ihren Besuchern eine Kletterfläche von 1.000 m^2 zur Verfügung. Der Schwierigkeitsgrad der Anlage variiert von 2 bis 9, so dass einige Klettervorrichtungen auch von Kindern genutzt werden können. Auf den 300 m^2 Boulderfläche wird in Absprunghöhe geklettert, was es gerade Anfängern ermöglicht, sich auszuprobieren. Für Einsteiger eignen sich besonders die Schnupperkurse unter professioneller Leitung. Zusammen erste Kletterversuche wagen und Grenzen testen – gemeinsam können Eltern mit ihren Kindern an einem zweistündigen Eltern-Kind-Kletterkurs teilnehmen, der speziell auf Familien mit Kindern zugeschnitten ist.
Das Gruppenangebot umfasst weitere Kinder-Kletterkurse, die viermal im Monat stattfinden. Darüber hinaus bietet die Födergruppe den Kindern die

Möglichkeit, sich bei Wettkämpfen mit Gleichaltrigen zu messen und an Kletterfahrten teilzunehmen. Mit Freunden um die Wette klettern dürfen die Kleinen auch an ihren Geburtstagen; das Mindestalter beträgt 8 Jahre, die Veranstaltungsdauer des aufregenden Festes rund 2 Stunden.

Vertical World, Lilienthalstraße 23, 34123 Kassel
Telefon: 0561/5790505, www.verticalworld.de

0549 Goldwaschschule, Edertal

Auf den Spuren Jack Londons

Nicht am fernen Yukon-River, sondern an der Eder weht ein Hauch von Goldgräberromantik! Die Goldwaschschule in Mehlen macht es für Groß und Klein möglich, genau das zu erleben. In einem Geländekurs erfahren die Kleinen zunächst Wissenswertes über Geologie und Geschichte des Edergebiets. Nach der Theorie wird den Kindern sogleich praktisch veranschaulicht, wie mit Goldwaschpfanne und Sieb umzugehen ist. Die fündigen Goldgräber können am Ende des 2- bis 3,5-stündigen Kurses ihr Gold in einem Glasröhrchen mit nach Hause nehmen.

Junge Goldwäscher bei der Arbeit

Außerdem lassen sich hier unvergessliche Kindergeburtstage feiern, da Gruppen ganzjährig Termine buchen können. Um eine Anmeldung per Telefon oder per E-Mail wird gebeten. An jedem ersten Sonntag im Monat (von Mai bis Oktober) findet um 14 Uhr ein offener Kurs statt.

Anmeldung: Kuhbergstraße 4, 34131 Kassel
Telefon: 0163/4054970, www.goldwelten.de
Waschplatz: Waldecker Straße, 34549 Edertal-Mehlen

0550 Tierpark Sababurg, Hofgeismar

Wildtiere hautnah erleben

Am Fuße der Sababurg gelegen, erstreckt sich das 130 ha große Gelände des gleichnamigen Tierparks. 1571 vom Landgrafen Wilhelm dem VI. gegründet, gehört er zu den ältesten Tierparks in ganz Europa. Er besteht aus einem Urwildpark, einem Haustiergarten und einem Kinderzoo.
Der Urwildpark beherbergt drei verschiedene Pferderassen. Hier leben seltene Urwildpferde wie Przewalski-Pferde und Tarpane, aber auch Exmoorponys, eine alte Wildpferdrasse von den britischen Inseln. Ihr Zuhause teilen sich die niedlichen Pferdchen mit Wildrindern, Hirschen und anderen Tierarten. So können Sie mit Ihren Kleinen auch Raubtiere, wie Fischotter, Wölfe und Luchse, besichtigen. Weiter geht es zu den anderen Gehegen, wo Wassergeflügel, Wildschweine sowie Wildziegen und Wildschafe beobachtet werden können. Neben Lamas und Vielfraßen sieht man auf dem Rundgang auch Wölfe und Steinböcke.
Im Haustiergarten leben Skuddenschafe sowie uns vertraute Tiere wie der Esel, verschiedene Ziegenarten und Hausschweine.
Im Kinderzoo können die Kinder endlich Streicheleinheiten verteilen, einheimische Zwergziegen und Damhirsche dürfen hier angefasst und gefüttert werden, während die exotischen Bewohner – die Schwarzen Klammeraffen, die Humboldtpinguine und die Bennett-Kängurus – nur aus der Entfernung zu bestaunen sind. Den faszinierenden Greifvögeln und Oskar, der Schnee-Eule, beim Fliegen zuschauen können Familien bei den dreimal täglich stattfindenden Flugvorführungen.
Tägliche Schaufütterungen von Berberaffen, Fischottern und Pinguinen, Vielfraß und Luchs sind der Höhepunkt eines jeden Besuchs. Und der Abenteuerspielplatz bietet den Kleinen genug Möglichkeiten, sich auszutoben. Wissenswertes über den Tierpark und seine Bewohner liefert das Forst- und Jagdmuseum.
Im Sommer bietet sich der Tierpark für die Veranstaltung von Kindergeburtstagen an. Das Programm besteht aus einer Tierpark-Rallye, Autoskootern und Minieisenbahn, Parkeisenbahnfahrt und einem Geburtstagsschmaus.

Tierpark Sababurg
Kasinoweg 22, 34369 Hofgeismar
Telefon: 05671/800012251, www.tierpark-sababurg.de

0551 La Le Lu Abenteuerland, Korbach

Formel 1 für Minis

Ob bei Sonnenschein oder Schneeregen – das La Le Lu Abenteuerland in Korbach öffnet seine Tore bei jeder Temperatur. Auf einem Areal von 2.100 m^2 kann hier geklettert, gespielt und getobt werden. Der 5,70 m hohe Kletterberg lässt sich auf sechs unterschiedlichen Kletterwegen besteigen, hinab geht es dagegen nur mit Hilfe der Riesenrutsche.

Jetzt nur nicht auf den Boden schauen! Der 7 m über dem Hallenboden befestigte Hochseilgarten erstreckt sich über eine Länge von 20 m und führt an sechs Stationen vorbei. Um sich in diesen Höhen von Station zu Station zu hangeln, bedarf es jedoch einer Körpergröße von mindestens 1,30 m. Keine Körpermindestgröße verlangt dagegen das dreistöckige Kletter-Labyrinth. Außerdem können die Kleinen die vier Wellenrutschen entdecken und im Softplay-Spielbereich mit Softbällen werfen und schießen.

Fahren wie die Profis: Auf dem 60 m langen und elektrisch betriebenen Formel-1-Mini-Go-Karts-Parcours dürfen die Kleinen so richtig Gas geben. Darüber hinaus hat das Abenteuerland ein Bungee-Trampolin zu bieten; an Bungee-Seilen befestigt macht das Trampolinspringen umso mehr Spaß.

Für die ganz Kleinen ist ebenfalls bestens gesorgt: In dem 40 m^2 großen Spielbereich finden sie ein Bällebad, eine Rutsche und reichlich Lego-Softbausteine vor.

Eltern, die den Samstagmittag ohne ihre Kinder verbringen wollen, können gern das Kinderbetreuungsangebot von 10 bis 13 Uhr in Anspruch nehmen. Das Abenteuerland veranstaltet auch Kindergeburtstage in seinen Räumlichkeiten. Das Angebot umfasst zwei Pauschalen, die nach der Anzahl der Gäste (ab 5 oder ab 15 Kinder) festgesetzt sind.

La Le Lu Abenteuerland, Raiffeisenstraße 9, 34497 Korbach
Telefon: 05631/501200, www.lalelu-abenteuerland.de

0552 Ettelsberg mit Seilbahn, Willingen

Das Sauerland aus der Luft und zu Land erleben

In nur 15 Minuten von 590 m auf 830 m (über N. N.) auf den Ettelsberg! Mit der 1.400 m langen Kabinenseilbahn Willingen können Familien das außergewöhnliche Panorama des Sauerlandes von oben erleben.

Die Hochheidelandschaft rund um den Ettelsberg bietet eine Vielfalt an Freizeitmöglichkeit für die ganze Familie. Der Wanderweg führt vom 59 m hohen Hochheidenturm an der Ettelsberger Hütte entlang vorbei am Ettelsberger See durch den Kyrillpfad, wo die desaströsen Auswirkungen des Jahrhundertsturms ein Areal von entwurzelten und umgekippten Bäumen zurückgelassen haben.
Darüber hinaus kann man die einzigartige Landschaft auch auf dem Fahrrad erkunden. Die Bike-Arena Sauerland mit ihren 34 Strecken rund um Willingen ist garantiert einen Familienausflug wert. Im Winter ist der Weltcup-Ort Anziehungspunkt für alle Freunde von Wintersportarten, ob Skifahren, Snowboarden oder Rodeln.
Auf dem 838 m hohen Ettelsberg kann man nicht nur den wunderschönen Ausblick vom Hochheideturm genießen, sondern auch die Nord-West-Seite des Turmes – der nach eigenen Angaben gleichsam die höchste Outdoor-Kletterwand Europas sein soll – besteigen. Während die Kinder sich auf dem nahegelegenen Spielplatz vergnügen, können sich die Eltern in Siggis Hütte eine Pause gönnen.

Ettelsberg-Seilbahn, Zur Hoppecke 5, 34508 Willingen
Telefon: 05632/969820, www.ettelsberg-seilbahn.de

0553 Planetenlehrpfad Marburg

Unterwegs zu Pluto

Bleiben uns die unendlichen Weiten des Weltraums auch noch so unergründlich, im hessischen Städtchen Marburg erhalten Sternengucker einen Eindruck von den enormen Entfernungen der Gestirne. Statt zu versuchen, sich das Unvorstellbare wie beispielsweise die Entfernung zwischen Pluto und Sonne – 5,946 Mio. km – vorzustellen, kann man selbst auf dem maßstabsgetreuen (1:1 Milliarde) Planetenlehrpfad die Entfernung ablaufen. Hessens erster Planetenlehrpfad, der auf Initiative einer Marburger Schüler-AG entstand, ist gleichermaßen für blinde und sehende Menschen geeignet. Ziel ist es, den großen und kleinen Besuchern eine räumliche Vorstellung von Distanzen und Entfernungen der Himmelskörper zu vermitteln. Informationen über den Umfang der Strecke sowie über die Planeten sind mit reliefierten Buchstaben versehen, so dass sie sowohl für Sehende als auch für Blinde lesbar sind.

Die 6 km lange Strecke beginnt mit dem Sonnenmodell, das westlich von Cappel, Nähe Uferdamm, stationiert ist. Der Pfad erstreckt sich über die Stadtwerke von Marburg, wo Merkur, Venus, Erde, Mars, Jupiter und Saturn angesiedelt sind. Hinter der Konrad-Adenauer-Brücke steht das Modell vom Uranus, bei der Mensa der Philipps-Universität Marburg (Erlenring) ist die Neptunstation zu finden. Beim Hauptbahnhof, hinter der Elisabethkirche, endet der Pfad mit Pluto als Endstation.

Infomationen bei der Deutschen Blindenanstalt e. V.
Am Schlag 6a, 35037 Marburg
Telefon: 06421/ 606113, www.planetenlehrpfad-marburg.de

0554 Mathematikum, Gießen

Eine Reise durch die fabelhafte Welt der Mathematik

Das einzige deutsche mathematische Mitmachmuseum lädt mit seinen 120 Exponaten zum Knobeln, Puzzeln und Brückenbauen ein.
Das Angebot für Kinder besteht außerdem aus regelmäßig stattfindenden Kindervorlesungen u. a. zu den Themen Geheimschriften, Zauber der Zahlen und mathematische Weihnachtssterne. Am Wochenende, in den Ferien und donnerstags um 17 Uhr stellen die Mitarbeiter das Museum mit seinen Exponaten vor und unterhalten die Kleinen mit Experimentvorführungen. Jeden dritten Dienstag im Monat widmet sich das Mathematikum einem Mathematiker oder einer Mathematikerin aus verschiedenen gesellschaftlichen Bereichen wie zum Beispiel aus Industrie und Wirtschaft. Anschließend stehen die Museumsmitarbeiter den kleinen Zuhörern Rede und Antwort zum Thema Mathematik.

Puzzeln zum Verständnis der Mathematik

Darüber hinaus besteht die Möglichkeit, im Mathematikum Kindergeburtstage zu veranstalten. Eigens dafür wird eine Museums-Rallye organisiert. Das Mindestalter liegt bei 8 Jahren, ideal ist der dreistündige Kindergeburtstag für Kinder von 10 bis 12 Jahren.
Für die ganz Kleinen (4 bis 8 Jahre) bietet das Mini-Mathematikum altersgerechte Exponate zum Thema Zahlen, Formen und Muster. So wird schon früh beispielsweise durch das Bauen von Würfeln und das Zuordnen von bunten Quadraten das mathematische Verständnis geschult.

Mathematikum e. V., Liebigstraße 8, 35390 Gießen
Telefon: 0641/9697970, www.mathematikum.de

0555 Holz + Technik Museum, Wettenberg

Holz, ein Stück Kulturgut

Einer Bürgerinitiative ist es zu verdanken, dass aus dem einstigen Sägebetrieb mit seinen kostbaren, historischen Maschinen – darunter eine echte Dampfmaschine – ein Museum entstanden ist und so ein Stück Holz- und Kulturgeschichte gerettet werden konnte.
In der Abteilung Forst können sich die Kleinen zunächst mit dem Material Holz vertraut machen. Sie können das Holz hier wiegen, einem Schwimmtest unterziehen, seine Härte testen und es unter dem Mikroskop begutachten. Verschiedene Geräte und Exponate zeigen, wie Holz heute und gestern geerntet und verarbeitet wird bzw. wurde, aber auch seine Bedeutung als natürliche Ressource, sein Anbau und seine Bestandspflege stehen im Mittelpunkt. Im Dampfmaschinenraum kann mit großen Augen eine Original-Dampfmaschine von 1937 bestaunt werden. Wer immer schon mal wissen wollte, wie es in einem Sägewerk und in einer Zimmerei zugeht, ist in der gleichnamigen Abteilung genau richtig. Ein echtes Sägegatter sowie weitere Arbeitsgeräte veranschaulichen, wie Holz weiterverarbeitet wurde.
Die noch im Ausbau befindliche Schreinerei versammelt allerlei Geräte und Werkzeuge aus den 50er und 60er Jahren.
Was hat es mit der Energie auf sich, und was sind eigentlich Energieträger? Diese und weitere Fragen beantwortet die Abteilung über Energie. Ob Stromerzeugung, Wasser- und Windenergie – hier werden die verschiedenen Arten von regenerativen Energie verständlich erklärt, und anhand von Geräten wie dem Labometer, das mit einer Handkurbel versehen ist und ein Ge-

wicht von 100 kg bewegen soll, wird schnell klar: Holz ist ein wertvoller Energieträger, von dem wir alle abhängig sind.

Holz + Technik Museum, Im Schacht 6, 35435 Wettenberg-Wißmar
Telefon: 06406/8307400, www.holztechnikmuseum.de

0556 Abenteuerparcours Wetzlar

Im Mondschein durch den Wald

Sich einmal wie Tarzan von Baum zu Baum schwingen und die frische Luft auf den Wipfeln der Bäume genießen! In Hessens Kletterwald bei Wetzlar können Sie auf 7 Parcours mit drei unterschiedlichen Schwierigkeitsgraden genau das erleben. Von Podest zu Podest (in 2–11 m Höhe), über zahlreiche Seilbrücken, Schaukelpfade und Seilrutschen (20 m/48 m) können sich Kletter-Einsteiger hier in der Hochseilkletteranlage hangeln.
Von Mai bis September und an jedem dritten Freitag im Monat ist dies auch bei Vollmond möglich.
Für die nötige Sicherheit sorgen Klettergurt, Helm, Seilrolle etc. und eine professionelle Anleitung vor dem Start.
Der gelbe Parcours hat den niedrigsten Schwierigkeitsgrad und eignet sich besonders für Kinder und Kletteranfänger.
Die Kletteranlagen sind nur für Kinder ab einer Mindestgröße von 1,40 m zugänglich, kleinere Kinder (Mindestgröße 1,30) müssen von einem Erwachsenen begleitet werden.
Kinder und Jugendliche unter 18 Jahren benötigen zudem eine Einverständniserklärung der Eltern.

Abenteuerparcours Wetzlar
Waldessaum/Ecke Frankfurter Straße, 35578 Wetzlar
Telefon: 06441/3099576, www.abenteuerparcours.de

0557 Freilichtbühne Bonbaden, Braunfels

Die schönste Kulisse ist die Natur

Wer die schönsten Märchen und spannendsten Kindergeschichten einmal in der Natur und unter freiem Himmel erleben möchte, ist hier in Bonbaden genau richtig. Die Freilichtbühne, in der Nähe von Wetzlar gelegen, bietet ihren Besuchern nun schon seit über 50 Jahren immer wieder neue fesselnde Stücke an. Natürlich kommen dabei auch die kleinen Gäste nicht zu kurz. Ein Großteil des umfangreichen Programms ist speziell auf Kinder ausgerichtet. Und hierzu gehören nicht nur die Klassiker der Gebrüder Grimm. In Bonbaden werden auch die Geschichten vieler anderer Autoren präsentiert. Zum Beispiel wurden schon Märchen von Astrid Lindgren, wie „Ronja Räubertochter", oder Lewis Carolls „Alice im Wunderland" auf die Bühne gebracht. Das Programm wechselt in der Regel je nach Saison, aber eines kann man in Braunfels bei jedem Besuch erleben: Die schönste Theaterkulisse ist doch immer noch die Natur.

Freilichtbühne Bonbaden, Philippsteiner Weg, 35619 Braunfels
Telefon: 06442/22211, www.freilichtbuehne-bonbaden.de

0558 Vogelpark Herborn

Natur erleben und schützen

Einen Vogelpark der besonderen Art finden Familien in Herborn. Hier stehen nicht nur die heimischen Uhus und deren farbenfrohe, exotische Mitbewohner wie Paradieskraniche und Papageien im Vordergrund. Der Vogelpark hat es sich vor allem zum Anliegen gemacht, bei seinen großen und kleinen Besuchern ein Bewusstsein für Naturschutz zu wecken. Daraus erklärt sich auch das langjährige Engagement des Vogelparks bei Projekten zur Nachzucht von vom Aussterben bedrohten Vogelarten wie den Rotbrust-Krontauben, Bali-Staren und Palawan-Pfaufasanen. Außerdem werden hier verschiedene Wiederansiedlungsprojekte wie zum Beispiel das der Weißstörche vorangetrieben.

Die Besichtigungstour führt an verschiedenen Volieren vorbei, in denen afrikanische Hornvögel, australische Lachende Hänse, Rote Ibisse und asiatische Beos, aber auch Schnee-Eulen, Lurche und sogar Lisztäffchen zu sehen sind. Der Naturschutzinformationspfad mit zahlreichen Informationstafeln, Schaukästen und Brutstätten gibt Auskunft über Herkunft, Leben und Artenschutz der Tiere.

Der Vogelpark organisiert in Zusammenarbeit mit verschiedenen Institutionen das ganze Jahr hindurch zahlreiche Veranstaltungen zu den Themen Natur und Naturschutz, Vögel, Amphibien sowie Kinderaktionstage im Vogelpark.

Es besteht darüber hinaus die Möglichkeit, Kindergeburtstage im Vogelpark auszurichten. Kinder jeden Alters können individuell und zu verschiedenen Themen ihren großen Tag feiern. Zum Programm gehören sowohl Freizeitangebote – u. a. Bogenschießen, Klettern und die Durchführung einer Höhlentour – als auch ein Besuch im Vogelpark mit oder ohne pädagogische Führung.

Vogelpark Herborn, Im Beilsbach 16, 35745 Herborn-Uckersdorf
Telefon: 02772/42522, www.vogelpark-herborn.de
www.erlebnis-insel.de (für Kindergeburtstage)

0559 Kristallhöhle Kubach, Weilburg

Glitzerndes Gestein sorgt für funkelnde Kinderaugen

347 Stufen führen hinab in die Tiefe. Wasser tropft von den nassen Wänden. Je weiter man sich hinunterbegibt, desto kälter wird es. Doch der Weg lohnt sich. Schritt für Schritt nähert man sich einem beeindruckenden Naturschauspiel.

Hinein in die Welt der Tropfsteine und Kristalle

Die Kubacher Kristallhöhle entführt ihre Besucher nun schon seit über 25 Jahren in die Welt der Tropfsteine und Kristalle. Die nach eigenen Aussagen einzige Kristallhöhle Deutschlands hat dabei in all den Jahren schon so einige Kinderaugen zum Funkeln gebracht. Natürlich erfährt man bei einem geführten Rundgang durch die Höhle alles über deren Entstehung und die unterschiedlichen Gesteinsarten. Außerdem wird hier der Unterschied zwischen Stalaktiten und Stalagmiten erklärt. Somit wird es zum Kinderspiel, die beiden in Zukunft auseinanderzuhalten. Wenn man zurück an der Erdoberfläche ist, lohnt es sich, noch schnell einen Blick ins Höhlenbistro zu werfen. Neben Erfrischungen aller Art kann man hier auch einen Kristall als Andenken für zu Hause erwerben.

Kristallhöhle Kubach, Auf dem Kalk 1, 35781 Weilburg
Telefon: 06471/94000, www.kubacherkristallhoehle.de

0560 Vonderau Museum, Fulda

Mit Bruno Brummsel durchs Museum

Mit dem Maskottchen des Museums, dem Museumskäfer Bruno Brummsel, erkunden 5- bis 8-Jährige auf einem Erzählrundgang das Vonderau Museum, das die Bereiche Naturkunde, Kulturgeschichte, Malerei und Skulpturen sowie eine Sammlung von Konrad Hahne umfasst. Diese kindgerechte Museumsführung kann auch für Kindergeburtstage gebucht werden.
Wer wissen möchte, wie vor 200 Jahren Weihnachtsfeste zelebriert wurden, erfährt dies auf dem Erzählrundgang „Frau Holly und das Weihnachtsfest“, der für 6- bis 10-Jährige geeignet ist. Kleine Besucher (9–12 Jahre) können nach telefonischer Anmeldung an einer eigens für sie organisierten Museums-Rallye teilnehmen und so die Dauerausstellungen in den Abteilungen für Naturkunde und Kulturgeschichte entdecken. Auf dieser zeitgeschichtlichen Reise begegnen die Kinder Vulkanen, Moorlandschaften und einem naturgetreuen, nachgestellten Grab aus der Bronzezeit. Außerdem erfahren sie Wissenswertes über das Leben der Bauernfamilien aus dem Großraum Fulda und können einen 200 Jahre alten Webstuhl und das „Fulda-Mobil“ besichtigen. Auch am jährlich stattfindenden Internationalen Museumstag werden immer wieder Veranstaltungen für Kinder organisiert.

Vonderau Museum, Jesuitenplatz 2, 36037 Fulda
Telefon: 0661/928350 oder 10218114
www.museum-fulda.de

0561 Kinder-Akademie Fulda

Kindliche Neugier wecken und Talente frühzeitig entdecken

Im Museum der Kinder-Akademie Fulda können Sie mit Ihren Kindern in die spannende Welt der Wissenschaft eintauchen. Wer möchte, kann sich hier zum Beispiel auf eine abenteuerliche Reise in das Zentrum des menschlichen Organismus begeben. Das „Begehbare Herz“ macht es möglich! In der 36 m^2 großen und fünf Meter hohen anatomischen Nachbildung können die Kinder alle vier Herzkammern begehen und so spielerisch ihren Körper kennenlernen.

In der vom Museum organisierten Führung erfahren die Kleinen Wissenswertes über den Blutkreislauf, den Aufbau und die Funktion des Herzens und schließlich über dessen kulturgeschichtliche Bedeutung. Neben der Dauerausstellung finden auch regelmäßig Sonderausstellungen auf dem 2.000 m^2 großen Areal mit interaktiven Objekten zu den Themen Kunst und Kultur, Naturwissenschaft und Technik statt.
Der Wissensdurst der kleinen Akademiker wird durch zahlreiche Workshops samt fachkundiger Anleitung gestillt. So kann im Erfinderclub geschraubt und getüftelt werden, was das Zeug hält.
Einen ersten Zugang zur Kunst erhalten Kinder ab 4 Jahren in der Kunstschule. Hier können die Steppkes in Gruppen ihre Kreativität ausleben, sei es mit Farben, Ton oder Holz. In einer Ausstellung werden die künstlerischen Arbeiten, die nach einem bestimmten Kursthema angefertigt worden sind, dem Publikum vorgestellt. Um die in jedem Kind schlummernden künstlerischen Talente frühzeitig zu fördern, bietet die Akademie eine Workshop-Reihe für Kinder ab dem zweiten Lebensjahr an.
Neben dem Museum und dem Programm der Akademie gibt es weitere Angebote für Kinder, wie Malwettbewerbe (von 6 bis 16 Jahren), Tagungen, Fortbildungen und Ferienprogramme, aber auch Kindergeburtstage mit individuellem Programm können hier gefeiert werden. Um eine Anmeldung sowohl für die Führung durch das „Begehbare Herz“ als auch für die Workshops wird gebeten.

Kinder-Akademie Fulda, Mehlerstraße 4, 36043 Fulda
Telefon: 0661/90273-0, www.kaf.de

0562 Rhön-Therme, Fulda

Badespaß für die ganze Familie

Auf 30.000 m^2 verteilt bietet die Rhön-Therme Künzell Badespaß für die ganze Familie.
Im Kinderbereich ist das Wasser nur 20 cm tief und eignet sich somit hervorragend zum Toben mit den von der Therme gestellten Spiel- und Wassertieren. Wie auf offener See können größere Kinder den Wellengang im 30 Meter langen und 12 Meter breiten Wellenbecken mit einer Wassertiefe zwischen 0 und 1,40 m genießen. Im 30-Minuten-Rhythmus und für jeweils 6 Minuten werden Wellen erzeugt. Auf der nach eigenen Angaben längsten

überdachten Wildwasserrutsche Europas (380 m) können sich die Kinder ins kühle Nass katapultieren lassen. Höhepunkt eines jeden Besuchs ist dabei das „Black Hole“: Hier werden dem Rutschenden auf dem Weg nach unten visuelle und akustische Effekte geboten. Während die Kinder die Wildwasserrutsche entdecken, können sich die Eltern in den Whirlpools, in der Sauna oder im Solarium entspannen.
An heißen Sommertagen ist der 40.000 m² große Außenbereich (Wassertiefe 1,40 m) mit Kinderplanschbecken und einem beheizten Außenbecken geöffnet. Durch beide Bereiche verläuft der 80 m lange Strömungskanal. Unter der Glaskuppel laden Liegestühle und Strandkörbe ein, sich wie im Urlaub zu sonnen und zu faulenzen. Für das leibliche Wohl sorgt die Grillstation. Neben dem Badebereich hat die Therme ein weit gefächertes Freizeitangebot: So kann man in der Halle Squash spielen oder kegeln und auf den nahegelegenen Sportplätzen u. a. Golf spielen. Außerdem können die Schieß-, die Tennis- und Badmintonanlage sowie der Mountainbike-Platz genutzt werden. Weiterhin werden zahlreiche Veranstaltungen wie Sicherheitstrainings, Feste und Abende zu verschiedenen Themen organisiert.

Rhön-Therme, Harbacher Weg 166, 36093 Fulda-Künzell
Telefon: 0661/34011
therme.s-company-interactive.com

0563 Halligalli Family-Fun-Center, Alsfeld

Auf zu Snappy

Toben, ohne sich Gedanken über den Nachbarn zu machen und ohne die Unversehrtheit des lieb gewonnenen Mobiliars zu riskieren? Das Halligalli ermöglicht genau das, denn hier kann sorglos gespielt und gerannt werden; der Hallenspielplatz ist genau auf die Bedürfnisse der Kleinen zugeschnitten. Selbst kleine Bewegungsmuffel vergessen beim Anblick des riesigen Wabbelbergs und der Kletterwand ihre Computerspiele und den Fernseher. Die kindliche Neugier wird besonders durch Snappy, den Fisch, geweckt, dessen Schlund die kleinen Klettermeister erklimmen können.
Auf und ab hüpfen die Kinder in der Trampolinanlage und auf der Hüpfburg, danach geht es zum Fußballspielen, wo sie gleich neue Freundschaften schließen können. Anschließend haben sie die Möglichkeit die Verfolgungsjagd auf den Elektroscootern aufzunehmen oder eine Runde mit dem Wes-

tern Express zu drehen. Der Klassiker Tischfußball, aber auch Airhockey oder Billard begeistern so manches Kind. Kleinkindern steht ein eigener Bereich mit Minirutsche, Spielhaus, Bobby Cars und Softplay-Tieren zur Verfügung.
Das Kindergeburtstagsarrangement umfasst u. a. ein Geburtstagsmenü und eine Überraschung für das Geburtstagskind.

Halligalli Family-Fun-Center
An der Siechkirche 13, 36304 Alsfeld
Telefon: 06631/5335, www.halligalli-alsfeld.de

0564 Erlebnispark Steinau

Eine Runde im Fliegenpilz-Kettenkarussell

Der Erlebnispark Steinau ist für Eltern mit kleinen Kindern wirklich eine Reise wert. Nahe der „Brüder-Grimm-Stadt“ Steinau an der Straße gelegen, bietet der Park jede Menge tolle Fahrgeschäfte und Spielmöglichkeiten. Besonders die liebevolle Gestaltung vieler Attraktionen vergrößert vor allem den Spaß der kleinsten Gäste ungemein. So kommt zum Beispiel das parkeigene Kettenkarussell im Gewand eines Fliegenpilzes daher. Und bei der Albatrosbahn wird jeder einzelne Wagen von einem riesigen Albatros durch die Lüfte begleitet. Auf keinen Fall verpassen sollten Sie die großartige Sommerrodelbahn. Hier flitzen Sie nicht nur mit einem abenteuerlichen Tempo durch den Park, sondern kommen unterwegs auch noch an zahlreichen anderen Attraktionen vorbei. Dies ist eine gute Möglichkeit, sich zum Beispiel die elektrische Pferdereitbahn, die Wasserbahn oder das Spielhaus als nächste Station auszusuchen. Also auf ins nächste Abenteuer!

Erlebnispark Steinau, 36396 Steinau an der Straße
Telefon: 06663/6889, www.erlebnispark-steinau.de

0565 Steinauer Marionettentheater

Bühne frei für Aschenputtel und Rotkäppchen

Zu Kinderzeiten schon ein Vergnügen für die Eltern, sollte das traditionelle Marionettentheater auch den Sprösslingen nicht vorenthalten werden. Auf eine lange Tradition kann das Marionettentheater in Steinau verweisen, wo

Kinder ab einem Alter von 4 Jahren erste Theater-Erfahrungen sammeln können. Das Repertoire umfasst sowohl die gängigen Grimmschen Märchen als auch solche, die in anderen Kulturkreisen spielen, wie Collodis „Pinocchio“ und Andersens „Chinesische Nachtigall“.
Die Aufführungen sind nach Altergruppen gestaffelt. So eignen sich zum Beispiel „Die Bremer Stadtmusikanten“, „Hänsel und Gretel“, „Käferchen Klärchen“, „Aschenputtel“ und „Rotkäppchen“ ab einem Alter von 4 Jahren; „Der Gestiefelte Kater“, „Der Froschkönig“, „Das Glückskind“, „Die Salzprinzessin“, „Frau Holle“ und „Rumpelstilzchen“ ab einem Alter von 6 Jahren. Kinder ab dem 8. Lebensjahr können sich zum Beispiel „Der Fischer und seine Frau“ oder „Das Tapfere Schneiderlein“ anschauen. Für die Großen ab 12 Jahren sind mit „Die Chinesische Nachtigall“ und „Doktor Faustus“ besonders wertvolle, herausfordernde und dennoch kindgerecht aufgearbeitete Stücke im Programm.

Steinauer Marionettentheater
Am Kumpen 2, 36392 Steinau an der Straße
Telefon: 06663/245, www.die-holzkoeppe.de

0566 Erlebnispark Ziegenhagen

Auf einen Besuch bei Dornröschen

Welches Kind möchte nicht einmal jenen Ort sehen, an dem Dornröschen einst in ihren tausendjährigen Schlaf versank? Besuchen Sie mit Ihren Kindern Dornröschens Märchenschloss oder wagen Sie sich zusammen in das Hexenhaus und in die Gespensterburg.
Der Erlebnispark Ziegenhagen bietet eine breite Vielfalt an Unterhaltung, Spielmöglichkeiten und Wissenswertes für Familien mit Kindern bis zu 12 Jahren.
So können die Kinder durch den Irrgarten wandern, mit einem Boot ins Wasser hechten oder sich im Abenteuersimulator in eine andere Welt entführen lassen. Darüber hinaus befinden sich auf dem Gelände kindgerechte Museen wie das Auto- und Motorradmuseum, das Eisen-, das Völkerkunde- und Landwirtschaftsmuseum.
Auch für Kleinkinder ist der Erlebnispark ein großes Spielvergnügen. Trampolinanlage, Miniriesenrad und Kinderkarussell warten ebenso wie die elektrische Vogelshow und die Bremer Stadtmusikanten darauf, von ihnen ent-

deckt zu werden. Zu einer kleinen Entdeckungsreise lädt die Ministadt ein, welche die Kleinen auf Miniskootern erkunden können.
Der einstige Tierpark ist immer noch das Zuhause einiger Ziegen, Schafe, Meerschweinchen, Ponys und Papageien, die definitiv einen Abstecher zum Gehege wert sind und sich schon darauf freuen, von den kleinen Besuchern gefüttert zu werden. Das Futter ist im Park gegen einen kleinen Betrag erhältlich.

Erlebnispark Ziegenhagen
Ziegenberg 3, 37217 Witzenhausen-Ziegenhagen
Telefon: 05545/246, www.erlebnispark-ziegenhagen.de

0567 Zoologischer Garten Frankfurt

Auf den Spuren von Professor Grzimek

Der Zoologische Garten in Frankfurt ist wirklich eine Besonderheit unter den hiesigen Tiergärten. Im Frankfurter Ostend gelegen, zeigt der immerhin zweitälteste Zoo Deutschlands nicht nur bereits seit dem Jahre 1858 exotische Tiere aus aller Herren Länder. Zudem betreten Besucher hier auch das ehemalige Betätigungsfeld des vielleicht berühmtesten Zoodirektors der Welt: Professor Dr. Dr. Bernhard Grzimek.
Der Zoologe und Tierfilmer, der 1960 für seine faszinierende Naturdokumentation „Serengeti darf nicht sterben“ sogar mit einem Oscar belohnt wurde, ist indirekt auch heute noch im Park präsent. Im Grzimek-Camp werden nicht nur sein Engagement für Tiere und die Natur vorgestellt, es gibt auch Nachbauten von den Fahr- und Flugzeugen in Zebraoptik zu bestaunen, die durch seine Filme weltbekannt wurden. Eine andere Hinterlassenschaft des ehemaligen Zoodirektors ist das Grzimek-Haus. In diesem Gebäude kann man eine Reise zu vielen Tierarten unternehmen, die man bei Tageslicht nie zu Gesicht bekommt. Wie das geht? Den nachtaktiven Fledermäusen, Faultieren und Kiwis wird, wenn draußen die Sonne scheint, eine sogenannte künstliche Nacht vorgegaukelt.
Natürlich lassen sich auch im Freien jede Menge interessante Tiere bestaunen. Beim Katzendschungel sind die Besucher zum Beispiel nur durch eine angemessen hohe Glasscheibe oder einen Wassergraben von den Tigern und Löwen getrennt. Und bei den Robbenklippen können Robben und Seehunde sowohl über als auch unter Wasser beobachtet werden. Der neuste Coup des

Zoos ist der Borgori-Wald. Hier können Besucher durch eine aufregende dschungelähnliche Anlage wandern und Gorillas, Orang-Utans und andere Affenarten betrachten. Auf der Internetseite des Zoos gibt es übrigens viel Infomaterial zur Vor- und Nachbereitung des Besuchs sowie die Termine der täglichen Tierfütterungszeiten, die man sich nicht entgehen lassen sollte.

Zoologischer Garten Frankfurt
Bernhard-Grzimek-Allee 1, 60316 Frankfurt am Main
Telefon: 069/21233735, www.zoo-frankfurt.de

0568 Palmengarten Frankfurt

Ein Stück Regenwald im Herzen der Mainmetropole

Der Palmengarten Frankfurt ist ein echtes Erlebnis für Pflanzenfreunde und solche, die es werden wollen. Rund ein Dutzend Gewächshäuser und Themengärten beherbergen Bäume, Stauden und Kakteen aus aller Herren Länder. Hierbei stehen vor allem exotische Gewächse mit oft märchenhaften Namen bei den kleinen Besuchern hoch im Kurs. Warum heißt der Schraubenbaum eigentlich Schraubenbaum? Wachsen am Taschentuchbaum etwa Taschentücher? Und wovon ernährt sich die fleischfressende Pflanze? Ein Rundgang durch den Palmengarten hält Antworten auf alle diese Fragen bereit.

Auch Kakaofrüchte sind im Palmengarten zu bewundern

Speziell für Kinder gibt es auf Anfrage besondere Führungen und sogar die einmalige Möglichkeit, Kindergeburtstag im Regenwald inmitten von Palmen und Orchideen zu feiern. Ein Besuch lohnt sich praktisch zu jeder Jahreszeit, da das Palmenhaus, das Tropicarium und das Blütenhaus auch im Winter geöffnet sind.

Palmengarten Frankfurt
Siesmayerstraße 61, 60323 Frankfurt am Main
Telefon: 069/21233939, www.palmengarten.frankfurt.de

0569 Senckenberg-Museum, Frankfurt

Zu Gast bei den Giganten der Urzeit

Das Senckenberg-Museum gehört zu den Klassikern unter den Kinderausflugszielen in der Mainmetropole. Und spätestens seit den Erfolgen der Jurassic-Park-Filme darf ein Besuch bei den Giganten der Urzeit in keinem Freizeitprogramm mehr fehlen. Allein die Begrüßung vor den Toren des Museums versetzt so manchen der kleinen und großen Gäste ins Staunen: Hier empfängt ein lebensgroßer Tyrannosaurus Rex die Saurierfans mit fletschenden Zähnen. So bekommen sie einen ersten Eindruck davon, wie groß und bedrohlich die Dinosaurier zu ihren Lebzeiten gewesen sein müssen. Zusätzlich kann man in dem vor dem Museumsportal gelegenen Geopark auch die Nachbildungen versteinerter Saurierfußabdrücke und einige schon vor vielen Millionen Jahren existierende Pflanzen bestaunen.

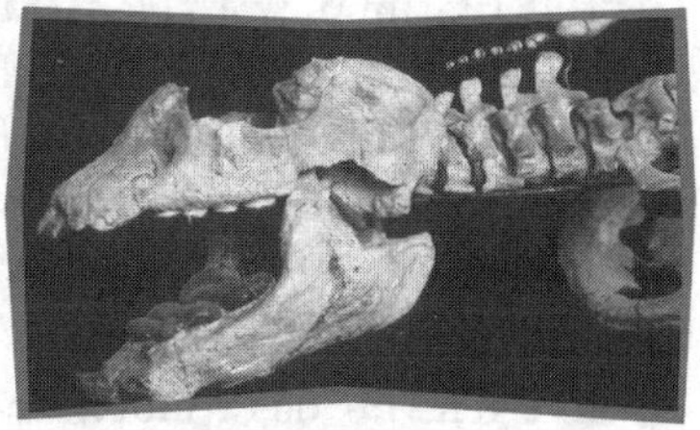
Ausflug zu den Giganten der Urzeit

Im Inneren des zu Anfang des 20. Jahrhunderts errichteten Gebäudes merkt man schnell: Der in der Außenanlage platzierte Tyrannosaurus war nur ein klitzekleiner Vorgeschmack auf die große Dinosauriersammlung des Museums. Mehr als ein Dutzend Saurierskelette warten auf staunende Kinder- und Erwachsenenaugen. Wissbegierige Nachwuchspaläontologen können hier zum Beispiel den mit drei Hörnern besetzten Schädel des Triceratops bewundern, den mit Knochenplatten geschmückten Rücken des Stegosaurus betrachten oder einen Blick auf die versteinerten Federn des Urvogels Archaeopteryx werfen. Höhepunkt der Ausstellung ist das Skelett des Diplodocus mit seinem mächtigen Rumpf, dem langen Hals und seinen insgesamt rund 18 Metern Länge.

Zur Vorbereitung eines kindgerechten Besuches hält das Museum sehr ausführliche Informationen im Internet bereit und bietet neben sogenannten Aktionsmappen ab und zu auch Kinderführungen an. So wird der Ausflug zu den Giganten der Urzeit garantiert ein lehrreiches und unvergessliches Erlebnis für jedes Kind.

Senckenberg-Museum Frankfurt
Senckenberganlage 25 60325 Frankfurt am Main
Telefon: 069/75420, www.senckenberg.de

0570 Kinder- und Jugendtheater Frankfurt

Bühne frei für zauberhafte Kindergeschichten

Das Kinder- und Jugendtheater in Frankfurt erfreut märchenbegeisterte Kinder nun schon seit fast 40 Jahren. Es setzt in erster Linie immer wieder die Märchen und Geschichten von Regisseuren und Schauspielern in Szene, die vor allem den kleinen Gästen gefallen. Angefangen von den Klassikern der Gebrüder Grimm, wie „Hänsel und Gretel" oder „Dornröschen", bis hin zu den aus dem Fernsehen bekannten Stücken der Augsburger Puppenkiste, wie „Jim Knopf und Lukas der Lokomotivführer", reicht das breitgefächerte Angebot.
Der angemessene Rahmen für die im Jahre 1969 von der Wienerin Margarete Backhaus ins Leben gerufene Bühne befindet sich übrigens inzwischen in einem eigens für das Kinder- und Jugendtheater errichteten Theatersaal mit 300 Plätzen, dem sogenannten Titusforum. Und wem Zuschauen nicht reicht, der kann hier sogar einmal selbst auf der Bühne stehen: Hin und wieder bietet das Theater nämlich auch Theaterkurse für Kinder an.

Kinder- und Jugendtheater Frankfurt
Walter-Möller-Platz 2, 60439 Frankfurt am Main
Telefon: 069/95805312, www.kiju-theater.de

0571 Rebstockbad Frankfurt

Ein Paradies für alle, die Rutschen lieben

Selbst wem Rutschen bisher noch keine Freude gemacht haben sollte, hier entdeckt garantiert jeder seine Leidenschaft für den rasanten Spaß. Und damit auch nach wiederholtem Rutschen nicht so schnell Langeweile aufkommt, stehen für die Besucher im Rebstockbad Frankfurt zwei Konstruktionen bereit, jeweils 120 bzw. 125 m lang.

Badevergnügen pur im Rebstockbad

Auch das restliche Angebot des überdachten Erlebnisbades bietet viel spannende Unterhaltung für Jung und Alt. Im kolossalen Wellenbecken kann man sich zum Beispiel wie im richtigen Meer fühlen. Wie das geht? Eine Wellenmaschine sorgt für künstlich erzeugte, täuschend echt anmutende Brandung. Und für alle die, die einfach nur nach Herzenslust von vielen verschieden hohen Sprungbrettern ins Wasser springen möchten, ist auch gesorgt. Sprungbecken und Sprunganlage bieten vor allem größeren Kindern und deren Eltern viel Raum zum Ausprobieren. Für die kleineren Kinder hält der Außenbereich sogar einen Kinderspielplatz bereit.

Rebstockbad Frankfurt
Zum Rebstockbad 7, 60486 Frankfurt am Main
Telefon: 069/2710891100, www.rebstockbad.de

0572 Deutsches Filmmuseum Frankfurt

Trickfilm zum Selbermachen

Das Deutsche Filmmuseum ist der richtige Anlaufpunkt für alle Film- und Kinofans. Hier wird nicht nur die Geschichte des Kinos anschaulich präsentiert; wechselnde Ausstellungen geben auch einen Einblick in die Welt der berühmtesten Regisseure und Schauspieler.

Tricks und Kniffe beim Filmdreh zeigt das Filmmuseum

Besonderes Augenmerk legt das Museum auf die Betreuung der jüngeren Gäste. Das pädagogisch durchdachte Angebot bietet wirklich etwas für alle Altersklassen und jeden Geschmack. Neben speziellen Führungen und Filmkursen gibt es zu bestimmten Terminen auch ein altersgerechtes und unterhaltsames Kinderfilmprogramm. Wer nach alledem Lust bekommen hat, einmal selbst zur Kamera zu greifen, kein Problem: Die kleinen Besucher können zum Beispiel ihren eigenen Knetfiguren-Trickfilm drehen und als Daumenkino mit nach Hause nehmen. Der Werkstattbereich des Kinderateliers hält zu diesem Zweck an Wochenenden alles bereit, was junge Nachwuchsregisseure brauchen. Film ab!

Deutsches Filmmuseum Frankfurt
Schaumainkai 41, 60596 Frankfurt am Main
Telefon: 069/961220220, www.deutschesfilmmuseum.de

0573 StadtWaldHaus Frankfurt

Alles rund um den Baum

Im StadtWaldHaus Frankfurt können Besucher viel über Bäume und den Lebensraum Wald lernen. Hierzu beherbergt das beschaulich mitten im Frankfurter Stadtwald gelegene Häuschen sogar eine Eiche, an der alles Wissenswerte rund um das Lebewesen Baum – angefangen von den Wurzeln bis hin zu den Astspitzen – anschaulich verfolgt werden kann. Und der Aufstieg bis zur aus dem StadtWaldHaus herausragenden Baumkrone lohnt sich gleich doppelt: Auf dem Weg nach oben lernt man nicht nur viel über Bäume, man kann auch noch die wunderbare Aussicht von der Aussichtsplattform genießen und bei dieser Gelegenheit auch das eine oder andere Waldtier entdecken. Haben die Kleinen ihr Lieblingswaldtier nicht gefunden? Kein Problem, die Tierpflegestation und die angrenzenden Wildtiergehege bieten eine große Auswahl. Außerdem laden der Walderlebnispfad und an bestimmten Terminen der Erlebnisraum dazu ein, den Geheimnissen der Natur ein Stück näher zu kommen.

StadtWaldHaus Frankfurt im Stadtwald, Nähe Oberschweinstiege
60528 Frankfurt am Main
Telefon: 069/683239, www.stadtwaldhaus-frankfurt.de

0574 Deutsches Architekturmuseum, Frankfurt am Main

Eine Inspirationsquelle für kleine Nachwuchsbaumeister

Behutsam setzen die kleinen flinken Hände einen Legostein auf den anderen. Der Turm wächst mit jeder Minute und wird höher und höher. Schnell ist er einen Kopf größer als der kleine Baumeister selbst. Mist! Jetzt sind auch

noch die gelben Steinchen aufgebraucht. Egal, dann geht es eben mit den blauen weiter ... Hauptsache, der Turm wird am Ende der höchste und prächtigste von allen.
So oder so ähnlich kann ein Besuch im Deutschen Architekturmuseum in Frankfurt für Familien aussehen. Denn hier gibt es nicht nur spannende Dauer- und Wechselausstellungen, die Besuchern jeden Alters die Geschichte der Architektur von der Strohhütte bis zum Wolkenkratzer näherbringen, sondern an bestimmten Terminen auch spannende Mitmachaktionen für Kinder. Ob es nun darum geht, mit Legosteinen Hochhäuser zu bauen oder eine spezielle Kinderführung mit echten Architekten zu erleben, das Museum hat immer wieder neue Veranstaltungen im Angebot. Ein Blick auf die Internetseite lohnt sich.

Deutsches Architekturmuseum
Schaumainkai 43, 60596 Frankfurt am Main
Telefon: 069/21238844, www.dam-online.de

0575 Museum für Kommunikation Frankfurt

Mediennutzung ist ein Kinderspiel!

Im Museum für Kommunikation am Frankfurter Museumsufer merkt man schnell: Unterschiedliche Medien, wie Telefon, Brief oder Internet, erleichtern uns das Kommunizieren wirklich ungemein. Hier werden nicht nur die Entwicklung und der Gebrauch der verschiedenen Medien anhand von rund 1.000 Ausstellungsobjekten, wie zum Beispiel durch ein Telegramm von der Titanic, ansprechend beleuchtet. Das Museum bietet auch ein bemerkenswertes Besichtigungs- und Mitmachprogramm für Kinder und Jugendliche. Je nach Bedarf kann man sich entweder durch die Ausstellung führen lassen oder auf eigene Faust eine Audioführung unternehmen. Speziell für die jüngeren Besucher erarbeitete Führungen gibt es nämlich nicht nur direkt vor Ort, sondern auch vorab als MP3 zum Herunterladen auf der Internetseite des Museums.

Telefonieren wie zu Omas und Opas Zeiten

Besonders zu empfehlen ist das Programm der sogenannten Kinderwerkstatt. Hierbei wird auf vielfältige und vor allem spielerische Art und Weise der Umgang mit Medien und Technik erprobt. In der Druck- und Schreibwerkstatt können kleine Besucher je nach Jahreszeit zum Beispiel Muttertags- oder Weihnachtskarten herstellen. Die Computerecke steht immer wieder für kindgerechte Veranstaltungen rund um das Internet bereit. Der Umgang mit diesem heutzutage so wichtigen Medium wird hierdurch für Kinder jeden Alters garantiert zum Kinderspiel.
Das Museum für Kommunikation ist übrigens auch ein interessanter Ort für Geburtstagsfeste. Dabei hat das Geburtstagskind viele verschiedene Möglichkeiten, seinen Ehrentag zu gestalten. So gibt es zum Beispiel inhaltlich an die Ausstellung angelehnte Schnitzeljagden, Bastelgruppen oder Rollenspiele. Für Informationen zu den vielen aktuellen Veranstaltungen, die oft nur zu bestimmten Terminen stattfinden, lohnt sich immer ein Blick auf die Internetseite des Museums.

Museum für Kommunikation Frankfurt
Schaumainkai 53, 60596 Frankfurt am Main
Telefon: 069/60600, www.museumsstiftung.de/frankfurt

0576 Tollhaus, Bad Vilbel

Toben auf 2.500 m² Spielfläche

Draußen mag es in Strömen regnen, wie es will – im Tollhaus in Bad Vilbel können die Kleinen auch bei Wind und Wetter toben, klettern und spielen. Dazu laden 50 verschiedene Spiel- und Klettergeräte ein. Durch unzählige Röhren und Tunnel, über Wackelbrücken, Spiral- und Wellenrutsche hinunter erkunden die Kinder den tollen Spiel- und Kletterturm, und auch im Riesen-Hüpfhaus wird nach Herzenslust gesprungen und getobt.
Weiter geht's zur 150 m langen Kinder-Rennstrecke, und los geht die Fahrt mit Tret-Karts und Trike-Autos.
In der Feuerball-Arena können sich die Kinder Schlachten mit Softbällen liefern, ohne sich dabei wehzutun. Danach warten das Bällebad mit seinen 5.555 bunten Bällen und das 100-m²-Fußballfeld auf die Kleinen. Im Bau- und Bastelraum geht es nun ganz kreativ zu: Hier wird gemalt, gebastelt und getüftelt. Auch das kleine Geschwisterchen (1 bis 3 Jahre) kann unter Auf-

sicht der Eltern den Kleinkinderbereich mit Schaukel, Rutsche und Bausteinkasten erkunden.
Darüber hinaus bietet das Tollhaus die Möglichkeit, Kindergeburtstage z. B. in Form von Kinder-Disco-Partys zu veranstalten.

Hallenspielplatz „Das Tollhaus“
Theodor-Heuss-Straße 48
61118 Bad Vilbel, Dortelweil
Telefon: 06101/8254-0, www.dastollhaus.de

0577 Krokodilzoo Friedberg

Reptilien zum Anfassen (und Streicheln)

Wer in die aufregende Welt der Krokodile, Schlangen und Leguane abtauchen will, ist hier im Friedberger Krokodilzoo genau richtig. Anhand der nach zooeigenen Aussagen größten Alligatorenherde Europas können die Besucher hier alles Mögliche rund um Alligatoren und andere Reptilien lernen. Welches ist die größte Schlangenart? Und wie alt kann ein Krokodil eigentlich werden? Die Tierpfleger beantworten selbstverständlich alle Fragen und begeben sich zudem gern in die unmittelbare Nähe ihrer Schützlinge. Bei dieser Gelegenheit entdeckt man schnell, dass die riesigen Kriechtiere eigentlich recht friedliebende Geschöpfe sind. Vor allem die kleinen Gäste verlieren spätestens bei der Fütterung der niedlichen Alligatorenbabys jede Furcht. Ganz mutige Kinder haben sogar die Möglichkeit, ein ausgewachsenes Exemplar der Reptilien zu streicheln. Dies ist selbst noch für Jugendliche ein spannender Ausflug mit Gänsehautfaktor.

Krokodilzoo Friedberg, Usinger Straße 50, 61169 Friedberg
Telefon: 06031/687697, www.krokodilzoo.de

0578 Rosenmuseum Steinfurth, Bad Nauheim

Ein Fest für alle Rosenfreunde

Der Bad Nauheimer Stadtteil Steinfurth ist ein Zentrum des Rosenanbaus. Hier dreht sich alles um die Königin der Blumen. Neben dem alljährlichen Rosenfest, bei dem mit Rosenblüten geschmückte Motivwagen durch den

Steinfurther Dorfkern ziehen, ist für große und auch kleine Blumenfreunde vor allem das im Jahre 1990 eröffnete Rosenmuseum als Anlaufpunkt zu empfehlen. An diesem Ort findet sich alles nur Erdenkliche zum Thema Rosen: Porzellan, Grafiken, Gemälde, Bücher und vieles mehr. Daneben wird so einiges Wissenswerte wie zum Beispiel die Herstellung von Rosenöl erklärt. Und damit nicht nur die Erwachsenen bei einem Besuch Geschichte und Gestalt der Pflanzengattung besser kennenlernen, bietet das Museum auch vielfältige Angebote für die kleinen Rosenfans. So gibt es eine Spielstation, Kinderführungen und häufig auch speziell für Kinder konzipierte Mitmachaktionen, die das Thema spielerisch aufarbeiten.

Vielfältige Aktionen laden die kleinen Besucher zum Mitmachen ein

Rosenmuseum Steinfurth, Alte Schulstraße 1, 61231 Bad Nauheim
Telefon: 06032/86001, www.rosenmuseum.com

0579 Freilichtmuseum Hessenpark, Neu-Anspach

Häuser, Handwerk und Läden wie zu Urgroßmutters Zeiten

Im Freilichtmuseum Hessenpark wird ein Stück Vergangenheit wieder lebendig. Mehr als 100 alte Bauernhöfe, Windmühlen und andere Fachwerkbauten warten darauf, entdeckt zu werden. Die bis zu 400 Jahre alten, aufwendig restaurierten Gebäude sind dabei nicht nur hübsch anzuschauen. Oft können die großen und kleinen Besucher Wohnräume, Küche, Dachboden oder den Keller erkunden und dabei unter anderem Möbel, Kleidung und Geschirr aus vergangenen Zeiten bestaunen. So lässt zum Beispiel ein altes Schulhaus erahnen, wie Kinder früher gelernt haben, und ein Kolonialwarenladen zeigt, dass die Bonbons früher in großen Glasgefäßen dargeboten wurden.

Höhepunkt eines Hessenparkbesuches sind die Handwerksvorführungen, bei denen Schmiede, Weber, Bäcker oder auch Töpfer an vielen Tagen im Jahr alte Handwerkstechniken vorführen. Im Rahmen von Mitmachaktionen können hierbei auch die kleinen Gäste zu bestimmten Terminen zum Beispiel Brot backen, Wolle verarbeiten oder Körbe flechten. In der Puppen- und Theaterwerkstatt gibt es zudem die Möglichkeit, Heinzelmännchen, Fingerpuppen und einfache Holzmarionetten zu basteln.
Wer sich nicht handwerklich betätigen möchte, kann den Aufenthalt im Park mit einem Besuch der Tiergehege abrunden. Neben Pferden, Schafen und Schweinen sind auch freilaufende Hühner und Enten zu bestaunen. Den Kindern ist hier das Füttern natürlich ausdrücklich erlaubt. Und wer dann immer noch nicht müde ist, kann den Rundgang an vielen Tagen im Jahr mit einer Geschichte beim Märchenerzähler ausklingen lassen.
Neben einem ganz normalen Besuch bietet der Hessenpark auch die Ausrichtung von Kindergeburtstagen mit speziellen Führungen sowie alten Kinderspielen wie Stelzenlaufen und Seifenblasenmachen an.

Freilichtmuseum Hessenpark
Laubweg 5, 61267 Neu-Anspach
Telefon: 06081/5880, www.hessenpark.de

0580 Freizeitpark Lochmühle, Wehrheim

Rauf aufs Pony, fertig, los!

Beim ersten Betreten der Lochmühle merkt man sofort: Dieser Freizeitpark bietet viel Auswahl. Anstelle weniger großer Fahrgeschäfte begeistert der bei Wehrheim im wunderschönen Taunus gelegene Park seine Besucher eher mit unzähligen kleinen Attraktionen.

Mit dem Trecker durch die Felder

Natürlich finden vor allem die jungen Gäste so ziemlich alles, was das Kinderherz begehrt. Die rasante Eichhörnchenbahn lädt die Kleinsten zu einer flotten Fahrt ein. Die

Helikopterbahn zeigt allen Schwindelfreien den Park von oben. Auf dem „Römer-Parcours" gilt es, die geheimnisvolle Welt der Römer zu entdecken. Und beim Floßfahren können vor allem größere Kinder beweisen, wie geschickt sie sich auf dem Wasser anstellen. Außerdem bietet die Lochmühle viel für alle Kinder, die Tiere lieben. Außer einem großen Bauernhof – auf dem man Schweine, Schafe und Hühner bewundern, streicheln und auch füttern kann – warten zahlreiche Ponys auf unerschrockene kleine Reiter.

Freizeitpark Lochmühle, 61273 Wehrheim
Telefon: 06175/790060, www.lochmuehle.de

0581 Römerkastell Saalburg, Bad Homburg

Ein Tag im römischen Soldatenlager

Das Römerkastell Saalburg ermöglicht es Besuchern jeden Alters, für einige Stunden in die sagenhafte Welt der Römer einzutauchen. Die von 1897 bis 1907 rekonstruierte Anlage bietet hierbei anhand zahlreicher Gebäude und nachgestellter Alltagssituationen eine anschauliche Kulisse, um Kultur und Lebensweise der Römer besser kennenzulernen. Bauten wie die wiedererrichtete Waffenkammer im Inneren des Kastells beherbergen das archäologische Museum, in dem man viele gut erhaltene Originalfundstücke aus der Römerzeit bestaunen kann. Auf dem Saalburg-Rundweg rund um das Kastell kann man sogar Reste der römischen Befestigungsanlage Limes bestaunen. Und wen die Erkundung hungrig gemacht hat, der kann im kastelleigenen Restaurant Taberna römische Speisen genießen. Für die Kleinen gibt es hier auch eine Auswahl an Kindermenüs.
Der Höhepunkt des Jahres sind die sogenannten Aktionstage, an denen als Römer verkleidete Schausteller das Areal bevölkern, um zum Beispiel römische Kampftechniken vorzuführen. Hierzu zählt, nicht nur zur Begeisterung der jüngeren Gäste, neben Speerwerfen und Bogenschießen auch die durch die Asterix-Bände berühmt gewordene Schildkrötenformation. Handwerker zeigen außerdem die ganze Bandbreite der antiken Handwerkskunst, vom Bronzegießer bis hin zum Knochenschnitzer.
Alles in allem wird besonders großes Augenmerk auf die kindgerechte Vermittlung geschichtlicher Ereignisse gelegt. Die jüngsten Besucher haben zum Beispiel die Möglichkeit, sich auf spielerische Art und Weise von der Römerpuppe Claudius durch das Kastell begleiten zu lassen. Bei speziellen Kinder-

führungen werden Kinder jeden Alters durch Fragespiele zum Mitmachen und Zuhören animiert. Die meisten Angebote gibt es entweder auf Anfrage oder zu bestimmten Terminen.

Römerkastell Saalburg, Archäologischer Park
Saalburg 1, 61350 Bad Homburg
Telefon: 06175/93740, www.saalburgmuseum.de

15.

0582 Seedammbad Bad Homburg

Wasserspaß drinnen und draußen

Das direkt am südlichen Ende des Bad Homburger Kurparks gelegene Seedammbad ist genau der richtige Ort für einen Ausflug ins kühle Nass. In zahlreichen Innen- und Außenbecken werden jede Menge Attraktionen, Aktivitäten und Erholungsmöglichkeiten für die ganze Familie angeboten.

Lustig geht es bei der Pool-Party zu

Im Innenbereich lädt nicht nur ein Schwimmbecken mit sechs Bahnen zur sportlichen Betätigung ein, im angrenzenden Bereich befindet sich auch eine große und vor allem spannende Wasserlandschaft. Im Strömungskanal kann man sich zum Beispiel wunderbar schwerelos fühlen, sich einfach treiben lassen und entspannen. Die „Brodel-Bucht" ist dagegen der richtige Platz für alle, die es gern etwas wilder und aufregender mögen. Zusätzlich gibt es natürlich noch eine Wasserrutsche, ein Kneipp-Becken, ein Wasserkarussell und einen großen Spielplatz im Außenbereich. Besonders schön ist es in den Sommermonaten, wenn man die schöne, weiträumige Liegewiese nutzen kann.

Seedammbad Bad Homburg
Seedammweg 7, 61352 Bad Homburg vor der Höhe
Telefon: 06172/4013240, www.seedammbad.de

0583 Falkenhof Großer Feldberg, Schmitten

Zu Besuch bei den Königen der Lüfte

Hoch oben, auf der mit ca. 880 m höchsten Erhebung des Taunus, befindet sich die nach eigenen Angaben älteste Falknerei Deutschlands. Umgeben von herrlicher Natur kann man auf dem Falkenhof Großer Feldberg von Anfang April bis Ende Oktober viele verschiedene Greifvögel bestaunen; neben Adlern, Geiern und Habichten natürlich auch Falken.

Ein imposanter Vertreter der Herrscher der Lüfte

Höhepunkt eines jeden Besuchs ist zweifelsohne die tägliche Flugschau, bei der sich die Vögel in die Lüfte aufschwingen, über dem Feldbergplateau kreisen und die Zuschauer mit ihren Flugkünsten begeistern. Bei den jüngeren Gästen besonders beliebt ist die Aufzuchtstation, in der man vor allem im Frühjahr Greifvogelküken beim Aufwachsen zuschauen kann. Außerdem bietet der Falkenhof auf Anfrage sehr viele extra auf Kinder und Jugendliche zugeschnittene Angebote, wie spezielle Führungen, Ratespiele oder die Ausrichtung von Kindergeburtstagen.

Falkenhof Großer Feldberg, Burkhard Dinger
Auf dem Großen Feldberg, 61389 Schmitten
Telefon: 06174/7545, www.falknerei-feldberg.de

0584 Opel-Zoo, Kronberg

Von A wie Affe bis Z wie Zebra

Der Opel-Zoo Kronberg ist eine wahre Arche Noah. Insgesamt zeigt der zwischen Königstein und Kronberg malerisch gelegene Landschaftszoo seinen Besuchern rund 200 verschiedene Tierarten aus allen Kontinenten: Elefanten, Flusspferde und Hyänen aus Afrika; Lamas, Nasenbären und Papageien aus Südamerika; Kängurus, Emus und Krokodile aus Australien; Kamele,

Affen und Hirsche aus Asien; und natürlich auch Wisente, Luchse und jede Menge andere Tiere aus Europa. In diesem Zoo findet garantiert jedes Kind sein Lieblingstier. Durch die riesigen Freigehege, die den Lebensräumen der Tiere so wirklichkeitsnah wie möglich nachgebildet wurden, macht das Betrachten dieser wunderbaren Geschöpfe sogar noch mehr Spaß. Höhepunkt ist hierbei auf jeden Fall die ausgedehnte Afrikasavanne, in der mehrere Tierarten des schwarzen Kontinents wie Zebras, Giraffen, Antilopen und Gnus eine täuschend echte Afrikakulisse hervorbringen.
Aber im Opel-Zoo kann man natürlich nicht nur Tiere betrachten. Die Anlage bietet auch viele weitere Aktivitäten und Spielmöglichkeiten für Kinder jeden Alters. Im Streichelzoo, der einem hessischen Bauernhof nachempfunden ist, können die Kleinen nach Herzenslust Ziegen, Schafe oder Esel füttern und natürlich auch streicheln. Außerdem gibt es große Spielplätze für Kinder aller Altersklassen, Kamel- und Ponyreiten sowie immer wieder viele Spezialangebote. So bietet der Zoo an bestimmten Terminen zum Beispiel Ostereiersuchen oder das Übernachten im Zoo an. Wissbegierige kleine Nachwuchszoologen können an Rallyes teilnehmen oder in die Zooschule gehen und bei dieser Gelegenheit lernen, wie sich die unterschiedlichsten Tiere verhalten, was sie fressen und woher sie stammen. Der Opel-Zoo ist genau das Richtige für große wie kleine Tierfreunde und solche, die es werden wollen.

Opel-Zoo, Königsteiner Straße 35, 61476 Kronberg
Telefon: 06173/3259030, www.opel-zoo.de

0585 Abenteuerpark Offenbach

Praxistest für den Gleichgewichtssinn

Immer schön einen Fuß vor den anderen und bloß nicht nach unten schauen. Gleich ist das andere Ende des Abgrunds erreicht. Nur noch ein kurzes Stückchen auf dem dünnen, wackligen Seil, und das Geländer ist zum Greifen nah. Das Gleichgewicht zu halten ist manchmal gar nicht so einfach. Und geht doch mal ein Schritt daneben, kein Problem, das Sicherungsseil lässt hier keinen zu Boden gehen.
Im Abenteuerpark Offenbach können Besucher jeden Alters unter zahlreichen verschiedenen Kletter-Parcours wählen und sich nach Herzenslust aus-

toben. Unterschiedliche Schwierigkeitsstufen halten dabei für jeden Klettertyp garantiert das Richtige bereit. Für die Kleinen gibt es sogar einen eigenen Kids-Parcours, auf dem jedes Kind schnell Spaß am Balancieren findet. Natürlich steht zur optimalen Einweisung und Benutzung des Parks Beratung durch das parkeigene Fachpersonal bereit. Da kann der Kletterspaß ja losgehen!

Abenteuerpark Offenbach, Biebererstraße 276 a, 63071 Offenbach
Telefon: 069/85702000, www.abenteuerpark-offenbach.de

0586 Indoorspielplatz Rodgau

Für jeden die passende Hüpfburg

Egal bei welchem Wetter, egal zu welcher Jahreszeit – ein Hallenspielplatz ist einfach immer der perfekte Ort für alle Kinder, die gern 365 Tage im Jahr herumtoben, rutschen, klettern und spielen wollen.
Auch der Indoorspielplatz Rodgau erfüllt die Kriterien dieses ausgefallenen Anforderungsprofils. Hier können alle kleinen Wirbelwinde bis zu 12 Jahren zahlreiche Attraktionen ausprobieren. Ob nun Kletterburg, Röhrenrutsche, Trampolin oder Tischfußball, es gibt so einiges, was Kinder die eine oder andere Stunde beschäftigt und ihren Eltern somit eine Verschnaufpause gönnt. Hüpfburgen gibt es sogar zwei an der Zahl: eine in Form eines riesigen Piratenschiffes für die größeren und eine Minihüpfburg für die kleineren Kinder. So findet jeder das Passende. Und wer möchte, kann den Hallenspielplatz auch für seine nächste Kindergeburtstagsfete nutzen. Hierfür stehen das Seesowie das Strandzimmer nach vorheriger Anmeldung zur freien Verfügung bereit.

Indoorspielplatz Rodgau, Gutenbergring 5, 63110 Rodgau
Telefon: 06106/268169, www.indoorspielplatz-rodgau.de

0587 Skate Town, Hanau

Discofieber auf Rollen

Eine der größten Indoorbahnen Deutschlands veranstaltet jedes Wochenende (samstags 15.30 bis 18.30 Uhr, sonntags von 14.00 bis 18.00 Uhr) ein

Kinder-Special für Familien mit Kindern. Die 1.000 m^2 große Parkett-Fläche bietet genug Platz für Rollschuh- und Inlinefahrer. Zu Discomusik und in künstlich erzeugtem Nebel können die Kleinen auf dem Parkett umherdüsen. Zum Auffrischen für die Eltern oder als Einstieg für die Kleinen eignet sich der Anfängerkurs mit einem professionellen Trainer. Sitzen Vorwärts- und Rückwärtsfahren, Bremsen und Übersetzen erst einmal, kann es gleich losgehen.
Wem der Trubel ein wenig zu viel wird, der macht es sich in gemütlichen Kinosesseln bequem und genießt ganz großes Kino auf der Großleinwand.
Für Geburtstagskinder und deren Gäste, die ihr Geburtstagsfest hier feiern möchten, hält die Indoorbahn ein ganz besonderes Angebot bereit. Neben einem kindgerecht gedeckten Tisch erhält das Geburtstagskind ein Geschenk, das sogar vom DJ überreicht wird.
Bei Kindern unter 18 Jahren ist eine schriftliche Anmeldung durch einen Erziehungsberechtigten erforderlich.

Skate Town, Hanau
Kinzigheimer Weg 115, 63450 Hanau/Großauheim
Telefon: 06181/9454914, www.skatefamily.de

0588 Forstmuseum in der Alten Fasanerie, Hanau

Geschichten aus dem und über den Wald

Einen Überblick über ein Stück Forst- und Waldgeschichte präsentiert das Forstmuseum in seinen vier Wänden auf einer Ausstellungsfläche von 270 m^2. Das Forstmuseum, das mit Sonnenkollektoren und seiner Holzhackschnitzelheizung schon eine Kuriosität an sich ist, entspricht dem obersten Standard eines Niedrigenergiehauses und besticht durch seine moderne Architektur.

Spannende Informationen zum Thema Wald

Einen Eindruck über die historische Waldbewirtschaftung vermittelt die Ausstellung „Von der Saat bis zur Ernte“, Fotos

und ausgestellte Werkzeuge dienen zur Veranschaulichung. Über die Geschichte der Waldnutzung und das vom Mittelalter bis ins 19. Jahrhundert andauernde „Hölzerne Zeitalter" erfahren die Kleinen genauso Interessantes wie über die Ausbeutung der Wälder, die zur Entwicklung der Forstwirtschaft führte. Die Anfänge der Forstwirtschaft sind gut dokumentiert und im „Historischen Försterzimmer" zu besichtigen. Wie die nachhaltige Forstwirtschaft aussieht und was jeder Einzelne dazu beitragen kann, möchte das Forstmuseum seinen großen und kleinen Besuchern ganz besonders ans Herz legen.
Einen Rundgang ist ebenfalls der Erlebnis-Wildpark wert, wo zahlreiche Waldbewohner und sogar Elche, Polarwölfe und Luchse zu sehen sind. Außerdem gibt es hier eine Greifvogelschau, die unter anderem Falken und Bussarde in Aktion zeigt. Eine Spazierfahrt mit der Kutsche sorgt ebenso für einen Überblick über das Gelände wie ein Spaziergang im Hochseilgarten. Von April bis Oktober finden mittwochs Wanderungen zu bestimmten Themen statt. Kleine Waldfeen und Waldkobolde können ihre Geburtstagsfeier gern nach Anmeldung im Wildpark zelebrieren.

Erlebnis-Wildpark und Forstmuseum Alte Fasanerie
Fasaneriestraße, 63456 Hanau/Kleinauheim
Telefon: 06181/69191, www.erlebnis-wildpark.de

0589 Burgmuseum Ronneburg

Entdecke das Mittelalter

Bereits im 13. Jahrhundert von Gerlach II. von Büdingen erbaut, hat die Ronneburg bis heute nichts von ihrer Anziehungskraft, der besonders die kleinen Gäste erlegen sind, verloren.
Das Kinderprogramm, das sich auch bestens für Kindergeburtstage eignet, dauert 4 Stunden. Nach der Begrüßung und der Einteilung in Gruppen erhalten die angehenden Ritter und Burgfräuleins eine informative, aber kindgerechte Burgführung. Der Ausflug in die Welt der Wappenkunde und das Mittelalterquiz geben zusätzlich Aufschluss über Geschichte und Leben auf der Burg. Außerdem dürfen sich die Kleinen am Bogenschießen ausprobieren. Anschließend erfolgt die Siegerehrung.
Jedes Jahr findet zudem ein Ritterfest für Kinder statt. Das Mitmach- und das Puppentheater sorgen für gute Unterhaltung ebenso wie der burgeigene

Trutzig erhebt sich die Burg über Ronneburg

Zauberer und der Medicus. Auf dem Esel reiten oder eine Runde auf dem historischen Karussell drehen, dem Bonbonmacher über die Schulter schauen, Amulette selbst herstellen, Kettenhemden flechten und Stockbrote backen – hier erhalten die kleinen Besucher einen Einblick in das längst vergangene Alltagsleben auf der Ronneburg.

Das Jahresprogramm umfasst daneben zahlreiche informative Veranstaltungen, die das mittelalterliche Leben auf der Burg veranschaulichen und gleichzeitig Unterhaltung für die ganze Familie bieten. So werden u. a. Burgfestspiele, Drachenkämpfe und historische Oster- und Weihnachtsmärkte auf der Ronneburg organisiert.

Freunde der Burg Ronneburg e. V.
63549 Ronneburg-Altwiedermus
Telefon: 06048/9509056, www.burg-ronneburg.de

15.

0590 Vogelpark Schotten

Zu Besuch bei Jacob, dem Molukkenkakadu

Im Vogelpark Schotten können Kinder sowohl heimisches Federvieh wie den Storch als auch exotische Vögel wie Molukkenkakadu, Marabu, Blaustirnamazone, Pelikan und Nandu erleben. Daneben gibt es eine Reihe von Eulen und Greifvögeln zu bestaunen wie die Schnee-Eule, den Turkmenischen Uhu und den Steppenadler. Die Freiflughalle, die den Tropen nachempfunden ist, dient nicht nur als Zuhause für die exotischen Vögel, auch die Rotwangenschildkröten fühlen sich hier ebenfalls sichtlich wohl.

Zudem bringt das Streichelgehege Kinderaugen zum Leuchten. Neben Kamerunschafen, Lamas und Eseln sorgen die lustigen Erdmännchen für viel Unterhaltung. Zu den Publikumslieblingen des Parks gehören die winterlich anmutenden Eisfüchse und das niedliche Bennett-Känguru-Paar Carlos und Abeja.

Neben dem Kinderspielplatz können Eltern und Kinder den Sinnesgarten mit Barfußpfad und Duftgarten erkunden. Für Abwechslung sorgen außerdem Torwand, Stelzen und ein großes Schachfeld.

Vogelpark Schotten, Vogelbergstraße 212, 63679 Schotten
Telefon: 06044/6009144, www.vogelpark-schotten.de

0591 Besichtigung der Schokokussfabrik Schotten

Einmal Schlaraffenland und zurück

Da werden Kinderträume wahr! Die kleine, 1987 gegründete Schokokussfabrik öffnet ihre Pforten für alle Schleckermäuler und Naschkatzen und führt Besichtigungstouren durch. Auf 30 m^2 verteilt können die Kinder den gesamten Produktionsprozess – von der Herstellung der Schaummasse über das Überziehen mit Schokolade und das Verzieren mit Streuseln oder Nüssen bis hin zum Verpacken der Leckereien – vor Ort beobachten. Dabei ist die Auswahl an Schokoküssen weit gefächert: insgesamt 36 Sorten, unter anderem Ananas, Waldbeere, Trüffel, Mocca und Piña Colada. Außerdem können die Kleinen den Konditoren bei der Arbeit zusehen und mit dabei sein, wenn besonders ausgefallene Kreationen in Handarbeit hergestellt werden.

Live miterleben, wie die Leckereien entstehen

Die Besucher dürfen während der Führung auch gern die Süßigkeiten kosten. Am Ende können sie eine Box mit 25 verschiedenen Schokoküssen nach eigener Wahl käuflich erwerben.

Schokokussfabrik Wolfgang Keil
Untere Weinbergstraße 5, 63679 Schotten-Wingershausen
Telefon: 06044/3128 oder 2889, www.keil-suesswaren.de

0592 Barfußweg Bad Orb

Schuhe aus und los geht's

Der Barfußweg in Bad Orb lädt seine Besucher zu einer ganz außergewöhnlichen Entdeckungsreise durch das idyllische Orbbachtal ein. Der nach eigenen Angaben mit rund 4,5 Kilometer längste Pfad seiner Art in Deutschland hält alles bereit, um Fühl- und Balanciersinne einem ausführlichen Test zu unterziehen. Weicher, lockerer Wald- und Wiesenboden, harter, unnachgiebiger Asphalt und der glitschig-feuchte Boden eines Baches wechseln hierbei einander ab und bieten großen und vor allem auch kleinen Füßen aufregende Gefühlserlebnisse. Zur Schulung des Gleichgewichtssinnes kann man über Baumstämme, Pfähle und Steine balancieren. Und für diejenigen, deren Füße nach alledem noch immer nicht müde geworden sind, sorgen ein Spielplatz und der angrenzende Wildtierpark für Abwechslung. Außerdem hält ein Kiosk am Ende des Rundweges zahlreiche Getränke und Speisen zur Erfrischung bereit.

Kurdirektion Bad Orb, Kurparkstraße 1, 63619 Bad Orb
Telefon: 06052/830
www.bad-orb.de/tourismus/index.php?id=1008

0593 Taucherzentrum Aquanaut, Darmstadt

Die Welt unter Wasser erleben

Einmal die Welt unter Wasser entdecken! Im Taucherzentrum Aquanaut können die kleinen Wasserratten bei einem 3,5-stündigen Schnorchelkurs für Kinder (ab 8 Jahren) in die Tiefe abtauchen. Dieser findet unter der Leitung eines Profis statt, die Ausrüstung wird vom Taucherzentrum gestellt. Am Schluss erhalten die Kleinen ein echtes Zertifikat.

Für ambitionierte Kinder bietet die Mitgliedschaft im PADI Seal Team eine echte Herausforderung. Zunächst werden technische und die Sicherheit betreffende Grundlagen vermittelt. Wenn diese sitzen, kann das Abenteuer losgehen. In den „Aqua-Missionen" lernen die Kinder Gerätetauchen. Aktivitäten zu den Themen Lebewesen, Umwelt, Navigation, Nacht- und Schnorcheltauchen, Wrack, Schnappschuss, Inner Space und Sicherheit stehen den Kindern zur Auswahl. Als „Inner Space" Spezialist erfahren sie zum Beispiel wie ein Astronaut im All Schwerelosigkeit unter Wasser. Beim Thema

„Schnappschuss“ probieren sich die kleinen Taucher einmal als Unterwasser-Fotograf aus. Erste Erfahrungen als Retter sammeln die Kleinen bei der Mission „Suchen und Bergen“.
Der Kurs PADI Master Seal eignet sich für fortgeschrittene kleine Taucher von 8 bis 10 Jahren. Auch hier stehen Abenteuer und spannende Aufgaben unter Wasser im Mittelpunkt.

Das Aquanaut bietet Abenteuer unter Wasser zu unterschiedlichen Themenkomplexen

Den etwas anderen Kindergeburtstag können Geburtstagskinder ebenfalls hier erleben. Die geladenen Gäste – die Anzahl der Gäste sollte zwischen 3 und 8 Kindern liegen – müssen jedoch schon schwimmen können und die von den Eltern unterschriebenen Teilnahmebedingungen mitbringen. Nach einer professionellen Einweisung kann das dreistündige Tauchvergnügen beginnen. Um eine Anmeldung 14 Tage im Voraus wird gebeten. Außerdem muss ein Elternteil als Aufsichtsperson anwesend sein.

Aquanaut Darmstadt, Rheinstraße 53, 64283 Darmstadt
Telefon: 06151/824437, www.aquanaut.de

0594 Jagdschloss Kranichstein, Darmstadt

Ganze zwei Millionen Jahre Jagdgeschichte

Wer sich schon immer mal gefragt hat, warum bei vielen Reichen und Adligen so viele Hirsch-, Wildschwein- und Vogeltrophäen an der Wand hängen, erhält hier die Antwort. Das bereits im Jahre 1580 fertiggestellte Jagdschloss Kranichstein beherbergt in seinen alterwürdigen Räumen nämlich nicht weniger als rund 2 Millionen Jahre Jagdgeschichte. Angefangen von den mammutjagenden Urmenschen über den jagdversessenen Adel des Mittelalters bis hin zu den heute in der Regel für die Jagd zuständigen Förstern findet man hier eine Menge Informationen und auch so manches interessante Ausstellungsstück. Neben Gemälden, Wandmalereien und alten Möbeln gibt es natürlich jede Menge echte Jagdtrophäen zu bestaunen. Einige Exemplare wur-

den sogar eigenhändig von Mitgliedern der großherzoglichen Familie Hessen-Darmstadts erlegt, die das Jagdschloss viele Jahre nutzte.
Umgeben ist der prächtige Renaissancebau übrigens von einem wirklich sehenswerten Landschaftspark. Zahlreiche Hecken, Bäume und Teiche ergeben hierbei zusammen mit Wolfzwinger, Saufanghäuschen und vielen kleineren Jagdhütten eine beeindruckende Jagdlandschaft: künstlich geschaffen, aber märchenhaft schön. Sie diente damals wie heute jedoch eher als Ort für ausgedehnte Spaziergänge und nicht zum Jagen.
Auch wenn das Jagdschloss und das Schlossmuseum eher wie ein Ausflugsziel für Erwachsene anmuten, wird hier auch ein buntes Programm für Kinder angeboten. Ständig auf dem Kalender steht hierbei die Schlosspark-Rallye. Das Begleitprogramm zur Rallye ist für kleine Besucher an der Museumskasse erhältlich. Außerdem finden an bestimmten Terminen spannende Führungen speziell für Kinder statt. So wandeln die Jungen und Mädel zum Beispiel mit dem Kranichsteiner Schlossgespenst durch die alterwürdigen Räume und kommen der Ausstellung auf spielerische Art und Weise näher. Waidmanns Heil!

Jagdschloss Kranichstein
Kranichsteiner Straße 261, 64289 Darmstadt
Telefon: 06151/718613, www.jagdschloss-kranichstein.de

0595 Leos Spielpark, Darmstadt

Toben & Spielen zu jeder Jahreszeit

Bewegung tut gut – ganz nach diesem Motto können sich die kleinen Gäste in Leos Spielpark so richtig austoben. Zahlreiche Geräte zum Klettern und Hüpfen sorgen für die nötige körperliche Betätigung und machen zudem auch richtig Spaß. Mit dem Klettergerüst, dem Kletterberg, der Hüpfburg und der Trampolinanlage ist für ausreichend Platz und Abwechslung gesorgt.
Die Riesenrutschen, die Ballschusskanone und der mit Bällen gefüllte Pool dürfen natürlich auch nicht fehlen. Die Sportbegeisterten kicken auf dem Fußballplatz oder spielen Airhockey. Auf der Kartbahn können kleine Rennfahrer mit Minikarts ihre Runden drehen. Außerdem besteht die Möglichkeit, Billard zu spielen oder sich kreativ in der Bastelecke auszuleben.

Der Spielpark hat den Donnerstag zum Familientag erklärt, an dem Familien zu Sonderpreisen den Hallenspielplatz nutzen können.
Darüber hinaus organisiert Leos Spielpark auch gern die Geburtstagsfeier für Ihr Kind. Neben der Raumauswahl kann auf Wunsch zusätzlich ein Zauberer gebucht werden, Kinderschminken oder eine Kinder-Disco sind ebenfalls möglich.

Leos Spielpark Darmstadt
Landwehrstraße 75, 64293 Darmstadt
Telefon: 06151/9576560, www.leos-spielpark.de

0596 Halloween-Kindernachmittage auf Burg Frankenstein, Mühltal

Vampire, Hexen, Monster - Das Grauen hat einen Namen ...

Einmal am Pranger stehen, auf der Streckbank liegen, am Galgen baumeln oder im Sarg liegen – für aufgeweckte und nicht schreckhafte Kinder ein Gruselspaß der besonderen Art! Die Burgruine Frankenstein bei Darmstadt lädt im Rahmen ihrer Familientage im Oktober um Halloween herum sonntags zwischen 15 und 18 Uhr zu Halloween-Kindernachmittagen ein.

Gruselspaß der besonderen Art in der Burgruine

Die Kleinen können sich u. a. auf der Streckbank von einem Monster durchkitzeln lassen oder sich über den Friedhof jagen lassen. Dabei nehmen die Schauspieler durchaus Rücksicht auf Kinder, die das ganze Spektakel nur aus der Ferne betrachten wollen.
Von 19 bis 20 Uhr findet eine weitere Gruselshow mit verkleideten Schauspielern und speziellen Effekten statt, die jedoch nur für Erwachsene und Kinder ab 14 Jahren geeignet ist.

Burg Frankenstein, 64367 Mühltal
Telefon: 06151/501501, www.burg-frankenstein.de

15.

0597 Grube Messel

Ausflug in die Vorzeit

Vor vielen Millionen Jahren war die Landschaft in der Umgebung der Grube Messel noch mit tropischem Regenwald bedeckt. Urpferdchen bevölkerten die Wälder. Gewaltige Krokodile schwammen durch die Flüsse. Riesenschlangen hingen in den Baumkronen.

Dass wir noch heute so viel über die Vorzeit in Südhessen wissen, verdanken wir einer gewaltigen Explosion vor rund 47 Millionen Jahren. Bei dieser versteinerten viele prähistorische Tier- und Pflanzenarten, die heute in der Grube als Fossilien ausgegraben werden. Am Wochenende und an Feiertagen können Besucher an geführten Spaziergängen teilnehmen, den Forschern über die Schulter schauen und die Überreste dieser untergegangenen Welt entdecken. Kindern werden die Ausgrabungen durch gemeinsame Spiele und Gespräche erläutert. Auch wer schon immer einmal einen versteinerten Urzeitfisch anfassen wollte, ist hier goldrichtig.

Da der Zutritt zur Grube stark begrenzt ist, wird um Voranmeldung gebeten.

Welterbe Grube Messel, Rossdörfer Straße 108, 64409 Messel
Telefon: 06159/717535, www.grubemessel.de

0598 Ritterturniere & Familienrittermahl auf Schloss Auerbach

Eine Zeitreise ins Mittelalter

Hoch zu Ross treten die Ritter zum Turnier an

Auf dem im 13. Jahrhundert erbauten Schloss Auerbach findet eine ganze Reihe von Veranstaltungen zum Thema Mittelalter statt. So können Sie mit der ganzen Familie einem historischen Ritterturnier beiwohnen. Erleben Sie das spannende Schauspiel, wenn es, umgeben von Gauklern und mittelalterlichen Musikanten, zum Lanzenduell zwischen den Rittern kommt. Für das leibliche Wohl sorgt das Familienrittermahl, ein zeitgenössisches Menü aus germanischem Met, Hühnchen, Birnenauflauf und Sud aus Erdäpfeln. Highlight eines jeden Rittermahls ist der Ritterschlag, den ein Gast erhält.

Für Freunde von Greifvögeln bietet sich ein Besuch in der mittelalterlichen Erlebnisfalknerei an. Dort werden Habichte, Uhus und Falken in einer spektakulären Jagdflugshow vorgestellt, und die Kleinen erfahren von einem echten Falkner Wissenswertes über die unterschiedlichen Greifvögel und über die Geschichte der Falknerei. Am Ende der Veranstaltung dürfen die Kinder selbst einmal Falkner spielen und einen der Greifvögel auf die Faust nehmen. In dieser besonderen Kulisse findet außerdem eine Kinderaufführung von „Die Zauberflöte“ statt, die für Kinder ab 5 Jahren geeignet ist.

Um eine Anmeldung bzw. Buchung im Voraus wird gebeten.

Schloss Auerbach, Außerhalb 2, 64625 Bensheim-Auerbach
Telefon: 06251/72923, www.schloss-auerbach.de 15.

0599 Felsenmeer, Lautertal (Odenwald)

Wanderung zu den schlafenden Riesen

Das im Lautertal im Odenwald gelegene Felsenmeer verzaubert seine Besucher nicht nur mit einer von unzähligen großen Felsbrocken geprägten, malerischen Landschaft, sondern auch mit packenden Geschichten. Schon die Entstehung des Ortes geht angeblich auf eine abenteuerliche Begebenheit zurück: Der Sage nach lebten vor langer, langer Zeit einmal zwei Riesen im Lautertal. Der eine von ihnen hauste auf dem Felsberg, der andere auf dem Hohenstein. Eigentlich waren die beiden Kolosse gute Freunde, doch eines Tages gerieten sie in einen fürchterlichen Streit. Schließlich wurden sie so zornig, dass sie begannen, sich mit großen Felsbrocken zu bewerfen. Dies führte letztendlich dazu, dass die beiden sich gegenseitig unter gewaltigen Gesteinshaufen begruben und in einen tiefen Schlaf fielen.

Das beim Streit der Riesen entstandene „Felsenmeer“ kann noch heute im Lautertal bewundert und erkundet werden. Vor allem für Kinder ist es ein großer Spaß, bei den Felsen herumzutoben und Fangen oder Verstecken zu spielen. Übrigens soll man mit etwas Glück die schlafenden Riesen schnarchen hören können, wenn man sein Ohr nur fest genug an einen der Felsen drückt.

Wer will, kann auch mit den Felsenmeerkobolden auf Entdeckungsreise gehen. Diese veranstalten zu bestimmten Terminen Erkundungstouren zu den geheimen Koboldplätzen im Felsenmeer. Kobold Kieselbart erklärt kleinen und großen Kindern dabei alles, was sie schon immer über Kobolde wissen wollten. Hierbei kann man zum Beispiel erfahren, dass die kleinen Wichte zu früheren Zeiten in den Häusern der Menschen gelebt und für diese des Nachts, wenn alles schlief, allerhand Dinge repariert haben sollen. Natürlich begeben sich die Kobolde mit ihren kleinen Gästen auch auf Schatzsuche. So ist es ein Kinderspiel, die geheimnisvollen „Koboldäpfel" zu finden.

Informationszentrum Felsenmeer
Balkhäuser Straße 54, 64686 Lautertal
Telefon: 06254/640160, www.felsenmeer.org

0600 Erfahrungsfeld auf Schloss Freudenberg, Wiesbaden

Probieren geht über studieren ...

... so könnte der Grundsatz der kindgerechten Ausstellung rund um das Thema sinnliche Wahrnehmung auf dem beinahe 110 Jahre alten Schloss lauten. Kinder ab 3 Jahren sollen hier nicht nur schauen und staunen, sondern auf dem Rundgang durch das „Erfahrungsfeld", an zahlreichen Experimentierstationen entlang, aktiv werden. Am Summstein lauschen, Klänge mit der eigenen Stimme erzeugen, Klangschalen und Tempelglocken testen oder das Monochord der Pythagoreer entdecken – all das und viel mehr können die kleinen Besucher auf den Stationen, die sich ganz dem Thema des Hörens widmen.

Was hat es mit dem Regenbogen auf sich? Warum sieht der gleiche Gegenstand bei unterschiedlichem Lichteinfall ganz anders aus? Fragen über Fragen, die alle auf der nächsten Station zum Thema Sehen beantwortet werden. Die Grundlagen der Farbgestaltung und Farbpsychologie sowie Farberscheinungen an Wasserprismen und perspektivisches Sehen werden hier kindgerecht vermittelt. Die Stationen zum Thema Strömung und Schwingungen haben ebenfalls viel Informatives zu bieten, vom Strömungsverhalten des Wassers über Wolkenlehre hin zu Fragen wie: Was ist eine Vibrationstafel? Und wie funktioniert ein Pendelzeichner? Hier bleibt keine noch so knifflige Frage offen.

Dass nur in einem gesunden Körper ein gesunder Geist leben kann, glauben auch die Organisatoren, so dass zahlreiche Möglichkeiten zur Verfügung stehen, sich auf dem Gelände zu bewegen. Den Boden barfuß ertasten können die Kinder auf dem Barfußweg. Balancierscheiben, Kugellabyrinth, aber auch der Kletterberg und das Steinlabyrinth fördern die motorischen Fähigkeiten Ihrer Kleinen. Sie können eintauchen in die Welt, in der blinde Menschen leben, und verstehen, was es heißt, blind zu sein und dennoch Alltägliches zu bewältigen. „Der Gang der Finsternis" soll den Kindern ein Verständnis dafür vermitteln, was es bedeutet, sich ohne den Sehsinn orientieren zu müssen. Gleichzeitig kann der Nachwuchs an der „Dunkelbar" erfahren, wie man mit Hilfe des Tastsinns alltägliche Aufgaben wie das Bezahlen mit Geld meistern kann.
Private Führungen sowie die Organisation von Kindergeburtstagen erfordern jedoch eine Anmeldung im Voraus.

Gesellschaft für Natur & Kunst
Schloss Freudenberg
Freudenbergstraße 220–226
65201 Wiesbaden-Dotzheim
Telefon: 0611/4110141, www.schlossfreudenberg.de

0601 Nerobergbahn, Wiesbaden

Der schönste Weg hinauf auf den Neroberg

Wer Berge gern mit Hilfe von Standseilbahnen erklimmt, schaut oft wehmütig auf die Alpen. In der Schweiz, in Österreich und in Südtirol stehen bzw. fahren die längsten und eindrucksvollsten Ausgaben dieser technischen Meisterwerke. Wer aber in Deutschland wohnt und nicht so weit reisen möchte, dem sei die Nerobergbahn in Wiesbaden wärmstens empfohlen.
Im Jahre 1888 eröffnet, begeistert die Bahn ihre großen und kleinen Fahrgäste nun schon seit über 100 Jahren mit echter Standseilbahnromantik. Die gelb-blauen Wagen, die 32 Personen Platz bieten, ruckeln und rattern wie eh und je dem Gipfel des Wiesbadener Hausbergs entgegen. Mit jedem zurückgelegten Höhenmeter wird der Blick auf die hessische Landeshauptstadt grandioser. Und am Ende der rund 438 Meter langen Strecke erwartet Kinder wie Erwachsene auf dem Neroberg ein attraktives Ausflugsgebiet mit

Kletterwald und vielen Bewirtungsmöglichkeiten. Die Fahrt lohnt sich also gleich doppelt.

Nerobergbahn, Nerotal, 65193 Wiesbaden
www.nerobergbahn.de

0602 Abenteuerland der Sinne, Taunusstein

Eine Wanderung durch die Welt der Sinne

Einst aus einem Jugendprojekt entstanden, ermöglicht das Kinderhaus den Kleinen, ihre Umgebung mit Hilfe ihrer fünf Sinne zu erkunden. Zahlreiche Spiele und Exponate laden zum Sehen, Hören, Riechen, Schmecken und Tasten ein.
Der Spiel- und Bewegungsparcours startet im Kellergewölbe des 200 Jahre alten Bauernhofs. Zunächst durchqueren die Kinder die „Tropfsteinhöhle", danach geht es an die Free-Climbing-Wand und über die Rollenrutsche wieder zurück. Daneben sorgen eine „Wolkenmaschine", die zum Toben in Badeschaum einlädt, und der „Kräuter-Duft-Garten", in dem 70 verschiedene Kräuter beschnuppert werden können, für Riesenspaß. Das „Chemielabor" mit Glaskolben und Reagenzgläsern ermuntert zu Farbexperimenten. Im „Augenblick-mal-Zimmer" stehen den Kindern Kaleidoskope, Oktoskope, Periskope, Prismen und andere optische Täuschungen zur Verfügung.
In der „Welt der 1000 Klänge" können die Kinder ihren Hörsinn schulen, wofür verschiedene Instrumente und Klangkörper bereitstehen. Der Tastsinn soll durch die 8 m lange Fühlwand angeregt werden. Im Spiegelzimmer treten die Kinder in eine Welt aus Glas ein und können ihre verzerrten Spiegelbilder betrachten.

Abenteuerland der Sinne, Im Hängl 7, 65232 Taunusstein-Wehen
Telefon: 06128/86846, www.abenteuerland-taunusstein.de

0603 Taunus-Wunderland, Schlangenbad

Spiel- und Fahrspaß in herrlicher Umgebung

Das Taunus-Wunderland, im Herzen des gleichnamigen Mittelgebirges gelegen, ist ein wahres Paradies für Kinder. Der Freizeitpark befindet sich in einem idyllischen Wäldchen in der Nähe des hessischen Kurortes Schlangenbad und fasziniert die Kleinen mit seinen zahlreichen Fahrgeschäften und Spielmöglichkeiten nun schon seit rund 40 Jahren. Anfangs eher ein reiner Märchenwald, mauserte sich der Park mit den Jahren zu einer echten Attraktion für alle Altersklassen. Nach wie vor kommen natürlich vor allem die kleineren Kinder auf ihre Kosten. Ob nun Rutschenparadies, Riesentrampolin oder Spielhaus – hier darf nach Herzenslust getobt, geklettert und gespielt werden. Wildwasserbahn, Drachenachterbahn und das Kettenkarussell begeistern dagegen eher die größeren Kinder. Für das leibliche Wohl aller sorgen das Panorama-Restaurant, der Wunderland-Snack und eine Crêperie.

Riesenspaß auf den Rutschen des Taunus-Wunderlands

Taunus-Wunderland Freizeitpark
Haus zur Schanze 1, 65388 Schlangenbad
Telefon: 06124/4081, www.taunuswunderland.de

0604 Rhein-Main-Therme, Hofheim

Badespass mit Blick auf den Taunus

Die Rhein-Main-Therme in Hofheim am Taunus schafft es spielend, nicht nur Kinder, sondern gleichzeitig auch deren Eltern zufriedenzustellen. Ob die Familie nun einen aufregenden und sportlichen oder eher einen ruhigen und erholsamen Tag verbringen möchte, auf der ca. 18.000 m² großen Anlage findet einfach ein jeder das Passende.

Während die Kleinen in der „Flipper-Erlebniswelt" ordentlich planschen, spielen und herumtoben können, stehen für die Großen zahlreiche Entspannungsmöglichkeiten wie Massageliegen und Whirlpools bereit. Ein besonderer Spaß für alle sind die Wasserrutschen, die mit rund 150 bzw. 140 Meter

Länge zum ausgiebigen und rasanten Rutschen einladen. Auch für diejenigen, die noch nicht schwimmen können oder spezielle Techniken wie Kraulen erlernen möchten, ist gesorgt: Zu bestimmten Terminen bietet die Rhein-Main-Therme Kinderschwimmkurse für kleine Nachwuchsschwimmer jeden Alters an.

Rhein-Main-Therme
Niederhofheimerstraße 67, 65719 Hofheim
Telefon: 06192/977790, www.rhein-main-therme.de

0605 Halligalli Kelkheim

Eine Welt, wie sie Kindern gefällt

In der Halligalli-Kinderwelt in Kelkheim werden Kinderträume wahr. Hier dürfen die kleinen Gäste vieles tun, was sonst eher untersagt ist: Zum Beispiel nach Herzenslust toben, lärmen, rennen, klettern und herumspringen. Zahlreiche Spielmöglichkeiten vertreiben dabei jede Langeweile. Ob nun Kleinkindkletterwand, Trampolinanlage, Auto-Renn-Simulator oder Riesen-Wellenrutsche, hier gibt es garantiert das Passende für jeden kleinen Wirbelwind.
Herzstück und Höhepunkt der komplett überdachten Anlage ist der riesige „Spiel- und Abenteuerplayground“. Hier lädt ein ganzes Labyrinth von Röhren, Treppen, Seilen und anderen Klettermöglichkeiten zum Herumtollen auf vier Ebenen ein. An bestimmten Tagen runden Sonderveranstaltungen wie „Wer rutscht, gewinnt“ oder das „Halligalli-Wörterpuzzle“ das spannende Programm ab. Ein Blick ins Internet zur Planung des Aufenthalts lohnt sich auf jeden Fall.

Halligalli Kelkheim, Lorsbacher Straße 41, 65779 Kelkheim
Telefon: 06195/672850, www.halligalli-kelkheim.de

Thüringen

0606 Barbarossahöhle, Rottleben

Zu Gast im unterirdischen Reich Barbarossas

Der ehemalige deutsche Kaiser Friedrich Barbarossa soll der Legende nach nie wirklich das Zeitliche gesegnet haben. Angeblich ruht er tief unten im Kyffhäusermassiv und soll erst wieder zum Leben erwachen, wenn die Raben verschwunden sind, die über dem sagenhaften Berg ihre Runden drehen. Wer nicht so lange auf den schlafenden Kaiser warten möchte, begibt sich am besten direkt hinunter in sein unterirdisches Reich.
Die Barbarossahöhle in Rottleben lädt große und kleine Besucher zu einem spannenden Rundgang durch Barbarossas rund 13.000 m² großes Refugium ein. Hierbei gibt es allerhand geheimnisvolle Dinge zu entdecken. So können die kleinen Gäste zum Beispiel einmal auf Barbarossas Thron Platz nehmen und sich wie ein richtiger Kaiser fühlen. Außerdem können sie den fesselnden Geschichten des Höhlenführers lauschen. Und falls man noch mehr über den ehemaligen Kaiser erfahren möchte, kein Problem, selbstverständlich kann man sich auch die Barbarossasage noch einmal erzählen lassen.

Barbarossahöhle, An den Mühlen 6, 06567 Rottleben
Telefon: 034671/54513, www.hoehle.de

0607 Sole-Wellness-Oase Kyffhäuser-Therme, Bad Frankenhausen

Wirbeln im Wildwasserkanal

Dass der Ausflug in ein Solebad nicht nur gesund und entspannend ist, sondern auch Spaß machen kann, demonstriert die Kyffhäuser-Therme in Bad Frankenhausen. Einerseits kann man hier nämlich herrlich im solehaltigen Wasser entspannen und sich zum Beispiel auf der Sprudelliege massieren lassen. Andererseits laden das Freizeitbecken und im Falle der ganz Kleinen das Kinderplanschbecken zum Schwimmen und ausgelassenen Herumtoben ein. Und neben der obligatorischen Rutsche und dem spaßigen Wasserpilz erfreut sich bei den kleineren Kindern vor allem der sogenannte Schiffchenkanal großer Beliebtheit. Größere Wasserflöhe zieht es dagegen eher in den Wildwasserkanal, in dem man sich herrlich herumwirbeln lassen kann. Ein weiteres tolles Angebot für die kleinen Badegäste ist übrigens die Rückenschule für Kinder.

Sole-Wellness-Oase Kyffhäuser-Therme
August-Bebel-Platz 9, 06567 Bad Frankenhausen
Telefon: 034671/5123, www.kyffhaeuser-therme.de

0608 MOWI World Modellbahn, Wiehe

Mit der Eisenbahn durch Thüringen

Schwungvoll setzt sich der kleine Zug in Bewegung. Und schon geht sie los, die aufregende Fahrt vorbei an den Sehenswürdigkeiten Thüringens. Die staunenden Kleinen wissen gar nicht, wo sie zuerst hinschauen sollen. Die hügelige Landschaft, die kleinen Häuschen und vor allem die zahlreichen Brücken und Tunnel fesseln die Blicke. Bei dieser Modellbahnanlage im Maßstab 1:87 wird Liebe zum Detail eben großgeschrieben. Und dabei ist das erst der Auftakt. Ingesamt kann man in Wiehe nämlich ganze 12.000 m² Modellbahnlandschaft bestaunen.

Hier dreht sich alles um Modelleisenbahnen

Neben einer Bahnreise durch Thüringen gibt es zum Beispiel auch noch die Möglichkeit, den Modellbahnen bei einer Fahrt durch die USA zuzuschauen. Außerdem wartet hier der Orientexpress darauf, die großen und kleinen Besucher auf eine Reise von London nach Istanbul mitzunehmen. Der Höhepunkt für jeden kleinen Eisenbahnfan ist aber eindeutig die Fahrt mit der sogenannten Gartenbahn, die im Außenbereich der MOWI World bereitsteht. Und während die Kleinen die eine oder andere Rundfahrt mit der Gartenbahn unternehmen, können sich die Eltern bei einem Kaffee entspannen oder im angrenzenden Modellbahnfachmarkt stöbern.

MOWI World Modellbahn – Wiehe, Am Anger 19, 06571 Wiehe
Telefon: 034672/83630, www.mowi-world.de

0609 Saalfelder Feengrotten

Märchenhafter Spaß über und unter der Erde

Die Saalfelder Feengrotten sind viel mehr als nur ein einfaches Schaubergwerk. Hier können große wie kleine Gäste in eine märchenhaft schöne Welt unter Tage aufbrechen. Mit wärmenden Umhängen versehen begibt man sich zu Fuß rund 500 m in die Tiefe. Eltern und Kinder können sich zu bestimmten Terminen sogar von der Grottenfee oder dem Bergmann auf ihrem Spaziergang durch die Felshöhle begleiten lassen. Unterwegs passieren sie so geheimnisvoll magische Orte wie den Märchendom und können einen Blick auf die prächtigen bunten Tropfsteine werfen. Zudem gibt es die eine oder andere spannende Anekdote über die Vergangenheit der Höhle zu hören.

Wo Feen zu Hause sind:
Feenwipfelschloss bei der Saalfelder Feengrotte

Denn selbst wenn man die Treppe zur Grotte wieder nach oben steigt, ist der Spaß noch nicht vorbei. Auch an der Erdoberfläche kann man eine ganze Menge erleben. Im unmittelbaren Umkreis der Höhle können sich die kleinen Besucher mit ihren Eltern nämlich nicht nur auf einen Berg- und Naturlehrpfad begeben, sondern auch ausgiebig auf einem großen Abenteuerspielplatz herumtollen. Außerdem gibt es den mysteriösen Brunnentempel, in dem sie den sogenannten Wunschbrunnen entdecken können.

Und für alle, die sich dort ein schönes Souvenir für zu Hause wünschen, steht noch der Handwerkerhof bereit. Hier hat man die Auswahl zwischen vielen tollen Andenken, etwa aus Glas oder Schokolade. Zudem gibt es hier den einen oder anderen geheimnisvoll funkelnden Edelstein, und viele Spezialitäten aus der Region, wie Wein, Wurst und Käse. Apropos Spezialitäten: In der Grottenschenke sind alle genau richtig, die die thüringische Küche lieben und die nach einem ereignisreichen Tag noch einen Happen essen möchten.

Saalfelder Feengrotten, Feengrottenweg 2, 07318 Saalfeld
Telefon: 03671/55040, www.feengrotten.de

0610 Kart-Arena, Saalfeld

Der große Preis von Saalfeld

Für alle kleinen Hobbyrennfahrer, die gern in Michael Schumachers Fußstapfen treten möchten, ist die Kart-Arena in Saalfeld genau das Richtige. Die nach eigenen Angaben größte Kartanlage Thüringens bietet mit einer ca. 500 Meter langen Rennpiste beste Voraussetzungen für einen rasanten Familienausflug. Hierbei warten neben den 6,5 PS starken fahrbaren Untersätzen für Erwachsene auch die ca. 2,5 PS starken Kinderkarts auf die großen und kleinen Besucher. Jetzt fehlt nur noch der obligatorische Helm, und die Kartfans können die flotte Fahrt beginnen. Auf der Jagd nach dem Streckenrekord vergeht die Zeit dabei wie im Fluge, und selbst wer keine neue Bestzeit aufgestellt hat, darf als Belohnung ein sogenanntes Rennprotokoll mit nach Hause nehmen. Übrigens haben alle weniger Kart-begeisterten Eltern die Möglichkeit, im Bistro „Monte Carlo" einen Boxenstopp einzulegen, bei Kaffee und Kuchen zu entspannen und ihre kleinen Schützlinge dabei durch die Panoramafensterscheibe zu beobachten.

Kart-Arena Saalfeld
Am Silberstollen 8, 07318 Saalfeld/OT Beulwitz
Telefon: 03671/357126, www.kartarena-saalfeld.de

0611 Rittergut Positz, Kolba

Ein Ort, idyllisch wie im Märchen

Wer einen Ort fernab von Trubel und Hektik sucht, wird auf dem Rittergut Positz bei Kolba bestimmt auf seine Kosten kommen. Die liebevoll restaurierte Anlage begeistert nicht nur durch ihren mittelalterlichen Charme, sondern auch durch die schier endlose umliegende Natur. Genau der richtige Ort, um eine Fahrradtour zu unternehmen, angeln zu gehen oder einmal ausgiebig zu baden und zu relaxen. Natürlich können auch Kinder hier eine ganze Menge unternehmen. Dabei setzt das Rittergut weniger auf Technik als auf Aktivitäten in Wald und Flur. Fernab von Computer und Fernseher können die Kleinen hier lernen, dass man sich auch beim Holzsammeln und Stockbrotbacken nicht langweilen muss. Außerdem gibt es einen Streichelzoo mit Ponys, Hasen und Ziegen sowie einen Spielplatz mit großem Sandkasten. Am besten, man bleibt einige Tage. Zu diesem Zweck stehen gemütliche Ferienwohnungen bereit.

Rittergut Positz, 07381 Kolba
Telefon: 03647/504535
www.rittergut-positz.de

0612 Schokoladenwerk Berggold,
Pößneck

Ein Paradies für kleine Naschkatzen

Hastig öffnen die kleinen Kinderhände die Verpackung, reißen das Silberpapier auf und stecken sich eine Handvoll Schokolade in den Mund. Genussvolles Kauen und zufriedenes Grinsen stellen sich ein. Es gibt wohl kein Kind auf der Welt, das sich nicht für diese süße Köstlichkeit begeistert. Doch wie wird Schokolade eigentlich gemacht? Aus welchen Zutaten besteht sie? Seit wann gibt es eigentlich Schokolade? Und vor allem: Woher kommt sie ursprünglich? Das Schokoladenwerk Berggold in Pößneck ist genau der richtige Ort für alle Schokofans, die dem Geheimnis ihrer Lieblingssüßigkeit ein Stückchen näher kommen wollen. Nach vorheriger Anmeldung kann der Ausflug in die Welt der Schokolade losgehen.
Im Betriebsmuseum des Werks wird neugierigen Besuchern alles Wissenswerte rund um die Schokoladenherstellung präsentiert. Natürlich gibt es auch zahlreiche interessante Ausstellungsstücke zu sehen, wie alte Verpackungen oder Werbeplakate der Firma Berggold. Einige von ihnen sind laut Museum sogar sehr betagte Objekte aus der Gründerzeit um 1880. Außerdem werden viele interessante Filme zum Thema gezeigt, wie zum Beispiel über den Anbau der Kakaobohne oder die Fabrikation der Berggolder Geleebananen. Klar, dass sich bei alledem schnell Heißhunger auf Schokolade einstellt. Dem kann natürlich sofort Abhilfe geschaffen werden: Am Ende des Rundgangs dürfen einige frische Kostproben direkt aus dem angrenzenden Werk genascht werden. Und wer möchte, kann sich anschließend noch im nahegelegenen Werksverkauf mit Leckerein für zu Hause eindecken.

Schokoladenwerk Berggold
Raniser Straße 11, 07381 Pößneck
Telefon: 03647/530, www.heinerle-berggold.de

0613 Zeiss-Planetarium Jena

Familienausflug ins All

Wer es liebt, in geheimnisvolle ferne Welten zu entfliehen, ist hier im Zeiss-Planetarium in Jena genau richtig. Um die Reise zu beginnen, müssen die angehenden Entdecker einfach nur den Zielort auswählen, unter der gewaltigen Kuppel Platz nehmen, und schon sind sie mittendrin im Abenteuer. Insgesamt stehen rund 800 m^2 Kuppelinnenfläche als Leinwand für die Aufführung zahlreicher interessanter Filme bereit. Natürlich hat das Planetarium hierbei auch viele Angebote für Kinder im Programm. So können die Eltern zusammen mit den Kleinen zum Beispiel in die atemberaubende Unterwasserwelt abtauchen und viel Lehrreiches über Fische, Wasserpflanzen und andere Meeresbewohner lernen. Alternativ kann man sich aber auch in die entgegengesetzte Richtung begeben und einen Rundflug durch unser Sonnensystem unternehmen. Welcher kleine Hobbyastronaut wollte nicht schon immer einmal durch eine Raumstation spazieren, den Mond erkunden oder die Oberfläche der Sonne aus der Nähe betrachten? Außerdem zeigt das Zeiss-Planetarium auch immer wieder sogenannte Familienmusicals. Über den umfangreichen Spielplan informiert man sich am besten vorab im Internet.

Zeiss-Planetarium Jena, Am Planetarium 5, 07743 Jena
Telefon: 03641/885488, www.planetarium-jena.de

0614 Griesson-De-Beukelaer-Werksbesichtigung, Kahla

Wo Kekse das Licht der Welt erblicken

Im thüringischen Kahla befindet sich nicht nur eine alteingesessene, allseits bekannte Porzellanmanufaktur, sondern seit einiger Zeit auch eine kleine Außenstelle des Schlaraffenlandes. Im hiesigen Griesson-De-Beukelaer-Werk können große und kleine Keksfreunde nämlich einen ganz besonderen Spaziergang machen. Hier ist bei einer ca. einstündigen Tour alles zu bestaunen, was rund um die Gebäckherstellung so passiert: Unzählige Maschinen backen eine Waffel nach der anderen, Schokolade wird gleich tonnenweise in riesigen Bottichen erhitzt, und schier unendlich viele Förderbänder transportieren das frische Backwerk direkt an den Gästen vorbei. Egal, in welche Richtung man blickt: Waffeln, Pralinen, Cracker, Lebkuchen, Salzstangen und natürlich Kekse in allen Varianten. Für Besucher, die dabei hungrig geworden sein sollten, gibt es natürlich auch die eine oder andere Kostprobe. Und selbstverständlich kann man sich noch im nahegelegenen „Kekssupermarkt“ mit süßen Leckereien für zu Hause eindecken oder an der dortigen Probiertheke einfach weiternaschen.

Griesson – De Beukelaer, Im Camisch 1, 07768 Kahla
Telefon: 036424/800, www.griesson-debeukelaer.de

0615 Märchenwald Saalburg

Mit der Tschu-Tschu-Bahn hinein ins Abenteuer

Um in die aufregende Welt des Märchenwaldes Saalburg zu gelangen, steht für Jung und Alt ein ganz besonderes Gefährt bereit. Man besteigt einfach die putzige „Tschu-Tschu-Bahn“, die zwischen Besucherparkplatz und dem Eingang hin- und herpendelt. Schon wenige Minuten später ist man am Ziel seiner Wünsche, und der spannende Rundgang durch den kleinen, gemütlichen Freizeitpark kann beginnen. Hierbei besticht der Park nicht nur durch seine zahlreichen interessanten Fahrgeschäfte und Spielmöglichkeiten, auch die umliegende herrliche Natur macht einen Besuch zu einem unvergesslichen Erlebnis. Der Höhepunkt für jeden kleinen Gast ist die Fahrt mit der Seilbahn, bei der man einen schönen Überblick über den Park gewinnen kann. Für das leibliche Wohl sorgt eine Gaststätte mit Biergarten und einem reichhaltigen Angebot an echter thüringischer Küche. Und natürlich steht am Ende eines ereignisreichen Tages im Märchenwald auch wieder die „Tschu-Tschu-Bahn“ bereit, um die Gäste zurück zu ihren Autos zu bringen.

Märchenwald Saalburg
Dornbachgrund 1, 07929 Saalburg, OT Ebersdorf
Telefon: 036647/22218, www.maerchenwald-saalburg.de

0616 Altensteiner Schauhöhle, Schweina

Ein Ausflug in die Welt der Tropfsteine

Die Altensteiner Schauhöhle lädt ihre Besucher auf eine faszinierende Reise in eine unbekannte Welt unter der Erdoberfläche ein. Dabei ist die nach ei-

genen Angaben älteste Schauhöhle Thüringens nicht nur aufgrund der dort präsentierten geologischen Ausstellung einen Besuch wert. Auch die Höhle selbst lohnt eine ausgiebige Besichtigung.
Bei einem Rundgang durch die engen, dunklen Gänge können große wie kleine Hobbyhöhlenforscher so einiges über die Entstehung, Geschichte und Entdeckung der Höhle erfahren. So erzählt der Höhlenführer zum Beispiel davon, wie der „Papierne Tempel" in der Höhle errichtet oder wie Höhlenbärenknochen gefunden wurden – aufregende Geschichten, bei denen auch die kleinen Gäste gespannt zuhören. Außerdem kann man einen Blick auf den ausgedehnten unterirdischen Höhlensee werfen. Eine Szenerie wie aus einem Abenteuerroman! Fans des Jules-Verne-Klassikers „Reise zum Mittelpunkt der Erde" werden in dieser Höhle auf ihre Kosten kommen.

Altensteiner Höhle, 36448 Schweina
Telefon: 036961/71216, www.altensteiner-hoehle.de

0617 Erlebnis-Bergwerk Merkers

Hinab in die spannende Welt unter Tage

Wer eine Reise in die spannende Welt unter Tage unternehmen möchte, ist im Erlebnisbergwerk in Merkers genau richtig. Ob nun kleiner oder großer Hobbybergmann, man besteigt hier einfach den Förderkorb und begibt sich hinab in knapp 500 m Tiefe. Und schon ist man mittendrin in einer faszinierenden Welt aus Gestein und Kristallen. Im Licht der Lampen und Scheinwerfer lässt sich gut erkennen, in welch ein Labyrinth man geraten ist. Doch keine Bange, das Grubenpersonal weiß den Weg und steuert zielsicher die Höhepunkte des riesigen Bergwerkes an. Zur Erkundung der zahllosen verzweigten Gänge und Kammern stehen gewaltige Grubenfahrzeuge für die Besucher bereit. Und los geht die Fahrt!
Die erste Station der Entdeckungsreise ist zumeist das bergwerkseigene Museum, das die Geschichte der Salinen und der Kaliindustrie erläutert. Und damit es Kindern hierbei nicht so schnell langweilig wird, finden sie auch viele Geräte, Maschinen und Fahrzeuge zum Anfassen und Probesitzen. Im weiteren Verlauf der Tour sind dann so einige Superlative zu bestaunen. Im sogenannten Großbunker – einer gigantischen, 250 m langen, 22 m breiten und bis zu 17 m hohen Halle – steht der laut Bergwerk größte unterirdisch tätige Schaufelradbagger der Welt. Nicht weit entfernt im Kristallraum laden

dagegen Tausende Salzkristalle von bis zu einem Meter Größe zu einem nach eigenen Angaben weltweit einmaligen Spektakel ein; stimmungsvolle Musik und perfekt inszenierte Lichteffekte versetzen Jung wie Alt in eine unvergessliche märchenhafte Zauberwelt. Zusätzlich verschafft ein geologischer Lehrpfad den Besuchern Einblick in die verschiedenen Epochen der Erdgeschichte.
Und wer nach alledem Durst bekommen hat und unter Tage etwas trinken möchte, kein Problem: In der – so die Betreiber – tiefstgelegenen Bar der Welt kann rasch Abhilfe geschaffen werden.

Erlebnis-Bergwerk Merkers, Zufahrtstraße 1, 36460 Merkers
Telefon: 03695/614101, www.erlebnisbergwerk.de

0618 Alternativer Bärenpark Worbis

Bärenfreunde aufgepasst!

Im alternativen Bärenpark in Worbis sind Bären alles andere als ein Problem. Im Gegenteil, Scharen von Menschen kommen nach Worbis, nur um die großen, pelzigen Geschöpfe in ihren geräumigen Freigehegen bestaunen zu können. Hierbei ist es vor allem für die kleinen Gäste ein enormer Spaß, den großen Brüdern ihres daheimgebliebenen Teddybären beim Herumtollen zuzuschauen. Und wenn gerade einmal kein Bär in Sicht ist? Dann geht man einfach hinüber zu den Wölfen. Da ist das Zuschauen nicht minder spannend. Und natürlich hat der Bärenpark auch Führungen im Angebot, bei denen man so einiges über das Verhalten und Herkunft der Bären und Wölfe lernen kann. Außerdem gibt es immer wieder Sonderveranstaltungen, wie einen Biene-Maja-Tag, ein Indianerfest oder die Nacht der Wölfe.

Ein Braunbär im Bärenpark Worbis

Alternativer Bärenpark Worbis
Duderstädter Straße 36a, 37339 Leinefelde/OT Worbis
Telefon: 036074/92966, www.baer.de

15.

0619 Meeresaquarium Nautiland, Sonneberg

Streichelbecken statt Streichelzoo

Was ein Streichelzoo ist, weiß jedes Kind. Da kann man Ziegen, Schafe oder Esel streicheln und seine Lieblingstiere einmal aus unmittelbarer Nähe erleben. Doch was ist ein Streichelbecken? Das Meeresaquarium Nautiland in Sonneberg hält darauf die Antwort bereit. Hier können kleine und große Besucher nämlich einmal ihre Hände ins Aquarium stecken, um Fische und andere Wassertiere zu streicheln. Besonders für die Kleinen eine spannende und vor allem glitschige Erfahrung! Und die Wasserbewohner, die man besser nicht anfassen sollte? Haie, Muränen und Feuerfische lassen sich natürlich auch aus der Nähe bewundern. Hier trennen allerdings dicke Glasscheiben die Hände der Besucher von den Meerestieren.
Wer möchte, kann sogar seinen Kindergeburtstag mit einem Rundgang durch das Nautiland krönen und darf dann sogar bei der Fütterung der zahlreichen Fische und Schildkröten helfen.

Meeresaquarium Nautiland
Marktplatz 2, 96515 Sonneberg
Telefon: 03675/427888
www.schauaquarium-nautiland.de

0620 Deutsches Spielzeugmuseum, Sonneberg

Spielzeug, so weit das Kinderauge reicht

Kasperletheater, Barbie-Puppe, Modelleisenbahn, Teddybär, Zinnsoldaten, Spielzeugauto, Legosteine, Schaukelpferd, Puppenhaus, Bilderbücher – was sich liest wie ein maßloser Kinderwunschzettel für Weihnachten, ist schlicht und einfach nur ein winziger Teil der zahlreichen Ausstellungsobjekte des Deutschen Spielzeugmuseums in Sonneberg. Auf nicht weniger als drei Etagen können große wie kleine Besucher hier in die faszinierende Welt des Spielzeugs abtauchen. Und natürlich lassen sich nicht nur die bereits allseits bekannten Spielsachen der Gegenwart bewundern. Hier kann man zum Beispiel auch einen Blick auf Spielsachen werfen, mit denen die kleinen Griechen der Antike oder die Kinder zu der Zeit um 1900 gespielt haben. Da sind unter anderem ungewöhnliche Puppen zu bestaunen, die aus Ton, Pappe, Porzellan oder Brotteig angefertigt wurden. Außerdem kann man anhand

einer alten Heimarbeiterstube nachvollziehen, wie Spielsachen früher gemacht wurden. Apropos Spielzeugherstellung: Damit die Kleinen auch einmal sehen, woraus ihre Spielsachen eigentlich so hergestellt werden, erlaubt ein Teddybär sogar einen interessanten Blick in sein Innenleben.
Die Besucher können hier in Sonneberg aber nicht nur Spielsachen aller Art bewundern, sondern auch einiges darüber erfahren, unter welchen Umständen Kinder zu früheren Zeiten lebten. So ist beispielsweise ein altes, komplett eingerichtetes Schulzimmer zu besichtigen. Und genauso, wie es zu allen Zeiten immer wieder neues Spielzeug gab, gibt es auch im deutschen Spielzeugmuseum immer mal wieder Neues zu entdecken. Die regelmäßig stattfindenden Sonderveranstaltungen, wie zum Beispiel zum Thema „Cowboys und Indianer“ oder „Spielzeug aus der DDR-Zeit“, stellen eine tolle Ergänzung zur Dauerausstellung dar. Am besten, Sie informieren sich auf der Internetseite des Museums über das aktuelle Programm.

Deutsches Spielzeugmuseum
Beethovenstraße 10, 96515 Sonneberg
Telefon: 03675/4226340
www.spielzeugmuseum-sonneberg.de

0621 Deutsches Goldmuseum, Theuern

Goldene Zeiten für kleine Goldwäscher

Das Goldmuseum in Theuern

Rein in die Gummistiefel, Sieb nicht vergessen, und schon kann die abenteuerliche Suche losgehen. Und wer weiß, vielleicht hält man am Ende des Tages ein paar klitzekleine glitzernde Steinchen in den Händen. Junge Schatzsucher, die schon immer mal ihren eigenen kleinen Goldschatz finden wollten, sind im Deutschen Goldmuseum in Theuern im wahrsten Sinne des Wortes goldrichtig.
Das Museum bietet seinen kleinen und großen Besuchern nämlich nicht nur eine interessante Ausstellung rund um das Thema Gold, sondern auch die Möglichkeit, sich einmal selbst als Goldwäscher zu betätigen. Nach vorheri-

ger Anmeldung geht es unter der Obhut eines echten Geologen hinaus in den Thüringer Wald. Der Fachmann erklärt nicht nur, was man beim Goldwaschen beachten sollte, sondern führt die Kursteilnehmer auch an Stellen, an denen bereits Gold gefunden wurde. Und mit etwas Geduld und vor allem viel Glück wird der Traum vom Goldfund vielleicht sogar Wirklichkeit ...

Deutsches Goldmuseum
Im Grund 4, 96528 Theuern/Thüringen
Telefon: 036766/87814, www.goldmuseum.de

0622 Tierpark Suhl

Die Arche Noah Thüringens

Braunbären, Luchse und Wildkatzen sind hier genauso zu Hause wie Wisente, Mufflons und Damhirsche. Außerdem gibt es Steinböcke, Auerhühner und Uhus sowie rund 90 weitere europäische Wild- und Haustierarten zu bestaunen. Der Tierpark im thüringischen Suhl hat sich in erster Linie auf die Zucht und Bewahrung von heutzutage in freier Wildbahn selten gewordenen, bedrohten europäischen Tierarten spezialisiert.
Hierbei merken die großen und kleinen Besucher schnell, dass es nicht immer afrikanische Elefanten, sibirische Tiger oder australische Kängurus braucht, um einen interessanten Tag im Zoo zu erleben; es ist mindestens genauso reizvoll, die Stachelschweine, die Auerochsen oder auch die Elche in ihren großen, geräumigen Freigehegen zu beobachten. Natürlich können die Kleinen auch in Suhl ihre Lieblingstiere einmal aus unmittelbarer Nähe erleben. Im hiesigen Streichelgehege können die kleinen Gäste eine der vielen niedlichen Zwergziegen streicheln. Außerdem besteht die Möglichkeit, mit all seinen Freunden Kindergeburtstag im Tierpark zu feiern.

Tierpark Suhl, Carl-Fiedler-Straße 58, 98527 Suhl
Telefon: 03681/760441, www.tierpark-suhl.de

0623 Ottilienbad im Congress Center Suhl

Otti lädt zum Spielen und Planschen ein

Im Ottilienbad in Suhl merkt man schnell: Hier wird für Kinder jedes Alters wirklich eine ganze Menge geboten. Den Kleinen steht bei einem Besuch

nämlich ihr eigener kleiner Bereich zur Verfügung. Die sogenannte Kinderbadelandschaft ist einfach der perfekte Ort zum Herumtoben und ausgelassenen Planschen. Außerdem wartet hier viel Spielzeug nur darauf, von flinken Kinderhänden ausprobiert zu werden.
Auf Anfrage kann man hier sogar seinen Kindergeburtstag feiern. Da bekommt das Geburtstagskind dann nicht nur viele Glückwünsche von allen seinen Freunden, sondern auch einen ganz besonderen Geburtstagsgruß vom Ottilienbad-Maskottchen Otti, dem Otter.
Neben den Kindern kommen im Ottilienbad übrigens auch die Eltern auf ihre Kosten. So stehen zum Beispiel zahlreiche Entspannungsmöglichkeiten, wie Whirlpool oder Sprudelliege, bereit. Zudem können sich gestresste Eltern hier eine entspannende Massage gönnen oder sich in „Ottis Bistro“ bei einer Tasse Kaffee ausruhen.

Ottilienbad im Congress Center Suhl
Friedrich-König-Straße 7, 98527 Suhl
Telefon: 03681/788308, www.ccs-suhl-gmbh.de/ottilienbad

0624 Exotarium Oberhof

Aufregende Exotik im Thüringer Wald

Insekten wie der Riesenvogelspinne, Reptilien wie der Königspython oder Amphibien wie dem Färberfrosch kann man in Thüringen nicht begegnen. Doch ist das wirklich der Fall? Im Herzen des Thüringer Waldes findet sich ein Ort, an dem man alle diese exotischen Tiere erleben kann: das Exotarium in Oberhof. Zahlreiche große Aquarien und Terrarien entführen den Besucher hier in unbekannte überseeische Welten. So lassen sich zum Beispiel im rund 40.000 Liter Wasser fassenden Amazonasaquarium viele Tiere aus dem tropischen Südamerika bestaunen. Gebannt starren vor allem die kleinen Gäste auf geheimnisvolle Wesen wie die einem

Eine Königspython im Thüringer Wald

Ast täuschend ähnlich sehende indische Stabschrecke oder den Nil-Waran, der wie ein kleiner Dinosaurier erscheint. Übrigens gibt es zu bestimmten Terminen Veranstaltungen wie die Schlangenfütterung oder auf Anfrage sogar spezielle Führungen. Vor dem Besuch lohnt sich also immer ein Blick ins Internet.

Exotarium Oberhof, Crawinkler Straße 1, 98559 Oberhof
Telefon: 036842/21404, www.exotarium-oberhof.de

0625 Zwergen-Park Trusetal

Ein Meer aus roten Zipfelmützen

Im thüringischen Gräfenroda soll es dereinst passiert sein – der erste Gartenzwerg hat hier angeblich das Licht der Welt erblickt. Nicht weit entfernt befindet sich noch heute eine muntere Kolonie der kleinen Geschöpfe. Im Trusetaler Zwergen-Park warten nicht weniger als 1.500 Gartenzwerge in allen Größen, Formen und Farben auf neugierige Gäste. Zur Erkundung des Parks steht zur besonderen Freude der jüngeren Besucher sogar eine putzige kleine Eisenbahn bereit. Wer will, kann die Anlage aber auch zu Fuß erkunden und unterwegs so einige weitere Attraktionen auskundschaften. So gibt es zum Beispiel noch einen 7 m hohen Kletterfelsen zu entdecken, auf dem man nach Herzenslust herumtollen und seine Kletterkünste ausprobieren kann.

Gartenzwerge, wohin das Auge blickt

Nach alledem möchten Sie eine Kleinigkeit essen? Kein Problem, die Zwerge lassen niemanden hungrig nach Hause gehen! Die sogenannte „Gnomeria" und die „Zwergenschänke" haben viele verschiedene Speisen im Angebot.

Zwergen-Park Trusetal
Brotterroder Straße 55, 98596 Trusetal
Telefon: 036840/40153
www.zwergen-park.de

0626 Sandstein- und Märchenhöhle sowie Minifreizeitpark, Walldorf

Ein märchenhafter Tag in Walldorf

Das südthüringische Walldorf weiß vor allem jüngere Kinder zu begeistern. Und dabei ist es ganz egal, ob sie eher Märchenfan sind oder doch eher aufregende Fahrgeschäfte bevorzugen; hier in Walldorf gibt es für beide Geschmäcker etwas. Selbst Tierfreunde kommen auf ihre Kosten und können Ziegen, Schafe, Ponys und Esel in großen Freigehegen bestaunen. Und das Beste: Da die Märchenhöhle und der Minifreizeitpark in unmittelbarer Nähe zueinander liegen, ist es ein Kinderspiel, beide an einem Tag zu besuchen.

In der Märchenhöhle sind die Kleinen mittendrin in ihrem Lieblingsmärchen

Alle Märchenfans begeben sich natürlich auf direktem Wege zuerst in die Sandstein- und Märchenhöhle. Hier können sie in einem unterirdischen Labyrinth zahlreiche mit Liebe zum Detail ausgeschmückte Märchenszenen bewundern. Neben Geschichten der Gebrüder Grimm und Hans Christian Andersens Märchen gibt es sogar auch einige Erzählungen des thüringischen Märchensammlers Ludwig Bechstein zu bestaunen. Ob nun Rotkäppchen, Dornröschen oder die Schneekönigin, in den zahllosen weitverzweigten Gängen findet einfach jeder sein Lieblingsmärchen. Und natürlich darf bei einem Märchenausflug unter Tage auch die Geschichte von Schneewittchen und den sieben Zwergen nicht fehlen.

Vergnügen eher aufregender Art finden Kinder direkt neben der Märchenhöhle im Minifreizeitpark. Hier laden zahlreiche Fahrgeschäfte und andere Spielmöglichkeiten vor allem die Kleinen zu ausgelassenem Fahrspaß ein. So können die Sprösslinge zum Beispiel nach Herzenslust auf einem Miniautoscooter-Parcours herumflitzen.

Auf der sogenannten Minibaggeranlage baggern sie dann mit den anderen Kindern um die Wette. Und bei der Modellbootanlage sind kleine Hobby-

Kapitäne genau richtig. Außerdem kann der Minifreizeitpark helfen, den Geldbeutel zu schonen: Hier zahlt man nur für die Attraktionen, die man auch wirklich nutzt.

Sandstein- und Märchenhöhle
Marienstraße 6, 98639 Walldorf
Telefon: 03693/89910, www.sandsteinhoehle.de

Minifreizeitpark, Torgartenweg 2, 98639 Walldorf
Telefon: 03693/803695, www.minifreizeitpark.de

0627 Ausflug zum KI.KA-Sender, Erfurt

Alles, was Kinder schon immer über ihren Lieblingssender wissen wollten

Was haben die bekannten Kinderserien „Schloss Einstein", „Die Sendung mit der Maus" oder „Tom und Jerry" gemeinsam? Richtig, sie alle laufen im Programm des beliebten deutschen Kindersenders KI.KA. Allen kleinen KI.KA-Freunden, die schon immer einmal wissen wollten, was bei ihrem Lieblingssender so alles hinter den Kulissen passiert, bietet der Kinderreiseveranstalter Archelino jetzt etwas ganz Besonderes an: einen Ausflug in die KI.KA-Studios nach Erfurt. Hier kann man nicht nur erfahren, wie Fernsehen eigentlich gemacht wird, sondern auch dem einen oder anderen bekannten Moderator beim Aufzeichnen einer Sendung über die Schulter schauen. Natürlich darf man hier auch einen Blick in die Maske werfen und bei dieser Gelegenheit viele der KI.KA-Stars persönlich um ein Autogramm bitten. Ein unvergessliches Erlebnis für alle Kinder, die gern den Kinderkanal einschalten.

Archelino Kinderreisen und Events, Große Arche 7, 99084 Erfurt
Telefon: 0361/24093031, www.archelino.de

15.

0628 Stadtmuseum Erfurt

Stadtgeschichte nicht nur für Erwachsene

In einer Stadt mit so langer und ereignisreicher Geschichte wie Erfurt befindet sich das Stadtmuseum nicht einfach irgendwo, sondern in einem ganz be-

sonderen Bauwerk: Ein inmitten der Erfurter Altstadt gelegener Renaissancebau von 1607 bildet den passenden Rahmen für rund 1.260 Jahre spannende Stadtgeschichte. Und damit es auch den kleinen Gästen nicht so schnell langweilig wird, hat sich das Museum so einiges einfallen lassen.
Zu betrachten sind nämlich nicht nur zahlreiche Ausstellungsobjekte zur Erfurter Geschichte, wie zum Beispiel ein großes Stadtmodell. Zusätzlich vermitteln auch das eine oder andere Video und viele sogenannte Hörstationen Wissenswertes rund um die thüringische Landeshauptstadt. Außerdem bietet das Museum häufig spezielle Stadtführungen und zahlreiche spannende Mitmachaktionen für Kinder an. Ob nun beim Hirsebreikochen, bei der Papierherstellung oder beim Töpfern – sich mit Erfurter Stadtgeschichte zu beschäftigen, soll Kindern jedes Alters hier in erster Linie Spaß machen.

Stadtmuseum Erfurt, Johannesstraße 169, 99084 Erfurt
Telefon: 0361/6555651, www.stadtmuseum-erfurt.de

0629 Thüringer Zoopark, Erfurt

Spaziergang über den Köpfen der Nashörner

Der Thüringer Zoopark in Erfurt bietet großen und kleinen Tierfreunden nicht nur zahlreiche interessante Tiere aus allen Erdteilen, sondern auch viel Platz zum Spazierengehen. Und da der Tierpark am Rande Erfurts liegt, ist hier auch genug Fläche vorhanden, um die meisten Tiere – wie Löwen, Bisons, Zebras und Kängurus – in großen, geräumigen Freigehegen zu zeigen. Ein Höhepunkt des Rundgangs ist auf jeden Fall das 3.500 m^2 große Nashorngehege, das man auf einer 44 Meter langen Brücke überqueren kann. Wenn die Nashörner unter der Brücke hindurchtraben oder sich nur wenige Meter entfernt unter dem staunenden Besucher im Schlamm suhlen, fühlt man sich beinahe, als schwebe man über der afrikanischen Savanne.
Nach so viel Abenteuer haben sich natürlich alle Beteiligten eine Stärkung verdient. Für Erwachsene und Kinder stehen im Bistro „Hakuna Matata“ oder in der Zoogaststätte zahlreiche leckere Speisen bereit, während sich die Nashörner im Nashornhaus an frischem Laub und Heu laben.

Thüringer Zoopark, Am Zoopark 1, 99087 Erfurt
Telefon: 0361/7518821, www.zoopark-erfurt.de

0630 Tollikiz, Erfurt

Das vielleicht aufregendste Kinderzimmer Thüringens

Ob nun Trampolin, Kletterwand, Hüpfburg oder Rutsche, es gibt Spielgeräte, die passen nun wirklich in kein Kinderzimmer. Was also tun, wenn der kleine Wirbelwind nun aber unbedingt klettern, rutschen oder wild umherspringen möchte? In so einem Fall braucht man entweder ein größeres Kinderzimmer, oder man geht mit den Kleinen einfach gleich ins Tollikiz in Erfurt. In diesem Ersatzkinderzimmer kann jedes Kind nach Herzenslust zahlreiche Spielmöglichkeiten ausprobieren, die sonst eher nicht zur Verfügung stehen. So laden zum Beispiel das Spiellabyrinth oder die Tunnelrutsche zum ausgelassenen Herumtollen ein. Außerdem gibt es immer wieder viele interessante Sonderveranstaltungen, wie die Kreativwerkstatt oder Lagerfeuerabende. Auch wer seinen Kindergeburtstag einmal auswärts feiern möchte, ist im Tollikiz genau richtig. Und das Allerbeste: Dieses riesige Kinderzimmer muss noch nicht einmal aufgeräumt werden!

Tollikiz, Alte Mittelhäuser Straße 17, 99091 Erfurt
Telefon: 0361/5547479, www.tollikiz.de

0631 Flughafen Erfurt

Wie funktioniert eigentlich ein Flughafen?

Normalerweise gestaltet sich der Aufenthalt auf einem Flughafen eher unspektakulär. Neben dem Einchecken, der Gepäckaufgabe und der Sicherheitskontrolle muss man in der Regel eine mehr oder minder lange Wartezeit bis zum Besteigen des Flugzeugs überbrücken. Vor allem für die Kleinen ist das oft ganz schön langweilig. In der thüringischen Landeshauptstadt haben Kinder jedoch auch die Möglichkeit, mitzuerleben, wie ein Flughafen eigentlich hinter den Kulissen funktioniert. Bei einer Flughafenführung speziell für Kinder kommen die Jungen und Mädchen nämlich auch an Orte, die man ansonsten gewöhnlich nicht betreten darf, wie zum Beispiel die Rettungsleitstelle oder die Start- und Landebahn. Zudem bekommen die kleinen Besucher bei dem rund zweistündigen Rundgang Antworten auf alle ihre Fragen rund um das Thema Flugzeug. Wer an der Führung teilnehmen oder vielleicht sogar seinen Kindergeburtstag am Flughafen feiern möchte, sollte sich auf jeden Fall rechtzeitig anmelden.

Flughafen Erfurt
Binderslebener Landstraße 100, 99092 Erfurt
Telefon: 0361/6562200, www.airport-erfurt.de

0632 Eissportzentrum Erfurt

Eine Arena auch für kleine Kufenkünstler

Die Gunda-Niemann-Stirnemann-Halle in der thüringischen Landeshauptstadt ist nicht nur der Trainingsplatz vieler bekannter Eisschnell- und Eiskunstläufer, sondern auch ein hervorragender Ort, um sich selbst einmal auf dem Eis zu versuchen. Ob Jung oder Alt, Anfänger oder Fortgeschrittener, im Erfurter Eissportzentrum wird ein jeder schnell zum begeisterten Eisläufer. Und damit vor allem die Kleinen zu Beginn nicht andauernd auf dem Popo landen und schnell die Lust verlieren, stehen die sogenannten Eislaufhilfen bereit. An diesen lustigen Figuren in Gestalt eines Eiswichtels oder Pinguins können sich die zukünftigen Eisprinzessinnen und -prinzen zu Anfang nämlich super festhalten und übers Eis führen lassen. Und wer weiß, vielleicht ist das ja der Beginn einer glänzenden Karriere als Eisläufer oder Eishockeyspieler?
Je nach Saison hat das Eissportzentrum übrigens auch diverse Sonderveranstaltungen im Programm. Im Dezember gibt es zum Beispiel einen Weihnachtsmarkt, auf dem man dem Eisweihnachtsmann begegnen kann.

Eissportzentrum Erfurt, Arnstädter Straße 53, 99096 Erfurt
Telefon: 0361/6554695
www.gunda-niemann-stirnemann-halle.de

15.

0633 Egapark, Erfurt

Kinderbauernhof, Schmetterlingshaus und Japanischer Garten laden ein

Schon kurz hinter den Eingangstoren des Egaparks in Erfurt werden die Besucher von einem regelrechten Blütenmeer empfangen. Und ein Blick auf den

Wegweiser genügt, um festzustellen: Das war erst der Auftakt. Neben dem Gräser- und Staudengarten laden nämlich unter anderem noch der rund 28.000 m² große Rosengarten und der geheimnisvolle Skulpturengarten zu ausgedehnten Spaziergängen ein. Der absolute Höhepunkt ist hierbei der eindrucksvolle Japanische Garten, in dem man sich zwischen Wasserfällen und fernöstlichen Tempeln ein Bild von der japanischen Gartenbaukunst machen kann. Natürlich gibt es im Egapark auch einige exotische Pflanzen zu bestaunen. Zu diesem Zweck muss man sich einfach nur auf einen Rundgang durch eines der vielen großen Schauhäuser begeben. Neben dem Tropenhaus mit zahlreichen Palmen und Schlingpflanzen sollte man sich hierbei auch die rund 3.200 Kakteen im Kakteenhaus nicht entgehen lassen; allen Blütenfreunden sei dagegen das beeindruckende Orchideenhaus empfohlen. Außerdem sollte man unbedingt noch in das unmittelbar angrenzende Schmetterlingshaus gehen, um sich die ca. 400 dort umherflatternden Schmetterlinge anzuschauen. Für kleine Energiebündel, die sich nach alledem ein bisschen austoben möchten, steht der mit 35.000 m² nach eigenen Angaben größte Spielplatz Thüringens bereit, mit Abenteuerhügel, Seilbahn und Kletterpyramide. Zusätzlich können sich die Kleinen auch auf dem liebenswert gestalteten Kinderbauernhof austoben. Das bezaubernde Ensemble aus Bauernhaus, Scheune und Stall beherbergt auch einen Streichelzoo, auf dem sie Schafe, Ziegen und so einige andere interessante Tiere streicheln können. Zu bestimmten Terminen im Jahr gibt es im Egapark übrigens Sonderveranstaltungen, wie das Kinder-Spiel-Fest.

Egapark, Gothaer Straße 38, 99094 Erfurt
Telefon: 0361/5641702, www.egapark-erfurt.de

15.

0634 Deutsches Bratwurstmuseum,
Holzhausen

Hier geht's um die Bratwurst

Man nehme Schweinefleisch, Eier und Milch. Dazu noch etwas Salz und Pfeffer sowie Kümmel und Muskat. So oder so ähnlich lautet die Zutatenliste für eine bei Jung und Alt gleichermaßen beliebte deutsche Nationalspeise: die Bratwurst. Wer dem Rezept und der Zubereitung der Grillspezialität etwas genauer auf die Schliche kommen möchte, dem sei das Deutsche Bratwurstmuseum im thüringischen Holzhausen empfohlen.

Bei den Exponaten der Ausstellung geht es im wahrsten Sinne des Wortes um die Wurst. Das Museum informiert über so ziemlich alles, was man zur Bratwurstherstellung benötigt, angefangen vom Schwein bis hin zum Fleischwolf. Natürlich räumt die Ausstellung dem einheimischen Modell, sprich: der Thüringer Bratwurst, besonders viel Platz ein. Und eines ist sicher – im Verlauf des Besuches wird den großen und kleinen Bratwurstfans schlagartig klar: Es gibt viele Rezepte; doch eines haben sie alle gemeinsam: Das fertige Produkt schmeckt einfach unheimlich lecker.

Da läuft einem das Wasser im Munde zusammen

Deutsches Bratwurstmuseum
Hinter dem Gute 2, 99310 Wachsenburggemeinde, OT Holzhausen
Telefon: 03628/604412
www.bratwurstmuseum.net

0635 Puppenausstellung
im Schlossmuseum Arnstadt

Puppen en masse

Um das Jahr 1697 herum entschließt sich Herzogin Auguste Dorothea von Schwarzburg-Arnstadt, ihre vielleicht größte Kostbarkeit zu errichten: die Puppenstadt „Mon Plaisir". Damals wie heute begeistert das Projekt der Herzogin mit seinen Ausmaßen und einer beeindruckenden Liebe zum Detail. In der besagten Ansiedlung fanden nämlich mehr als zwei Dutzend Puppenstuben und unzählige Puppen sowie Accessoires ihren Platz. So können große wie kleine Besucher zum Beispiel liebevoll eingerichtete kleine Küchen, Handwerkerbetriebe und Wohnräume bewundern. Zudem gibt es noch einen kompletten Bauernhof inklusive Kuhstall und ein bildschönes Gartenarrangement zu sehen. Da bekommen nicht nur die kleinen Mädchen Lust, mit der einen oder anderen niedlichen Puppe zu spielen. Höhepunkte des

Rundgangs sind das prächtige Hoftheater und die bezaubernde kleine Kirche. Ein tolles Erlebnis für große und kleine Puppenfreunde. Magnifique!

Schlossmuseum Arnstadt, Schlossplatz 1, 99310 Arnstadt
Telefon: 03628/602932, www.arnstadt.de

0636 Galli Theater, Weimar und Erfurt

Vorhang auf für den Froschkönig, Rotkäppchen und Aschenputtel

Ob nun Hänsel und Gretel, die Bremer Stadtmusikanten oder das tapfere Schneiderlein, im Galli Theater in Weimar und Erfurt stehen viele bekannte märchenhafte Gestalten auf der Bühne. Der umfangreiche Spielplan des Theaters lässt dabei fast keine Wünsche offen. So werden hier zum Beispiel auch immer wieder Märchen aufgeführt, die man auf anderen Bühnen oft vergeblich sucht, wie „Hans im Glück", „Die Prinzessin auf der Erbse" oder „König Drosselbart".
Das Galli Theater in Erfurt macht Kindern sogar ein ganz besonderes Angebot: Kleine Theaterfreunde, die gern auf kindgerechte und spielerische Art und Weise Bekanntschaft mit der englischen Sprache machen möchten, sind hier goldrichtig. Stücke wie „Little Red Riding Hood" („Rotkäppchen") oder „Snow White" („Schneewittchen") stellen einen hervorragenden Einstieg in die erste Fremdsprache dar. Also schnell einen Blick auf den aktuellen Spielplan werfen, und schon kann das Theatervergnügen losgehen.

Galli Theater Weimar, Im „Shakespeares"
Windischenstraße 4–6, 99423 Weimar
Telefon: 03643/778251, www.galli.de

Galli Theater Erfurt, Maria-Magdalenen-Kapelle
Kleine Arche 5, 99084 Erfurt
Telefon: 0361/55049901, www.galli.de

0637 Deutsches Bienenmuseum, Weimar

Jetzt wird's klebrig

Im thüringischen Weimar gibt es einen Ort, an dem zwar keine Milch fließt, dafür aber eine ganze Menge Honig. Im Deutschen Bienenmuseum dreht sich nämlich alles rund um Bienen und ihr zuckersüßes Erzeugnis, den Honig. Die Ausstellung zeigt neben zahlreichen Geräten zur Honig- und Wachsherstellung unter anderem auch beeindruckende historische Bienenkörbe in Menschengröße und Figurenform. Im Außenbereich des Museums wird es dann besonders spannend: Hier können die großen und kleinen Besucher einige echte Schaubienenstöcke und den bildschönen Bienenweidegarten betrachten. Natürlich herrscht an diesem Ort, beziehungsweise zwischen den zahllosen Blüten und den Bienenkörben, reger Flugverkehr. Übrigens: Wer möchte, kann im angrenzenden Hofladen das schmackhafte Endprodukt der Sammelleidenschaft dieser fleißigen Bienen käuflich erwerben. Hier gibt es neben Kerzen aus Bienenwachs nämlich auch Honig in allen nur erdenklichen Geschmacksrichtungen, wie Löwenzahnhonig, Edelkastanienhonig oder Heidehonig. Übrigens bietet das Museum auch ein abwechslungsreiches Programm nur für Kinder an. So können die Kleinen zum Beispiel Bienenwachskerzen selbst gestalten, beim Honigabfüllen helfen oder Honigsorten verkosten. Dabei kommt sicher so mancher kleine Hobbyimker auf den Geschmack. Und für alle Kinder, die noch etwas tiefer in die Bienenkunde einsteigen wollen, hält das Museum speziell für Kinder konzipierte Führungen und die Arbeitsgemeinschaft „Junger Imker“ bereit.

Bienen bei der Honigherstellung

Deutsches Bienenmuseum
Ilmstraße 3, 99425 Weimar
Telefon: 03643/901032, www.lvthi.de

0638 Kerzenstall Holzdorf, Legefeld

Docht plus Wachs gleich Kerze

Vor allem zur Winterzeit schaffen Kerzen eine besinnliche Atmosphäre und erfreuen uns mit ihrem warmen, behaglichen Licht. Im Kerzenstall Holzdorf bei Weimar haben die kleinen Lichtquellen dagegen das ganze Jahr über Saison. In der urigen, gemütlichen Werkstatt eines alten Fachwerkhauses dreht sich nämlich alles um die Kerzenherstellung. Wer möchte, kann hier selbst Kerzen ziehen und mit nach Hause nehmen. Dazu stehen zahlreiche große Bottiche mit duftendem, heißem Wachs und natürlich der obligatorische Docht bereit. Die großen und kleinen Gäste merken schnell: Kerzen anfertigen ist kinderleicht und macht nebenbei auch noch großen Spaß.

Im Kerzenstall Holzdorf werden Kerzen selbst gemacht

Und all die Kinder, die auch gern einmal an ihrem Geburtstag im Kreis ihrer Freunde mit Wachs hantieren möchten, sind in Holzdorf goldrichtig. Auf Anfrage richtet der Kerzenstall nämlich auch Kindergeburtstage aus. So eine Feier wäre doch genau die richtige Gelegenheit, um den Kerzenvorrat für den nächsten Winter um ein paar ganz besondere Exemplare aufzustocken.

Kerzenstall Holzdorf
Landgutallee 9, 99438 Legefeld
Telefon: 03643/497470
www.kerzenstall-holzdorf.de

0639 Kloßmuseum Heichelheim

Klar wie Kloßbrühe, dass man hier Appetit bekommt

Bis heute ist weitgehend ungeklärt, wer den Kloß eigentlich erfunden hat. Klar wie Kloßbrühe ist allerdings, an welchem Ort große wie kleine Besucher alles rund um die Geschichte und die Zubereitung der leckeren Kartoffelspeise erfahren können: Im thüringischen Heichelheim hat sich ein Museum ganz dem Kloß verschrieben. Es stellt zum Beispiel zahlreiche Haushaltsgeräte aus, die im Laufe der letzten 200 Jahre zur Kloßherstellung dienten. Neben Kartoffelreiben sind das natürlich in erster Linie Kloßpressen. Und da neben den genannten Geräten in der Regel auch ein Herd und ein Kochtopf zur Zubereitung nötig sind, ist im Museum auch eine liebevoll eingerichtete alte Küche zu bestaunen. So können die Besucher anschaulich nachvollziehen, wie zu Urgroßmutters Zeiten gekocht wurde. Außerdem erfahren sie bei einem Rundgang so einiges über die unterschiedlichen Kloßrezepte, von denen es nach Angaben des Museums momentan rund 18.970 geben soll.

Natürlich wird hier in Heichelheim auch der Kartoffel, dem Grundbestandteil eines jeden Kloßes, ein wichtiger Platz eingeräumt. So erfährt man zum Beispiel alles Wissenswerte über die Herkunft, den Anbau und den Sortenreichtum dieses Knollengemüses. Für Erheiterung vor allem bei den kleinen Gästen sorgen zahlreiche ungewöhnliche Ausstellungsobjekte. So gibt es etwa die Modelle des „Potato Sack Fashion Contest" zu bewundern sowie andere künstlerische Arbeiten rund um die Kartoffel. Und wer sich nach dem Rundgang durch das Museum einen Moment ausruhen möchte, sieht sich einfach Filme rund um die Kartoffel im sogenannten „Kartoffelkino" an.

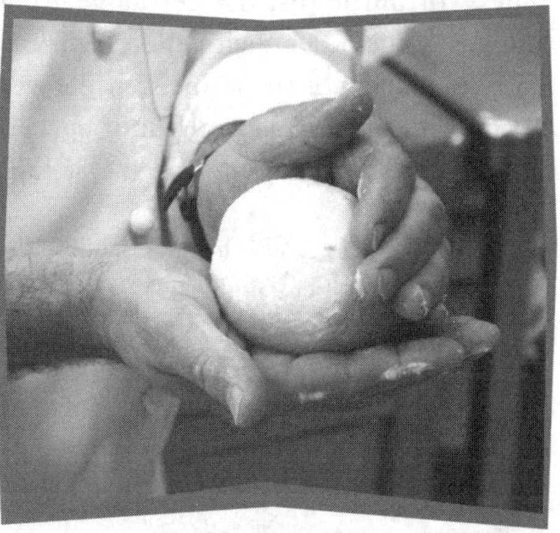

Wie Klöße gemacht werden, lernt man im Kloßmuseum Heichelheim

Informationen zu den zahlreichen Sonderausstellungen sowie viele Anekdoten rund um Klöße und Kartoffeln bietet die Internetseite des Museums. Außerdem findet man hier viele Rezepte. Na dann: Guten Appetit!

Kloßmuseum Heichelheim, Hauptstraße 3, 99439 Heichelheim
Telefon: 03643/900015, www.klossmuseum.de

0640 Adler- und Falkenhof Schütz, Kranichfeld

Andenkondor, Steinadler und Wanderfalke zeigen ihr Können

Ob nun der Schreiseeadler aus Afrika, der Schneegeier aus Zentralasien oder der Weißkopfseeadler aus Nordamerika – wer diese großen, majestätischen

Greifvögel gerne einmal aus der Nähe erleben möchte, sollte auf die Niederburg bei Kranichfeld kommen. Besonders sehenswert ist natürlich eine der in den Sommermonaten regelmäßig stattfindenden Flugschauen, bei denen neben den bereits genannten Flugkünstlern auch noch Steinadler, Uhu und Würgfalke ihr ganzes Können unter Beweis stellen. Absoluter Höhepunkt jeder Vorführung ist der gewaltige Andenkondor, der zu den größten flugfähigen Vögeln der Welt gehört. Mit über einem Meter Größe überragt der Kondor dabei sogar die meisten der verzückt zuschauenden kleinen Gäste. Wenn dieser Riese seinen Rundflug beginnt, muss man einfach gebannt in den Himmel starren, um ja keine Sekunde der Darbietung zu verpassen.

Adler- und Falkenhof Schütz, Niederburg, 99448 Kranichfeld
Telefon: 036450/44191, www.falkenhof-burg-greifenstein.de

0641 Erlebnispark Straußberg

Rasantes Rodeln und ausgelassene Äffchen

Der Erlebnispark Straußberg empfängt große und kleine Besucher mit einer etwas ungewöhnlichen Kombination an Attraktionen. Ob man nun eher Tiere anschauen und streicheln oder sich lieber den Wind auf einer Rodelbahn um die Ohren wehen lassen möchte, hier kommt vor allem bei kleinen Besuchern nicht so schnell Langeweile auf.

Wer zum Beispiel mit einer rasanten Fahrt auf der rund 760 m langen Sommerrodelbahn beginnt, steckt schnell in einem packenden Abenteuer. Schon nach wenigen Metern nimmt man so richtig Fahrt auf und düst mit einem atemberaubenden Tempo ins Tal. Für den Aufstieg zum Start steht sogar ein Lift bereit. Es ist also kein Problem, die flotte Fahrt gleich mehrmals zu unternehmen. Vor allem die Kleinen sind ja oft nicht mehr zu bremsen, wenn sie erst einmal auf den Geschmack gekommen sind. Am besten kauft man da gleich die praktische Sechserkarte, die es sowohl für die kleinen als auch für die großen Rodelfans gibt.

Man kann sich jedoch auch dafür entscheiden, zuerst den Affenwald zu erkunden. Hier warten über 100 Affen in zwei riesigen Freigehegen auf neugierige Besucher. Störende Gitter zwischen den Affen und ihren menschlichen Gästen gibt es nicht. Man kann einfach durch das Gehege wandern und nach den flinken Berberaffen, den aufgeweckten Lemuren und den süßen Totenkopfäffchen Ausschau halten. Selbstverständlich darf man die zutraulichen

Äffchen auch streicheln, wovon vor allem die kleinen Besucher ausgiebig Gebrauch machen. Und wer besonders viel Glück hat, entdeckt bei seinem Rundgang sogar das im Affenwald lebende niedliche Bennet-Känguru.

Erlebnispark Straußberg
Unterer Straußberg 6, 99713 Straußberg
Telefon: 036334/53214, www.affenwald.de

0642 Kinderstadtführung, Eisenach

Von Drachentötern, Luther und anderen coolen Typen

Eine Stadtführung kann für Kinder eine langweilige Angelegenheit sein. Man läuft an unzähligen uralten Gebäuden und Monumenten vorbei. Außerdem hört man eine ganze Menge seltsamer Daten, Jahreszahlen und Namen. Dass es auch anders geht, beweist die Wartburgstadt Eisenach, denn sie bietet spezielle Stadtführungen nur für Kinder an. Bei diesen Rundgängen geht es zwar auch darum, etwas über die Geschichte einer Stadt zu lernen, trotzdem kommen hierbei aber auch Spiel und Spaß nicht zu kurz. So gibt es zum Beispiel kleine Rollenspiele und viel zusätzliches Anschauungsmaterial, um den Kindern Geschichte auf kindgerechte und spielerische Weise zu vermitteln. Eigentlich muss man sich nur noch entscheiden, zu welchem Thema man in Eisenach umherwandern möchte. Und da ist wirklich für jeden Geschmack etwas im Angebot: zum Beispiel Führungen wie „Mama, was ist Reformation?“, „Flüsterbogen und Drachentöter“ oder auch „Bach, Luther und andere Typen“.

Kinderstadtführung Eisenach: das Lutherhaus

Eisenach Wartburgregion, Markt 9, 99817 Eisenach
Telefon: 03691/79230, www.eisenach-stadtfuehrung.info

0643 Miniaturenpark „mini-a-thuer“, Ruhla

Ganz Thüringen auf nur 18.000 Quadratmetern

Thüringen hat viele architektonische Höhepunkte zu bieten. Ob nun das Zeiss-Planetarium in Jena, das Theater in Meinigen, Schloss Molsdorf bei Arnstadt oder das Gothaer Rathaus – das kleine Bundesland in der Mitte Deutschlands ist wirklich eine ausgiebige Rundreise wert. Wem die Zeit und vor allem die Geduld dazu fehlt, der muss sich notwendigerweise beschränken. Es ist ja leider unmöglich, alle genannten Orte an einem einzigen Nachmittag zu besuchen. Aber ist die Lage wirklich so aussichtslos? Nein! In Ruhla im Thüringer Wald wird das Unmögliche möglich gemacht. Der Miniaturenpark „mini-a-thuer“ zeigt auf knapp 18.000 m^2 rund 60 originalgetreue Modelle der wichtigsten Thüringer Sehenswürdigkeiten. Selbst das vielleicht bekannteste Thüringer Wahrzeichen, die Wartburg, wurde hier in liebevoller Handarbeit im Maßstab 1:25 nachgebaut. Da ergibt sich so manch lustiges Fotomotiv, wenn die jüngeren Besucher staunend vor den großartigen kleinen Modellen stehen. Also die Kamera nicht vergessen!

Miniaturenpark „mini-a-thuer“, Karolinenstraße 46, 99842 Ruhla
Telefon: 036929/60904, www.mini-a-thuer.de

0644 Museum der Natur, Gotha

Ein abenteuerlicher Abstecher auf den Superkontinent Pangea

Das Museum der Natur in Gotha hat großen und kleinen Saurierfans eine ganze Menge zu bieten. Die Besucher können sich hier nämlich auf eine spannende Entdeckungsreise zurück in das Zeitalter des Perms begeben, als Thüringen noch Teil des gewaltigen Superkontinents Pangea war. Zur damaligen Zeit, vor rund 290 Millionen Jahren, hausten so einige seltsame Geschöpfe auf der Erde, deren Überreste heute im Museum besichtigt werden können. So sind bei einem Rundgang unter anderem Skelette und Modelle des Ursauriers Dimetrodon zu sehen. Die Kombination aus wuchtigem Kopf, krokodilähnlichem Körper und dem gewaltigem Rückensegel ergibt einen recht eigenartigen Anblick: Diese Kreatur scheint einem Science-Fiction-Film entsprungen zu sein. In welcher Umgebung diese Geschöpfe während des Perms lebten, illustriert ein 40 Quadratmeter großes Wandgemälde.

Neben Ursauriern bietet das Museum jedoch auch einige andere interessante Ausstellungen an. So kann man sich zum Beispiel über die faszinierende Welt der Insekten informieren oder die Tier- und Pflanzenwelt des Thüringer Waldes näher kennenlernen. Außerdem gibt es eine aufrüttelnde Schau zum Thema Artenschutz, in der Jung wie Alt viel über bereits ausgestorbene oder vom Aussterben bedrohte Tierarten lernen können. Apropos Lernen: Die kleinen Besucher, die sich eingehender und unter Anleitung mit den oben genannten Themenbereichen des Museums beschäftigen wollen, können an zahlreichen Mitmachveranstaltungen teilnehmen oder sogar ihren Geburtstag hier feiern. Ob sie sich nun zum Beispiel eher für die Ursaurier oder für die Tierwelt des Thüringer Waldes interessieren, Informationen zum Programm finden die kleinen Hobbynaturforscher und natürlich auch deren Eltern auf der Internetseite des Museums.

Museum der Natur, Parkallee 15, 99867 Gotha
Telefon: 03621/823010, www.stiftungfriedenstein.de

0645 Maxxis Familien- + Spiele-Paradies, Emleben

Spielraum für spannende Spielideen

Im thüringischen Emleben in der Nähe von Gotha liegt wahrhaftig ein Paradies für Kinder. Egal ob die Kleinen nun gern herumtollen, lieber rutschen oder vielleicht auch einfach nur klettern möchten, hier gibt es Spielmöglichkeiten für alle Altersklassen und jeden Geschmack. Ideal, gerade für die kleineren Kinder, sind die zahlreichen Hüpfburgen, die in vielen unterschiedlichen Größen und Formen daherkommen. Bei den Kleinen besonders beliebt ist natürlich die „Schnappy-Hüpfburg“. Wer das freundliche kleine Krokodil aus dem bekannten Kinderlied schon immer einmal persönlich treffen wollte, kann seinem Traum hier in Emleben ein Stückchen näher kommen. Und während die kleinen Kinder noch herumhüpfen, können die größeren zum Beispiel ihre Kletterkünste im Kletterhaus auf die Probe stellen, eine Runde Tischtennis spielen oder bei einer Runde Tischfußball gegen den Papa triumphieren. Wer nach alledem nicht hungrig nach Hause fahren möchte, findet im Bistro eine große Auswahl an Speisen und Getränken.

Maxxis Familien- + Spiele-Paradies
Gewerbegebiet Pfauseeallee, 99869 Emleben
Telefon: 066196/29155, www.maxxis-paradies.de

Sachsen

0646 Elbtouren mit der Sächsischen Dampfschiffahrt

Nostalgietouren durch die traumhafte Landschaft der Sächsischen Schweiz

Wollten Sie und Ihre Kinder schon einmal auf einem historischen Raddampfer anno 1879 fahren? Dann auf zur Sächsischen Dampfschiffahrt! Mit neun 79 bis 129 Jahre alten Raddampfern besitzt sie die größte und älteste Raddampfflotte der Welt. Auf den schnaufenden Riesen treten Groß und Klein nicht nur eine Reise auf der Elbe, sondern auch in die Vergangenheit an. Dabei hat man die Wahl, von Dresden aus das zum UNESCO-Welterbe gehörende Elbtal bis Bad Schandau, die Sächsische Weinstraße bis Seußlitz, die traumhafte Landschaft der Sächsischen Schweiz bis Schmilka oder die interessanten Schlösser bis Schloss Pillnitz zu erkunden und unterwegs auszusteigen. Wer es ganz bequem mag und nicht aussteigen möchte, macht eine Stadtrundfahrt oder eine Brückentour um Dresden herum.

Sächsische Dampfschiffahrts GmbH & Co. Conti Elbschiffahrts KG
Hertha-Lindner-Straße 10, 01067 Dresden
Telefon: 0351/86609-0
www.saechsische-dampfschiffahrt.de

0647 Verkehrsmuseum Dresden

Einmal Lokführer oder Pilot spielen!

Das Verkehrsmuseum Dresden ist ein Muss für alle kleinen Lokführer und Piloten. In dem historischen Johanneum-Gebäude findet sich ein wahrer Schatz an Ausstellungsstücken zur sächsischen Verkehrsgeschichte. Besucher gehen auf eine Zeitreise, die von Sänften und Pferdebussen bis zur elektrischen Straßenbahn im Nahverkehr führt. Aber auch die Eisenbahn kommt nicht zu kurz, wurde doch auf der Strecke Leipzig–Dresden die erste Ferneisenbahn Deutschlands eröffnet. Außerdem wird die Geschichte von Fahrrädern, Motorrädern, Autos und LKWs entsprechend gewürdigt. Groß und Klein können dabei viele Raritäten bestaunen, so zum Beispiel eine Nachbildung von Carl Benz' historischem Dreirad, dem Vorläufer der modernen Autos. Danach geht's ins Wasser und in die Luft, denn die folgenden Ausstellungsräume bringen Erwachsenen und Kindern die Entwicklung der Schiff- und Luftfahrt näher. Zu den Highlights gehören dabei eine in Meeresblau gehüllte Schatztruhe, prachtvolle Gondeln und zahlreiche Flugzeugnachbauten. Besonders die kleinen Besucher werden davon begeistert sein, in den Führerständen der Schmalspurloks Lokführer zu spielen oder im Flugsimulator eine Boeing 737 oder ein UFO zu fliegen. Ein besonderes Programm gibt es für alle Geburtstagskinder und ihre Gäste, das auch das Basteln von Autos, Schiffen und Flugzeugen einschließt.

Verkehrsmuseum Dresden GmbH, Augustusstraße 1, 01067 Dresden
Telefon: 0351/8644-0, www.verkehrsmuseum-dresden.de

0648 Puppenmuseum Dresden

Komm ins Reich der Puppen!

Das Puppenmuseum Dresden ist ein Muss für alle großen und kleinen Puppenliebhaber. Auf über 120 m^2 Ausstellungsfläche werden über 500 Puppen, zahlreiche Teddys und viel Spielzeug aus dem letzten Jahrhundert ausgestellt. So können Kinder anschaulich sehen, wie ihre Eltern oder Großeltern einst spielten. Und sollte dem eigenen Teddy oder der Puppe mal etwas zustoßen, steht die hauseigene Puppenklinik im Museum den Puppenmüttern mit Rat und Tat zur Seite und flickt das gute Stück fachgerecht wieder zusammen.

Puppenmuseum Dresden, Villa Romantika
Königsbrücker Straße 53, 01099 Dresden
Telefon: 0351/56355721, www.puppenmuseum.com

0649 Theater Junge Generation, Dresden

Vorhang auf und Bühne frei im größten Kinder- und Jugendtheater Deutschlands!

Ihr Kind ist theater- oder puppenspielbegeistert? Dann sind sie beim Theater Junge Generation in Dresden an der richtigen Stelle, denn das reichhaltige Repertoire des größten Kinder- und Jugendtheaters in Deutschland bietet etwas für jeden Geschmack und jedes Alter. Das Puppentheater bringt Mär-

Puppentheater vom Feinsten

chen, spannende und lustige Geschichten für vorwiegend kleinere Kinder, ab vier Jahren, auf die Bühne. Das Schauspielhaus führt hingegen neben Klassikern der Kinderliteratur auch anspruchsvolle Kost wie „Faust" und „Antigone" für größere Kinder und Jugendliche auf. Für Kindergartengruppen und Schulklassen gibt es außerdem spezielle Angebote der Theaterpädagogik, z. B. können sie von der ersten Probe bis zur Premiere eines Stückes hautnah dabei sein.

Theater Junge Generation
Meißner Landstraße 4
01157 Dresden
Telefon: 0351/429120
www.tjg-dresden.de

0650 Elbamare Erlebnisbad, Dresden

Badefreuden mit Delfinrutsche und Wasserpilz

Das Erlebnisbad Elbamare in Dresden bietet einen aufregenden Badespaß für Jung und Alt zu jeder Jahreszeit. Außer einem 25 Meter langen Sportbecken verfügt das Bad über ein 30 Grad warmes Erlebnisbecken mit Außenbereich, in dem man sich im Strömungskreisel treiben oder eine angenehme Nackendusche und Unterwassermassage genießen kann. Für Entspannung sorgt ein Hot-Whirl-Pool auf einer grünen Insel mitten im Erlebnisbecken. Kindern machen vor allem die Wasserkanone und der Geysir viel Spaß. Aufregend wird es auf der verschlungenen, 80 Meter langen Riesenrutsche, auf der Jung und Alt talwärts fahren. Aber auch für die Kleinsten ist gesorgt: Das 33 Grad warme Kinderbecken bringt abwechslungsreichen Badespaß mit einer Delfinrutsche und einem Wasserpilz.

Elbamare Erlebnisbad Dresden GmbH
Wölfnitzer Ring 65, 01169 Dresden
Telefon: 0351/41009-0, www.elbamare.de

0651 Zoo Dresden

Elefanten, Löwen und Pinguine ganz nah

Afrika liegt in Sachsen – genauer gesagt im Afrikahaus des Zoos Dresden. Hier können Kinder und Erwachsene die Elefanten und Urwaldpaviane dieses Kontinents bestaunen, während sie auf dem weichen Bodens des tropischen Urwalds lustwandeln oder eine Erfrischung im „Africafé" genießen. Gleich nebenan beginnt die Savanne; die neu eröffnete Löwen- und Karakalanlage wurde artgerecht gestaltet, und die Besucher können die beiden Löwen Layla und Jago entweder aus fünf Meter Höhe vom Besucherfelsen aus beobachten oder hautnah durch eine Glasscheibe auf ebener Erde.

Aber der Zoo Dresden bietet noch viel mehr für Groß und Klein: Im Aquarium/ Terrarium trifft man auf Piranhas und Krokodile, und in der begehbaren Tundra-Voliere kann man Birkhühner und Brachvögel auf einem 700 m^2 großen Areal mit Moor und Teich bewundern. Gleich nebenan leben die Menschenaffen und Primaten in speziellen Häusern, während Adler und Geier über ihnen in der Greifvogelvoliere kreisen. Und die Reise geht bis in das Erdinnere weiter: Im Zoo unter der Erde lassen sich die Tiere beobachten, die unseren Blicken normalerweise verborgen sind, von Ratten und Höhlengrillen bis zu blinden Höhlensalmlern. Aber kein Besuch im Zoo Dresden kommt ohne seinen Höhepunkt aus: das Füttern der Humboldtpinguine täglich um 15 Uhr. Während die possierlichen Frackträger sich um Heringe und Makrelen drängen, klären die Zoowärter die Besucher über das interessante Brutverhalten und Leben dieser Vögel auf.

Und falls die kleinen Zoobesucher sich auch einmal etwas bewegen wollen, bieten sich sechs Spielplätze zum Herumtoben an, die an strategischen Punkten auf dem 13 Hektar großen Zoogelände platziert sind. Den Tieren hautnah begegnen können die lieben Kleinen im Streichelgehege, wo Kamerunschaf und Meerschweinchen einladen. Nebenan befindet sich eine Anlage zum Ponyreiten, bei der man zu bestimmten Terminen auf dem Sattel Platz nehmen und einige Runden drehen kann. Außerdem bietet das traditionelle Kasperletheater kindgerechte Unterhaltung mit Zooabenteuern von März bis Oktober.

Zoo Dresden, Tiergartenstraße 1, 01219 Dresden
Telefon: 0351/478060, www.zoo-dresden.de

0652 Kidsplanet Dresden

Ein Abenteuerspielplatz bei jedem Wetter

Der Kidsplanet ist in Dresden gelandet und bietet auf über 2.000 Quadratmetern intergalaktischen Spielspaß. Kinder fühlen sich wie Piraten, wenn sie auf der Abenteuerinsel nach einem Schatz suchen, oder wie Abenteurer, wenn sie auf dem Klettergerüst, den Trampolinen und dem Wabbelberg nach Lust und Laune herumtoben. Rennfahrer werden die Kartbahn lieben. Dazu kommen ein Bereich mit Lerncomputern und ein separater Kleinkindbereich. Die Eltern dürfen sich derweil im Bistro entspannen, das einen strategisch günstigen Blick über den Spielbereich ermöglicht. Für Kindergeburtstage bietet Kidsplanet einen besonderen Service an. Und wer gar nicht mehr wegwill, kann einmal im Monat auch übernachten – dann finden die Pyjama-Partys von 19.00 bis 9.30 Uhr am nächsten Morgen statt.

Kidsplanet Dresden
Siemensstraße 9, 01257 Dresden
Telefon: 0351/2072699, www.kidsplanet.tv

0653 Karl-May-Museum, Radebeul

Eine Reise ins Reich von Winnetou und Old Shatterhand

Der Besuch des Karl-May-Museums in Radebeul ist ein absolutes Muss für jeden kleinen und großen Karl-May-Fan! In dem liebevoll restaurierten Wohnhaus des Schriftstellers, der „Villa Old Shatterhand", sind der Empfangssalon, das Arbeitszimmer und die Bibliothek mit authentischem Inventar zu sehen. Ausgestellt sind auch „Silberbüchse", „Bärentöter" und „Henrystutzen", die Waffen von Winnetou und Old Shat-

Karl-May-Museum Radebeul

terhand, was auf das besondere Interesse der kleinen Museumsbesucher stoßen sollte.
Das benachbarte Blockhaus „Villa Bärenfett“ bietet dagegen einen Überblick über die Lebensgewohnheiten der Indianer Nordamerikas und zeigt über 850 Artefakte, einen für Europa einmaligen Sammelbestand. Kinder und Erwachsene können dort Indianerfiguren in Lebensgröße bestaunen, die die Kleidung verschiedener Stämme tragen, und den Wild-West-Raum mit einem Grizzlybär und anderen Jagdtrophäen besuchen.

Karl-May-Museum, Karl-May-Straße 5, 01445 Radebeul
Telefon: 0351/8373010, www.karl-may-stiftung.de/museum/

0654 Nudelcenter Riesa

Alles rund um die Nudel

Ihr Kind liebt Nudeln? Dann nichts wie los zum Nudelcenter Riesa! Hier erfahren große und kleine Besucher alles rund um das Thema Nudel. In der gläsernen Produktion erleben sie hautnah bei einem 1,5 Stunden langen Rundgang die Herstellung von Ravioli & Co. und lernen viel Wissenswertes über diese köstliche Speise. Wer sich dafür interessiert, wie die Riesaer Teigwarenwerke zu dem wurden, was sie sind, kann zudem das Nudelmuseum besuchen. Und sogar selbst kochen. Dazu bietet das Kochstudio extra Kinderkochkurse für 9- bis 14-Jährige an, die das leckere Selbstgekochte anschließend verspeisen können. Wer es bequemer mag, geht gleich ins Nudelrestaurant und führt sich seine Lieblingsspeise dort zu Gemüte.

Nudeln aller Art sind im Nudelcenter Riesa zu sehen

Nudelcenter der Teigwarenwerke Riesa
Merzdorfer Straße 21–25, 01591 Riesa
Telefon: 03525/720355, www.teigwaren-riesa.de

0655 Albrechtsburg Meißen

Kinderspaß mit Schlossgespenst Albin

Kinderherzen schlagen höher, wenn es um die Albrechtsburg in Meißen geht. Stolz thront das älteste deutsche Schloss im spätgotischen Stil über dem sagenhaften Elbtal. Hier fühlen sich große und kleine Besucher im Nu ins Mittelalter versetzt, wenn sie in Filzpantoffeln durch die wohlerhaltenen großen Säle schreiten und über die sächsische Geschichte und die erste europäische Porzellanmanufaktur an diesem Ort aufgeklärt werden. Gerade für Kinder ab dem Grundschulalter bietet die Museumspädagogik eine Vielzahl von Veranstaltungen zum Mitmachen und Lernen: von mittelalterlicher Musik, Küchendienst, Marktszenen über Pfeil- und Bogenschießen und das Bemalen von Porzellan bis zum Zusammentreffen mit dem netten Schlossgespenst Albin, das durch das Schloss führt. Für Geburtstagskinder und ihre Gäste gibt es einen besonderen Service, bei denen die Kleinen am Ende zum Ritter geschlagen oder zur Burgherrin ernannt werden. Und ganz spannend wird es an Halloween: Dann müssen Kinder bis zu 10 Jahren den Burggeist Albin aus den Fängen des bösen Zauberers befreien.

Albrechtsburg Meißen
Domplatz 1, 01662 Meißen
Telefon: 03521/47070
www.albrechtsburg.de

0656 Freizeitbad Wellenspiel Meißen

Planschen mit Rutschelefant, Spritzente und Dino

Herrlichen Badespaß für Jung und Alt bietet das Freizeitbad Wellenspiel Meißen in seiner geräumigen Anlage. Neben einer ausgedehnten Saunalandschaft laden mehrere Wasserbecken zum ausgiebigen Planschen und Schwimmen ein. Das Sportbecken bietet neben Bahnschwimmen auch ein stündliches Wellenbaden am Wochenende, an Feiertagen und in den Schulferien an. Jeden Freitag ab 15 Uhr können ältere Kinder mit einem großen aufblasbaren Dino in den Wellen toben. Jüngere Kinder tummeln sich direkt neben dem Gastronomiebereich im Kleinkindbecken, wo Rutschelefant und Spritzente zum Spielen einladen. Im Erlebnisbecken gibt es außer Sprudelliegen, Wasserfall, Massagedüsen, Wasserkanone und Wirbelbucht auch eine 85 Meter hohe Riesenrutsche für wagemutige Abenteurer.

Freizeitbad „Wellenspiel Meißen"
Bergha usstraße 2, 01662 Meißen
Telefon: 03521/701130, www.wellenspiel.de

0657 Remmi-Demmi-Kinderland, Bannewitz

Einfach mal Cowboy oder Rennfahrer sein

Das Remmi-Demmi-Kinderland in Bannewitz lässt Kinderherzen höherschlagen. Auf fast 3.000 Quadratmetern können sich die Kleinen in Sachsens größtem Hallenspielplatz so richtig austoben. Wer möchte wie Jonas das Maul eines Walfisches erkunden? Die Walfischhüpfburg macht's möglich und hat eine 4 Meter lange Rutsche bis ins Walfischmaul. Danach wartet schon ein Riesenklettergerüst mit Ballkanonen, Dunkelraum, Ballbad und vielen Rutschen auf den Besucher. Wie ein Cowboy macht man beim Bullriding mit oder versucht sich als Rennfahrer auf der Elektrokartbahn. Noch aufregender wird es auf den Trampolinen und an der Spiderman-Kletterwand. Für Entspannung sorgen danach die Sandkiste mit versteckten Schätzen, das Riesenbausteinzimmer, die 12-Loch-Mini-Golfanlage und das 3D-Kino mit Lasershow. Die kleinsten Besucher bis zu 3 Jahren vergnügen sich in einem separaten Kleinkindbereich mit Ballbad, kleinen Rutschen und Soft-Spieltieren. Bei schönem Wetter ist von April bis Oktober der Außenbereich mit Sandkasten, Spaßfahrrädern und der Biergarten „Karibik-Oase" geöffnet.

Remmi-Demmi-Kinderland, Windbergstraße 54, 01728 Bannewitz
Telefon: 0351/4247247, www.remmi-demmi-kinderland.de

0658 Deutsches Uhrenmuseum Glashütte

Hier ticken die Uhren anders!

Zeit ist etwas, wovon man nie genug haben kann. Im Deutschen Uhrenmuseum Glashütte erfahren Jung und Alt Wissenswertes und Erstaunliches über unsere Zeitmesser und unser Verhältnis zu Zeit. Dabei geht es dem Uhrenmuseum nicht nur um die hohe Uhrmacherkunst an sich, sondern auch um eine emotionale und philosophische Annäherung an das Phänomen Zeit für Laien, Familien und junge Menschen. 400 einmalige Ausstellungsstücke werden auf ca. 1.000 m² den großen und kleinen Besuchern in sogenannten Historien- und Zeiträumen nähergebracht. In den Historienräumen erfahren Jung und Alt die geschichtlichen Hintergründe zur Uhrenstadt Glashütte und zu wichtigen Persönlichkeiten wie Ferdinand Adolph Lange und Julius Assmann. In den Zeiträumen wird diese Chronologie aufgebrochen, und die Besucher werden dem Phänomen Zeit ganzheitlich ausgesetzt. So findet man sich z. B. innerhalb des Mikrokosmos einer mechanischen Uhr wieder und kann den Ablauf und das Zusammenspiel ihrer Einzelteile hautnah miterleben.

Taschenuhr – Relikt aus alten Zeiten

Deutsches Uhrenmuseum Glashütte
Schillerstraße 3a, 01768 Glashütte
Telefon: 035053/46283
www.uhrenmuseum-glashütte.de

0659 Geibeltbad Pirna

Doppelter Badespaß für Jung und Alt

Mitten in der Sächsischen Schweiz liegt das Geibeltbad Pirna und bietet zwei Badeerlebnisse in einem. Das Freibad wurde 1937 im traditionellen Kurhausstil erbaut und wartet auf mit einem 50-Meter-Sportschwimmbecken, einem Springerbecken und einem Nichtschwimmerbecken mit Blick auf die liebliche Landschaft des Gottleubatals und des Kohlbergs. Kinder können hier nicht nur planschen, sondern auch matschen und klettern und sich auf der Sonnenwiese tummeln.

Das moderne Freizeitbad nebenan wurde als helle Glas-Stahl-Konstruktion 2001 erbaut und bietet ganzjährig einen aufregenden Badespaß für Jung und Alt. Die Badelandschaft besteht aus diversen Schwimmbecken inklusive einem warmen Außenbecken mit Whirlgrotte, Wasserschirm und Sprudelsitzen, einem Dampfbad und einer Saunalandschaft. Die Kleinen freuen sich über einen Wasserspielplatz mit eigenem „Strand“, Schiffchenkanal, Wasserspeier, Flussstein und Wasserfontänen. Eine besondere Attraktion ist die gläserne, 100 Meter hohe Riesenrutsche.

Geibeltbad Pirna, Rottwerndorfer Straße 56c, 01796 Pirna
Telefon: 03501/710900, www.geibeltbad-pirna.de

0660 Nationalpark Sächsische Schweiz

Hundert Quadratkilometer atemberaubende Landschaft

Zerklüftete Felsen, imposante Tafelberge, träumerische Nadelwälder, sanfte Wiesen und die sich dahinschlängelnde Elbe bilden den Nationalpark Sächsische Schweiz. Er ist mit seinen 400 km Wanderwegen und 93,5 Quadratkilometer Fläche Teil des Elbsandsteingebirges und grenzt an die Böhmische Schweiz und an das Landschaftsschutzgebiet Sächsische Schweiz, mit der er eine Nationalparkregion bildet. Hier können Groß und Klein Natur pur in einer atemberaubenden Landschaft erleben, die zu 92 % bewaldet ist. Dabei verfügt das Elbsandsteingebirge über eine hohe Anzahl unterschiedlichster Lebensräume auf engstem Platz und bietet einige interessante ökologische Besonderheiten. Junge und alte Besucher können sich die zahlreichen Panoramablicke, Ausflugsziele und Berggaststätten erwandern oder auch einige Gebiete per Fahrrad erkunden. Dazu kommen zahlreiche extra ausgewiesene Kletterareale, Reit- und Wasserwanderwege, öffentliche Feuerstellen, Freiübernachtungsstellen und zahlreiche Höhlen, die jedoch häufig nur auf kostenpflichtigen Höhlentouren (siehe separaten Eintrag) besucht werden können.

Staatsbetrieb Sachsenforst, Nationalparkamt Sächsische Schweiz
An der Elbe 4, 01814 Bad Schandau
Telefon: 035022/900-600
www.nationalpark-saechsische-schweiz.de

0661 monte mare Neustadt

Karibische Badefreuden mitten in Sachsen

Sind Sie und Ihre Kleinen reif für die Insel? Dann ist das Erlebnisbad monte mare in Neustadt gerade das Richtige für Sie. Auf über 1.300 m^2 versprechen Badetemperaturen von über 28 Grad und karibisches Flair ein einzigartiges Badeerlebnis. Außer einer Saunalandschaft und einem Sportbecken locken ein Wellen-, ein Erlebnis- und ein Außenbecken mit sprudelnden Pools, Strömungskanal, Bodensprudlern und Wasserfall. Das Kleinkinderbecken wurde zu einer Kindererlebniswelt umgebaut, in der sich die Kleinen auf einer Dinorutsche, einer Affeninsel und sprudelnden Fröschen vergnügen können. Dazu gibt es Schwimmkurse, den für Kinder eingerichteten kostenlosen „mini-monti-Club“ und nach Voranmeldung ein Extra-Programm für Geburtstagkinder und ihre Gäste.

monte mare Neustadt
Götzingerstraße 12, 01844 Neustadt in Sachsen
Telefon: 03596/502070, www.monte-mare.de/de/neustadt

0662 NaturFreundehaus Burg Hohnstein

Auf einer richtigen Burg übernachten!

Wie im Märchen: Übernachtung auf Burg Hohnstein

Hoch über dem Polenztal in der atemberaubenden Landschaft der Sächsischen Schweiz thront die Burg Hohnstein. Sie ist die einzige noch existierende Burg im rechtselbischen Felsengebirge und dient heute als Familienferienstätte und Jugendhaus der „NaturFreunde Deutschlands“. Zahlreiche Wanderwege und der romantische Malerweg führen von der Burg zu zahlreichen Sehenswürdigkeiten der Sächsischen Schweiz.

Das Gebäude selbst beherbergt ein Museum, das über die Geschichte, Geologie sowie die Flora und Fauna von Hohnstein und dem Elbsandsteingebirge informiert.

Darüber hinaus bieten eine Kletterwand, Tischtennisplatten, ein Sportpavillon und ein Bolzplatz den kleinen Besuchern ausreichend Gelegenheit, sich auszutoben. Ein Lagerfeuer- und Grillplatz, eine Freilichtbühne im Burggraben und gemütliche Kaminabende im Burgkeller runden das Angebot ab. Zur Übernachtung laden zwölf Familienzimmer mit Dusche/WC ein, eine rechtzeitige Anmeldung ist auf jeden Fall nötig.

NaturFreundehaus Burg Hohnstein
Markt 1, 01848 Hohnstein
Telefon: 035975/81202
www.nfhw.de/haeuser/index.php?id=2

0663 Höhlentour Sächsische Schweiz

Abenteuer pur

Die Sächsische Schweiz ist nicht nur atemberaubend von außen, sondern auch von innen! Zusammen mit der Böhmischen Schweiz verfügt sie über 310 Höhlen, die zum Teil besichtigt werden können. Dabei kriechen Kinder und Erwachsene tief in das Innere des Elbsandsteingebirges und bestaunen dabei interessante Höhlenformationen und treffen Bewohner wie Feldermäuse und Bilche. Das ist nichts für schwache Nerven und auch nicht ganz ungefährlich, und so muss man wetter- und trittfeste Kleidung mitbringen und meist angeseilt bleiben. Verschiedene Anbieter bieten für Erwachsene und Kinder Kurse mit unterschiedlicher Altersbegrenzung an. Die Höhlen sind wegen der gleichbleibenden Temperatur von 8 bis 11 Grad das ganze Jahr über begehbar, aber von Ende Oktober bis Ende März zum Schutz der Fledermäuse geschlossen.

Rock-Trail GbR
Götzingerstraße 3, 01855 Sebnitz
Telefon: 035971/80300, www.rock-trail.de

Kletterschule Klettermax, Frank Großmann
Höhenweg 18, 01855 Ottendorf
Telefon: 035971/86997, www.klettermax-online.de

Aktivtour.De, Kaj Kinzel
Fr.-Bosse-Straße 12, 04159 Leipzig
Telefon: 0179/4504240, www.kletterausflug.de

0664 Snowtropolis, Hörlitz

Mehr als nur Ski!

Draußen sind 30 Grad im Schatten, und Ihre Kinder wollen Ski fahren? Dann ist das Snowtropolis in Hörlitz genau das Richtige für Sie, denn es bietet Winterspaß das ganze Jahr und bei jedem Wetter an. In der geräumigen Skihalle können Anfänger und Fortgeschrittene ihre Künste an einer 130 m langen Abfahrt mit Gefällen bis zu 25 Grad ausprobieren. Dazu kommt ein Funpark für Snowboarder und Freeskier mit Jumps, Kicker, Slider und Rails. Um die Wintersportfertigkeiten zu entwickeln oder aufzufrischen, bietet die hauseigene Ski- und Snowboardschule jungen und alten Besuchern Einzel-, Gruppen- und Familienkurse an. Im Winter steht außerdem eine große Eislaufbahn zum Schlittschuhfahren oder für Eishockey zur Verfügung. Einen besonderen Service gibt es für jüngere Besucher: Sowohl Kinder- als auch Teenagergeburtstage können mit Ski, Snowboard und Schlitten zwei Stunden lang in der Skihalle gefeiert werden. Hinterher gibt es noch eine kulinarische Stärkung.
Aber das Snowtropolis bietet mehr als nur Wintersport: Jung und Alt können sich auch auf einer der zahlreichen Bowlingbahnen vergnügen, in die Sauna gehen oder im Sommer Volleyball, Tennis und Badminton spielen. Und wer bei so vielen Freizeitangeboten gar nicht mehr wegwill, übernachtet in einem der Doppel- und Dreibetthäuser.

Snowtropolis GmbH & Co. KG, Tropolis 1, 01968 Hörlitz
Telefon: 03573/36370-0, www.snowtropolis.de

0665 Irrgarten Kleinwelka

Verirren kann so schön sein!

Der Irrgarten Kleinwelka in Bautzen ist ein Ort der Superlative, denn mit rund 5.000 Quadratmetern ist er Deutschlands größter Irrgarten. Für sein Eintrittsgeld bekommt man gleich drei Labyrinthe in einem: ein klassisches Labyrinth, ein Abenteuerlabyrinth und ein Rätsellabyrinth. Besonderer Kinderspaß ist bei dem Schatzsuchspiel angesagt, das nach Anmeldung für Gruppen jedes Alters angeboten wird und den nahegelegenen Miniaturenpark einbezieht.

Verirren ist menschlich

Auch Kindergeburtstage können hier gefeiert werden. Im Juni findet ein Zuckertütenfest für Familien und Gruppen im Irrgarten statt. Spezielle Überraschungen erleben die Kleinen zu Ostern, an Pfingsten und um Halloween. Gute Schüler aufgepasst: Im Juli ist „Zeugnisbelohnungstag“! Dann kommt ihr mit eurem Zeugnis umsonst in den Garten, und für besonders gute Noten gibt es ein Eis umsonst!

Irrgarten Kleinwelka
Am Wasserturm 14, 02625 Bautzen
Telefon: 035935/20575, www.irrgarten-kleinwelka.de

0666 Saurierpark Kleinwelka

Auge in Auge mit Tyrannosaurus Rex

Ein absolutes Muss für Dinosaurierfans ist der Saurierpark in Kleinwelka, in dem große und kleine Besucher eine Zeitreise von 65 Millionen Jahren antreten. Die Ausstellung führt dabei Erwachsene und Kinder von den ersten Dinosauriern im Perm bis zum Aussterben in der Kreidezeit. Aber nicht nur den 15 Meter hohen Brachiosaurus und den Tyrannosaurus Rex trifft man hier, sondern auch andere Lebewesen der Urzeit. Einer der Höhepunkte ist das neu gestaltete Themenareal „Im Reich der Giganten“, das uns in die Zeit des Juras entführt. 80 neue Plastiken stellen dabei sieben urzeitliche Szenen hautnah für alte und junge Dinofans nach. Insgesamt verfügt der Park über 200 Saurierplastiken, eine Ausgrabungsstätte, ein Saurierkino, eine Abenteuerkletteranlage und einen Planetenspielplatz. Der Park ist dabei nur von März bis Ende Oktober geöffnet. Die Eintrittskarte für den Saurierpark erlaubt auch den Besuch im naheliegenden privaten Sauriergarten Großwelka, der vom Vater der Saurierplastiken in Kleinwelka, Franz Gruß, angelegt wurde und der ganzjährig geöffnet ist.

Saurierpark Kleinwelka
Am Saurierpark 1, 02625 Bautzen, OT Kleinwelka
Telefon: 035935/3036, www.saurierpark.de

0667 Barfußweg Mittelherwigsdorf

Barfuß durch die Oberlausitz

Ein besonderes Fuß-Fühlerlebnis für die ganze Familie bietet der Barfußweg Mittelherwigsdorf, der über 3 km durch die schöne Landschaft des Schülerbuschs im Naturpark Zittauer Gebirge in der Oberlausitz führt. An vierzehn Stationen werden große und kleine Füße mit abwechslungsreichen Herausforderungen und sinnlichen Eindrücken konfrontiert. Los geht's mit einem Pfostenlauf und der Balance auf einem Balken, gefolgt vom nackten Gehen über Grobkiesel, Geschreddertes, Schlamm und Reisig. Nach weiteren Abenteuern folgt dann die erfrischende Flussüberquerung der Mandau, um anschließend bis zum Knie im Schlamm herumpatschen zu können. Wie gut, dass am Ende der Waschplatz auf die schmutzigen Füße wartet ...

Gemeindeverwaltung Mittelherwigsdorf
Am Gemeindeamt 7, 02763 Mittelherwigsdorf
Telefon: 03583/50130, www.mittelherwigsdorf.de

0668 Tierpark Zittau

Australien in Sachsen

Der Tierpark Zittau lädt zu einer Weltreise um den Globus ein, denn hier leben in einer Australienanlage mit 4.000 m² Freifläche sechs verschiedene Tierarten aus Australien, darunter Kängurus, Emus, lachende Hänse und Mähnengänse. Aber auch der Kontinent Südamerika kommt in Zittau nicht zu kurz, und so können Groß und Klein Nasenbären, Lamas, Nandus und Karakaras bestaunen. Außer einer begehbaren Damwildanlage hat der Park noch allerhand heimische Arten zu bieten: Luchse, Rotfüchse, Wildkatzen, viele Greifvögel und Entenarten sind in freier Natur zu beobachten. Speziell für die Kleinen wurde ein Streichelgehege mit Schafen, Hühnern, Laufenten, Kaninchen und Minischweinen eingerichtet. Dazu kommen ein Abenteuerspielplatz, ein Sportgarten, ein Lehmspielplatz und Rastplatz-Jurten zum Entspannen. Wechselnde Ausstellungen und pädagogische Veranstaltungen finden regelmäßig im „Käferkabinett" statt – Natur zum Anfassen.

Tierpark Zittau, Weinaupark 2a, 02763 Zittau
Telefon: 03583/701122
www.tierpark-zittau.de

0669 Altstadtfest Görlitz

Handwerk und Feste wie im Mittelalter

Das Görlitzer Altstadtfest wird jedes Jahr in der letzten Augustwoche gefeiert. Für die großen wie die kleinen Besucher lohnt sich ein Besuch des historischen Teils des Festes rund um den Untermarkt: Gaukler, Musiker, Händler und Handwerker laden ein, das Mittelalter hautnah zu erleben. Fladenbrot selbst backen, Blumen- und Kräuterkränze binden sowie basteln mit Stroh werden speziell für Kinder angeboten. Märchenerzähler und Puppentheater unterhalten die Kleinen, und dazwischen können sie mittelalterliche Spiele lernen. Verschiedene Anbieter verleihen Kostüme, so dass sich Groß und Klein zeitgemäß in Wams und Mieder ausstatten können.

Altstadtfest im idyllischen Görlitz

Touristeninformation Görlitz
Obermarkt 32, 02826 Görlitz
Telefon: 03581/47570, www.altstadtfest-goerlitz.de

15.

0670 Naturschutz-Tierpark Görlitz

Natur und Tiere ganzheitlich erleben

Der Naturschutz-Tierpark Görlitz ist klein, aber fein: Auf einer Fläche von 5 ha tummeln sich etwa 500 Tiere bzw. 140 Arten überwiegend aus Zentralasien und Europa. Der östlichste Tierpark Deutschlands hat es sich zum Ziel gesetzt, ein „multifunktionelles Kulturinstitut" für Groß und Klein zu sein. So wurden in den Tiergehegen nicht nur die jeweilige Landschaft des Lebensraumes, sondern auch die typischen Häuser der Region nachgestaltet – wie z. B. das Tibetdorf. Besondere Highlights sind dabei ein 4.000 m² großes Fischottergehege mit einer Abenteuerbrücke und das 2.000 m² umfassende Gehege für die Roten Pandas, das über einen Chinapavillon verfügt. Hinzu kommen ein Freigehege mit Rhesusaffen, ein Haustierstall mit Streichelgehege und eine Wiese voller Weißstörche. Wissenswertes dazu liefert die Dauerausstellung „Klapperstorch mein Guter". Besonders anregend für Kinder sind die zahlreichen „Natur-Schau-Spiele" wie Fühlkisten und Erlebnispfade, die den Kleinen biologisches Wissen ganzheitlich und spielerisch näherbringen – tierisch gut!

Luchs im Tierpark Görlitz

Darüber hinaus können große und kleine Besucher zweimal täglich den Fütterungen von Fischottern und Roten Pandas zusehen und einmal täglich der Fütterung der Luchse. Und im Sommer können 10 bis 13 Jahre alte naturbegeisterte Kinder eine ganze Woche in die Otterferien fahren! Einen besonderen Service bietet der Tierpark größeren und kleinen Geburtstagskindern: Sie dürfen mit ihren Gästen hinter die Kulissen des Tierparks schauen, auf Ponys oder Kamelen reiten und sich am Lagerfeuer vergnügen.

Naturschutz-Tierpark Görlitz
Zittauer Straße 43, 02826 Görlitz
Telefon: 03581/407400, www.tierpark-goerlitz.de

0671 Kulturinsel Einsiedel, Neißeaue

Mit einer Taschenlampe durchs Käseberglabyrinth

Reif für die Insel? Die Kulturinsel Einsiedel bietet ober- und unterirdische Erlebnisse der besonderen Art für Groß und Klein. Über der Erde lädt eine Spielwelt aus Piratenschiff, Zauberschloss, Geisterwald, abenteuerlichen Brücken und fantasievollen Spielgeräten aus Holz zum Be-Sitzen, Be-Spielen und Be-Greifen ein. Unter der Erde wartet ein Labyrinth im Käseberg mit über 500 m unterirdischen Gängen und 46 Ausgängen auf kleine Abenteurer. Dem Nachwuchs, mindestens im Grundschulalter, einfach eine Taschenlampe und dreckresistente Kleidung mitgeben, und los geht der Spaß! Nach den Erkundungen lockt die Feuerschenke in der Kulturscheune, die slawische Köstlichkeiten und die Möglichkeit anbietet, Fleischkäse oder Kräuterwurst auf einer offenen Feuerstelle zu braten. Und wenn die Kleinen die Insel abends gar nicht mehr verlassen wollen, buchen Sie am besten eine Nacht in einem der acht Baumhaushotels, die auf so klangvolle Namen wie „Modelpfutzens Wipfelgipfel“ und „Fionas Luftschloss“ hören. Ein ständig wechselndes Programm von Veranstaltungen und Festen bietet Abwechslung für die ganze Familie.

Fantasievolles Märchenschloss auf der Kulturinsel Einsiedel

Kulturinsel Einsiedel
Kulturinsel Einsiedel 1, 02829 Neißeaue, Zentendorf
Telefon: 035891/4910
www.kulturinsel.de

0672 Landkino Arnsdorf, Vierkirchen

Ein Kinoerlebnis der besonderen Art

Ins Kino zu gehen, bedeutet in der Gemeinde Arnsdorf etwas anderes als in der Großstadt, denn in Arnsdorf ist die alte Scheune des Arnsdorfer Pfarrhauses liebevoll in ein Landkino umgestaltet worden. Mit seinem Eintrittsgeld wird man automatisch Mitglied im Verein für Kirchenbau und Dorfgeschichte Arnsdorf-Hilbersdorf, Thiemendorf e. V. und kann sowohl Filme für Erwachsene als auch für Kinder auf alten Kirchenbänken anschauen. Die Kinder- und Familienfilme laufen dabei meistens samstagnachmittags. Darüber hinaus liegt Arnsdorf am ökumenischen Pilgerweg, und so bietet das Landkino auch noch eine Übernachtungsstätte für Wanderer mit Pilgerausweis an.

Kino in der Scheune

Landkino Arnsdorf
Arnsdorf 189, 02894 Vierkirchen
Telefon: 035827/70831
www.landkino-arnsdorf.de

0673 Tierpark Weißwasser

Viel Spaß mit Hedwig, der Eule

Der Tierpark Weißwasser bietet eine bunte Vielfalt von Tieren. Auf dem 6 ha großen Areal mit altem Baumbestand können Jung und Alt Lamas, Mantelpavianen, Zebras und zahlreichen anderen Tieren aus Europa, Asien und Südamerika in zum Teil begehbaren Anlagen ganz nah kommen. Dazu bieten ein Holzspielplatz und weitere Spielanlagen viel Platz zum Austoben, während die „Lernwerkstatt Natur" und eine Zooschule Wissenswertes über die Tierwelt liefern. Für größere und kleinere Geburtstagskinder und ihre Gäste bietet der Zoo ein besonderes Programm an, bei dem auch die Eule Hedwig, das Maskottchen des Zoos, nicht fehlen darf.

Tierparkgesellschaft Weißwasser e. V.
Teichstraße 56, 02943 Weißwasser
Telefon: 03576/208366
www.tierpark-weisswasser.de

0674 Waldeisenbahn Muskau, Weißwasser

Mit Volldampf auf Nostalgietour

Die Waldeisenbahn Muskau ist in Deutschland einzigartig: Sie ist sowohl die einzige noch fahrende Waldeisenbahn als auch die Museumsbahn mit dem längsten Schienennetz auf 600 mm breiten Gleisen. Ihre 20 Kilometer lange Strecke führt durch die atemberaubende Landschaft zwischen Bad Muskau und Weißwasser bzw. entlang einer Zweitstrecke zwischen Weißwasser und Kromlau. Zu den Höhenpunkten an der Strecke gehören der größte Rhododendron- und Azaleen-Park Deutschlands in Kromlau, der berühmte Fürst-Pückler-Park in Muskau und die Glasmacher-Werkstätten in Weißwasser. Aber aufregend sind nicht nur die Stationen, sondern auch die Fahrt selbst. Die ganze Familie kann dabei eine nostalgische Reise in eine vergangene Zeit unternehmen und sich an den historischen Waggons mit Diesel- oder Dampflokbetrieb erfreuen.

Reise in die Vergangenheit

Waldeisenbahn Muskau, Bahnhof Weißwasser
Teichstraße, 02943 Weißwasser
Telefon: 03576/207472
www.waldeisenbahn.de

0675 Zoo Leipzig

Einmalige Safari-Erlebnisse im Zoo der Zukunft

Der Zoo Leipzig gilt als einer der wichtigsten und schönsten Zoos Deutschlands und kam auf Platz 5 der besten großen Zoos, die vom Magazin „Stern“ 2008 landesweit getestet wurden. Von 2000 bis 2014 wird das gesamte Zooareal nach neuesten tierpflegerischen und besucherfreundlichen Gesichtspunkten zum Zoo der Zukunft umgebaut. Das Ergebnis kann sich bereits jetzt sehen lassen: Hier können große und kleine Besucher mit allen Sinnen auf Safari gehen! Besondere Höhepunkte sind dabei die Löwensavanne „Makasi Simba“, bei der man die Raubtiere aus nächster Nähe beobachten kann, die Anlage der possierlichen Erdmännchen und die „Kiwara-Savanne“ mit Giraffen, Säbelantilopen, Thomsongazellen und Zebras. Nur durch einen Graben getrennt leben die Tüpfelhyänen, die Groß und Klein von der „Kiwara Lodge“ aus beobachten. Und im dichten Opakiwald pirscht man sich an die scheue Kurzhalsgiraffe heran. Aufregend wird es im Themenbereich Asien: Hier kann man aus einer Höhle heraus Lippenbären anschauen, Tigern beim Kämpfen zusehen oder den sympathischen Dickhäutern beim Tauchen und Baden im Unterwasserbereich des Elefantentempels „Ganesha Mandir“ beiwohnen. Einzigartig ist der Bereich Pongoland: Er ist mit vier verschiedenen Menschenaffenarten auf 30.000 Quadratmetern der größte der Welt! Hier führen die Forscher des Max-Planck-Instituts Verhaltensbeobachtungen vor den Augen der Besucher aus. Hinter dem Pongoland finden Kinder hautnahen Kontakt zu den Vierbeinern im Tierkindergarten und Streichelkral. Wem das alles zu aufregend ist, der tollt auf einem der zahlreichen Abenteuerspielplätze herum oder fährt mit dem Safari-Train. Und für Geburtstagskinder jedes Alters bietet der Zoo eine breite Palette von Angeboten. Eine Voranmeldung drei Wochen im Voraus ist dafür dringend geboten.

Zoo Leipzig GmbH
Pfaffendorfer Straße 29, 04105 Leipzig
Telefon: 0341/5933385, www.zoo-leipzig.de

0676 Kulkwitzer See, Leipzig

Ganzjähriger Freizeitspaß im Grünen

Der Kulkwitzer See ist eine herrliche Oase am Stadtrand von Leipzig und gilt als einer der klarsten und saubersten Seen Deutschlands. Im Sommer sind zahlreiche Freizeitmöglichkeiten für Jung und Alt in

Badeparadies Kulkwitzer See

und um den See herum vorhanden. So laden ein Bootsverleih, eine Wasserski- und Wakeboardanlage sowie zahlreiche Spielplätze und Sportbereiche für Volleyball, Tischtennis und Kleinfeldfußball zu abwechslungsreichem Freizeitvergnügen ein. Segeln, Surfen, Kanusport und Angeln sind im Verein möglich. Die Schwimm- und Tauchschule der „Leipziger Delphine" bietet nicht nur Kinder- und Jugendgruppen, sondern auch eine „Interessengruppe Unterwasserbiologie" an. Aber der Freizeitspaß ist nicht auf den Sommer beschränkt: Im Winter kann man den See mit Skiern, Schlitten oder Schlittschuhen nutzen. Und für ganz robuste Schwimmer ist der Verein der Winterschwimmer, „Leipziger Pinguine", genau das Richtige – sie beginnen mitten im Winter am Kulkwitzer See mit ihrem Training.

Kulkwitzer See
Seestraße, 04207 Leipzig
Telefon: 0341/7104260 (Touristeninformation)
www.kulkwitzersee.com

0677 Belantis, Leipzig

Ab ins Land der Pharaonen, Ritter und Entdecker!

Belantis ist Ostdeutschlands größter Freizeitpark und bietet mit sieben Welten ein Vergnügen der Superlative für Jung und Alt. Der prachtvolle Bau des Belantis-Schlosses lässt mit einem Zirkuszelt, einem Kettenkarussell, einer Kindereisenbahn und einem nostalgischen Dampfkarussell Kinderherzen höherschlagen. Aber dann geht der Spaß erst richtig los! Das Tal der Pharaonen entführt zu einer Wildwasserfahrt und auf die große Pyramide. Weiter geht's ins Land der Grafen, wo einen die Gletscher-Rutsche mitten auf einen mittelalterlichen Marktplatz inklusive Gauklern und Fachwerkhäusern katapultiert. Auf der Insel der Ritter warten schon der Drachenritt – eine Achterbahnfahrt – und das Verlies des Grauens auf die großen und kleinen Besucher. Wer sich im Labyrinth von Avalon nicht verirrt, findet die Küste der Entdecker mit einem interaktiven Abenteuerspiel-

Fluch des Pharaos

platz und vielen weiteren Attraktionen vor. Ins alte Griechenland entführt der Strand der Götter, wo man den Flug des Ikarus auf einer Mini-Seilbahn miterleben kann. Den Abschluss bildet die Prärie der Indianer: Dort führt Häuptling Belanitu die Abenteurer auf den Pfad der Mutigen.

Belantis, Zur Weißen Mark 1, 04249 Leipzig
Telefon: 01378/403030, www.belantis.de

0678 Sachsen Therme, Leipzig

Plitsch, platsch, Badespaß!

Spannung oder Erholung? Die Sachsentherme bietet beides auf ihrem traumhaften, über 18.000 m^2 großen Areal. Für Spannung sorgen gleich zwei 120 Meter lange Riesenrutschen, eine Wasserkanone und zahlreiche Wasserfälle. Dazu kommen das schwerelose Treiben im Wildwasserkreisel und ein aufregendes Meereswellenbad. Für die ganz Kleinen gibt es Babyschwimmen und eine Kleinkindwelt mit Elefanten-Wasserrutsche und vielen Wasserspielen. Nach so viel Aufregung kann man sich dann in einem der Hot-Whirl-Pools oder auf den Massageliegen entspannen oder es sich bei Wasserorgel und Musik gutgehen lassen. Dazu locken eine Saunalandschaft inklusive eines Römischen Dampfbads und ein Massage-, Beauty- und Wellnessbereich.

Sachsen Therme, Schongauer Straße 19, 04329 Leipzig-Paunsdorf
Telefon: 0341/2599920, www.sachsentherme.de

0679 Kur- und Freizeitbad Riff, Bad Lausick

Eine blaue Lagune im Herzen Sachsens

Nirgendwo wird vor Vergnügen mehr gekreischt als im Riff-Bad in Bad Lausick. Kinder stürzen sich von den 3 bis 5 Meter hohen Klippen der Spaßpyramide oder lassen sich von der Strömung auf der 125 Meter langen Reifenrutsche „Crazy River“ treiben. Etwas ruhiger geht es auf der 118 Meter langen Röhrenrutsche zu. Entspannung ist bei den Luftperlbänken und Massagedüsen im Innen- sowie den Solebecken im Außenbereich angesagt. Für Babys und Kinder gibt es spezielle Schwimm- und Saunakurse. Auch Kindergeburtstage richtet das Kur- und Freizeitbad aus. Wem das ganze Treiben zu bunt wird, der lässt sich mit diversen Massagen und Körperpackungen im Wellnessbereich verwöhnen oder taucht in die Welt von Erdsauna und Eisgrotte in der Saunalandschaft ein.

Kur- und Freizeitbad Riff, Am Riff 3, 04651 Bad Lausick
Telefon: 034345/7150, www.freizeitbad-riff.de

0680 Freizeit- und Erlebnisbad Platsch, Oschatz

Einmaliger Rutschenrausch in Sachsen

Das Freizeit- und Erlebnisbad „Platsch" in Oschatz ist ein Ort der Superlative: Kein anderes Bad in Sachsen hat so viele lange Erlebnisrutschen. Auf zusammen über 430 Meter bringen es die vier Röhrenrutschen, auf denen Jung und Alt auf Gummireifen und Doppelbobs in die Tiefe rauschen. Aber auch für eher harmlosen Badespass für die Großen, Kleinen und Kleinsten ist gesorgt: Im Babybecken tollen Kleinkinder mit Wasserkarussell und Babyrutsche herum, während das Kinderbecken mit Schwimmer- und Nichtschwimmerbereich mit Sprudelgrotte und Wasserfall die etwas Größeren einlädt. Die Eltern lassen sich derweil im Strömungskanal im Schwimmerbecken treiben oder genießen das beheizte Außenbecken mit Massagedüsen. Im Sommer sind im Außenbereich weitere Becken für Groß und Klein geöffnet, so z. B. ein Springerbecken, ein Freibadbecken mit großer Wasserrutsche und ein weiteres Kleinkindbecken mit Schiffchenkanal. Wem das Spielen im Wasser zu nass ist, der vergnügt sich auf der 10.000 Quadratmeter großen Liegewiese mit Beachvolleyball, Beachfußball, Tischtennis sowie einem Kinderspielplatz.

Freizeit- und Erlebnisbad Platsch, Berufschulstraße 20, 04758 Oschatz
Telefon: 03435/97620, www.platsch.info

0681 Freilichtbühne Zwickau

Open-Air-Kindertheater am Schwanenteich

Die Freilichtbühne Zwickau, idyllisch im Parkgelände um den Schwanenteich in der Innenstadt gelegen, fasst bis zu 3.500 Besucher. In den Sommermonaten finden hier zahlreiche Open-Air-Veranstaltungen wie Konzerte, Filmvorführungen und Fußball-Events, aber auch Kindertheater mit sehenswerten Stücken wie „Peter Pan" statt. Für Jugendliche gibt es zudem auch immer mal wieder eine coole Party. Die sensationelle Kulisse verspricht also ein einmaliges Open-Air-Ereignis für Jung und Alt!

Freilichtbühne Zwickau, Parkstraße, 08056 Zwickau
Telefon: 0375/2713-110, www.kultourz.de

15.

0682 Tierpark Hirschfeld

Hier tanzen die Mäuse auf dem Tisch!

Der Tierpark Hirschfeld ist einer der beliebtesten Tierparks im Erzgebirge. Auf seinem ca. 6 ha großen Gelände mit historischem Baumbestand tummeln sich über 600 Tiere aus 90 verschiedenen Arten. Ein besonderer Besuchermagnet ist das Mäusehaus, das wie eine alte Bauernstube eingerichtet ist. Hier tanzen die Mäuse nicht nur auf dem Tisch, sondern auch gleich auf dem Schrank und im Brotkasten!

Nicht zum Streicheln: das Wildschwein

Eher traditionell geht es im Streichelgehege zu, wo die Kleinen mit Schafen, Kaninchen und Meerschweinen schmusen können. Aber auch zahlreiche größere Tiere leben im Tierpark – von Braunbären, Wildschweinen, Wölfen und Hängebauchschweinen bis zu Mantelpavianen und Grünen Meerkatzen im Affenhaus. Im Tierpark Hirschfeld darf natürlich der Namensgeber nicht fehlen, und so hat sowohl Rot- als auch Damwild in der Anlage ein Zuhause gefunden. Und die kleinen Gäste, die nach einem Rundgang immer noch nicht müde sind, können sich auf der Minigolfanlage, der Kegelbahn oder einem der zahlreichen Kinderspielplätze vergnügen.

Tierpark Hirschfeld, Tierparkstraße 3, 08144 Hirschfeld
Telefon: 037607/5239, www.tierpark-hirschfeld.de

0683 Badegärten Eibenstock

Ganzheitliche Badeerlebnisse für die ganze Familie

Die Badegärten Eibenstock bieten ein umfassendes Wellnessprogramm für die ganze Familie in einem Ambiente, das Wasser, bunte Farben, Düfte, exotische Pflanzen und Musik einschließt. Neben einer großen Badehalle mit angenehm warmen Wassertemperaturen, Whirlpools und Sprudelliegen bietet der subtropische Familiengarten ein exotisches Badevergnügen für Groß und Klein inklusive Wasserspielen und einer 106 Meter langen Rutsche. In der umfangreichen Saunalandschaft können Groß und Klein einmal um die Welt reisen, so z. B. in eine finnische Erdsauna und russische Banja. Dazu kommt ein umfassendes Angebot an Massagen, Kosmetikpflege und Ayurveda. Darüber hinaus bietet das Bad spezielle Pakete für Kindergeburtstage und in den Ferien eine abendliche Lasershow mit Wasser, Farben und Musik in der großen Badehalle an.

Badegärten Eibenstock GmbH, Am Bühl 3, 08309 Eibenstock
Telefon: 037752/5070, www.badegaerten.de

0684 Freizeitpark Plohn, Lengenfeld

Eine Reise ins Land der Märchen, Dinosaurier, Geister und Western

Der Freizeitpark Plohn liegt mitten im Naturschutzgebiet der Plohnbachaue und bietet Freizeitspaß mit vielen Attraktionen für die ganze Familie. Sein Areal umfasst verschiedene thematisch strukturierte Bereiche wie z.B. einen Japanischen Garten, einen Naturpark mit Bison- und Damwildgehege und Raupenachterbahn sowie einen Märchenwald mit zahlreichen Nachbildungen von Grimms Märchen und einem feuerspeienden Drachen. Zu den Highlights gehört außerdem ein Dinoland im Fred-Feuerstein-Stil inklusive Urzeitdorf, Vulkan und einer Floßfahrt durch die Urzeit. Noch aufregender wird es auf der rasanten Wildwasserbahn, in der gruseligen Geistermühle und in Deutschlands größtem und verrücktestem Baumhaus. Wer Helden sehen will, geht in die ausgedehnte Westernstadt, wo „Buffalo Bills Westernshow“ spannende Duelle, Akrobatik und Lagerfeuerromantik vorführt. Wer davon hungrig wird, speist in „Buffalo Bills Saloon“, im „Kannibalen-Snack“ oder in einer der anderen zahlreichen Gastronomie-Einrichtungen und stürzt sich danach wieder ins Abenteuer.

Freizeitpark Plohn GmbH
Rodewischer Straße 21, 08485 Lengenfeld/Plohn
Telefon: 037606/34163
www.freizeitpark-plohn.de

0685 Schulmuseum Neumark

Schulgeschichte zum Anfassen

Null Bock auf Schule? Auf ins Schulmuseum Neumark, und Ihr Kind wird diese Institution mit anderen Augen sehen! Neumark ist nachweislich ein Ort, an dem Bildung schon sehr lange großgeschrieben wird: Seine Dorfschule findet schon im Jahr 1530 Erwähnung. Zahlreiche Schulhäuser aus dieser Zeit können bei einem Rundgang besichtigt werden.
Spannend wird es in der Grundschule Neumark, denn auf ihrem Dachboden ist ein Schatz verborgen – das Schulmuseum Neumark. Dort können Groß und Klein eine Zeitreise in die sächsische Schulgeschichte unternehmen. So lernen Besucher dort zum Beispiel, wie die Schüler im vorigen Jahrhundert auf Schiefertafeln statt in Hefte schrieben und was es mit dem gefürchteten Rohrstock auf sich hat. Zahlreiche Lehr- und Lernmittel, Urkunden und Schriftstücke, Möbel, Fotos und Arbeiten von Lehrern und Schülern bilden eine einzigartige Sammlung zur Entwicklung der deutschen Volksschule. Das Glanzstück der Sammlung ist eine historische Schulstube inklusive Katheder und Schulbänken mit Tintenfass, Griffel- und Federkästen.

Schulmuseum Neumark, Oberneumarker Straße 3, 08496 Neumark
Telefon: 0163/5333985, www.neumark-vogtland.de/schulmuseum

0686 Parktheater Plauen

Reizvolle Open-Air-Bühne im Dreiländereck

Das Parktheater Plauen findet sich im zentral gelegen Stadtpark der Vogtlandmetropole und umfasst ca. 2.000 Sitz- und 5.000 Stehplätze. Vor der grünen Kulisse des Stadtparks werden im Sommer nicht nur Klassik-, Rock- und Popkonzerte gegeben, sondern es finden auch zahlreiche Veranstaltungen für Groß und Klein statt, wie z. B. das Plauener Kinderfest zum Kindertag. Seine zentrale Lage im Dreiländereck von Sachsen, Bayern und Thüringen macht das Theater zu einem beliebten Ausflugsziel für Erwachsene und Kinder.

Parktheater Plauen, Wolfsbergweg 2, 08525 Plauen
Telefon: 03741/224000
www.parktheater-plauen.de

0687 Aquadon, Bad Brambach

Herrliche Wasserfreuden inmitten von purer Natur

Einen Badespaß für Jung und Alt bietet das Aquadon in Bad Brambach bei gutem wie bei schlechtem Wetter. Während man im Außenschwimmbecken bei 32 Grad Celsius planscht, kann der Blick auf die bewaldeten Wiesen des Kurparks abschweifen. Oder man begibt sich in den Innenbereich, der über eine Saunalandschaft, ein 25-Meter-Becken, einen entspannenden Whirlpool, Bodensprudler und Nackenduschen verfügt.

Aquadon, Badstraße 47, 08648 Bad Brambach
Telefon: 037438/88111, www.aquadon.de

0688 Tierpark Chemnitz

Von Riesensalamandern, Löwen und Zwergflusspferden

Der Tierpark Chemnitz ist vor allem durch seine Löwen Malik und Kimba bekannt, die hier 2007 ihr Domizil bezogen. Aber der Tierpark hat auf über 10 ha lieblicher Parklandschaft noch viel mehr für Groß und Klein zu bieten, denn er versteht sich als eine Arche Noah für seltene Tiere. So finden sich unter den 1.700 Tieren und 160 Arten sehr viele bedrohte Spezies: von Sibirischen Tigern über die fast ausgerotteten Anoas, den kleinsten Wildrindern der Welt, bis hin zu den Mesopotamischen Damhirschen, die es in keinem

anderen deutschen Zoo gibt. Unter dem Arche-Noah-Aspekt wurden auch die beiden Hauptattraktionen des Zoos eröffnet: das Vivarium und das Tropenhaus. Das Vivarium ist in Europa einmalig und beherbergt 70 Frosch- und Lurcharten wie den Pfeilgiftfrosch, dessen Hautdrüsensekret von den Indianern Südamerikas zum Vergiften ihrer Pfeilspitzen benutzt wurde, und den Riesensalamander, der nicht nur bis zu 1,5 Meter lang wird, sondern schon zu Zeiten der Dinosaurier als Art existierte. Das benachbarte Tropenhaus entführt in das Ökosystem einer üppigen Dschungellandschaft mit fünfzehn verschiedenen Tierarten wie Zwergflusspferden, Klammeraffen, Glattstirnkaimanen und Roten Piranhas, die auf über 800 m^2 Fläche beherbergt werden.
Nicht um seltene Tiere, aber um viel Spaß geht es im Streichelzoo, beim Ponyreiten und auf dem Abenteuerspielplatz, wo eine Vielzahl aufregender Holzspielzeuge zum Tollen einladen. Das etwas weiter weg gelegene Wildgatter Oberrabenstein gehört auch zum Verwaltungsbereich des Tierparks und beherbergt zahlreiche europäische Wildtiere und Waldvögel.

Tierpark Chemnitz, Nevoigtstraße 18, 09117 Chemnitz
Telefon: 0371/850028, www.tierpark-chemnitz.de

0689 Miniwelt Lichtenstein

Die ganze Welt im Taschenformat

Keine Lust zu verreisen? Dann ist die Miniwelt Lichtenstein genau das Richtige für sie und Ihre Kinder, denn hier sind die 100 wichtigsten Bauwerke der Welt im Maßstab 1:25 zu bewundern! In der Miniwelt ist alles von der Antike bis zur Gegenwart vorhanden: Kleine und große Besucher können in überschaubarer Größe die sieben Weltwunder, Stonehenge, das Taj Mahal, den Felsendom, die Chinesische Mauer, den Eiffelturm, den Schiefen Turm von Pisa, die Kathedrale von Brasilia und vieles mehr bestaunen. Um diese bekannten Bauwerke bewegt sich einiges in der Luft, zu Wasser und auf der Erde. Das sind die Miniaturausgaben des Airbus A310, zahlreiche Züge wie der Orientexpress und die Sächsische Dampflok IV K 132 und Schiffe wie das Segelschiff Gorch Fock und das Unterseeboot U995. Kleine und große Besucher dürfen auch selbst als Eisenbahner tätig werden und die Züge rund um den Eiffelturm dirigieren. Danach kann man in der Schauwerkstatt zusehen, wie die Modelle gebaut werden, und sich auch einmal selbst daran versuchen. Und nach so einer großen Weltreise lockt nicht nur der Kinderspielplatz, sondern auch das Restaurant.

Miniwelt Sachsen GmbH
Chemnitzer Straße 43, 09350 Lichtenstein
Telefon: 03722/816627, www.miniwelt.de

0690 Kuddeldaddeldu Kinderland Chemnitz

Ein Kinderparadies mitten in Sachsen

Auf über 3.000 Quadratmetern sorgt Kuddeldaddeldu für aufregenden Kinderspaß das ganze Jahr über. Ob nach oben, nach unten, seitwärts oder diagonal – Kuddeldaddeldu bietet genügend Platz und Abwechslung zum Austoben. Die abenteuerlustigen Besucher können sich auf den 10 Meter hohen Kletterbaum hangeln und anschließend auf der superlangen Schneckenrutsche wieder gen Tal fahren. Oder sie versuchen sich als Renn-Profis auf der 80 Meter langen Elektrokart-Bahn und toben sich auf einem der acht Trampoline aus. Dazu gibt es eine Minigolfanlage, luftbetriebene Ballkanonen, ein wild schaukelndes Piratenschiff, eine Bastelecke und jede Menge spannende Nintendospiele. Für die Kleinsten sind ein Bällchenbad und eine Riesenhüpfburg vorgesehen. Geburtstagskinder und ihre Gäste freuen sich über einen besonderen Service bei Kuddeldaddeldu, der vom Prinzessinnen- bis zum Gauklerfest reicht.

Kuddeldaddeldu Kinderland GmbH
Im Chemnitz Center, Ringstraße 17b, 09247 Chemnitz
Telefon: 03722/504614, www.kuddeldaddeldu.de

0691 Freilichttheater Waldenburg,
Hohenstein-Ernstthal

Familientheater in lieblicher Parklandschaft

Das Freilichttheater Waldenburg liegt denkbar idyllisch im Grünfelder Park, einer alten englischen Parkanlage aus dem 18. Jahrhundert. Auf einer der größten Freilichtbühnen Deutschlands mit 900 Sitzplätzen und ca. 1.000

Theater unter freiem Himmel für die ganze Familie

Quadratmetern bespielbarer Bühnenfläche wird von Juni bis September spannende Unterhaltung für die ganze Familie angeboten. Darunter sind solche Kinderbuchklassiker wie „Ronja Räubertochter“ und „Robin Hood“. Der Park selbst ist mit seiner lieblichen Landschaft und seinen klassizistischen Bauten ein beliebtes Ausflugsziel für Besucher aller Altersklassen.

Freilichttheater Waldenburg e. V.
Gartenstraße 7, 09337 Hohenstein-Ernstthal
Telefon: 0173/3889797, www.freilicht-theater.de

0692 Planetarium Lichtenstein

Eine Reise an das Ende unseres Universums und zurück

Wollten Ihre Kinder schon einmal zum Mars? Dann auf ins Planetarium Lichtenstein! Hier kann man im 3D-Format über Mars-Cañons fliegen oder der Entstehung des Lebens beim Urknall beiwohnen. Oder Sie reisen mit dem Space Shuttle durch unser Planetensystem und die Milchstraße bis ans Ende des Universums – und zurück. Außer der „Entstehung des Lebens“ und der „Reise durchs Universum“ bietet das Planetarium noch andere dreidimensionale Entdeckungsreisen für jedes Alter an – so z. B. ein astronomisches Einmaleins für kleine Astronauten ab 5 Jahren, Erklärungen über Sternenbilder und ihre Mythen und eine „Abenteuer Raumfahrt“-Animation mit der Synchronstimme von Harrison Ford!

Planetarium Lichtenstein
Chemnitzer Straße 43, 09350 Lichtenstein
Telefon: 037204/72255, www.planetarium-lichtenstein.de

0693 Erlebniskletterwald Greifensteine, Ehrenfriedersdorf

Kleine Kletterer unter großen Fichten

Mitten im Erzgebirge liegt der Erlebniskletterwald Grafensteine an der schönen Felsenformation von Ehrenfriedersdorf. Hier bieten sieben Hochseil-Parcours mit 47 Elementen einen aufregenden Kletterspaß für große und kleine Besucher. Zwischen den bis zu dreizehn Meter hohen Fichten des Greifensteinwaldes kann man nach einer kurzen Unterweisung drei Stunden lang erproben, was man klettermäßig so draufhat. Der Kletterwald ist für Kinder ab 5 Jahren und 110 cm geeignet, die jedoch bis zum vierzehnten Lebensjahr von einem Erwachsenen begleitet werden müssen. Die Parcours haben unterschiedliche Schwierigkeitsstufen – man muss über Balken, Seile und Brücken klettern und Drahtseilrutschen benutzen – und enden mit dem schwarzen Parcours, der nur für erfahrene Kletterer ab dem 14. Lebensjahr geeignet ist. Eine Voranmeldung wird dringend empfohlen.

Erlebniskletterwald
Greifensteinstraße 44a, 09427 Ehrenfriedersdorf
Telefon: 037346/69467, www.kletterwald-greifensteine.de

0694 Augustusburger Freizeitzentrum

Rasante Abfahrten auf der längsten Rodelbahn des Erzgebirges

Aufregender Winterspaß für Jung und Alt ist im Freizeitzentrum Rosts Wiesen in Augustusburg angesagt, denn hier steht die mit 1,5 km längste Rodelbahn des Erzgebirges. Mit der Drahtseilbahn geht es 170 Meter hinauf und dann mit bahnbrechender Geschwindigkeit auf dem Schlitten talwärts, während die schneebedeckte Landschaft an einem vorbeirast. Große und kleine Besucher können hier sogar dank einer Flutlichtanlage bis 21 Uhr abends rodeln. Dazu kommt ein Ski- und Snowboardgelände mit leichten bis mittelschweren Abfahrten über 400 Metern und eine Ski- und Snowboardschule, die Einzel- und Gruppenkurse für Sportler ab 3 Jahren anbietet. Aber auch im Sommer ist der Rodelspaß nicht vorbei, denn dann wird die Sommerbahn in Betrieb genommen. Dabei nehmen Kinder und Erwachsene auf ihren Schlitten sieben Steilkurven, um rasend schnell 577 Meter ins Tal zu fahren.

Wem das zu aufregend wird, der entspannt sich in der 18-Loch-Minigolfanlage oder tobt sich auf dem Abenteuerspielplatz aus.

Augustusburger Freizeitzentrum AFR GmbH
Untere Schloßstraße 27, 09573 Augustusburg
Telefon: 037291/20354, www.augustusburg.net

0695 Freizeit- und Erlebnisbad Aqua Marien, Marienberg

Himmlische Badefreuden im Erzgebirge

Das Freizeit- und Erlebnisbad Aqua Marien bietet ein besonderes Badeerlebnis besonders für kleine Besucher. Sie können in einem separaten Kinderspielbereich nicht nur im Baby- und im Kinderbecken planschen, sondern sich auch in einer Felsengrotte verstecken und in einer großen Spielburg herumtollen. Dazu kommt eine Begegnung mit Waschbär Schrubbel, dem Badmaskottchen. Auch für Rutschfreuden ist gesorgt: ob auf der breiten Familienrutsche für Groß und Klein oder bei einer rasenden Wildwasserfahrt auf der Riesenrutsche „Crazy River“ für abenteuerbegeisterte Kinder. Darüber hinaus verfügt das Bad über ein Wellenbecken, zwei beheizte Außenbecken mit Massagedüsen und Sprudelliegen, eine Saunalandschaft und einen Freizeitbereich, wo sich Jung und Alt mit Billard, Dart und Tischtennis vergnügen können.

Freizeit- und Erlebnisbad Aqua Marien
Am Lautengrund 5, 09496 Marienberg
Telefon: 03735/68080, www.aquamarien.de

Rheinland-Pfalz

0696 Märchenwald, Bad Breisig

Ach, wie gut, dass niemand weiß ...

Wenn Sie Ihren Kindern etwas ganz Besonderes bieten wollen, dann sollten Sie sich in den Märchenwald nach Bad Breisig begeben. Hier werden die Kleinen in die Welt der Brüder Grimm entführt und können die berühmten Geschichten vom gestiefelten Kater, Hänsel und Gretel, Aschenputtel oder Rumpelstilzchen einmal in 3D erleben und per Knopfdruck in Bewegung setzen. Und die Eltern haben derweil die Möglichkeit, den wohl recht einmaligen Märchenlehrpfad für Erwachsene zu begehen oder im Bergrestaurant die Aussicht auf Schloss Arenfels am Rhein zu genießen.

Märchen in 3D erleben

Märchenwald, Am Kesselberg 19, 53498 Bad Breisig
Telefon: 02633/8534, www.maerchenwald-bad-breisig.de

0697 Rhein in Flammen, zwischen Linz und Bonn

Rot fluoreszierende Bengalfeuer

Die Idee, den Rhein an ausgewählten Orten zu illuminieren und den krönenden Abschluss mit einem Feuerwerk zu zelebrieren, geht bis in die 30er Jahre zurück. Bereits 1931 wurde der Fluss auf 26 Kilometer Länge künstlich erhellt. Diese Tradition wird auch heute noch gepflegt. So zum Beispiel zwischen Linz, der „bunten Stadt“ am Rhein, und Bonn, wo einmal jährlich am ersten Maiwochenende der „Rhein in Flammen am Siebengebirge“ erstrahlt. Über 2.000 rot fluoreszierende Bengalfeuer und 60 Fahrgastschiffe sorgen dafür, dass das Spektakel eines der Top-Events des Jahres für die ganze Familie ist. Das Sahnehäubchen dürften die fünf Feuerwerke sein, die gleichzeitig gegen 21.30 Uhr gezündet werden. Auch in anderen Orten am Rhein wird der „Rhein in Flammen“ gefeiert, so in Koblenz, Oberwesel, St. Goar,

Rüdesheim und Bingen. Die genauen Termine sind www.rhein-in-flammen.de zu entnehmen.

Rhein in Flammen, Rheinuferwiesen, 53545 Linz
www.rheininflammen-linz.de 15.

0698 Asbacher Kinderwelt & KiKi-Kart

Täglich spielen - auch bei Regen

Spielen, spielen, spielen – und das 365 Tage im Jahr – lässt es sich vortrefflich in der „Asbacher Kinderwelt“. Auf über 4.000 Quadratmeter Innen- und Außenterrain ist so ziemlich alles an Spielgeräten aufgefahren, was das Kinderherz begehrt: Von Kriechtunnel, Riesenkarussell, Kletterberg und Schienenbahn bis hin zu Kinder-Scooter, „Ein-Personen-Schaufelraddampfer“ und Bunny-Rutsche reicht das Angebot. Selbstverständlich dürfen auch Hüpfburgen nicht fehlen, die es hier in den unterschiedlichsten Varianten gibt und die bei Bedarf für Geburtstage, Firmen- oder Straßenfeste ausgeliehen werden können. Erwachsene müssen ihren Kids nicht untätig zusehen, sondern können sich derweil mit Minigolf, Kicker oder Billard vergnügen. Oder sie geben auf der 450 Meter langen Kart-Bahn Gas – mittwochs sogar mit einer Flatrate – und trainieren für das jährlich stattfindende Kart-Turnier „Asbach 500“.

Asbacher Kinderwelt & KiKi-Kart, Am Wäldchen 4, 53567 Asbach
Telefon: 02683/945898, www.kikias.de, www.kiki-kart.de

0699 Spielzeugmuseum Trier

Ein Zoo aus Elastolin

Der Geschichte des Spielzeugs hat sich das 1989 eröffnete Spielzeugmuseum in Trier verschrieben. Es beherbergt mehr als 5.000 Exponate. Dabei hat es im Laufe der Jahre zahlreiche seltene und gut erhaltene Ausstellungsstücke ge-

Plüsch-Fledermaus im Spielzeugmuseum Trier

sammelt oder erworben. Dazu zählen ein Zoo aus handbemalten Elastolinfiguren der Firma Hausser, eine „Adler“ von Märklin aus dem Jahre 1935 sowie Laternae magicae und Zinnfiguren. Besonders beeindruckt sind Kinder von der Weltraumlandschaft in der 2. Etage, die mit allerlei Blechspielzeug und Robotern bevölkert ist.

Spielzeugmuseum Trier
Hauptmarkt 14, 54290 Trier
Telefon: 0651/75850, www.spielzeugmuseum-trier.de

0700 Theater Trier

Entdecke den Star in dir!

In dem bereits seit über 200 Jahren existierenden Theater Trier wird großer Wert auf Theaterpädagogik gelegt. Unter der Leitung von Sylvia Martin hat das Junge Theater daher zahlreiche und vielfältige Möglichkeiten für Kinder und Jugendliche im Angebot, sich mit Schauspiel und Musik auseinanderzusetzen. In Workshops wie „Entdecke den Star in dir“ können sie sich beispielsweise – ganz wie in den Fernseh-Castingshows – einfach mal selbst ausprobieren. Oder sie gehen musikwissenschaftlich der Frage nach, warum sich klassische Musik für die Verwendung von Handy-Klingeltönen eignet. Natürlich sind auch Theaterstücke für Mädchen und Jungen im Programm. So steht seit 2007 Otfried Preußlers „Räuber Hotzenplotz“ auf dem Spielplan. Für Jugendliche ab 14 Jahren bietet das Theater Trier das Jugendstück „Tokio“ an, eine Auftragsarbeit, die an den Trierer Autor Lothar Kittstein vergeben wurde.

Theater Trier, Am Augustinerhof, 54290 Trier
Telefon: 0651/7181818, www.theater-trier.de

0701 Kids In Trier

Ballkanonen und Air-Hockey

Die gleich neben der Trierer Eislaufhalle gelegene Indoor-Spielanlage „Kids In“ verfügt über zahlreiche Spielgeräte und -möglichkeiten. Von Hüpfburgen wie dem Piratenschiff oder dem Walfisch Snappy bis hin zu Ballkanonen,

Trampolinen, Billard und Air-Hockey ist so ziemlich alles geboten, was die Kinderherzen höherschlagen lässt. Darüber hinaus lässt sich das „Kids In“ selbstverständlich auch für Kindergeburtstage buchen.

Kids In Trier, Diedenhofener Straße 29, 54294 Trier
Telefon: 0651/9936896, www.kidsin-trier.de

0702 Karl-May-Freunde, Pluwig

Winnetou an der Ruwer

Über 10.000 Menschen zieht es jedes Jahr nach Pluwig unweit von Trier. Was könnte wohl der Grund sein? „Winnetou“ lautet das Zauberwort. Oder auch „Old Shatterhand“. Denn nicht nur im fernen Bad Segeberg finden jährlich Karl-May-Festspiele statt – zugegebenermaßen die bekanntesten und größten des Landes –, sondern alle zwei Jahre auch in der 1.300-Seelengemeinde an der Ruwer. Die in einem Steinbruch gelegene Spielstätte wurde erst 2003 von den Karl-May-Freunden Pluwig e. V. eingeweiht und entwickelte sich mit ihren Inszenierungen von „Winnetou I“, „Winnetou II“ und „Der Schatz im Silbersee“ quasi über Nacht zu einem Publikumsmagneten. Über 100 Schauspieler sowie 30 Pferde kamen dabei zum Einsatz. Und dieses Engagement wurde sogar von prominenter Seite gewürdigt: Im Juli 2007 konnte man Dunja Rajter und Pierre Brice für eine Autogrammstunde in das sonst recht verschlafene Örtchen locken. In den Jahren zwischen den Festspielaufführungen veranstalten die Karl-May-Freunde Pluwig ein spektakuläres Sommerfest mit Tanz und Musik.

Karl-May-Freunde, Freilichtbühne, 54316 Pluwig
www.karl-may-freunde.de

15.

0703 Flugausstellung L.+ P. Junior, Hermeskeil

Café au lait an Bord der Concorde

Welches Kind ist nicht von Flugzeugen fasziniert? Das werden sich auch die Gründer des Familienunternehmens L.+ P. Junior gedacht haben, als sie 1973 ihre Flugausstellung in Hermeskeil eröffneten. Heute befinden sich auf der 75.000 Quadratmeter großen Anlage über 100 Exponate aus der Geschichte der Luftfahrt. Wie wäre es mit einer alten „Tante Ju", dem berühmten Wellblechflugzeug aus dem Jahre 1932? Oder einer Super Constellation der Lufthansa? Oder einer Blériot XI, die noch aus der Zeit vor dem Ersten Weltkrieg stammt? Oder interessieren Sie sich eher für Doppeldecker wie die amerikanische Boeing PT-17 Stearman? Alles vorhanden in Hermeskeil. Und wer nach der Besichtigung der vier Ausstellungshallen und des Freigeländes Durst und Hunger verspüren sollte, der sollte sich an Bord der altehrwürdigen Concorde begeben. Denn hier ist das Café mit insgesamt 150 Sitzplätzen untergebracht.

Café im Überschallambiente

Flugausstellung L.+ P. Junior
Hunsrückhöhenstraße, Habersberg, 54411 Hermeskeil
Telefon: 06503/7693, www.flugausstellung.de

0704 Sommerrodelbahn, Saarburg

Von nun an geht's bergab

Sommerrodelbahnen gibt es in zahlreichen Freizeitparks. Doch wer es vorzieht, in herrlicher Natur diesem Freizeitvergnügen zu frönen, dem sei ein Trip nach Saarburg ans Herz gelegt. Hier befindet sich die 2001 eröffnete „Saar-Rodel" am Warsberg. Hinauf gelangt man zu Fuß oder mit dem Sessellift. Danach geht es durch mehrere Kurven und über drei sogenannte Jumps die 530 Meter bergab – und das in einem Affenzahn. Ein rasanter Spaß für Jung und Alt!

Rodeln auch im Sommer

Saar-Rodel, In den Urlaub 9, 54439 Saarburg
Telefon: 06581/996670
www.sommerrodelbahn-saarburg.de

0705 Deutsches Telefon-Museum,
Morbach

Telefonieren mit dem „Kuhfuß"

Im Jahre 2001 eröffnete im staatlich anerkannten Luftkurort Morbach auf Betreiben mehrerer Sammler das Deutsche Telefon-Museum, das circa 1.300 Exponate beherbergt. Hier dreht sich alles um Hörer und Wählscheiben, und Besucher erfahren natürlich auch Wissenswertes über den Erfinder des Telefons, Alexander Graham Bell. Also genau das Richtige für technikinteressierte Mädchen und Jungen, die schon immer mal wissen wollten, wie die Telekommunikation früher so funktionierte, als es noch keine Handys und Skype gab. Und was sich hinter einem „Kuhfuß" verbirgt, erfahren Sie bei einem Besuch natürlich auch.

Noch mit Wählscheibe

Deutsches Telefon-Museum
Jugendherbergstraße 25, 54497 Morbach
Telefon: 06533/958626
www.deutsches-telefon-museum.de

0706 Eifel-Vulkanmuseum, Daun

Jetzt wird's heiß!

Die Hocheifel zeichnet sich aus durch sogenannten Maarvulkanismus, der vor etwa 500.000 Jahren diese heute so einzigartige Naturlandschaft prägte. Eines seiner Zentren befindet sich in Daun, und genau dort wurde im ehemaligen Landratsamt ein Vulkanmuseum eingerichtet. Wussten Sie eigentlich, dass die Maare auch als die „Augen der Eifel" bezeichnet werden? Oder dass das nur zwei Kilometer entfernte Weinfelder Maar auch den Namen Totenmaar trägt?

Der interessierte Besucher erhält Antworten auf diese und alle anderen Fragen, die sich um Vulkanismus im Allgemeinen und die Vulkaneifel im Speziellen drehen. Neben der Dauerausstellung werden für Schulklassen Führungen angeboten, und im Keller befindet sich ein Arbeitsraum, wo Physiklehrer mit ihren Schülern Gesteinsbestimmungen vornehmen können. Das Vulkanmuseum ist Bestandteil des Vulkaneifel European Geoparks.

Eifel-Vulkanmuseum, Leopoldstraße 9, 54550 Daun
Telefon: 06592/985353
www.vulkaneifel.de/eifel-vulkanmuseum

0707 Adler- und Wolfspark Kasselburg, Pelm

Adler, Falken, Wölfe - und eine Burgruine

Wo früher die edlen Ritter dem Waidwerk nachgingen, leben heute Wölfe und Greifvögel: Östlich von Gerolstein in der Vulkaneifel liegt die eindrucksvolle Kasselburg aus dem 12. Jahrhundert. In ihr und um sie herum befindet sich der gleichnamige Adler- und Wolfspark. In den Volieren sind verschiedene Greifvogelarten untergebracht, darunter majestätische Steinadler, Falken, Milane und Geier. Auch nächtliche Jäger, wie Uhus und andere Eulen, sind vertreten. Die Flugkünste der Greife sind bei den täglich stattfindenden Flugschauen (von März bis Oktober) zu bewundern. Im Wald des großen Parkgeländes lebt das größte Wolfsrudel Westeuropas. Von einem erhöht angelegten „Erlebnisweg" können die kanadischen Timberwölfe beobachtet werden. Das Besucher-Highlight ist natürlich die nachmittägliche Fütterung. Besonders stimmungsvoll sind die „Wolfsnächte", die seit dem Frühjahr 2008 bei Vollmond stattfinden: Dabei verbringen die Teilnehmer zwei Abendstunden im Park, nehmen an der Wolfsfütterung teil und sitzen anschließend am Lagerfeuer mit Parkmitarbeitern zusammen. Selbst im Park einmal „Falkner für einen Tag" sein – diesen Traum können sich Kinder (und Erwachsene) während der Saison erfüllen (Anmeldung erforderlich, Kosten derzeit 45 € für Kinder). Morgens beginnt der Tag mit dem Kennenlernen der Greifvögel, nachmittags stehen Flugtraining und Zubereitung des Futters auf dem Programm. Den Abschluss bilden die tägliche Flugvorführung und die Wolfsfütterung.
Für Kinder hat die Kasselburg eine weitere Attraktionen auf Lager: So können sie beispielsweise an Kinderritterspielen mit Turnieren, Schwertkämpfen und Ponyreiten teilnehmen. Oder sie feiern ihren Geburtstag im Adler- und Wolfspark – als Falkner, Indianer oder Ritter. Ein unvergessliches Naturerlebnis!

Adler- und Wolfspark Kasselburg, 54570 Pelm
Telefon: 06591/4213, www.adler-wolfspark.de

0708 Eifelpark, Gondorf

Erst in die Achterbahn, dann nächtigen wie Winnetou

Der 1964 als Wildfreigehege eröffnete Eifelpark in Gondorf hat auch heute noch einiges an Tierattraktionen zu bieten. Im Bergwildpark haben Eltern und Kinder die Möglichkeit, Braunbären, Luchse und Wildschweine einmal aus nächster Nähe zu betrachten. Doch die Tiergehege machen nur einen Teil der Attraktionen aus. Im Laufe der Jahrzehnte hat sich der Eifelpark zu einem Freizeitparadies gemausert. Auf dem 750.000 Quadratmeter großen Gelände, durch das man sich auch mit dem „Eifel-Express“ fahren lassen kann, können Familien die 800 Meter lange Eifel-Coaster-Bahn hinuntersausen, durch Labyrinthe irren oder die Höhen und Tiefen der Achterbahn genießen. Und sogar für die ganz kleinen Freizeitparkfans gibt es einen eigenen Bereich: die Kinderwelt, in der Spielhaus, Klettergarten und ein Puppentheater bereitstehen.

Meister Petz hautnah

Ein Highlight für Kinder, die sich gern mal als Winnetou verkleiden, ist das Indianerdorf „Camp Nita“. Der Clou: Man kann dort auch schlafen und den Abend im romantischen Schein des Lagerfeuers verbringen. Und wenn das Wetter mal nicht so mitspielt, dann gönnen Sie sich doch einfach eine Pause im Waldtheater, wo nonstop Tier- und Naturfilme vorgeführt werden.

Eifelpark, Weißstraße 12, 54647 Gondorf
Telefon: 06565/956633, www.eifelpark.de

0709 Fastnachtsmuseum, Mainz

Närrische Geschichten

Wer hat sich als Kind nicht gern zur Fastnacht als Cowboy oder Pirat verkleidet und versucht, bei den Umzügen so viele Süßigkeiten wie möglich zu ergattern? Alle, die sich angesprochen fühlen, möchten vielleicht auch einmal Wissenswertes über das jahrhundertealte Brauchtum sowie die Geschichte der Fastnachtsvereine in Erfahrung bringen. Das bereits seit 1972 existierende Mainzer Fastnachtsmuseum zeigt auf seiner 400 m^2 großen Ausstellungsfläche zahlreiche Exponate rund um das närrische Treiben, das bekanntlich jedes Jahr am 11.11. um 11 Uhr 11 seinen Anfang nimmt und am Aschermittwoch endet. So können große und kleine Besucher beispielsweise lernen, wer der Komponist des Liedes „Humba Täterä“ war oder was man sich unter einem „Scheierborzeler“ vorzustellen hat. Und natürlich dürfen auch die Original-Kittelschürzen des Putzfrauenduos „Fraa Babbisch“ und „Fraa Struwwelich“ nicht fehlen.

Fastnachtsmuseum (im Proviant-Magazin)
Neue Universitätsstraße 2, 55116 Mainz
Telefon: 06131/1444071, www.mainzer-fastnachtsmuseum.de

0710 Gutenberg-Museum, Mainz

Gutenbergs Bibel im Original

Johannes Gutenberg zählt zu den herausragenden Persönlichkeiten des letzten Jahrtausends, deren Einfluss auf die abendländische Kultur unermesslich ist. Der Erfinder der Buchdruckkunst lebte und wirkte in Mainz. Im Jahre 1900 hat die Stadt ihrem wohl berühmtesten Sohn mit dem Gutenberg-Museum ein Denkmal gesetzt, das auch über die Grenzen Deutschlands hinaus berühmt ist. Interessierte jeder Altersstufe erfahren alles über die Geschichte des Buchdrucks und können eines der weltweit nur noch sehr wenigen existierenden Exemplare der Gutenberg-Bibel besichtigen. Für Mädchen und Jungen dürfte vor allem die Abteilung für Kinder- und Bilderbücher attraktiv sein. Hier gibt es zahlreiche Klassiker zu bewundern wie beispielsweise eine Originalausgabe von Heinrich Hoffmanns „Struwwelpeter“. Daneben bietet die museumspädagogische Leitung tägliche Vorführungen an der Gutenberg-Presse, Filmvorführungen sowie an jedem ersten Samstag im Monat ein spezielles Familienprogramm an.

Gutenberg-Museum, Liebfrauenplatz 5, 55116 Mainz
Telefon: 06131/122640
www.gutenberg-museum.de

0711 Mal-Werk, Mainz

Keramik selbst bemalen

Kreativität wird in der Mainzer Weißliliengasse 10 groß geschrieben. Das Mal-Werk ist eine Töpferwerkstatt, die sowohl Auftragsarbeiten erledigt als auch Workshops für Erwachsene und Kinder anbietet. Selbst die Allerkleinsten haben hier die Möglichkeit, unter pädagogischer und fachmännischer Anleitung ihre Hand- und Fußabdrücke auf Keramik zu bannen. Mädchen und Jungen ab 12 Jahren dürfen sich sogar völlig selbstständig künstlerisch austoben. Wer möchte, kann das Mal-Werk auch für eine Kindergeburtstagsfeier buchen.

Mal-Werk, Weißliliengasse 10, 55116 Mainz
Telefon: 06131/1433966
www.mal-werk.com

0712 Naturhistorisches Museum, Mainz

Quaggas und Beutelwölfe

Wer wohl auf die Idee gekommen ist, eine Straße „Mitternacht" zu nennen? Unter dieser illustren Adresse in Mainz befindet sich das größte naturkundliche Museum des Landes Rheinland-Pfalz, das Naturhistorische Museum, das bereits 1910 in der früheren Klosterkirche eröffnet wurde. Es beherbergt zahlreiche wissenschaftliche Schausammlungen aus den Bereichen Biologie und Geowissenschaften und liefert nicht nur jungen Tierliebhabern interessante Einblicke in die Evolution der einheimischen Fauna. Daneben können Eltern mit ihren Kindern exotische Exponate wie den Tasmanischen Beutelwolf, das Java-Nashorn und die weltberühmte Quagga-Gruppe bestaunen. Das sind südafrikanische Steppenzebras, die bereits vor über 100 Jahren ausgestorben und von denen weltweit nur noch sehr wenige Exemplare erhalten sind. Im Naturhistorischen Museum befinden sich gleich fünf Präparate dieser äußerst seltenen Tierart.

Naturhistorisches Museum
Reichklarastraße 10 / Mitternacht, 55116 Mainz
Telefon: 06131/122646
www.staff.uni-mainz.de/lsnhmmz

0713 ZDF, Mainz

Hinter den Kulissen der Mainzelmännchen

Mainz ist bekannt als Standort einer der größten Fernsehsendeanstalten Deutschlands, des ZDF. Wer einmal die heiligen Hallen des Zweiten Deutschen Fernsehens auf dem Lerchenberg besichtigen möchte, der kann dies sogar kostenlos tun. Denn der Sender bietet dreimal täglich Führungen an, bei denen die Besucher den Fernsehmachern einmal über die Schulter schauen können. Sie müssen sich nur vorher schriftlich anmelden. Und wer weiß, vielleicht ist für die Kinder ja noch das eine oder andere Mainzelmännchen-Souvenir drin.

ZDF, ZDF-Straße 1, 55127 Mainz
Telefon: 06131/70-4972, www.zdf.de

0714 Cineplex, Bad Kreuznach

Geburtstag feiern im Kino

Wer seinem Kind einmal ein ganz besonderes Geburtstagsgeschenk machen möchte, dem sei das Cineplex in Bad Kreuznach empfohlen. Es sollten allerdings mindestens sechs Mädchen und Jungen im Alter von 4 bis einschließlich 11 Jahren mit von der Partie sein, um das Angebot zu nutzen. Im Preis inbegriffen sind eine Nachmittags-Filmvorstellung, Popcorn und Softdrinks sowie ein Überraschungspräsent. Darüber hinaus dürfen die Kids einmal hinter die Kulissen des Kinos schauen.

Cineplex, Kreuzstraße 57–67, 55543 Bad Kreuznach
Telefon: 0671/8440844, www.cineplex.de

0715 Rheinland-Pfälzisches Freilichtmuseum, Bad Sobernheim

Kegeln per „Handbetrieb"

Das größte Freilichtmuseum des Landes Rheinland-Pfalz befindet sich in Bad Sobernheim. In insgesamt 36 historischen Gebäuden erfahren interessierte Besucher aller Altersgruppen Wissenswertes über alte Handwerksberufe und die Lebensbedingungen der Menschen aus einem Zeitraum von über 500 Jahren. Zusätzlich bietet das Museum verschiedene museumspädagogische Programme wie Aktionstage, Märkte und Führungen an. Kinder können an dem Museums-Quiz teilnehmen oder aber auch gleich ihren Geburtstag hier feiern. Dann haben sie zum Beispiel die Möglichkeit, einmal einem Schmied bei der Arbeit zuzusehen oder das Wäschewaschen mittels Waschbrett und Zuber zu erlernen. Darüber hinaus kann die historische Kegelbahn gebucht werden. Doch Obacht – sie funktioniert nur per „Handbetrieb“. Das lebendige Museum hat darüber hinaus auch für unsere jungen Naturliebhaber einige Attraktionen in petto: Wer möchte, kann sich mit dem Heilkräutergarten vertraut machen oder eine Imkerei besichtigen.

Auch Federvieh tummelt sich im Museum

Rheinland-Pfälzisches Freilichtmuseum
Nachtigallental, 55560 Bad Sobernheim
Telefon: 06751/3840
www.freilichtmuseum-badsobernheim.de

0716 Edelstein-Erlebniswelt, Idar-Oberstein

Schürfen wie anno dazumal

Idar-Oberstein ist landesweit berühmt für seine natürlichen Edelsteinvorkommen wie Bergkristall, Jaspis und Achat. Davon zeugen in der Stadt diverse Einrichtungen wie das Deutsche Edelsteinmuseum und der Besucherstollen der Edelsteinminen im Steinkaulenberg. Und die von der Firma Gottlieb & Söhne ins Leben gerufene „Edelstein-Erlebniswelt“ regt mit ihren Grotten und Wasserfällen die Vorstellungskraft eines jeden an, der sich ein wenig für das Geheimnisvolle und die Schönheit dieser Pretiosen interessiert. Auch für Kinder gibt es hier Märchenhaftes zu entdecken, wie beispielsweise eine Fantasiewelt mit Zauberwald, einen mystischen Brunnen, in dem sich eine Rießen-Bergkristallkugel befindet, und einen Lichteffektraum. Und wenn die Mädchen und Jungen mit Gucken und Staunen fertig sind, haben sie sogar noch die Möglichkeit, in einer stilechten Schürfstelle selbst nach Edelsteinen zu suchen – ganz so wie die Goldgräber vor über 100 Jahren. Der Clou: Die „Ausbeute" darf als Souvenir mit nach Hause genommen werden.

Alles funkelt und glitzert

Edelstein-Erlebniswelt
Nahestraße 42, 55743 Idar-Oberstein
Telefon: 06781/2050, www.edelstein-erlebniswelt.de

0717 Koblenzer Jugendtheater

Kleine Talente auf großer Bühne

Koblenz ist eine der ältesten Städte Deutschlands und kann nicht nur mit Sehenswürdigkeiten wie dem Deutschen Eck oder der Festung Ehrenbreitstein aufwarten, sondern auch mit außergewöhnlichen Freizeiteinrichtungen für Kinder und Jugendliche. Eine solche stellt die 1980 gegründete Kulturfabrik dar. Seit 1991 ist dort auch das Koblenzer Jugendtheater untergebracht. Wer einmal talentierte Mädchen und Jungen auf der Bühne erleben möchte, dem sei eine der zahlreichen Inszenierungen, die unter der Anleitung erwachsener Theaterprofis realisiert werden, wärmstens empfohlen.

Das Programm ist in der Tat exquisit: Das Repertoire reicht von Musicals wie „Cats", „Jesus Christ Superstar" oder „Hair" über Opern wie Mozarts „Zauberflöte" und „Die Hochzeit des Figaro" bis hin zu klassischen Dramen wie Schillers „Die Räuber" und Büchners „Woyzeck". Daneben stehen auf dem Spielplan zahlreiche Stücke des Kindertheaters wie „Emil und die Detektive" von Erich Kästner, „Alice im Wunderland", „Der kleine Muck" und „Ronja Räubertochter", in denen schon Kinder ab 6 Jahren ihre schauspielerischen Talente unter Beweis stellen. Seit Bestehen des Theaters wurden 40 Produktionen mit mehr als 500 jungen Darstellern verwirklicht.

Sollten Sie irgendwann einmal bemerken, dass in Ihrem Kind verborgene schauspielerische Fähigkeiten schlummern, dann scheuen Sie sich nicht, einmal in der KuFa vorbeizuschauen. Das Koblenzer Jugendtheater veranstaltet regelmäßig Castings, wo die Kleinen entweder ein vorbereitetes Lied vorsingen oder aber eine kleine Spielszene einüben und vorspielen sollen. Wer weiß, vielleicht wird hier ja schon der Grundstein für eine spätere professionelle Schauspielerkarriere Ihres Kindes gelegt.

Koblenzer Jugendtheater, Kulturfabrik
Mayer-Alberti-Straße 11, 56070 Koblenz
Telefon: 0261/85280, www.koblenzer-jugendtheater.de

0718 Garten der Schmetterlinge im Schloss Sayn, Bendorf

Morphos und Atlasspinner

Auf einem Areal von 1.000 Quadratmetern befindet sich der Garten der Schmetterlinge Schloss Sayn, der sowohl für junge als auch für erwachsene Natur- und Tierliebhaber etwas Besonderes darstellen dürfte. Das „Steckenpferd" der Fürstin zu Sayn-Wittgenstein-Sayn kann sich rühmen, über 50 exotische Tierarten wie Skorpione, Spinnen, Leguane, Chamäleons, Wandelnde Blätter, aber auch Zwergwachteln, Koi-Karpfen und – wie der Name des Gartens bereits verrät – natürlich Schmetterlinge sein Eigen zu nennen. Dazu zählen Blaue Morphos, Schwalbenschwänze und Passionsblumenfalter. Diese und viele Spezies mehr sind in Pavillons zu besichtigen, deren Interieurs mit Wasserfällen, Bananenstauden und Palmen den natürlichen Lebensbedingungen ihrer Bewohner angepasst sind. Für Kinder wurde im Englischen Garten des fürstlichen Schlossparks darüber hinaus ein Spielplatz mit Minigolfanlage eingerichtet.

Unzählige Arten von Schmetterlingen

Garten der Schmetterlinge, Schloss Sayn
Im fürstlichen Schlosspark, 56170 Bendorf-Sayn
Telefon: 02622/15478, www.sayn.de

0719 Marksburg, Braubach

Ja so warn's, die alten Rittersleut'

Die einzige noch vollständig erhaltene Höhenburg des Mittelrheins befindet sich oberhalb des kleinen Städtchens Braubach. Da sie tatsächlich nie zerstört wurde, ist alles noch genauso erhalten wie im Spätmittelalter. Burgküche, Rüstkammer, Rittersaal, Kemenate, Kapelle, Weinkeller, Folterkammer, Wehrgänge – alles original. Ein perfektes Ausflugsziel also für alle Kinder und Eltern, die einmal eine Reise in längst vergangene Zeiten antreten wollen, als die Raubritter noch das Sagen hatten. Die Burgführer legen besonderen Wert darauf, gerade den jungen Besuchern die Lebensgewohnheiten des Mittelalters nahezubringen. So erfahren die Besucher beispielsweise, wie und wo die Leute damals aufs Klo gingen. Zusätzlich gibt es für Kinder ein kostenloses Faltblatt mit interessanten Informationen zur Marksburg. Außerordentlich beliebt bei Jungen und Mädchen ist auch der zwischen der Bastion Pulvereck und der Burgschänke gelegene Geißenzwinger. Hier hausen zwei meckernde Bewohner der Burg. Max und Moritz heißen sie, und sie sind: Geißböcke.

Marksburg, 56338 Braubach
Telefon: 02627/536, www.marksburg.de

0720 Burg Maus, St. Goarshausen-Wellmich

Katz und Maus

Das Mittelrheintal zwischen Bingen und Koblenz zählt unbestritten zu den schönsten Gegenden Deutschlands und wurde zu Recht von der UNESCO als Welterbe ausgezeichnet. Unweit des legendären Loreley-Felsens befindet sich in St. Goarshausen-Wellmich die vor 100 Jahren restaurierte mittelalterliche Burg Maus. Ihren Namen verdankt sie übrigens dem Volksmund: Als Reaktion auf die stromaufwärts von den Grafen von Katzenelnbogen errichtete Burg „Katz“ wurde die vom Trierer Erzbischof errichtete, ursprünglich

Raubvögel statt Raubritter

„Peterseck“ genannte Wehranlage bei Wellmich nämlich in „Maus“ umbenannt. Heute beherbergt die Burg einen Adler- und Falkenhof, der von März bis Oktober Flugvorführungen veranstaltet. Welches Kind möchte sie nicht einmal aus nächster Nähe beobachten, unsere stolzen einheimischen Greifvögel? Hier hören sie auf so illustre Namen wie „Puck“, der Uhu, „Hermann“, der Seeadler, „Bruno“, der rote Milan, „Gaugraf“, der Jagdfalke, und „Hook“, der Steinadler.

Burg Maus, 56346 St. Goarshausen-Wellmich
Telefon: 06771/7669, www.burg-maus.de

0721 Piratenland Neuwied

Übernachten bei „Piri"

Nicht weit von Koblenz entfernt ist in einer ehemaligen Tennisanlage das Spielparadies Piratenland Neuwied untergebracht. Es beherbergt zahlreiche Spielgeräte wie das sechs Meter hohe Klettergerüst „Playground“, verschiedene Hüpfburgen, eine Elektro-Kart-Bahn, Minigolf, Kicker, Billard sowie Air-Hockey. Doch das Piratenland versteht es, in den Sommermonaten zusätzliche Besucher anzulocken, wenn der Außenbereich öffnet. Hier können sich erschöpfte Eltern im Biergarten etwas Ruhe gönnen, während ihre kleinen Racker die Spielgeräte beackern. Zu weiteren Specials der Anlage zählen regelmäßig stattfindende Kinderübernachtungen, an den Wochenenden die Kinderdisco mit Piri, dem Piratenbär, sowie vier verschiedene Arten, einen zünftigen Kindergeburtstag zu feiern. Man muss sich nur für eine der Varianten Freibeuter, Seeräuber, Pirat oder Kapitän Hook entscheiden.

Piratenland Neuwied, Igelweg 7, 56566 Neuwied
Telefon: 02622/921770, www.piratenland-neuwied.de

0722 Römerbergwerk Meurin, bei Kretz

Tuffstein - ein römischer Exportartikel

Haben Sie schon einmal von Tuffstein gehört? Nein? Dann lassen Sie sich in das Römerbergwerk Meuin entführen. Hier erfahren Sie von Frühjahr bis

Herbst alles über die geologischen Besonderheiten der Vulkaneifel – und zum Beispiel, was es mit Tuff auf sich hat. Die wirtschaftliche Bedeutung dieser gut zur Weiterverarbeitung geeigneten weichen Gesteinsart wurde bereits in römischer Zeit erkannt. So entstand im 2. bis 3. Jahrhundert in der Nähe der heutigen Ortschaft Kretz der größte Untertage-Tuff-Steinbruch nördlich der Alpen. Heute ist das geschichtsträchtige Areal zu besichtigen. Kleine und große Asterix-Fans können sich hier über die damaligen, schwierigen Arbeitsverhältnisse in solch einer Grube informieren, eindrucksvoll in Szene gesetzt mit einem modernen 3-D-Film. Darüber hinaus soll im Römerbergwerk Meurin, das 2004 mit dem Kulturpreis Europa Nostra ausgezeichnet wurde, demnächst ein römischer Spielplatz entstehen.

Bergbau vor 2000 Jahren

Römerbergwerk Meurin
an der B256, bei 56630 Kretz
Infozentrum Rauschermühle
Telefon: 02632/98750
www.vulkanpark.com

0723 Lava-Dome, Mendig

Im Land der Vulkane

An den Ufern der Benediktinerabtei Maria Laach befindet sich der größte See des Landes Rheinland-Pfalz, der aus einem Vulkaneifel-Maar entstandene Laacher See. Selbst heute noch werden in ihm schwache vulkanische Aktivitäten gemessen. Um Besucher mit den geologischen Besonderheiten der Region vertraut zu machen, wurde im Jahre 2005 das Vulkanmuseum Lava-Dome in Mendig eröffnet. Auf der 700 Quadratmeter großen Ausstellungsfläche werden nicht nur alle Fragen zum Thema wissenschaftlich erklärt und dargestellt, nein, vor allem die jüngeren Besucher können in der „Vulkanwerkstatt“ auf interaktive Weise Näheres über diese Naturphänomene erfahren. Insgesamt 10 verschiedene Experimente stehen den wissbegierigen kleinen Hobbyforschern zur Verfügung. Zu weiteren Höhepunkten des Museums zählen die Periskopstation, wo man sich der Verbandsgemeinde einmal „von unten“ nähern kann, sowie die Lavakeller, die – 32 Meter unter der Erde gelegen – ab und zu auch mal als Standesamt zweckentfremdet werden.

Treffpunkt für Hobbyforscher

Lava-Dome, Brauerstraße 1, 56743 Mendig
Telefon: 02652/9399222, www.lava-dome.de

0724 Griesson – de Beukelaer, Polch

Kekse satt!

Wer kennt sie nicht, die berühmte „Prinzenrolle“ der Firma de Beukelaer? In Polch haben Familien die Möglichkeit, eine der Fabriken zu besichtigen, wo die nicht nur bei Kindern beliebten süßen und salzigen Köstlichkeiten hergestellt werden. Und nicht nur das: Eine Ausstellung informiert über die 130-jährige Geschichte des Unternehmens. Das Sahnehäubchen eines solchen Ausflugs aber dürfte der abschließende Fabrikverkauf sein. Hier können Sie mit Ihren Kindern zu familienfreundlichen Preisen shoppen. Es handelt sich bei den herabgesetzten Artikeln zwar um Bruchwaren und Produkte II. Wahl. Doch sagen Sie selbst: Kommt es nicht allein auf den Geschmack an? Und wenn Sie demnächst eine Party oder eine Kindergeburtstagsfeier planen, dann decken Sie sich doch gleich mit Pfundbeuteln der leckeren Knabbereien ein. Die Kids werden begeistert sein!

Griesson – de Beukelaer
August-Horch-Straße 23, 56751 Polch
Telefon: 02654/4010
www.griesson-debeukelaer.de

0725 Cochemer Sesselbahn

Per Drahtseil zum Pinnerkreuz

Das Moseltal mit seinen zahlreichen Weinbergen und seinen malerischen kleinen Orten lässt sich schwerlich mit einem anderen Adjektiv beschreiben als „romantisch". Dies trifft natürlich auch auf Cochem zu – seines Zeichens die kleinste Kreisstadt Deutschlands. Wer die einmalige Landschaft einmal von oben betrachten möchte, der kann den „Aufstieg" zum sogenannten Pinnerkreuz mit der Cochemer Sesselbahn bewältigen: Auf der 360 Meter langen Strecke werden mit 80 cm pro Sekunde insgesamt 155 Höhenmeter überwunden. Oben angekommen kann man dann entweder den beeindruckenden Ausblick über die Mosel oder einfach die beachtliche Kuchenauswahl im Terrassen-Café genießen.

Cochemer Sesselbahn Pinnerkreuzbahn
Endertstraße 44, 56812 Cochem
Telefon: 02671/989063, www.cochemer-sesselbahn.de

0726 Burg Arras, Alf

Ritter vom Melmac?

Alf ist nicht nur ein außerirdisches Kuscheltier vom Planeten Melmac, nein, so heißt auch eine kleine, knapp 1.000 Seelen zählende Gemeinde im Landkreis Cochem an der Mosel. Hier befindet sich eine der ältesten mittelalterlichen Befestigungsanlagen der Region – Burg Arras. Dank der Initiative des Bergwerksdirektors Traugott Wilhelm Dykerhoff wurde das Bauwerk um 1900 grundlegend restauriert und beheimatet heute ein Restaurant, ein Hotel sowie ein dermatologisch-kosmetisches Laserinstitut. Für Mädchen und Jungen dürfte aber die Besichtigung der Ritterburg von weit größerem Interesse sein. Darüber hinaus können sie etwas über die Geschichte der Bundesrepublik Deutschland erfahren. Denn auf Burg Arras befindet sich ein Gedenkzimmer für den zweiten deutschen Bundespräsidenten Dr. Heinrich Lübke (Amtszeit 1959–1969), das unter anderem ein Gastgeschenk des früheren französischen Staatspräsidenten de Gaulle enthält.

Burg Arras, 56859 Alf
Telefon: 06542/22275, www.arras.de

0727 Regenbogen-Spielhaus, Pirmasens

Der Indoorspielpark der Superlative

In einer ehemaligen Maschinenfabrik befindet sich ein Indoorspielpark, der sich in verschiedene Bereiche gliedert und somit für Kinder aller Alterklassen etwas zu bieten hat. Der Kleinkinderbereich ist bei Eltern besonders beliebt, weil sie ihre Jüngsten durch eine gläserne Wand beobachten können. Für Kinder im Alter von fünf bis zwölf Jahren wurde ein Indoorspielplatz mit Großspielgeräten wie einem Kletterlabyrinth, integrierter Rutsche und vielen Hindernissen eingerichtet. Spieltische mit Fußball und Airhockey sowie Brettspiele, Lego-Steine und Playmobil vervollständigen das breitgefächerte Angebot. Und da das viele Spielen, Turnen und Klettern schließlich auch hungrig und durstig macht, kann man sich im Bistro zu familienfreundlichen Preisen mit Donuts, Eis und Erfrischungsgetränken verköstigen.
Daneben ist das Regenbogen-Spielhaus auch für speziell ausgerichtete Events wie etwa die Halloween-Partys berühmt. Doch damit nicht genug: Eltern, die sich von ihrer Rasselbande nicht die ganze Wohnung verwüsten lassen wollen, können für Kindergeburtstagsfeiern das Geburtstagshaus buchen, auf Wunsch auch mit Catering-Service und Animationsprogramm. Darüber hinaus hat sich die Kinderhilfe e. V. Region Südwestpfalz, die als Träger des Regenbogen-Spielhauses fungiert, auch um die außerschulische Kinderbetreuung verdient gemacht. Im Lernhaus können Ihre Zöglinge Lernhilfeangebote in Anspruch nehmen sowie malen, basteln und lesen.

Regenbogen-Spielhaus
Erlenbrunner Straße 51, 66955 Pirmasens
Telefon: 06331/6080052, www.regenbogen-spielhaus.de

0728 Elwetritsche-Lehrpfad, Dahn

Tritschologisches Basiswissen

Sagen Sie bloß, Sie haben noch nie etwas von Elwetritschen gehört? Dann wird es aber mal Zeit! Um Ortsunkundigen etwas auf die Sprünge zu helfen, hat die Abteilung „Tritschologie“ der Tourist Information Dahner Felsenland eigens einen Lehrpfad und einen Rundwanderweg eingerichtet, um Interessierten jedes Alters Wissenswertes über dieses äußerst scheue, im Südpfälzischen beheimatete Fabelwesen nahezubringen. Elwetritsche – die lateinische Bezeichnung lautet „in pino palatina saxo montana Tritsche bisex" – sind nahe Verwandte des alpenländischen Wolpertingers und genau wie dieser nur selten in freier Wildbahn zu beobachten. Deshalb können sich Familien auf insgesamt acht Schautafeln ornithologische Grundkenntnisse über den mythenumrankten Vogel aneignen. Und keine Angst, wenn Sie auf der 10 km langen Wanderstrecke einmal vom Weg abkommen und doch überraschenderweise mal einem begegnen sollten: Elwetritschen werden durchaus positive Charaktereigenschaften zugeschrieben.

Elwetritsche-Lehrpfad
Touristeninformation Dahner Felsenland
Schulstraße 29, 66994 Dahn
Telefon: 06391/9196222, www.dahner-felsenland.de
Öffnungszeiten: ganzjährig; Eintritt frei

0729 Biosphärenhaus mit Baumwipfelpfad, Fischbach

Heut schon gewipfelt?

Das kleine Örtchen Fischbach liegt mitten im grenzüberschreitenden Biosphärenreservat Pfälzerwald/Nordvogesen. Deshalb hat hier, nur wenige Kilometer von der französischen Grenze entfernt, ein Informations- und Tagungszentrum durchaus einen Sinn: Das Biosphärenhaus wurde im Rahmen der Expo 2000 errichtet, seitdem stetig erweitert und zeichnet sich heute durch ein breitgefächertes Angebot für Naturliebhaber jeden Alters aus. Das 2002 eröffnete Naturerlebniszentrum Wappenschmiede ist ein Anlaufpunkt für viele Schulklassen, da es ergänzend zum Heimatkundeunterricht Wissenswertes über die Region vermittelt.

Vielfältiges Angebot für Naturliebhaber

Das *High*light eines jeden Besuchs aber ist der Baumwipfelpfad – allerdings weniger für Menschen mit Höhenangst. Alle anderen sollten sich dieses einmalige Erlebnis aber nicht entgehen lassen. Der Pfad schlängelt sich über eine Länge von 270 Metern und 18 Meter über dem Boden durchs Geäst. Auf der Hängebrücke kann es daher schon mal etwas wackelig werden. Doch ist man erst einmal auf dem „Adlerhorst“ angelangt, einer Aussichtsplattform in 35 Meter Höhe, werden die Strapazen des „Survivaltrainings“ belohnt: mit einem einmaligen Ausblick über den Pfälzerwald. Ein Muss also für alle kletterbegeisterten Kinder.
Für die gibt es noch eine ganze Reihe weiterer Freizeitaktivitäten: So können Mädchen und Jungen im Sommer an einem Abenteuer-Zeltlager teilnehmen und des Nachts das Entzünden des Lagerfeuers ohne Streichhölzer erlernen. Weitere Specials, die das Biosphärenhaus das Jahr über zu bestimmten Terminen anbietet, sind Übernachtungen auf dem Baumwipfelpfad, Nachtexkursionen, Hexen- und Halloween-Nächte sowie ein Wipfeldinner in luftiger Höhe. Die Begehung des Baumwipfelpfads ist übrigens auch in den Abendstunden zu empfehlen, wenn es zwischen den Baumkronen zu flattern beginnt: Dann ist Jagdzeit der Fledermäuse.

Biosphärenhaus Pfälzerwald/Nordvogesen
Am Königsbruch 1, 66996 Fischbach bei Dahn
Telefon: 06393/92100, www.biosphaerenhaus.de

0730 Barfußpfad Ludwigswinkel

Fußmassage im Grünen

Wer einmal so richtig spüren möchte, wie sich verschiedene Bodentypen anfühlen, dem sei ein Spaziergang über den Barfußpfad in der Talaue von Ludwigswinkel empfohlen. Man begebe sich zum Schuhdepot/Kiosk im Freizeitpark Birkenfeld, ziehe Schuhe und Strümpfe aus, und schon kann es losgehen. Auf dem 1,6 km langen Weg gibt es zehn Erlebnisstationen, die helfen sollen, die sinnliche Wahrnehmung von Erwachsenen und Kindern zu schulen. Vor allem aber wird bei einer solchen Tour die Durchblutung der Füße angeregt. Der Weg führt über Waldboden, Baumrinde, Sand, Schotter und Split, Wasser, Wiese und Beton. Etwas Geschicklichkeit erfordert das Balancieren im Sandbett, wo Schwebebalken, Kanthölzer, Rundhölzer und

Palisaden zu überwinden sind. Und wer möchte, kann frei nach Kneipp Sumpfgräben und Bäche durchwaten Am Ende sind die Fußreflexzonen zwar ganz schön strapaziert, doch gesund ist es allemal, und Spaß macht es erst recht.

Barfußpfad Ludwigswinkel, 66996 Ludwigswinkel
Telefon: 06393/498
www.ludwigswinkel.de/lu_barfussweg.htm

0731 Eisstadion Ludwigshafen

Disco on Ice

Ein Mekka für Schlittschuhfreunde aller Altersklassen ist das Eisstadion in Ludwigshafen. Hier kann man Eishockeyspiele sehen oder aber selbst diesen Sport erlernen. Daneben wird das Stadion als Open-Air-Eislaufbahn genutzt – und das nicht nur im Winter. An den Wochenenden finden regelmäßig Disco-Abende ohne Altersbegrenzung statt. Bei nur 4 Euro Eintritt können Erwachsene wie Kinder auf ihren Kufen dann zu aktuellen Rhythmen ihre Pirouetten drehen.

Eisstadion Ludwigshafen
Saarlandstraße 70, 67061 Ludwigshafen
Telefon: 0621/563997, www.ercl.de

0732 JuMus – Junges Museum Speyer

Feiern wie die alten Römer

Direkt am Domplatz, innerhalb des Historischen Museums der Pfalz, befindet sich das Junge Museum Speyer. Es hat sich zur Aufgabe gemacht, Kinder zwischen 6 und 12 Jahren mit Kunst, Kultur und Geschichte vertraut zu machen. Dazu werden verschiedene Workshops angeboten, bei denen die Jungen und Mädchen vor allen Dingen eins tun sollen: mitmachen und ausprobieren. So können sie beispielsweise lernen, mit Stabpuppen eine Tischtheater-Aufführung zu inszenieren, oder sie üben sich in japanischer Kalligraphie. Daneben erfahren sie im Museum viel Wissenswertes über die Römerzeit oder sehen, wie die Menschen in der Eiszeit gelebt und gearbeitet haben. Im „JuMus“ besteht selbstverständlich auch die Möglichkeit, Kindergeburtstage zu feiern. Dabei kann man sich aussuchen, ob man die Party nach Wikinger-Art ausrichten möchte, als Samurai die Kunst des Origami erlernen will oder aber – ganz wie die alten Römer – seinen Gästen „Panem et Circenses" bietet.

JuMus – Junges Museum Speyer
Domplatz (im Historischen Museum), 67346 Speyer
Telefon: 06232/13250, museum.speyer.de

0733 Sea Life Centre, Speyer

Eintauchen in die Welt der Meere

Familien mit tierbegeisterten Kindern sollten es nicht versäumen, das Sea Life in Speyer, das größte Aquarium der Region, zu besuchen. Dort haben sie die Möglichkeit, in die Unterwasserwelt des Rheins und der Ozeane „einzutauchen". In 30 Süß- und Salzwasserbecken können 3.000 Fluss- und Meeresbewohner bestaunt werden, darunter Katzenhaie, Rochen, Dorsche, Clownfische, Langusten, Hummer, Seepferdchen, Makrelen, Seesterne, Seeigel und Anemonen. Daneben dürfen die Mädchen und Jungen einige Tiere sogar streicheln sowie an Schaufütterungen teilnehmen.

Sea Life Centre, Im Hafenbecken 5, 67346 Speyer
Telefon: 06232/69780, www.sealifeeurope.com

0734 Technik-Museum Speyer

Eine Fahrt mit dem Abenteuersimulator

Speyer ist eine Reise wert. Und das liegt nicht nur an der Fülle geschichtsträchtiger Bauten, die bis in die Römerzeit zurückreichen. Nein, auch für Kinder ist das Freizeitangebot in der Domstadt enorm. Das Technik-Museum kann sich mit einigen technischen Raritäten rühmen, die speziell für Kids interessant sind. Zu den Highlights zählen eine Boeing 747 der Lufthansa, eine Antonow An-22 sowie ein U-Boot U9 – alles in Originalgröße, versteht sich. Die Miniaturausgaben der genannten Exponate kann man im Modellbaumuseum bestaunen, während sich die Ausstellung im Wilhelmsbau mit Spieluhren, Puppen und anderem Spielzeug befasst. Auch das IMAX-Dome-

Filmtheater wird von den Jungen und Mädchen viel frequentiert: Filme wie „Delfine“ oder „Der Blaue Nil“ gelten als regelrechte Renner.
Wer mindestens eine Woche vorher bucht, hat zusätzlich die Möglichkeit, im Museum seinen Kindergeburtstag zu feiern. Der Clou des Ganzen ist der Abenteuersimulator, mit dem alle Geburtstagsgäste fahren dürfen.

Technik Museum Speyer
Am Technik-Museum 1, 67346 Speyer
Telefon: 06232/67080, www.museumspeyer.de

0735 Puppentheater Dornerei, Mußbach

Schweinefanten im Wichtelhaus

Eleen und Markus Dorner sind die Gründer des Puppentheaters, das sie der Einfachheit halber „Dornerei“ nannten. Neben Gastspielen im In- und Ausland ist die eigentliche Heimat der Pfälzer Puppenspieler aber der Herrenhof in Mußbach, einem Stadtteil von Neustadt an der Weinstraße. Das verträumte kleine Theater des Herrenhofs hat man dann erreicht, wenn man die fünfundvierzig Treppenstufen des Storchenturms erklommen hat. Die Dorners sind wahre Könner ihres Fachs und verstehen es, Klein und Groß in Verzückung zu versetzen.
Zum ständigen Repertoire des Theaters gehören Stücke wie „Don Camillo und Peppone“ für Jugendliche und Erwachsene sowie für die jüngsten Besucher die tierischen Handpuppenspiele „Der Froschkönig“, „Jochen der Schweinefant“ und „Was macht die Maus im Wichtelhaus?“. Und auch die Preise sind familienfreundlich: Bei den Kindervorstellungen ist man schon mit 4 Euro dabei.

Puppentheater Dornerei, Kulturzentrum Herrenhof
Freiherr-vom-Stein-Straße 14, 67436 Mußbach
Telefon: 06321/963722, www.puppentheater-dornerei.de

0736 Holiday-Park, Haßloch

Holly lädt ein zum freien Fall

Ungefähr 1,1 Millionen Menschen besuchen Jahr für Jahr die 20.000-Einwohner-Stadt Haßloch, die so etwa in der Mitte zwischen Neustadt an der

Weinstraße, Speyer und Ludwigshafen/Mannheim liegt. Und das hat einen bestimmten Grund: Hier befindet sich der zwar relativ kleine, aber feine Holiday-Park, der mit einigen Superlativen aufwarten kann. Auf dem 40 Hektar großen Gelände gibt es nämlich zahlreiche Attraktionen zu erleben, die zumindest in Deutschland so vorher noch nicht zu sehen waren. Dazu zählen der „Free Fall Tower", der „Rapid River" sowie die Achterbahn „Expedition GeForce".

Darüber hinaus können die Kleinen in dem Freizeitpark ihren Geburtstag feiern. Selbstverständlich dürfen die Jungen und Mädchen alle Fahrgeräte ausprobieren, dazu wird ein spezielles Geburtstagsmenü angeboten. Und wenn „Holly", das Maskottchen des Parks, irgendwann die Feierrunde „stören" sollte, dann nur, um dem Geburtstagskind ein exklusives Geschenk zu überreichen.

Holiday-Park, Holiday-Park-Straße 1–5, 67454 Haßloch
Telefon: 0180/5003246, www.holidaypark.de

0737 Nibelungenmuseum, Worms

Siegfried, Lohengrin & Co.

Wer sich für das deutsche Mittelalter interessiert, der kommt an den Nibelungen nicht vorbei. Nicht zuletzt hat schließlich Richard Wagner Ende des 19. Jahrhunderts den mythenumrankten Geschichten um Siegfried, Lohengrin & Co. ein Denkmal gesetzt. Wer es weniger musikalisch liebt, dem sei ein Besuch im Wormser Nibelungenmuseum ans Herz gelegt.

Museum mit Schatzraum

Das 2001 eröffnete Museum hat nicht nur für geschichtsinteressierte Erwachsene etwas zu bieten, sondern auch für Mädchen und Jungen. Zum Beispiel ist es möglich, im Museum seinen Kindergeburtstag zu feiern. Die kleinen Gäste können dann – zünftig in originalgetreue mittelalterliche Kostüme gewandet – die historische Stadtmauer erforschen, Ritterhelme basteln und vieles mehr. Zahlreiche Schulklassen nutzen übrigens auch das eigens entwickelte museumspädagogische Angebot. Besonders hervorzuheben ist die audiovisuelle Gestaltung der Dauerausstellung wie etwa der virtuelle Schatz der Nibelungen im „Schatzraum".

Nibelungenmuseum, Fischerpförtchen 10, 67547 Worms
Telefon: 06241/202120, www.nibelungen-museum.de

0738 Professor Bertleins Schulmuseum, Worms

Griffel und Schiefertafel

„Sag mal, wie war das eigentlich früher bei euch so in der Schule?" Wenn Ihr Kind oder Ihr Enkel Ihnen einmal diese Frage stellen sollte, dann begeben Sie sich doch auf schnellstem Wege nach Worms-Pfeddersheim. Denn hier befindet sich das 1989 gegründete Schulmuseum, das aufschlussreiche Antworten darauf gibt, wie das „damals" vor noch gar nicht allzu langer Zeit gewesen ist in der Schule. Viele Kinder wissen heute wahrscheinlich gar nicht mehr, wie die alten Schulbänke aussahen und was ein Griffel oder ein Rohrstock ist. Auch Tintenfässer und Schönschreibhefte gehören sicherlich schon lange der Schulvergangenheit an. All dies und vieles mehr kann man in der Sammlung bestaunen, die in einem über 100 Jahre alten Volksschulhaus in mehreren Klassenzimmern untergebracht ist und von Professor Dr. Hermann Bertlein in jahrelanger akribischer Kleinarbeit zusammengestellt wurde. Wer einmal das Flair solch einer früheren Lehranstalt, die man sonst nur noch aus alten Filmen wie „Die Feuerzangenbowle" kennt, hautnah erleben möchte, dem sei dieser Ausflug ins Rheinhessische wärmstens empfohlen.

Professor Bertleins Schulmuseum
Heinrich-Schmitt-Platz 2, 67551 Worms-Pfeddersheim
Telefon: 06247/386
www.worms.de/deutsch/tourismus/museen/schulmuseum_pfeddersheim.php

0739 Strandbad Gelterswoog, Kaiserslautern

Flache Ufer und roter Sandstrand

Hallen-, Frei- und Spaßbäder gibt es zur Genüge. Das Strandbad Gelterswoog in Kaiserslautern allerdings stellt etwas Besonderes dar, denn hier kann man inmitten der freien Natur seine Badefreuden befriedigen. Der Gelterswoog ist ein bereits im Mittelalter angelegter Stausee, der seit 1926 als Badesee genutzt wird. Da vielfältige Freizeitmöglichkeiten angeboten werden und sich auch ein Campingplatz in nächster Nähe befindet, können Familien nicht nur Tagesausflüge zum Gelterswoog machen, sondern auch richtig Urlaub. Das Strandbad verfügt über einen 300 Meter langen roten Sandstrand, sanitäre Einrichtungen, Umkleidekabinen sowie einen Bootsverleih. Wer will, kann angeln oder in der nahe gelegenen Minigolfanlage sein Können unter Beweis stellen. Auf der weitläufigen Liegewiese haben Kinder und Eltern die Möglichkeit, Volleyball, Fußball oder Frisbee zu spielen, während für die ganz Kleinen ein Spielplatz sowie ein eigens abgetrennter Schwimmbereich eingerichtet wurden.

Strandbad Gelterswoog
Gelterswoog 1, 67661 Kaiserslautern-Hohenecken
Telefon: 0631/3503599, www.gelterswoog.de

0740 Keltendorf am Donnersberg, Steinbach

Keltenkringel und Kupferarmbänder

Seit dem Frühjahr 2004 befindet sich auf dem Gelände der örtlichen Jugendherberge das Keltendorf Steinbach. Die befestigte Hofsiedlung ist ein originalgetreuer Nachbau, man kann also einmal „in echt“ die architektonischen Besonderheiten keltischer Bauweise bestaunen.

Munteres Treiben im Keltendorf

Für Kinder gibt es spezielle Halbtages- und Tagesprogramme, die gerne auch für Kindergeburtstagsfeiern in Anspruch genommen werden. Dort dürfen die Jungen und Mädchen alte keltische Handwerkstechniken ausprobieren, Keltenkringel backen, Tonperlen und Kupferarmbänder herstellen sowie Pfeile basteln. Des Weiteren haben sie die Möglichkeit, im Keltengarten Kräuter zu sammeln, die sie dann zu Salben oder Tees verarbeiten, oder in speziellen Gussformen Münzen zu formen. Ein besonderes Highlight des Freilichtmuseums stellt ein 11,5 Meter hoher Turm dar, von dessen Aussichtsplattform man einen wunderbaren Blick auf die höchste Erhebung der Pfalz, den Donnersberg, genießen kann. Darüber hinaus werden mehrmals im Jahr besondere Veranstaltungen wie Kindertage angeboten.

Keltendorf am Donnersberg e. V.
Bachbergstraße 14, 67808 Steinbach
Telefon: 06357/7441, www.keltendorf-steinbach.de

0741 Deutsches Straßenmuseum, Germersheim

Wissenswertes zum Thema Straße

Verkehrsmuseen mag es ja so einige geben, doch ein Museum, das sich ausschließlich dem Thema „Straße" widmet, ist schon etwas Besonderes – und einzigartig in Deutschland. Das Deutsche Straßenmuseum wurde 1990 gegründet und befindet sich seitdem im ehemaligen Zeughaus der früheren Garnisonsstadt Germersheim. Auf etwa 5.000 m^2 Ausstellungsfläche können sich Kinder und Erwachsene gleichermaßen über die Entwicklung des Straßenbaus informieren, und dessen Geschichte geht bereits zurück bis in die Zeit um 800 vor Christus, als unsere germanischen Vorfahren sich mit ihren Holzkarren über Bohlenwege fortbewegten. Daneben gibt es eine Unzahl an Geräten, Fahrzeugen und Maschinen zu bestaunen.

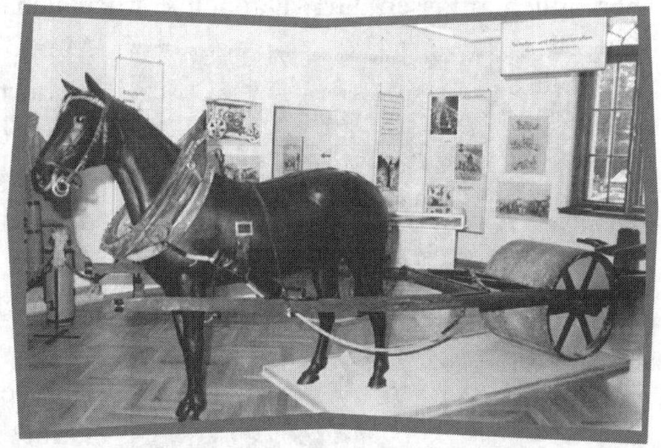

Straßenwalze mit 1 PS

Deutsches Straßenmuseum
Im Zeughaus, 76726 Germersheim
Telefon: 07274/500500, www.deutsches-strassenmuseum.de

0742 Reptilium, Landau

Kindergeburtstag mit Reppi

Nicht selten sind Erwachsene überrascht, wenn bereits Jungen und Mädchen im Vorschulalter mit zoologischen Gattungsbezeichnungen um sich werfen. Sehr oft handelt es sich dabei um die lateinischen Namen von – Sie werden es schon erraten haben – Dinosauriern. Und dass die Dinos heute noch lebende Nachfahren besitzen, das weiß nun auch wirklich jedes Kind.
Eine große Anzahl dieser Tiere kann man auf über 2.600 m² Ausstellungsfläche im Reptilien-, Terrarien- und Wüstenzoo in Landau bestaunen, dem nach eigenen Angaben größten seiner Art. Das „Angebot" reicht von Schildkröten, Echsen und Krokodilen bis hin zu Riesenschlangen wie der Tigerpython oder der Gelben Anakonda. Besonders beliebt ist die Babystation im Eingangsbereich, wo das junge Publikum den Reptiliennachwuchs in Augenschein nehmen kann.
Doch damit haben sich die Attraktionen für Kinder im Reptilium noch lange nicht erschöpft. Wie wäre es mit einer Geburtstagsfeier inklusive Schaufütterungen und Tierpräsentationen, wo man einige der „Stars" auch einmal persönlich anfassen darf? Danach können sich die kleinen Gäste das „Reppi-Menü" munden lassen, und das Geburtstagskind bekommt zusätzlich noch ein Erinnerungsfoto mit Schlange sowie eine Wundertüte mit auf den Weg. Oder wie steht es mit einem eigens für Familien und Schulklassen angebotenen Ausflug mit Lehrmaterial, der auch unterrichtsergänzend genutzt werden kann? Weitere Höhepunkte sind der Besuch der Urwaldhütte, wo die Kleinen beim Ausfüllen des Reptilium-Rätsels ihr Wissen unter Beweis stellen dürfen, sowie das Nachthaus, wo sie nachtaktive Reptilien und Amphibien wie Makifrösche, Zwergklapperschlangen, Abgottschlangen, Gila-Krustenechsen, Rokoko-Kröten und Leopardgeckos in ihrem natürlichen Lebensraum erleben können.

Das Krokodil zeigt Zähne

Reptilium, Werner-Heisenberg-Straße 1, 76829 Landau
Telefon: 06341/5100-0, www.reptilium.de

0743 Burg Trifels, Annweiler

Eine Kaiserburg als Staatsgefängnis

Die ehemalige Reichsburg ist zwar seit Langem eine Ruine, dennoch gibt es für Geschichtsinteressierte jeglichen Alters eine Menge zu erkunden und zu lernen. Welcher Junge und welches Mädchen kennt sie nicht, die Abenteuer von Robin Hood, der sich mit seinen Gefährten im englischen Sherwood Forest gegen die normannischen Besatzer aufgelehnt haben soll? Wohl jeder Film, der über den legendären Volkshelden gedreht wurde, endet mit der Rückkehr des angelsächsischen Königs Richard Löwenherz in sein Heimatland.

Geschichtsträchtiger Ort: Burg Trifels

Doch woher kam der Regent eigentlich? Richtig, auf direktem Wege von der Burg Trifels, wo er im Jahre 1193 inhaftiert gewesen war. Nicht in einem Kerker, wie man vielleicht annehmen könnte, sondern einem König gebührend in den Gemächern der Burg, wenn auch unter Bewachung. Richard hatte den Fehler gemacht, die Heimreise vom Dritten Kreuzzug in Palästina auf dem Landwege anzutreten. Aber der König wurde erkannt, gefangen genommen und auf den Trifels gebracht, der damals von den deutschen Kaisern als Staatsgefängnis genutzt wurde. Erst nach der Zahlung eines Lösegeldes von 150.000 Mark Silber (das entsprach einem Gegenwert von 50.000 Pferden!) wurde er wieder auf freien Fuß gesetzt. Zu jener Zeit diente die Burg übrigens auch als Aufbewahrungsort der Reichsinsignien, die aus Reichsapfel, Reichszepter, Reichsschwert und Krone bestanden und bis zur Auflösung des Heiligen Römischen Reiches Deutscher Nation im Jahre 1806 als Herrschaftssymbole Gültigkeit besaßen. Diese Reichsinsignien kann man auch heute noch – allerdings als Nachbildungen – auf dem Trifels besichtigen. Die Originale liegen in der Wiener Hofburg.

Burg Trifels, 76855 Annweiler
Telefon: 06346/8470, www.uwendler.de/pfalz/a/annweiler/trifels.htm

0744 Südpfalz-Draisinenbahn zwischen Bornheim und Lingenfeld

Der Tourist bewegt sich selbst!

Ein stillgelegtes Gleis der Unteren Queichtalbahn zwischen den südpfälzischen Kreisstädten Landau und Germersheim brachte den „Eisenbahnromantiker“ Dieter Hofherr aus Neustadt an der Weinstraße auf die Idee, die Strecke nicht ungenutzt zu lassen und sie zu einer Freizeiteinrichtung umzugestalten. Im Jahre 2006 wurde die Südpfalz-Draisinenbahn eröffnet und mauserte sich quasi über Nacht zu einem Publikumsmagneten.
Die Tour beginnt in Bornheim bei Landau, führt entlang malerischer Dörfer und Landschaften bis nach Lingenfeld im Kreis Germersheim und nachmittags wieder zurück. So ganz ohne körperliche Ertüchtigung geht das Ganze natürlich nicht vonstatten, denn die pedalbetriebenen Fahrrad-Draisinen werden einzig und allein durch Muskelkraft angetrieben. Ein paar starke Jungen oder Mädchen sollten also schon mit von der Partie sein, um die Fahrstrecke von insgesamt ca. 21 Kilometer Länge zu bewältigen. Und wenn Oma und Opa auch mit von der Partie sein wollen, nimmt man am besten die Familien-Draisine. Dieses Modell bietet übrigens auch genug Platz für ein ausgiebiges Picknick. Das einmalige Freizeitvergnügen für Jung und Alt wird von Anfang Mai bis Mitte Oktober angeboten.

Südpfalz-Draisinenbahn, 76878 Bornheim
Telefon: 06327/961016
www.suedpfalzdraisine.de

0745 Burg Berwartstein, Erlenbach

Auf Hans Trapps Spuren

Am südlichsten Zipfel des Pfälzerwaldes erstreckt sich das malerische Wasgau, das auch als Dahner Felsenland bezeichnet wird und sich, wie der Name schon sagt, durch eine nicht unbeträchtliche Anzahl steil aufragender Felsen auszeichnet. Dass sich solche Erhebungen auch zu strategischen Zwecken nutzen ließen, wurde bereits im Mittelalter erkannt. Die meisten dieser früheren Befestigungsanlagen, wie etwa der benachbarte Fleckenstein oder der Trifels, sind heute allerdings nur noch als Ruinen zu besichtigen. Ganz anders die Burg Berwartstein bei Erlenbach. Sie wurde Mitte des 12. Jahrhun-

derts erstmals urkundlich erwähnt und gilt als eine der schönsten noch erhaltenen Ritterburgen der Region. Einer ihrer berüchtigtsten Bewohner war ein gewisser Hans von Trotha, im Volksmund Hans Trapp genannt, der Ende des 15. Jahrhunderts Marschall und Heerführer der kurpfälzischen Streitkräfte war. Besitzstreitigkeiten zwischen dem Kloster Weißenburg und Kurfürst Philipp dem Aufrichtigen führten dazu, dass Trapp schließlich mit Kirchenbann und Reichsacht belegt wurde – was diesen aber herzlich wenig störte.
Auch Kinder kommen bei einer Burgführung voll auf ihre Kosten. Was sie vielleicht sonst nur aus Film und Fernsehen kennen, können sie hier einmal „in echt" bestaunen. Dazu gehören neben dem über 100 Meter tiefen Brunnenschacht, der Folterkammer mit allerlei mittelalterlichen Marterinstrumenten sowie einer Steinschleuder auch unterirdische, in den Sandsteinfelsen gemeißelte Geheimgänge, in die man nur bei Kerzenschein gelangt. Und ein bisschen gruseln darf man sich, wenn – auch für Kinder spannende – Geschichten zum Besten gegeben werden wie die des Burgfräuleins Barbara, das sich einst vom Burgfried stürzte und noch heute des Nachts als Geist durch die alten Gemäuer spuken soll.

Burg Berwartstein, 76891 Erlenbach
Telefon: 06398/210, www.burgberwartstein.de

0746 Erzgrube Sankt-Anna-Stollen, Nothweiler

Märchenhafte Führungen unter Tage

Die im südpfälzischen Wasgau befindlichen Felsformationen wurden in der Vergangenheit nicht nur für den Bau von Burgen benutzt. Nein, auch unter Tage waren sie für die Bevölkerung der Region von großem Nutzen. Im Sankt-Anna-Stollen der Gemeinde Nothweiler wurde von 1582 bis 1883 Eisenerz abgebaut. Dann war aufgrund der allgemeinen Krise in der Eisenindustrie auch das hiesige Bergwerk von der Schließung betroffen. Der Stollen geriet über Jahrzehnte in Vergessenheit – bis man die künstliche Höhle am 22. Juli 1978 für touristische Zwecke wiedereröffnete.
Der interessierte Besucher erfährt auf der etwa halbstündigen Führung durch die illuminierten Schächte Wissenswertes über die Geschichte des Bergbaus sowie die damaligen Lebensbedingungen der Menschen. Doch die Erzgrube

hat mehr im Angebot, als man zunächst vermuten sollte: Dino-begeisterte Kinder können auf speziellen Sonderschauen Raptoren-Eier, Flugsaurier, Fischsaurier sowie Meteoriten, Asteroiden, kosmisches Glas und Tiefseemineralien in Augenschein nehmen. Bei rechtzeitiger Voranmeldung kann man sogar eine speziell auf Kindergruppen ausgerichtete Märchenführung buchen. Mit der entsprechenden Kleidung ist der Besuch in dem öffentlich anerkannten technischen Kulturdenkmal also ein garantierter Freizeitspaß für Jung und Alt. Kittel und Helme werden im Stollen zur Verfügung gestellt, etwas Warmes zum Anziehen sollte man aber schon selbst mitbringen: Die Temperatur im Bergwerk beträgt nur 9° – auch im Sommer.

Erzgrube Sankt-Anna-Stollen, Wiesenstraße 2, 76891 Nothweiler
Telefon: 06394/1202, www.nothweiler.de/erzgrube.html

Saarland

0747 Saar-Spektakel, Saarbrücken

Auf zur Wasserschlacht

Ganze drei Tage lang steht alles im Zeichen des Wassers. Mit 310.000 Besuchern im letzten Jahr war das Saar-Spektakel deutschlandweit eine der größten Veranstaltungen zum Thema Wasser und Wassersport. Jedes Jahr im Sommer stellt die Stadt Saarbrücken mit der Hilfe von mehr als 500 ehrenamtlichen Organisationen und 25 Wassersportvereinen ein abwechslungsreiches und familienfreundliches Programm auf die Beine.
In der Taucheroase, die mit 26.000 Liter Wasser gefüllt ist, kann kostenlos getaucht werden, auch kleine Taucher können im Kinderbecken erste Erfahrungen unter Wasser sammeln. Zum Stammprogramm gehören verschiedene Wettbewerbe wie z. B. das Rennen der chinesischen Drachenboote. Selbstgebastelte Schwimmkörper in allen Größen und Farben treten bei der UrPils-Saar-Fari in einem Rennen zum großen Tauglichkeitstest an.
Lehrreiche Wasserrettungsübungen mit Rettungsbooten führen kleinen Kinderaugen vor, was im Ernstfall zu tun ist. Der Publikumsmagnet der Veranstaltung ist der Kanu-Freestyle: Auf spektakuläre Weise springen Sportler mit ihren Kanus von einer Rampe aus in die Saar! Wer das Treiben von oben überblicken möchte, begibt sich auf eine Gondelfahrt in 50 m Höhe.
Nach so vielen Attraktionen zum Staunen können sich die kleinen Besucher im Kinder-Fun-Park austoben.
Über Tauchen, Paddeln, Kanus, Haus- und Motorboote informieren die zahlreichen Vereine vor Ort und wecken Lust auf den nächsten Urlaub am Wasser.

Touristeninformation Saarbrücken
Am Hauptbahnhof 4, 66111 Saarbrücken
Telefon: 0681/35197, www.saarspektakel.de

15.

0748 Eseltrekking im Saarland

Mit Eseldame Liesel auf Wanderschaft

Nicht – wie landläufig angenommen – auf dem Rücken der Pferde, sondern auf dem der Esel liegt das Glück dieser Erde. Denn beim Ausflug mit den gemütlichen Grautieren, die sich natürlich immer über Streicheleinheiten freuen, offenbart sich die ganze Schönheit der Region entlang der französisch-deutschen Grenze. Los geht es beim Hotel Mühlenthal, wo die Esel Alf, Liesel und Lena schon auf ihren Einsatz warten. Die Tour mit fachkundiger Führung verläuft durch Wälder und durch Sandsteinschluchten, einen Blick auf französische Gefilde erhalten die Reisenden vom Aussichtsturm. Über die Landschaft hinaus erhalten große und kleine Touristen einen Eindruck von Kultur, Geschichte und saarländischer Lebenstradition.

Tourismuszentrale Saarland
Franz-Josef-Röder-Straße 17, 66119 Saarbrücken
Telefon: 0681/9272019
www.tourismus.saarland.de/urlaubsfinder/aktivurlaub/305_DEU_tzs.php

0749 Europäische Kinder- und Jugendbuchmesse, Saarbrücken

Futter für kleine Leseratten

Die ersten Leseerfahrungen bleiben uns allen unvergessen. Wir haben mit Pippi Langstrumpf in der Villa Kunterbunt gelebt, mit Jakob Krakel und Maurizio di Mauro die Welt gerettet und sind mit Winnetou groß geworden. Kinder in die Welt der Bücher zu entführen und ihren Lesedurst zu stillen, hat sich auch die Europäische Kinder- und Jugendbuchmesse zum Ziel gesetzt. Jedes Jahr im Mai wird aus der Stadt Saarbrücken für drei Tage ein Bücherparadies, das kleine und große Buchfreunde in Scharen anlockt. Internationale Verlage präsentieren auf dem Messegelände des Saarbrücker Schlosses Neuerscheinungen und aktuelle Trends auf dem deutschen und europäischen Buchmarkt. Hier finden Kinder aller Altersgruppen Lesestoff aus den Bereichen Sachbuch, Geschichte, Lyrik sowie Kinder- und Jugendromane sowie Bilderbücher. Um den Kindern einen Einblick in andere Kulturkreise zu ermöglichen, werden Bücher speziell zu einem Gastland vorgestellt. Jedes Jahr findet die Messe unter einem anderen Themenschwerpunkt statt, der literarisch aufgearbeitet wird.

Die Babybuchmesse, die sich u. a. mit Themen wie frühkindliche Bildung beschäftigt, bietet Erstlesewerke, Lesespiele und Sachbücher für die Kleinsten der Kleinen.

Neben den Messeständen finden ca. 200 andere Veranstaltungen rund um das Thema Literatur für Kinder und Jugendliche statt. Bei etwa 150 Lesungen präsentieren Autoren und Illustratoren aus ganz Europa ihre Werke, laden zu Gesprächen ein, und auch die eine oder andere Buchpremiere wird hier gefeiert.

Europäische Kinder- und Jugendbuchmesse e. V.
Talstraße 64, 66119 Saarbrücken
Telefon: 0681/9388333, www.buchmesse-saarbruecken.de 15.

0750 Kinder- und Jugendtheater Überzwerg, Saarbrücken

Theater ohne Grenzen

Ein Kinder- und Jugendtheater für Kinder jeden Alters, unabhängig von Herkunft und sozialer Stellung möchte das Überzwerg-Theater sein. Das 1978 gegründete und gleichsam größte professionelle Kinder- und Jugendtheater im Saarland und in Rheinland-Pfalz möchte seine jungen Besucher durch altersgerechte Stücke und moderne Inszenierungen an Kunst und Kultur heranführen. Paten und Patenkindergärten sind ein Garant dafür, dass Inszenierungen den direkten Draht zum Publikum behalten. Das Programm umfasst Aufführungen für Kinder ab 4 Jahren, Kinderstücke wie z. B. „Ox und Esel" und Jugend- und Erwachsenenstücke wie „Big Deal?" (Spielplan 2008). Für das kleine Geschwisterchen bietet das Theater eine Kinderbetreuung während der Nachmittagsvorstellungen an. Neben dem Theaterprogramm werden auch andere Veranstaltungen wie Lesungen und Workshops organisiert.

Aufführungen für Kinder jeden Alters im Theater Überzwerg

Daneben leistet der Förderverein des Theaters seit Jahren einen wertvollen Beitrag zur Jugendarbeit, indem er kleine Talente in seinen eigenen Jugend-

und Spielclubs fördert. Bei so viel Engagement wundert es nicht, dass das Theater in der Vergangenheit eine ganze Reihe von Auszeichnungen erhalten hat.

Kinder- und Jugendtheater Überzwerg
Scharnhorststraße 10, 66119 Saarbrücken
Telefon: 0681/8504021, www.ueberzwerg.de

0751 Historisches Museum Saar, Saarbrücken

Kinder stellen Fragen an die Geschichte

Eintauchen in die Geschichte des Saarlandes können Familien im 1988 gegründeten Historischen Museum. In drei verschiedenen Abteilungen, die sich für ältere Kinder durchaus eignen, werden der Erste Weltkrieg, der Nationalsozialismus und die Zeit von 1945–59 aufgearbeitet. Für die kleineren Geschichtsinteressierten lohnt sich ein Rundgang durch die neue Abteilung des Museums: Die im 16. Jahrhundert erbaute mittelalterliche Burganlage mit unterirdischer Wehranlage und Kasematten aus der Renaissance ist hier zu besichtigen. Auf dem Weg zum Burggraben können die Schießkammer aus dem 15. und das Ballspielhaus aus dem 17. Jahrhundert betrachtet werden. Pädagogisch wertvolle und kinderfreundliche Veranstaltungen bietet das Museum in Form von Kindergeburtstagen an. Dabei stehen für das Geburtstagskind und seine Gäste verschiedene Schwerpunkte zur Wahl: Zum Thema Kräuterkunde erhalten Kinder nach Besichtigung der unterirdischen Burganlage einen Einblick in die Welt der Kräuter und Gewürze, gestalten Kräuterbücher und basteln eine Pflanzenpresse. Für kleine Hobby-Archäologen geht es in die Archäologie-Werkstatt, wo sie u. a. Gefäße und Ritterfiguren herstellen. Wer wissen möchte, wie und womit Altersgenossen im Mittelalter, Barock und in der Renaissance gespielt haben, und gleich ausprobieren möchte, wie man Spielzeug vergangener Zeiten nachbaut, bucht einen Kindergeburtstag eigens zu diesem Thema. Außerdem stehen eine Ritterführung mit Graf Johann und Gräfin Marguerite oder eine Kinderführung zum Gefängnis, Burggraben und zu den Burganlagen sowie Veranstaltungen zu den Themen „Schreibwerkstatt“, „Wappenschild“ und „Spinnwirtel und Faden“ auf dem Programm.

Historisches Museum Saar
Schlossplatz 15, 66119 Saarbrücken
Telefon: 0681/5064590, www.historisches-museum.org

0752 Waldhochseilgarten im Abenteuerpark Saar, Saarbrücken

Von Baum zu Baum

Der Stadt entfliehen und den Wald auf Baumhöhe entdecken – das erwartet Familien bei einem Besuch in dem im Stadtwald Saarbrücken gelegenen Waldhochseilgarten. Hier kann die ganze Familie erste Kletterversuche wagen und Geschicklichkeit und Ausdauer auf insgesamt 5 Parcours trainieren. 54 verschiedene Übungen sind auf einer Höhe zwischen 3 und 12 Metern zu meistern. Über zahlreiche Drahtseile, Schaukeln, Seilbrücken, Holzstege und über die neue Seilbahn führen die Parcours, die nur kleine Klettermeister ab dem 12. Lebensjahr und mit einer Mindestkörpergröße von 1,45 m erklimmen dürfen. Damit Ihr kleiner Tarzan oder Ihre kleine Jane nicht zu Boden geht, stehen professionelle Alpinausrüstungen vor Ort bereit; eine kurze Einweisung erfolgt durch geschultes Personal.

Abenteuerpark Saar, Rehtälchen, 66123 Saarbrücken
Telefon: 0681/9385440, www.abenteuerpark-saar.de

0753 Zoo Saarbrücken

Audienz bei Zebra, Giraffe und Kaiserskorpion

Etwa 1.000 Tierarten aus Madagaskar, Südamerika, Afrika, Australien und Asien beherbergt der Zoo Saarbrücken. Ob langhalsige Giraffen, muntere Zebras, elegante Elanantilopen, geheimnisvolle Geparden und Jaguare oder die uns verwandten Gorillas und Schimpansen – hier findet garantiert jeder Tierfreund sein Lieblingstier!
Der Zoo fühlt sich dem Artenschutz verpflichtet und unterstützt europäische Nachzuchtprogramme mit der Nachzucht von 13 vom Aussterben bedrohter Tierarten.
Im Afrikahaus können sich Familien eine exotische Muschelsammlung anschauen und sich in einer Ausstellung über die gemeinsamen Vorfahren von Menschen und Affen informieren. Ein etwas gruseliger Anblick erwartet die Besucher beim Anblick der Schädelsammlung von ehemaligen, verstorbenen Zoobewohnern. Im Untergeschoss des Afrikahauses sind Nachtaffen, Zwergmäuse, Kaiserskorpione und Braunborstengürteltiere zu Hause.

Ein Spektakel, das Kinderaugen leuchten lässt, sind die Schaufütterungen von Piranhas (samstags und dienstags 15.00 Uhr) und Seehunden (immer 10.00 und 15.30 Uhr, donnerstags und montags 13.30 Uhr). Der Spielplatz lädt zum Rutschen und Klettern ein. Pädagogische Zooführungen, die Aufschluss über Leben, Verhalten und Ernährung der Zootiere geben, werden altersgerecht und zu verschiedenen Themenschwerpunkten für Kinder und Jugendliche angeboten. Grundschulkinder erfahren so Wissenswertes über die Tiere der Nacht, die Tiere Afrikas, die Ernährung der Zootiere und über besondere Fähigkeiten bestimmter Tierarten. Themen wie Ursachen und Konsequenzen bedrohter Ökosysteme, etwa das des Regenwaldes, die Ökologie Madagaskars, Ursprünge der menschlichen Entwicklung, Artenschutz und artgerechte Zootierhaltung und Artenerhalt durch Zuchtprogramme sprechen besonders ein etwas älteres Publikum, Mittel- und Oberstufenschüler, an.
Darüber führt der Zoo Saarbrücken auch Zoorallyes, Projekttage, -wochen und -arbeiten durch. Geburtstagsfeiern können für Kinder ab dem Vorschulalter organisiert werden. Es besteht die Wahl zwischen vier verschiedenen Programmen für maximal 15 Kinder.

Zoo Saarbrücken
Graf Stauffenbergstraße 1, 66121 Saarbrücken
Telefon: 0681/980440, www.zoo.saarbruecken.de

0754 Weltkulturerbe Völklinger Hütte

Kreuz und quer durchs Weltkulturerbe

Wer erfand den Kompass? Wann wurde das Papier zum Schreiben entdeckt? Wurde das Brot vor dem Bier erfunden oder umgekehrt? Diese und viele weitere Fragen beantwortet die Ausstellung Genius I, die im ehemaligen Eisenwerk, das noch bis 1986 in Betrieb war, untergebracht ist. Schöpfertum und Erfindergeist stehen bei den sieben Themenwelten, die die menschliche Existenz in ihrer ganzen Dimension erfassen sollen, im Vordergrund, von den ersten zivilisatorischen Schritten wie der Vergesellschaftung des Menschen über die ersten Versuche, sich der Natur durch den Einsatz von Werkzeugen zu bemächtigen und Krankheit und Tod mit Hilfe von Impfungen, Antibiotika und durch Hygienestandards zu bekämpfen. Vergangene Zeiten ohne Fahrrad, Eisenbahn und Flugzeuge, als Elektrizität, Kühlschränke und Waschmaschinen noch nicht unser Leben erleichterten, werden hier auf beeindruckende Weise wieder zum Leben erweckt. Dass wir in ein neues Zeitalter der Kommunikation und des akustisch-visuellen Austausches eingetreten sind, wird spätestens auch den kleinen Besuchern klar, wenn Familien gemeinsam die Entwicklung von der Höhlenmalerei bis zum Handy wie auch den Verlauf von der Musiknotation bis zum MP3-Player nachverfolgen. Im Science Center Ferrodrom werden Kinder aufgefordert, sich an den ca. 100 Mitmach-Stationen zum Thema Feuer, Wasser, Erde, Luft und Eisen auszuprobieren. Der Feuer- und Windtornado, der Elementen-Tunnel und vieles mehr warten schon auf neugierige kleine Tester.

Das ehemalige Eisenwerk beherbergt nun eine interessante Ausstellung

Neben der Ausstellung lohnt es sich, an einer Führung teilzunehmen. Auf einem 2- bis 3-stündigen Rundgang durchwandern und durchklettern Familien die ganze Anlage von der Möllerhalle zur Ansichtshalle mit Hochofen, Granulieranlage, Gichtbühne bis hin zur Gebläsehalle. Informationen über die Geschichte der Völklinger Hütte gibt es per Multimediaeinführung in der Sinteranlage. Bei so viel Industrie und Kulturgeschichte wurde das „bedeutendste vollständig erhalten Eisenwerk" zu Recht in die Liste des Weltkulturerbes aufgenommen.

Weltkulturerbe Völklinger Hütte
Europäisches Zentrum für
Kunst und Industriekultur, 66302 Völklingen
Telefon: 06898/9100100, www.voelklinger-huette.org

0755 Römermuseum Schwarzenacker, Homburg

Feiern wie die Römer

Wir schreiben das Jahr 275/276 v. Chr., als die Siedlung um den Schwarzenacker mit etwa 2.000 Einwohnern von den Alemannen erstürmt und sogleich dem Erdboden gleichgemacht wird. Die Zeit überdauerten einige Häuser und Kellergewölbe, Fragmente einer italienisch-römischen Stadt. Mit viel

Engagement wurden diese Teile als Freilichtmuseum wieder restauriert und rekonstruiert, so dass z. B. zahlreiche Gebäude, Straßenzüge und Abwasserkanäle heute besichtigt werden können. Einen Einblick in das Alltagsleben der Menschen vor zwei Jahrtausenden erhalten große und kleine Geschichtsinteressierte beim Besuch im „Haus des Augenarztes", in der Säulenhalle, an der Straßenkreuzung „Capitolinus" und in der rekonstruierten Bäckerei. Auf einem Spaziergang in den Barockgarten erschließt sich den Familien der gallorömische Umgangstempel, der zu Ehren des Gottes Merkur errichtet wurde. Im Museumsgebäude, dem Edelhaus, erkunden Erwachsene und Kinder die sich im ersten Geschoss befindende Galerie mit 30 Gemälden aus dem Spätbarock.
Im 2. Stock des Herrenhauses werden Fundstücke von Handwerkern und Künstlern gezeigt, die ebenso Aufschluss über vergangene Zeiten geben.
Feiern wie die Römer können 8- bis 12-jährige Geburtstagskinder im Römermuseum ebenfalls. Neben einer Überraschung stehen eine Schatzsuche, viele Spiele und Basteleien auf dem Programm und bereiten so jedem Kind einen ganz besonderen Ehrentag.

Römermuseum Schwarzenacker
Homburger Straße 38, 66424 Homburg-Schwarzenacker
Telefon: 06848/730777, www.roemermuseum-schwarzenacker.de

0756 Europäischer Kulturpark Bliesbruck-Reinheim

Archäologie für Kinder

Zwischen dem französischen Bliesbruck und dem deutschen Reinheim entstand 1989 der Europäische Kulturpark, nachdem archäologische Funde auf dem Gelände entdeckt worden waren. In diesem Park werden zahlreiche Fundstücke aus der Stein- und Kupfer-, Bronze- und vorrömischen Eisenzeit gezeigt, darunter das Grab der Keltenfürstin von Reinheim aus dem 4. Jahrhundert. Weitere ausgestellte Grabfunde wie z. B. das Adelsgrab und das Pferdegrab aus dem 7. Jahrhundert lassen Rückschlüsse auf das Leben der Merowinger zu. Der Kulturpark organisiert das ganze Jahr hindurch Veranstaltungen wie Ostereiersuchen (März), das Gallo-Römische Kinderfest (Mai), eine Rallye mit 8 Stationen u. a. zu den Themen Schwerter, Mosaike,

Schmuck und Töpfern, bei denen die Kinder aufgefordert sind mitzumachen. Im Juni und im Juli finden das Johannisfest sowie Reiten und Bogenschießen, Hornbogenbau und Daumringschießen unter Anleitung eines Profis statt. „Vita Romana" vermittelt Kindern im darauffolgenden Monat einen Eindruck vom Alltagsleben der Römer. Und wie arbeiten eigentlich Archäologen? Am „Tag der Archäologie" erfahren Kinder, welche Arbeitsschritte zwischen Ausgrabung und Rekonstruktion liegen. Das ebenfalls im September ausgerichtete Keltenfest lässt keltische Bräuche wieder aufleben.

Zudem erweitern zahlreiche weitere Workshops zu interessanten archäologischen Themen das Angebot für die kleinen Besucher. Da ist bestimmt für jeden Geschmack etwas dabei.

Das eigens für Kinder entwickelte Aktivprogramm ist sogar auch in Form einer Kindergeburtstagsfeier buchbar. Die Geburtstagsgäste haben die Möglichkeit, an einer Museumsrallye durch die archäologische Abteilung teilzunehmen, Genaueres über die Essgewohnheiten der alten Römer zu erfahren, sich selbst als Archäologen auszuprobieren, die Töpferwerkstatt zu erkunden oder sich mit der Schrift der Antike zu befassen.

Europäischer Kulturpark Bliesbruck-Reinheim
Robert-Schuman-Straße 2
66453 Gersheim-Reinheim
Telefon: 06843/909211, www.kulturpark-online.de

15.

0757 Insektenmuseum Ottweiler

Das große Krabbeln

Zu Besuch bei den Riesenheuschrecken

Entdecken Sie mit Ihren Kleinen im Insektenmuseum Ottweiler die artenreichste Tiergruppe auf unserem Planeten. Insekten machen ca. 80 % aller Lebewesen auf Erden aus und sind des Hobbyforschers Freund und so manches Menschen Feind. Besonders Kinder sind von den kleinen, aber komplexen Tierchen fasziniert, so dass ein Besuch bei den Rieseninsekten und den Riesenheuschrecken zu einem besonderen Erlebnis wird. Eine

Augenweide sind die Riesenschmetterlinge und zahlreiche andere exotische Falter, die auch den Müttern gefallen dürften. Daneben beherbergt das Museum auch Spinnen, Skorpione, verschiedene Käferarten sowie eine Reihe verschiedener Präparate von Fellen, Tieren, Muscheln und Geweihen. Der Eintritt in das Museum ist frei. Lediglich am Samstag und an Sonn- und Feiertagen wird um eine Anmeldung gebeten.

Insektenmuseum Ottweiler, Werschweilerweg 13, 66564 Ottweiler
Telefon: 06824/4515, www.insekten-sticher/Museum.htm

0758 Sommerrodelbahn Peterberg, Braunshausen

Im Sturzflug durch Berg und Tal

Rodelspaß für die ganze Familie verspricht eine Fahrt auf einer der längsten Rodelbahnen in Deutschland, der Sommerrodelbahn am Peterberg. Mitten im Grünen wird der Freiluftbob zunächst auf einen Gipfel in 548 m Höhe gezogen. Jetzt heißt es: Augen zu und durch – denn nun geht es 1.000 m abwärts durch 15 Steilkurven, zahlreiche Bögen und Schwünge und über zwei Sprünge hinüber. Für die Kleinsten stehen Twin-Bobs zur Verfügung, damit Mama und Papa ihren Sprösslingen beim Rodeln zur Seite stehen können.

Unten angekommen, entdecken die Kinder sogleich das Rutschenparadies. Gleich auf zur 40 m langen, 4-fachen Wellenrutsche oder doch lieber erst die Tunnel-Röhrenrutsche testen? Eins ist jedoch klar: Die Doppelfreifallrutsche darf nicht verpasst werden. Denn wo sonst kann man schon in einem Neigungsgrad von 60° pfeilartig nach unten rutschen? Allein rutschen dürfen die Kleinen erst ab dem 6. Lebensjahr, ansonsten kann auch in Begleitung gerutscht werden.

Familienfreundlich und zudem auch noch schonend fürs Portemonnaie ist der Besuch hier allemal, Kinder unter 6 Jahren haben nämlich freien Eintritt. Kinder, die das 8. Lebensjahr noch nicht vollendet haben, dürfen nur in Begleitung älterer Personen rodeln, die eine Körpergröße von mindestens 1,35 m haben müssen.

Freizeit und Wintersport Peterberg
Peterbergstraße 44, 66620 Braunshausen
Telefon: 06873/6600, www.sommerrodelbahn-peterberg.de

0759 Planetenwanderweg,
Nonnweiler

Zu Fuß durch das Sonnensystem

Unendliche Weiten erfahrbar machen, das ist dem maßstabsgetreuen Wanderweg (1:1 Milliarde) rund um den Nonnweiler Staudamm gelungen. Hier können Familien erahnen, welche Weiten unser Sonnensystem mit seinen Gestirnen umfasst.
Auf in die Schuhe, und schon geht es an der Talsperre los! An Merkur und Venus entlang, vorbei am Erde-Mond-Modell und am Mars zum Talsperrenrundweg, wo der Jupiter stationiert ist. Danach folgen Saturn und Uranus bis zur Primsvorsperre, an deren Wehr Neptun und Pluto aufgebaut sind. Der 5,9 km lange Wanderweg führt weiter in den inneren Talsperrenrundweg zur Altbachsperre und an der östlichen Seeseite an den Start zurück. Alle Stationen sind mit Text- und Bildtafeln ausgestattet, die Informationen sind kindgerecht aufgearbeitet. Auf dem Weg bietet sich ein Abstecher an zum ehemaligen Hüttenwerk „Züscher Hammer" sowie zum „Ringwall von Otzenhausen", einer echten keltischen Befestigungsanlage.

Touristeninformation, 66620 Nonnweiler
Telefon: 06873/660, www.nonnweiler.de

0760 Edelsteindorado, Freisen

Auf der Suche nach dem Achat

An die Schaufel, fertig, los! Denn irgendwo auf dem 25.000 m² großen Gelände liegen sie ganz gewiss – die wunderschönen Achatstücke, der Quarzkristall-Gruppe zugehörig, sowie andere Mineralien, die unter jahrhundertealten Erdschichten versteckt sind und nur darauf warten, von den kleinen Hobby-Mineralogen entdeckt zu werden. Gegen eine kleine Leihgebühr werden die Kinder mit dem nötigen Werkzeug ausgestattet. Erfolgreiche Finder der schönen Edelsteine können sich diese gegen einen kleinen Betrag zurechtschneiden lassen und dürfen ihre Schätze dann stolzen Hauptes mit nach Hause nehmen.
Während der saarländischen Schulferien ist das Edelsteindorado täglich geöffnet, in der Schulzeit ist eine Voranmeldung nötig. Nach Absprache können

auch Kindergeburtstagspartys hier veranstaltet werden. Über die Anfahrt informiert man sich am besten auf der Internetseite.

Edelsteindorado, 66629 Freisen
Telefon: 06855/184931, www.edelsteindorado.de

0761 Erlebnispark mit Barfusspfad, Tholey

Die Eigernordwand ruft!

Raus aus der betonierten Großstadt und rein in die Natur! Eingebettet in die herrliche Landschaft rund um den Schaumberg erstreckt sich der 1,3 km lange und behindertengerechte Wanderweg mit Barfußpfad. Durch Feld und Flur wandern Familien an saftigen Wiesen entlang und erreichen als Erstes die Eigernordwand, die Kletterspaß verspricht. Weiter geht's zum Barfußpfad: Über Mulch und Kieselsteine und Pflanzen erkunden kleine Füße den Naturboden. Im Anschluss bietet es sich beim Kneippbad an, die Treterchen im Wasser baumeln zu lassen. Wieder erholt lässt es sich gut spielen und hüpfen und auf dem Abenteuerspielplatz toben. Darauffolgende Stationen des Wanderwegs schulen die Balance, andere dagegen werden zur Mutprobe, wenn Ihr Sprössling z. B. mit Hilfe einer Hangelbrücke an einem im Fluss lauernden Krokodil vorbeikommen muss. Aber keine Bange – das künstliche Salzwassertierchen ist absolut kinderlieb. Für die nötige Abkühlung an heißen Sommertagen sorgt der Wasserspielplatz. Ein paar Meter weiter steigen dank des Nebelgenerators dicke Nebelschwaden in die Luft.
Nach so viel Bewegung an der frischen Luft kann der Durst im Biergarten gestillt werden. Und das Beste: Der Eintritt im Erlebnispark ist kostenlos!

Erlebnispark Schaumberg, Zur Schwimmhalle, 66636 Tholey
Telefon: 06853/91110, www.tholey.de/erlebnispark.htm

0762 Schaumbergbad, Tholey

Geburtstagsständchen in Badehosen

Badespaß für kleine und große Wasserratten an heißen Sommer- sowie an grauen Wintertagen verspricht das Schaumbergbad in Tholey. Während die einen jauchzend im Kinderbecken planschen, zieht es die anderen sofort zur Rutschbahn oder zum Strömungskanal. Lange Schlangen und enthusiastisches Staunen vor der 103 m langen Röhrenrutsche mit Licht- und Geräuscheffekten verraten die Lieblingsattraktion der Badbesucher. Verschiedene Kurse für Kleinkinder sowie die Baby- und Kindersauna runden das Angebot ab. Hin und wieder finden neben diesen Kursen auch Veranstaltungen wie die „Fun & Action Poolparty“ statt. Wer wissen möchte, wieso es hier und da sprudelt und wie die Lichter und Geräusche in der Röhrenrutsche erzeugt werden, erfährt dies bei einer Führung zu den Technikräumen des Schaumbergbads.

Der Außenbereich hat im Sommer viel Platz für die Kleinen zum Spielen zu bieten, so dass es ihnen nie langweilig wird, während die Eltern sich in den Liegestühlen aalen.

Den schönsten Tag des Jahres im Wasser planschend und umgeben von Freunden verbringen? Kein Problem, denn Kindergeburtstage stehen hier auch auf dem Programm. Vier Stunden lang werden das Geburtstagskind und seine Gäste verwöhnt, dürfen alles ausprobieren und werden verköstigt. Das Geburtstagskind erhält zudem ein Geschenk.

Schaumbergbad Tholey
Zur Schwimmhalle, 66636 Tholey-Theley
Telefon: 06853/91110, www.schaumbergbad.de

0763 Expeditionsmuseum und
Wolfsgehege Werner Freund, Merzig

Von fremden Kulturen und heulenden Wölfen

Auf seinen 17 Expeditionen rund um den Globus hat der Verhaltensforscher Werner Freund eine einzigartige Sammlung aus Fundstücken und Geschenken von fremdländischen Stämmen in einer Ausstellung der Öffentlichkeit zugänglich gemacht.

Seine Expeditionsreisen führten ihn nach Afrika, Papua-Neuguinea und nach Asien. Nie kehrte er mit leeren Händen zurück. Jagdwaffen, Schmuck, Werkzeuge, Tierpräparate und vieles mehr fanden so ihren Weg ins heimische Merzig.

Insgesamt achtmal zog es den Weltenbummler nach Kirgistan, in das Land Aitmatows; zahlreiche Original-Stücke im „Kirgisienraum“ und Wandbemalungen, die die Landschaft Kirgisistans darstellen, geben Aufschluss über eines der exotischsten Länder dieser Erde.

Freunds zweite Leidenschaft gilt der Wolfsforschung, die er nun schon seit 30 Jahren betreibt. Europäische Wölfe und ihre indischen, arktischen, kanadischen und sibirischen Verwandten sind im Wildpark zu Hause, wo schon mehrere Wolfsrudel aufgezogen wurden. Jeden ersten Sonntag im Monat können Familien an einer kostenlosen Führung mit dem „Wolf-Flüsterer" teilnehmen und Niki und Stephan und die anderen Wölfe aus der Ferne betrachten. Über Lebensweise, Artenvielfalt und Aufzucht werden die Besucher vom Experten höchstpersönlich informiert, danach werden sie Zeugen eines besonderen Spektakels: der Fütterung der Wölfe.
Von morgens in der Frühe bis nach Sonnenuntergang ist der Wolfspark geöffnet, der Eintritt ist kostenfrei. Der Zutritt zum Gehege ist jedoch nicht gestattet.

Expeditionsmuseum Werner Freund, Propsteistraße, 66663 Merzig
Telefon: 06861/85221, www.wolfspark-wernerfreund.de

Wolfspark Werner Freund, Kammerforst Merzig
Waldstraße 204, 66663 Merzig
Telefon: 06861/911818, www.wolfspark-wernerfreund.de

0764 Erlebniszentrum und Keramikmuseum
Villeroy & Boch, Wadgassen und Mettlach

Für Elefanten strengstens verboten!

Dem Glasmacher über die Schulter schauen können interessierte Kinder in der ehemaligen Cristallerie und in der nachgebauten Prämonstratenser-Abtei. Hier im Erlebniszentrum in Wadgassen sehen die Kleinen, wie ein Gegenstand aus Glas angefertigt wird, und dürfen ihn anschließend als Souvenir mit nach Hause nehmen. Zudem sind in einer Ausstellung zahlreiche Sammlerstücke aus dem 19. und 20. Jahrhundert zu besichtigen. Der Eintritt ist frei, eine Führung ist gegen eine Gebühr möglich.
Neben dem Erlebniszentrum lohnt auch ein Besuch im Keramikmuseum im nahe gelegenen Mettlach, das anhand von Exponaten ein interessantes Kapitel europäischer Industriegeschichte anschaulich macht. Das Highlight eines jeden Besuches im Keramikmuseum ist jedoch die Ausstellung des offiziellen Papstgeschirrs für Benedikt XVI.
Auf einem Spaziergang in der Alten Abtei, wo 1809 mit dem Kauf der Benediktinerabtei die Firmengeschichte begann, können Familien das älteste Sa-

Alles über die Keramikherstellung

kralgebäude des Saarlandes, den Alten Turm, besichtigen. Einen Querschnitt durch die Epochen (Jugendstil, Nachkriegszeit etc.) des Keramikdesigns erhalten Groß und Klein hier ebenfalls. Danach führt Sir Peter Ustinov auf der Leinwand unterhaltsam durch die Firmengeschichte.

Tischkultur erfahren die Kinder auf einem gepflasterten Marktplatz, wo verschiedene Tischgedecke und Geschirr präsentiert werden. Körpergroße Kunst gibt es auch zu erleben. Der „Living Planet Square“, der im Jahre 2000 auf der Expo in Hannover ausgestellt wurde, ist jetzt in der Saaruferstraße, Alte Abtei, zu besichtigen. Das Kunstwerk besteht aus André Hellers „Erdgeist“ und der „Weltkarte des Lebens“ von Stefan Szczesny.

Erlebniszentrum Villeroy & Boch, Saarstraße 1, 66787 Wadgassen
Telefon: 06864/811020

Keramik Museum Mettlach, 66688 Mettlach, Telefon: 06864/811020

www.villeroy-boch.com

0765 Teufelsburg, Überherrn

Auf den Spuren düsterer Legenden

Der Legende nach kam die Burg zu ihrem Namen, als der Herr von Felsberg sich mit dem Teufel einließ, seine Seele verkaufte und daraufhin seinen Bruder ermordete, um sich so seines Rivalen um seine Angebetete, Alice von Forbach, zu entledigen. Seitdem wird die Burg im Volksmund Teufelsburg genannt, der historische Name jedoch lautet weniger mahnend Burg Neufelsberg.

Zwischen 1354 und 1390 als zweiteilige Burganlage erbaut, diente sie zunächst als Kampfburg. Im unteren Teil besichtigen Besucher die Kapelle und

die Pulverkammer. In einem Gewölberaum, der einst als Vorratskammer diente, befindet sich heute das Museum, in dem rekonstruierte Waffen, Geräte und einige Fundstücke, die teilweise bis in die Römerzeit zurückreichen, ausgestellt sind.
Der Fußweg vom Oberfelsberg in die Rosch eignet sich hervorragend für einen Familienausflug ins Grüne. Auf dem Weg zur Burg, entlang des ehemaligen Steinbruchs, können Eltern und Kinder das einzigartige Panorama genießen und durch den größten Akazienwald der Saar-Lor-Lux-Region wandern.

Teufelsburg, 66802 Überherrn-Felsberg
Telefon: 06837/74495, www.teufelsburg1.de

0766 Märchen- und Freizeitpark Orscholz, Mettlach

Im Reich des Froschkönigs

An der malerischen Saarschleife gelegen, öffnet der 300 m^2 große Märchenpark seine Tore und lässt Kinder in das Reich von Frau Holle und Co. eintreten. Der Rundweg führt an zahlreichen nachgestellten Szenen aus „Der Froschkönig“, „Rumpelstilzchen“ und vielen anderen Grimmschen Märchen vorbei. Die liebevoll handgearbeiteten Figuren in den lebensgroßen Hütten begeistern Märchenfreunde, ob groß oder klein, und werden mit Leben erfüllt, sobald die Märchen aus den Lautsprechern ertönen.
Nachdem die Kleinen das Reich der Märchen wieder verlassen haben, stehen eine Schienenbahn, eine Mini-Eisenbahn, eine Westernstadt und ein Abenteuerspielplatz zum Toben zur Verfügung.
Meerschweinchen, Hasen, Gänse und verschiedene Vogelarten und zahlreiche Waldtiere freuen sich, von den kleinen und großen Besuchern gestreichelt und gefüttert zu werden. Während die Kinder herumtollen oder Bekanntschaft mit den Tieren machen, ist im Waldhaus für das leibliche Wohl der Eltern gesorgt.
Darüber hinaus besteht die Möglichkeit, Kindergeburtstage im Märchenpark zu buchen.

Märchen- und Freizeitpark Orscholz
Lisztweg 7, 66693 Mettlach-Orscholz
Telefon: 06865/434505, www.maerchen-park.de

Baden-Württemberg

0767 Mannheimer Puppenspiele

Puppen an Zauberstäben

Kinder ab drei Jahren werden im Mannheimer Puppentheater genauso wie Erwachsene entführt in eine Welt, in der alles und nichts real ist: die Welt des Puppenspiels. Wenn Sie Ihren Kindern einmal etwas zeigen möchten, das mehr ist als nur ein Film, das unmittelbar erlebt werden kann und anrührt, dann gehen Sie mit ihnen ins Puppentheater.
Hier in Mannheim sind die Puppen meistens auf Stäben, doch manchmal kommen auch andere Modelle zum Einsatz. Die kleinen Darsteller agieren so lebensecht, dass man nicht anders kann, als mitzufühlen. Das Leben, das die Puppen für die Dauer der Vorstellung beseelt, kann sie nämlich tatsächlich wieder verlassen, anders als bei menschlichen Schauspielern. Die Stücke sind allerdings alles andere als traurig; Märchen und Kindergeschichten erzählen von Traumwelten, in denen Gespenster und Zauberer leben. Für Erwachsene gibt es ebenfalls Vorstellungen, doch bei vielen Kinderstücken können sich auch die Großen dazusetzen und den nostalgischen Zauber der heiteren Püppchen wiedererleben. Die Saison ist im Winter und Frühjahr, den Rest des Jahres bereiten sich die Puppenspieler auf neue Rollen vor.

Mannheimer Puppenspiele, U2, 4–5, 68161 Mannheim
Telefon: 0621/1568510, www.mannheimer-puppenspiele.de

0768 Landesmuseum für Technik und Arbeit, Mannheim

Die Zeitmaschine

Wer das Landesmuseum Mannheim besucht, ob Groß oder Klein, dem wird fast wie von selbst die unendliche Geschichte der Industrialisierung vermittelt. Und wer hätte gedacht, dass diese derart umfangreich ist? Faszinierende historische Exponate beantworten zunächst Fragen wie „Warum klappert die Mühle?“. Skurrile Anekdoten wie die vom hauseigenen „Wellenbad“ bringen sicher so manche Kinderaugen zum Staunen. In Räumlichkeiten, die zuweilen eher an die authentische Ausstattung eines Freilichtmuseums erinnern, wird auch erklärt, wie alt die Geschichte des Recyclingpapiers ist und welche Technik beim Drucken zur Anwendung kommt, was man auch gern in Eigenarbeit erproben kann. Die historische Arbeiterkneipe bringt die Zeit

der Jahrhundertwende näher und lädt zu einer Stärkung ein. Doch nicht nur vergangene Zeiten kommen zur Sprache, sondern auch die Gegenwart in Form von Themen wie Kunststoff, Elektrizität und der umstrittenen Kernenergie. Anschließend geht es zurück in die Zukunft: Faszinierend und spannend nicht nur für Nachwuchswissenschaftler gestaltet sich der neue Themenbereich Bionik. Anschaulich und – natürlich – interaktiv werden hier interessante Phänomene der Natur beschrieben und was der Mensch davon lernen kann.
Besonders lieben werden Kinder auf jeden Fall die beiden Experimentierforen Elementa 1 und 2. Hier können sie in interaktiven (Selbst-)Versuchen hautnah in die Welt der Wissenschaft eintauchen: Spätestens beim Experimentieren mit der Elektrostatik stehen der ganzen Familie die Haare zu Berge. Sollten Ihre Kinder davon nicht genug bekommen, besuchen Sie doch gemeinsam einen der vielfältigen Workshops, oder schauen Sie einfach beim nächsten „Laboratorium am Sonntag" vorbei.

Landesmuseum für Technik und Arbeit in Mannheim
Museumsstraße 1, 68165 Mannheim
Telefon: 0621/4298-9, www.landesmuseum-mannheim.de

0769 Kindergeburtstag im Extrem-Kletterzentrum Mannheim

Eine kleine Kletterparty

Die Extrem-Kletterhalle in Mannheim ist sicher ein etwas ungewöhnliches Ziel für einen Kindergeburtstag, aber es lohnt sich. Hier gibt es einen abgetrennten Kinderbereich mit Rutsche und bunten Kletterwänden, die nicht allzu hoch sind und auch für kurze Beine noch zu erklimmen. Zwei Stunden lang dürfen das Geburtstagskind und seine Gäste in dieser kleinen Halle ein einzigartiges Abenteuer erleben, vorausgesetzt, sie sind über sechs Jahre alt. Denn hier wird schon einiges gefordert.
Nachdem die beiden freundlichen Trainer der Truppe Sicherheitshinweise gegeben haben und die Technik zur Genüge erklärt ist, geht's los. Nun heißt die Devise: Immer nach oben schauen, denn dort liegt das Ziel. Dabei bleiben die Kinder stets sicher angeseilt – egal, ob einen oder drei Meter über Normalnull – und wagen so unter den Augen der Trainer ihre ersten Kletterversuche. Natürlich ist auch für Spiel und Spaß gesorgt. Das Klettern erfordert dennoch Mut und Konzentration, und so schulen die Kinder auf spannende

und angenehme Weise ihren Geist und Körper und machen wertvolle Selbsterfahrungen – eine Geburtstagsparty der besonderen Art eben, die jedem Teilnehmer sicher noch lange im Gedächtnis bleibt.

Extrem-Kletterzentrum, Am Ullrichsberg 10, 68309 Mannheim
Telefon: 0621/1281692, www.kletterzentrum.de

0770 Heidelberger Märchenparadies Königstuhl

Lügen, Märchen und viel Spaß

Lieben Ihre Kinder Märchen? Im Märchenparadies auf dem Königstuhl können sie alle Figuren, die sie aus Büchern kennen, hautnah erleben. Für einen erschwinglichen Eintrittspreis erzählen hier viele beliebte Charaktere, vom Lügenbaron von Münchhausen bis zu Schneewittchen, ihre Geschichten. Diese werden in vielen Pavillons in schönen Szenerien dargestellt, und bewegliche Puppen erwachen auf Knopfdruck zum Leben.
Der Märchenpark ist eingebettet in eine schön gestaltete Landschaft, durch die eine kleine Eisenbahn tuckert und zum Mitfahren einlädt. Zwischen den einzelnen Märchenstationen gibt es abwechslungsreiche Abenteuerspielplätze, auf denen die Kinder sich nach Herzenslust kletternd und rutschend austoben können. Wem das nicht genügt, der zahlt ein bisschen mehr und kommt in den Genuss von diversen Fahrgeschäften, bei denen die Post abgeht: Boxautos, Reitbahn und unterschiedliche Schießbuden. Verschiedene Stärkungen und Erfrischungen für Groß und Klein bietet der Kiosk an. So kommen nicht nur kleine Kinder auf ihre Kosten, und der Besuch im Märchenparadies wird zu einem netten, entspannten Erlebnis für die ganze Familie.

Heidelberger Märchenparadies, Königstuhl 5a, 69117 Heidelberg
Telefon: 06221/23416, www.maerchenparadies.de

0771 Bergbahn Heidelberg

Historisches Auf und Ab

Einen schöneren Weg, auf den Königstuhl zu gelangen, gibt es nicht: Eine Fahrt mit der historischen Heidelberger Bergbahn vergessen Sie nicht so schnell, und sie ist ein aufregendes Erlebnis für die ganze Familie. Genauer gesagt sind es zwei Bahnen, die Sie auf den Gipfel bringen: Die modernste Bergbahn Deutschlands fährt alle zehn Minuten in Heidelberg zwischen Kornmarkt und Molkenkur hin und her. Die andere, die nebenbei die älteste Bergbahn Deutschlands ist, bewältigt anschließend von der Umsteigestation Molkenkur den steilen Weg hinauf zum Königstuhl. Da dieser lang und beschwerlich ist, schafft sie das nur in Zwanzig-Minuten-Abständen. Sie ist schließlich auch die ältere von beiden. Aber ob so oder so, die Fahrt in einer dieser Bahnen ist denkwürdig. Am besten nimmt man beide nacheinander, denn die Kinder wollen sowieso noch einmal fahren. Wenn man dann aus dem schrägen Wagen, der perfekt der Neigung des Geländes angepasst ist, nach unten sieht, kann einem schon mulmig werden. Schließlich ist man auf dem Weg zum höchstgelegenen Punkt Heidelbergs.

Ist die Familie jedoch wohlbehalten oben angelangt – und das ist sie früher oder später garantiert –, klärt eine interessante kleine Ausstellung sie über die Geschichte der Bergbahn auf.

Die Kinder freuen sich dann über das Märchenparadies oder die Falknerei am Gipfel. Und für alle ausgestandenen Elternängste entlohnt die schöne Aussicht vom Königstuhl.

Heidelberger Straßen- und Bergbahn GmbH
Bergbahnstation Kornmarkt / P12, Zwingerstraße 20, 69117 Heidelberg
Telefon: 06221/513-2150, www.bergbahn-heidelberg.de

0772 Heidelberger Herbst in der Altstadt

Herbstlich bunte Unterhaltung

Im Herbst ist Heidelberg besonders schön. Das finden zumindest seine Bewohner und feiern jährlich zu dieser Jahreszeit ein besonderes Fest. So füllen sich jeweils am letzten Samstag im September die Straßen und Plätze der Altstadt mit Ständen und Bühnen, um die Besucher zu bewirten und zu unterhalten. Musik und Tanz stehen dabei im Vordergrund, und das in allen Stilrichtungen: von Jazz und Klassik bis hin zu Hip-Hop und Rockmusik. So kommen auch ältere Kinder auf ihre Kosten.

Für das leibliche Wohl sorgt unterdessen ein umfangreiches kulinarisches Angebot, das besonders regionale Spezialitäten beinhaltet. In den Straßen wird auf verschiedenen Märkten eine bunte Warenvielfalt feilgeboten. So ist jedes Jahr wieder der Kunsthandwerkmarkt dabei, mit mehr oder weniger

praktischen, aber in jedem Fall liebevoll gearbeiteten Kunstgegenständen, während der Riesenflohmarkt ein Paradies zum Stöbern darstellt. Extra für Kinder bis 13 gibt es auch einen Flohmarkt, wo sie selbst Waren zum Verkauf anbieten können – gut für das ausgediente Spielzeug und zur Taschengeldaufbesserung. Natürlich können die Kleinen auch selbst auf Entdeckungstour im Trödelfundus gehen. Vielleicht findet sich hier der eine oder andere Schatz?
Unterhaltsam geht es auch auf dem Mittelaltermarkt am Universitätsplatz zu, der mit authentischem Markttreiben und so mancher „Gaukeley“ große und vor allem auch kleine Gäste zu fesseln weiß. Wenn das Wetter mitmacht, steht einem vergnüglichen und abwechslungsreichen Tag in der Heidelberger Altstadt also nichts im Wege.

Heidelberg Marketing GmbH
Ziegelhäuser Landstraße 3, 69120 Heidelberg 15.
Telefon: 06221/1422-0, www.heidelberg-marketing.de

0773 Lindenmuseum Stuttgart

Wenn einer eine Reise tut …

… dann kann er was erleben. Das kann man auch im Lindenmuseum in Stuttgart, sowohl reisen als auch erleben. Über fast alle Kontinente dieser Erde spannt das Museum breite Brücken der interkulturellen Verständigung. In diesem Sinne verstanden und vorgestellt werden hier die ursprünglichen Einwohner Afrikas, Amerikas, Asiens, Ozeaniens und des Orients. Dies gelingt anhand ausgewählter, faszinierender Exponate auf sehr anschauliche Weise.
Aus kalten und warmen Gegenden kommen die Völker, über die hier berichtet wird, flach oder bergig, wasserreich oder trocken. Dementsprechend unterschiedlich geartet sind ihre Kulturen, und doch tauchen immer wieder Gemeinsamkeiten auf. Masken, Schmuck und Wandbilder zeichnen ein Bild von exotischen und lebendigen Welten, die durch nachgestellte Szenen und Räumlichkeiten an Präsenz gewinnen. Auf einer Expedition durchs Lindenmuseum tauchen Besucher ein in eine Welt fremder Einflüsse, beherrscht von sagenumwobenen Gottheiten, geprägt von eigenartigen und manchmal grausamen Ritualen. Eine spannende und umfangreiche Weltreise erwartet hier große und kleine Gäste, die sich informieren und begeistern lassen können:

Mitreißend wirkt die faszinierende Weite unserer Erde allemal, die in den Ausstellungsräumen zum Tragen kommt, und die Reise ist ganz nebenbei ungemein informativ – ein Museum zur Horizonterweiterung, im wahrsten Sinne des Wortes.

Lindenmuseum, Hegelplatz 1, 70174 Stuttgart
Telefon: 0711/2022-3, www.lindenmuseum.de

0774 Naturkundemuseum Stuttgart

Reise in zwei Etappen

Das Naturkundemuseum Stuttgart verteilt sich auf zwei Standorte: das Museum am Löwentor und das Museum im Schloss Rosenstein. Beide fungieren mit interessanten Ausstellungen als eigenständige Einrichtungen. Gemeinsam laden sie zu einer zweigeteilten Reise durch die wunderbare Welt des Lebens ein. Während im Schloss Rosenstein eine der bedeutendsten biologischen Sammlungen Europas untergebracht ist und Millionen von Präparaten unsere umfangreiche Flora und Fauna repräsentieren, widmet sich das Museum am Löwentor ganz der verstrichenen Ära der vormenschlichen Zeit. Immerhin ist Baden-Württemberg weltbekannt für seine vielfältigen Fossilfunde. Im Museum am Löwentor wird eine Auswahl davon lebendig und fasziniert Jung und Alt. Auf einem Rundweg durch die Jahrmillionen folgen die Besucher dem Lauf des Lebens vom Trias bis ins Quartär. Dabei lernen ältere und jüngere Kinder die vielen spannenden und grotesken Formen des Lebens in der Urzeit kennen. Im Mittelpunkt des Interesses stehen natürlich die Dinosaurierskelette, die die ausgestorbenen Riesen in lebensnahen Positionen zeigen. Fantasievolle Kleinkinder sollten hier vielleicht besser an die Hand genommen werden. In der unteren Ausstellungsebene beschäftigt sich ein Raum mit

Modell eines Mammuts mit Jungtier

der Entwicklung des Urmenschen, und ein umfangreiches Bernsteinkabinett birgt historische Schönheiten in Harz.
In den modern gestalteten Räumen von Schloss Rosenstein geht die Reise weiter zwischen Tierpräparaten aller Arten und Größen, umgeben von detaillierten Dioramen. So lebensecht wirken die Tiere, dass man manchmal schon zweimal hinsehen muss. So werden den Kindern die Evolution und die Wunder der Tier- und Pflanzenwelt nähergebracht. Ein eigener Themenbereich widmet sich der heimischen Artenvielfalt, und auch Umweltprobleme kommen zur Sprache – in jedem Falle lehrreich und spannend.

Staatliches Museum für Naturkunde, Rosenstein 1, 70191 Stuttgart
Telefon: 0711/8936-0, www.naturkundemuseum-bw.de

0775 Wanderung von Stuttgart nach Mönchfeld

Auf Schusters Rappen

Auch von Stuttgart aus lässt sich Natur erleben. Nicht sonderlich anstrengend und daher auch für kleinere Kinder bestens geeignet ist beispielsweise eine Wanderung von Stuttgart nach Mönchfeld, die man auch auf Fahrrädern oder mit dem Kinderwagen bewältigen kann.
Ausgangspunkt ist die U-Bahn-Station Wagrainäcker. Von dort aus geht es über den Parkplatz zum See hinüber, wo der Weg durch schöne Natur führt. Vorbei an der Spiel- und Liegewiese kommt man zur Hängebrücke, die den Max-Eyth-See überspannt und mit ihrer ungewöhnlichen Konstruktion besonders Kinder fasziniert. Beim Gang durch das Seegelände lassen sich außerdem viele Tierarten, vor allem verschiedene Vögel wie Reiher und Gänse, beobachten. Entlang mehrerer Straßen gelangt man von dort zum Neckarufer, wo sich zwischen Weinberg und Fluss eine kleine Pause anbietet, bevor man den schwierigsten Teil in Angriff nimmt. Nun geht es ausgeruht und gestärkt weiter nach Mönchfeld, über einen kurzen, aber steilen Aufstieg und einige Serpentinen auf den Bergrücken. Nach der Steigung kann man sich nun wieder ausruhen und den schönen Ausblick über Stuttgart und das Flusstal genießen. Jetzt ist es nicht mehr weit: Der kurze Rückweg führt entlang des Bergkamms und an den Tennisplätzen vorbei und bringt die Wanderer am Ende wieder wohlbehalten dorthin, wo sie gestartet sind: zum Max-Eyth-See. Wer jetzt noch munter ist, leiht sich zur weiteren Vergnügung

hier verschiedene Boote, um über den See zu rudern oder zu treten. Alle anderen ruhen sich einfach auf der Liegewiese aus.

U-Bahn-Station Wagrainäcker, 70311 Stuttgart
Telefon: 0711/2228-240, www.stuttgart-tourist.de

0776 Höhenfreibad Killesberg, Stuttgart

Baden in luftigen Höhen

An einem heißen Sommertag lohnt sich ein Ausflug auf den Killesberg bei Stuttgart. Hier, inmitten des schönen alten Höhenparks, liegt unter hohen Bäumen das Höhenfreibad Killesberg. Während Eltern ihre Runden drehen oder in der Sonne liegen, tollen Kinder besonders gern im Nichtschwimmerbecken, rutschen auf der Kinderrutsche oder haben Spaß an den Bodenblubbern. Für die ganz Kleinen gibt es auch ein warmes Planschbecken, und die Älteren versuchen sich währenddessen am Sprungturm. Wer hat Mut genug für das 5-Meter-Brett?
Auch außerhalb des Wassers gibt es vielfältige Aktivangebote: Tischtennis, Badminton, Beachvolleyball und Basketball kann man hier spielen, und das besondere Highlight für kleine Kinder ist der Matschspielplatz, wo sie sich wunderbar dreckig machen können. Verköstigen lässt man sich an der Gaststätte, oder man grillt am Grillplatz mitgebrachte Leckereien. Die Kohle dafür gibt es umsonst. Besonders für Stadtkinder ist dieses schöne und vielseitige Freibad eine willkommene Erfrischung.

Höhenfreibad Killesberg, Beim Höhenfreibad 37, 70192 Stuttgart
Telefon: 0711/2163015, www.stuttgart.de/baeder

0777 Theater am Faden, Stuttgart

Die Fäden in der Hand

Ein verträumter Ort ... Die Marionettenbühne Theater am Faden in Stuttgart entspricht so ganz den Vorstellungen einer geheimnisvollen Welt, in der Holzpüppchen noch lebendig werden können. Das Theater ist umwachsen von Kletterpflanzen, die das alte Gemäuer blühend und dicht umranken. Wer eintritt, begibt sich in die fremden, aber wohlmeinenden Hände der

Puppenspieler. Die Tradition der Marionettenbühne scheint hier ungebrochen: Ausgesuchte Märchen stehen auf dem Programm, sowohl deutsche als auch fremdartige aus benachbarten Kulturen, zum Beispiel ungarische und russische. Internationalität ist einer der Zauber dieses Theaters und bringt besondere Akzente in den Spielplan. Für eine Stunde kann das kleine Publikum hier in Fantasiewelten schwelgen und sich mitreißen lassen.
Hinterher haben Kinder die Möglichkeit, die Fäden auch einmal selbst in die Hand zu nehmen. So können sie die liebevoll gestalteten kleinen Meisterwerke aus Holz von Nahem bewundern, an deren turbulentem Leben sie gerade teilnehmen durften. Besonders an Regentagen ist das Theater am Faden eine gute und sehr unterhaltsame Alternative zum heimischen Fernseher.

Theater am Faden, Hasenstraße 32, 70199 Stuttgart
Telefon: 0711/604850, www.theateramfaden.de

0778 Cannstatter Volksfest

Auf'm Wase graset d'Hase

„Auf'm Wase graset d'Hase" ist der Beginn eines schwäbischen Volksliedes und bezieht sich auf den Cannstatter Wasen in Stuttgart. Hier findet jedes Jahr Ende September in der Tat ein großes Spektakel statt: Das Cannstatter Volksfest, das nun schon seit fast 200 Jahren gefeiert wird. Als größtes Schaustellerfest der Welt macht es seinem Namen jede Ehre und wartet auf mit allen Vergnügungen, die das (Kinder-)Herz begehrt.

Hier geht es rund: Riesenrad und Karussells

Am ersten Festsonntag bildet ein fröhlicher Umzug den feierlichen Auftakt für das lustige Treiben, danach geht es über zwei Wochen rund, und das im wahrsten Sinne des Wortes: Um die 50 Fahrgeschäfte warten hier auf die großen und kleinen Besucher. Ob Riesenrad, Wildwasserbahn oder Ner-

venkitzel hoch in der Luft, hier ist mit Sicherheit für jede Altersgruppe etwas dabei. Auch an die Kleinsten ist gedacht: 20 verschiedene Fahrgeschäfte speziell für Kleinkinder und zwei Reitbahnen wollen ausprobiert werden.
Der traditionelle Krämermarkt und das urige Almhüttendorf bringen volkstümliche Stimmung in das Fest. Dazwischen beleben Marktschreier an Los-, Wurf- und Schießbuden das bunte Bild, und fürs leibliche Wohl ist natürlich mehr als gesorgt. Wenn es nicht immer nur Eis und Süßigkeiten sein sollen, finden sich auch genügend Stände, die einen ordentlichen Imbiss servieren. In vielen Zelten und Fahrgeschäften gibt es auch spezielle Kinder- und Familientarife, Eltern dürfen die Kinder oft kostenlos begleiten. Zwei Tage der Festzeit sind ganz der Familie gewidmet, mit Kinderschminken und lustiger Unterhaltung. Die Kindersammelstelle sorgt stets dafür, dass kein Kind seiner Familie abhandenkommt – damit es auch wirklich rundum ein schöner Ausflug wird.

Veranstaltungsgelände NeckarPark
Cannstatter Wasen, 70372 Stuttgart
Telefon: 0711/520893-300, www.cannstatter-volksfest.de

15.

0779 Rundfahrt mit dem Neckar-Käpt'n, Stuttgart

Stadtbesichtigung der anderen Art

Wer Stuttgart von seiner grünen Seite erleben möchte, dem sei eine Fahrt mit dem Neckar-Käpt'n ans Herz gelegt. Über zehn Jahre schon befährt der Käpt'n, der eigentlich Wolfgang Thie heißt, den Fluss mit seinen vier Schiffen. Besonders für Kinder ist ein solcher Ausflug ein einziges Vergnügen und an heißen Tagen eine willkommene Erfrischung. Hier thronen die Passagiere hoch an der frischen Luft, gleiten gemächlich an begrünten Ufern vorbei und haben dabei genug Zeit, sich alles anzuschauen. Tiere und Pflanzen sind ganz nah und lassen sich gut beobachten, doch allein die Fahrt auf dem Wasser genügt schon, um die Kinder zu faszinieren. Bauchkribbeln gibt es, wenn das Schiff durch eine Schleuse fahren muss und dabei auf wundersame Weise hinauf- oder hinuntergleitet.
Im Angebot des Käpt'ns können Sie wählen zwischen einer Hafenrundfahrt, auf der es viel Interessantes zu bestaunen gibt, einer kurzen Fahrt durch Stuttgart oder gar einem Ausflug weit weg nach Marbach oder Hessigheim. Dabei lässt sich viel erleben, und unterwegs bringt die Crew den Kleinen

gern den einen oder anderen Seemannsknoten bei – wenn man es schafft, die Aufmerksamkeit der Kinder vom Wasser abzulenken. Wer will, kann auch einmal selbst Neckar-Käpt'n spielen. Schiff ahoi!

Neckar-Personen-Schifffahrt Berta Epple GmbH + Co. KG
Anlegestelle Wilhelma, 70376 Stuttgart
Telefon: 0711/54997060, www.neckar-kaeptn.de

0780 Wilhelma, Stuttgart

Artenvielfalt im königlichen Garten

Über 1.000 Tierarten und 5.000 Pflanzenarten haben die Wilhelma, Stuttgarts zoologisch-botanischen Garten, über die Grenzen Deutschlands hinaus berühmt gemacht. Die wunderschönen Gebäude wurden um die Mitte des 19. Jahrhunderts im maurischen Stil erbaut, um den privaten Garten des Königs zu schmücken. Seit nunmehr beinahe 100 Jahren sind dort in stets modernisierten, artgerechten Innen- und Außengehegen Tiere und Pflanzen aller Kontinente untergebracht.

Alle Tiere können von ganz nah beobachtet werden

Für einen Besuch der Wilhelma nimmt man sich am besten einen ganzen Tag Zeit und beginnt den Rundgang gleich hinter dem Eingang in der Reihe historischer Gewächshäuser. Liebevoll gestaltet sind die Landschaften aus Kakteen, Orchideen und Palmen. Das tropische Amazonienhaus, wo Sie durch echtes Regenwaldklima wandeln und dabei Fische, Krokodile und andere Tiere dieses Lebensraumes hautnah beobachten können, wird Ihre Kinder begeistern. Auch die Schmetterlingshalle werden die Kleinen nur ungern wieder verlassen. Da hilft nur die Aussicht auf einen Besuch bei den Eisbären oder im Affenhaus.

Auf dem Weg zu den einzelnen Tiergehegen spazieren Sie durch die wunderschönen Parkanlagen, wo Ihnen zwischen Seerosenteich, Blumenmeer und Subtropenterrassen vielleicht der eine oder andere Pfau begegnet. Wer sich von zu Hause Proviant mitgebracht hat, findet kaum einen schöneren Ort für ein Picknick als die Wiese unter den blühenden Bäumen im Magnolienhain. Und wenn die Kinder vom Umhertollen auf den Spielplätzen müde sind, wird auch die Heimfahrt ganz unkompliziert.

Wilhelma, Wilhelma 13, 70376 Stuttgart
Telefon: 0711/5402-0, www.wilhelma.de

0781 Haus des Waldes,
Stuttgart-Degerloch

In Stuttgart hat der Wald ein Haus

Mitten unter Bäumen steht das Haus des Waldes im kleinen Stuttgarter Bezirk Degerloch. Architektonisch ist es ein Wunderwerk, erbaut aus Holz, Stahl und ganz viel Glas – eine beeindruckende halbe Rundung zur Waldseite hin erinnert an einen großen Wintergarten und lässt den echten Wald zum festen Bestandteil des Museums werden. Museum – so könnte man es vielleicht nennen. Die Betreiber nennen es Begegnungsstätte.
Hier finden in der Tat zahlreiche Begegnungen statt, denn jeder im Alter von 4 bis 99 Jahren kann hier seine ganz persönliche Beziehung zum Wald finden. Alle Sinne werden dabei angesprochen, um die Begegnungen zum unvergesslichen Erlebnis zu machen. Diese finden möglichst draußen statt, doch das Museum ist zwar klein, aber fein, und hier lassen sich auch bei schlechter Witterung typische Waldeindrücke sammeln. So können Kinder erraten, was in verschiedenen Tastboxen versteckt ist, Tierstimmen wiedererkennen, Tierspuren lesen oder Düfte des Waldes auseinanderhalten. Bäume werden vorgestellt, mit all ihren Ringen, Zapfen und Blättern. Auch die Tierwelt wird erklärt, vor allem anhand eines schönen großen Dioramas unter der Glasdecke, und verschiedene Märchen bringen Fantasie zwischen die Baumstämme.
Der Lebensraum Wald wird so in all seinen Facetten anschaulich gemacht, und die Kinder verstehen, wieso der Wald so wichtig für uns ist. Um den Besuch noch spannender und interaktiver zu gestalten, empfiehlt es sich, im Internet den Rundgang für Kinder auszudrucken, der sie zuverlässig und unterhaltsam durch alle wichtigen Stationen des Hauses führt.

Haus des Waldes, Königssträßle 74, 70597 Stuttgart-Degerloch
Telefon: 0711/97672-0, www.hausdeswaldes.de

0782 Sonnenhof, Stuttgart

Sonnige Zeiten

Ein Bauernhof mit allem Drum und Dran lädt zum Urlaub ein. Dabei dreht sich im Sonnenhof alles um die kleinen Gäste, die besonders gern hierher kommen. Hier finden Kinder noch ein echtes Paradies vor. Egal, ob nur für einen Tag, ein Wochenende oder eine ganze Woche: Hier gibt es immer viel zu tun, und das macht meistens einen Riesenspaß.
Im Rahmen verschiedener Programme werden die Kinder in das Leben auf dem Bauernhof einbezogen oder dürfen sich einfach täglich aufs Neue hier austoben. Dabei gilt es beispielsweise für Unerschrockene, Rinder, Ferkel und Pferde zu versorgen. Auf Erlebnistouren wird der Bauernhof mit seinen Tieren erkundet – inklusive Melkwettbewerb. Die „Arbeit" macht aber nur einen kleinen Teil aus, der Spaß steht immer noch an erster Stelle. Für Reitbegeisterte bietet der Hof idyllische Reitferien an sowie Kurse für Anfänger oder Eselreiten für Mutter und Kind.
Weniger ruhig geht es zu bei der einwöchigen Abenteuerfreizeit für alle kleinen Wagemutigen: Hier kann man nach Herzenslust in der Gruppe Indianer und Piraten spielen, dabei um den Marterpfahl tanzen und Schiffe bauen, und einmal gibt es ein großes Fußballturnier für alle. Die Betreuer, die sich um alles kümmern, machen dabei kräftig mit und sorgen für viel Spaß. Zu der vergnüglichen Woche gehören natürlich auch Wasserschlachten in der Sonne, Übernachten im Heuschober, Grillen und Nachtwanderungen – eben alles außer Reiten. Vor allem in den Ferien ist das ein schönes Erlebnis für alle Kinder, das sie so schnell nicht vergessen werden.

Sonnenhof, Sonnenhof 1, 70378 Stuttgart
Telefon: 0711/5074620
www.dersonnenhof.com

0783 Besucherzentrum RitterSport, Waldenbuch

Schokolade im Quadrat

Wenn in Waldenbuch Regen in der Luft liegt, merkt man das am Schokoladenduft, der die Stadt durchzieht. Denn hier, zwischen Stuttgart und Tübingen, wird eine der beliebtesten Schoko-Weltmarken Deutschlands hergestellt: RitterSport, ein echt schwäbisches Produkt.

Das traditionsreiche Familienunternehmen präsentiert sich hier von der Schokoladenseite. Im – natürlich – quadratischen Besucherzentrum kann man mit allen Sinnen viel über das Unternehmen und natürlich über die Herstellung der süßen braunen Quadrate lernen. Hier wartet eine Schoko-Ausstellung auf große und kleine Besucher, die interaktiv und anschaulich die lange Geschichte der Schokolade erzählt und die einzelnen Sorten der Ritter-Sport-Schokolade vorstellt, inklusive Dufterlebnis. In der Schoko-Werkstatt dürfen Kinder dann unter fachkundiger Anleitung ihre eigene Schokoladensorte kreieren, herstellen und mit nach Hause nehmen. Mit kulinarischen Köstlichkeiten verwöhnt das Café große und kleine Genießer, natürlich auch mit diversen Schokoladenspezialitäten. Zu guter Letzt lädt der „Schoko-Laden" mit Fabrikverkauf im Erdgeschoss dazu ein, ein paar Souvenirs mitzunehmen, die einen noch lange an den Besuch bei RitterSport erinnern – oder auch nicht, schließlich kann man bei so leckeren Souvenirs nicht unbedingt von Langlebigkeit reden.

RitterSport Besucherzentrum, Alfred-Ritter-Straße 25, 71111 Waldenbuch
Telefon: 07157/97-0, www.ritter-sport.de

0784 Bauernhausmuseum, Leonberg-Gebersheim

Am Badetag wird die Wanne ausgeliehen

Vor allem für Stadtkinder ist das Bauernhausmuseum im kleinsten Teil Leonbergs interessant. Hier finden sich auf über 600 Quadratmeter Ausstellungsfläche allerhand Utensilien von anno dazumal, von denen jedes seine eigene Geschichte erzählt. In verschiedenen Ställen und Wohnräumen eines Original-Bauernhauses aus dem 18. Jahrhundert wird die individuelle Geschichte der verschiedenen Bewohner erzählt, immer mit Bezug auf eine andere geschichtliche Epoche. Da sind zum Beispiel die Hausfrau in der Küche der 20er Jahre, die sich noch ohne Geschirrspüler, Kühlschrank und Co. zu helfen wusste, oder die Geschichte von der Wanne, die am Badetag für eine Mark im Dorf geliehen wurde. Dann stellte man sie in den Viehstall, und alle badeten der Reihe nach – im selben Wasser. Denn das war ja auch nicht leicht zu beschaffen.

Diese und viele andere unterhaltsame Geschichten erfahren Sie am besten selbst mit Ihren Kindern auf einem Streifzug durch den Bauernhof, die Scheune oder die anderen Gebäude, die mit spannenden Ausstellungsstücken aufwarten. Auch ein historisches Backhaus und eine Schmiede sind dabei sowie ein wunderhübscher kleiner Bauerngarten, der nicht nur schöne Blumen, sondern auch den Anbau von Kräutern und Gemüse zeigt. Speziell für Kinder gibt es ein buntes Programm bei der „Hocketse", die alljährlich gegen Ende der Sommerferien stattfindet.

Bauernhausmuseum, Alte Dorfstraße 34, 71229 Leonberg-Gebersheim
Telefon: 07152/330556, www.bauernhausmuseum-gebersheim.de

0785 Blühendes Barock und Märchengarten, Ludwigsburg

Es war einmal ein Schloss ...

... mit dem fing alles an. Als Anfang des 18. Jahrhunderts Schloss Ludwigsburg nach Versailler Vorbild erbaut wurde, fügten sich rundherum bereits schöne, weitläufige Gärten an, die im Laufe der Jahrhunderte eine bewegte Geschichte erlebten. Die wunderschöne Parkanlage lädt heute staunende Besucher ein in den Schatten exotisch duftender Bäume und Sträucher, die die Wege in den unterschiedlichen Themenbereichen, ob fernöstlich oder mediterran, säumen. Historische Gewächshäuser beherbergen wunderschöne, empfindliche Gewächse mit betörendem Duft. Prächtig gefiederte Vögel stolzieren über die gewundenen Wege und beäugen neugierig die Besucher. Hier lässt es sich gut verweilen.

Der Barockgarten des Ludwigsburger Schlosses

Doch die Kinder drängen wahrscheinlich schon, denn es ist ihnen nicht entgangen, dass es dort drüben zum Märchengarten geht. Und kaum sind Sie durchs Tor gegangen – pardon, gezerrt worden –, umgibt auch Sie der Zauber dieser charmanten Anlage aus den 50er Jahren. Auf den neuesten Stand gebracht und stets erweitert, hat sich der Märchengarten seine Anmut bis heute bewahrt. So mancher fühlt sich in seine Kindheit zurückversetzt, wenn er mit den gespannten Kindern im Märchenboot sitzt und sich die sprechenden Figuren in den Schaukästen ansieht oder den Dornröschenturm hinaufsteigt, sich mit Rübezahl auseinandersetzen muss oder den Weg durchs He-

ckenlabyrinth sucht. Pech gehabt, wenn man zu groß ist, denn an gewissen Stellen haben nur kleine Leute Glück ... Alle anderen erwartet ein nasskalter Guss.
Ein unendlicher Spaß für die Kinder: Hier dürfen sie Rapunzels Prinz, Froschkönig und Unhold in einem sein. „Das Lächeln eines Kindes und das freudige Aufleuchten seiner Augen sind mir mehr wert als das Nicken von hundert Rauschebärten", sagte der Erfinder des Märchengartens, Albert Schöchle. Und das merkt man.

Blühendes Barock Gartenschau Ludwigsburg GmbH
Mömpelgardstraße 28, 71640 Ludwigsburg
Telefon: 07141/97565-0, www.blueba.de

0786 Naturpark Schönbuch, Bebenhausen

Das grüne Herz des Ländles

Wenn die Sonne mal wieder ins Freie lockt, ist der Naturpark Schönbuch ein wunderbares Ausflugsziel für die ganze Familie. Picknickkorb gepackt, und los geht's! Hier im Herzen Baden-Württembergs, zwischen Stuttgart und Tübingen, erstreckt sich auf über 15.000 Hektar eins der größten Waldgebiete des Landes – ideal, um die Seele baumeln zu lassen und den Alltag für ein paar Stunden zu vergessen. Auch Kinder fühlen sich hier pudelwohl.

Spaß in der Natur im Naturpark Schönbuch

Ein einfaches Leitsystem führt Besucher von einem der vielen Zugänge durch den riesigen Park. Während man den Wegen folgt, lässt sich die stets reizvolle Landschaft bewundern. Doch auch viele Sehenswürdigkeiten sorgen für Abwechslung. So lassen sich in mehreren Gehegen verschiedene Wildarten vom Damhirsch bis zum Wildschwein in natürlicher Umgebung beobachten. Fünf unterschiedliche Lehrpfade vermitteln Wissenswertes rund um die Natur, in der sich die Besucher bewegen, während kulturelle Sehenswürdigkeiten vom Schloss bis zum Soldatengrab Zeitgeschichte veranschaulichen. Mehrere Museen der angrenzenden Gemeinden laden zu einem abschließenden Rundgang durch die Wissenschaft der vielfältigen Natur ein. Doch natürlich ist diese dort am schönsten, wo sie lebt. Und das tut sie im Naturpark Schönbuch allemal. Da lauern kleine tückische Moore dunkel hinter dem hohen Gras, Seen ruhen flach und einladend unter der Sonne, besucht von kleinen und großen Tieren. Und über allem, ob Berg oder Tal, stehen stolze Bäume und Sträucher, laden Lichtungen zum Picknicken ein und wollen Ameisen gern mitessen. Wer sich auf einen der vielen Wege durch den Schönbucher Wald begibt, der muss einfach damit rechnen, dass die allgegenwärtige Natur hier zum Leben erwacht, mehr als woanders. Ein Besuch im Naturpark Schönbuch ist ein wunderbares und abenteuerliches Erlebnis für alle großen und kleinen Kinder, deren Fantasie noch ebenso lebendig ist.

Naturpark Schönbuch, 72074 Bebenhausen
Telefon: 07071/602262, www.naturpark-schoenbuch.de

0787 Stocherkahnrennen, Tübingen

Dabei sein ist alles

Ein großes Spektakel für Jung und Alt ist jedes Jahr wieder das beliebte Stocherkahnrennen auf dem Tübinger Neckar. Eigentlich ist die Fahrt in einem der berühmten Stocherkähne ja eine beschauliche und entspannte Angelegenheit. Aber einmal im Jahr, am zweiten Donnerstag im Juni, wird der Neckar zum Schlachtfeld. Denn dann findet das überregional berühmt-berüchtigte Stocherkahnrennen statt; der Kampf um den Sieg ist hart und erbittert und führt nicht selten zu einer Havarie.
Los geht die Seeschlacht am Hirschauer Steg, und spätestens nach dem Startsignal gibt es kein Halten mehr. Dann schäumt das Wasser vor emsig stochernden Bootlenkern und spritzt in alle Richtungen. Da bleibt kein Auge trocken – und kein Teilnehmer. Ein Heidenspaß auch für die Kleinen: Sind die wilden Stocherer auf dem Fluss dort unten doch aufs Lustigste verkleidet, denn die Gruppe mit den originellsten Kostümen gewinnt das begehrte Spanferkel. Das ist vielleicht der angenehmste Preis des Tages, denn selbst die Sieger, die gemeinsam ein Fass Bier und den Wanderpokal erhalten, haben eine Runde Freibier für alle auszugeben. Die Letzten sind sowieso arm dran: Sie müssen zusammen mit den Schiffbrüchigen unter grölendem Beifall je einen halben Liter Lebertran trinken und sich um die Ausrichtung des nächs-

ten Rennens Gedanken machen. Und da es immer einen Verlierer geben wird, werden auch die Stocherkahnrennen in Tübingen nie ein Ende haben. Wäre ja auch schade.

Verkehrsverein Tübingen, An der Neckarbrücke 1, 72072 Tübingen
Telefon: 07071/9136-0, www.tuebingen-info.de/stocherkahn.htm

15.

0788 Auto- und Spielzeugmuseum Boxenstop, Tübingen

Blechgeschichten zum Anfassen

Das Boxenstop-Museum in Tübingen ist ein Museum, wie es Kinder lieben: Keine Schilder verbieten das Berühren, das Reden oder das Fotografieren. Hier ist alles zum Anfassen und Ausprobieren da. Was wäre auch ein Spielzeugmuseum ohne Anfasserlaubnis? So kommen die kleinen Gäste voll auf ihre Kosten, während die Eltern – zumindest wohl der männliche Teil – für die umfangreiche Automobilsammlung mit ihren allerhand Zylindern und Flügeltüren schwärmen. Alte und jüngere Rennwagen, Motorräder und überhaupt Oldtimer aller Art stehen blitzend in Reih und Glied, um sich bewundern zu lassen, mit dabei sind Klassiker von Porsche und Mercedes sowie außergewöhnliche Einzelstücke wie der Lloyd-Weltrekordwagen aus den 50er Jahren. Liebevoll gestaltete Fahrzeuge in klein, als maßstabsgetreue Modelle, finden auch ihre Anhänger.
Kinder staunen über die bunten historischen Spielsachen. Von großen und kleinen Püppchen über Teddys und weitere Miniaturen sind hier bis zur Dampfmaschine viele interessante, lustige und kuriose Spielzeuge ausgestellt, die früher zum Kinderalltag gehörten. Spielerisch lernen die Kleinen, hier Technik sprichwörtlich zu be-greifen. Auch Erwachsene fühlen sich wieder in die Kinderstube zurückversetzt, nicht zuletzt dank der Originalplakate und -Emailschilder, die viel zur authentischen Atmosphäre beitragen. Jeder Besucher soll sich hier zu Hause fühlen und die Begeisterung teilen können, die das Betreiber-Ehepaar mit der Sammelleidenschaft in diesen Räumen ausstellt. So eröffnen sich für die ganze Familie faszinierende Welten, und Eltern und Kinder können hier in aller Ruhe in Vergangenheit und Gegenwart von Spielzeug und Automobil stöbern, ohne störende Verbotsschilder.

Auto- und Spielzeugmuseum Boxenstop
Brunnenstraße 18, 72074 Tübingen
Telefon: 07071/92900, www.boxenstop-tuebingen.de

0789 Kinderkunsthalle Tübingen

Kleckern und klotzen

Bunt geht es zu in der Kinderkunsthalle in Tübingen: Hier wird Kindern in speziell ausgerichteten Programmen die Kunst nähergebracht – in Theorie und Praxis. Die Ausstellungen wechseln immer wieder, mit interessanten Themen, für die Werke verschiedener Künstler zum Einsatz kommen. Passend zur jeweiligen Ausstellung bietet die Kunsthalle Kinder-Kunstkurse an, die alle Aspekte der Kunst vereinen. Beim Kunstgespräch in den Ausstellungsräumen lernen die Kinder, sich auszudrücken und die Kunst in ihrem Sinne zu verstehen. Ihre eigenen Ideen und Vorstellungen dürfen sie dann in Kunstwerkstätten verwirklichen, die in eigens dafür ausgestatteten Räumen stattfinden. Hier rückt der Nachwuchs unter fachkundiger Betreuung den renommierten Künstlern zu Leibe und bringt seine fantasievollen Kreationen zu Papier. Nicht selten wurde hier schon ein kleiner Maler entdeckt, der Sigmar Polke und Co. das Wasser reichen kann. Doch mit Klebstoff und Knopf kreieren die kleinen Talente auch Masken und Handpuppen.

Kleine Künstler lassen ihrer Kreativität freien Lauf

Die künstlerische Begegnung kann verschieden gestaltet werden. Kurse gibt es zu erschwinglichen Preisen für nachmittags über mehrere Wochen, übers Wochenende oder in den Ferien. Das Programm ist stets individuell und geht auf die Wünsche der Kinder ein. Dabei ist es egal, wie erfahren Ihr Kind in künstlerischer Gestaltung ist. Hier wird einfach gebastelt, gezeichnet und gemalt, bis die Tiegel leer sind – und immer mit einer gehörigen Portion Fantasie.

Kunsthalle Tübingen, Philosophenweg 76, 72076 Tübingen
Telefon: 07071/96910, www.kinderkunst-halle.de

0790 Kamelhof Rotfelden

Dromedare statt Ziegen

Ein Ausflugsziel der besonderen Art ist zweifellos der Kamelhof Rotfelden im nördlichen Schwarzwald. Die Ziegen im Streichelzoo sind ja schön und gut, aber auch Kinder bekommen manchmal Fernweh, und so etwas sieht man nicht alle Tage. Denn der Kamelhof ist ein lebendiges Museum zum Anfassen.

Die Breitlings, die den Hof führen, kennen sich gut mit Kamelen aus, versorgen sie ja auch ganze Ställe voll dieser Karawanentiere, und ihr Wissen geben sie an die Besucher gern weiter. Doch nicht nur die Theorie über das faszinierende Leben der Kamele in ihrer heißen Heimat, gemeinsam mit ihren Gefährten, den Wüstennomaden, gibt es hier zu hören und zu sehen. Im Mittelpunkt stehen natürlich die vielen lebenden Exemplare verschiedener Kamele, vor allem Dromedare und Trampeltiere, die sich auch im schwäbischen Klima wohlfühlen. Und die wollen angefasst und geknuddelt werden – wetten, dass Ihr Kind damit einverstanden ist? Kamel und Kind bilden eine innige Einheit. So kann bei schönem Wetter auch gut mal die eine oder andere gemütliche Runde hoch auf dem Rücken der friedlichen Tiere gedreht werden – das gilt natürlich auch für neugierige Erwachsene. Zum Austoben geht es dann ans Erklimmen der Strohburg. Die ist aber nur für Kinder da – da wünscht man sich schon manchmal, man wäre wieder jung.

Ausritt hoch auf dem Rücken der Wüstenschiffe

Kamelhof Rotfelden GmbH & Co. KG
Kamelweg 1, 72224 Ebhausen-Rotfelden
Telefon: 07054/8125, www.kamelhof.de

0791 Barfußpark Dornstetten

Zeigt her eure Füße …

Der erste Barfußpark Baden-Württembergs liegt in Dornstetten. Hier ziehen alle ihre Schuhe aus und krempeln die Hosen hoch, um kilometerweit durch Matsch und Mulch zu spazieren. Wem das nicht ansprechend genug klingt, der sollte einfach hingehen und es ausprobieren. Denn Barfußlaufen in der freien Natur ist ein spannendes und entspannendes Erlebnis gleichermaßen. Hier erlebt man die Umwelt mit allen Sinnen, und das völlig kostenlos.

Kinder sind da nicht zimperlich. Wer sowieso den ganzen lieben langen Sommertag barfuß läuft, dem muss man nicht zweimal sagen, worum es hier – im wahrsten Sinne des Wortes – geht: Raus aus den Schuhen und hinein in die Natur, könnte man sagen. Diese stellt sich in vielfältigen Formen dar: als Holz, Stein oder Rindenmulch, grasig, lehmig, moosig, sandig oder nass. Abwechslung und Spaß sind hier für die ganze barfüßige Familie garantiert! Und wer sich noch immer nicht überzeugen lässt, sei versichert, dass er mit dem Barfußpark auch noch etwas für die Gesundheit tut – ganz nach den Kneippschen Grundsätzen. Jeder tut sich damit etwas Gutes, egal, ob Sie die große oder die kleine Runde in Angriff nehmen. Verschiedene Gruppenführungen sind buchbar, auf denen man viel Interessantes über das Barfußlaufen und den Schwarzwald erfährt. Doch auch auf eigene Faust erhält man an den einzelnen Stationen wertvolle Tipps und Informationen rund um die abwechslungsreiche Tour. Barfußlaufen – nichts leichter als das. Und was für die Kinder ein tierisches Vergnügen ist, macht auch Eltern ganz schnell wieder jung.

Touristinformation Kulturamt, Marktplatz 1+2, 72280 Dornstetten
Telefon: 07443/9620-30, www.barfusspark.de

0792 Römisches Freilichtmuseum, Hechingen-Stein

Gemeinsam aufs Klo und andere Sitten

Die Römer, die einst auch nach Baden-Württemberg vorgerückt waren, haben im ganzen Bundesland Spuren hinterlassen. Eine davon ist die Villa Rustica, ein römischer Gutshof aus dem 1. Jahrhundert, der seit 1991 ein Museum ist und seitdem ständig ausgebaut und restauriert wurde. So ist ein schönes und lehrreiches Ausflugsziel entstanden, das nicht nur Lateinschülern viele Hintergrundinformationen bietet, sondern auch andere – große wie kleine –Besucher fasziniert. Idealerweise sollten die Kinder hierfür jedoch schon etwas älter sein und zumindest zur Schule gehen.
Die weitläufige Anlage lässt sich am besten im Rundgang besichtigen. Zu Beginn geht man über niedrige Ruinen ehemaliger Räume, deren ursprünglicher Zweck bis auf Ausnahmen nicht eindeutig zu bestimmen ist. Besucher erfahren hier auch viel Wissenswertes über die beliebte Fußbodenheizung der Römer. Von diesem Hof aus gelangt man in den Ausstellungskeller und in die rekonstruierten Räume des Hauses. Im Erdgeschoss befinden sich die voll

eingerichtete Küche mit Original-Ausgrabungsstücken sowie ein weiterer Ausstellungsraum. Besonders interessant ist der erste Stock des Gebäudes, wo ein Wohnraum detailliert nachgebildet wurde. Hier kann man die verzierten Wände bewundern und gut sehen, wie die Römer beim Essen auf Steinbänken lagen. Ein Säulengang führt nun ins Bad, das auch nur aus Ruinen besteht. Schilder informieren über die Badekultur der alten Römer. Weiter hinten sind die technisch fortschrittlichen Toiletten zu besichtigen, die gemeinsam in einer langen Bank untergebracht sind – auf dem Klo unterhielten sich die Römer wohl gern.
Nicht nur hier bietet der Gutshof, der auch von außen ein imposanter Anblick ist, auf anschauliche Weise viele interessante Informationen über die einstigen Eroberer, darunter auch Fakten, die sich oft erst auf den zweiten Blick erschließen und nicht unbedingt in Büchern stehen.

Römisches Freilichtmuseum, 72379 Hechingen-Stein
Telefon: 07471/6400, www.villa-rustica.de

0793 Albaquarium, Albstadt

Korallenriff im Albidyll

Um die prächtige Flora und Fauna der sieben Weltmeere zu bestaunen, muss der Albbewohner heutzutage nicht mehr weit reisen – nicht einmal nach Stuttgart, in das vielgerühmte Aquarium der Wilhelma, führt ihn sein Weg. Denn bequem vor der Haustür liegt für die schwäbischen Meeresfreunde das Albaquarium in Albstadt. Was vielleicht nicht so spektakulär klingt, ist tatsächlich ein kleines, aber feines und gut sortiertes Aquarium, das bereits vor über 50 Jahren von einem Verein aufgebaut und der Öffentlichkeit zugänglich gemacht wurde. Hier, im südlichen Teil der Schwäbischen Alb, kann man gegen eine geringe Gebühr in den Schönheiten der Ozeane schwelgen: Fische, Korallen, Schwämme und Seeigel wetteifern an Farbenpracht und Glanz mit Krabben, Schnecken und Rochen; dazwischen stehen verschiedene Pflanzenarten unter Wasser und über Wasser. Frösche und Schildkröten lassen sich hier auch bewundern und markieren den Übergang vom Wasser zum Land, dem Tribut gezollt wird in Form von vielen schönen Terrarien, die Reptilien, Amphibien und weitere Landtiere aller Art beherbergen: Hier leben verschiedene Echsen, Spinnentiere und Insekten. Liebevoll gestaltet sind diese Kleinbiotope, so dass die Tiere sich wohlfühlen.

Ein lohnenswertes Ziel mit Kindern ist das Albaquarium allemal: Hier sieht man exotische Artenvielfalt, ohne gleich einen ganzen Zoo zu besuchen. Sollten Sie einen Ausflug hierher planen, packen Sie auch die Badesachen ein – nebenan liegt gleich das Hallenbad, ein passender und erfrischender Abschluss für den Aquarienbesuch.

Albaquarium, Grüngrabenstraße 20, 72458 Albstadt-Ebingen
Telefon: 07431/4930, www.albaquarium.de

0794 Wildgehege Meßstetten

Wanderung mit Tierschau-Garantie

Im Wildgehege Meßstetten kann man schön ein paar Stunden verbringen, besonders an einem warmen, sonnigen Tag. Das Gelände bietet sich an für eine abwechslungsreiche und erholsame Wanderung durch schöne Natur mit vielen tierischen Attraktionen. Verschiedene Wildarten – darunter Rotwild, Damwild und Schwarzwild wie beispielsweise Wildschweine mit Frischlingen – gibt es hier in den Gehegen entlang der Wanderwege zu sehen. Hinweisschilder geben Sicherheitsratschläge, damit es nicht zu unliebsamen Kontakten mit den wilden Tieren kommt und damit nichts passiert. Viele der Tiere lassen sich auch füttern, und gern fressen sie großen und kleinen Besuchern aus der Hand. Mit dabei sind aber auch scheue kleine Tierchen wie Eichhörnchen und Hasen, während schöne Vögel wie Fasane oder Pfauen das Auge mit ihrer Farbenpracht erfreuen.
Müde Wanderer können sich am kleinen Kiosk niederlassen und bei Erfrischungen und Pommes Frites die Gegend betrachten. Alternativ bietet sich in solch schöner Umgebung natürlich ein Picknick an, für das Kinder meistens auch gleich zu haben sind, das ist ja schließlich viel abenteuerlicher. Für solche Zwecke ist eine Grill- und Feuerstelle vorgesehen. Ein schöner Abenteuerspielplatz zwischen den Bäumen sorgt für die Unterhaltung aktiver Kinder. Hier können sie sich noch einmal so richtig austoben, bevor es wieder nach Hause geht.

Wildgehege Meßstetten
Ludwig-Uhland-Straße 25, 72469 Meßstetten
Telefon: 07431/6764, www.wildgehege-messstetten.de

0795 Barfußpfad Meßstetten-Tieringen

Abenteuer für die Füße

Die Schwäbische Alb ist ohnehin jede Menge stundenlange Wanderungen wert, und seit 2003 lässt sich ein Teil davon sogar ohne Schuhe zurücklegen: Der Barfußpfad bei Tieringen, im Südwesten der Alb, wurde damals vom Heimatverein Kohlraisle liebevoll angelegt und lädt seither müde Wanderer dazu ein, sich die drückenden Schuhe von den Füßen zu reißen und den geduldigen Trägern unseres Körpergewichts auch einmal ein wenig Abwechslung zu gönnen. Kinder freuen sich natürlich über ein derartiges Angebot besonders, und auch Eltern wird es Spaß machen, verschiedene Materialien unter den Fußsohlen zu spüren.

Dabei geht es auf einer Strecke von fast 900 Metern über Stock und Stein. Zunächst noch nicht direkt, denn feines Glas verwöhnt die Füße auf den ersten Schritten. Glas? Ja, Glasscherben. Das soll „sehr gut für die Füße" sein, wie ein Schild daneben verspricht. Hat man die Mutprobe bestanden, bei der tatsächlich nichts passiert, darf man auch schon bald durch einen erfrischenden Bach waten, bevor die Füße sich den echten Herausforderungen stellen: Steine, Beton und Sand, Holz und Rindenmulch sorgen für ein immer neues Gefühl an der Sohle. Ob Wald oder Wiese, alles wird bis auf den letzten Meter Schlamm durchwatet, und der kann den Kindern schon mal bis zu den Knien gehen. Gut, dass man am Ende alles wieder abwaschen kann – Handtücher mitzubringen ist übrigens eine gute Idee. Und dann geht's wieder gut durchblutet in die Schuhe, die so lange geduldig gewartet haben und jetzt wieder ihren Dienst tun dürfen. Oder auch nicht – denn der Barfußpfad ist ein kostenloses Vergnügen, und wenn der eine oder andere kleine Wanderer erst auf den Geschmack gekommen ist, lässt sich die ganze Familie vielleicht dazu verleiten, gleich eine weitere Runde zu drehen.

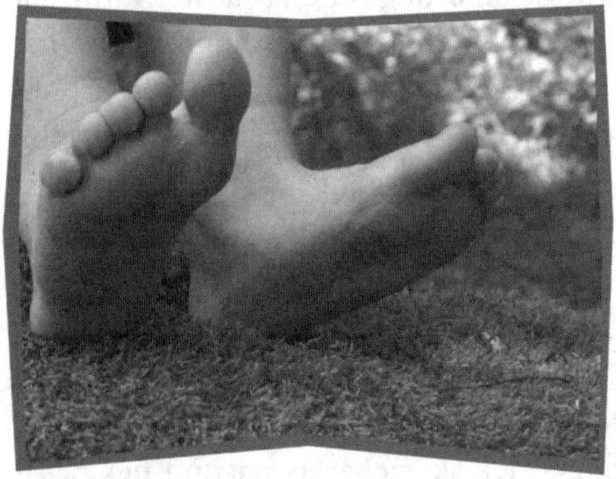

Wohltat für die Füße

Gemeindeverwaltung, Rathausgasse, 72469 Meßstetten-Tieringen
Telefon: 07436/366, www.kohlraisle.de, www.barfusspark.info

0796 Kinderführungen auf Schloss Sigmaringen

Auf den Spuren der Schlossbewohner

Die Führungen durch Schloss Sigmaringen auf der Schwäbischen Alb können auf eine lange Tradition zurückblicken: Bereits im 19. Jahrhundert wurden die Prunkgemächer der Hohenzollern einer ausgewählten Öffentlichkeit zugänglich gemacht. Heute gibt es mehr Räumlichkeiten zu sehen als damals, und zu unterschiedlichen Themen werden verschiedene Touren durch das Schloss angeboten. Einige richten sich speziell an die kleinsten Besucher. Hier lernen sie spielerisch die Geheimnisse des Schlosses kennen und schlüpfen dabei beispielsweise in die Rolle von Prinzen und Prinzessinnen. Dabei geht die Reise durch verschiedene Epochen, schließlich stammt das Schloss aus dem Mittelalter und hat über die Jahrhunderte mehrere Renovierungen erfahren.

Die Kinder können die Geheimnisse hinter den dicken Mauern des Schlosses erkunden

Wenn die Kinder die weitläufigen Flure und Gemächer erkunden, lernen sie weit mehr als nur die Benimmregeln alter Zeiten. Zwischen Rittersaal und Prunkräumen warten die Schlossküche und die Badezimmer mit ihren Utensilien und Truhen nur darauf, die Geschichte ihres Alltags zu erzählen. Für kleine Schlossdetektive ist es natürlich besonders interessant, wenn sie in Geheimkammern kriminelle Machenschaften aufspüren müssen. Aber auch Feen und Wölfe treiben im Schloss Sigmaringen ihr Unwesen. Verschiedene Themen machen jede Führung zu einem besonderen Erlebnis, bei dem Interaktion und Kreativität gefragt sind, und die Veranstalter haben sich viel einfallen lassen, um die Geschmäcker kleiner und großer Kinder zu befriedigen.

Schloss Sigmaringen, Karl-Anton-Platz 8, 72488 Sigmaringen
Telefon: 07571/729230, www.hohenzollern.com

0797 Bastelaktionen im Heimatmuseum Reutlingen

Was ein echter Reutlinger ist, der bastelt

Viele Kinder gehen nicht gern in Museen. Verständlich, denn manchmal sind diese tatsächlich nicht besonders kindgerecht gestaltet, es fehlen bunte Anregungen und fesselnde Anekdoten, die der Geschichte der teilweise doch etwas eingestaubten Exponate mehr gerecht werden als schlichte schwarzweiße Täfelchen mit der Aufschrift: „Kanonenkugel, um 1650". Wie gesagt, manchmal, immer seltener sogar. Um dies zu ändern, wird viel unternommen. So bietet das Heimatmuseum in Reutlingen am Rande der Schwäbischen Alb, das nebenbei auch wunderschön und ansprechend gestaltet ist, zusätzlich verschiedene Aktionen für die jüngsten Museumsbesucher an, um ihnen die Historie schmackhaft zu machen. So werden die lieben Kleinen regelmäßig entführt – in die Vergangenheit Reutlingens, und zwar von museumspädagogischen Fachkräften. Bei diesen speziellen Nachmittagsaktionen tauchen die Kinder ein in sagenhafte und faszinierende Welten von anno dazumal, in denen sie auch nach Herzenslust spielen und Spaß haben können. Ganz nebenbei lernen sie so viel Interessantes über die Heimatgeschichte. Nachher wird gebastelt, immer etwas Passendes zum jeweiligen Thema.
Basteln wird hier sowieso großgeschrieben: Jeden ersten Samstag im Monat bietet das Museum kostenlose Bastelaktionen an, eine gute Alternative an regnerischen Tagen. Hier können die Kleinen kreativ werden und sich von den raffinierten Techniken der alten Reutlinger zu eigenen Geistesblitzen anregen lassen. So entsteht so manches Kleinod, das die Kinder anschließend stolz nach Hause tragen können – gemeinsam mit vielem Wissenswerten über die Reutlinger Geschichte.

Heimatmuseum, Oberamteistraße 22, 72764 Reutlingen
Telefon: 07121/303-2050, www.reutlingen.de

0798 Wimsener Höhle

Alle in einem Boot

Baden-Württemberg verfügt über viele Höhlen, von denen einige als Schauhöhlen der Öffentlichkeit zugänglich gemacht wurden. Doch nur eine von ihnen lässt sich mit dem Boot befahren: die Wimsener Höhle, die auch unter dem Namen Friedrichshöhle bekannt ist. Als Ausflugsziel eignet sie sich gut,

auch für kleinere Kinder. Besonders sogar für kleinere, denn hier wird es schon manchmal eng. Bei schönem Wetter ist die Höhle gut besucht, und man muss etwas anstehen, um in den Genuss der Bootsfahrt zu kommen. Dann gleitet man durch das gluckernde, klare Wasser, betrachtet die Spiegelungen an der Decke – und duckt sich bei den Warnungen des Führers vor niedrigeren Abschnitten und Auswüchsen an der Höhlendecke. Kinder haben hier allerdings keine Probleme.
Nach dem einmaligen Erlebnis der Wasserhöhle – 70 Meter, die sich lohnen – kann man nebenan in der Gaststätte gemütlich draußen sitzen und die Kinder spielen lassen. Alternativ lässt sich hier eine wunderschöne kleine Wanderung unternehmen: Gleich hinter dem Gasthaus beginnt ein Weg am Flüsschen entlang, das aus der Höhle entspringt. Dieser Weg führt immer am Wasser entlang und darüber hinweg durch eine herrliche und abwechslungsreiche Natur: Kinder werden die mannigfaltigen kleinen Parallelpfade durch die von Bäumen bewachsenen Flussinseln und am Ufer entlang lieben. Zwischendurch finden sich Möglichkeiten zum Grillen und zum Spielen. Wer ausreichend Zeit mitbringt, kann einen Rundwanderweg in Angriff nehmen, der über Hayingen an der Bärenhöhle und am Schloss Ehrenfels vorbei zurück zur Friedrichshöhle führt. Die kürzere Alternative wäre, bei Zwiefalten umzudrehen und denselben Weg zurückzugehen. Das ist aber nicht schlimm – schließlich gibt es noch viele kleine Pfade, die die Kinder noch nicht ausprobiert haben.

Friedrichshöhle, Wimsen 1, 72534 Hayingen-Wimsen
Telefon: 07373/915260, www.wimsen.de, www.hayingen.de

0799 Schloss Lichtenstein

Hier werden Märchen lebendig

Ein wahres Märchenschloss ist Lichtenstein: Viele Fensterchen, Zinnen und Türmchen in weißem Kleid machen den Bau aus dem 19. Jahrhundert bilderbuchtauglich. Tatsächlich ist Schloss Lichtenstein vom gleichnamigen Roman Wilhelm Hauffs inspiriert worden und bietet heute vielen Besuchern ein idyllisches Stück Geschichte. Insgesamt wurde das Schloss schließlich dreimal erbaut: zuerst als Stammsitz der Ritter von Lichtenstein, die jedoch aufgrund ihrer Willkür den Zorn der Reutlinger auf sich luden. So wurde das erste Lichtenstein aus Rache komplett zerstört. Die Ruinen stehen noch und

sind inzwischen malerisch von Waldpflanzen umwachsen. Einige Hundert Meter vom neuen Schloss entfernt können sie besichtigt werden und sind ein Kletterparadies für Kinder.
Das zweite Lichtenstein wurde von Württemberger Herrschern im 14. Jahrhundert bereits am neuen Standort errichtet, verfiel jedoch zwei Jahrhunderte später und wurde Anfang des 19. Jahrhunderts abgetragen. Wilhelm Graf von Württemberg erwarb schließlich den Ort und ließ auf den Mauern der alten Burg in neugotischem Stil Schloss Lichtenstein erbauen, wie wir es heute kennen: Zwischen den alten Mauern des Burghofs winden sich hübsche Wege durch eine liebliche Gartenanlage, und Kletterpflanzen bewachsen die Nebengebäude. Der Hauptturm, der auf einem getrennten Felsen steht, lässt sich nur im Rahmen einer Führung über eine Zugbrücke erreichen. Doch diese Führung ist auch für Kinder interessant, denn es gibt vor einem fantastischen Ausblick echte Ritterrüstungen und schöne Malereien zu bestaunen, dazu hören sie spannende Anekdoten aus der Zeit der Württemberger. Noch viel schöner ist es mit Kindern aber, einfach durch den Garten zu spazieren und ihnen dabei ein Märchen von Rittern und Burgfräulein zu erzählen, denn nichts wäre besser dazu geeignet als die Kulisse des Schlosses Lichtenstein.

Träumen von Ritter und Burgfräulein

Schlossverwaltung Lichtenstein, 72805 Lichtenstein
Telefon: 07129/4102, www.schloss-lichtenstein.de

0800 Nebelhöhle Sonnenbühl

Sagenhafter Sinterpalast

Ein Sommertag, die Sonne brennt, und Sie wissen nicht, wohin mit den Kindern? Wie wäre es mit einem Ausflug nach Sonnenbühl-Genkingen? Dort liegt die sagenumwobene Nebelhöhle, eine der prachtvollsten Schauhöhlen, die die Schwäbische Alb zu bieten hat. Aber vergessen Sie Ihre Jacke nicht! Nachdem Sie einige Treppen in die Tiefe bewältigt haben, betreten Sie die riesigen unterirdischen Säle. Diese sind auf 380 Metern bequem begehbar und gut ausgeleuchtet, so dass auch kleine Kinder keine Probleme mit den Felsen haben werden. Hier unten herrschen konstante Temperaturen um die 10 Grad. So können Sie sich in erfrischender Kühle und traumhafter Atmosphäre unter dem stetigen Tropfen der Steine umsehen. Die großen und bizarren Sinterformationen sind beliebte Fotomotive und besonders faszinierende Objekte für die Kleinen. Für ältere Kinder, und auch nur für die ganz Mutigen, gibt es noch ein besonderes Extra: In einer entlegenen Ecke führen unscheinbare Leitern und Treppchen über gewundene enge Gänge zu einer gut versteckten kleinen Abzweigung der Nebelhöhle. Diese engen Räume dienten einst Herzog Ulrich von Württemberg als Unterschlupf, wie man auch im Roman „Lichtenstein“ von Wilhelm Hauff nachlesen kann. Kein Wunder, denn das gleichnamige Märchenschloss liegt gleich um die Ecke und lässt sich von hier in einer Kutschfahrt höchst bequem erreichen.

Tropfsteine in der Nebelhöhle Sonnenbühl

Nebelhöhle, 72820 Sonnenbühl-Genkingen
Telefon: 07128/605, www.sonnenbuehl.de

0801 Traumland auf der Bärenhöhle, Sonnenbühl

Platz für Kinderträume

Der Freizeitpark Traumland direkt über der Bärenhöhle verspricht Familien mit kleinen Kindern abwechslungsreiche Unterhaltung. Die zahlreichen Fahrgeschäfte sind kindgerecht und sicher, und doch fehlt der Nervenkitzel nicht. Ganz Mutige trauen sich auch schon mal auf den „Jumping-Tower“ und haben Spaß am freien Fall, während andere stundenlang mit der Raupenbahn durch die Gegend zuckeln oder jauchzend in der Marienkäferbahn Höhen und Tiefen erleben. Im Märchenwald dürfen sich die Kleinen auf eigene Faust umsehen und in liebevollen Animationen die zauberhafte Welt der Märchen entdecken. Die Bahn zum Ponyreiten darf natürlich auch nicht

fehlen. Wenn die Kinder noch mehr Lust auf tierische Bekanntschaften haben, geht es direkt weiter zum Streichelzoo, wo Ziegen und Hühner auf die kleinen Besucher warten. Leckerlis für die borstigen Schleckermäuler können hier auch erworben werden.
Auch an die Kleinsten ist gedacht: Was gibt es Schöneres, als in Bällen zu baden oder auf Luftkissen zu hüpfen? Nichts? War ja klar. Höchstens noch einen Imbiss mit den Indianern. Dazu bekommen die Kinder am Grillplatz Gelegenheit, wo sie zwischen Western-Wigwams von zu Hause Mitgebrachtes verzehren. So schmeckt es gleich doppelt so gut! Wer nicht vorgesorgt hat, kein Problem, den verköstigt die parkeigene Gastronomie gern mit verschiedenen Imbissen, Kaffee und Kuchen oder Eiscreme. Doch auch der schönste Tag geht einmal zu Ende, also noch schnell ein Erinnerungsfoto von der ganzen Familie gemacht. Und wenn Sie sich nicht entscheiden können, ob im Oldtimer oder im Western-Stil, müssen Sie eben einfach wiederkommen.

Traumland auf der Bärenhöhle, Gewann 3, 72820 Erpfingen
Telefon: 07128/2158, www.freizeitpark-traumland.de

0802 Urweltmuseum Hauff und Urweltsteinbruch Holzmaden

Schwäbische Lindwürmer

Das Schwabenland ist gemeinhin bekannt als eine wahre Fundgrube vorzeitlicher Fossilien. Riesige Dinosaurier schwammen in dem Meer, das die Landschaft hier einst bedeckte, stapften durchs Ländle oder bevölkerten den Luftraum. Ihre sterblichen Überreste, eingeprägt in Steinschichten, lassen sich in Holzmaden noch zuhauf finden. Hier im Steinbruch können sich Eltern und Kinder als Archäologen betätigen, was eine Menge Spaß macht: Im Schiefer des Urweltsteinbruchs finden kleine Forscher mit Hammer und Meißel teilweise noch die eine oder andere Rarität. Das Werkzeug bringen sie entweder selbst mit oder leihen es vor Ort aus. Dann können die kleinen Entdecker loslegen. Die gefundenen Stücke dürfen sie natürlich mit nach Hause nehmen – sofern sie keine weiteren wissenschaftlichen Fragen aufwerfen.
Passend dazu liegt ganz in der Nähe das Urweltmuseum Hauff, das ebenfalls einen Besuch lohnt. Es vermittelt anhand von sehr anschaulichen Exponaten allerhand Wissenswertes über die Urzeit. Die Ausstellungsstücke reichen von farbigen und lebensgroßen Dinosauriermodellen über Dioramen, Schauta-

feln und Videofilme bis hin zu den mannigfaltigen, faszinierenden, teilweise riesigen Fossilien. In einem großen Modell wird genau erklärt, welche Gesteinsschichten welche Dinosaurier beherbergen. Die spannende Reise durch die Welt der ausgestorbenen Riesen geht draußen weiter, wo der Dinopark mit mehreren großen Modellen in natürlicher Umgebung aufwartet. Hier, mitten im urzeitlichen Wald, direkt neben dem kolossalen Körper des Diplodocus, können die kleinen Besucher auch mit Schaufel, Besen und etwas archäologischem Geschick ein ganzes Dinosaurierskelett ausgraben. Wenn die Nachwuchsforscher dann nach ewig scheinender Arbeit den Dino sorgfältig freigelegt haben, regt sich zu Recht der Forscherstolz – ein krönender Abschluss für die wunderbare Erlebnisreise ins Reich der Urzeit-Giganten.

Urweltsteinbruch, Aichelberger Straße 75, 73271 Holzmaden
Telefon: 07023/2991, www.urweltsteinbruch.de

Urwelt-Museum Hauff, Aichelberger Straße 90, 73271 Holzmaden
Telefon: 07023/2873, www.urweltmuseum.de

0803 Alamannenmuseum, Ellwangen

Besuch bei den Vorfahren

Die offiziellen Urururahnen der Baden-Württemberger sind zum großen Teil die Alamannen. Kein Wunder, dass ihnen in Ellwangen ein ganzes Museum gewidmet ist, das in einer interessanten Ausstellung über ihre Lebensweise informiert. Auch Kinder ab Schulalter können sich für die faszinierenden Exponate begeistern, die ihre Geschichten von vor über 1.500 Jahren erzählen.

Da sind die Schwerter, die wahrscheinlich mehr Leute mit ihrem Prunk beeindruckt als mit ihrer Klinge umgebracht haben. Da sind die Möbel und Gegenstände zum täglichen Gebrauch, die sorgsam aus Holz gearbeitet und mit viel Liebe zum Detail verziert wurden. Mühlsteine, Sensen und Sicheln berichten vom harten Leben der Selbstversorger, als die Menschen sich noch mühsam das Getreide mit der Hand ernteten, um ihr Brot backen zu können. Interessant und schön sind dagegen die kunstfertigen Textilien, die die Alamanninnen an ihren Webstühlen aus Flachs und Wolle herzustellen wussten, und der reich verzierte Goldschmuck der Schmiede. Kleine Modelle zeigen die alamannischen Dörfer und vervollständigen die anschauliche Darstellung der Lebensgemeinschaft unserer alten Vorfahren. Ebenso spannend und ein

bisschen gruselig ist die Abteilung, die sich mit den Bestattungsritualen beschäftigt.
Das Museum zeichnet ein lebendiges Bild von Leben und Kultur der Alamannen bis zur Christianisierung, was in jedem Fall auch auf den fantasievollen Geist der Kinder lehrreich und anregend wirkt. Besonders für kleine Besucher gedacht sind auch die Bogenschießkurse, die das Museum regelmäßig anbietet – vielleicht steckt gar in dem einen oder anderen Schwabenkind doch noch ein kleiner Alamanne.

Alamannenmuseum, Haller Straße 9, 73479 Ellwangen
Telefon: 07961/969747, www.alamannenmuseum-ellwangen.de

0804 Schwaben Park, Kaisersbach

Kurzweil auf schwäbisch

Ein überschaulicher Vergnügungspark, der sich gut für einen spontanen Familienausflug eignet, ist der Schwaben Park in Kaisersbach. Verschiedene Attraktionen, ein buntes Durcheinander aus Natur, Tieren und Fahrgeschäften, sorgen bei Erwachsenen und Kindern ab Kindergartenalter für Lust und Laune. Dabei sind die Attraktionen vielfältig: Wer es bevorzugt, selbst zu fahren, setzt sich in ein Rennauto, einen Bob oder ein Boot. Alle anderen haben Spaß in den verschiedenen schnellen oder langsamen, hohen oder niedrigen Achter- und Wildwasserbahnen. Vor allem auch an die kleineren Kinder ist gedacht: Für sie gibt es Einrichtungen wie die Kinderwildwasserbahn, die Pferdereitbahn und viele wunderschöne Karussells, die einen in Schiffchen wiegen, auf Tieren reiten oder an Ketten durch die Luft fliegen lassen.
Attraktionen ganz anderer Art befinden sich in der Mitte des Parks: Riesige Käfige stehen dort, in denen sich lustige Schimpansen und gefährliche Raubkatzen aufhalten. Verschiedene Tiere treten auch in den Shows auf, die regelmäßig stattfinden. Doch noch weitere kurzweilige Vergnügungen, ob Kasperle oder Zauberer, warten hier auf die großen und kleinen Besucher, die Lust haben, einen abwechslungsreichen Tag im Schwaben Park zu verbringen.

Schwaben Park GmbH, Hofwiesen 11, 73667 Kaisersbach
Telefon: 07182/93610-0, www.schwabenpark.com

0805 Spielraum Kunstwerk, Heilbronn

Kunst für alle Kinder

An alle Kinder ab 5 Jahren richtet sich die museumspädagogische Einrichtung Spielraum Kunstwerk in Heilbronn. Damit keiner ausgeschlossen wird, gibt es hier die regelmäßig stattfindenden Kurse kostenlos. So kommt es, dass tatsächlich alle Kinder hier Kunst machen, und zwar nach dem bewährten Prinzip: Erst wird abgeguckt bei den großen Meistern in den städtischen Museen in der Nähe, dann geht es ab ins Atelier oder in die Werkstatt, und es wird fleißig gewerkelt und gemalt. Wenn die Nachwuchskünstler dann bunte Häuser bauen oder naturwissenschaftliche Experimente – denn es geht auch ins Naturhistorische Museum – durchführen, werden sie von qualifizierten Mitarbeiterinnen betreut. Neben den wöchentlichen Programmen finden auch verschiedene Ferienworkshops statt, passend zur jeweiligen Ausstellung der Museen. Diese Workshops tragen nicht nur zur kreativen Selbstentfaltung der Mädchen und Jungen bei, sondern vermitteln zum Teil auch spezielle Arbeitstechniken wie beispielsweise Bildhauerei in Stein, was man in Schule oder Kindergarten nicht unbedingt beigebracht bekommt. Das wechselnde Angebot sowohl für Ferienkurse als auch unter der Woche ist sehr vielfältig, und für jeden Geschmack ist etwas dabei.

Ständig interessante Veranstaltungen für Kinder

Städtische Museen Heilbronn, Deutschhofstraße 6, 74072 Heilbronn
Telefon: 07131/56-2889, www.spielraum-kunstwerk.de

0806 Heilbronner Spielplätze

Spaß hoch zwei mal fünf gleich Heilbronn

Heilbronn steckt voller kleiner Kinderparadiese. Die schönsten Spielplätze der Stadt befinden sich im Leinbachpark, im Wertwiesenpark und im Pfühlpark. Jeder von ihnen hat seine eigenen Qualitäten. Kinder kommen gern hierher, auch wenn sie schon älter sind.

Der abwechslungsreiche Spielplatz Corell'sche Insel im Leinbachpark hat eine große Abenteuerlandschaft zu bieten, die zu Kletterpartien und Hangelaktionen einlädt. Außergewöhnliche Spielgeräte wie der Spielwal und die farbenfrohe Dampfwalze von 1930 regen die Fantasie an, während Altbewährtes wie Schaukel, Rutsche und Sandkasten natürlich nicht fehlen darf.
Der Wertwiesenpark kann mit gleich drei verschiedenen modernen Spielplätzen aufwarten: Der am Südeingang lädt mit Königinnenschaukel, Fischernetz und Wellenrutsche zu lustigem Auf und Ab ein. Ältere Kinder und Jugendliche widmen sich lieber dem Auf und Ab auf der Halfpipe. Ein weiterer Spielplatz, auf der anderen Seite des Weges, bietet alles, was man für Spaß mit dem nassen Element braucht: Wasserpumpe und Matschtische im Sand. Besonders an heißen Tagen ist das feucht-fröhliche Vergnügen natürlich groß. Im Norden befindet sich der dritte Spielplatz mit Sandwippe und Klettergerüst, wo der Nachwuchs das Gleichgewicht trainieren kann. Hier gibt es auch Toiletten und einen Minigolfplatz.
Der große Spielplatz im Pfühlpark schließlich ist einer der ältesten und beliebtesten Heilbronns. Durch Neuerwerbungen hat er an Attraktivität noch gewonnen: Spielschiff und Kletterturm bringen Abenteuer in den Alltag, vom Seilzirkus aus hat man einen guten Ausblick – wenn man erst oben angekommen ist –, und die Kleinen vergnügen sich auf dem Sandspielplatz mit Schaukeln. Für die Größeren stehen Tischtennisplatten bereit, Platz genug für Ballspiele ist auch vorhanden. Hier gibt es außerdem Toiletten und einen Kiosk, also alles, was man braucht, um einen gemütlichen Nachmittag im Park zu verbringen.

Spielplätze, 74074 Heilbronn
Telefon: 07131/56-0, www.heilbronn.de

0807 Kanutour auf der Enz

Wenn die Mutter mit der Tochter …

„Die Zugvögel" nennt sich der Kanuverleih in Bietigheim-Bissingen. Diese schöne Stadt liegt nicht nur nahe der Grenze zu Frankreich, sondern auch direkt an der Enz. Auf diesem Fluss kann man – von den „Zugvögeln" ausgestattet mit Kanu, Paddel und Schwimmweste – wunderbare Fahrten mit der ganzen Familie unternehmen. Die Natur am Ufer und im Wasser lässt sich so aus einer außergewöhnlichen Perspektive erleben. Wer noch nie in einem

Kanu saß, bekommt von den „Zugvögeln“ eine kleine Einweisung, die die Kinder sich meistens sogar besser merken können als die Eltern. Dann geht es ab ins Wasser.
Die kurze Tour dauert zwei Stunden und ist für jüngere Kinder ideal; doch wenn Sie sich und Ihren Kindern mehr zutrauen, können Sie auch eine Ganztagestour buchen. Geführte Paddeltouren stehen ebenfalls auf dem Programm, wie der Ausflug „Zwei Flüsse zu den Reben“, bei dem auf Enz und Neckar gepaddelt wird, bis man bei den Felsgärten von Hessigheim ankommt. Dort gibt es zur Stärkung ein Picknick. Während diese Fahrt jedoch nur älteren Kindern zuzutrauen ist, sind Touren wie „Wenn der Vater mit dem Sohne“ durchaus an Familien mit kleineren Kindern gerichtet. Dieses Programm, das natürlich auch auf Mütter und Töchter bezogen werden darf, führt von Mühlacker nach Mühlhausen und belohnt die tapferen Paddler mit weiteren Spielmöglichkeiten.

Die Zugvögel, Sägemühle 3, 74321 Bietigheim-Bissingen
Telefon: 07142/920128, www.diezugvoegel.de

0808 Hohenloher Freilandmuseum, Schwäbisch Hall-Wackershofen

Ein Dorf aus Zeitlosigkeit

In Schwäbisch Hall ist die Zeit stehen geblieben – jedenfalls in Wackershofen. Hier befindet sich ein großes Museumsdorf, in dem die Uhr sogar mehrmals angehalten wurde. Aus verschiedenen Epochen stammen nämlich die großen Exponate dieses Freilandmuseums, vom 15. bis zum 20. Jahrhundert. Liebevoll und detailliert wurden diese Gebäude instand gesetzt und mit Originalstücken ausgestattet, um dem Museum ein authentisches Flair zu verleihen. Und tatsächlich: Das Einzige, was nicht in die ländliche Idylle passt, sind die Touristen, die das schöne Fleckchen anzieht wie ein Magnet. Doch der Ort ist weitläufig, und überlaufen wirkt er nie. In schönster Natur stehen hier Häuser um Häuser, so wie sie früher gestanden haben mögen, mit allem Drum und Dran. Man kann sie von innen besichtigen, um zu sehen, wie die Leute darin gelebt und gearbeitet haben. Auch für kleine Kinder ist dies sehr interessant und kurzweilig. Je mehr Fantasie die Besucher mitbringen, desto besser; dann erwacht die alte Zeit wieder zum Leben. Hier lässt sich fast alles anfassen und erkunden, und es gibt Tausende kleiner Verstecke und Geheimnisse, die entdeckt werden wollen – wie in einem echten Dorf.

Zwischen den Bauernhöfen und Wohnhäusern geht man über Feldwege, kann dabei ein paar saftige Pflaumen vom Baum stibitzen und den schwäbisch-hällischen Landschweinen beim Faulenzen zugucken. Verschiedene Gärten gehören natürlich auch zu den Häusern und wollen erkundet werden. Wenn man dann so richtig schön in alten Zeiten schwelgt, bietet sich eines der Gasthäuser zur Einkehr an, die deftige Hausmannskost mit regionalen Erzeugnissen anbieten. Wer will, kann auch ein schönes Picknick auf den Wiesen veranstalten. Bei gutem Wetter ist das Freilandmuseum ein überaus lohnendes Ausflugsziel für den ganzen Tag, das in vielen kleinen Geschichten Wissenswertes und Spannendes nahezubringen weiß.

Hohenloher Freilandmuseum
Herdgasse 2, 74523 Schwäbisch Hall-Wackershofen
Telefon: 0791/97101-0, www.wackershofen.de

0809 Erlebnispark und Wildparadies Tripsdrill, Cleebronn

Wildwasser und wilde Tiere

In Deutschlands ältestem Erlebnispark finden Sie gleichzeitig Nervenkitzel und Entspannung. Egal, wie alt Ihre Kinder sind und wo ihre Interessen liegen, hier sind alle an der richtigen Adresse. Wer auf Action aus ist, setzt sich einfach im Erlebnispark in einen Waschzuber oder in eine Badewanne, in einen übergroßen Turnschuh oder in einen Blütenkelch und erlebt darin spannende Fahrten durch Wildwasser, über Schienen oder in der Luft. Hier sind für alle Altersgruppen Spiel, Spaß und Spannung angesagt.
Wer es dagegen lieber beschaulicher angehen möchte, begibt sich mit Mama oder Papa nach nebenan ins Wildparadies, wo 74 Hektar Wald unter anderem Deutschlands größte Voliere und viele wilde Tiere beherbergen. Hier tummeln sich in natürlicher Umgebung Bären, Luchse, Adler, Geier, Hirsche, Waschbären und viele andere Tiere, die man bei einem gewöhnlichen Waldspaziergang nicht zu Gesicht bekommt – und sie kommen schon auch mal ganz nah. Aber keine Angst, sie sind nicht auf Nahrungssuche, schließlich werden sie gefüttert: täglich außer freitags um 14:30 Uhr. Die Tickets für den Wildpark sind im Erlebnisparkticket inbegriffen, es gibt sie aber auch extra.

Erlebnispark Tripsdrill GmbH, Treffentrill, 74389 Cleebronn/Tripsdrill
Telefon: 07135/9999, www.tripsdrill.de

0810 Picknick im Hofgarten Öhringen

Ein Hofgarten fürs Volk

Ein beliebtes Ausflugsziel an schönen Tagen ist der Hofgarten Öhringen. Frei zugänglich, bietet er seinen Besuchern eine wunderschöne, weiträumige Parklandschaft, in der sich flanieren und staunen lässt. Ab dem 18. Jahrhundert gewann der Park stets an Stilelementen hinzu, was ihn sehr abwechslungsreich macht. Da gibt es den französischen Teil im Barockstil, den Englischen Garten und den Karlsgarten aus dem 19. Jahrhundert sowie – ganz neu – den kürzlich angelegten Japanischen Garten. Das Hoftheater bildet einen architektonischen Anziehungspunkt inmitten des Grüns.
Kindern ist es wahrscheinlich ziemlich egal, aus welchen Epochen die unterschiedlichen Parkelemente stammen; sie freuen sich hier über einen kleinen Ausflug mit gepacktem Picknickkorb. Viele hübsche Fleckchen bieten sich dafür geradezu an, und unterschiedliche Angebote vertreiben die Zeit, vor allem bei den Kleinen: Gleich am Hoftheater lädt ein Gehege mit Ponys, Lamas und Eseln zur Kontaktaufnahme und zum Streicheln ein. Wer davon nicht genug bekommt, geht am besten gleich weiter zum Streichelzoo, denn den frechen Zwergziegen dort geht es ebenso. Weitere Gehege und Volieren beherbergen exotische Vögel, Waschbären, Hängebauchschweine und weitere Vierbeiner. Ein Klanggarten in der Nähe sorgt für akustische Erlebnisse.
Während die Eltern dann im Schatten der uralten und teilweise exotischen und seltenen Bäume die Decke ausbreiten und sich um das Picknick kümmern, haben die Sprösslinge schon einen der Spielplätze entdeckt, wo sie abenteuerlustig turnen, rutschen und schaukeln, bis der Hunger sie zur heimischen Decke treibt. Inmitten von bunten Blumen, hohen Bäumen und weichem Gras lässt es sich hier nun fürstlich speisen – das ist schließlich nicht irgendein Park, sondern ein Hofgarten.

Hofgarten, im Stadtzentrum, 74613 Öhringen
Telefon: 07941/68-0, www.oehringen.de

0811 Deutsche Greifenwarte Burg Guttenberg, Neckarmühlbach

Frei wie ein Vogel

In den wunderbar erhaltenen mittelalterlichen Gemäuern der Burg Guttenberg ist eine ganz besondere Greifenwarte untergebracht, die sich gut für

einen Ausflug mit Kindern jeden Alters eignet. Hier werden bedrohte Raubvogelarten wie Adler, Geier und Eulen im Sinne des Naturschutzes gezüchtet. Dabei ist die ganze Zucht darauf ausgerichtet, die Tiere so bald wie möglich auszuwildern.
Zu wissen, dass diese Tiere ein Leben in Freiheit erwartet, macht einen Besuch hier noch schöner, auch für die tierlieben Kinder. Anschaulich erfahren sie hier in stets aktualisierten Ausstellungen viel über die Forschung der Station, das Leben der einheimischen Tiere, weshalb die Arten bedroht sind und was man dagegen tun kann. In den Wehr- und Zwingeranlagen wurden der Eulengraben, der Geierhof und der Adlerring liebevoll und mit viel Fantasie gestaltet. Etwa 100 neugierige Tiere warten hier auf Besucher. Die Vögel werden dabei nicht in Käfigen gehalten, sondern nur angebunden, was ihnen mehr Freiheiten gibt und besseren Kontakt zum Menschen ermöglicht. In einer Flugvorführung fasziniert der elegante Flug der Vögel große und kleine Besucher gleichermaßen.

In den Flugvorführungen demonstrieren die Vögel ihr Können

Ein Besuch der Greifenwarte lässt sich auch hervorragend mit einer Burgbesichtigung verbinden, bei der man viel Interessantes über das Leben der Ritter erfährt.

Deutsche Greifenwarte
Burg Guttenberg, 74855 Neckarmühlbach
Telefon: 07063/950650, www.greifenwarte.de

0812 Auto- und Technikmuseum Sinsheim

Technik, die begeistert

Wie ein großer Vogel sieht sie aus: die Concorde, der berühmte französische Überschalljet. Technikbegeisterte Kinder kennen sie aus Büchern und Berichten, und in Sinsheim ist sie ausgestellt. Und zwar nicht nur von außen zu be-

staunen, sondern komplett begehbar. Der Aufstieg in den Jet in bis zu 30 Meter Höhe ist Nervenkitzel für jeden.
Die Concorde ist jedoch nur eines von vielen Highlights im Auto- und Technikmuseum. Die Oldtimerausstellung begeistert Freunde der guten alten Zeit und bringt Kindern anschaulich die Geschichte des Automobilbaus nahe, während die Rennsportabteilung Fans der Formel 1 entzückt. Doch auch andere Fahrzeuge faszinieren große und kleine Besucher: Vom Motorrad über den Hubschrauber bis hin zu riesigen historischen Lokomotiven – die übrigens auch von innen zu erkunden sind – und einer weltberühmten Sammlung historischer Landmaschinen ist hier alles zu sehen, was mit dem Thema Auto

Sportflitzer aus vergangenen Zeiten

und Technik zu tun hat. Besonders interessant ist auch der Bereich „American Dream Cars“, wo die Kinder lernen, dass nicht nur Hamburger und Cola aus Amerika kommen, sondern auch ganz besondere Automobile. Wie Oma und Opa seinerzeit in die Ferien fuhren, können sie sich gut vorstellen, wenn sie sich „Goggomobil und Co.“ ansehen. Gruselig, aber anschaulich in Szene gesetzt, sind die verschiedenen Militärmaschinen, während die mechanischen Musikinstrumente am Ende die Kleinen wieder aufheitern und zum Musizieren einladen.
Damit die Ausstellung spannend bleibt, können Sie im Internet ein ansprechend gestaltetes Quiz ausdrucken, das die Kinder durch das Museum führt. So lernen sie ganz nebenbei viel Wissenswertes über die Welt der Technik. Nach dem Rundgang bietet das Museumsrestaurant spezielle Kinderteller an, und wer Lust hat, kann sich anschließend auf dem Abenteuerspielplatz im Außenbereich austoben, bevor es wieder nach Hause geht.

Auto & Technik Museum, Museumsplatz, 74889 Sinsheim
Telefon: 07261/9299-0, www.museum-sinsheim.de

0813 Kindergeburtstag im Indianermuseum Bretten

Hugh, ich habe gesprochen!

Auch wenn es nicht so klingt, das Indianermuseum in Bretten ist mehr als eine Regenalternative zum sommerlichen Geburtstagsprogramm. Die meisten Kinder lieben Indianer und sind fasziniert von deren Bräuchen, daher bietet sich das Museum ohnehin als Ausflugsziel an. Für den Kindergeburtstag ab sieben Jahren ist es eine etwas andere Idee. Gruppen ab sechs Kindern können hier für mehrere Stunden als Indianer aktiv werden; passende Verkleidung sorgt für noch mehr Spaß. Dabei lernen die Jungen und Mädchen interessante Dinge darüber, wie die Ureinwohner im Alltag zurechtkamen, beispielsweise, wie sie ihre Äcker bestellten oder zur Jagd gingen. Die Sammlung des Museums, die historische Originalstücke zeigt wie das berüchtigte Kriegsbeil oder Pfeil und Bogen, darf begutachtet und angefasst werden. Dann kommt die Praxis – Tipi und Pferd warten schon: Es wird musiziert, gespielt und gebastelt, und bei schönem Wetter geht es nach draußen. Zum Blasrohrschießen und Jagdspielen passt das einfach besser, auch das Basteln macht an der frischen Luft noch mehr Spaß. Dabei entstehen unter anderem Traumfänger, Blasrohre oder Amulette zum Mitnehmen.
Für ausreichend Getränke ist gesorgt, das Essen bringt man entweder selbst mit oder bestellt Pizza in der Nähe. Auch Eltern sind herzlich eingeladen, am Indianerleben teilzuhaben, und fast immer ist ein echtes, lebendes Exemplar eines indianischen Volkes mit von der Partie. Das ist nun wirklich ein interessanter Geburtstagsgast, der sicher mit vielen Fragen bombardiert wird.

Indianermuseum
Steinzeugstraße 33–35, 75015 Bretten-Diedelsheim
Telefon: 07252/965758, www.indianermuseum-bretten.de

0814 Tierpark Bretten

Deutschlands größter Streichelzoo

Esel, Kängurus, Schweine, Yaks, Zebras, Pfauen – im Tierpark Bretten wimmelt es nur so von Tieren aus allen Kontinenten. Das mag so auch auf andere Zoos zutreffen, doch hier ist alles ein bisschen anders. Denn in Bretten liegt Deutschlands größter Streichelzoo, und was das bedeutet, erfährt man am besten direkt vor Ort. Alle Tiere hier sind speziell nach ihrer Verträglich-

keit mit Menschen ausgesucht, und es wird mehr Wert auf artgerechte Haltung als auf Exotik gelegt. Also fühlen sich die Tiere hier wohl, und Sie können sich fröhlich ins Getümmel stürzen. Viele Gehege sind nämlich begehbar, und manchmal warten die Tiere schon auf den Wegen auf die Gäste. Die größeren von ihnen, wie das Lama oder das Yak, werden natürlich in sicherem Abstand gehalten, doch auch sie wollen gern gestreichelt und gefüttert werden. Und das macht jedem Kind Spaß!
Viel Geld ausgeben müssen Sie dafür auch nicht: Wer will, kann zwar vor Ort günstiges Futter erwerben, doch man kann jederzeit selbst Essen mitbringen, das für die Tiere geeignet ist, zum Beispiel Brot, Obst und Gemüse. Wenn Ihre Kinder mit solchen Leckerbissen durch das Gehege streifen, sollten Sie allerdings aufpassen, denn es kann schon sein, dass die eine oder andere Ziege, auch wenn sie es nicht böse meint, zu stürmisch wird. Wenn Sie dabei sind, kann aber eigentlich nichts schiefgehen, und Ihre Kinder können so einen wundervollen Tag in engem Kontakt zu den lieben Tieren verbringen.

Tierpark Bretten, Salzhofen 9, 75015 Bretten
Telefon: 07252/7256, www.tierpark-bretten.de

0815 Burgruine Zavelstein, Bad Teinach

Vom Turm bis in den Keller

Schon der Ort Zavelstein selbst lohnt eine kleine Besichtigung: Mittelalterliche Bauten und die Reste der Stadtmauer verleihen dem idyllischen Fleckchen im nördlichen Schwarzwald sein altertümliches Flair. Malerisch ist besonders die Burgruine am Ortsrand. Parkmöglichkeiten sind hier ausreichend vorhanden, und zu Fuß sind es dann nur noch ein paar Meter.
Über den übriggebliebenen Burggraben taucht man in eine zerfallene Welt ein mit all ihrer Faszination: Die Mauern sind von Pflanzen bewachsen, doch sie ragen noch stolz in die Höhe, so dass es nicht schwer ist, sich vorzustellen, wie imposant Burg Zavelstein einmal ausgesehen haben muss. Bereits im Hof gibt es vieles zu sehen. Man kann die detaillierten Gebäude betrachten, den Blick über das Teinachtal schweifen lassen oder sich an den Tafeln über die Burg und ihre Geschichte informieren. Wer sich für die Lebensweise der staufischen Burgleute im Mittelalter interessiert, wird hier auch einige interessante Überbleibsel aus dem 13. Jahrhundert finden, die viel von der tur-

bulenten Geschichte der ehemaligen Bewohner verraten. Da wäre zum Beispiel der alte Brunnen. Er wurde über einen Baumstamm mit Wasser versorgt, der mit einem Handbohrer ausgehöhlt und anschließend „Teuchel“ genannt wurde. Beide, „Teuchel“ und Bohrer, sind im Torbogen ausgestellt und werden dort auch beschrieben. Manche Gebäude lassen sich auch von innen bestaunen: Der Turm selbst steht noch. Ganze dreißig Meter Stufen kann man hier bewältigen, um einen wunderbaren Blick in die Gegend zu genießen. Wer sich für Gewölbe und Spinnen begeistern kann, dem sei ein Abstecher in den Burgkeller zu empfehlen – ein guter Schauplatz für Gruselgeschichten.
Mit Kindern ist der Zavelstein einen Ausflug wert: Die bequeme Anreise und die vielfältigen Ruinen garantieren eine stressfreie Besichtigung, auf der die Kinder viel über das Leben auf einer Burg lernen können.

Burgruine Zavelstein, Im Städtle 21, 75385 Bad Teinach-Zavelstein
Telefon: 07053/9205040, www.bad-teinach-zavelstein.de

0816 Silberbergwerk Neubulach

Im Berg und am Berg und um den Berg herum

Das Silberbergwerk in Neubulach ist mehr als nur ein Stollen im bergigen Bauch Baden-Württembergs. Hier gibt es mehr zu sehen als Dunkelheit, Geröll und Stützkonstruktionen, und zwar das ganze Jahr hindurch.
Der hübsche Fledermauspfad führt Wanderlustige in einem Rundweg vom Bergwerk durch den Wald und wieder zurück. Zwischendurch kann man viel Wissenswertes über die heimischen Fledermäuse lernen, und die Kinder freuen sich über den Bach, der entlang des Weges fließt. Ein weiterer Pfad zeigt die historischen Gärten der Bergarbeiter. Entspannung und Stärkung verspricht die Stollenklause, die Kindern einen kleinen Spielplatz bietet und Interessierten eine ebenso kleine Ausstellung über das Bergwerk und historische Abbaumethoden. Wer sich dafür begeistern kann, kann spezielle Sonderführungen buchen, die alte Arbeitsweisen genauer erklären.
Aber natürlich gibt es auch einen Stollen, sogar mit Stützkonstruktionen. Hella-Glück-Stollen heißt er und bietet sich an für familiäre Erlebnisse in der gar nicht so dunklen Bergwelt. Da er ausgebaut und gut beleuchtet ist, also ohne Geröll und Dunkelheit, lässt er sich auch mit kleinen Kindern bequem begehen. Er zeigt nachgestellte Szenen mittelalterlicher Bergarbeit. Interes-

sant ist das allemal – und noch faszinierender ist die dreistündige Befahrung der unteren Stollen, wo Nachwuchsentdecker zwischen allerhand Geröll in der Dunkelheit noch wahre Schätze in der Grubenwand finden können. Unter Anleitung, mit Lampe, Helm und Gummistiefeln gibt es auch dieses Erlebnis zu buchen. Dafür sollten die Kinder auf jeden Fall älter sein, da teilweise schwierige Abschnitte zu bewältigen sind.

Silberbergwerk, Waldecker Straße 55, 75387 Neubulach
Telefon: 07053/7899, www.bergwerk-neubulach.de

0817 Kinderkurse Kunsthalle Karlsruhe

Wie werde ich zum Künstler?

Die Staatliche Kunsthalle in Karlsruhe verfügt schon lange über eine Abteilung speziell für Kinder. Seit über 30 Jahren werden hier im Rahmen wechselnder Ausstellungen zu verschiedenen Themen kunstpädagogische Kurse angeboten, bei denen die Kinder Kunst auf sich wirken lassen können, um anschließend selbst kreativ zu werden. Im Ausstellungsraum sind die Kunstwerke und die speziell verfassten Erklärungen dazu genau auf kindliche Bedürfnisse abgestimmt.

Viel Raum für Kreativität in der Staatlichen Kunsthalle

Die Werkstatt, die sich im Hauptgebäude befindet, lädt Kinder von fünf bis zehn Jahren sowie Jugendliche und Erwachsene dazu ein, sich in teilweise mehrwöchigen Kursen als Künstler zu betätigen und den Pinsel zu schwingen. Die Teilnehmer basteln auch mit verschiedenen Materialien, um der Kreativität freien Lauf zu lassen. Die Kurse finden entweder nachmittags statt oder in den Ferien, wenn die Kinder den Kopf ausreichend frei haben, um sich schöpferisch zu verwirklichen. Besonders schön ist auch der Eltern-Kinder-Kurs: Hier können sich die Eltern gemeinsam mit dem Nachwuchs von den Ausstellungsstücken inspirieren lassen und zusammen ein eigenes Kunstwerk auf die Beine stellen. Schön, wenn man so an der Entwicklung eines echten Kinder-Meisterstücks beteiligt sein darf.

Kunsthalle Karlsruhe, Hans-Thoma-Straße 2–6, 76133 Karlsruhe
Telefon: 0721/9263359, www.kunsthalle-karlsruhe.de

0818 Marotte-Figurentheater, Karlsruhe

Theater trifft Traumwelt

Wie im Wunderland fühlt man sich, wenn man die Stufen zu den Stuhlreihen im Marotte-Figurentheater hinaufsteigt, um in einem der dunkelroten Sessel Platz zu nehmen: Die Wände sind bemalt, mit fantasievollen Bildern aus fremden Welten. Traumwelten? Nein. Theaterwelten! Kasper steht hier auf einem Sockel, neigt gnädig die Hand und trägt seine bekannte Zipfelmütze. An einer anderen Wand werden Igel und Krokodil erklärt, die von (Zauber-) Hand bewegt werden. Von überall starren seltsame Gestalten in den Saal. Bereits diese ungewöhnliche Dekoration steht für den Einfallsreichtum der Betreiber und stimmt ein auf das kommende Schauspiel: Im Marotte-Theater führen qualifizierte Schauspieler und andere Künstler Stücke für Groß und Klein auf, und zwar in unterschiedlichen Techniken. Dabei kommen detaillierte Marionetten zum Einsatz wie auch Handpuppen, Schattenfiguren und Objekte. Ob Märchen, Kinderbücher oder bekannte Dramen wie „Romeo und Julia", alles wird unkonventionell und fesselnd vorgetragen, so dass Spaß und Spannung garantiert sind. Erstaunlich, wie viel Leben in ein bisschen Holz und Stoff stecken kann!

Marotte-Figurentheater, Kaiserallee 11, 76133 Karlsruhe
Telefon: 0721/841555, www.marotte-figurentheater.de

0819 Naturkundemuseum Karlsruhe

Nachts im Museum

Im Naturkundemuseum Karlsruhe könnte man meinen, nachts werden die Präparate lebendig und spazieren durch die Ausstellungsräume, so lebensecht sehen sie aus. Da schwimmen gruselige Unterwassersaurier paddelnd durch die bloße Luft über den Köpfen staunender Besucher, der Eisbär fletscht noch die Zähne über seiner Beute, während die Löwen die Savanne bereits mit ihrem triumphierenden Gebrüll erfüllen: In schönen Dioramen werden Tiere aus der ganzen Welt in ihrem natürlichen Lebensraum sehr anschaulich dargestellt. Zwischen leblosen Exponaten wie Gesteinsproben und Fossilienfunden gibt es viele interessante Tierpräparate zu sehen, die zumindest halb lebendig wirken.

Seepferdchen, Schlangen und andere Reptilien beleben das Vivarium

Einen großen Teil der Karlsruher Ausstellung bildet jedoch auch das Vivarium, das tatsächlich lebende Tiere beherbergt, von Insekten über Mäuse bis hin zu Seepferdchen. Schlangen und andere Reptilien, Amphibien und Fische sind hier in schönen Aquarien und Terrarien ausgestellt und lassen sich gut beobachten. Interessant ist das allemal, besonders auch für Kinder, die hier sprichwörtlich auf sehr lebendige Weise viel Spannendes über die bunte Welt der Tiere und Pflanzen erfahren.

Naturkundemuseum, Erbprinzenstraße 13, 76133 Karlsruhe
Telefon: 0721/1752111, www.smnk.de

0820 Zoo Karlsruhe

Kurztrip um die ganze Welt

Der Zoo im Zentrum von Karlsruhe, gleich am Hauptbahnhof, ist vor allem wegen seines Eisbärengeheges erwähnenswert. Wenn Sie gerade in der Nähe sind, sollten Sie unbedingt vorbeischauen, denn besonders auch für Kinder lohnt sich hier ein Besuch. Tierische Artenvielfalt aus aller Welt lädt zum Staunen ein.

Während Sie mit älteren Kindern schon einen langen Rundgang machen können, eignet sich für die jüngeren eher der kürzere Kinder-Rundweg, bei dem sie vor allem den Tieren näherkommen, von denen sie aus Büchern oder Filmen schon viel gehört und gesehen haben, wie Kängurus, Leoparden, Elefanten und Giraffen. Natürlich führt auch dieser Weg am Eisbärengehege vorbei, das wunderschön als große arktische Tundralandschaft gestaltet ist, mit nachgebildeten Eisbergen im Wasser und Unterwasserfenstern, durch die man die großen Tiere beim Tauchen beobachten kann. Der Kinderzoo lädt zum Streicheln und Füttern von einheimischen Tieren ein, und gleich daneben können die Kleinen sich auf dem Abenteuerspielplatz austoben. Im Sommer fährt hier auch eine Kinderbahn. Mit einer Erfrischung am Kiosk nebenan kann sich die Familie entspannen und einen schönen, nicht allzu anstrengenden Ausflug in den Zoo ausklingen lassen.

Der Eisbär in seiner arktischen Tundralandschaft

Zoo Karlsruhe, Ettlinger Straße 6, 76137 Karlsruhe
Telefon: 0721/1336811, www.karlsruhe.de/Zoo

0821 Rappenwörtbad, Karlsruhe

Für Wasser- und Landratten

Ein ganzer Sommertag lässt sich bei gutem Wetter in der Anlage des Rappenwörtbades in Karlsruhe verbringen. Das Freibad am Rhein zählt mit einer Fläche von 16 Hektar zu einem der größten Bäder Deutschlands und ist außerdem eines der schönsten. Auf der einen Seite das Rheinufer, auf der anderen von Bäumen umsäumt, lädt allein die landschaftliche Ausstattung zum Träumen und Genießen ein. Doch es gibt hier viele Möglichkeiten, sich mehr oder weniger sportlich zu betätigen, und Spaß kann man hier allemal haben. Ein Wellenbecken lässt maritimes Flair aufkommen, während Mutigere im tiefen Springerbecken große Sprünge bis zu 5 Metern machen, ohne die Schwimmer zu stören. Die zieht es nämlich ins Schwimmerbecken, wo sie in Ruhe ihre gleichmäßigen Bahnen ziehen. Kinder können sich wahrscheinlich gar nicht entscheiden zwischen Wellenbecken und Erlebnisbecken, denn auch dort vergnügen sie sich hervorragend auf verschiedenen Rutschen,

toben sich im Strömungskanal aus, kraxeln am Kletternetz oder haben auf andere Arten Spaß mit dem Wasser. Kleinere, die noch nicht schwimmen können, sind im Planschbecken gut aufgehoben.
Außerhalb des Wassers gibt es ebenfalls viele Möglichkeiten zur Freizeitgestaltung. Verschiedene Sportarten lassen sich hier ausüben, wie Basketball, Tischtennis oder Minigolf und vieles mehr, während Kinder sich über die Spielplätze freuen. Für das leibliche Wohl sorgen Kiosk, Milchhaus und Restaurant, oder Sie bringen sich selbst ein Picknick mit, das Sie im Schatten der Bäume verzehren. So gestaltet sich der Tag abwechslungsreich und vergnüglich für die ganze Familie. Auch im Winter lohnt sich ein Ausflug hierher, an das frei zugängliche Naturbecken am Rheinufer, wo man außerdem einen schönen Spaziergang unternehmen kann.

Rappenwörtbad, Hermann-Schneider-Allee 50–54, 76189 Karlsruhe
Telefon: 0721/133-5228, www.karlsruhe.de

0822 Kinderkunstwerkstatt Baden-Baden

Selbstentfaltung im Hinterhof

Frieder Burda eröffnete in Baden-Badens Innenstadt Ende 2004 ein Museum, das die umfangreiche Sammlung des renommierten Kunstsammlers dauerhaft der Öffentlichkeit zugänglich machen sollte. Bereits ein Jahr später entstand ganz in der Nähe die Kinderkunstwerkstatt, eine Institution für Kinder zwischen drei und zwölf Jahren, die seither untrennbar mit dem Museum verbunden ist.

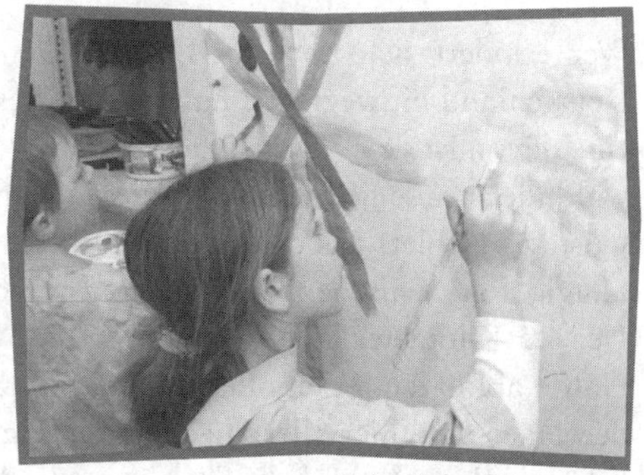
Beim Malen können sich die Kinder künstlerisch verwirklichen

An einem idyllischen Hinterhof, an dessen Wänden der wilde Wein emporrankt, liegen die Räume der Kinderkunstwerkstatt. Der unbeteiligte Zuhörer würde nicht erahnen, was hinter den Mauern vor sich geht, denn es bleibt still – die Künstler sind konzentriert. Das Einzige, was zu hören sein kann, ist das Klopfen, wenn die Kinder sich an Bildhauerei versuchen. Die Kinder wenden nämlich verschiedene

Techniken an, wenn sie sich in der Werkstatt künstlerisch austoben. So lernen sie, zur Ruhe zu kommen, sich kreativ auszudrücken und eigene Vorstellungen zu verwirklichen, ohne unter dem Druck zu stehen, ein „schönes" Bild abzugeben. Sei es in der Malerei, beim Basteln und Modellieren oder an der Druckerpresse – das umfassende Inventar der Werkstatt bietet viele Möglichkeiten zur Selbstentfaltung.
In enger Zusammenarbeit mit dem Museum wird den Kindern in speziellen interaktiven Führungen zusätzlich die Möglichkeit gegeben, sich kreativ mit den Kunstwerken der Sammlung auseinanderzusetzen und eigene Ideen dazu zu entwickeln. Dabei reicht das Programm vom Bildgespräch bis hin zur Performance.
Die Werkstatt bietet verschiedene pädagogisch sinnvolle Kurse an, in den Schulferien veranstaltet sie besondere mehrtägige Workshops zu bestimmten künstlerischen Techniken. Für qualifizierte Betreuung sorgen dabei ehrenamtliche Mitarbeiterinnen, die die Kinder sanft an das Thema Kunst heranführen.

Kinderkunstwerkstatt Baden-Baden der Stiftung Frieder Burda
Lichtentaler Straße 64, 76530 Baden-Baden
Telefon: 07221/398330, www.kinderkunstwerkstatt-baden-baden.de

0823 Wildnispfad am Plättig, Baden-Baden

Baum-Mikado

Wer erinnert sich noch an Lothar? Der gewaltige Orkan, der 1999 über Deutschland hinwegfegte, hat viele Spuren und Verwüstungen hinterlassen – eine davon ist der Wildnispfad am Plättig bei Baden-Baden. An der Schwarzwaldhochstraße gelegen, führt dieser Wanderweg durch ein von Lothar verwüstetes Gebiet, das nach dem Unwetter so belassen wurde und sich unabhängig von Menschenhand weiterentwickelt.
Der 4,5 Kilometer lange Weg durch die Wildnis lässt sich auch um etwa die Hälfte abkürzen, er empfiehlt sich also auch für etwas kleinere Kinder. Kinderwagen sind hier allerdings fehl am Platz, und die Wanderer sollten festes Schuhwerk und stabile Kleidung tragen, denn der Wildnispfad macht seinem Namen alle Ehre und lässt harmlose Ausflügler schon mal über Felsen und umgekippte Bäume klettern oder durch Pfützen waten. So erleben Groß und Klein hautnah, wie der geschädigte Wald aussieht, und vor allem, wie er sich wieder regeneriert – schließlich ist das Leben die Essenz der Wildnis. Und das

findet immer einen Weg. Hier können Kinder bewundern, wie die umgestürzten Bäume wieder neu austreiben, wie Biomasse abgestorbener Pflanzen weiterverwertet wird oder wie der Bach sich ein neues Bett sucht, in dem er fließen kann. Dabei öffnen einzelne Stationen wie der Buchendom, der Adlerhorst, die Märchenwiese und der Blitzbaum die Augen für die Ereignisse, die hier stattfinden. Von oben betrachtet sehen die Bäume aus wie die Stäbchen eines Mikadospiels, das von zwei Riesen umgeworfen wurde, und bei dem sich keiner traut, eines wegzunehmen, da möglicherweise das empfindliche Gleichgewicht des Waldes gestört werden könnte. Dann wäre das Spiel verloren – und der Wald kommt ja auch ohne fremdes Eingreifen sehr gut zurecht, wie man hier sehr anschaulich und eindringlich erleben kann; und das ist ohne Zweifel eine sehr schöne Erfahrung.

Wildnispfad am Plättig, Schwarzwaldhochstraße 1, 77815 Bühl
Telefon: 07221/275200, www.bad-bad.de

0824 Kindergeburtstag im Unimog-Museum Gaggenau

Alleskönner auf vier Rädern

Jeder, vor allem jeder Schwabe, weiß, was ein Unimog („Universal-Motor-Gerät" – für alle, die es doch nicht wissen) ist. Besonders Kinder. In Gaggenau an der Murg, wo die bekannte Produktionsstätte des Unimogs liegt, wurde dem robusten Kleinlastwagen mit den vielen Gesichtern ein Denkmal gesetzt: das Unimog-Museum. Dieses wartet auf mit einer beeindruckenden Fülle an Informationen rund um das beliebte Fahrzeug, das eine größere Fangemeinde besitzt, als Uneingeweihte glauben mögen. Technikbegeisterte Kinder lieben den Unimog und sind hier generell gut aufgehoben, denn das Museum ist ein sehr kinderfreundlicher Ort, der traditionelle Werte aus Metall und Gummi mittels Ausbildungsstation, Kinderwelt und Wissens-Parcours gern an die kleinen Besucher vermittelt.

Ab geht es mit dem Unimog durchs Gelände

Aber ein ganz besonderes Ereignis ist ein Kindergeburtstag im Museum. Bei diesem Angebot werden die Youngster durch das Museum geführt, wobei sie allerhand Wissenswertes über ihren motorisierten Liebling erfahren, und als besonderes Highlight dürfen sie in einem echten Unimog auf dem Außengelände mitfahren. Essen und Getränk sind inbegriffen, außerdem eine kleine Überraschung für das Geburtstagskind, die es noch lange an den Tag mit dem Unimog erinnert. Der etwas andere Kindergeburtstag lässt sich auf Wunsch auch individuell gestalten. Wer sein Kind gut kennt und weiß, es wird sich dafür begeistern können, macht ihm so ein unvergessliches und ungewöhnliches Geschenk, das es mit vielen Freunden teilen kann.

Unimog-Museum
an der B462, Ausfahrt Schloss Rotenfels, 76571 Gaggenau
Telefon: 07225/98131-0, www.unimog-museum.com

0825 Gernsbacher Sagenweg

Ein Wald voller Sagengestalten

Gernsbach ist ein kleiner Ort, dort gelegen, wo der Schwarzwald am finstersten ist. Hier haben sich im Laufe der Zeit viele Sagen und Geschichten um Berge und Bäume gerankt, in deren Anziehungskraft man auf Wanderungen leicht geraten kann. Wer gleich alle auf einmal erleben möchte, dem sei der Sagenweg rund um den Gernsberg ans Herz gelegt. Für ältere Kinder eignet sich die Strecke von 13 Kilometern bereits; wenn der Nachwuchs noch jünger ist, lässt sich der Rundwanderweg auch abkürzen.

Von Station zu Station wandert man auf breiten oder schmalen Wegen und Pfaden durch Wälder und Wiesen und lässt sich zwischendurch von immer wieder anderen Sagen und Legenden unterhalten. Diese erklären, wie Bauwerke und Landschaften zustande gekommen sind, welch tragische Geschehnisse sich an schicksalsträchtigen Orten ereignet haben, oder geben einfach Auskunft über die Bewohner gewisser Landschaften, denen man vielleicht auf den ersten Blick gar keine Wohnqualitäten zugeschrieben hätte. So hausen in der Erzgrube beispielsweise steinreiche Erdmännlein, die man gern mit der Taschenlampe besuchen kann – sie werden sich aber nicht zeigen, denn sie mögen kein Licht. Engel und Teufel leisten sich erbitterte Kämpfe auf den Anhöhen des Berges, während Geister und Fabelwesen ihren Schabernack treiben. Und die Wanderer stecken immer mittendrin.

Passenderweise ist der Sagenweg mit einem kleinen Teufelszeichen gekennzeichnet, so dass Spaziergänger auch immer auf dem rechten (Sagen-)Weg bleiben. Haben sie das geschafft, können sie in einer der Gernsbacher Gaststätten gemütlich einkehren und sich freuen, dass sie nicht Stoff für eine weitere Legende geliefert haben – vielleicht die von den verschollenen Wanderern?

Sagenweg, Schlossstraße/Klingelstraße, 76593 Gernsbach
Telefon: 07224/644-44, www.sagenweg.de

0826 Museum im Ritterhaus, Offenburg

Fünf Museen in einem

Das Museum im Ritterhaus in Offenburg birgt viele Schätze aus Bereichen, die kaum unterschiedlicher sein könnten. Hier, an der Grenze zu Frankreich, lernen kleine und große Besucher verschiedene Themen kennen, von der Archäologie über Kunst, Geschichte, Naturkunde und Geologie bis hin zur Völkerkunde. Dabei kommen zeitgenössische sowie ältere Kunst nicht zu kurz und stehen neben historischen Kunstgegenständen. Kinder werden sich besonders für die Räume mit den historischen Artefakten und naturkundlichen Präparaten interessieren. In der Naturkunde geht es vor allem um die heimischen Biotope, die anhand von lebenden Exemplaren und einem Vogelstimmen-Trainer anschaulich vorgestellt werden. Spannend ist auch die Abteilung Völkerkunde: Hier bringen exotische Exponate und authentisch nachgestellte Szenen den Alltag fremder Kulturen nahe. Außerdem befindet sich hier eine interessante Jagdtrophäensammlung, vorwiegend mit Stücken aus Afrika, die aufregende Geschichten hinter sich haben.
Verschiedene interaktive Elemente machen den Besuch noch interessanter, und spezielle museumspädagogische Führungs- und Kursangebote laden Kinder dazu ein, sich intensiver und kreativ mit neuer und alter Kultur zu beschäftigen. Um in kurzer Zeit einen guten Überblick über verschiedene kulturelle und wissenschaftliche Bereiche zu erhalten, bietet sich das Museum im Ritterhaus hervorragend an – ein guter und außerdem kostenfreier Ersatz für langatmige Museumstouren.

Museum im Ritterhaus, Ritterstraße 10, 77652 Offenburg
Telefon: 0781/82-2577, www.museum-offenburg.de

0827 Schauenburg mit Waldlehrpfad, Oberkirch

Burgschau auf der Schauenburg

Die Schauenburg bei Oberkirch liegt im Westen Baden-Württembergs, am Rande des Schwarzwalds. Hier lässt sich idyllisches Naturerleben mit Kultur verbinden. Denn die Schauenburg selbst, die aus dem elften Jahrhundert stammt und als eine der schönsten und genialsten Burgkonstruktionen dieser Zeit gilt, ist in ihren Ruinen bestens erhalten und lohnt einen Besuch. Hier kann man noch gut sehen, wie der Bau der Burg einst aussah, mit zwei Meter dicken Mauern und fünf Stockwerken. An der Burg befindet sich auch eine traditionelle Gaststätte, die bereits von den Rittern gern besucht wurde. Sie wartet mit Schwarzwälder Spezialitäten auf, und während sich die Erwachsenen auf der Aussichtsterrasse stärken, können die Kinder auf den Spielplätzen toben.

Wanderungen in die Gegend ringsumher bieten sich vorher oder nachher an; besonders lehrreich für die Sprösslinge gestaltet sich der Waldlehrpfad hinter der Ruine. Auf drei Kilometern Wanderung erfährt die ganze Familie hier viel Wissenswertes rund um den (Schwarz-)Wald und seinen Nutzen. So eignet sich die Schauenburg gut für einen nicht allzu anstrengenden, aber dennoch doppelt lehrreichen Ausflug in die Sommerfrische.

Schauenburg, 77704 Oberkirch
Telefon: 07802/937722, www.schauenburg.de

0828 Silbergrube „Segen Gottes" im Kinzigtal

In Haslach gräbt man Silbererz

Bei Haslach im Kinzigtal, mitten im Schwarzwald, sorgt ein besonders kostbares Erlebnis für funkelnde Kinderaugen. Hier kann man dreimal täglich außer montags eine Führung für die ganze Familie buchen – in einem echten Silberbergwerk.

Die historische Grube nennt sich „Segen Gottes" und ist faszinierender Zeuge der 800-jährigen Bergbautradition im Kinzigtal, wo noch heute Silber abgebaut wird. So stellt sie auch eine echte Fund-Grube für Kinder dar, die keine Angst vor engen Gängen haben. Sollte das auf Ihre Sprösslinge zutreffen, ziehen Sie sie schon mal warm an. Denn hier wartet in den kühlen Gängen ein spannendes Erlebnis auf alle kleinen und großen Abenteurer: Mit

Schutzhelm bekleidet steigen sie durch die original erhaltenen und sorgfältig restaurierten Stollen, stehen staunend vor glitzernden Tropfsteinen und Kristallen. Natürlich schimmert auch Silber in Adern an Wänden und Decke, und spätestens jetzt fühlt sich Ihr Kind wie ein echter Bergarbeiter.
Nach erfolgreicher Befahrung der Stollen lässt es sich nebenan gemütlich einkehren und eine deftige Brotzeit einnehmen.

Tourist Info, Im Alten Kapuzinerkloster, 77716 Haslach im Kinzigtal
Telefon: 07832/706-172, www.haslach.de

0829 Schwarzwälder Freilichtmuseum Vogtsbauernhof, Gutach

Streifzug durch Raum und Zeit

Ein wertvolles Denkmal baden-württembergischer Geschichte ist das Freilichtmuseum Vogtsbauernhof in Gutach. Hier, im Süden des Schwarzwalds, kann man an einem Tag 400 Jahre Geschichte durchwandern und dabei Impressionen aus sechs unterschiedlichen Regionen des Schwarzwalds sammeln – denn genauso viele Original-Bauernhöfe stehen hier zur Besichtigung. Ergänzt werden sie durch eine hohe Zahl kleinerer Gebäude und anderer Ausstellungsstücke, von der Mühle über Schmiede und Backhaus bis hin zum Bienenstock. Jedes Stück erzählt die jahrhundertealte Geschichte seiner Herkunftsregion, macht sowohl Architektur als auch Wirtschaft und Lebensweise lebendig. Die Exponate berichten vom Alltag ihrer verschiedenen Bewohner und welche Technik ihnen die Arbeit versüßte – oder eben auch nicht. Wie gut wir es heute haben, erfahren vor allem kleine Besucher anschaulich in den Behausungen und Arbeitsstätten, in denen die Räumlichkeiten noch angefüllt sind mit Zeichen des beengten und harten Lebens der Bevölkerung innerhalb der letzten Jahrhunderte.

Regionale Geschichte anschaulich erleben

Während man in der Sonne von Haus zu Haus wandert, erfreuen blühende Gärten mit Heilpflanzen, Blumen oder Gemüse das Auge und erklären viel über Nutzen und Anbau verschiedener Pflanzen. Ob Tagelöhner, Köhler oder natürlich Bauer – jeder erzählt seine Geschichte und lässt tiefe Einblicke in sein Leben zu, das von Landwirtschaft, Selbstversorgung und schwerer Arbeit geprägt war. Dabei hat das einfache Leben nichts von seiner Faszination verloren, und regelmäßige Veranstaltungen laden Groß und Klein dazu ein, aktiv daran teilzunehmen und Geschichte zu erleben – ein abenteuerlicher und entspannter Streifzug durch Jahrhunderte menschlicher Kultur in einer der schönsten Gegenden Deutschlands.

Schwarzwälder Freilichtmuseum Vogtsbauernhof
an der B33, 77793 Gutach/Schwarzwaldbahn
Telefon: 07831/93560, www.vogtsbauernhof.org

0830 Mehliskopf-Freizeitzentrum, Bühl

Von wegen Bewegungsmangel!

Das Sport- und Freizeitzentrum Mehliskopf an der Schwarzwaldhochstraße lädt zu jeder Jahreszeit Familien mit Nachwuchs zu sportlichen und spielerischen Aktivitäten im Freien ein. Hier vereinen sich verschiedene Disziplinen zu einer bunten Vielfalt an Auswahlmöglichkeiten.

Besonders, wenn die Kinder über acht Jahre alt sind, gibt es viel zu entdecken und zu unternehmen: Im Winter kann man hier auf einer der längsten Schwarzwälder Skipisten den Hang hinuntersausen oder auf der Bobbahn fahren, die ganzjährig in Betrieb ist. Eher etwas für die warme Jahreszeit ist unter anderem der große Abenteuer-Klettergarten im Wald. An Seilen gesichert lädt er ein zu Geschicklichkeitsübungen auf sieben unterschiedlichen Parcours mit gesonderten Schwierigkeitsgraden und in verschiedenen Höhen von 3 bis 14 Metern zwischen den Baumwipfeln. Am Boden begeistern sich Kinder für den schönen, großzügigen Abenteuerspielplatz mit Wasserspielen und verschiedenen Vergnügungen, zum Beispiel die Kinderseilbahn oder das Baumhaus. Kleine Freuden wie Bogenschießen und Trampolinspringen bieten sich ebenso an wie eine Tour auf einer der zahlrei-

In rasanter Fahrt durch die Baumwipfel

chen Wanderrouten der Gegend. Wer sich nicht bereits im Freizeitzentrum verausgabt hat, kann eine solche Wanderung, auf der es sich auch bequem einkehren lässt, gut zum Abschluss einplanen.
Die entspannende Natur des Schwarzwalds sowie verschiedene Sehenswürdigkeiten der Region machen einen Ausflug nach Sand zu einem lohnenswerten Erlebnis, das so nicht nur Abenteuer und Aktivität mit sich bringt, sondern auch viele schöne und interessante Eindrücke.

Mehliskopf-Freizeitzentrum
Schwarzwaldhochstraße, 77815 Sand bei Bühl/Baden
Telefon: 07226/1300, www.mehliskopf.de

0831 Europa-Park Rust

Land für Land ein Erlebnis

Ein wunderbares Erlebnis für Kinder jeden Alters ist ein Besuch im Europa-Park in Rust. Der weithin bekannte Erlebnispark liegt nahe der französischen Grenze und verfügt über eine bunte Sammlung sensationeller Attraktionen, die Kinder und Erwachsene gleichermaßen mitreißen. Geordnet nach Ländern, begibt man sich hier durch beeindruckende nationale Kulissen auf eine anregende Reise durch ganz Europa, für die ein Tag eigentlich gar nicht ausreicht.

Eine Achterbahn fehlt im Europa-Park natürlich auch nicht

Ein Bereich ist außerdem ganz den Kindern gewidmet, die an einem nachgebildeten Nordseestrand Wikinger spielen können. Schön für die Kleinen ist hier aber alles: Vor allem natürlich die liebevoll gestalteten ruhigeren Fahrgeschäfte, wie die verschiedenen Bootsfahrten, z. B. durch das von Piraten besetzte Batavia, oder die vielen kleinen Attraktionen extra für Kinder, wo sie gefahrlos den Fahrspaß genießen können, aber auch das Gruselschloss wird die Kleinen im wahrsten Sinne des Wortes be*geist*ern. An jeder Ecke wartet hier ein neuer toller Spaß auf die ganze Familie, so dass man leicht den Überblick verliert. Also am besten frühmorgens anreisen und gaaanz viel Zeit mitbringen.

Europa-Park, Europa-Park-Straße 4–6, 77977 Rust
Telefon: 07822/8605546, www.europapark.de

0832 Seenachtfest Konstanz

Feuer und Wasser

Ein Fest für die ganze Familie ist das traditionelle Seenachtfest in Konstanz, dessen Ursprünge bereits im 16. Jahrhundert liegen. Jedes Jahr feiern hier die schweizerischen und deutschen Anwohner des Bodensees aus Konstanz und Kreuzlingen gemeinsam die Mitte des Sommers, indem sie ihren Gästen eine ganz besondere Attraktion bieten.

Zum Abschluss gibt's ein spektakuläres Feuerwerk

An verschiedenen Orten in Konstanz sorgen unterschiedliche Zerstreuungen für Kurzweil. So verwöhnt die Seestraße jedes Jahr besonders auch die jungen Besucher: Das Kindertheater lädt hier zum Mitmachen ein, und das lustige Spielefest macht seinem Namen jede Ehre. Auch vielfältige andere Attraktionen sorgen dafür, dass bei den Jüngsten keine Langeweile aufkommt. Während die Eltern sich an der Hafenstraße gut unterhalten, die mit Kleinkunst und bunt gemischter Musik aufwartet, toben sich Kinder kletternd und rutschend auf dem Spielplatz „Spur der Steine" aus oder nehmen an einer spannenden Aktion teil. Außerdem gibt es bunte kulinarische Angebote und verschiedene Shows. So wird ein Besuch in der Bodenseestadt zu einem unterhaltsamen Vergnügen, das an einem heißen Sommertag durchaus zur Erfrischung gereichen kann; schließlich ist das kühle Nass des Sees nur ein paar Schritte entfernt. Ältere Kinder können auch noch das einmalige Feuerwerk betrachten, das am späten Abend stattfindet und mit seinen spektakulären Effekten einer der Höhepunkte des Festes ist.

Tourist Information Konstanz, Fischmarkt 2, 78462 Konstanz
Telefon: 07531/1330-30, www.seenachtfest.com

15.

0833 Blumeninsel Mainau

Viel Spaß für Blumenkinder

Kindern aller Altersgruppen bietet die Blumeninsel Mainau im Bodensee schöne Attraktionen und eignet sich somit gut für einen erfrischenden sommerlichen Ausflug. Eigens für sie erbaut ist das Kinderland, das zum Spielen und Toben einlädt. Hier kann sich der Nachwuchs unter anderem in einem Streichelzoo, auf einer Ponyreitbahn und in einer großen Eisenbahn vergnügen. Für die Kleinsten von eins bis vier steht auf Mainau ein ganzes Zwergendorf, das als einer der schönsten Spielplätze am Bodensee gilt. Es wird ergänzt durch die neue Wasserwelt, die vor allem die Herzen größerer (und ganz großer) Kinder höherschlagen lässt. Hier wurde in einem kleinen See eine Pfahlbausiedlung errichtet, wo die Kinder sich auf Seilen und Hängebrücken zwischen den unterschiedlichen Gebäuden austoben können. Übers Wasser können sich die Kinder selbst befördern, mittels Seilfähre und Floß. Für ein ganz besonderes Erlebnis sorgen ein Barfußpfad und, ganz im Sinne der Kleinen, ein Wasserspielplatz mit Matschbereich, wo man sich ganz herrlich dreckig und natürlich nass machen kann. Aufatmen für die Eltern: Die nasse Kleidung lässt sich vor Ort im Trockner wieder herrichten.
Doch die meisten Kids lassen sich auch von der bunten Blütenpracht begeistern, die Mainau seinen Beinamen gab. Verschiedene Rundgänge führen über die farbenprächtige Insel; besonders gut für Familien eignet sich der Weg am Süd- und Ostufer entlang, der auch das Kinderland einschließt. Außerdem liegen auf der Route die italienische Blumen-Wassertreppe, der Hafen, das Barockschloss und das Schmetterlingshaus, was einen abwechslungsreichen Spaziergang verspricht, bei dem Naturerlebnis und Spaß nicht zu kurz kommen.

Mainau GmbH, 78465 Insel Mainau
Telefon: 07531/303-0, www.mainau.de

0834 Sea Life Konstanz

Spaziergang unter Wasser

Das Sea Life in Konstanz bietet nach Tradition der über ganz Europa verteilten Sea Life Center viel mehr als schmucklose Einblicke in Wandaquarien. Hier begleiten Familien das Wasser auf seinem Weg vom Ursprung im Glet-

scher bis ins offene Meer und lernen dabei über 3.000 Süß- und Salzwasserfische kennen. Dabei sind die einzelnen Themenbereiche sehr ansprechend gestaltet.
Zu Anfang befinden sich die Besucher noch frierend in einem Alpengletscher, zwischen echten Eiswänden. Diese schmelzen jedoch bald ab und fließen munter den Berg hinunter. Nun tummeln sich auch die ersten Tiere darin, wie Forellen und Flusskrebse. Der Gebirgsbach mündet schließlich in das Bodenseebecken, wo sich die vielfältige Fauna des großen Sees tummelt, nämlich Karpfen, Saiblinge, Felchen und andere große Süßwasserfische. Aus dem See führt der Rhein in Richtung Meer. Auf dem Weg dorthin begegnen die Familien vielen Raub- und Schwarmfischen, wie dem Zander und dem Moderlieschen. Dann kommt endlich das Meer: Beeindruckend erhebt sich die Szenerie des alten Rotterdamer Hafens über die Besucher. Gehen sie die Kaitreppen hinunter, erfahren sie, wie die Tiere sich dem menschlichen Eingriff in ihren Lebensraum angepasst haben. Unter anderem leben hier zwischen den Pfeilern Wolfsbarsch, Meeräsche und Knurrhahn. Unter Wasser geht es nun weiter: In einem großen Schiffswrack und in einem langen Unterwassertunnel lernen die Besucher die faszinierende Welt der Meere kennen: Nordsee und Rotes Meer warten mit ihren Bewohnern auf. Nun gibt es endlich auch Haie, Rochen und Muränen zu sehen.
Alle Stationen des abwechslungsreichen Rundgangs sind schön und ansprechend gestaltet und regen die Fantasie der Kinder an. Interaktive Lernspiele runden das Angebot ab und machen den Besuch im Sea Life Konstanz zu einer lehrreichen und spannenden Erfahrung.

Sea Life Konstanz, Hafenstraße 9, 78462 Konstanz
Telefon: 07531/12827-0, www.sealife.de

0835 Strohtour, Konstanz

Was raschelt im Stroh?

Für Familien mit älteren Kindern, die sportlich fit sind, gibt es vielfältige Freizeitangebote rund um den Bodensee. Eines davon ist die Strohtour: In sechs Tagen führt der abwechslungsreiche Ausflug auf Fahrrädern rund um den westlichen Teil des Bodensees, die Nächte werden auf Bauernhöfen verbracht, und zwar – wie der Name schon sagt – im Stroh. Die Fahrtetappen dazwischen lassen sich individuell planen und gut bewältigen.

Die Reise beginnt in Ermatingen, wo die Familie auch bei Bedarf Räder ausleihen und das Gepäck abgeben kann, das jeweils parallel zur nächsten Station transportiert wird, so dass sie ohne störende Last die Fahrt genießen kann. Bereits die erste Übernachtung, bevor es am Morgen losgeht, findet auf einem Bauernhof statt, der wie die meisten Höfe auch für Abendessen und Frühstück sorgt. Die gemeinschaftliche Übernachtung findet im Schlafsack mitten im Stroh statt; WC und Dusche sorgen dabei stets für den nötigen Komfort. So ausgeruht, führt die Reise nun über Eschenz, Stein und Radolfzell wieder zurück zum Ausgangspunkt Ermatingen. Die tägliche Strecke beträgt zwischen 20 und 40 km, je nachdem, worauf Sie Lust haben und was Sie sich zutrauen. Oft besteht auch die Möglichkeit, sich bequem von einem Schiff transportieren zu lassen.
Unterwegs gibt es viele Sehenswürdigkeiten für jeden Geschmack, wie Museen, Schlösser und Burgruinen, mittelalterliche Städtchen, die Inseln Mainau und Reichenau und vielfältige Naturerlebnisse wie den Rheinfall, den mächtigsten Wasserfall Mitteleuropas. Kinder lassen sich hiervon sicher begeistern, wie auch von den Bauernhöfen unterwegs, wo verschiedene Tiere gezüchtet werden, von den Schifffahrten und den vielen Badegelegenheiten, die zu einer Erfrischung zwischendurch einladen. Aber unschlagbar für die Kleinen ist natürlich dann doch das eigentliche Highlight der Tour: die Übernachtung im Stroh.

Bodensee-Radweg-Service GmbH
Fritz-Arnold-Straße 16a, 78467 Konstanz
Telefon: 07531/81993-0, www.bodensee-radtour.com/strohtour.html

0836 Wild- und Freizeitpark Allensbach

Jetzt wird's wild

Was sie im Wildpark auf der Bodensee-Halbinsel Bodanrück erwartet, sehen Besucher hier schon auf dem Gang vom Parkplatz zur Kasse: Rotwild, Damwild und die mit dem Bison verwandten Wisente lassen sich hier bereits blicken und kommen neugierig bis zum Zaun, um die Neuankömmlinge zu begrüßen.
Familien mit Kindern, ob groß oder klein, sind in diesem hübsch angelegten Park gut aufgehoben. Innerhalb der Parkgrenzen können sie noch viel mehr wilde Tiere bestaunen: Da wären die Bären, die gern ihr schönes großes Ge-

hege durchstreifen; Steinböcke, die über ihre Felsen klettern; und verschiedene andere Wildtiere, wie die Wildschweine mit ihren Jungen oder der Luchs, der am liebsten auf dem Dach seiner Hütte liegt. Rehe und Hirsche sind natürlich immer dabei, Esel und eine Falknerei vervollständigen das bunte Bild. Viele der Vierbeiner dürfen mit Futter aus dem Automaten verköstigt werden, und im Streichelzoo suchen Zwergziegen und Ponys den Kontakt zu liebevollen Kinderhänden. Eine florale Ergänzung zu den tierischen Attraktionen bilden der Rosengarten mit seinen über 1.000 Rosen und der große Schulgarten, in dem Kinder viel über unsere einheimische Pflanzenwelt und deren Nutzen lernen können. Zwischen all den Tieren und Pflanzen laden schöne Spielplätze zum Herumtollen ein.
Durch die schöne Landschaft im hinteren Teil des Parks fährt sogar eine kleine Eisenbahn für jedermann. Hier kann man auch gut eine Pause einlegen: Am See befinden sich Grillplätze, wo man im Grünen mitgebrachte Leckereien zubereiten und verzehren kann – eine abwechslungsreiche Alternative zu den Selbstbedienungsrestaurants, die ebenfalls Snacks und Mahlzeiten anbieten. So verköstigt und vom Spielen müde, endet ein lehrreicher und anregender Ausflug für die Kleinen nicht ohne Bedauern, wenn sie sich schließlich auf dem Weg zum Parkplatz wieder von den Tieren hinter dem Zaun verabschieden müssen.

Wild- und Freizeitpark, Gemeinmärk 7, 78476 Allensbach
Telefon: 07533/931619, www.wildundfreizeitpark.de

0837 Freilichtmuseum Neuhausen ob Eck

Geschichtsunterricht von Kindern für Kinder

Liebevoll und authentisch ist das Freilichtmuseum in Tuttlingen, ganz am südlichen Rand der Schwäbischen Alb, gestaltet. So wurden die ausgestellten Häuser aus den schönsten Gegenden Baden-Württembergs hierher transportiert, um in einen passenden Garten eingebettet zu werden, der den Ansprüchen und Vermögensverhältnissen der einstigen Bewohner entspricht. Die Einrichtung der Räume ist genauso wenig zufällig: Nach Befragung ehemaliger Bewohner und ausführlicher Recherche haben die Räume wieder ihre ursprüngliche Einrichtung erhalten. Das Besondere an diesem hübschen Museum ist, dass es hier auch viel Lebendiges zu sehen gibt. Und dabei ist nicht die Rede von den Rindern, Schafen, Gänsen und Schweinen: Tag für

Tag sitzt ein anderer Handwerker oder eine Handwerkerin, ob Korbmacher, Spinnerin oder Sattler, bei der Arbeit mit Originalwerkzeugen und lässt sich dabei zusehen. Das ist nicht nur für Kinder ein faszinierendes Schauspiel.
Viele Angebote speziell für kleine Besucher machen das Museumsdorf darüber hinaus attraktiv: Märchenaufführungen, Mitmach-Tage, wo man sich ganz wie ein Kind vor zweihundert Jahren fühlen kann, und verschiedene Bastel-, Spiel- und Lehrangebote ziehen an Wochenenden und in den Ferien viele Familien an. Dieses umfangreiche Programm wird nicht nur von Erwachsenen gestaltet, sondern auch von den Kindern im MuKi-Club, den Museums-Kindern. Gegen eine geringe Gebühr kann hier jedes Kind aktiv werden, unter anderem Ausstellungen und Programme entwerfen und vorbereiten. Denn wer weiß besser, was Kindern Spaß macht, als Kinder selbst?

Freilichtmuseum Neuhausen ob Eck, 78579 Neuhausen ob Eck
Telefon: 07461/9263205, www.freilichtmuseum-neuhausen.de

0838 Freiburger Waldseilgarten

Tarzan für Anfänger und Fortgeschrittene

Welches Kind klettert nicht gern auf Bäume? Im Waldseilgarten bei Freiburg kann dieses Vergnügen zelebriert werden, allerdings nur mit älteren Kindern. Denn hier geht es auf in luftige Höhen – natürlich immer mit Seil und Karabinerhaken. So gesichert, können kleine und große Kletterer ihren Mut und ihre Geschicklichkeit unter Beweis stellen. Denn während die üblichen Kletterbäume nur ein paar Meter Höhe bieten, lässt sich im Freiburger Waldseilgarten ein weiter Luftraum erkunden. Hier geht es nicht nur hinauf und hinunter, sondern hin und her von Wipfel zu Wipfel, wie Tarzan im Dschungel. Unter fachkundiger Anleitung erlebt die ganze Familie ein einzigartiges Abenteuer im Hochseilgarten.
Doch nicht nur in der Höhe warten Spaß und Spiel, auch im bemoosten Waldgrund kann man aktiv werden. So bieten Trainer Kurse im Bogenschießen an, die die Kinder zu echten Robin Hoods machen. In Aktionen wie dem Vater-Sohn-Wochenende gibt es beides kombiniert: Bogenschießen und Klettern versüßen dem Gespann den Tag, während am Abend eine ganz besondere Überraschung wartet: Erst wird noch gemeinsam am Boden gegrillt, doch dann geht es ab in die Wipfel zu einer unvergesslichen Nacht in den Baumkronen. Dort wird am nächsten Morgen auch gefrühstückt, bevor es

wieder hinuntergeht. Die dafür benötigten Materialien wie Schlafsack und Isomatte kann man selbst mitbringen, sie können aber auch vor Ort ausgeliehen werden. So steht dem gemeinsamen Naturerlebnis nichts mehr im Wege.

Freiburger Waldseilgarten
Bertha-von-Suttner-Straße 9, 79111 Freiburg/Breisgau
Telefon: 0761/7698241, www.waldseilgarten.com

0839 Kindertheater im Galli Theater Freiburg

Keine Spielverderber

Kinderträume werden wahr im Galli-Kindertheater – zumindest für eine Stunde oder mehr. Denn so lange dauern die Aufführungen speziell für Kinder, die hier angeboten werden. Auf dem Programm stehen lustige und bewegende Märchen, Clownstücke und andere Geschichten, die Kindern und Jugendlichen jeden Alters eine Welt eröffnen, die der ihren gleicht, aber doch oft ganz traumhaft anders ist. Über Figuren, mit denen sie sich identifizieren können, gelingt es den Stücken, die jungen Zuschauer ganz in ihren Bann zu ziehen. Dabei gibt es Freude und Trauer, Gelächter und Nachdenklichkeit, aber immer leuchtende Kinderaugen, die sich von der Komik der originellen Kostüme und der Aufführung anstecken lassen.
In verschiedene wichtige Bereiche des jungen Lebens dringt die Spezialform Präventionstheater vor: Ob Gewalt, Drogen oder Umweltbewusstsein – für Probleme und deren Bewältigung wird hier das Bewusstsein geschärft, und das auf ganz spielerische, interaktive Weise. Märchen werden umgeschrieben, Geschichten erfunden oder aktuellen Projekten ein Stück auf den Leib geschrieben. Nach der Aufführung kommen die Kinder selbst zum Zuge und können sich kreativ mit der Problemstellung auseinandersetzen.
Frei von Problemen sind dagegen die verschiedenen Theaterworkshops für Kinder von 3 bis 6 Jahren, die regelmäßig angeboten werden. Hier lernen die Kleinen sich neu kennen und erfahren ungewöhnliche Wege der Selbstentfaltung, indem sie sich spielerisch anderen Perspektiven nähern und ihren Körper als Instrument zur Kommunikation einsetzen. So werden aus den kleinen Zuschauern echte Bühnengrößen – Spielverderber gibt es hier nicht.

Galli Theater, Haslacher Straße 15, 79115 Freiburg
Telefon: 0761/441817, www.galli.de

0840 Freiburger Puppenbühne, Gundelfingen

Seid ihr auch alle da?

Hoffentlich. Denn wer jetzt nicht da ist, versäumt ein nostalgisches Kindheitserlebnis, das in fantasievollen jungen Jahren noch zum Action-Klassiker schlechthin avanciert ist: Kasperle ist da! Die Freiburger Puppenbühne verwöhnt ihre kleinen Zuschauer gern mit dem frechen Püppchen mit der roten Mütze. Und es bringt alle seine Freunde und Feinde mit, um dem Auftritt ausreichend Würze zu verleihen.
Geschichten gibt es viele zu erzählen, für jedes Kind von drei bis acht Jahren. Verschiedene fantastische Geschichten erlebt Kasper und trifft dabei teilweise bekannte Märchenfiguren wie Aladin und Pinocchio oder muss mit Drachen kämpfen. Beim Zahngesundheitsstück erklingt herzhaftes Gelächter, und die Kinder werden interaktiv ins Geschehen einbezogen, was hinterher für doppelte Freude beim Zähneputzen sorgt. Denn sie dürfen hier selbst den Zeigefinger erheben und Ratschläge zur Zahnpflege geben. Beim Familienprogramm dürfen die Eltern dabeisitzen und an der Freude teilhaben, während es speziell für ältere Besucher auch ein Abendprogramm gibt, mit weniger märchenhaften, dafür umso spannenderen Stücken.
Regelmäßig spielt die Puppenbühne in Freiburg oder geht auf Kindertournee durch Deutschland. Man kann sie aber auch direkt für Auftritte buchen – vielleicht eine Idee für den nächsten Kindergeburtstag.

Freiburger Puppenbühne, Sonnenwiese 6, 79194 Gundelfingen
Telefon: 0761/52387, www.freiburger-puppenbühne.de

0841 Bienenkundemuseum Münstertal

Maja und ihre Freunde

Es gibt nicht viele Bienenkundemuseen auf der Welt, und schon gar nicht im Schwarzwald. Allein die Einzigartigkeit dieses Projekts ist bereits ein Grund, sich die Räumlichkeiten im ehemaligen Rathaus von Münstertal einmal genauer von innen anzusehen. Nicht nur um Bienen geht es hier, nein, auch Kultur und Heimatkunde kommen nicht zu kurz. Ein weiterer Anreiz, sich umfangreich informieren zu lassen, und das für einen so geringen Preis. Also hinein!

Drinnen erwarten den interessierten Besucher in zwölf gut genutzten Räumen so einige Überraschungen, weithin Bekanntes und dazu viele Dinge, die man schon immer einmal wissen wollte. Rund um die gestreifte Fleißarbeiterin gibt es viel zu lernen und zu staunen, und aus aller Welt lassen sich Exponate zur Bienenzucht und Bienenkultur bewundern. Im Fernsehraum verrät ein Film Details über die Imkerei und das Museum. Und dort, wo es summt und brummt – klar, da sind lebende Bienen zu beobachten, denn die dürfen natürlich nicht fehlen. So umfangreich die Sammlung ist, so kurzweilig und anschaulich sind die Themen gestaltet, dass auch Kindern – ab Schulalter – nicht langweilig wird.
Wenn Biene Maja genug von sich erzählt hat, muss man doch noch einen Blick in den Heimatbereich werfen. Interessante Exponate und arrangierte Szenen bringen den Alltag der Vorfahren nahe. Die winzigen Bilder eines großen, in detailverliebter Arbeit hergestellten Dioramas präsentieren das traditionelle Leben im Münstertal. Alles ist hier dargestellt – natürlich auch der Imker, dessen umfangreichen Kolleginnenstab wir ja nun bereits kennengelernt haben. So schließt sich der Kreis im Bienenkundemuseum im schönen Münstertal, das übrigens eines der schönsten Täler im Schwarzwald ist und nach dem Besuch noch zu der einen oder anderen Wanderung im Grünen einlädt.

Bienenkundemuseum, 79244 Münstertal
Telefon: 07636/881, www.bienenkundemuseum.de

0842 Burgruine Wiesneck, Buchenbach

Von Stein zu Stein

Im südlichen Schwarzwald liegt die kleine Gemeinde Buchenbach, die einen sommerlichen Ausflug in Wanderschuhen lohnt. Die fast tausendjährige Burg, die einst über ihr thronte, ist inzwischen zerfallen und Schling- und Kletterpflanzen zum Opfer gefallen. Übrig sind heute malerische Ruinen und mit ihnen ein schönes und praktisches Ausflugsziel, denn was die Eltern als pittoresk empfinden, gereicht den Kindern zum außergewöhnlichen Abenteuerspielplatz.
Der Weg zur Ruine führt den Hang über dem Buchenbacher Ortsteil Wiesneck hinauf, nahe der Klinik. Quer durch den Wald verlaufen dann viele kleine, mehr oder weniger steile Pfade; Familien mit kleinen Kindern sollten hier

Acht geben. Bald sieht man dann auch schon die Mauerreste, deren höchster neun Meter aufragt. Auch die Burg selbst liegt am Hang, die Mauern sind aber teilweise sehr niedrig und gut zu erklimmen. So bereiten sie aktiven Kindern viel Freude, denn hier können sie sicher über die Steine toben und nach Herzenslust Ritter und Räuber spielen – befinden sie sich doch in steinernen Zeugen des tiefsten Mittelalters.
Für ein Picknick findet sich hier auch das ein oder andere hübsche Fleckchen am Boden. Wenn sich dann alle satt gegessen und -gesehen haben, lädt die waldige Gegend ringsumher noch zu weiteren abwechslungsreichen Wanderungen ein.

Gemeinde Buchenbach, Hauptstraße 20, 79256 Buchenbach
www.badischeseiten.de/buchenbach

0843 Walderlebnispfad Kandern

Wald mit allen Sinnen

Der Erholungsort Kandern im südwestlichen Dreiländereck von Deutschland, Frankreich und der Schweiz bietet unterschiedliche Möglichkeiten, sich mit der schönen Natur der Gegend zu beschäftigen. Eine davon ist der Walderlebnispfad, der über 3,5 Kilometer rund durch den Wald führt und dabei an vielen abwechslungsreichen Stationen den Lebensraum Wald zum Erlebnis macht. Von einem Grillplatz aus – für später vormerken! – wird der Wald erkundet.
Die Strecke lässt sich an zwei Stellen abkürzen, dafür müssen die Kinder noch nicht alt sein, auch mit Kinderwagen ist die Strecke bequem zu befahren. So gelangen Besucher zu den einzelnen Abschnitten, die sehr schön und ansprechend gestaltet sind und die jeweils ein anderes interessantes Thema rund um den Wald und seine Bewohner behandeln. Dabei werden alle Sinne gefordert, statt nur trockene Theorie gelehrt; manchmal muss man schon Einsatz zeigen. Zum Beispiel, wenn es darum geht, Tierspuren auf dem Waldboden zu entdecken und zu bestimmen, sich beim Weitsprung mit den Waldbewohnern zu messen oder einfach nur auf dem Barfußpfad voranzukommen. Die Märchenhütte und der „Ort der Stille" laden dagegen zur Beschaulichkeit ein. Von den Kronen bis zu den Wurzeln, sogar bis zu den Steinen im Boden, der Wald wird hier auf äußerst lehrreiche Weise erlebt. Ob auf der Pirsch oder im Baum, überall gilt es, Tiere und Pflanzen zu entde-

cken, Geheimnisse der Natur zu lüften und selbst kleinstes Leben zu erforschen – der Wald wartet!

Touristinformation, 79400 Kandern
Telefon: 07626/972356, www.kandern.de

0844 Vogelpark Steinen

Alle Vögel sind schon da

Haben Sie einen Vogel? Nein? Dann freuen sich Ihre Kinder vielleicht, wenn Sie mit ihnen einen Abstecher in den Vogelpark in Steinen machen. Hier leben Vögel in Hülle und Fülle, und auch andere Tierarten wollen beobachtet, gestreichelt und gefüttert werden. Die Anlage liegt fernab vom Verkehrslärm in einer Talsenke im südlichen Schwarzwald inmitten wunderschöner, ruhiger Landschaft, die den privaten Betreiber offenbar sprichwörtlich beflügelt hat. Denn er hat sich hier einiges für seine Gäste einfallen lassen. So wartet der Park mit zahlreichen Attraktionen auf, die nicht nur Kinder begeistern. Natürlich dreht sich dabei das meiste rund um den Vogel. Die Theorie wird dabei vom Vogelkundehaus vermittelt, wo man auch Küken beim Ausschlüpfen beobachten kann. Zur Praxis geht es dann zum Beispiel ins liebevoll ausgestattete Tropenhaus, wo inmitten tropischer Vegetation die buntesten und seltsamsten Vogelarten ein idyllisches Zuhause gefunden haben, oder auch ins Sittich-Freigehege, wo die Gäste von bunten Flügeln umflattert werden. Zur Abwechslung gereichen die Freigehege der Kängurus, der Zwergziegen und der Berberaffen. Letztere turnen gern über die Köpfe der Besucher hinweg, lassen sich aber auch mit kostenlosem Futter von Kindern füttern.

Der Uhu kann gestreichelt werden

Ein besonderes Highlight des Besuchs sind die Flugvorführungen der Falknerei, bei der mutige Kinder auch den Uhu streicheln dürfen, und die moderierte Affenfütterung. Um den Besuch im Vogelpark noch angenehmer zu gestalten, gibt es für die Kleinen schöne Abenteuerspielplätze und für alle Altersgruppen die Wassertretanlage mit Barfußpfad – so tut man auch seinem Körper etwas Gutes. Grillplätze und eine Gartenwirtschaft laden dazu ein, den ganzen Tag hier zu verbringen. Zusätzlich denkt sich der Vogelpark immer wieder spannende und lehrreiche Angebote extra für Kinder aus – wer möchte hier nicht gern einmal einen Tag lang Tierpfleger sein?

Vogelpark Steinen, 79585 Steinen-Hofen
Telefon: 07627/7420, www.vogelpark-steinen.de

0845 Tschamberhöhle, Rheinfelden

Reise durch Gestein und Zeit

Noch in der Steinzeit war die Tschamberhöhle bewohnt, heute ist sie touristischer Anziehungspunkt ganz im Südwesten Baden-Württembergs an der Schweizer Grenze. Vor vielen Tausenden von Jahren wurden die Gebilde dieses Naturwunders von den Wassermassen geformt, die in grauer Vorzeit das Land bedeckten. So birgt die Höhle Gänge durch das Karstgestein, die mit ihren Sinterformationen dem Besucher tatsächlich eine Zeitreise unter der Erde ermöglichen. Auch für Kinder kann das ein faszinierendes Erlebnis sein, wenn sie schon etwas älter sind; mit Kinderwagen kann man nicht in die Schauhöhle.

Abenteuerlich geht es auf 600 Metern Schaufläche durch die uralten Höhlengänge, immer in Richtung Wasserfall, der am Ende auf die staunenden Besucher wartet. Ist der Boden zunächst noch trocken, stößt man doch bald auf einen unterirdischen Bach, der zum Glück trockenen Fußes überquert werden kann, denn der Weg führt über einen Brettersteg auf Holzpfählen. So kann man bequem die vielfältigen Veränderungen im Höhlengestein verfolgen, das sich mal zackig und mal glatt, mal weitläufig und dann wieder eng zeigt. Langeweile kommt hier nicht auf, und nicht nur der große Wasserfall am Ende ist ein Foto wert.

Der Weg durch die Höhle, hin und zurück, dauert etwa eine Stunde. Anschließend können Sie sich im Gasthaus gegenüber dem Eingang stärken. Parkmöglichkeiten sind auch vorhanden.

Schwarzwaldverein Karsau e. V.
Königseggstraße 33, 79618 Rheinfelden/Karsau
Telefon: 07623/5755, www.schwarzwaldverein-karsau.de

0846 Weidepark Gersbach

Biologieunterricht der anderen Art

Für eine Wanderung mit Kindern, die schon in der Lage sind, ein paar Stunden zu Fuß mitzuhalten, ist der Weidepark bei Gersbach sehr gut geeignet. Hier im Südschwarzwald, wo das Leben noch stark von Landwirtschaft geprägt ist, erlebt man auf Schusters Rappen ruhige, idyllische Natur und schöne Aussichten. Mitten in einer reizvollen Landschaft von Wiesen und Wäldern führt der Weidepark ganz nebenbei auf natürliche und sehr lebendige Weise in die Geheimnisse und Besonderheiten der Landwirtschaft und besonders der Weidetiere ein. Beispielsweise erklären zwölf Themenkreise mit einzelnen Stationen auf dem Rinderlehrpfad alles rund ums Rind, von seiner zwiespältigen Beziehung zum Menschen über den Speiseplan der Wiederkäuer bis hin zu Ku(h)ltur und Religion. Tafeln entlang des Rundweges erklären die Theorie anschaulich, und auf vier Beinen steht die Praxis gleich hinterm Zaun – ob bunte Rinderherde oder die bedrohten Wisente mit ihrem zottigen Fell. Zum Anfassen sind sie nicht unbedingt geeignet, aber Schauen ist allemal erlaubt.
Wer sich nicht nur für die Tiere, sondern auch für die Landschaft interessiert, hat an schönen Tagen einen fantastischen Blick bis ins Schweizer Alpenmassiv. So wird der Weidepark zu einem abwechslungsreichen Ausflugsziel mit lehrreicher Funktion – eine etwas andere Wanderung.

Ortsverwaltung Gersbach
Wehratalstraße 10, 79650 Schopfheim-Gersbach
Telefon: 07620/227, www.schopfheim.de

0847 Zauberweg Hasenhorn

Auf der Suche nach dem Zauberstein

Im Schwarzwald gibt es tatsächlich noch Orte, wo Märchen wahr werden. Einer davon ist Todtnau am südlichen Rand des Waldes. Das Städtchen liegt unterhalb eines Berges namens Hasenhorn, und genau dort ist es, wo sich seltsame Dinge ereignen. Wichtel leben hier, und zwei von ihnen, Ilex und Farfara, freuen sich darauf, die Kinder auf dem Zauberweg am Hasenhorn kennenzulernen.

Für kleine Kinder ist dieser Märchenweg ebenso schön wie für ältere. Für Kinderwagen ist das Gelände jedoch zu unwegsam, die Kleinen sollten schon gut laufen können. Denn wenn man mit der Sesselbahn erst einmal bequem am Gipfel angekommen ist, ist nichts mehr, wie es war. Nun erscheinen die beiden Wichtel, die ihren Zauberstein suchen, und Ihre Kinder werden begeistert sein, ihnen helfen zu dürfen. So führt Sie der Weg durch den Wald über verschiedene Stationen, die alle die Geschichte weitererzählen. Die kleine Hütte, in der Ilex und Farfara leben, ist dabei genauso zu erkunden wie die unheimliche Fledermaushöhle, an deren Ende tatsächlich der gesuchte Stein leuchtet. Unterwegs begegnen die Kinder kuriosen Gestalten des Waldes, von denen einige aus Holz geschnitzt wurden.
Die fantastische Geschichte von Ilex und Farfara, verfasst von Sabine Steinebrunner, ist im Buchhandel erhältlich, und hier kann man sie immer wieder erleben. Wenn der Stein schließlich am Ende einer eineinhalbstündigen Wanderung gefunden ist, darf die ganze Familie sich mit einem Picknick an einem der Grillplätze belohnen und genießt die Aussicht auf das obere Wiesental.

Talstation Sessellift Hasenhorn, 79674 Todtnau
Telefon: 07671/96980, www.zauberweg.de

0848 Hochseilgarten Schwarzwald, Todtmoos

Klettern fürs Selbstbewusstsein

Ein Familienerlebnis der besonderen Art ist ein Besuch im Hochseilgarten in Todtmoos. Hier wird auf einem eigens aufwendig erbauten Parcours Grenze für Grenze überwunden, um aus Mutter und Tochter, Vater und Sohn ein eingeschweißtes Team zu machen. Das Mindestalter beträgt 14 Jahre, und Teilnehmer sollten mindestens 150 cm groß sein, um die Aufgaben in der Höhe bewältigen zu können. In Begleitung eines Elternteils und mit entsprechender Kondition können bereits Kinder ab 12 Jahren teilnehmen.
Wirklich gefährlich ist bei den verschiedenen Übungen nichts: Jeder hängt sicher an mehreren Seilen, und erfahrene Leiter achten auf die Sicherheit jedes Einzelnen. So lässt sich das Abenteuer hoch oben gefahrlos genießen, ohne dass der Nervenkitzel ausbleibt. Haben die Kletterer es erst auf die Startplattform geschafft, können sie eine Aussicht aus 13 Metern Höhe bewundern, und wer sich traut, überwindet von hier aus mehrere Hindernisse von unterschiedlichem Schwierigkeitsgrad. Dabei sind Holzbalken und Hänge-

brücken noch das geringste Problem: Manche Strecken sind nur zu zweit zu bewältigen, und frei schwingende Holzbrettchen und Seilschlaufen flößen auch erfahrenen Kletterern noch Respekt ein. Aber nur Mut – runter kommt man immer, und die Trainer stehen einem stets mit Rat und Tat zur Seite. Wer sich gar nicht traut: Ist nicht schlimm, verschiedene Übungen gibt es auch am Boden. Hat man es allerdings geschafft, den Parcours oder auch nur Teile davon erfolgreich – egal ob stehend, krabbelnd oder hangelnd – hinter sich zu bringen, ist man gleich zwei Köpfe größer und hat Selbstbewusstsein gewonnen: eine wertvolle Erfahrung besonders für Jugendliche. Eine Voranmeldung ist jedoch empfehlenswert.

Hochseilgarten Schwarzwald, Am Mühlenbach 3, 79682 Todtmoos
Telefon: 07674/921055, www.hochseilgarten.com

0849 Hoffnungsstollen, Todtmoos

Mit Grubenhelm und Lampe

Im ehemaligen Erzbergwerk Hoffnungsstollen in Todtmoos kann sich jeder wie ein kleiner Bergmann (oder eine Bergfrau) fühlen – auch die Kleinsten. Familienfreundlich ausgebaut laden die Gänge des Schaubergwerks zu gemeinsamen Erkundungen ein; der tiefe Stollen kann sogar bequem mit Rollschuhen befahren werden.
Hier unten tut sich für die Familien eine faszinierende Welt auf: Wo vor über zweihundert Jahren nach Erz gegraben wurde, zeugen heute noch die steinigen Stollen von der harten Arbeit unter Tage. Ausgestattet mit Helm und Grubenlampe begeben sich Eltern und Kinder auf eine abenteuerliche Reise durch die Welt ohne Sonne. Dabei gibt es viele Geheimnisse zu entdecken. Manchmal muss dafür natürlich auch der Hammer zur Hand genommen werden, und jeder darf mal anpacken. So gestaltet sich der Besuch für die Kinder interaktiv, lehrreich und interessant – mit dem richtigen Werkzeug lernt man schließlich am besten die Arbeit der Kumpel kennen. Wenn man dann einmal wider Erwarten doch nichts findet, wird immerhin klar, woher die Grube ihren Namen hat.

Touristinformation
Wehratalstraße 19, 79682 Todtmoos
Telefon: 07674/9060-0, www.schwarzwald-tourismus.info

0850 Erdmannshöhle, Hasel

Faszinierende Unterwelten

Im Süden Baden-Württembergs, ganz am südlichen Rand des Schwarzwalds, findet sich das idyllische Fleckchen Hasel. Inmitten von Landwirtschaftsbetrieben und Gasthäusern verbergen sich hier ungeahnte Abgründe: Eine der ältesten Tropfsteinhöhlen Deutschlands gräbt sich tief ins Gestein und lässt sich heute bequem auf über 300 m Länge besichtigen. In ihr wohnten – jedenfalls der Sage nach – kleine Männchen, die aufgrund ihres bevorzugten Lebensraumes „Erdmännchen" genannt wurden. Sie sollen stets so freundliche und hilfsbereite Zeitgenossen gewesen sein, dass man die Höhle nach ihren ehrbaren Bewohnern „Erdmannshöhle" taufte, und diesen Namen trägt sie bis heute. Wo die Bewohner selbst geblieben sind, ist unklar, aber schließlich weiß doch jeder, dass Erdmännchen sich nicht allen zeigen.
Allein die Tausenden von großen und kleinen Tropfsteinen machen den Besuch in diesem faszinierenden Wunder der Natur besonders für Kinder zu einem beeindruckenden Erlebnis. Und wer weiß, vielleicht sieht doch mal der ein oder andere neugierige Erdmann aus einer Ecke hervor?

Erdmannshöhle, 79686 Hasel
Telefon: 07762/809901, www.gemeinde-hasel.de

0851 Schulmuseum Friedrichshafen

Setzen, sechs!

Ein Thema, auf das sich Kinder grundsätzlich einlassen können, ist die Schule, denn mit ihr sie haben unmittelbar zu tun und dort verbringen sie viel Zeit. Fast jedes Kind interessiert sich dafür, wie die Altersgenossen früher zur Schule gingen, was und vor allem wie sie dort lernten. Darüber informiert das Schulmuseum in Friedrichshafen und bildet so ein interessantes Ausflugsziel der Stadt am Bodensee. Gar nicht weit weg vom Wasser, in einer alten Villa, entstand hier vor wenigen Jahrzehnten das erste Museum dieser Art in Baden-Württemberg.
Durch Jahrhunderte Schulgeschichte geleitet es seine aufmerksamen Besucher in einer umfangreichen Ausstellung: von der mittelalterlichen Klosterschule über die Volksschule des 19. Jahrhunderts bis zu Schulen im Dritten

Reich und in der Nachkriegszeit. Nachgestellte Szenen und Originalstücke in den authentischen Räumlichkeiten schaffen eine lebendige Atmosphäre, die Besucher gleich in den Bann der historischen Klassenzimmer zieht. Die Zimmer wandeln sich stetig über Reformation, Industrialisierung und Weimarer Republik, bis sie langsam zu dem werden, was wir heute kennen. Dabei wird auch klar, wie die unterschiedlichen Schulen zu bestimmten Zeiten Kinder ausbilden konnten, die gern für Bismarck oder Hitler in den Krieg zogen. Die Ausstellung lässt kein Schulkind kalt und jagt bei den antiquierten Lehrmethoden schon den einen oder anderen Schauer über den Rücken. Vielleicht beklagt der Nachwuchs sich dann ja nicht mehr so oft über die „lästige" Schule, die doch eigentlich ganz angenehm ist – heutzutage.

Schulmuseum, Friedrichstraße 14, 88045 Friedrichshafen
Telefon: 07541/32622, www.frankvollmer.com/schulmuseum

0852 Hopfenmuseum Tettnang

Hopfen nicht nur für Bierbäuche

Wenn sich Kinder in der Schule mit Heimat- und Sachkunde befassen, ist der beste Zeitpunkt für einen Besuch im Hopfenmuseum in Tettnang am Bodensee. Hier erfahren Familien alles über das wertvolle Hanfgewächs und seine jahrhundertealte Geschichte. Auf den vier ansprechend gestalteten Etagen Ausstellungsfläche gibt es erstaunlich viel zu erfahren. Viele nachgestellte Szenen und Möglichkeiten zur Interaktion machen die Geschichte rund um den Hopfen dabei zu einer überaus vergnüglichen und lehrreichen Angelegenheit, so dass sich selbst Kinder begeistern lassen, die sich eigentlich nicht wirklich für Hopfen interessieren – was wahrscheinlich auf den Großteil zutrifft.

Das Hopfenmuseum bietet seinen kleinen Besuchern allerhand: Sie können bei der Produktion zuschauen, Modelle und Originalmaschinen bewundern und nicht zuletzt sich im Hopfenlabor, in der Kinderecke oder an der Pflückmaschine lebhaft beteiligen. Ein Suchspiel sorgt für weitere Unterhaltung und interessante Erfahrungen. Besonders viel Spaß verspricht der Familientag, der jeden Mittwoch in den Sommerferien stattfindet: Kleine Forscher blicken durch das Mikroskop auf kuriose Phänomene der Hopfenpflanze, bastelnd können sie das Feld weiter erschließen, und ein selbstgestaltetes Hopfenbuch sowie das Hopfensäckchen dürfen sie mit nach Hause nehmen,

was sie noch lange an den erlebnisreichen Tag erinnert. „Erlebnisreich“? Halt, der Tag ist ja noch lange nicht vorbei! Da wären ja auch eine Kinderführung mit Quiz und viele Spielangebote, natürlich passend zum Thema: Hopfenminigolf, Hopfenfußball und Hopfenblasen zeigen, wie vielseitig Hopfen ist.
Während die Kinder so unterhalten und betreut werden, können sich die Eltern in der Museumsgaststätte gemütlich zurücklehnen und abwarten, ob die Kleinen vielleicht irgendwann wieder heimwollen. Wo sie doch so viel Spaß mit dem Hopfen haben, der alles ist – nur nicht langweilig.

Hopfenmuseum, Hopfengut 20, 88069 Tettnang-Siggenweiler
Telefon: 07542/952206, www.hopfenmuseum-tettnang.de

0853 Minimundus Bodensee – Miniaturpark Meckenbeuren

An einem Tag um die Welt

Miniaturen sind klein – klar, sagt ja schon der Name. Doch selbst beim Maßstab 1:25 ahnt keiner, wie groß Miniaturen sein können. Ganze dreizehn Meter hoch, also so hoch wie ein mehrstöckiges Haus, ist aber das berühmte Luxushotel Burj al Arab, das eigentlich in Dubai steht, im Minimundus Bodensee. Denn hier ist alles ein bisschen größer, als man denkt.
Etwa achtzig Gebäude und Sehenswürdigkeiten aus allen Kontinenten sind hier versammelt, von den Pyramiden von Gizeh bis zur Gefängnisinsel Alcatraz. Die Reise rund um die Welt führt vorbei an der New Yorker Freiheitsstatue, Londons Tower Bridge (die stolze acht Meter misst), dem Brandenburger Tor in Berlin und dem Grand Palace in Bangkok. Und auch, wenn die Miniaturen noch so groß sind, man kommt sich dennoch ein wenig vor wie Gulliver bei den Zwergen. Kinder fühlen sich hier sehr wohl, wirkt diese faszinierende Welt auf sie doch wie ein Stück Traum. Im 3.000-Quadratmeter-Ozean, gar nicht weit von den Niagarafällen entfernt, treibt sogar das abgebrochene Heck der ewig sinkenden Titanic. Übers Meer kommt man hier im kleinen Boot und kann dabei ganz Asien betrachten. Alle Miniaturen sind mit beeindruckender Detailgenauigkeit gearbeitet und lohnen einen näheren Blick und natürlich auch das ein oder andere Foto.
Außerdem wartet der Miniaturpark mit einem 4D-Kino auf, das den Besuchern mit optischen Täuschungen die Sinne vernebelt. Für das leibliche Wohl sorgt ein Restaurant mit hübscher Terrasse gleich am See, doch auch die

bezaubernden Wege zwischen Blumen und die Bänke im Schatten von Palmen laden dazu ein, sich niederzulassen und den Blick über ganze Kontinente schweifen zu lassen. Wie wär's mit einem Picknick in Mexiko?

Miniaturpark Bodensee GmbH
Am Hangenwald 3, 88074 Meckenbeuren
Telefon: 07542/94660, www.minimundus-bodensee.de

0854 Ravensburger Spieleland, Meckenbeuren

Gesellschaftsspiel der Superlative

Spielen Sie gern mit Ihren Kindern Gesellschaftsspiele? Und sind die Kleinen begeistert von den Fantasiewelten im „Verrückten Labyrinth" und Co.? Dann wäre ein Besuch im Ravensburger Spieleland eine willkommene Abwechslung zum kleinen Brett auf dem Wohnzimmertisch. Im Spieleland gibt es auch Spiele – allerdings in Lebensgröße. In diesem Falle ist das zum Beispiel ein riesiges Labyrinth, in dem die Kinder mit ihren Eltern durch hohe Mauern den Weg zu einem bestimmten Fabelwesen finden müssen. Wer die Karte abstempeln kann, muss danach so schnell wie möglich wieder heraus. Dabei wird man von allerhand seltsamen Wesen begleitet, die im Labyrinth wohnen. Auch bei anderen Spielen geht es fantasievoll und spannungsgeladen zu.

Käpt'n Blaubär begrüßt die jungen Besucher

Doch andere Themenbereiche warten ebenfalls auf die jungen Besucher: Die „grüne Oase" lädt ein zum Leben auf dem Bauernhof. Hier können die Kleinen nach Herzenslust im Heu toben, auf einem Traktor fahren, Rodeo- und Ponyreiten und natürlich auch Kühe melken. Viele Fahrgeschäfte bieten dabei Spaß und Abwechslung. So auch im „Fix & Foxi Abenteuerland", wo man baggern, rutschen und Rakete fahren kann, oder im alpinen „Entdeckerland" mit der Wildwasserbahn. Auch in der „Future World" oder in „Käpt'n Blaubärs Wunderland" kommen Kinder in verschiedenen Spaßbahnen und auf abenteuerlichen Spielplätzen voll auf ihre Kosten. Austoben können sie sich im „Mitmachland", wo eine Waldbühne, eine Verkehrsschule und viele andere Aktivangebote zu sportlicher oder geistiger Betätigung anregen.

Das Spieleland ist also im Grunde nichts anderes als ein sehr großes Gesellschaftsspiel – aber was für eins!

Ravensburger Spieleland AG
Liebenau, Am Hangenwald 1, 88074 Meckenbeuren
Telefon: 07542/400-0, www.ravensburger.de/spielelandL/

0855 Gut Hügle, Ravensburg

Irren ist menschlich - Kirschen pflücken auch

Gut Hügle ist ein schön restaurierter Erlebnisbauernhof für Familien mit jüngeren Kindern. Zwischen Ravensburg und Bodensee gelegen, bietet er auf seinem großen Gelände mehrere Attraktionen unter freiem Himmel und eignet sich gut für einen kleinen sommerlichen Ausflug. Denn hier werden Mais und Kirschen angebaut, und dies inspirierte zu den beiden Maskottchen „Kim Kirsche" und „Max Mais". Max lädt zum Versteckspielen und Spaßhaben im Freien ein: Ein riesiger Irrgarten im Maisfeld, mit einer Fläche von drei Fußballfeldern. Auch mit robusten Kinderwagen können die Wege befahren werden, und ein Aussichtsturm in der Mitte sorgt für den Überblick. Es gibt auch eine Rutsche ins Maisbad, in dem die Kinder tollen können.
Die Abenteuerscheune ist Zufluchtsort bei schlechtem Wetter. Hier wird in und auf originellen Attraktionen wie Lucy Muh, der Kletter-Kuh, oder dem Heutrampolin getobt, was das Zeug hält. Ein kleiner Streichelzoo lässt Zwergschafen und Hasen durch Kinderhand Streicheleinheiten und Futter zukommen. Für kulinarische Anziehungspunkte sorgen die Betreiber des Hofes selbst, die im Café unter anderem Säfte, Früchte und Gebäck aus eigener Herstellung anbieten. Selbst versorgen kann man sich dagegen im Kirschgarten zum Selbstpflücken, wo auch Kinder Spaß daran haben, die süßen Früchte bequem von den niedrigen Bäumen zu ernten.
Wem es hier gefällt und wer noch nicht genug hat, der kann auch seinen nächsten Urlaub hier verbringen – in einer der hübschen und komfortablen Ferienwohnungen auf dem Gut. Die Gegend wartet mit Freizeitangeboten für jeden Geschmack auf, und von hier aus kann man quer durch Oberschwaben und am Bodensee schöne Wanderungen unternehmen.

Gut Hügle, Bottenreute 5–7, 88214 Ravensburg
Telefon: 0751/61823, www.guthuegle.de

0856 Schwaben-Therme, Aulendorf

Auszeit von der Zeit

Die Schwaben-Therme in Aulendorf sorgt für all ihre Besucher. Egal, ob man auf der Suche nach Spannung oder Entspannung ist, hier wird jeder fündig. Die Palette ist bunt und weitgefächert: Sie reicht vom Thermalbad bis zum Sportbecken, dabei sind auch Freizeitbad mit Kinderbereich, Römerbad, Saunalandschaft und vieles mehr, oft mit schönen Außenbereichen. Wenn das Wetter nicht gerade ideal ist, um draußen zu sein, eignet sich die Therme jedoch besonders für einen Besuch.

Erwachsene können sich wunderbar entspannen, während die Kinder rundum versorgt und ausgelastet sind mit den vielfältigen Angeboten, die sich der kleinen Kundschaft hier auftun. Im Freizeitbad gibt es viel zu entdecken: Verschiedene Rutschen laden zum spritzigen Vergnügen ein, im Strömungskanal wie im Whirlpool gibt es kribbelige Erlebnisse, und der Gaudiwurm hält, was er verspricht. Auf die ganz Kleinen wartet ein bunter und abwechslungsreicher Kinderbereich. Er ist schön gestaltet mit bemalten Wänden, Tieren, die Wasser spritzen, sowie Kletter- und Rutschmöglichkeiten. Während die Kinder sich hier austoben, vergessen sie die Zeit, und den Eltern passiert das Gleiche, wenn sie zwischen Sauna und Kneippanlage im Farb- und Aromaraum oder im Warmraum auf dem Liegestuhl liegen.

Verschiedene gastronomische Angebote sorgen für innerliche Kräftigung, und Wellnessangebote wie Massagen versüßen den Aufenthalt zusätzlich. Auf diese Weise geht – schwups – der Tag an einem vorüber, und man hat gar nichts davon gemerkt. So lohnt sich der Erwerb der Tageskarte, denn nur an wenigen Orten lässt es sich so gutgehen wie hier.

Schwaben-Therme, Ebisweilerstraße 5, 88326 Aulendorf
Telefon: 07525/93-50, www.schwaben-therme.de

0857 Schützenfest Biberach

D'r Schütza

In Biberach in Oberschwaben wird traditionell jeden Sommer ein Schützenfest gefeiert, das mit anderen Exemplaren dieser Gattung nicht viel gemein hat. Vielmehr liegt der Schwerpunkt bei der Biberacher „Schützen“ auf Tanz und Tradition, besonders auch für Jüngere ansprechend gestaltet, was die

Veranstaltung zu einem historischen Kinder- und Heimatfest macht. Auf diesem mehrtägigen Spektakel engagieren sich alle Biberacher, damit die Generationen zusammenkommen. Dennoch ist noch immer einer der Höhepunkte des Festes das traditionelle „Biberschießen" für Schüler der regionalen Schulen: Mit einer Armbrust schießen sie auf eine Zielscheibe mit zwölf Ringen. Jeder Schüler hat zwei Schuss, deren Ergebnisse addiert werden. Seit den siebziger Jahren dürfen auch Mädchen schießen, denen ursprünglich nur das Ballwerfen vorbehalten war. Das war's aber auch schon mit dem Schießsport.

Der Rest des Festes ist anderen Aktivitäten gewidmet, wie dem historischen Festumzug mit Musik, der Heimatstunde und verschiedenen Tanzveranstaltungen. Zusehen kann man auch beim „Tanz durch die Jahrhunderte": Hier präsentieren Tanzgruppen in authentischen Kostümen Tänze aus unterschiedlichen Epochen, vom Bauerntanz aus dem Mittelalter über Tänze aus Renaissance und Rokoko bis ins 20. Jahrhundert. Von Charleston bis zum Breakdance gibt es hier alles zu sehen. Ein besonderer Leckerbissen ist auch die einsatzfreie Ziehung extra für Kinder, bei der jedes Los gewinnt. Natürlich fehlen auch Fahrgeschäfte nicht, und auf dem Kinderspielplatz am Gigelberg darf kräftig getobt werden. Für die Erwachsenen gibt's Kultur und für die Kleinen viele lustige Spiele und Unterhaltung. So wird die „Schütze" ein vergnügliches Fest für Jung und Alt.

Schützendirektion Biberach, Bismarckring 8a, 88400 Biberach
Telefon: 07351/76300, www.biberacher-schuetzenfest.de 15.

0858 ArchäoPark Federsee, Bad Buchau

Experiment Archäologie

Im Rahmen des ArchäoParks in Bad Buchau am Federsee gibt es zwei verschiedene historische Anlagen zu sehen: die Bachritterburg Kanzach und das Federseemuseum in Bad Buchau. So führt die spannende archäologische Reise Familien durch Steinzeit und Mittelalter.

Das Federseemuseum liegt in einer urtümlichen Moorlandschaft. In diese faszinierende Szenerie fügen sich gut erhaltene Siedlungen aus vorgeschichtlicher Zeit. So können Ihre Kinder hier in eine Zeit eintauchen, die lange vorüber ist, und lernen, wie die frühen Menschen lebten, von der Jagd bis zur Landwirtschaft. Ausstellungen in den Museumsräumen vervollständigen das lehrreiche Angebot, doch besonders interessant sind die Projekte und Aktionen, die regelmäßig im Museum stattfinden. Dabei schlüpfen Kinder und Erwachsene beispielsweise in die Rollen von Menschen in der Steinzeit und versuchen sich an experimenteller Archäologie. Spezielle Führungen „von Kindern für Kinder" richten sich besonders an kleine Besucher. Verschiedene Werkstätten und Mitmachprojekte bringen Leben ins Federseemuseum. In der kürzlich restaurierten Bachritterburg Kanzach können die Kinder das Leben im 13. Jahrhundert kennenlernen. Auf dem nun vollständig wiederhergestellten Gelände der gesamten Burg können sie sich umsehen, um herauszufinden, wie Gesinde und Fürsten ihre Zeit verbrachten. Dabei helfen Führungen und Aktionen speziell für Kinder aller Altersklassen, wie die Erlebnisführung „Page Peregrinus" mit Spiel- und Bastelangeboten oder der „Knappe Ortolf" für Jugendliche bis 14 Jahre. Für Vorschulkinder bietet „Klein Konrad" interessante Tasterlebnisse. So wird im ArchäoPark die Vergangenheit für jeden (be-) greifbar.

Erleben, wie unsere Vorfahren lebten

ArchäoPark Federsee/Federseemuseum
August-Gröber-Platz, 88422 Bad Buchau
Telefon: 07582/8350, www.archaeopark-federsee.de

0859 Planetarium Laupheim

Der Weg zu den Sternen

Die faszinierende Welt des Alls findet sich in kaum einem Planetarium so anschaulich wieder wie in Laupheim. Hier sind Planetarium und Sternwarte unter einem Dach und verbinden zwei unterschiedliche Sternenerlebnisse für die großen und kleinen Besucher. Für Kinder ab drei Jahren ist es spannend, die Show im Planetarium mitzuverfolgen und den echten Sternenhimmel

durch das Teleskop in der Sternwarte zu erleben. Eine gute Alternative an Regen- oder Wintertagen!
Im Planetarium erzählen verschiedene Programme speziell für die Kleinen Geschichten von abenteuerlustigen Kindern, die mit dem Raumschiff durchs All fliegen, dort viel erleben und dabei die Sternenfee oder den Sternenbär treffen. Die Nachwuchsastronomen erfahren so das Geheimnis der Planeten und Sternbilder.
In der Sternwarte kann die Fantasie die Geschichten weiterspinnen, aber diesmal geht die Reise weiter zwischen den echten Planeten Saturn, Jupiter und Mond bis hin zu fernen Galaxien. Das Teleskop nimmt die staunenden Kinder als Protagonisten mit auf Spaziergänge zwischen den Gebirgen des Mondes und lässt sie durch unendliche Weiten schweben. Spätestens jetzt wollen die Kleinen bestimmt Astronaut werden. Und wenn auch nur, um die Sternenfee zu besuchen.

Planetarium, Milchstraße 1, 88471 Laupheim
Telefon: 07392/91059, www.volkssternwarte-laupheim.de

0860 Affenberg Salem

Affen essen Popcorn

Haarig geht es zu auf dem Affenberg im Bodensee-Ort Salem. Hier leben Horden von Berberaffen, die vom Aussterben bedroht sind und sich in unserem Klima sehr wohl fühlen. Und sie sind in bester Gesellschaft: Auch die in unseren Breitengraden selten gewordenen Störche siedeln hier und ziehen ihre Jungen groß. Am Boden grast Damwild, das keine Scheu vor den Besuchern hat. Genau wie die Affen, die neugierig auf Zäunen und Bänken hocken und sich auch mal die Hand schütteln lassen.

Auch Affen brauchen mal eine Ruhepause

Die Besucher spazieren hier durch eine wunderschöne Landschaft mit Wald, Wiesen und einem kleinen See, während sie die Tiere gut beobachten können und so insgesamt ein faszinierendes Naturerlebnis genießen. Die kinderlieben Affen sind natürlich die Hauptattraktion, entzücken Kinder und Erwachsene mit ihrer menschlichen Art und lassen sich gern füttern. Speziell dafür zubereitetes Popcorn gibt es kostenlos. Menschen stärken sich dagegen am alten Hof am Eingang mit einfachen Gerichten. Während die Erwachsenen hier ihren Bodensee-Wein genießen, dürfen die Kinder zum Abschluss in Sichtweite auf dem schönen Spielplatz mitten im Grünen toben.

Affenberg Salem, Mendlishausen GmbH, 88682 Salem
Telefon: 07553/381, www.affenberg-salem.de

0861 Pfahlbaumuseum Unteruhldingen

Steinzeit auf Storchenbeinen

Wenn Ihren Kindern die Fernseh-Doku über das Leben in der Steinzeit gefallen hat, werden sie für ihr Leben gern mit Ihnen ins Pfahlbaumuseum am Bodensee gehen. Denn hier befindet sich einer der Originalschauplätze der Sendung. In drei authentisch konstruierten Häusern am Rande des Sees wohnten acht Wochen lang dreizehn Menschen, um zu lernen, wie das Leben in der Steinzeit sich anfühlte. Seit dem Ende des Projekts gehören die Häuser zur Ausstellung des Pfahlbaumuseums. Weitere Gebäude, die nach Fundstücken ehemaliger Pfahlsiedlungen am Bodensee erbaut wurden, reichen auf Stelzen tief ins Wasser hinein. Brücken führen zwischen den einzelnen Häusergruppen über den See. In den Bauten selbst sowie in den Ausstellungsräumen an Land erfahren Besucher viel Wissenswertes über das Leben der Menschen vor vielen Tausenden von Jahren. Dabei wird Geschichte durch bunt illustrierte Infotafeln anschaulich gemacht, durch nachgestellte Szenen aus dem Alltag der frühen Menschen oder einfach durch die authentischen Häuser, die mit ihrer kargen Einrichtung und den raffinierten Werkzeugen viel vom Leben ihrer historischen Bewohner erzählen.
Um das Ganze auch den kleineren Besuchern noch zugänglicher zu machen, bietet das Museum verschiedene Veranstaltungen, auf denen Kinder hautnah das „Experiment Steinzeit" miterleben können. Von der Bekleidung über das Feuermachen bis hin zur Herstellung von Schmuck und Werkzeugen: Alles spricht hier die Sprache der Frühgeschichte. Zu empfehlen ist das Museum aber auch besonders, weil es in wunderschöner Natur liegt – die Aussicht über den Bodensee, während man auf den Brettern über seine Oberfläche schreitet, ist einfach unvergesslich.

Pfahlbaumuseum, Strandpromenade 6, 88690 Unteruhldingen
Telefon: 07556/8543, www.pfahlbauten.de

0862 Kontiki Kunst- und Kulturwerkstatt, Ulm

Eine kreative Antwort auf Pisa

Das Kontiki in Ulm widmet sich mit Engagement und Spaß der kindlichen Kreativität. Diese ganz besondere Kunstschule bietet ganzjährige Angebote, Wochenendseminare und Ferienkurse für Kinder von 5 bis 15 Jahren an. Das Programm ist pädagogisch hervorragend konzipiert, die Gruppen sind klein und die Themen äußerst vielseitig. Körperlicher Ausdruck, die Schulung der Sinne, das Umsetzen der eigenen Fantasie und die dazu nötigen handwerklichen Fähigkeiten sollen gefördert werden. So wird die ganzheitliche Entwicklung der Kinder positiv beeinflusst. Die meisten Kurse sind interdisziplinär ausgelegt: Es wird nach Lust und Laune gemalt, getöpfert, getanzt, gesungen, gelesen, Geschichten erzählt und mitunter gekocht. Auch einzelne Techniken werden vertieft erprobt, und es wird ein Blick in die Kunstgeschichte gewagt. Am wichtigsten jedoch sind die bunten Erfolgserlebnisse der Kinder.

Kontiki – Kunst- und Kulturwerkstatt der VH Ulm
Kornhausplatz 5, 89073 Ulm
Telefon: 0731/153032, www.kontiki-ulm.de

0863 Museum der Brotkultur, Ulm

Über Stullen, Semmeln und Striezeln

Vielleicht erschließt sich die Relevanz von Brot heute nicht mehr jedem Kind automatisch. Nach dem Besuch im Ulmer Museum für Brotkultur wird es aber sicherlich lustvoller in die Pausenstulle beißen. Denn dieses Museum ist nicht nur für Liebhaber deutscher Backwaren eine Entdeckung, sondern auch für alle, die an Sozial- und Kulturgeschichte interessiert sind. In der schön gestalteten Ausstellung erfährt man alles über Brot, von seiner Herstellung bis hin zu seinem hohen symbolischen Wert. Bei der Vermittlung dieser Themen bemüht sich das Museum sehr um seine kleinen Besucher. Kindergartenkinder werden bei Führungen von einer „Maus" oder einem Bäcker durch das Haus geleitet. Sie werfen einen Blick in die Backstube von 1900 und bekommen so spielerisch ihre ersten Informationen über Getreideanbau und -verarbeitung. Eine originelle Zugangsweise bietet auch die Frühstücksführung: Grundschulkinder erfahren dabei, was bei ihren Altersgenossen von der Antike bis heute und von Deutschland bis Afrika morgens auf den Tisch kam und kommt. Für etwas ältere Kinder sind die Führungen zu Nahrungsmittelknappheit und Hungersnöten gedacht.

Alles rund ums Brot

Das Museum besitzt zur Illustration dieser Zusammenhänge unzählige Objekte. Denn der Träger hat es sich nicht nur zur Aufgabe gemacht, das Bäckerhandwerk zu bewerben und über Hunger aufzuklären, sondern vor allem auch kulturelle Werke zum Thema zu sammeln. So findet der erstaunte Besucher Bilder von Barlach, Beckmann, Beuys, Dalí, Kollwitz, Picasso und, und, und. Ein Besuch im Ulmer Salzstadel lohnt sich!

Museum der Brotkultur, Salzstadelgasse 10, 89073 Ulm
Telefon: 0731/69955, www.brotmuseum-ulm.de

0864 Tiergarten Ulm mit Donauaquarium

Hecht statt Hai, Karpfen statt Koralle

Die Friedrichsau ist ein Naherholungsgebiet in Ulm, und dorthin zieht es sowieso viele Besucher, vor allem bei schönem Wetter. Hier befindet sich auch eine Attraktion der Stadt, die neuerdings an Anziehungskraft gewonnen hat: der Tiergarten. Er ist klein, aber exklusiv und weiht seine Besucher in Tierwelten ein, an denen man in größeren Zoos gemeinhin achtlos vorübergeht. In Ulm wird man mangels der üblichen Attraktionen mit der Nase darauf gestoßen: Mesopotamisches Damwild, Ornamentwarane und Nandus erwarten den Tierfreund unter anderem in den Gehegen. Aber auch die üblichen Attraktionen, – der Streichelzoo für Kinder mit Ziegen und Hängebauchschwein, Alligatoren, Kängurus, Pfeilgiftfrösche und bunte Vögel – bringen heimisches wie exotisches Flair in den Park.
Untergebracht sind die Tiere in Aquarien, Terrarien, Außengehegen oder im Tropenhaus, wo unter authentischen klimatischen Bedingungen auch viele

tropische Pflanzen gedeihen wie Bananen oder Kakao. Das wunderschöne, natürliche Gehege der Braunbären ist eine besondere Attraktion des Zoos, wie auch das neue Donauaquarium: Hier, wo die Donau noch jung ist, wurde eine einzigartige Wasserwelt erbaut, die eine Besichtigung unbedingt lohnt. Tunnel, durch die man unter Haien und Rochen hindurchgeht, kennt jeder. Dieser ist aber anders: Die Fische, die den Besucher hier von oben bis unten umgeben, sind nichts anderes als die heimischen, sozusagen schwäbischen Fische der Donau. In naturnaher Umgebung schwimmen hier im kalten Donauwasser Hecht, Karpfen und Flussbarsch, die ebenfalls ihre unbestrittenen Qualitäten haben und es durchaus mit den Exoten aufnehmen können. Raubfische leben neben Friedfischen, die genügend Rückzugsmöglichkeiten haben. So hat der Besucher teil am aufregenden Unterwasser-Alltag in einem der längsten Flüsse Europas, was den Gang durch das moderne Aquarium zu einem faszinierenden Erlebnis für Jung und Alt macht.

Tiergarten, Friedrichsau 40, 89073 Ulm
Telefon: 0731/1616742, www.tiergarten.ulm.de

0865 Kinder- und Familientheater
Ulmer Spielschachtel

Kinderunterhaltung nonstop

Die Ulmer Spielschachtel ist mit etwa 200 Vorstellungen im Jahr eines der beliebtesten Kindertheater in Baden-Württemberg. Ob Personen- oder Figurentheater, ob fantastisches Theater oder Kinderzirkus, von Oktober bis März ist sonntags im „Alten Theater“ in der Wagnerschule Theaterzeit.
Im Kinderzirkus „Peperoni Pfefferkorn“ der Spielschachtel können Kinder ab 9 Jahren, die Zirkusblut in den Adern haben, Zirkusnummern einstudieren und auf der Bühne vorführen.
Von April bis Juni findet der Kindertreff unter dem Motto „Luftikuss“ im kostenlosen Spielgarten in der Friedrichsau statt, wo um 15 und 18 Uhr Theater für Kinder ab 3 Jahren gespielt wird. Wem der Kasperl zu frech wird, der rettet sich auf das Karussell oder in die Schiffsschaukel, und im Bastelschuppen ist auch immer etwas los.

Ulmer Spielschachtel, Unterer Kuhberg 10, 89077 Ulm
Telefon: 0731/31506, www.ulmerspielschachtel.de

0866 Lonetalhöhlen und Urgeschichtliches Museum, Blaubeuren

Der Eiszeit ins Auge sehen

Das Urgeschichtliche Museum in Blaubeuren beherbergt Schätze aus der Eiszeit, aus Höhlen der Umgebung und aus den Lonetalhöhlen. Authentische Rekonstruktionen der Lebensweise der Urmenschen gestalten den Wissenstransfer sehr ansprechend und auch für Kinder gut verständlich.
Für einen vorbereitenden Ausflug eignen sich unter anderem die Lonetalhöhlen, die zwar etwas weiter entfernt liegen, jedoch unmittelbar mit der Sammlung des Museums zusammenhängen. Die Höhlen säumen das Tal der Lone, von Urspring bis Giengen. Frei zugänglich eignen sie sich für eine interessante Wandertour. Der Weg führt durch viele unterschiedliche Landschaften wie Wacholderheiden und Wälder, mit vielfältiger Tierwelt, immer am Wasser entlang. Geeignet ist eine solche Wanderung aufgrund ihrer Länge nur für ältere Kinder, man kann aber auch für längere Strecken das Auto nehmen oder sich eine bestimmte Höhle aussuchen. In diesen ehemaligen Wohnstätten wurden viele archäologisch wichtige Stücke entdeckt, darunter die ältesten Figuren der Menschheitsgeschichte. Das Leben, das vor vielen Zehntausenden von Jahren hier stattfand, lässt sich noch nachfühlen: Geschichten von Mammutjagd, Urmeer und Eiszeit fesseln besonders die Kinder, deren Fantasie die Erzählungen im Dunkel der Höhlen weiterspinnt.
Was genau die urzeitlichen Bewohner hinterlassen haben, lässt sich in Museen der Umgebung besichtigen: In Ulm steht der berühmte Löwenmensch aus dem Hohlenstein-Stadel, aber auch im Schloss Hohentübingen sind viele Funde ausgestellt. So wird aus dem Besuch der Höhlen ein ganzheitliches Urzeit-Erlebnis, das auf lebendige Weise mehr Aufschluss über unsere Vorfahren gibt.

Urgeschichtliches Museum, Karlstraße 21, 89143 Blaubeuren
Telefon: 07344/9286-0, www.urmu.de, www.lonetal.net

0867 Modellbahnshow Merklingen

Die schönste Modellbahn Europas

In Merklingen, unweit des Herkunftsortes Göppingen, befindet sich die größte Sammlung an Märklin-Modellen in Deutschland. Auf 120 Quadratmetern wurde hier für die Öffentlichkeit außerdem eine liebevolle Modelleisenbahnanlage gestaltet, die ihresgleichen sucht: In einer abwechslungsreichen Landschaft rattern die kleinen Loks und Waggons im Kreis, über Brücken, durch idyllische Dörfer und Landwirtschaft, vorbei an Industriegebäuden und Baustellen. Winzige Menschen sehen sie kommen und gehen, kleine Schafe weiden nebenan, es wird Nacht und wieder Tag – und der Zuschauer ist mittendrin. In unmittelbarer Nähe zum Modell, eingebettet in seine Wiesen und Wälder, lassen sich viele Einzelheiten entdecken. Kinderträume werden hier wahr, allen voran der, einmal Lokführer zu sein – und diesem Traum kommen die Kleinen durch die ständige Videoübertragung aus dem Lokfenster schon sehr nah. Wer seine eigene Eisenbahn mitbringt, kann ihr auf der Gästestrecke neben den Museumsbahnen die Möglichkeit geben, sich auszutoben, bevor die heimische Modelllandschaft die Grenzen wieder enger zieht.

Speziell für Kinder gibt es die Gartenbahn zum Spielen und eine Diorama-Wand im hinteren Bereich, die auf Knopfdruck spannende Einsichten bietet. Wer mitmischen will, kann sich natürlich über Schalter aktiv am Geschehen auf der großen Modellfläche beteiligen – ein Vergnügen für große und kleine Kinder. Nur für kleine Kinder gilt jedoch das Angebot des benachbarten Restaurants: Küchenmeister Andreas schenkt jedem Kind eine Portion Spätzle oder Pommes mit Soße. Und ins Museum dürfen sie danach natürlich auch wieder zurück – wenn sie von Europas schönster Modellbahn noch nicht genug haben.

Modellbahnshow, Siemensstraße 2, 89188 Merklingen
Telefon: 07337/923194, www.modellbahnshow.de

0868 Steiff-Erlebnismuseum, Giengen

Vom „Elefäntle" bis zu Knut

Die knuffigen Tiere mit dem Knopf im Ohr haben mittlerweile fast jeden Familienhaushalt in Deutschland erobert. Bestimmt haben auch Sie den ein oder anderen Teddybär zu Hause – vielleicht sogar von Steiff, was Ihren Kindern aber wahrscheinlich herzlich egal ist, sie behandeln ihn genauso wie alle anderen flauschigen Spielgefährten.

Doch woher kommen die Teddys? Und woher kommen die vielen anderen Tiere, die teilweise lebensgroß mit dem markanten Ohrstecker zu kaufen sind? Wenn Sie dies Ihren Kindern zeigen möchten, besuchen Sie doch gemeinsam das Steiff-Erlebnismuseum in Giengen an der Brenz. Hier lernen staunende Augen und lauschende Ohren alles, was es über Margarete Steiff, die Erfindung des Plüschteddys und das artenreiche tierische Angebot der Weltfirma zu wissen gibt. Dies ist sehr anschaulich dargestellt: So erzählt die Gründerin in ihrem geschichtsträchtigen Nähzimmer selbst ihre Geschichte, und danach geleiten die Figuren „Knopf" und „Frieda" die Familien durch drei Etagen Steiff-Welt, immer auf der Suche nach den dreitausend verschollenen Bären, die in einem Schiffsunglück untergingen. Dabei führt die Reise durch eine Vielzahl von faszinierenden historischen Ausstellungsstücken, natürlich auch Plüschtiere noch und nöcher, die in den über 125 Jahren Steiff-Geschichte viele Wandlungen durchgemacht haben. Wie die Kuschelbären und ihre Kollegen hergestellt werden, erfährt man bei der Schaufertigung, wo man den Näherinnen bei ihrer Handarbeit über die Schulter sehen darf. Im Bistro kann man sich abschließend bei einer Stärkung über den Besuch und die Erlebnisse austauschen. Jetzt ist den Kindern sicher auch klar, wieso sie dem Steiff-Bär nicht unbedingt den Kopf rasieren sollten.

Margarete Steiff GmbH, Richard-Steiff-Straße 4, 89537 Giengen/Brenz
Telefon: 01805/131100, www.steiff.de

0869 WiPaKi im Wildpark Bad Mergentheim

Mit der Natur auf Du und Du

WiPaKi, mag es auch noch so indianisch klingen, bedeutet einfach: Wild – Park – Kinder. In diesem Falle: der Wildpark Bad Mergentheim für Kinder. Speziell auf die kleinen Gäste ausgerichtet bringt dieses Programm den Sprösslingen die heimische Flora und Fauna nahe – auf ganz natürliche Weise. Dabei kommen Spiel, Spaß und Spannung nicht zu kurz. Das Angebot richtet sich nicht nur an Schulen und Kindergärten, sondern auch an Eltern mit Nachwuchs ab Kindergartenalter. Spezielle Führungen, Aktionen und Ferienprogramme bringen so für jede Altersklasse Abenteuer und Lehre unter einen Hut.

Im Wildpark lassen sich verschiedene Tiere beobachten: Raubvögel, Bären, Wölfe, Luchse, Wildschweine, Biber und viele andere wilde Arten ebenso wie unterschiedliche Haustiere, vom Schwein bis zur Taube. Die Tiere sind ein Themenschwerpunkt im WiPaKi. Auf dem Kalender stehen zum Beispiel Übernachtungen im Wolfsgehege mit Grillen und Zeltbauen, Tierpfleger-

Kurse, Fledermausnächte und spezielle Bauernhofprogramme, wo die Kinder unter anderem lernen, wie der Weg „von der Kuh zur Butter“ oder „vom Korn zum Brot“ aussieht.
Verschiedene Fertigkeiten, Spiele und Einblicke in eine andere Kultur versprechen spannende Sonderthemen wie „Indianerleben“, „vom Knappen zum Ritter“, „Leben im Neandertal“ und „Robinson Crusoe“. Diese kommen mehr oder weniger ohne die Tiere aus und lehren die Kinder, die natürlichen Gegebenheiten der unberührten Natur im Wildpark zu nutzen.
Besonders in den Ferien wird viel geboten – dann ist ausreichend Zeit und wahrscheinlich auch gutes Wetter für eines der vielfältigen Programme.

Fauna Wildpark GmbH, An der B290, 97980 Bad Mergentheim
Telefon: 07931/41344, www.wipaki.de

Bayern

0870 Wildpark Bächlesgrund, Heigenbrücken

Kreatives Naturerlebnis

Nahe Heigenbrücken, einer Ortschaft im unterfränkischen Landkreis Aschaffenburg, lohnt ein Besuch des Wildparks im Bächlesgrund vor allem für Familien mit kleinen Kindern.
Der Tier- und Freizeitpark bietet eine ganze Menge: Ca. 10 Hektar ist die Anlage groß; das macht sie einerseits überschaubar, andererseits sind es die vielen naturnahen Erlebnisstationen, die sich an Kleinkinder richten und so einem fabelhaften Familienausflug Vorschub leisten. Vom Wassermatschplatz über die Bächle bis hin zum Wildgehege und dem beliebten Kleintiergehege – für Abwechslung und Furore ist gesorgt.
An den Gehegen des Wildparks werden ausgerechnet Kids zu naturbegeisterten Zaungästen: Wildschweine, Dam- und Rotwild können sie hier aus nächster Nähe betrachten. Für die allerjüngsten Besucher freilich ist das Kleintiergehege der große Renner – denn wo sonst stehen sie mit Ziegen, Schafen, Schweinen und Federvieh auf Augenhöhe? Ei, das ist ein Heidenspaß! Und weiter geht's zum kleinen Wasserfall, der etwas unterhalb des Kleintiergeheges gut hörbar rauscht. Der Kleinen größte Freude ist die Wasserspielfläche mit Matschzone – Sand und Wasser, was braucht der kleine Mann, die kleine Frau mehr, um sich so richtig austoben zu können? Viel Raum für Kreativität also – wir raten zu einer zweiten Garnitur trockener Kleidung ...

Kur- und Verkehrsamt, 63869 Heigenbrücken
Telefon: 06020/9710-0, www.heigenbruecken.de

0871 Münchner Marionettentheater

Kasperle und Zauberflöte

Putzig sieht es schon von außen aus, das Münchner Marionettentheater, Deutschlands ältestes seiner Art. Doch wer hierher kommt, kann sich freilich nicht bloß mit der Außenansicht zufriedengeben. Zwar gilt das klassizistisch anmutende Säulen-Giebel-Zuckerbäckertempelchen auch für gestandene Betrachter als architektonisches Kuriosum. Aber das erste als fester Theaterbau konzipierte Marionettentheater-Haus der Welt bietet besonders interessante

Innenansichten. Die beiden Marionettentheater-Väter, Josef Leonhard Schmid und Franz Graf Pocci, haben für ihre liebenswerte Einrichtung bereits mit der Gründung im Jahre 1858 die Figur des Kasperl Larifari konzipiert.
Damals wie heute macht sich an ihr das pädagogische Prinzip des Münchner Marionettentheaters fest: Kleine Besucher sollten – und sollen – über die Gefühlswelt ihres Helden, des Kasperls Larifari, erreicht werden; das Interesse der Erwachsenen kitzeln die Aufführungen noch heute über den Intellekt heraus. Denn: „Poccis Theaterstücke wiesen genügend Anspielungen auf das höfische Leben auf, wandten sich parodierend gegen das Berufsbeamtentum und flochten so manche Tagesaktualität ein, die sich im Gelächter Luft schaffen konnte“, wie es seitens der Marionettentheatermacher aus München heißt. Franz von Pocci schaffte es mit diesen dramaturgischen Mitteln aufs Trefflichste, Kinder und Erwachsene im Münchner Marionettentheater gleichermaßen anzusprechen.
Das Repertoire heute bietet eine Vielzahl schöner Stücke, zum traditionellen Spiel mit den Marionetten werden auch Stücke mit Stab- und Handpuppen im Kinder- und Erwachsenenprogramm angeboten. Neben Märchenklassikern und zeitgenössischen Kinder- und Erwachsenenstücken werden aber auch regelmäßig klassische Operninszenierungen aufgeführt: die „Zauberflöte“ von Wolfgang Amadeus Mozart ist in dieser Hinsicht sicherlich als absolutes Highlight zu nennen.

Münchner Marionettentheater, Blumenstraße 32, 80331 München
Telefon: 089/265712
www.muenchner-marionettentheater.de

0872 Circus Krone, München

Manege frei!

Hier werden Kinderträume wahr; ob unterm Zirkuszelt mit seinen 5.000 Sitzplätzen oder im Kronebau, einem – in der Zirkusbranche einzigartigen – festen Gebäude mit Platz für 3.000 Menschen. Ein weißer Löwenkater samt seiner zwei Weibchen ist der unangefochtene Star in der Manege; asiatische und afrikanische Elefanten (unter ihnen Colonel Joe, der größte Elefantenbulle der Welt) stellen ihn zumindest in Sachen Körperfülle locker in den Schatten. Außerdem sehr beliebt – neben den Akrobaten und deren halsbrecherischen Flugeinlagen – sind die legendären Pferdeschauen des Circus Krone: 60 Ponys und Pferde unterschiedlicher Rassen machen die perfekte Zirkusillusion überhaupt erst möglich. Ebenfalls sehr beliebt bei kleinen Gästen: Kamele, Papageien und Zebras; das Flusspferd, die Schweinsaffen und die Ziegen; die Stachel- und das Wildschwein – sie alle sind Freunde der Kinder!

Der Circus Krone an der gleichnamigen Straße in München ist längst eine Stadt in der Stadt: eine Schule, Werkstätten, Personalküche, Sattlerei, Schneiderei und sogar eine Betriebsfeuerwehr nennt der 1905 von Carl Krone als Familienunternehmen gegründete Circus sein eigen. Die Wohltätigkeits-Gala „Stars in der Manege“ – seit Jahrzehnten eine feste Fernsehgröße zur Weihnachtszeit – ist überdies Magnet für Deutschlands Show-Prominenz. Manege frei für jedermann: Wer Artisten und Tiere hautnah bestaunen will, der besucht den einzigartigen Circus Krone!

Circus Krone, Zirkus-Krone-Straße 1–6, 80335 München
Telefon: 089/5458000, www.circus-krone.de

0873 Kinder- und Jugendmuseum München

Ein Museum mit Geschmack

Super Sache: Das Kinder- und Jugendmuseum – kurz: KJM – bietet Spannung und Spiel, handelt von Sachen und Sinnen – und mehr: „Von Dinosauriern und Fremdem, von Merkwürdigkeiten und Faszinierendem; von den Dingen und Phänomenen, ‚die die Welt bedeuten‘, in der Spannung von gestern, heute und morgen“, melden die Museumsmacher geheimnisumwittert. Neugierig geworden? Na klar! Das sollten sich wissbegierige Kids nicht entgehen lassen und direkt zum Münchener Hauptbahnhof kommen, wo das KJM beheimatet ist.

Gezeigt werden dort u. a. wechselnde, zumeist interaktive Ausstellungen, die den Nachwuchs und auch Mama und Papa zum Mitmachen animieren. Derzeit läuft die interessante Wissensschau „Iss was?! – die Ausstellung zum Entdecken und Schmecken“. Kids ab fünf Jahren erfahren hier alles rund ums Thema Nahrung; wo kommt was her und vor allem: wie schmeckt was? In Zeiten der überhandnehmenden Fast-Food-Ernährung sicherlich eine begrüßenswerte, weil pädagogisch wertvolle Angelegenheit, die hoffentlich Schule macht. Apropos: Das Kinder- und Jugendmuseum München besucht gern auch Klassenverbände in Schulen – im Augenblick jedoch nur im Münchener Raum. Außerhalb der Stadtgrenzen führen die Macher des KJM hier wie da auch Sonderveranstaltungen durch: Öko-Feste etwa, die Stadtkinder auf Biobauernhöfe führen. Gern können die Jungen und Mädchen hierfür angemeldet werden.

Kinder- und Jugendmuseum München
Arnulfstraße 3, 80335 München
Telefon: 089/54540880
www.kindermuseum-muenchen.de

0874 Internationaler Kinder-Zauber-Zirkus Trau Dich, München

Kinder werden zu Artisten!

Tolle Idee: Im internationalen Kinder-Zauber-Zirkus Trau Dich in München treten Kids aus aller Herren Länder selbst ins Rampenlicht – weil sie dort zu Artisten werden!
Bevor es freilich zur Vorstellung kommt und Mamas und Papas Augen vor Stolz und Freude glänzen, muss freilich viel geübt und kräftig trainiert werden. Zu entsprechenden Workshops können Eltern ihre interessierten Kinder anmelden; die Kurse finden unter fachmännischer Anleitung im Erlebniskraftwerk auf dem Gelände der Kultfabrik statt. Jonglieren, Laufkugellaufen, Einradfahren und Stelzenlaufen, all das und noch viel mehr lernen die kleinen Zirkusleute hier. Und dann, am Ende eines jeden Workshops, findet die heißersehnte Abschlussvorstellung statt. Übrigens: Der Kinderzirkus kommt auch zu seinen Zuschauern nach Hause – etwa um eine bunte Geburtstagsparty mit den Kleinen zu feiern.
Auf dem Gelände des internationalen Kinder-Zauber-Zirkus Trau Dich findet regelmäßig auch ein Flohmarkt statt, dessen Besuch sich durchaus lohnt. Mit Kind und Kegel kann man dann im Kostümverleih stöbern: Für den Fasching, für eine Geburtstags- oder sonstige Party, eine Theateraufführung oder einfach nur so, hier ist immer das Richtige oder etwas schön Ausgefallenes dabei.

Internationaler Kinder-Zauber-Zirkus Trau Dich
Goethestraße 53, 80336 München
Telefon: 089/535611, www.zirkus-trau-dich.com

0875 Deutsches Museum, München

Dampfmaschinen, Androiden und seltsame Labore

Naturwissenschaft und Technik begeistern seit jeher die meisten Kinder. Ob Dampfmaschine oder Dino, Begeisterung und Interesse sind bei vielen Kindern und Jugendlichen garantiert. Logisch also, dass das Deutsche Museum in München eine ganz wichtige Adresse ist. Dort gibt es ein spezielles Kinderreich, das extra für jugendliche Besucher eingerichtet wurde (siehe unseren Text dazu), aber auch die übrigen Bereiche des Museums halten für Kinder einige Leckerbissen parat. So zum Beispiel der Nachbau einer Dampfmaschine von James Watt, verschiedene Turbinen oder die Windmühle, die auf dem Freigelände des Museums steht. Auch einer der Urgroßväter des Autos, der „Patent-Motorwagen", 1886 von Carl Benz entwickelt, ist im Museum zu bewundern. Kennen Sie den „Mechanischen Trompeter"? Er gilt als einer der ersten Androiden, 120 Jahre vor C3PO konstruiert! Haben Sie eine Vorstellung, wie es im Labor von Galileo Galilei ausgesehen haben mag? Hier im Museum hat man gleich das ganze Arbeitszimmer des Genies nachgebaut – oder eher nachempfunden, denn wie es wirklich aussah, weiß ja niemand mehr so genau. Kurzum, das Museum ist ein echtes Wunderland für angehende Techniker und Wissenschaftler!

Deutsches Museum, Museumsinsel 1, 80538 München
Telefon: 089/2179-1, www.deutsches-museum.de

0876 Kinderreich im Deutschen Museum, München

Technik, die besonders die Kleinen begeistert

Seit 2003 ist dem größten Technikmuseum der Welt, dem Deutschen Museum in München, im Untergeschoss eine eigene Kindererlebniswelt angegliedert: das „Kinderreich". Neben dem Bergwerk, den Luft- und Schifffahrtshallen und auch der Modelleisenbahnanlage ist das relativ neue Kinderreich nunmehr ein starker Magnet für Familien von nah und fern.

Der „Trau' dich und probier dich"-Faktor wird besonders von den 3- bis 8-Jährigen geschätzt; deren Erwartungshaltung an das Kinderreich im Deutschen Museum wird vollends in Erfüllung gehen. Kleine Kostprobe? In der Spiellandschaft warten, neben Bastel- und Malutensilien, auch riesige Lego-

Steine auf kleine Künstler; ein Original-Feuerwehrauto von 1953 dient den Feuerwehrmännern von morgen schon mal zur Trockenübung; eine begehbare Akustikgitarre, riesig, aber liebevoll gestaltet, lässt die Kleinen spielerisch nach den rechten Tönen suchen; eine ausgedehnte Wasserstraße samt Schrauben und Schleusen wird von einem mächtigen Wasserfall gekrönt; im Außenbereich lockt ein Original-Seenotkreuzer Möchtegernmatrosen an und unter Deck. Gar keine Frage: Der Fantasie der Kinder sind kaum Grenzen gesetzt – das Kinderreich ist der ideale Ausflugsort für kleine Forscher, denn der für Kinder so wichtige Mitmach- und Ausprobier-Aspekt wurde in den Vordergrund gestellt.
Natürlich lohnt immer auch ein Besuch des Planetariums, das ebenfalls im Deutschen Museum untergebracht ist. Hier werden Raumfahrt und Mondlandung kinderleicht verständlich gemacht. Übrigens: Vor den Pforten des Deutschen Museums beginnt auch der Planetenweg. Verspürt die Familie also Lust auf einen Spaziergang, so sei ihr der knapp fünf Kilometer lange Fußgängerweg bis zum Tierpark Hellabrunn empfohlen. Es geht immer entlang der plätschernden Isar, vorbei an einem halben Dutzend ausgeschilderter Stationen, die Auskunft geben darüber, wie alle wichtigen Himmelskörper in Einklang stehen.

Deutsches Museum, Museumsinsel 1, 80538 München
Telefon: 089/21791
www.deutsches-museum.de

0877 Planetarium München

Der künstliche Himmel

Der Gründer des Deutschen Museums, Oskar von Miller, hegte 1913 den Wunsch, seinen Museumsbesuchern den Sternenhimmel zeigen zu können. Er beauftragte die Firma Zeiss mit der Entwicklung des Projektes, und so erstrahlte 1923 bei Zeiss der erste künstliche Sternenhimmel, den das Deutsche Museum in München mittels eines komplizierten Planetariumsprojektors 1925 dem staunenden Publikum präsentieren konnte.
Kinder ab 6 Jahren können sich hier die Milchstraße ansehen oder in die geheimnisvolle Welt der Planeten eintauchen und schauen, ob es dort für Raumschiffe Ampeln und Verkehrschilder gibt oder ob die Astronauten Papierkörbe im All aufgestellt haben. Es gibt drei unterschiedliche Vorführun-

gen mit einer Dauer von 25 bis 40 Minuten. Da heißt es dann: „Geheimnisse des Südhimmels“, „Der jahreszeitliche Sternenhimmel“ oder „Planeten und Galaxien“.

Deutsches Museum, Museumsinsel 1, 80538 München
Telefon: 089/2179-1, www.deutsches-museum.de

0878 Abenteuerspielplatz Neuhausen und Schloss Nymphenburg, München

Abenteuerliches Spiel und sehenswerter Adelsstand

Der Stadtteil-Abenteuerspielplatz im Münchener Fusionsbezirk Nymphenburg-Neuhausen lockt große und kleine Spielwütige von nah und fern an. Kindgerechte Geräte aus Naturmaterialien und stabile Kletternetze sorgen für freudvolle Stunden im Herzen der bayerischen Landeshauptstadt. Viel los ist freilich immer. Kein Wunder, hat das Areal doch ganz prächtige Attraktionen zu bieten – und überrascht mit einem vielfältigen Veranstaltungsprogramm. Der pädagogisch betreute Spielplatz eignet sich für Schulkinder bis zu 13 Jahren. Die Macher veranstalten Mitsommerfeste und Grillabende auf dem Abenteuerspielplatz (kurz: ASP), organisieren aber auch Fahrten ins Umland, zum Beispiel an den Walchensee, rund 75 Kilometer südlich von München, inmitten der Bayerischen Alpen gelegen. Träger des Neuhausener ASP ist der Münchener Kreisjugendring – echte Profis also, die sich um die Kinder kümmern.

Nymphenburg – eines von vielen Märchenschlössern in Bayern

Der Stadtteil ist benannt nach – und bekannt wegen – Schloss Nymphenburg, einst Sommerresidenz der bayerischen Kurfürsten und Könige. Heute zählen das weltberühmte Schloss und sein ebenfalls über die Landesgrenzen hinaus gepriesener Park zu den beliebtesten Sehenswürdigkeiten Münchens!

Abenteuer Spielplatz, Hanebergstraße 14, 80637 München
Telefon: 089/155333, www.asp-neuhausen.de

Schloss Nymphenburg, Stadtbezirk 9, Neuhausen-Nymphenburg
Schlossrondell / Eingang 19, 80638 München, Telefon: 089/179080

www.schloesser.bayern.de

0879 Olympiapark München

Unterm Olympiaturm

War das Olympiastadion einst Austragungsort der XX. Olympischen Spiele 1972 und bis zur Saison 2004/05 Spielstätte des FC Bayern München, so ist das wegen seiner auffälligen Dachkonstruktion weithin sichtbare, futuristisch anmutende Olympiagelände heute Begegnungsstätte sportlich und kulturell interessierter Menschen. Besonders für einen Familienausflug hat der Olympiapark viel zu bieten. Unter dem Olympiaturm, zwischen Olympiadorf und Olympiapark, der mit eigenem See und Berg aufwartet, gibt es immer etwas zu erleben. In der Schwimmhalle und im Eissportzentrum herrscht sommers wie winters Betrieb. Besonders beliebt: Die 24-Stunden-Mountainbike-Rennen im Olympiapark. Aber auch das Bühnenprogramm im Theatron, das gern für Livekonzerte genutzt wird, steht bei Münchnern und ihren Besuchern hoch im Kurs.

Hier fanden die Olympischen Spiele 1972 statt

Bei den Jüngeren hingegen sind es die Rodelhänge, die Begehrlichkeiten wecken. Wagemutige Nachwuchsrodler, aber auch ängstliche Gemüter finden hier mit Sicherheit ihr Terrain; Strohballen schützen die kleinen Piloten vor größeren Blessuren. Die Mulden und Kuppen des 55 Meter hohen Schuttbergs erlauben rasante Fahrten – auch auf Skiern oder im Traktorreifen. Das herrliche Alpenpanorama im Hintergrund sorgt für exquisites Urlaubsflair. Geklettert werden kann übrigens auch, und zwar auf die einmalige Zeltkonstruktion des Olympiaparks. Architekt Günter Behnisch hatte einst Einmaliges geleistet – und von hier oben, auf dem denkmalgeschützten Stadiondach, wird einem die noch heute sensationell zu nennende Architektur bestens bewusst.

Apropos „oben": Am Ende eines ereignisreichen Tages, der im Olympiapark München für alle Generationen das Richtige bieten wird, empfiehlt sich ein Besuch im Drehrestaurant oben im Olympiaturm.

Olympiapark, Spiridon-Louis-Ring 21, 80809 München
www.olympiapark-muenchen.de

0880 Sea Life München

Dem Lauf des Wassers folgen

Allein in Deutschland gibt es derzeit 10 Sea-Life-Zentren, weltweit sind es 26. Und im Münchener Olympiapark – ein Name, der längst für tolles Familien-Entertainment bürgt – hat das maritime Konzeptprogramm seit April 2006 regional Bedeutendes zu bieten: Genauer gesagt wird das Leben in den Flüssen Isar und Donau vorgestellt; daneben jenes zweier maßgeblicher Meere, des Schwarzen und des Mittelmeeres nämlich.
Der Besucher lernt 10.000 Meeresbewohner aus 150 Arten kennen, die sich in über 30 Becken auf insgesamt 2.200 m^2 tummeln. Eines der Highlights im Münchener Sea Life ist zweifelsohne das 400.000 Liter fassende Mittelmeerbecken, durch dessen Rumpf ein zehn Meter langer Unterwassertunnel führt, der aus bruchfestem Acrylglas besteht. Hai und Rochen sind hier zu Hause. Auf zwei Etagen durchwandern die Menschen die sehenswerte Unterwasserwelt, folgen dem Lauf des maritimen Lebens von Isar über Donau bis in die beiden Meere. Das ist unterhaltsam und lehrreich zugleich – wer weiß: Vielleicht wird der eine oder andere kleine Meeresbiologe am Tag des Besuches im Kreise der Familie „geboren". Neben einem gewissen Lehrauftrag, dem sich alle Sea-Life-Einrichtungen verpflichtet fühlen, beweist die Selbstauskunft der britischen Betreibergesellschaft Merlin Entertainments Limited auch ökologische Weitsicht: „Sea Life hilft nicht nur Millionen von Besuchern die Wunderwelt der Meere zu entdecken, sondern spielt auch eine wichtige Rolle, unsere Meere und ihre Bewohner in Zukunft zu schützen." Das ist lobens- und deshalb auch uneingeschränkt ein Besuch mit der ganzen Familie wert.

Sea Life München, Willi-Daume-Platz 1, 80809 München
Telefon: 089/450000, www.sealifeeurope.com

0881 Lollihop, München

Spielabenteuer bei jedem Wetter

Auf Socken ist man hier unterwegs, da rutscht man leicht immer wieder den Riesen-Klettervulkan herunter. Mal sehen, wer trotzdem den Gipfel erreicht! Auch auf dem Wabbelberg gelingt es kaum, sich aufrecht zu halten, aber es

Gar nicht so einfach,
hier die Balance zu halten

macht viel Spaß, wenn alle durcheinandertrudeln. Wie es im „Lollihop" überhaupt überall sehr lustig ist – bei den Softball-Kanonen muss man stets in Deckung gehen, und das Bootfahren auf dem Minisee ist auch ganz toll. Wer hoch hinauswill, klettert am besten im Kletterlabyrinth, das sich über drei Stockwerke erstreckt, oder an der Kletterwand. Auf Trampolinen und Hüpfburgen hüpfen kleine Rabauken um die Wette, und ausgeruht wird zwischendurch auf einer Fahrt mit der Westerneisenbahn, die gemütlich durch die Halle tuckert. Aber dann geht's auch schon weiter auf die Tunnelrutschbahn oder zu Schnappi, dem Krokodil.
Und damit auch alle Freunde in den Genuss von so viel Spaß kommen, werden sie zum Kindergeburtstag ins Lollihop eingeladen.

Lollihop, Colmdorfstraße 3, 81249 München-Aubing
Telefon: 089/86466080, www.lollihop.de

0882 Tierpark Hellabrunn, München

Noahs Arche in München

Dass hier jeder Besucher fündig wird, wenn es um sein Lieblingstier geht, dürfte wahrlich außer Frage stehen: 370 Tierarten und zirka 4.000 Tiere leben im Zoo der Stadt München!
Von gigantisch bis possierlich, von der Elefantenkuh bis zum Streichelzicklein – hier in Hellabrunn hätte Noah seine helle Freude gehabt. Dabei ist der Zoo der bayerischen Landeshauptstadt ziemlich spät gegründet worden: 1911 öffneten die Pforten ins Reich der vier Pfoten. Anders als alle anderen Zoos herrscht in Hellabrunn das Ordnungsprinzip nicht nach Gruppen, sondern nach Erdteilen. Eine echte Ausnahme stellt auch die riesige Freiflugvoliere dar – sie ist mit 5.000 Quadratmetern die größte in Deutschland. Besonders beliebt bei den Kids sind auch: die Fledermausgrotte in der „Villa Dracula", das vorbildlich gestaltete Affenhaus, das riesige Aquarium und das Dschungelzelt für die Großkatzen des Tierparks Hellabrunn.

Herrlich im Süden der Stadt, in den östlichen Isarauen, gelegen, präsentiert sich der Tierpark Hellabrunn gern auch – und das hat er einigen seiner Mitbewerber voraus – als Stätte vieler Kinderveranstaltungen: das beliebte wie traditionsreiche Ostereisammeln etwa oder die Nachtwanderungen vorbei an Gehegen und Volieren. Solche Events lassen selbst größere Kinder immer wieder Bauklötze staunen. Die ganz Kleinen lieben freilich das Streichelgehege mit Damhirschen und Ziegen. Der unvergessliche Familienausflug auf den Spuren wilder Tiere erfährt ein glückliches Ende auf dem allseits beliebten, mit Vogelnestschaukel und Labyrinth ausgestatteten Abenteuerspielplatz. Hier toben sich die Kids gern mal so richtig aus!

Tierpark Hellabrunn
Tierparkstraße 30, 81543 München
Telefon: 089/625080
www.zoo-muenchen.de

0883 DschungelPalast, München

Freizeitgestaltung mit Workshops und Ferienprogrammen

Im DschungelPalast ist für Kinder zwischen 3 und 12 Jahren immer etwas los. Er bietet unzählige Möglichkeiten, sich kreativ zu beschäftigen. Da gibt es ein Atelier, eine Holz- und eine Bastelwerkstatt, und die Jungen und Mädchen lernen ganz nebenbei den Umgang mit verschiedenen Werkzeugen und Materialien. Da können kleine Handwerker und Künstler hämmern, kleben, malen und sägen. Einmal in der Woche findet sogar im Radio-Workshop eine Kinderredaktion statt, wo die Sprösslinge den Umgang mit dem Mikrofon lernen, Interviews machen und schauen, was so in einem Tonstudio passiert. Dann ist da auch noch die Theaterwerkstatt, und ganz besonders toll ist der „Early Sunday Morning“, wenn die ganze Familie zum Frühstück mit Live-Musik und Kinderprogramm in den DschungelPalast geht.
Für Kindergeburtstage vermietet man Räume mit Musikanlage, Geschirr und Spülmaschine.

DschungelPalast
Hansastraße 39–41, 81373 München
Telefon: 089/72488-0, www.feierwerk.de

0884 Bayerische Volkssternwarte, München

Sternstunden

Die Volkssternwarte in München verfügt über ein Spiegelteleskop mit 80 cm Hauptspiegel und 8 Meter Brennweite, das zu den größten zugänglichen Teleskopen Deutschlands gehört. Wozu so ein Teleskop gut ist, erfahren Kinder in speziellen Führungen immer am 1. und 3. Freitag im Monat um 17 Uhr. Unter dem künstlichen Sternenhimmel gibt es eine Einführung zur Astronomie, bevor es zum Rundgang durch die Sternwarte geht, wo man bei gutem Wetter einen Blick durch die Fernrohre wagen kann und vielleicht sogar die Sonne, die Venus oder den Mond entdeckt, die auch am Tage sichtbar sind. Wer Glück hat, erblickt auch die Internationale Raumstation ISS. Im Ausstellungsraum warten echte Meteoriten, die schon eine lange Reise durch den Weltraum hinter sich haben. Die Sternwarte steht auch für Kindergeburtstage zur Verfügung.

Bayerische Volkssternwarte
Rosenheimer Straße 145h, 81671 München
Telefon: 089/406239, www.sternwarte-muenchen.de

0885 Spielstadt Maulwurfshausen, München

Kleine Baumeister

Eine vorbildliche Idee, die hoffentlich auch außerhalb der bayerischen Landeshauptstadt Schule macht: Die Spielstadt Maulwurfshausen im Bezirk Neuperlach bietet tatkräftigen und fantasiebegabten Kindern die Möglichkeit, sich als Baumeister zu probieren. Kleine Künstler und rechtschaffene Häuslebauer finden in Maulwurfshausen ein eigenes Reich vor, in dem sie all ihren kreativen Gedanken freien Lauf lassen dürfen und sie in die Tat umsetzen können! Und es ist schon allerhand entstanden hier: eine von Kindern für Kinder erbaute Stadt mit weit mehr als zwei Dutzend Gebäuden etwa, in der eigene Gesetze gelten und auch eine extra Währung gedruckt wird. Von der repräsentativen Stadtverwaltung bis zum urigen Wirtshaus – alles, was eine richtige Stadt braucht, um lebenswert zu sein, ist da. Die mehrstöckigen Häuser sind mit Spielzimmer eingerichtet; Balustrade, Türme und Geheimgänge sorgen für Bewegungsdrang und Nervenkitzel. Eigentlich schade, dass

alles nur für Kinder ist – denn: Man kann in der Spielstadt Maulwurfshausen sogar einen richtigen Beruf erlernen ...
Außerdem stehen auf dem eingezäunten Gelände, das wirklich eine pädagogisch wertvolle Angelegenheit für den Nachwuchs ist, zur freien Verfügung: ein Spielhaus mit Kindercafé und Tobezimmer, Tischtennis- und Kickerkeller; unter freiem Himmel eine Fußballwiese nebst Feuerstelle, eine Kletterwand und eine Wasserrutsche, die sommers für Abkühlung bei manch erhitztem Gemüt sorgt. Super Sache!

Spielstadt Maulwurfshausen
Albert-Schweitzer-Straße 24, 81735 München
Telefon: 089/6701131
www.maulwurfshausen.de

0886 Kleines Theater im Pförtnerhaus, München

Seid ihr alle da? - Jaaa!

„Tri-tra-tralala, der Kasperl ist da!" So oder ähnlich klingt es wohl häufig im kleinen Theater im Pförtnerhaus über den Isarauen, wenn Kinder ab drei Jahren die Abenteuer des Kasperl hautnah miterleben, mit großen Augen dem Geschehen folgen und mitbangen, wenn der kleine Kerl mit der langen Zipfelmütze dem Burggespenst auf der Spur ist oder eine entführte Meerjungfrau retten muss, oder wenn die Räuberbande der Omi Geld stehlen will, das diese für einen guten Zweck gesammelt hat. Auch eine Zaubershow und der Puppencircus Curiosa sorgen für Spannung in dem gemütlichen Puppentheater, wenn es heißt: Vorhang auf!
Leiterin des Theaters ist die Vorschulpädagogin Liselotte Bothe, die sonntags und mittwochs – außer in den Ferien – für die pädagogisch wertvolle Unterhaltung der Kleinsten sorgt. Auch Kindergeburtstage und Kinderdiscos können im Pförtnerhaus veranstaltet werden.

Kleines Theater im Pförtnerhaus
Oberföhringer Straße 156, 81925 München
Telefon: 089/953125
www.kasperlbuehne.de

0887 Bavaria Filmstadt, Geiselgasteig

Bayrisches Hollywood

Die Bavaria Filmstadt in Geiselgasteig, im schönen Münchener Süden gelegen, ist ein bei Kindern und Eltern beliebtes Ausflugsziel. Wer sich als TV- oder Kinofan versteht, erfährt hier, wie in einer der größten Traumfabriken Europas buntes Programm für die Mattscheibe und Leinwand gemacht wird. Familien erleben auf dem Gelände der Bavaria Film die prickelnde Atmosphäre der Filmemacherei. Eine eineinhalbstündige Führung durch die Filmstadt bringt die ganze Familie zu den Drehorten großer Kinofilme und populärer Fernsehserien wie „Marienhof“. Außerdem erfahren die Besucher wissenswerte Details zu spannenden Dreharbeiten oder mit welchen Tricks beim Kulissenbau gearbeitet wird. Das Stuntmen-Team der Bavaria Filmstadt begeistert mit einer temporeichen Live-Show und präsentiert atemberaubende Action und Slapstick vor der Kulisse eines verlassenen New Yorker Stadtviertels. Die Show findet in der Sommersaison täglich zur Mittagsstunde statt. Im spektakulären 4D-Erlebnis-Kino werden computeranimierte, plastische Bilder zum Greifen nah, und ein tolles Soundsystem sorgt für ordentlich Rumms. All dies erlebt der Besucher in schwenkbaren Sitzen – diese Einheit von Bild, Ton und Bewegung vermittelt wahrhaftig ein unvergessliches Kinoerlebnis.

In den Studios ist immer was los

Übrigens: Seit dem Kinostart des Films „Die wilden Hühner und die Liebe“ zeigt die Bavaria Filmstadt den Original-Wohnwagen, der im Film der Treffpunkt der Mädchenclique ist. Ebenfalls in der von rund einer halben Million Besucher jährlich besuchten Filmstadt zu sehen sind die Fabelwesen aus „Die Unendliche Geschichte“ sowie die Dekorationen und Requisiten aus der aufwendigen Koproduktion „Asterix und Obelix gegen Cäsar“.
Fazit: Die Bavaria Filmstadt bietet ihren großen und kleinen Besuchern drei unterschiedliche Attraktionen, die unabhängig voneinander gebucht und besucht werden können: die Filmtour, das 4D-Erlebniskino und die Stuntshow. Allesamt, oder jede für sich, sorgen sie für Familien-Entertainment pur.

Bavaria Filmstadt, Bavariafilmplatz 7, 82031 Geiselgasteig
Telefon: 089/64992000, www.filmstadt.de

0888 Walderlebniszentrum Grünwald

Schwein gehabt!

Natur kann so spannend sein – und ein Waldspaziergang erst recht! Dass dem so ist, beweist das Walderlebniszentrum im Münchener Villenviertel Grünwald. Wer weiß, vielleicht läuft dem kleinen Waidmann nicht nur eine Horde Wildschweine über den Weg, sondern auch Bayerns Fußballstar Bastian Schweinsteiger. Jungmillionäre und Feuchtbiotope – hier im Grünwald schließen sich die Gegensätze nicht aus. Und Kinder können viel erleben auf dem Erlebnispfad: „Klanghölzer, ein Barfuß-Tastpfad, Rätselaufgaben und ein Baumtelefon gehören zu den Attraktionen am Wegesrand, die Kindern auf anschauliche Weise die faszinierenden Facetten des Waldes nahebringen“, schrieb bereits die Abendzeitung.
Der Erlebnispfad ist knapp drei Kilometer lang und bietet an zehn Stationen allerhand Wissenswertes über den Wald, seine Funktionen als Wasserspeicher etwa oder als Holzlieferant, und seine vielen Bewohner. Mit verbundenen Augen – ein Heidenspaß! – geht es auf dem Barfuß-Tastpfad über Stock und Stein, Mulch und Sand, Fliesen und Kies, Holzleisten und Waldboden. Besonders beliebt ist der Beobachtungsstand am Schwarzwild-Gehege, von dem aus Wildschweine aus nächster Nähe bewundert werden können. Im nahegelegenen Aktionszentrum wird gebastelt und gespielt, unter pädagogischer Leitung freilich, und mit sehr viel Engagement.
Und nach all den naturnahen Erlebnissen im Wald lässt es sich ganz wunderbar entspannen: in einem Biergarten im etwa 3 Kilometer entfernten Straßlach, der selbst in dieser herrlichen Ecke Bayerns seinesgleichen sucht!

Walderlebniszentrum Grünwald
bei der Sauschütt, 82031 Grünwald
Telefon: 089/6492099, www.walderlebniszentrum-gruenwald.de

Gasthof zum Wildpark, Tölzer Straße 2, 82064 Straßlach
Telefon: 08170/99620, www.gasthof-zum-wildpark.de

0889 Vogelpark Olching

Flattermann und Plappermaul

Vor den Toren Münchens liegt dieser sehens- wie hörenswerte Vogelpark: In Olching, circa 20 km westlich der bayerischen Landeshauptstadt, hat auf

rund 20.000 m^2 Fläche in artgerechten Volieren solch seltenes Federvieh wie Tigerfink und Nandu, aber auch Storch und Kranich in entsprechender Population eine Heimat gefunden. In der wunderbaren Auenlandschaft, umgeben von dem angrenzenden Naturschutzgebiet an der Amper, sind so seltene einheimische Vögel wie der bläulich schimmernde Eisvogel und der knallgelbe Pirol zu bewundern. Insgesamt über 40 Nisthöhlen sind auf dem Areal untergebracht – beste Bedingungen für das Gedeihen des gefiederten Nachwuchses.
Besonders der stolze Nandu und die geschwätzigen Papageien haben es den kleinen Gästen angetan. Wen wundert's: Ersterer zählt zu den größten Laufvögel der Erde und genießt, wegen seiner südamerikanischen Heimat, in Olching einigen Exotenbonus. Wie er so umhertappst und seinen Bewunderern große Augen macht, ist Papa sicher einen Schnappschuss wert. Und die kunterbunten Plappermäuler, von den Sittichen bis zu den Aras, stoßen eh auf hundertfache Gegenliebe. So vergeht der Tag im Vogelpark Olching – um im Bild zu bleiben – wie im Flug!
Einst einzig als Vogelzucht und unter Ausschluss der Öffentlichkeit begonnen, hat sich das Konzept längst verlagert: zugunsten einer Öffnung für alle Vogelliebhaber! Und über die letzten 20 Jahre wurde der Vogelbestand kontinuierlich vergrößert. Wer seinen vierbeinigen Hausgenossen mitbringen möchte: Auch Hunde sind hier willkommen.

Vogelpark Olching, Toni-März-Straße 1, 82140 Olching
Telefon: 0160/98024150, www.vogelpark-olching.de

0890 Barfußpfad Penzberg

Vortritt für Gesundheit

Der Barfußpfad bei Gut Hub nahe Penzberg, im oberbayerischen Landkreis Weilheim-Schongau gelegen, bietet seinen Besuchern rund 1,5 Kilometer Wald- und Wiesenweg mit diversen Erlebnisstationen. Und dabei geht es keinesfalls bloß über üppig bewachsene Wiesen und dicht belaubte Wälder – über Stock und Stein, auf Holzplanken und Gebirgsfels führt das (ent-)spannende Geläuf.
Abenteuer pur also, und das auch noch mit Gesundheitseffekt. Inmitten der wunderschönen Natur des Alpenvorlands, vorbei an Gotteshäusern und über plätschernde Bäche führt der Barfußweg. Besonders interessant: Für Fa-

milien- und Schulwanderungen werden die sogenannte Barfuß-Rallye und der Sinnesspaziergang angeboten – zwei anmeldepflichtige Spezialtouren in Sachen Penzberger Barfußtour! Ansonsten bietet der gut halbstündige Fußweg besonders für stressgeplagte Zeitgenossen willkommene Entspannung. Für Familien auf Durchreise in den Süden – etwa nach Italien oder Österreich – lohnt also ein Abstecher zum barfüßigen Durchschnaufen in pittoresker Landschaft besonders. Einfach die Ausfahrt Penzberg auf der Autobahn München-Garmisch nehmen und rund 800 Meter Richtung Stadtzentrum fahren. Direkt nach dem Ortsschild geht es rechts ab. Dann dem Wegweiser zum Café Extra bis zu dessen Parkplatz folgen. Hier ist der Startpunkt des Barfußpfads.

Barfußpfad Penzberg, Vordermeir 2, 82377 Penzberg
www.penzberg.de/Erleben/sportfreizeit/barfusspfad/barfusspfad.htm

0891 Erlebnisbad Trimini, Kochel am See

Baden mit Ausblick

Das weithin bekannte wie beliebte Trimini erfreut seine großen und kleinen Besucher mit einem atemberaubenden Alpenpanorama im Hintergrund.
Was für eine Landschaft: Das Erlebnisbad liegt direkt am Kocheler See – so etwas hat man selten gesehen! Freilich können Badegäste auch direkt in den See hüpfen, dessen Wassertemperatur steigt jedoch nur in den seltensten Sommern über 20 °C; und das ist ziemlich frisch. Trotz aller gängiger Attraktionen wie Rutschen, Saunabereich, Sprungtürme und Planschbecken, das wahre Erlebnis im Trimini ist und bleibt die grandiose Naturkulisse, die der geneigte Badegast in aller Seelenruhe von seinem Liegestuhl aus genießen darf. Zum Greifen nahe, zwei Berge: Herzogstand und Jochberg. Fast irrational mutet der Blick der sechs Stahlrohre an, die steil vom Walchen- zum Kochelsee nach unten streben.
Nicht jedes Kind hat einen Blick für solche Dinge. Dafür sorgen schon die abwechslungsreichen Anlagen im Trimini: Kinderspielhöhle mit Wasserfontäne, Kleinkinder-Planschbecken mit Rutsche und Delphin, Gumpen mit Wasserfall und der Kinderspielplatz im Freien. Das Kinderland mit Ballpool und das Outdoor-Kinderbecken samt Sonnensegel dürfen nicht unerwähnt bleiben.

Erlebnisbad Trimini, Seeweg 2, 82431 Kochel am See
Telefon: 08851/5300, www.trimini.de

0892 Freilichtmuseum Glentleiten, Großweil

Vom harten Leben unserer Vorfahren

Großweil, eine gemütliche Gemeinde im oberbayerischen Landkreis Garmisch-Partenkirchen, lockt große wie kleine Naturbegeisterte mit einem feinen Freilichtmuseum.
Das Freilichtmuseum Glentleiten ist herrlich in den Voralpen situiert. Es liegt etwas oberhalb der Stadtgrenzen von Großweil und ist dennoch gut zu Fuß zu erreichen. Der Gang lohnt sich: Das Museum zeigt ländliches Leben, Wohnen und Wirtschaften vergangener Jahrhunderte. Wie so oft bei solchen begrüßenswerten wie volksnahen Bildungseinrichtungen fiel der Startschuss zum Baubeginn früh in den siebziger Jahren – und heute verfügt das Freiluftmuseum Glentleiten über ein weitläufiges Museumsgelände: Auf 25 Hektar sind rund 40 historische Gebäude aus ländlichen Gebieten Oberbayerns wiederaufgebaut, neben größeren Höfen auch Handwerker- und Kleinbauernanwesen. Den bäuerlichen Arbeitsalltag abzubilden – eine Wetzsteinmacherei, Mühlen, Sägen und eine Schmiede gilt es zu besuchen – ist ein weiteres Hauptaugenmerk der Museumsmacher. Sonderveranstaltungen zeigen historische Handwerkstechniken: In der Weberei, Sattlerei und Schmiede erhalten Gäste fundierte Einblicke in den harten Lebensalltag einer Bauernfamilie des 18. bzw. 19. Jahrhunderts. Verschiedene Ausstellungen bringen den modernen Menschen von heute vieles zu volks- und hauskundlichen Themen näher. Gar keine Frage: Das Freiluftmuseum Glentleiten leistet einen wichtigen Beitrag zur Aufklärung – gerade junge Menschen, denen jedwede körperliche Anstrengung oftmals so fremd wie die eigene Altersvorsorge ist, bekommen hier ein Bild vom harten Leben unserer Vorfahren. Schaden kann das nicht.

Freiluftmuseum Glentleiten
An der Glentleiten 4, 82439 Großweil
Telefon: 08851/1850, www.glentleiten.de

0893 Kletterwald Garmisch-Partenkirchen

Über den Wipfeln in den Affenhimmel

Garmisch-Partenkirchen ist ideal für entspannte Ferientage mit Kindern. Der familienfreundliche Ort bietet winters wie sommers so viele Aktivitäten, dass

keine Langeweile aufkommt: Eislaufen, Skifahren, Rodeln, Reiten, die Natur entdecken und, und, und.
Das Angebot des Hochseilgartens „Kletterwald“ sticht dabei noch heraus. Bei der Talstation Wankbahn befindet sich das Areal, in dem Kinder ab sechs Jahren ihre Kräfte und Schwindelfreiheit erproben können. Momentan stehen sechs Parcours zur Verfügung: Das „Magische Zirkel“, der „Goldgräber Parcours“ und das „Geheimnis des Wank“ eignen sich schon für Grundschulkinder. Wer in den 10 Meter hohen „Affenhimmel“ gelangen oder gar auf 17 Meter zum „Pepper Blue“ durchdringen will, sollte schon etwas älter sein. Kinder bis zu 14 Jahren müssen dabei von Erwachsenen begleitet werden. Vorkenntnisse brauchen sie nicht, denn alles Wissenswerte erfahren die Kletterer bei der obligatorischen 30-minütigen Einweisung zu Beginn jeder Begehung. Das Personal des Klettergartens steht immer mit Rat und Tat bereit. Außerdem entspricht die Anlage den höchsten Sicherheitsstandards. Der Besuch im „Kletterwald“ bringt Spaß in der Natur, bietet einen atemberaubenden Blick auf die Zugspitze und schult ganz nebenbei das Selbstvertrauen und Verantwortungsgefühl der kleinen Luftikusse.

Hochseilgarten Kletterwald
Wankbahnstraße, 82467 Garmisch-Partenkirchen
Telefon: 0170/6349688, www.kletterwald-gap.de

0894 Panorama-Barfußwanderweg Mittenwald

Gebirgsluft für Kinderzehen

Wer einmal in die Fußstapfen des Braunbären Bruno treten möchte, fährt mit dem Sessellift von Mittenwald zur St.-Anton-Hütte auf den Kranzberg. Dort entledigt er sich der Wanderschuhe und tritt mit nackten Füßen neuen Sinneseindrücken entgegen. Der Barfußwanderweg führt auf einer Strecke von 1,6 km über Kies, Rinde, Tannenzapfen und Blumenwiesen. Geschicklichkeit ist beim Balancieren über Holzstämme gefragt, ein Gebirgsbach sorgt für Abkühlung, und Brunos Tatzenabdruck stellt sich dem Vergleich mit zarten Wanderfüßen. Fazit: Was Dr. Kneipp empfiehlt, macht Kindern richtig Spaß.

Tourist-Information Mittenwald
Dammkarstraße 3, 82481 Mittenwald
Telefon: 08823/33981, www.mittenwald.de

0895 Märchenwald im Isartal, Wolfratshausen

Ein Tag mit Rumpelstilzchen und Zwerg Nase

In Wolfratshausen befindet sich einer der niedlichsten Freizeitparks Deutschland. Der Märchenwald ist keineswegs in Dornröschenschlaf gefallen, obwohl bei diesem Park auch etwas Nostalgie mit im Spiel ist. Mit Hightech haben die Attraktionen wenig gemein. Stattdessen erwachen auf Knopfdruck über 260 Märchenfiguren zum Leben und erzählen ihre fantastischen Geschichten. Die Wildsaureitbahn, die Hase- und Igelbahn, wirbelnde Blütenkelche und eine schnelle Oachkatzl-Achterbahn bringen Schwung in den Tag. Dazu kommen Karussells, Rutschen und Schaukeltiere.
Stärken kann sich die Familie im zünftigen Biergarten, aber ebenso mit der Brotzeit von zu Hause. Auch deshalb muss ein Besuch bei Hänsel und Gretel im Vergleich zu anderen Freizeitparks nicht sehr kostspielig werden. Nur das Wetter sollte mitspielen: Bei Dauerregen bleibt Rotkäppchen daheim, und der Park wird nicht geöffnet.

Freizeitpark Märchenwald im Isartal GmbH
Kräuterstraße 39, 82515 Wolfratshausen
Telefon: 08171/18760, www.maerchenwald-isartal.de

0896 Kinderhaus der Stadtbibliothek am Salzstadel Rosenheim

Eine Paradies für Bücherwürmer und Leseratten

Das Kinderhaus der Stadtbibliothek in Rosenheim steht hier stellvertretend für die vielen kleinstädtischen Bibliotheken, die sich in enger Zusammenarbeit mit Kindergärten und Schulen für die Lesekompetenz von Kindern und Jugendlichen einsetzen. Die Kinderabteilung in Rosenheim ist trotzdem etwas Besonderes und wurde deshalb zu Recht mehrfach ausgezeichnet. Dem Team um Gabriela Schmidt sind der Spaß an der Arbeit mit Kindern und die Freude an der Vermittlung von Literatur anzumerken. Regelmäßig hecken die Mitarbeiter Theateraufführungen und andere Veranstaltungen aus. Die Kinder werden durch thematische Führungen spielerisch in die

Grenzenloser Lesespaß

Welt der Bücher eingewiesen, Schulklassen dürfen über Nacht im Kinderhaus campieren, und Senioren lesen den Kleinsten vor. Aber auch die Großen kommen nicht zu kurz: Rund um das blaue Sofa im Jugendbereich können sie ungestört schmökern, im Internet surfen und Musik hören. Mit nach Hause nehmen kann man die Bücher selbstverständlich auch.

Stadtbibliothek am Salzstadel Rosenheim
Am Salzstadel 15, 83022 Rosenheim
Telefon: 08031/361443
www.stadtbibliothek.rosenheim.de

0897 Tandemflug mit dem Gleitschirm, Chiemgau

Abenteuer in der Luft

Wie ein Adler durch die Lüfte gleiten, das wäre fein! Mit einem Gleitschirm wird das möglich. Und man braucht dazu gar keine Vorkenntnisse, denn bei einem Tandemflug ist ein erfahrener Pilot dabei, und man braucht nur in die Gegend zu schauen und sieht unten auf der Erde alles ganz klitzeklein.
Zunächst geht es mit der Hochriesbahn auf die Hochries, einen der schönsten Aussichtspunkte in Oberbayern. Dort gibt es eine kleine Einweisung, Fliegeranzug, Helm und Handschuhe, und schon geht's im Doppelsitzer lautlos in die Lüfte mit atemberaubendem Blick auf die schöne Landschaft des Alpenvorlandes. Der Flug dauert etwa 20 bis 30 Minuten, und Kinder ab 10 Jahren können mitfliegen. Na dann: Hals- und Beinbruch!

Flugerlebnis Chiemgau, Schweinsteig 2, 83122 Samerberg
Telefon: 08032/982942, www.tandemfliegen.aero

0898 Bauernhausmuseum Amerang

Landleben

Das Freilandmuseum Amerang erfreut sich großer Beliebtheit bei Familienausflüglern. Wen wundert's, ist das Bauernhausmuseum doch ein echter Hingucker – und lehrreich ist ein Besuch ohnehin.
Das Bauernhausmuseum – dem Freiluftmuseum Glentleiten untergliedert – zeigt das ländliche Leben, Wohnen und Wirtschaften vergangener Jahrhun-

derte in der Region des oberbayrischen Voralpengebiets bei Amerang im Chiemgau, malerisch in die Flusslandschaft zwischen Chiemsee, Inn und Salzach gebettet. Ein gutes Dutzend historischer Gehöfte der Berg- und Flussregion sind in der pittoresken Natur wiedererrichtet worden, sehr zur Freude der Besucher. Wer will nicht in die Kunst historischer Techniken eingewiesen werden? In der Seilerei etwa oder in der Wagnerei können kleine wie große Gäste ihr Geschick im Umgang mit den alten Handwerkszünften überprüfen. Tiefe Einblicke in das entbehrungsreiche Leben der Landwirte und Bauern aus dem 18. und 19. Jahrhundert führen manchen Stadtmenschen von heute die Leichtigkeit des eigenen Seins vor Augen. Von wegen: Früher war alles besser ...
Und egal welchen Alters: Sehenswerte Sonderschauen vertiefen das volks- und hauskundliche Wissen eines jeden wissbegierigen Zeitgenossen.

Bauernhausmuseum Amerang
Im Hopfgarten 2, 83123 Amerang
Telefon: 08075/915090, www.bauernhausmuseum-amerang.de

0899 Steinzeit Siegsdorf

Mama, ein Mammut!

Im herrlichen Chiemgau – im Herzen Oberbayerns – liegt das Örtchen Siegsdorf und mit ihm seine größte Tourismusattraktion: Steinzeit Siegsdorf!
Doch was ist das überhaupt? Nun, eine recht neue wie sehr interessante Kombination aus Freizeitpark und Museum. Regelmäßige Programme wie „Ein Tag in der Steinzeit", spezielle Festtage wie „Schamanentreffen" und Sonderprogramme wie „Steinzeit bei Nacht" sorgen für Vielfältigkeit. In der Steinzeit Siegsdorf wird „Aktives Erleben" ganz groß geschrieben und mit informativer Wissensvermittlung sowie der Faszination, eine vergangene Kultur hautnah erleben zu dürfen, kombiniert. Kinder und Eltern versetzen sich in die Welt der Mammutjäger und Steinzeitbauern, die ganze Familie ist „mittendrin in der Natur": in nachgebauten Hütten und Zelten, um die vielfältigen Lebensbereiche im Alltag einer steinzeitlichen Sippe am eigenen Leib erfahren zu können. Den Besucher erwarten viele Abenteuer – was uns heute fremd scheint, war für unsere Ahnen mühsame Routine: Herstellen von Werkzeugen und Gegenständen aus Geweih, Knochen und Feuerstein; Feuermachen und Bogenschießen; Brotbacken. Am Abend sitzt die ganze

Familie groggy, aber zufrieden zusammen und genießt die Wärme nah am Lagerfeuer. Ein echter Abenteuertag geht langsam zu Ende. Übrigens: Das Gelände von Steinzeit Siegsdorf ist jederzeit kostenlos zugänglich!
Abrunden lässt sich der Besuch im schönen Siegsdorf mit einem Abstecher ins Naturkunde- und Mammut-Museum.

Steinzeit Siegsdorf, Tourist-Information Siegsdorf
Rathausplatz 2, 83313 Siegsdorf
Telefon: 08662/498745, www.steinzeit-siegsdorf.de

Naturkunde- und Mammut-Museum, Auenstraße 2, 83313 Siegsdorf
Telefon: 08662/13316, www.museum-siegsdorf.de

0900 Wildpark Oberreith, Unterreith

Hier wurde an alles gedacht und an nichts gespart

Im oberbayerischen Landkreis Mühldorf am Inn, nahe dem idyllischen Örtchen Jettenbach, liegt der sehenswerte Wildpark Oberreith. Ein ideales Ausflugsziel für die ganze Familie, sorgt das urige Areal doch für Vergnüglichkeit bei großen wie kleinen Tierliebhabern.
Allen Naturfreunden wird in dieser wunderschönen Wald- und Wiesenlandschaft das Herz aufgehen. Doch es lassen sich nicht nur die einheimischen Tiere und Pflanzen in ihrer authentischen Umgebung erleben, zahlreiche Spielmöglichkeiten – darunter eine Riesenrutsche – sorgen besonders bei den Kleinen für helle Freude. „Ein Platz zum Entdecken, Spielen, Erleben, Lernen und Sich-Erholen“, titulieren die Betreiber ihr rundum gelungenes, weil naturnahes Konzept. Keine Aufgeregtheiten bietet das sehr weitläufige Wald- und Wiesengeläuf – und ist gerade deshalb umso empfehlenswerter für das Familienglück: Mensch und Tier begegnen sich entlang eines mehr als zwei Kilometer langen Naturlehrpfades; die Wegstrecke führt an Tiergehegen und Volieren vorbei, zu einer Teichanlage mit Biotop, zum Schaubienenhaus und Streichelzoo. Die neueste Attraktion im Tierpark sind die Lamas, Zwergrinder und Greifvögel. Ein riesiger Spielplatz sorgt für viel Hurra bei kleinen Gästen: Die große Trampolin- und Bungee-Jump-Anlage, die sommers stets belagert ist, steht neben einer Riesen-Doppelrutschbahn, die für unüberhörbares Kinderglück sorgt, und der mit Wasser gefüllten Sandgrube besonders hoch im Kurs der Kleinen. Seilbahn, Maulwurfshügel, Karussells, Wippen und Schaukeln, Klettergerüste, Weidentipi, Basketballkorb und Fußballtor-

wand laden ein zum Toben und Spielen. In einer dem Wildpark angegliederten Sternwarte können alle naturwissenschaftlich Interessierten tagsüber kindgerechte Lehrfilme über Astronomie ansehen. Man merkt: Hier wurde an nichts gespart und an alles gedacht – auch an Papa und Mama. Die können, während der Nachwuchs beschäftigt ist, bei einem Glas Bier oder Schoppen Wein entspannen.

Wildpark Oberreith, Oberreith 6, 83567 Unterreith
Telefon: 08073/915360, www.wildpark-oberreith.de

0901 Freizeitpark Ruhpolding

Märchen, Dinos und Kristalle

Noch in den entlegensten wie höchsten Lagen der Bundesrepublik, den Chiemgauer Alpen, finden sich Freizeitparks mit Renommee – einer der spektakulärsten ist der in Ruhpolding.
Kein Wunder, dass Familien von nah und fern in Scharen kommen, schließlich ist die Programmatik der Ruhpoldinger Familienfreizeit-Gestalter ist enorm vielfältig; selbstlose Superlative im Zeichen der Unterhaltung quasi, denn: Wo trifft man schon Hänsel und Gretel, den Drachentöter und Dornröschen auf einem Fleck? Eben! Bereits 1967 gegründet, ist dieser erste Freizeitpark in der Chiemsee-Region eine Institution mit Tradition. Und das wiederum wissen seither besonders zig Generationen von Kindern zu schätzen. Sie kommen, um zu bleiben – denn Mama und Papa von heute sind die Kinder von damals. Highlights in Ruhpolding: ein Kristallbergwerk, das auf Schienenwegen erforscht wird; der furchteinflößende Drachen im Freizeitpark, dem die tapferen Recken mit vereinten Kräften zu Leibe rücken. Und Obligatorisches: eine ganze Menge Wasserrutschen; diverse Kletteranlagen; ein großzügig gestalteter Abenteuerspielplatz; und ein extra Babyparadies, das die Kleinsten der Kleinen erfreut. Doch was ist das da drüben? Man traut seinen Augen nicht! Muss die Evolutionsgeschichte neu geschrieben werden? In Sachen prähistorischer Säugetiere vielleicht – denn hier gibt es sie noch, die Riesensaurier Tyrannosaurus Rex, Stegosaurus und ihre gewaltigen wie gruselig anzusehenden Kollegen. Steven Spielberg hätte seine helle Freude im wunderbaren Freizeitpark Ruhpolding.

Freizeitpark Ruhpolding, Vorderbrand 7, 83324 Ruhpolding
Telefon: 08663/800622, www.maerchenpark.de

0902 Alpamare, Bad Tölz

Action unlimited

Das Alpamare im oberbayerischen Bad Tölz stellt viele vergleichbare Einrichtungen in den Schatten. Und in diesem Erlebnisbad gibt es Action unlimited: Bei einer Gesamtwasserfläche von 2.100 m^2 kommt weder bei Groß noch bei Klein die in der Freizeit so gefürchtete Langeweile auf. So vielfältige wie fantasievolle Wasser-Attraktionen bieten Kindern und Eltern großen Spaß, Abenteuer und Nervenkitzel.

Spaß und Action ohne Grenzen

Was gibt es alles auszuprobieren? Auf „Speed-Boards" kann sich kopfüber durch die schwarze Röhre stürzen, wer sich auf Waghalsigkeit versteht; in „Gaga-Bobs" erlebt die ganze Familie ungewöhnliche Licht- und Soundeffekte; tollkühne Kids testen ihren Orientierungssinn inmitten von Stromschnellen, durchschwimmen Strudel und durchtauchen Wasserfälle; Vater, Mutter, Kind wagen eine Fahrt mit der „feuchten Achterbahn"; der Höhepunkt in puncto Action ist eine Fahrt durch den „Alpamare Thriller": Mit 50 Sachen rast die familiäre Rasselbande unter lautem Hurra durch eine Röhre, die in einem 92%igen Gefälle in den gähnenden Abgrund weist. Ein einziger Tag im Alpamare kann also richtig anstrengend sein ...

Lässige Beach-Atmosphäre ist bei der Indoor-Surfanlage angesagt oder im überdachten Wellenbad des Alpamare. Erholungssuchende, die nach all der Action ihren Adrenalinspiegel herunterfahren möchten, sind im Wellnessbereich bestens aufgehoben: „Stressfrei genießen" könnte hier das Motto lauten. Meeresgefühle erleben die Familienmitglieder im salzhaltigen Wasser der Kurfürstin-Soletherme. Im bis zu 34° warmen Wasser des Thermal-Hallenbads oder des Sprudel-Freibads lässt es sich herrlich planschen oder relaxen. Spätestens nach einem ausgedehnten Gang durch die finnische Saunalandschaft oder einem Besuch des Aromadampfbads mit Jodinhalatorium fühlen sich alle, Eltern wie Sprösslinge, rundum neugeboren.

Alpamare, Ludwigstraße 14, 83646 Bad Tölz
Telefon: 08041/509999, www.alpamare.de

0903 Falkenhof Lenggries

Im Freiflug

Lenggries, herrlich situiert im schönen Isartal des Alpenvorlands und Tor zum vielbesungenen Karwendelgebirge, bietet seinen vielen Gästen ein tierisches Vergnügen: den Falkenhof.
Wer Augenzeuge einer der täglichen Flugvorführungen wird, kommt aus dem Staunen kaum mehr heraus: Große wie kleine Besucher erleben eine Vielzahl verschiedener Greifvögel und Eulen – im Freiflug! Dank seines umfangreichen Tierbestandes muss der Falkenhof Lenggries – ganz ohne Scheuklappen – den Vergleich mit anderen Einrichtungen dieser Art nicht fürchten. Und der eigens geschaffene Erlebnispfad, der quer durch das typische Landschaftsbild des Alpenvorlands führt, vorbei an Almen und über saftig-grüne Kräuterwiesen, sucht in ganz Deutschland seinesgleichen. Wandersleut begegnen auch hier immer wieder Vierbeinern am Wegesrand. Kleine Gäste freuen sich besonders über den nahen Naturspielplatz. Wechselnde Veranstaltungen auf dem Falkenhof richten sich ebenfalls nicht selten an die Abenteuergelüste junger Gäste.
„Freizeit abwechslungsreich zu gestalten und Natur hautnah zu erleben", das ist das erklärte Credo, mit dem die Betreiber ihren Gästen gerecht werden wollen – und dies auch tun!

Falkenhof und Alpentierpark, Gilgenhöfe 27b, 83661 Lenggries
Telefon: 08042/978508, www.vogeljakob.de

0904 Kinderführungen auf der Burg Trausnitz, Landshut

Für kleine Gespenster und tapfere Burgfräuleins

Die ehemalige Wittelsbacher Residenz Burg Trausnitz gilt als ein Wahrzeichen Landshuts. In der ersten Hälfte des 13. Jahrhunderts war Landshut eine politische und kulturelle Hochburg: Kaiser Friedrich der II., Walther von der Vogelweide und Tannhäuser waren hier zu Gast. Auch heute noch lohnt sich ein Besuch auf der Burg. Aber bringen Sic Ihre Kinder mit, denn die bayerische Schlösserverwaltung hat sich für die kleinen Besucher ganz besondere Führungen ausgedacht. Während der Sagenführung hören sie bei einem Rundgang über das Gelände Geschichten und Lieder über die berühmten Bewohner und Gäste der Burg. Auch bei der Gespensterführung lernt man viel über das Leben in früheren Jahrhunderten. Die Kinder machen sich dabei aber auch auf die Suche nach einem ganz besonderen Burgbewohner: einem in Ungnade gefallenen Narren, der heute noch durch die mittelalterlichen Gemächer spuken soll. Bei dieser Exkursion in die klammen Kellergewölbe ist es draußen schon dunkel, alle Geisterjäger sollten daher mit einer Taschenlampe und warmer Kleidung zum Überziehen ausgerüstet sein. Die Führungen sind für Kinder im Grundschulalter gedacht. Um Anmeldung wird gebeten.

Einmal Burgherr sein ...

Burgverwaltung Landshut, Burg Trausnitz 168, 84036 Landshut
Telefon: 0871/924110, www.burg-trausnitz.de

0905 Donautherme Wonnemar, Ingolstadt

Für Erholungsbedürftige mit kleinen Wasserratten

Die Donautherme in Ingolstadt ist eine Wonne! Für Kinder garantieren die Erlebnisrutschen, die Gegenstromanlage und das Wellenbad einen unterhaltsamen Tag. Da fällt es gar nicht weiter auf, wenn sich die Eltern für ein kurzes Wellnessprogramm in das Beauty-Spa oder die Saunawelt zurückziehen. Selbst der Aufenthalt mit Kleinkindern wird dank der guten Infrastruktur und dem herrlich warmen Planschbecken im Wonniland, dem Bereich für die Kleinsten, entspannt. Das Vergnügen ist am Donnerstag für Familien besonders günstig.

Donautherme Wonnemar, Südliche Ringstraße 63, 85053 Ingolstadt
Telefon: 0841/379110, www.wonnemar.de

0906 Freizeitspaß im Naturpark Altmühltal

Aktiv im Altmühltal

In der „Hauptstadt des Altmühltals“, Eichstätt, gibt es natürlich die üblichen Freizeiteinrichtungen: Kinderspielplätze, Sportzentrum samt Tennisplatz,

Kegelbahn und Hallenbad (in der Schottenau im Osten der Stadt) und ein beheiztes Freibad (am Nordufer der Altmühl im Westen der Stadt) stehen Gästen offen. Zwei weitere Attraktionen jedoch, im Fränkischen Seenland, lohnen einen Tagesausflug in die herrliche Natur des Altmühltals.

Nicht bloß passionierte Wassersportler freuen sich über die Möglichkeit des Bootswanderns auf der Altmühl – auch Novizen haben Spaß, weil sie die herrliche Natur von der Flussseite aus einmal mit ganz anderen Augen betrachten; und das Befahren des ruhigen Flusses mit Kanus oder Paddelbooten liegt voll im Trend. Bootsservice-Stationen finden Interessierte entlang der Altmühl von Neunstetten bei Herrieden bis Dietfurt. Genau auf dieser Strecke ist der Fluss befahrbar. Aber bitte nicht über die Stationen hinaus – Naturschützer haben ein wachsames Auge auf alle „Grenzverletzer".

Auf Abenteuerfahrt durchs Tal

Wer Reiten mag, frönt seiner Passion auf einem der vielen Reiterhöfe, die im Altmühltal üblicherweise samt Pferdepension auf Tourismus und Fremdenverkehr eingestellt sind. Die meisten dieser Reiterhöfe sind auch Teil eines fränkischen Netzverbundes sogenannter „Wander-Reiterstationen". Die Eichstätter Region firmiert unter dem Namen „Naturpark Altmühltal".

Zurück in der Universitätsstadt: Junge und jung gebliebene Skater kommen in Eichstätt auf einer gut befestigten Bahn im Osten der Stadt gut auf ihre Kosten (einfach zum großen, mit „P+R" ausgeschilderten Parkplatz fahren und das Angebot genießen): Halfpipe, Grindstage, Ramps und Welle – Rollbrettfahrer, was willst du mehr?

Bayerischer Kanuverband
Georg-Brauchle-Ring 93, 80992 München
Telefon: 04989/15702418, www.kanu-bayern.org

Wanderreiten: Arbeitsgemeinsacht Reitstation
Luitpoldstraße 5, 91550 Dinkelsbühl
Telefon: 09851/577714, www.wanderreiten-franken.de

Tourist-Information Eichstätt, Domplatz 8, 85072 Eichstätt
Telefon: 08421/6001400, www.eichstaett.info

0907 Römerkastell Vetonianis und Kastellfest, Walting-Pfünz

Zu Besuch im Imperium Romanum

Die restaurierten Mauerreste am idyllischen Wanderweg zwischen Pfünz und Pietenfeld im wunderbaren Altmühltal und die zwei rekonstruierten Tore wirken wie aus anderer Zeit: Hier stand einst ein etwa 2,7 ha großes, befestigtes Militärlager. Für die rund 400 Fußsoldaten und 120 Reiter, die darin stationiert waren, hat Kaiser Antonius Pius (138–161 n. Chr.) das zunächst in Holzbauweise errichtete Kastell in Stein ausbauen lassen. Zwei Zerstörungen, von denen jene durch die Alemannen (233 n. Chr.) besonders vernichtend war, werden von Hinweistafeln am Westtor bezeugt. Der Ansturm der Alemannen muss für die römische Kastellbesatzung derart überraschend gekommen sein, dass die Wachposten am Südtor niedergemetzelt wurden, bevor sie überhaupt ihre Schilde greifen konnten: Drei der Schilde fand man, an die Außenwand gelehnt, im Brandschutt. Auch ein armer Teufel, Gefangener der Römer und eingekerkert im Verlies, wurde Opfer der Flammen – seinen Unterschenkel fand man, noch angekettet, ebenfalls in Asche liegend. Dank der Restaurierungsarbeiten gibt es nur Interessantes zu sehen, besonders ein Besuch mit Kindern lohnt: Im restaurierten Wachturm haben Arbeiter im Auftrag der Wissenschaft eine Wachstube detailgetreu rekonstruiert. Im Mittelpunkt der authentischen Kulisse stehen zwei römische Wachsoldaten in vollem Ornat. Eines der wuchtigen Kettenhemden besteht aus rund 30.000 Eisenringen!

Und hernach, zur Stärkung, empfiehlt sich ein Besuch des beliebten Pfünzer Kastellfestes, das immer am dritten Wochenende im Juli beginnt. Alles dreht sich dann um die Römerzeit: Militärgruppen marschieren auf, römische Speisen werden gereicht. Beliebt bei Groß und Klein sind die Glücksritter aller Couleur: Knöchelspiel, Deltaspiel, Orakelspiel und Nüssespiel – die antiken Hütchenspieler sind so handfertig wie gerissen!

Römerkastell Vetonianis, Pfünzer Kastellfest, 85137 Walting (OT Pfünz)
Telefon: 08421/9740-0, www.walting.com

0908 Therme Erding

Auszeit vom Alltag

Wer schon einmal da war, kommt gern wieder: in die hübsch gelegene Herzogstadt Erding nahe München. Zu einem touristischen Highlight hat sich in

den letzten Jahren das städtische Thermalbad entwickelt – was seine Möglichkeiten betrifft, braucht es, im europäischen Vergleich, die Konkurrenz nicht zu fürchten.
Die Erdinger Thermenwelt begrüßt ihre Gäste mit bayerischer Gemütlichkeit. Doch nicht nur alle Stressgeplagten geben an der Garderobe ihre Alltagssorgen ab, auch jene, denen es nach Bewegung dürstet, entdecken hier die Möglichkeiten bayerischer Gastlichkeit. Besonders zu den originären Familientagen, die in schöner Regelmäßigkeiten stattfinden, ist Action angesagt. Das „Galaxy Rutschenparadies" ist seit nunmehr einem Jahr der ganze Stolz der Thermalbadewelt-Betreiber; es stellt, neben dem Saunaparadies, die optimale Ergänzung in Erding dar. Und wenn die Kinder ausgelassen toben, sich lautstark den Action- und X-treme-Levels auf 16 Rutschen hingeben, kann Mama bei Beauty und Wellness entspannen.
Eine Auszeit vom Alltag – für die ganze Familie: Mit viel Liebe zum Detail wurde die Erdinger Thermenwelt gestaltet; Besucher fühlen sich zwischen Palmen und anderen tropischen Pflanzen pudelwohl. Fernweh? Fast ein wenig Südseeflair versprüht die exotische Kulisse! Eine Vielzahl an Bade- und Relaxbecken, mit wohlig warmen Thermalheilwassern, sorgen für Harmonie, innere Ruhe und neue Kraft. Ein eigener Kinderpool mit vielen altersgerechten Wasserattraktionen sorgt – neben dem Rutschenparadies – für Hochstimmung bei Kids. Und egal, ob Tagesbetrieb oder Spezial-Event (zuletzt stand eine Mega-Schaumparty auf dem Programm): Die Therme Erding bietet für alle Geschmäcker und Befindlichkeiten das Richtige – rosige Zeiten eben, im prosperierenden Erding!

Therme Erding, Thermenallee 1–4, 85435 Erding
Telefon: 08122/2270200, www.therme-erding.de

0909 Maislabyrinth Grasbrunn

Wer braucht schon GPS?

Seine sieben Sinne schärfen, das scheint das vorderste Ziel der klugen Köpfe zu sein, die hinter der pfiffigen Idee des 120 x 50 Meter großen Irrgartens in Grasbrunn im Landkreis München stecken. In dem Maisfeld, das nämlich ein Labyrinth ist, sind zwölf Stationen versteckt, an denen große wie kleine Gäste verschiedene Getreidesorten bestimmen müssen und ihre Karte, die ihnen beim Start ins Feld ausgehändigt wurde, abstempeln dürfen. Wer will,

kann sich und seine Freunde auch mit Walkie-Talkies ausstatten lassen und sich gegenseitig durchs Dickicht lotsen. Ein Riesenspaß ist das – und zwar für die ganze Familie!
Da die Orientierung im Maislabyrinth nicht immer sehr leicht fällt, lohnt es sich, an einigen Stellen Markierungen zu hinterlassen, um den Durchblick zu behalten und nicht im Kreise zu laufen. Ganz gewiefte Geister zeichnen sich eigens einen Lageplan, der ihr fixes Fortkommen im Dickicht gewährleisten soll. Ob das bei den beliebten Nachtwanderungen auch ohne Weiteres gelingt? Ein schaurig-schönes Abenteuer ist ein Besuch des Maislabyrinths bei Mondschein allemal. Dass der Irrgarten auch für Kleinkinder geeignet ist, darauf weisen die Betreiber ausdrücklich hin. Wer seinen Kleinsten dieses große Abenteuer dennoch nicht zutrauen mag, der kann den Nachwuchs auch in die Hüpfburg bringen oder in eines der Riesen-Kettcars setzen, die allzeit auf dem Hofgelände herumpreschen. Hier, im idyllischen Hof, ist auch immer für Kaffee und Kuchen gesorgt.
Bevor sich der Familienclan wieder auf den Heimweg macht, lohnt ein letzter Blick vom sechs Meter hohen Aussichtsgerüst inmitten des Maisfeldlabyrinths. Aber auch von hier oben bleiben dem Auge des Betrachters die Stationen zum Stempeln und Raten verborgen. Sehr mysteriös ...

Maislabyrinth Grasbrunn, Hohenbrunner Weg 15, 85630 Grasbrunn
Telefon: 089/45699640, www.labyrinth-grasbrunn.de

0910 Augsburger Puppenkiste

Die Legende lebt!

Zur absoluten Prominenz der Schwabenmetropole zählen – ohne Wenn und Aber – Jim Knopf und Lukas, der Lokomotivführer. An ihrer Seite sind Urmel und das Sams ebenfalls Stars. Von nah und fern kommen die Familien gefahren, um sich vom nie aufgebrauchten Charme der liebvoll gestalteten Marionetten verzaubern zu lassen. Und nicht jeder, der nach Augsburg kommt, weiß, dass der Name der längst zur Legende gewordenen „Puppenkiste" auf ihren Gründer Walter Oehmichen zurückgeht. Sein neues Marionettentheater sollte, nachdem in der Nacht zum 26. Februar 1944 sein „Puppenschrein" bei einem Bombenangriff auf Augsburg zerstört wurde, Platz in einigen wenigen Kisten finden, um transportfähig zu sein. Bis heute berühmt sind besonders die Kistendeckel mit dem schräg aufgedruckten Markenna-

Zu Besuch bei Jim Knopf, Urmel & Co.

men „Augsburger Puppenkiste“. Zusammen mit dem Verweis auf Gründer Oehmichens Marionettentheater sind diese Buchstaben zum Inbegriff guter Familienunterhaltung geworden.

Die Legende lebt: Dem Liebreiz der beliebten Fernseh- und Bühnendarsteller kann man – ob Groß oder Klein – ganz praktisch verfallen, einfach weil in der Augsburger Puppenkiste alles unter einem Dach bewundert werden darf. In einem denkmalgeschützten Haus, dem Heilig-Geist-Spital, befinden sich Puppenkiste und Puppentheatermuseum; ein Souvenirshop fehlt ebenso wenig wie ein kleines, aber feines Bistro.

Augsburger Puppenkiste, Spitalgasse 15, 86150 Augsburg
Telefon: 0821/4503450, www.augsburger-puppenkiste.de

0911 Augsburger Kinderfilmfest

Spannendes Zelluloid

Alljährlich hält das Augsburger Kinderfilmfest kleine Filmfans in Atem. Kein Wunder, denn das Festivalprogramm kann sich sehen lassen. Drei Kinos machen in der Regel mit: das Thalia am Obstmarkt, das Mephisto in der Karolinenstraße und das Savoy am Schmiedberg. Dort laufen dann immer – meist von Ende April bis Anfang Mai – die besten Kinder- und Jugendfilme der Saison. Ein regelrechter Boom um kindertaugliche Kinostoffe ist zuletzt entbrannt: „Blöde Mütze“ und „Weiter als der Mond“ sorgten bei Kindern und Jugendlichen zuletzt für Begeisterung. Dabei spielt es in der Regel keine Rolle, ob es sich nun um einen Real- oder um einen Animationsfilm handelt – Hauptsache ist, die Hauptfigur bietet Identifikationspotenzial. Auch Dokumentarfilme haben das Interesse vieler Kinder erweckt: „Die Reise der Pinguine“ (2005) und „Der weiße Planet“ (2006) – ein Kinderfilm, der auf den Klimawandel aufmerksam macht! – feierten unerwartete Erfolge gerade in der Wahrnehmung der Kids.

Vor diesem Hintergrund sind die Macher des Augsburger Kinderfilmfestes stets bemüht, ein ausgewogenes Programm für ihre mitunter nicht unwählerische Klientel zusammenzustellen. Es muss schon wirklich alles passen, damit die Kids nach der Vorstellung begeistert sagen: „Krasse Geschichte, muss ich noch einmal sehen!" Ihnen mag man allzu gern zurufen: „Bis nächstes Jahr in Augsburg."

Augsburger Kinderfilmfest, c/o Filmbüro Augsburg
Schroeckstraße 8, 86152 Augsburg
Telefon: 0821/153078
www.lechflimmern.de/filmtage2008/

0912 Zoo Augsburg

Sei Zaungast bei seltenen Arten

Nach emsiger Erweiterung und Umstrukturierung ist der Zoo Augsburg heute einer der größten Zoos in Süddeutschland. Ein Highlight für Hiesige wie für Touristen: das „Afrika-Panorama". Aber auch in der Tropenhalle, im Terrarium und rund um die Gehege der Großkatzen gibt es eine Menge zu entdecken.

Nicht eben wenige Tiere finden im Augsburger Zoo eine Heimat, weil ihre natürlichen Lebensräume immer mehr verschwinden. Zwar ist dieses Problem von Menschenhand gemacht, dennoch dürfen Eltern und Kinder hier, im Augsburger Zoo, die teils exotischen Tiere genießen – über 1.500 Arten aus allen Teilen der Erde können bewundert werden! Damit den Tieren nicht langweilig wird, bekommen sie kleine Aufgaben gestellt: Bären dürfen Honig schlecken, der von Pflegern auf Äste gestrichen wurde; Affen suchen das Futter, das ihre Betreuer zuvor versteckten; Großkatzen schnappen nach ihrem Futterfleisch, das in 2,50 m Höhe hängt; die gigantischen Elefanten spielen vergnügt mit alten Reifen. Besonders beliebt bei Kids ist die Robbenfütterung: Sie dient gleichermaßen der Nahrungsaufnahme wie der Unterhaltung der bewegungsfreudigen Wasserbewohner. Im Streichelzoo gehen Kinder auf Tuchfühlung mit Schafen, Ziegen, Eseln und Rindern. Ein besonderes Erlebnis ist das Elefantenreiten, das im Zoo Augsburg nach Voranmeldung möglich ist.

Ein toller Spielplatz wurde im Herbst 2005 mit Holzspielgeräten und Sisalhängebrücken umgestaltet: Rutschen, Schaukeln, Klettern und Karussellfahren – die Kids sind begeistert. Die kleine Minieisenbahn mit ihrer Haltestelle „Bahnhof Zoo" befindet sich gleich nebenan. In den Sommerferien fährt täglich eine Ponykutsche durch den Zoo, die von zwei Shetland-Ponys gezogen wird. So haben Eltern und Kinder die Möglichkeit, den Zoo Augsburg mal aus einer etwas anderen Perspektive zu sehen.

Zoo Augsburg, Brehmplatz 1, 86161 Augsburg
Telefon: 0821/555031, www.zoo-augsburg.de

0913 Königstherme, Königsbrunn

Wohlfühlfaktor 12

Königsbrunn, die größte Stadt im Landkreis Augsburg, hat ein Thermalbad zu bieten, das seinem Namen alle Ehre macht – denn ein königliches Angebot bietet es fürwahr!
Vom Kindergeburtstag bis zum Erholungsprogramm für Erwachsene, in der Königstherme kommen große wie kleine Badegäste voll auf ihre Kosten. Ein Besuch mit der kompletten Familie lohnt also unbedingt. Ganze Familienfeste samt Animationsprogramm bieten die Bademeister vor Ort: Wasseraktionen im Innen- und Außenbereich der Therme sowie schmackhafte Specials im Gastrobereich stehen dann auf dem Bade- und dem Speiseplan. Aber auch am Rande solcher Aktionstage werden besonders die Kleinen ganz groß unterhalten. So sind alle Kindergeburtstage, die hier gefeiert werden (und die für Jungs „Pirat“, für Mädels „Prinzessin“ heißen), echte Highlights für kleine Wassermänner und Badenixen. Diese Feten versprechen einen aufregenden Tag mit Spiel und Spaß, Action und den besten Freunden – ein unvergessliches Erlebnis eben. Das Beste dabei: Das Geburtstagskind zahlt keinen Eintritt!
Während die Kids planschen und toben, dürfen Mama und Papa nebenan bei allerlei Beauty- und Wellness-Angeboten relaxen: Ob Serail-, Blüten- oder Hamam-Bad, für das richtige Entspannungsprogramm sorgen Profis vor Ort. Und im Soletempel oder im Saunaparadies wird den Erholungssuchenden sicherlich schnell warm ums Herz. Dank Ayurveda-Massagen, Klangschalen-Therapien und Anwendungen mit heißen Steinen verlassen gestresste Menschen am Fuße des Tages die Königstherme wie neu geboren. Schnell noch den vom Toben müden Nachwuchs abgeholt, und perfekt ist der familiäre Badetag für Königskinder. Wahrlich: Wohlfühlfaktor 12!

Königstherme Königsbrunn, Königsallee 1, 86343 Königsbrunn
Telefon: 8231/96280, www.koenigstherme.de

0914 Titania-Therme, Neusäß

Piratenschiff und Trichterrutsche

Im idyllischen Schwabenländle gelegen, geizt das einladende Neusäß im Landkreis Augsburg nicht mit naturnahen Sehenswürdigkeiten – so grenzt die Stadt an der Schmutter unmittelbar an den sehenswerten Naturpark Augsburg – Westliche Wälder.

Da darf freilich ein modernes Freizeit- und Erlebnisbad nicht fehlen – und die Titania-Therme macht ihrem Namen alle Ehre: Das Erlebnisbad wartet mit einer ganze Reihe echter Attraktionen auf, rund 1.000 Quadratmeter Wasserfläche steht den Badegästen zur freien Verfügung. Eingebettet in eine naturgetreue Felsenlandschaft, bietet das Spaßbad mit Strömungskanal, Sprudelliegen, Massagedüsen, Planschbecken und Kinderbecken viel Abwechslung für alle Altersklassen.

Für die Kleinen ist das abenteuerlich gestaltete Piratenschiff, dessen Rumpf fehlt, um das Schiff durchschwimmen zu können, das absolute Highlight. Eine weitere große Attraktion ist die in Süddeutschland einzigartige Trichterrutsche. Lasst euch überraschen ... Im sogenannten Aktiv- und Fit-Bereich tummeln sich besonders die schwimmbegeisterten Gäste – bei schönem Wetter steht den Aktiven ein Beachvolleyball-Feld zur Verfügung.

Übrigens: Wer Kindergeburtstag und Badetag verbinden will, der kann das freilich gerne tun. Und einen Blick auf die faszinierende Unterwasserwelt in eines der größten Süßwasseraquarien Süddeutschlands kann man hier, in der topmodernen Titania-Therme, überdies erhaschen. Neben dem sehr beliebten 24-Stunden-Schwimmen bieten die Betreiber ihren Gästen immer wieder auch spezielle Events, die in der tollen Kulisse der Titania-Therme einfach nur Spaß machen. Das Angebot stimmt also rundherum!

Titania-Therme, Birkenallee 1, 86356 Neusäß
Telefon: 0821/4544030, www.titaniatherme.de

0915 Western-City, Dasing

Ferien für kleine Cowboys und Cowgirls

In Western-City ist immer etwas los. Mit der Western-City-Eisenbahn verschafft man sich erst einmal einen Überblick. Vom Stadtplatz geht es vorbei am Corral, wo die Pferde schon unruhig mit den Hufen scharren und auf die

Reiter zwischen 7 und 14 Jahren warten. Rund um die kleine mexikanische Kirche sind auf dem Friedhof „Bootshill“ Cowboys neben Sheriffs, Revolverhelden und Ranchern begraben. Die Grabsteine erzählen Geschichten über sie. Im Fort Christoph sind die Truppen der Nordstaaten stationiert. Dann sind da noch die Festspielarena, wo die Süddeutschen Karl-May-Festspiele oder andere Shows stattfinden, und die rustikalen Blockhäuser der Trapper, eins davon mit offener Feuerstelle und selbstgebauten Möbeln. Die anderen sind etwas komfortabler als Gästehäuser eingerichtet. Hier kann man Wochenenden oder in den Ferien eine Woche Westernferien verbringen. Wer Lust hat, erlernt das Wanderreiten. Abends wird es dann romantisch am Lagerfeuer mit Cowboyliedern und spannenden Wildwestgeschichten. Western-City ist auch auf Kindergeburtstagspartys bestens vorbereitet.

Cowboyromantik in Western-City

Western-City Fred Rai, Neulwirth 3, 86453 Dasing
Telefon: 08205/225, www.western-city.de

0916 Freilichtbühne am Mangoldfelsen, Donauwörth

Bei Sonnenschein oder unterm Abendhimmel

Donauwörth, die Kreisstadt im schwäbischen Landkreis Donau-Ries, sorgt mit seiner frisch erweiterten Freilichtbühne zur Saison immer auch für Kinderfreuden.

Seitdem der Neubau im Sommer 2007 fertig gestellt wurde, wird in dem nunmehr 450 Besucher fassenden Rund wieder Theater für große und kleine Gäste gemacht. In tollen Kulissen verzaubern die Darsteller ihre Zuschauer, die unter freiem Himmel die Vorstellungen des Spielplans genießen. Hauptsaison ist von Juni bis August. Dann werden bekannte und beliebte Stücke zur Vorstellung gebracht: Für die Kleinen stand 2008 etwa „Die 3 Rätsel des Feuerfalken“ auf dem Programm, Erwachsene erfreuen sich an der Darbietung von „Der Glöckner von Notre Dame“.

Die neue Freilichtbühne am Mangoldfelsen in Donauwörth begeistert mit dem gewohnt abwechslungsreichen Programm alle ihre Gäste.

Freilichtbühne am Mangoldfelsen, im Stadtzentrum, 86609 Donauwörth
Telefon: 0906/8981, www.freilichtbuehne-donauwoerth.de

0917 Käthe-Kruse-Puppen-Museum, Donauwörth

Ein Besuch bei Goldkind, Pummelchen und ihrer Puppenmutter

In einem denkmalgeschützten ehemaligen Kapuzinerkloster wurde 1993 das Käthe-Kruse-Museum eingerichtet. Käthe Kruse (1883–1968) stammt aus Berlin und betrieb ihre berühmte Puppenwerkstatt bis 1950 in Sachsen-Anhalt. Seitdem befindet sich der Firmensitz in ihrer späteren Heimat Donauwörth.
Das Museum verrät viel über die spannende Biographie der geschäftstüchtigen Puppenkünstlerin und gewährt einen ausführlichen Blick in die Firmengeschichte. Für Kinder ist es besonders interessant zu sehen, wie Schritt für Schritt ein Puppenkind entsteht: vom Modell und den rehhaargestopften Körperteilen über den Aufenthalt in der Augenmalerwerkstatt bis hin zur neuesten Puppenmode. In detailreich ausgestatteten Vitrinen werden kleine bewegliche Ballerinen, Soldaten- und Puppenstubenfiguren aus der Zeit des Ersten Weltkriegs, lebensgroße Schaufensterpuppen und selbstverständlich Spielpuppen gezeigt. Das Museum bietet Bastelkurse, kindgerechte Führungen sowie die Gestaltung von Geburtstagsfeiern für Schulkinder bis zur 6. Klasse an.

Käthe-Kruse-Puppen-Museum, Pflegstraße 21a, 86609 Donauwörth
Telefon: 0906/789170, www.stadt-donauwoerth.de

0918 Freilichtbühne Villenbach

Ritterspiele auf der Naturbühne

Die Villenbacher sind sehr stolz auf ihre Freilichtbühne. Wen wundert's: Zieht sie doch zur Saison viele Besucher und Familien aus dem ganzen Bundesgebiet an.

Villenbach, herrlich situiert im schwäbischen Landkreis Dillingen an der Donau, macht seit 1994 auf seiner Naturbühne viel Theater. Auf der Zwei-Ebenen-Bühne geben die Darsteller – bis zu 100 finden darauf Platz! – bevorzugt historische Schauspiele: Ritterkämpfe, Soldatengelage und wilde Reiterszenen zählen zu den Spezialitäten. Apropos Spezialitäten: In lauen Sommernächten ist freilich auch für das leibliche Wohl gesorgt: Bier und Wein und schmackhafte Speisen werden dann gereicht. An einem lodernden Lagerfeuer machen es sich die hungrigen Gäste dann besonders gerne gemütlich.

Freilichtbühne Villenbach, Am Sportplatz 1, 86637 Villenbach
Telefon: 08296/1521, www.freilichtbuehne-villenbach.de

0919 Freilichtbühne Alte Bastei, Nördlingen

Amateurtheater an der frischen Luft

Wenn Sie im Sommer auf der „Romantischen Straße“ unterwegs sind, sollten Sie einen Halt in Nördlingen einplanen und die Alte Bastei, die 1554 als Teil der Stadtmauer gebaut wurde, besuchen. Das alte Gemäuer dient heute als urige Kulisse für die Nördlinger Sommerfestspiele. Engagierte Laienschauspieler präsentieren seit 1949 jedes Jahr mit viel Erfolg unterhaltsame Stücke für Jung und Alt. Die Aufführungen von Kindern für Kinder sind ein besonderer Spaß.

Freilichtbühne Alte Bastei, Alte Bastei, 86720 Nördlingen
Telefon: 09081/5400, www.freilichtbuehne-noerdlingen.de

0920 Allgäu Skyline Park, Bad Wörishofen

Pures Adrenalin

In Bad Wörishofen im schwäbischen Landkreis Unterallgäu, jenem Kurort also, in dem Sebastian Kneipp höchstselbst als Pfarrer wirkte, gibt es eine Freizeit-Attraktion für Groß und Klein.
Der Allgäu Skyline Park ist unterteilt in vier Themenbereiche: „Adrenalin Pur“, „Familien-Hits“, „Liebesgeflüster“ und „Kinderspaß“; mehr als 50 Attraktionen bietet die Betreiberfamilie des familienfreundlichen Parks der-

zeit ihren Gästen. Im „Sky-Wheel" erleben Adrenalin-Junkies ihre helle Freude. Hier liegen Schwerelosigkeit und Tonnenschwere nur einen Wimpernschlag voneinander entfernt – echt abgefahren! Im „Sky-Circle" sitzt der Passagier in frei gelagerten Gondeln – und wirbelt senk- wie waagrecht durch die Luft! Aus dem „Sky-Shot" hat, wer bei derlei Tempo die Augen offen halten kann, einen kurzen, dafür sehenswerten Blick auf die herrlichen Allgäuer Alpenwelt. In den „Sky-Karts" geht es etwas betulicher, aber nicht eben leise zu – Helm auf, Gummi geben ... Überholen erlaubt!
Derlei abgefahrene Attraktionen richten sich besonders an die Jugend. Was aber ist mit den Kleineren, deren Nerven noch nicht so stählern sind? Kinderspaß versprechen Streichelzoo und Trampolin, Riesenrutsche und Luftkissen. Viele weitere altersgerechte Einrichtungen – darunter die Baustellenbahn, eine Formel-1-Strecke für Kids, diverse Kinderboote und Indianerkanus sowie ein wunderbarer Wasserspielplatz – sorgen für viel Hurra und regen die Fantasie der kleinen Gäste an.
Ergo: Wer hierher kommt, mit Kind und Kegel, den erwartet ein heiterer Tag. Zuletzt sind zu dem riesigen Freizeitpark-Gelände noch einmal zwei Hektar dazugekommen. Seither zieht die neue Wildwasserbahn all jene Gäste der insgesamt 17 ha großen Anlage in ihren Bann, die nicht wasserscheu sind.

Allgäu Skyline Park
Im Hartfeld 1, 86825 Bad Wörishofen
Telefon: 01805/884880 (12 ct./min.), www.skylinepark.de

0921 Schongauer Märchenwald

Es war einmal ein wunderschöner Tag

Wie war das noch gleich mit Hänsel und Gretel? Vergessen? Macht nichts. Drücken Sie einfach auf einen Knopf, und schon geht das Licht in dem kleinen Häuschen an, die Märchenfiguren bewegen sich, und das Märchen wird in Reimform erzählt. Auf dem Weg durch den Märchenwald wechseln sich die Märchenhäuser mit den Tiergehegen ab. Da sind Vogelvolieren und Wildgehege zu bestaunen, das Hasen- und Meerschweinchendorf zu besuchen oder Schafe, Ziegen und Ponys zu streicheln. Und zwischendurch werden immer wieder die Märchen der Gebrüder Grimm erzählt, und man schaut in die liebevoll eingerichteten Häuschen. Mit einem kleinen Oldtimerzug kann die Anlage bereist werden, und auf dem Abenteuerspielplatz wird dann ordentlich getobt. Kinder-Autoscooter und Bagger sind so beliebt, dass es oft Tränen gibt, wenn nicht jeder mal drankommt. Und nachts träumt so manches Kind vom Gestiefelten Kater, der die sieben Zwerge zu Rotkäppchens Großmutter schickt, wo schon der Froschkönig mit Aschenputtels Schuh wartet.

Schongauer Märchenwald
Dießener Straße 6, 86956 Schongau
Telefon: 08861/7527, www.schongauer-maerchenwald.de

0922 Alpsee Bergwelt, Immenstadt

Bayerische Superlative

Deutschlands längste Rodelbahn, der „Alpsee Coaster“, sorgt für pures Adrenalin: Die Fahrt auf der drei Kilometer langen Strecke hinab ins Tal führt durch 68 Kurven, über 23 Wellen, hat sieben Jumps und passiert vier Brücken. Die rasante Fahrt hinab ins Tal sorgt für feuchte Augen und dauert zwischen 6 und zehn 10 Minuten. In den Schlitten, die für alle Altersklassen geeignet sind, geraten Groß und Klein in Verzückung!

Rasant durch die Landschaft – festhalten, bitte!

Bayerns größter Klettergarten findet sich ebenfalls hier: Der „Hochseilgarten Bärenfalle“ verfügt über 13 unterschiedliche Parcours mit rund 150 Elementen, die zwischen 1 und 15 Meter Höhe in den Bäumen installiert sind. Kinder ab sechs Jahren und einer Körpergröße von ca. 1,20 m dürfen in jenen Parcours des Hochseilgartens kraxeln, die gelb, orange und grün markiert sind. Wandern und Erholen, Einkehren und Rasten, die Möglichkeiten in dieser wunderbaren Berglandschaft sind üppig und von hoher Qualität. Besonders auch im Winter: Der Alpsee-Bergwelt-Skizirkus genießt längst über die Region Oberallgäu hinaus einen hervorragenden Ruf unter skibegeisterten Alpinisten und Snowboardern.

Ganz generell gilt in der Alpsee Bergwelt: Kinder willkommen! Als offizieller „Kinderland“-Erlebnispartner weiß man um alle Belange – und darum, dass es nicht immer leicht ist, Familienerlebnisse für alle Generationen stressfrei und doch spannend unter einen Hut zu bringen. Gutscheine, die Besucher an der Lifttalstation erwerben können, sind eine prima Geschenkidee. Fazit: Die Alpsee Bergwelt mit Deutschlands längster Rodelbahn und Bayerns größtem Kletterwald hat eine ganze Menge zu bieten!

Alpsee Bergwelt, Betriebsstätte
Ratholz 24, 87509 Immenstadt
Telefon: 08323/960580
www.alpsee-bergwelt.de

0923 Hochseilgarten Kletterwald Bärenfalle, Immenstadt

Der größte der bayerischen Hochseilgärten ist im Oberallgäu beheimatet

Respekteinflößend und riesig zumal: Im beschaulichen Gebiet der Alpsee Bergwelt zeugt besonders der Kletterwald Bärenfalle, ein Hochseilgarten der Superlative, vom Anspruch der hiesigen Freizeitmacher. Um sich zu vergnügen, kommen Familien aus allen Teilen Europas seit Langem hierher. Entspannung für Kind und Kegel bei vielfältiger Freizeitgestaltung erwartet den Gast: Wandern, Klettern, Skifahren und Rodeln – der Oberallgäuer Fremdenverkehr bietet seinen Besuchern viel in bester Urlaubslage. Und dazu zählt auch der Kletterwald Bärenfalle. Die Kletterpartie in Bayerns größtem Hochseilgarten führt über teils 15 m hohe Passagen – schwindelfrei sollte man schon sein. Sicherheit wird freilich großgeschrieben, die Sache mit den Seilen hat hier eben nicht nur einen, sondern mindestens zwei Sicherheitshaken – alles andere wäre auch viel zu riskant für Leib und Leben der Besucher. Wer mindestens 1,30 m groß und sieben Jahre alt ist, darf sich – bis zu 14 Jahren in Erwachsenenbegleitung – mit viel Schwung und Mut in die Baumwipfel begeben. Besonders an die kleinen Klettermaxe wurde gedacht: Einfache Kletterpassagen in Bodennähe sorgen für allgemeines Wohlbefinden. Da die Parcours in verschiedene Schwierigkeitsgrade unterteilt sind, ist auch für jeden Geschmack und Selbstanspruch das Richtige dabei. Geschultes Personal hilft ebenso wie Ausstiegsmöglichkeiten auf allen Geläufen.
Nicht unerwähnt bleiben sollte – bei derlei Kraftanstrengung – die zu empfehlende Berghütte Bärenfalle, die ihren Gästen in der Saison sogar Über-

nachtungsmöglichkeiten bietet. Da weilt gern, wer zuvor noch in den Seilen hing. (Siehe auch: Alpsee Bergwelt)

Hochseilgarten Kletterwald Bärenfalle, Ratholz 24, 87509 Immenstadt
Telefon: 08323/968050, www.kletterwald-baerenfalle.de

0924 Wonnemar Sonthofen

Wellen in den Bergen

Einen feuchtfröhlichen Tag verheißt das Wonnemar Sonthofen. Wie es sich für ein ordentliches Erlebnisbad gehört, bietet die Anlage Action und Erholung. Die Wasserrutschen sind lang und rasant, die Wellen schlagen hoch, es sprudelt und strömt in allen Becken. Ob Kleinkind oder Teenager, hier finden alle Wasserratten ihren Lieblingsbereich zum Planschen. Mit dem großen Kursangebot ist sogar das Schwimmenlernen ein Kinderspiel. Am Freitag können sich Familien verbilligt im Wasser treiben lassen.

Wonnemar Sonthofen, Stadionweg 5, 87527 Sonthofen
Telefon: 08321/780970, www.wonnemar.de

0925 Schloss Neuschwanstein, Schwangau

Das Märchenschloss

Schloss Neuschwanstein, ein Mythos, bekannt in der ganzen Welt, wie man an einem ganz normalen Samstagnachmittag an den tausend fremden wie freundlichen Gesichtern ablesen kann. Allein die Lage des „Märchenschlosses" ist atemberaubend: Schloss Neuschwanstein thront auf einem schmalen Bergrücken hoch über dem Flüsschen Pöllat.

Mit diesem Prachtbau wollte Ludwig II. unbedingt das Ideal einer mittelalterlichen Burg verwirklichen. Das Schloss wurde also auf Ludwigs Geheiß „im echten Stil der alten deutschen Ritterburgen" errichtet. So erinnert es auch heute noch weniger an ein typisches Schloss des 19. Jahrhunderts – sondern eben an ein Märchenschloss!

Bereits 1868 entstanden die ersten Entwürfe, am 5. September 1869 war Grundsteinlegung zur „Neuen Burg". Mit fortschreitender Menschenscheu – bereits zu Lebzeiten galt Ludwig II. als depressiver Exzentriker – und wachsendem Anspruch an die eigene Königswürde änderte er das Bauprogramm von Schloss Neuschwanstein: Aus einem schlichten Schreibzimmer wurde ab 1880 die „kleine Grotte". Ein bescheidenes Audienzzimmer ließ er in den riesigen „Thronsaal" verwandeln, der nicht mehr bloß für Empfänge bestimmt sein sollte, sondern als Denkmal des Königtums diente. Statt der einst vorgesehenen Gästezimmer wurde ein „Maurischer Saal" mit Springbrunnen geplant, aber nicht mehr gebaut.

Märchentraum und Königsschloss

Ludwig hielt sich zur Zeit seiner Entmündigung am 9. Juni 1886 in Neuschwanstein auf, am 13. Juni 1886, dem Tag seines Todes, war Neuschwanstein noch keineswegs fertiggestellt. Ludwig wohnte nach bis dato 17-jähriger Bauzeit gerade einmal 172 Tage hier. Dennoch wollte er dieses Schloss niemals der Öffentlichkeit zugänglich machen. Das ist eine Ironie der Geschichte, wie jeder weiß, der jemals um Einlass in das Märchenschloss bat. Übrigens: Schon sechs Wochen nach Ludwigs Tod wurde das Schloss für Besucher geöffnet. Heute zählt Neuschwanstein in der Hochsaison bis zu 5.000 Besucher täglich.

Schloss Neuschwanstein, Schlossverwaltung
Neuschwansteinstraße 20, 87645 Schwangau
Telefon: 08362/939880, www.neuschwanstein.de

0926 Bauernhofmuseum Illerbeuren

Museales Landleben im Praxistest

Das Leben früherer Zeiten nachzuahmen, ist in den letzten Jahren durch Reality Soaps populär geworden. Auch im Bauernhofmuseum ist die Uhr um hundert Jahre zurückgedreht. Aber hier sieht man nicht zu, wie sich eine Fernsehfamilie beim ländlichen Alltag abmüht, sondern darf sich selbst wie zu Urgroßvaters Zeiten fühlen. Während der bayerischen Schulferien bietet das Museum fast täglich Familienführungen an, die einen bestimmten Alltagsschwerpunkt beleuchten. Die Reisen in die Vergangenheit beschäftigen

sich mit Vorratshaltung, Käse- und Milchwirtschaft, Brotbacken, Feuermachen, täglicher Hygiene, Wäschewaschen, Filzen und dem Spinnen von Flachs. Es wird zum einen geklärt, wie die Lebenswirklichkeit von Kindern damals aussah, wie und ob sie zur Schule gingen, und welche Spiele sie spielten. Zum anderen wird auch die politische sowie rechtliche Situation der Bauern im Allgäu nicht außer Acht gelassen. Ländliche Kulturgeschichte und Technik kommen ebenfalls nicht zu kurz. Zu all diesen Themen bietet der museumspädagogische Dienst auch vertiefende Museumstage für interessierte Gruppen an, bei denen Kinder viel ausprobieren dürfen.
Aber auch ohne Führung ist das Freilichtmuseum spannend. Mehr als 30 Gebäude aus verschiedenen Zeiten lassen sich erkunden. Sogar ein Feuerwehr- und ein Bienenhaus sind darunter. Im Museumsdorf gibt es außerdem Tiere zu bestaunen, die jedes Kind zumindest aus dem Bilderbuch kennt: Schafe, Kühe, Pferde, Hühner und Schweine! Es handelt sich um Rassen, die schon vor Hunderten von Jahren in der Gegend beheimatet waren, heute äußerst selten geworden oder gar vom Aussterben bedroht sind, wie beispielsweise das Zaupelschaf oder das Allgäuer Original-Braunvieh. Das Museumsdorf macht einen liebevoll gepflegten Eindruck. Die Angebote für Kinder sind gut durchdacht und machen so den Aufenthalt lehrreich und kurzweilig.

Bauernhofmuseum Illerbeuren
Museumstraße 8, 87758 Kronburg (Illerbeuren)
Telefon: 08394/1455, www.bauernhofmuseum.de

0927 Lindauer Marionettenoper

Die Magie der Puppen

Mit ungefähr 250 Marionetten besitzt die Lindauer Marionettenoper am Bodensee ziemlich viele Puppen – sie alle sind oder waren im Dienste der Familienunterhaltung auf der hiesigen Bühne zu bewundern!
Dass das virtuose Marionettenspiel bis Mitte des 20. Jahrhunderts lediglich Erwachsenen vorbehalten war, mögen heute die wenigsten Väter und Mütter wissen. Wo doch heutzutage besonders der Nachwuchs die kunstvollen Vorführungen im Puppentheater genießt. Die Lindauer Puppenspieler haben es sich zur Aufgabe gemacht, Erwachsenen und Kindern gleichermaßen angenehme Stunden zu bescheren. Das Repertoire der Stücke, die das Lindauer Marionettentheater für alle Altersklassen spielt, reicht von „Die Zauberflö-

te", „Così fan tutte" und „Die Fledermaus" über „Carmen", „Die Entführung aus dem Serail" und „Der Barbier von Sevilla" bis hin zu „Hänsel und Gretel". Allesamt populäre Stücke also, die mit viel Liebe zum Detail auf die Bühne gebracht werden. „Berührend, vital und virtuos" nennen die Puppenspieler vom Bodensee ihre Darbietungen selbst.
Und fürwahr: Die Fingerfertigkeit und Raffinesse, mit der die für die Zuschauer unsichtbaren Puppenspieler agieren, ist beeindruckend.

Lindauer Marionettenoper, Fischergasse 37, 88131 Lindau
Telefon: 08382/944650, www.marionettenoper.de

0928 Atlantis Erlebnisbad, Neu-Ulm

Entspannt abtauchen

Die ganze Familie kommt in diesem 2.200 m² großen Spaßbad mit moderaten Preisen auf ihre Kosten. Im Angebot sind zwei Thermalbecken, eine großzügige Saunalandschaft und für die sportlichen Besucher ein Schwimmerbecker. Die stockdunkle Rutsche „Black Hole", der „Jump" für eine rasante Abfahrt ohne Bodenhaftung und die Reifenrutsche „Crazy River Drive" sind bei allen Quatschmachern beliebt. Besonders ansprechend gestaltet ist der Kleinkinderbereich mit einem Babybecken, süßen wasserspuckenden Pinguinen, kleinen Wasserpumpen und einer Spielburg.

Atlantis Erlebnisbad, Freizeitanlagen Neu-Ulm Betriebsgesellschaft mbH
Wiblinger Straße 55, 89231 Neu-Ulm
Telefon: 0731/985990, www.atlantis-freizeitpark.de

0929 Freizeitbad Nautilla, Illertissen

Wasserratten ahoi!

Rasant geht es abwärts auf der 52 Meter langen überdachten Wasserrutsche im Freizeitbad Nautilla. Und damit bei der Landung die anderen Badegäste nicht gestört werden, hat die Rutsche ein eigenes Zielbecken. Und so großzügig ist auch der Rest der Badelandschaft angelegt. Das Kinderbecken lädt die Kleinsten zum Planschen ein, die bei 32 °C herrlich im Wasser spielen können. Im Nichtschwimmerbecken mit Kinderrutsche wagen Schwimmanfänger bei 30 °C Wassertemperatur schon mal die ersten Schwimmzüge für ihr Seepferdchen, und im Erlebnisbecken mit Strudel, Massagedüsen und tosendem Wasserfall kann man die Wasserkräfte voll genießen. Ab 10.15 Uhr findet täglich Wassergymnastik statt, und wer ganz fit sein will, nimmt an Kursen für Aqua-Jogging oder -Cycling teil. Die Eltern amüsieren und entspannen sich derweil im Saunaland, bei der Massage oder im Solebecken.

Freizeitbad Nautilla, Gottfried-Hart-Straße 6, 89257 Illertissen
Telefon: 07303/902271, www.nautilla.com

0930 Legoland, Günzburg

Bunte Träume aus Plastik

Das Legoland Deutschland bietet alles, was zu einem echten Freizeitpark gehört: Achterbahnen und Wildwasserfahrten, einen kleinen Zug, ein Kino, das ein 4-D Erlebnis verspricht, Shows und weitere Attraktionen. Dabei bewegt man sich selbstverständlich den ganzen Tag in einer Welt aus Plastiksteinchen: Ob Reichstag oder Münchner Allianz Arena, lebensgroße Dschungeltiere, Piratenschiff oder Ritterburg, im Legoland ist alles bunt und kantig. Der Park hat den Anspruch, nicht nur zu unterhalten. Vielmehr will er Kindern unbegrenzte Möglichkeiten bieten, ihre Fantasie auszuleben. Im sogenannten „Imagination Bau- und Test Center“ finden z. B. Workshops statt, bei denen nach Lust und Laune experimentiert werden kann. Für die meisten Teenager dürfte die Anlage nicht mehr allzu reizvoll sein, Grundschulkinder amüsieren sich aber in der Regel prächtig.

Emsige Konstrukteure bei der Arbeit

LEGOLAND Deutschland Freizeitpark GmbH
Legolandallee, 89312 Günzburg
Telefon: 08221/700700
www.legoland.de

0931 Christkindlesmarkt, Nürnberg

Leuchtende Augen, dampfende Würstchen und glühender Wein

Mit der Eröffnung durch das Christkind beginnt alljährlich am letzten Freitag vor dem ersten Advent am späten Nachmittag der international bekannte Nürnberger Christkindlesmarkt.

Täglich von früh bis in die Nacht sind die prächtig dekorierten Buden am Hauptmarkt geöffnet. Neben allerlei Kalorienbomben – Glühwein, Früchtebrot, Nürnberger Bratwürste und Lebkuchen – gibt es freilich auch feines Handwerk und typische Leckereien: Christbaumschmuck, Rauschgoldengel und die im Fränkischen sogenannten Zwetschgenmännla (Pflaumenmännchen). Wenn es nur mal wieder schneien würde, zwecks der schönen Stimmung ...

Der Nürnberger Christkindlesmarkt wurde in seinen Anfängen an gerade mal drei Tagen abgehalten. Erst im 19. Jahrhundert begann sein Aufstieg zur landesweiten Attraktion. Und heute? Mit Sondermaschinen und unzähligen Omnibussen kommen rund zwei Millionen Besucher jährlich aus aller Herren Länder zum größten und bekanntesten Weihnachtsmarkt Deutschlands. Bonmot am Rande – für Furore sorgte einmal die obligatorische Wahl des Nürnberger Christkindes vor 15 Jahren: Ein junger Mann hatte sich erdreistet, als Kandidat gegen die – wie gewohnt – weibliche Konkurrenz ins Feld zu ziehen. Von der Regionalpresse anfangs mit Hohn und Spott bedacht, landete der Mann schließlich in der beliebten Fernsehshow eines namhaften Privatsenders und wurde für seinen Mut und Humor mit Applaus bedacht. Die Nürnberger Stadtväter ließen daraufhin vermelden, man würde in Zukunft auch einem Mann dieses publicityträchtige Amt zutrauen – geschehen ist das freilich nie. Das Nürnberger Christkind blieb – und bleibt wohl auch auf Ewigkeit – weiblich.

Der schönste aller Weihnachtsmärkte

Nürnberger Christkindlesmarkt, Hauptmarkt 18, 90403 Nürnberg
Telefon: 0911/23360, www.christkindlesmarkt.de

15.

0932 KinderKüche, Nürnberg

Backen und Kochen für Kids

Jeden Tag werden wir im Fernsehen mit Kochshows aller Art konfrontiert. Kochen ist in, die Quoten sprechen dafür. Was liegt da näher, als auch die Kinder für dieses Thema zu begeistern, vielleicht ist ja ein begnadeter Fernsehkoch unter ihnen. Aber auch sonst ist es wichtig, Kindern Alternativen zur stetig wachsenden Fast-Food-Kultur aufzuzeigen und sie an eine gesunde, naturbelassene und ausgewogene Ernährung heranzuführen. Dies können sie in der KinderKüche lernen und praktizieren.

Kochen mit Freunden ist cool

Auch für Kinder mit Allergien, Über- oder Untergewicht werden individuelle, auf die jeweilige Problematik abgestellte Kurse veranstaltet. Sie lernen, wie sich trotz Einschränkungen leckere Gerichte zubereiten lassen. Und da kochen mit Freunden – das weiß jeder – besonderen Spaß macht, können auch Kindergeburtstage in die KinderKüche verlegt werden; da bleibt Muttis Küche sauber.

KinderKüche Nürnberg, Friedenstraße 11, 90409 Nürnberg
Telefon: 0911/8106060, www.diekinderkueche.de/nuernberg

0933 Tucherland-Erlebniswelt, Nürnberg

Bitte Austoben!

Auf 3.800 m² Spielfläche kommt keine Langeweile auf, hier im Tucherland können sich Kinder aller Altersklassen gehörig austoben: Das Spiel- und Freizeitgelände am Marienberg bietet eine ganze Menge spannender Attraktionen. Ideal also für einen Ausflug mit der ganzen Familie.

Die Attraktionen der Tucherland-Erlebniswelt sind vielfältig, unterteilt wird die Anlage in die Spielfabrik und den Außenbereich. Allein die Klettergerüste im überdachten Hochseilgarten laden auf einer riesigen Fläche zum Kraxeln ein. Die Hüpfburgen und die Trampolinanlage stehen den verschiedenen

Kletterwänden und -würfeln in Sachen Spieltrieb in kaum etwas nach. Auch hier können sich die Sprösslinge in luftige Höhen katapultieren. Neben verschiedenen Speedrutschen und Tretauto-Bahnen sind große wie kleine Kinder ganz verrückt nach der mit 3.000 Schaumstoffbällen gefüllten Ballarena. Und die Sportarena samt Shooter, Ballvulkan und Ballriesenkanone sowie einer automatischen Balldusche machen die Investition in einen erlebnisreichen Tag im Tucherland so richtig rund.
Auch an einen speziellen Bereich für die Kleinsten der Kleinen wurde gedacht – gut zu erreichen und bestens im Blickfeld der Eltern, befindet sich der Kleinkinderbereich im Herzen der riesigen Spielfabrik. Der „Wabbelberg" schließlich schließt sich dem Konzept nahtlos an – keines der Spielgeräte im Tucherland verzichtet auf das Grundprinzip: Bewegung muss sein!
Im Außenbereich wartet eine kleine Dünenlandschaft samt Wassertank. Zwischen Exkursion im Wüstensand und Abkühlung im Aqua-Pool wird auf die Torwand geschossen, Beach-Volleyball gespielt oder einfach nur auf dem Liegestuhl in der Sonne gefläzt.
Kindergeburtstage sind ebenfalls an der Tagesordnung und spezielle Veranstaltungen – das Strandfest etwa oder der Ferienclub im Tucherland – keine Seltenheit. Fazit: Spiel und Spaß trifft sinnvolles Freizeitangebot – im Nürnberger Tucherland haben die Macher an alles gedacht.

Tucherland-Erlebniswelt, Marienbergstraße 102, 90411 Nürnberg
Telefon: 0911/2399999, tucherland.dfau.de

0934 's Baggers, Nürnberg

Essen macht Spaß und ist gesund

Richtig spannend ist es im 's Baggers, denn alles, was wir bisher kannten – das Lokal mit der freundlichen Bedienung oder das Selbstbedienungsrestaurant – ist passé. 's Baggers scheint die Esskultur neu erfunden zu haben und setzt damit voll auf junge Leute. Kinderleicht ist die Bestellung, denn jeder Platz ist mit einem Bildschirm ausgestattet, und man bestellt per Touchscreen. Da kann man sich die Speisekarte ganz in Ruhe ansehen, ohne dass die Bedienung einen drängt, und wenn man gewählt hat, bestellt man mit einer Chipkarte. Speisen und Getränke kommen dann auf einer spiralförmigen Metallschiene direkt auf den Tisch geflogen. Die regionalen Gerichte sind fettarm und kalorienreduziert. Zusatzstoffe und Geschmacksverstärker sind tabu, und sogar die Getränke sind durchweg Bio-Produkte. Für Kinder gibt es neben Bio-Säften die Trendmarke Bionade, eine biologisch gebraute Limonade. Und das Schönste: Man isst aus dem Topf, und es gibt Kochkurse für Kinder von 6 bis 12 Jahren.

'S Baggers, Am Steinacher Kreuz 28, 90427 Nürnberg
Telefon: 0911/4779090, www.sbaggers.de

0935 Nicolaus-Copernicus-Planetarium, Nürnberg

Galaktische Zeitreisen im Sternentheater

Wer im Leben nach den Sternen greifen möchte, sollte sich früh informieren, wie und ob dieses Ziel zu erreichen ist. Das können Kinder ab vier Jahren erfahren, wenn sie an den spannenden Exkursionen ins Weltall teilnehmen, etwa an der „Zeitblasenreise", „Peterchens Mondfahrt", beim turbulenten Weltraumabenteuer „Plani und Wuschel retten die Sterne" oder wenn sie dem Comic-Männchen Professor Photon ins Weltall folgen. Immer donnerstags lernen Kinder in 45 Minuten viel Neues bei einer Reise in den Kosmos. Gelegentlich gibt es Bastelstunden, Sternenkino oder Theateraufführungen für Kinder. Aber auch Eltern werden vom Blick in die Projektionskuppel, mit einem Durchmesser von 18 Metern, begeistert sein.

Nicolaus-Copernicus-Planetarium, Am Plärrer 41, 90429 Nürnberg
Telefon: 0911/9296553, www.planetarium-nuernberg.de

0936 Turmdersinne, Nürnberg

Bauklötze staunen

Ein Museum zum Anfassen – oder „Hands-on-Museum" in englischem Neudeutsch – haben Nürnbergs Stadtväter ihren großen wie kleinen Bürgern und deren Gästen geschenkt. Eine klasse Sache, denn hier dreht sich alles darum, wie man mit allen Sinnen begreifen kann: In dem wissenschaftlich orientierten Museum geht es um das Erleben und Staunen und eben um das, wie es die Macher nennen, Be-greifen!

Kinder, Jugendliche und Eltern erleben in dem historischen Nürnberger Stadtmauerturm eine beeindruckende Welt der Wahrnehmung. Installatio-

nen rund um die Sinnestäuschungen, konzipiert nach einem naturwissenschaftlichen Konzept, führen die Familien auf die Schliche alltäglicher Phänomene. Zwei faszinierende Beispiele gefällig? Ein Raum, in dem jeder Gast ohne technische Tricks vom Riesen zum Zwerg mutiert; ein Raum, der die Familien gleichzeitig extrem heiß und eiskalt spüren lässt. Weitere Überraschungen und wissenschaftliche Unglaublichkeiten verbergen sich an anderer Stelle im Turmdersinne. Eine besondere Attraktion dieser Nürnberger Wissenschaftshochburg ist der „sensorische Homunkulus": Eine interaktive Multimedia-Station, die längst Kultstatus besitzt. Seien Sie gespannt, und viel Spaß in dieser Wunderwelt der Wissenschaft!
Auf insgesamt fünf Etagen stehen im Turmdersinne die Exponate für Kinder ab acht Jahren und deren Eltern bereit und laden ganzjährig zum Anfassen, Ausprobieren und Experimentieren ein.

Turmdersinne
Spittlertorgraben, Ecke Mohrengasse, 90429 Nürnberg
Telefon: 0911/9443281, www.turmdersinne.de

0937 Kinder- und Jugendmuseum, Nürnberg

Das fahrende Museum auf Tour

Seit 1980 kommt das „Museum im Koffer" in Nürnberger Schulen, Kindergärten und Bildungseinrichtungen. Wer will, kann das mobile Museum auch bundesweit buchen und sich von den Nürnbergern – wo immer in Deutschland – „belehren" lassen. Ende April 2001 eröffnete im ehemaligen Schlachthof an der Rothenburger Straße das Kinder- und Jugendmuseum im sogenannten Kachelbau. Der Trägerverein, der gemeinnützige Verein Museum im Koffer e. V., hat so zum mobilen Betrieb auch ein Kinderkulturzentrum in Nürnberg installiert. Bravo: Auf große wie kleine Besucher warten – neben dem Kinder- und Jugendmuseum – auch das Theater Mummpitz und der Kinderzirkus mit dem Kinderspektakel CRI-CRI. Das ist freilich dreifach schön!
Los geht die Besucherreise bereits im Foyer mit Café und kindgerechtem Museumsshop, bevor die zwei Ausstellungsräume des Kinder- und Jugendmuseums locken und der Theatersaal große Bühnenerlebnisse verspricht. Im Museum gibt es Interessantes und Wissenswertes über die Welt unserer Urgroßeltern zu erfahren, aber auch einige Schätze unserer Mutter Erde zu

entdecken. Wechselnde Sonderausstellungen sorgen für Abwechslung und rechtfertigen mehr als bloß einen Besuch. Das Theater Mummpitz ist seit vielen Jahren ein Garant für „engagiertes, gutes und frisches Theater", das sich an Kinder richtet. „Mit Mumm und Witz erzählen wir Geschichten", versprechen die Betreiber. Im Kinderzirkus schließlich erleben die Kleinen große Momente in der Welt der Manege.
Zu erreichen ist die für die ganze Familie lohnenswerte Einrichtung ganz leicht über die Webergasse, die direkt auf das Gelände des alten Schlachthofs an der Rothenburger Straße abzweigt.

Kinder- und Jugendmuseum im Kachelbau
Michael-Ende-Straße 17, 90439 Nürnberg
Telefon: 0911/600040, www.kindermuseum-nuernberg.de

0938 DB Museum, Nürnberg

Der Adler auf den Gleisen

Im Museum der Deutschen Bahn (DB) haben kleine und große Jungs ihre helle Freude – auch wenn eine der Hauptattraktionen bei einem schlimmen Brand starken Schaden nahm: Der fahrtüchtige Nachbau des „Adlers", jene Lokomotive also, die als erste deutsche Eisenbahn auf der Strecke Nürnberg–Fürth fuhr, wurde am Abend des 17. Oktobers 2005 bei einem Brand im Ringlokschuppen des Museums stark beschädigt. Gottlob fährt die 1935 angefertigte Nachbildung des Adlers heute wieder.

Mit dem Adler fing alles an

Natürlich fehlt es in den frisch renovierten Mauern nicht an Originalen: Von den Anfangstagen des Adlers bis zu den modernen ICE-Zügen – im DB Museum wird dem Eisenbahnliebhaber warm ums Herz. Besonderes Augenmerk verdienen ein Wagen der Ludwigsbahn aus dem Jahre 1844 und die Lokomotive Nordgau (1853) – zwei der ältesten in Deutschland im Original erhaltenen Eisenbahnfahrzeuge. Für Faszination sorgt ebenfalls der Salonwagen König Ludwigs II. samt seinem prächtigen Interieur. In der gut 1.000 m^2 großen, durchaus auch für Kinderbelange konzipierten Eisenbahn-Erlebniswelt wird die Welt der Loks und Züge (be)greifbar: Die Modellsammlung, im Maßstab 1:10 gehalten, präsentiert 160 Exponate, die seit Ende des 19. Jahrhunderts gebaut worden sind – und durch ihre Exaktheit auch in Detailfragen glänzen; das ist wahren Eisenbahnliebhabern besonders wichtig: Authentizität selbst im kleinsten Bauteil. Das Museum, das sich grob in Hauptgebäude und Fahrzeughalle gliedern lässt, bietet seinen Gästen außerdem begehbare Tunnel und Bahnübergänge, die erkundet werden wollen, Signale und Weichen, die von Besucherhand gesteuert werden dürfen, und nicht zuletzt Fahrsimulatoren, die dem Probanden ein beeindruckendes Bild des recht anstrengenden Arbeitsalltages eines Lok- oder Zugführers versprechen. Eine eigene Erlebniswelt erwartet die Kleinsten: Die größte Holzeisenbahnanlage Deutschlands darf hier, im Heimatmuseum der Deutschen Bahn, nicht fehlen.

DB Museum im Verkehrsmuseum Nürnberg
Lessingstraße 6, 90443 Nürnberg
Telefon: 0180/4442233, www.db.de/site/dbmuseum/de/start.html

0939 Stadionbad Nürnberg

Bad in der Geschichte

Zu Füßen des Frankenstadions liegt das sehenswerte Stadionbad Nürnberg. Gebaut im Jahre 1928, steht es unerwartet stark im Kontrast zu nationalsozialistischer Architektur. So ist besonders an den Bauten der Toiletten-, Duschen- und Umkleidehäuser der Einfluss des legendären Bauhaus-Stils zu bewundern. Zwar hat die in den achtziger Jahren eingebaute Riesenrutsche das altehrwürdige Antlitz dieses Freibads nachhaltig verändert, aber für die heutigen Ansprüche an ein modernes Spaßbad schien der Umbau unumgänglich; die blanken Besucherzahlen jedenfalls geben den Nürnberger Bädermachern eindeutig Recht. Und trotz aller Modernisierungsarbeiten sind sich Experten weithin einig: Das Stadionbad in Nürnberg gehört zu den schönsten und beeindruckendsten Schwimmbädern im gesamten Bundesgebiet.
Das Stadionbad zählt – zusammen mit dem Frankenstadion – zu einem beispielhaften Gesamtensemble aus Volkspark, Spielwiesen, Schrebergärten und weiteren Sportstätten.
Hier – auf dem Boden des ehemaligen Reichsparteitagsgeländes – ist, zusammen mit großem und kleinem Dutzendteich, Zeppelinfeld und Messezentrum, auch ein Dokumentationszentrum untergebracht, das einen vorbildlichen

Umgang mit der deutschen NS-Geschichte pflegt und für einen Familienbesuch ausdrücklich zu empfehlen ist.

Stadionbad Nürnberg, Hans-Kalb-Straße 42, 90471 Nürnberg
Telefon: 0911/869287, www.nuernbergbad.de

0940 Sea Life, Nürnberg

Im Unterwassertunnel durchs Meer spazieren

Was schwimmt denn da? Es ist platt und bewegt sich wie ein alter Putzlappen im Wasser. Das kann doch kein Fisch sein? Doch, es kann!
Allerdings muss man lange hinschauen, wenn man ihn genau erkennen will, denn erstens passt sich seine Farbe zur Tarnung an die Umgebung an, und zweitens gehen Körper und Kopf direkt in die Flossen über. Wo hört der Kopf auf? Wo fängt die Flosse an? Damit man die Bewohner der Nord- und Ostsee – wie diesen Rochen – genau betrachten kann, sind sie in 30 Aquarienbecken für die Besucher des Sea Life präsent.
Besonders schön ist das Berührungsbecken, wo Kinder Bekanntschaft mit Seesternen machen. Die Quallen sind aber glücklicherweise in einem hohen Glaszylinder sicher untergebracht, es reicht schon, wenn man den glitschigen Zeitgenossen beim Schwimmen in der Ostsee begegnet. Und auch die Seepferdchen gehören zu den Fischen, und bei ihnen gebiert seltsamerweise das Männchen den Nachwuchs. Das alles erfährt man nicht nur auf Informationstafeln, sondern auch von den freundlichen Mitarbeitern, die gern alle Fragen beantworten, bevor man sich auf die spannende Expedition durch den Unterwassertunnel begibt.

Sea Life Nürnberg, Bayernstraße 87, 90478 Nürnberg
Telefon: 0911/988788, www.sealife-europe.com

0941 Kinderzoo im Tierpark Nürnberg

Tiere zum Anfassen

Den Kinderzoo mit dem seltsamen Namen muss die ganze Familie gesehen haben. JAKO-O, der etwas seltsam anmutende Name, ist der Firmenname eines Spezialversandhauses für Kindersachen, das dem Kinderzoo im Tierpark Nürnberg den Namen leiht – und ihn finanziell tatkräftig unterstützt! Es ist zwar ein Zoo für die ganze Familie, aber da dem Sponsor besonders kleine Menschen am Herzen liegen, sind all jene Sprösslinge eingeladen, die drängende Fragen zu großen wie kleinen Zoobewohnern haben. Der Nachwuchs kann hier in den Gehegen auf Tuchfühlung mit den Tieren gehen. Im Nürnberger Kinderzoo wird eifrig gestreichelt, und es werden Freundschaften zwischen Mensch und Tier geschlossen. Getreu dem Motto „Sehen, Lernen, Schützen“ werden alle tierlieben Kinder mit der Tierpflege vertraut gemacht. Ob beim Pferde-Striegeln, Ziegen-Melken oder Schafe-Scheren: Kids lernen spielerisch den Umgang mit Vierbeinern, lernen Verantwortung gegenüber Tieren und ihrer Umwelt zu übernehmen. Kindgerechte Erklärungstafeln geben der Idee des Kinderzoos auch einen theoretischen Überbau, der – wohlgemerkt – niemals mit erhobenem Zeigefinger die Tierwelt zu erklären versucht. Das Konzept der Nürnberger Tierparkbetreiber ist also vorbildlich: frühkindliche Bildung in Sachen Natur- und Tierkunde.

Neben den bekannten Haustieren wie Hasen, Schweinen und Meerschweinchen leben im Kinderzoo auch Kamerunschafe, Zwergziegen, Alpakas und viele andere interessante, weil exotische Tiere. Dass seit Anfang der achtziger Jahre im Tiergarten Nürnberg auch eine stark bedrohte Tierart erfolgreich gezüchtet wird, die Rotkopfschafe nämlich, ging zuletzt ein wenig unter. Denn allen anderen Tieren stiehlt im Augenblick eine kleine Eisbärin die Show: Flocke wohnt gleich nebenan im Nürnberger Zoo!

JAKO-O Kinderzoo im Tiergarten Nürnberg
Am Tiergarten 30, 90480 Nürnberg
Telefon: 0911/5454801
www.tiergarten.nuernberg.de

0942 Megilo – Archäologischer Spielplatz, Nürnberg

Ritter, Römer, Steinzeitmensch

Das Prinzip der lehrreichen Einrichtung ist simpel wie genial: Hier, im Nürnberger Stadtteil Mögeldorf, dürfen Kids in fremde Rollen schlüpfen. Auf den Spuren alter Völker und Epochen, im spielerischen Dialog mit Zeit und Natur, erleben sie unbeschwerte Stunden und lernen dabei. Auf dem Archäologischen Spielplatz bekommen sie alles Material an die Hand, das sie für ihre Expeditionen in die Vergangenheit brauchen.

Rund 6.000 m^2 Spielfläche stehen den kleinen Forschern für die faszinierende Spurensuche zur Verfügung. Das landschaftlich reizvolle Areal sorgt für authentisches Abenteuerfeeling: üppige Wiesenflächen, ein idyllisches Weidendickicht und – gut geschützt vor neugierigen Blicken aus der Gegenwart! – Hecken, Büsche und Bäume, die das Gelände umsäumen. Auf dem weiten Feld üben sich Kinder im Zusammenspiel mit geschultem Personal an zeittypischen Praktiken; im spielerischen Umgang mit den Elementen – Wasser, Erde, Luft und Feuer – lernen sie Vernunft und sicheres Handeln, nicht zuletzt, weil sie hier ihre eigenen Erfahrungen machen dürfen. Bei allem Tun und Treiben – aus pädagogischer Sicht versteht sich der Archäologische Spielplatz als Einrichtung der „offenen Kinderarbeit“: „Wesentliches Grundprinzip ist die Freiwilligkeit der Besucher“, also auch der Eltern. Die Betreiber, die Naturhistorische Gesellschaft Nürnberg, verstehen ihre Institution als „Spiel- und Übungsfeld für politische wie ökologische Bildung und soziales Lernen“.
Verschiedene Veranstaltungen wie Gruppen-Expeditionen in die nähere Umgebung, Töpferkurse und Besuche benachbarter Museen stehen ebenso auf der Agenda wie der Wille, den Kindern von heute auf spielerische Weise die Kräfte der Natur und den Umgang mit den Elementen zu vermitteln.

Megilo – Archäologischer Spielplatz, Rehhofstraße
90480 Nürnberg, Stadtteil Mögeldorf, OT Rehhof
Telefon: 0911/227970 (Trägergesellschaft)

0943 Tiergarten Nürnberg

Tiere in natürlichen Wald- und Felskulissen

Etwa 2.400 Tiere aus aller Herren Länder tummeln sich in den naturnah gestalteten Gehegen des Nürnberger Tiergartens. Allen voran – wie jeder weiß – das Eisbärenmädchen „Flocke“, die es ihrem Artgenossen „Knut“ im Berliner Zoo gleichtut und mit mächtiger Medienpräsenz die Werbetrommel rührt; denn schließlich geht es hier nicht um Kuscheltiere, sondern um den Klimaschutz, für den man ja schließlich etwas tun muss. Ganz so schwer arbeiten müssen die anderen Tier-Kollegen nicht, oder etwa doch?
Na ja, die Delphine müssen schon ganz schön trainieren, damit sie es ihrem Publikum täglich recht machen können. Sie sind seit 1971 eine Attraktion, und zur Belohnung bekommen sie demnächst eine Delphin-Lagune, die erste

Außenanlage dieser Art in Deutschland. Kinder ab 8 Jahren dürfen sogar einen Nachmittag lang im Delphinarium Seelöwen und Delphine sozusagen backstage erleben und viel über sie lernen. Das ist allerdings nicht ganz preiswert.

Tiergarten Nürnberg, Am Tiergarten 30, 90480 Nürnberg
Telefon: 0911/5454801, www.tiergarten.nuernberg.de

0944 Playmobil-Funpark, Zirndorf

Im Land der Kunststoffmänner

Ein Besuch lohnt sich: Hier begegnet man den Playmobilmännern endlich einmal auf Augenhöhe. Und auch wer schon mal da war, sollte wiederkommen, denn seit Sommer 2008 erweitert ein nagelneuer Aktivbereich in Form einer 3.000 m² großen Parkanlage den auch sonst nicht an spaßbewährten Spielstätten armen Funpark.

In der Welt der kleinen Plastikmännchen

Alle Welten, die man aus dem kunterbunten Playmobil-Universum kennt, finden sich hier, im schönen Zirndorf westlich von Nürnberg, wieder: Piraten-, Ritter-, Dschungelwelt und freilich auch der Wilde Westen. Nicht nur der Nachwuchs kennt sich bestens aus, auch dem Papa wird zwischen den rührigen Kulissen ganz warm ums Herz – schließlich spielen mit Playmobil bereits ganze Generationen von Jungs. In bewährter Optik und Sicherheit präsentieren sich auf dem Areal des Playmobil-Funparks jedoch auch alle Insignien, die ein Freizeitpark mit Anspruch auf Action und Abenteuer hegt: Das Baumhaus garantiert Spannung in luftigen Höhen; im HOB-Center, einem 5.000 m² großen Spielparadies, kommen auch Naschkatzen auf ihre Kosten; und obligatorisch ist der Klettergarten, dessen Alleinstellungsmerkmal ein Lichterlabyrinth ist.

Im neu geschaffenen Aktivbereich wird Wert auf sinnvolles Spielgerät für alle Altersklassen gelegt: Zwischen den Seilen und auf Drehscheiben tummeln sich die Mini-Aktivisten und bleiben – nach Alter – doch unter sich. Auch Ersatzkleidung sollte an Bord des Familienautos sein, plant man einen Stopp im einzigartigen Playmobil-Universum: In den Wasserwelten, wo Kanäle und

Spielbereiche für weitere Möglichkeiten zum Austoben sorgen, geht es nämlich logischerweise nicht ohne Wasserkontakt. Im Funpark-Shop schließlich sind Souvenirs zu erwerben, die den Tag in den coolen Kulissen der Kunststoffmänner zu einem unvergesslichen Erlebnis für die ganze Familie machen.

Playmobil-Funpark, Brandstätterstraße 2–10, 90513 Zirndorf
Telefon: 0911/96660, www.playmobil-funpark.de

0945 Megaplay, Schwanstetten

Spaß und Spiel bei jeder Witterung

Wenn es draußen stürmt und schneit, die Kinder sich aber richtig austoben wollen, empfiehlt sich der Indoorspielplatz Megaplay. In der über 2200 m² großen Halle können die Kleinen ausgelassen hüpfen, rutschen und klettern, während Mama und Papa selbst einen Kaffee genießen. Sogar Kindergeburtstage lassen sich hier flexibel feiern. Das Bistroteam verwöhnt zwar gern die kleine Partygesellschaft, es dürfen aber auch eigene Speisen und Getränke mitgebracht werden. Wer es unkompliziert mag, ist im Megaplay genau richtig.

Megaplay Kinderspielparadies GmbH
In der Alting 1, 90596 Schwanstetten
Telefon: 09170/946293, www.megaplay.info

0946 Rundfunkmuseum, Fürth

Entwicklung von Rundfunk und Fernsehen

Daily Soaps, MP3-Player, Karaoke und Hörbücher prägen heutzutage die Freizeit der Kinder. Wie das alles einmal begann, erfahren sie im Rundfunkmuseum in der alten Grundig-Direktion in Fürth. „Vom Grammofon zur CD“, „Rundfunk im 3. Reich“ oder „Die Geschichte des Fernsehens“ sind spannende Stationen auf dem Rundgang durch das Museum. Es werden spezielle Führungen für Kinder und Schulklassen angeboten, bei denen die Kinder auch durch Rätsel, Spiele oder die Entwicklung von spannenden Hörspielen aktiv eingebunden werden. Das Museum bietet auch die Möglichkeit, Kindergeburtstage hier zu feiern.

Rundfunkmuseum, Kurgartenstraße 37, 90762 Fürth
Telefon: 0911/7568110, www.rundfunkmuseum.fuerth.de

0947 Fossilien-Museum Fürth

Eine Reise in die Welt der Saurier

Die Ausstellungsstücke im Fossilien-Museum erzählen uralte Geschichten. Speziell im Städtedreieck Nürnberg/Fürth/Erlangen werden immer wieder bis zu 220 Millionen Jahre alte Fossilien gefunden. Diese versteinerten Schätze geben wichtige Hinweise auf die Entwicklung der Lebewesen.
Highlights in der Ausstellung sind der Tarbosaurus und der Schädel eines Spinosauriers von beeindruckenden 1,3 Meter Länge. In einer Filmecke werden die Riesen in Aktion gezeigt. Aber die Kinder können nicht nur schauen, es gibt auch einige spannende Aktivitäten im Museum, beispielsweise den Klopfplatz. Mit festem Schuhwerk, Schutzbrille, Hammer und Meißel suchen die kleinen Besucher im Sand nach Fossilien, arbeiten die pflanzlichen oder tierischen Elemente heraus und nehmen sie mit nach Hause. In einer Dinowerkstatt basteln Kinder unter Anleitung Dinofiguren und haben so auch gleich ein schönes Souvenir zum Andenken an den Museumsbesuch. Und wer das Fossilien-Museum auch mal seinen Freunden zeigen will, der feiert einfach seinen Geburtstag hier.

Fossilien-Museum
Espanstraße 1, 90765 Fürth-Poppenreuth
Telefon: 0911/7665960
www.fossilien-museum.com

0948 Freizeit- und Familienbad Atlantis, Herzogenaurach

Piloten in Badehosen

Besonders für Kinder bietet das authentische Familienbad im schönen Mittelfranken eine Menge – Stichwort „Action-Zone“: In der „Black-Hole-Rutsche“ wird (nicht) nur Angsthasen schwarz vor Augen, wenn es durch das dunkle Röhrenlabyrinth pfeilschnell nach unten geht; sogar an einen Tempomesser, der den Piloten in Badehosen die Geschwindigkeit anzeigt, wurde im Zielbecken gedacht. Im „Crazy River“, einer knapp 130 m langen Reifenrutsche mit Wildwassereffekt, ist das Tempo zwar gemächlicher, der Drehwurm dafür umso doller. Kleine wie große Wasserratten erholen sich davon auf den Rücken der Atlantis-Wellen. Im Kinder-Abenteuerland – einem eigens für

den Nachwuchs konzipierten Badebereich – dürfen die „Freibeuter der Meere“ mit Wasserkanonen hantieren.
Als echte Attraktion gilt auch das Wellenbecken; im Außenpool herrscht bei wohligen Wassertemperaturen – 34 Grad! – beste Stimmung unterm Himmelsdach. Und in der Relaxlandschaft warten Whirlpools, Saunen und Solarien auf Erholungssuchende. An den Familientagen stehen Spiel und Spaß, Erholung und Regeneration unter einem besonders günstigen Stern – zumindest, was Papas Portemonnaie betrifft!

Freizeit- und Familienbad Atlantis
Würzburger Straße 35, 91074 Herzogenaurach
Telefon: 09132/73850, www.atlantis-bad.de

0949 Fränkisches Wunderland, Plech

Mit Karacho durchs Wunderland

Das altehrwürdige Fränkische Wunderland bei Plech, 1976 gegründet und zwischen Bayreuth und Nürnberg pittoresk in einer weiten Senke gelegen, begeistert noch heute junge wie alte Besucher. Pünktlich zum 25-jährigen Jubiläum wurde ein Riesenrad, mit urigen Westerngondeln bestückt, in die weiten Wiesen gepflanzt. 2004 kam mit dem Slingshot – einem Katapult namens „Fort Laramie“, das Passagiere in Sekundenbruchteilen auf 65 m Höhe schleudert – das bis dato letzte Highlight einer ganzen Reihe hochklassiger Attraktionen hinzu. Beliebt bei Groß und Klein ist etwa die Achterbahn „Kansas-City-Express“: Da rattert und da knattert es – sehr zur Freude der Familienausflügler, die in der Saison in Scharen kommen. Viele weitere Fahrgeschäfte und Freizeitwelten befinden sich in dem über 15 Hektar großen Wunderland. Klar, dass für Besucher jeder Altersstufe etwas Passendes dabei ist: Babyland, Märchenwald, Funland und die Westernstadt – Freizeitspaß und Abenteuer sind garantiert!
Eine weitere Schiene, die die Western-Wunderland-Macher im wilden Osten Bayerns fahren, ist die Event-Show-Schiene. Die wichtigsten und weithin beliebtesten sind hierbei: die elektrische Geistershow namens „Geisterstunde“ in Tombstone und die im Original-Mandan-Erdhaus vorgetragenen Ritentänze der Azteken-Indianer. Beide Shows versprechen kurzweilige Spektakel – zu genießen mit der ganzen Familie. Apropos: Die Hotspots für den Hunger heißen „Saloon Blue-Billy“, „Cafe Mexico“ und „Golden Mine Saloon“.

Barbeque und kühles Bier, Pommes mit Majo, Wassereis – im Wunderland Plech ist für jeden Geschmack das Richtige dabei.

Fränkisches Wunderland, Zum Herrlesgrund 13, 91287 Plech
Telefon: 09244/9890, www.wunderland.de

0950 Fränkisches Spielzeugmuseum, Gößweinstein

Ein Spiegel der Zeiten

Die Deutsche Spielzeugstraße zieht sich von Thüringen aus quer durch Franken. An ihr reihen sich zahlreiche Produktionsstätten, Museen, Puppenwerkstätten, Schauräume und Erlebnisparks rund um das Thema Spielzeug auf wie Perlen an einer Schnur. Eine dieser Perlen ist das Fränkische Spielzeugmuseum in Gößweinstein. Diese wegen Ihrer Burg und der prächtigen Barockbasilika vielfrequentierte Stadt bietet ein optimales Umfeld für das Spielzeugmuseum, das in einem denkmalgeschützten Postgebäude von 1834 untergebracht ist. Auf drei Etagen erhalten Besucher einen umfassenden Überblick über die fränkische Spielwarenproduktion bis in die 1960er Jahre. Vor Omas Puppenstuben und Kaufmannsläden, die detailgetreu in liebevoller Kleinarbeit kreiert worden sind, oder vor buntem Blech- und Holzspielzeug sieht man große, staunende Kinderaugen. Sonderausstellungen und Spielzeugbörsen locken immer wieder Liebhaber bestimmter Themenkreise, weit über die Region hinaus, an.

Fränkisches Spielzeugmuseum
Balthasar-Neumann-Straße 15, 91327 Gößweinstein
Telefon: 09242/743577, www.spielzeugmuseum-goessweinstein.de

0951 Erlebnispark Schloss Thurn, Heroldsbach

Zu Besuch bei einem waschechten Grafen

Der kleine, aber feine Erlebnispark liegt günstig zwischen Erlangen und Höchstadt nahe dem Frankenschnellweg. Mit seinen rund 30 Attraktionen und vier Shows bietet der Vergnügungspark allen Familienausflüglern ein optimales Freizeitvergnügen im sanft geschwungenen Frankenland. Schon 1975, im Eröffnungsjahr des Vergnügungsparks, galt die Prämisse, dass der alte Schlosspark, in dessen Mitte eine rund 400 Jahre alte Eiche steht,

Schutzgebiet für Pflanzen und Tiere bleiben soll. Der heutige Besitzer des Schlosses Thurn hat den Schlosspark Schritt für Schritt im Einklang mit der Natur zu einem Erlebnispark umgestaltet und seit der Eröffnung ständig erweitert.

Ein echter Raubritter

Hauptattraktionen sind: eine Dampfeisenbahn, die kreuz und quer auf dem Areal ihre Bahnen zieht; eine aufsehenerregende Familienachterbahn, die auch in diesem Vergnügungspark nicht fehlen darf; eine Wildwasserbahn, die mit steilen Abfahrten besonders Wagemutige lockt; die Wasserbob-, Schwebe- und Monza-Rennbahnen; mehrere Abenteuerspielplätze, die hier wie da angelegt wurden. Und damit sich das von den Betreibern angebotene Familien-Wochenende wirklich lohnt, gibt es obendrauf vier ausgeklügelte Show-Konzepte im Erlebnispark Schloss Thurn: Ob Kinderzauber-, Wunderdoktor-, oder Wild-West-Stunt-Show – es bleibt kein Auge trocken bei so viel Witz und Fantasie. Den absoluten Höhepunkt jedoch bilden die Ritterturniere mit artistischen Showeinlagen hoch zu Ross – das haut das hartgesottenste Raubein aus dem Sattel ...

Schnell ein Zimmer reservieren und Kind und Kegel eingepackt – die fränkischen Freizeitmacher freuen sich auf Familienbanden von nah und fern. Und wer weiß, vielleicht schaut sogar der Hausherr auf einen Kuchen im Park-Café vorbei? Graf Hannfried von Bentzel-Sturmfelder-Horneck wohnt nämlich mit seiner Familie stilecht auf Schloss Thurn.

Erlebnispark Schloss Thurn
Schlossplatz 4, 91336 Heroldsbach
Telefon: 09190/929898, www.schloss-thurn.de

0952 Binghöhle, Burgruine Naideck und Felsenlabyrinth, Wiesenttal

Ausflugsziele im Wiesenttal

Die Fränkische Schweiz ist attraktiv – für große wie für kleine Besucher! Eine besonders reizvolle Ecke dieses zwar provinziellen, aber betörend schönen Stückchens Bayern samt seiner tiefen Täler, herrlichen Höhlen, reizvollen

Ritterburgen und einer Fülle an Felstürmen zieht seit Langem schon die Urlauber an: das wunderbare Wiesenttal.
Im Herzen der Fränkischen Schweiz gelegen, geizt das Wiesenttal nicht mit Sehenswürdigkeiten. Da wäre die Binghöhle zu nennen: Sie zählt zu den schönsten Tropfsteinhöhlen Deutschlands, und unter den vielen touristisch erschlossenen Höhlen der Fränkischen Schweiz glänzt sie mit besonders bizarren Tropfsteinformationen. Die Binghöhle, benannt nach ihrem Entdecker Ignaz Bing, erstreckt sich auf einer Gesamtlänge von nicht ganz 400 m, ihr imposantester Teil ist der Kerzensaal, gleichzeitig der größte Raum, wo die prächtigen Tropfsteingebilde nicht selten lustige Namen tragen.
Die Burgruine Neideck ist die größte Burg in der Region und das Wahrzeichen der Fränkischen Schweiz. Hier droben wird die pittoreske Bilderbuchromantik des Wiesenttales mit allen Sinnen spürbar.
Besonders für Kids verspricht jedoch eine andere „Steinmasse“ den Höhepunkt eines jeden Aufenthaltes in der Region: der Druidenhain. Weniger die im fränkischen Raum gebräuchliche und vielerorts zitierte, weil einleuchtende Feststellung, dass es sich hierbei um eine „auffällige Anordnung der Steine und ihre zum Teil seltsamen Ausformungen“ handelt, begeistert Besucher von nah und fern. Grund ist – wie so oft, wenn es vermutlich um eine keltische Kultstätte geht – der bloße Reiz, der sich um das Keltenvolk rankt. Bemooste Brocken aus Jura-Gestein, manche Tausende Tonnen schwer, liegen, wie von Geisterhand geordnet, in einem beim Örtchen Wohlmannsgesees situierten Mischwald aus Buchen und Fichten. In der Hallstatt- und Latènzeit (ca. 800 v. Chr. bis zu Christi Geburt) sind keltischstämmige Siedlungen in Oberfranken wohl nachweisbar. Ob der Druidenhain als Kultstätte der keltischen Priesterkaste – deren Zaubermacht bis heute in den Sternen steht – diente, konnte hingegen noch nicht nachgewiesen werden. Immerhin hat man den wichtigsten, weil besonders auffälligen Steinen Namen gegeben.

Markt Wiesenttal, Touristinformation
Forchheimer Straße 8, 91346 Wiesenttal
Telefon: 09196/19433, www.wiesenttal.de

0953 Fränkisches Freilandmuseum, Bad Windsheim

Fränkische Zunft

Das 45 Hektar große Freilandmuseum bei Bad Windsheim, einer Stadt im mittelfränkischen Landkreis Neustadt an der Aisch-Bad Windsheim, lockt

Gäste von nah und fern. Tourismus ist den Bad Windsheimern ein wohlbekannter Begriff; neben dem Fränkischen Freilandmuseum sind es besonders die Heilquellen und das romantische Gepräge der Natur an und für sich, die ihnen zu so viel Fremdenverkehr verhelfen. An vorderster Front in Sachen Freizeitvergnügen rangiert eindeutig das hiesige Fränkische Freilandmuseum. Am Rande der Altstadt gelegen, ist das historische Häuserensemble samt Hofareal ein echter Hingucker für Groß und Klein. Das Museum wächst und gedeiht: Ständig werden weitere typisch mittelfränkische Gebäude möglichst originalgetreu wiedererrichtet – mehr als 80 Gebäude schmücken derzeit das Gelände! Dieses ist freilich auch Schauplatz geschichtlicher Vorführungen: Handwerker in historischen Trachten zeigen ihre Zünfte den weitgereisten Stadtmenschen von heute. Das Fränkische Freilandmuseum lohnt immer einen Besuch; vor allem kleine Gäste machen große Augen auf dem weitläufigen Gelände, weil hier alles so schön harmonisch aussieht.

Entspannen in historischer Kulisse

Und aufgepasst: Zuletzt haben sich fünf Störche für das Nest auf der Spitalkirche an der Rothenburger Straße in Bad Windsheim interessiert. Ob die noch da sind?

Fränkisches Freilandmuseum, Eisweiherweg 1, 91438 Bad Windsheim
Telefon: 09841/66800, www.freilandmuseum.de

0954 Barfuß- und Naturerlebnispfad Windelsbach

So weit die Füße tragen

Barfuß gehen macht Spaß und ist gesund. 1992 wurde der erste Barfußpfad in Deutschland eingerichtet, seitdem erfreut sich dieser Trend zunehmender Beliebtheit, besonders bei Kindern. Denn letztendlich ist allen klar: Barfußlaufen kräftigt die Muskeln, Sehnen und Bänder und macht Gelenke beweglich. Zudem schärft es die Sinneswahrnehmung und fördert das Koordinationsvermögen. So sollte man beizeiten anfangen, die Füße fit und beweglich zu halten, auch um Knie und Rücken zu entlasten.

Windelsbach hat dazu einen 1,5 Kilometer langen Naturpfad eingerichtet, der zunächst am Waldrand entlang über einen Wiesenweg führt. Am Rande des Weges stehen Kästen, in denen die Barfußläufer unterschiedliche Materialien ertasten. Durch einen Laubwald führt der Weg weiter, an Informationstafeln vorbei, auf erdigem Boden. Dann folgt eine Strecke, auf der die Füße verschiedene Materialien fühlen. Ein Balancierstamm, eine Schlammstrecke und eine Strecke, die man mit geschlossenen Augen laufen soll, geben zusätzliche Impulse.

Gemeinde Windelsbach
Rothenburger Straße 5, 91635 Windelsbach
Telefon: 09867/443
www.barfusspark.info/parks/windelsbach

0955 Schnuppertörns auf dem Brombachsee, Langlau bei Gunzenhausen

Segel hissen, Leinen los!

Für Menschen ohne Wasserscheu und ab sieben Jahren bietet ein Segelschnupperkurs auf dem Brombachsee unvergessliche Sommererlebnisse!
Für absolute Laien – die freilich neugierig aufs Segeln sind – ist die Sache wie gemacht, wenn es heißt: Segel hissen, Leinen los! Etwa eine Stunde dauert der Törn auf dem Kleinen Brombachsee nahe Langlau bei Gunzenhausen. Ganz nach Lust und Laune kann man es sich entweder auf den Bootsplanken gemütlich machen und dem Skipper die Arbeit an Winden und Seilen überlassen, oder man wird selbst aktiv: Passagiere dürfen ausdrücklich auch selbst Hand ans Steuerrad anlegen. Die ersten Griffe gehen den meisten Novizen überraschend flott von der Hand.
Drüben, an den Ufern des Großen Brombachsees, ist es möglich, mit Katamaranen erste Erfahrungen zu sammeln: Auch für diese Boote mit zwei Rümpfen werden Schnupperkurse angeboten. Das Seemannslatein gibt es hier wie da quasi als Zugabe gratis obendrauf. Und egal, ob auf dem Katamaran oder dem Segelboot: Wer einmal mit windgeblähten Segeln übers Wasser geflitzt ist, hat – bei passendem Wetter – die perfekte Mischung aus Thrill und Easy Living erlebt. Also: An genügend Sonnenschutz denken und vielleicht noch ein zweites Paar Schuhe einpacken. Brillenträger nehmen ein entsprechendes Sicherungsbändel mit.

Wer will da noch Tret- oder Schlauchboot fahren? Anmelden zu den Schnupperkursen kann man sich z. B. bei der Segelschule Greubel. Doch Vorsicht, denn es heißt: Segeln macht süchtig!

Kleiner und Großer Brombachsee, bei Langlau, 91710 Gunzenhausen

Segelschule Greubel, Deichslerstraße 17, 90489 Nürnberg
Telefon: 0911/5882626, www.greubel.de

0956 Sommerrodelbahn Erlebnispark Pleinfeld, Ellingen

Rodeln, springen, minigolfen - alles ist möglich

Wer supergern rodelt, musst jetzt nicht mehr auf den Winter warten. Ab geht's in die wunderschöne Urlaubsregion „Fränkisches Seenland", denn dort befindet sich das Objekt der Begierde: eine Sommerrodelbahn. Die Schlitten sind flach und werden in einer Edelstahlmulde geführt. Bodenwellen, Fliehkraft und Wetter machen die Fahrt zu einem echten Live-Event. Angsthasen können die Bremse ziehen, wenn es ihnen zu bunt wird, oder sie gehen gleich im Wildpark spazieren, da ist es nicht ganz so aufregend. Wildschweine und Rotwild sind in Gehegen untergebracht. Sportliche Naturen versuchen sich dann aber doch noch mal auf dem Bungee-Trampolin, gleich neben dem Biergarten. Speisen und Getränke sollte man aber doch besser erst nach dem Salto zu sich nehmen ... Und um zum guten Schluss Muskeln und Gelenken eine Schonzeit zu gönnen, wird noch ganz gemächlich der Minigolfball über die Bahnen gekullert.

Sommerrodelbahn Pleinfeld, Schlossstraße 19, 91792 Ellingen
Telefon: 09144/6300, www.sommerrodelbahn-pleinfeld.de

0957 Monte Kaolino, Hirschau

Funsport auf der Halde

Der Monte Kaolino ist nicht der schönste Berg Europas, aber gewiss der eigenwilligste! Im oberpfälzischen Hirschau wird seit 1833 ein Abfallprodukt aus dem nahegelegenen Kaolinabbaugebiet abgeladen. Bei diesem „Müll" handelt es sich um pudrigen, weißen Quarzsand, der den 110 Meter hohen Berg wie mit wunderbarstem Neuschnee bedeckt glitzern lässt. Der Schein trügt nicht: Der Monte Kaolino lädt tatsächlich alle Wintersportbegeisterten zum Skispaß mitten im Sommer ein. Die Abfahrt beträgt 260 Meter und wird von Skifahrern und Snowboardern gleichermaßen geschätzt. Der örtliche Sportverein verleiht die Ausrüstung und trägt auch regelmäßig Meisterschaften aus.

Wem diese Art von Brettersport zu staubig ist, der kann sich in dem frisch renovierten Freibad am Fuße des Berges wie im Karibikurlaub fühlen, Beachvolleyball spielen und den Kindern beim Planschen zusehen. Wer höher hinaus will, schwingt sich nebenan in die Bäume des Kletterparks. Die Parcours haben verschiedene Schwierigkeitsstufen und können auch von Kindern beklettert werden. Neu im Freizeitangebot rund um den Monte Kaolino ist die Sommerrodelbahn, bei der Spitzengeschwindigkeiten von bis zu 40 km/h erreicht werden können. Bis Ende 2008 soll ein Spielplatz mit großzügigem Indoorbereich entstehen.

Freizeitpark Monte Kaolino GmbH, Rathausplatz 1, 92242 Hirschau
Telefon: 09622/81502, www.montekaolino.eu

0958 Oberpfälzer Freilandmuseum, Neusath-Perschen

Leben und Wohnen in der Oberpfalz

Wie die Menschen in den vergangenen Jahrhunderten in der Oberpfalz gelebt haben, das will dieses Freilandmuseum allen seinen Gästen zeigen. Ursprung des Museums ist eine ehemalige Pfarrhofanlage – der Edelmannhof – in Perschen. Angelegt wurde der Hof bereits zu Beginn des 17. Jahrhunderts. Zum Oberpfälzischen Bauernmuseum wurde das Gehöft im Jahre 1964. Als der Bezirk schließlich das Anwesen samt Grundstück erwarb, wurde das Gehöft um das neu errichtete Oberpfälzer Freilandmuseum erweitert. Die Anlage bei Neusath-Perschen – die nunmehr aus zwei Teilmuseen, dem Freilandmuseum in Neusath und dem Bauernmuseum in Perschen, besteht – zählt so zu den größten Museen dieser Art in Bayern.

Die Kulturstätte teilt sich in mehrere Anlagen auf, die thematisch verschiedene Oberpfälzer Regionen abbilden und vorstellen: Stiftlanddorf, Naabtaldorf, Waldlerdorf, Juradorf und Mühlental heißen sie und machen die jeweiligen Arbeits- und Lebenswelten nachvollziehbar. In allen Häusern, Stallungen und auf sämtlichen Freiflächen widmen sich die Museumsmacher verschiedenen Dauerausstellungen, die dem Besucher das oftmals viele Jahrhunderte alte Tagwerk der Menschen dieser Region bildhaft veranschaulichen. Ob Raiffeisen (Genossenschaftsorganisation) in der Oberpfalz, Hauslandschaft des Altmühljura, Kartoffelanbaugeräte oder Flachs- und Leinenproduktion in der Oberpfalz: Hier wird Vergangenheit zur Gegenwart. Jung und Alt erfreuen sich auf den Streifzügen über Stock und Stein, vorbei am Hirtenhaus und an Taubenschlägen. Es geht entlang sehenswerter Fachwerkhaus-Fassaden, und der Zaungast wird Zeuge tierischer Freuden: Kaltblüter stehen auf den Koppeln und mampfen genüsslich ihr Futter. Geistes- und Körperkultur ist das – liegen die Teilmuseen doch gut und gerne drei Kilometer voneinander entfernt.

Oberpfälzer Freilandmuseum
Neusath 200, 92507 Nabburg
Telefon: 09433/24420, www.freilandmuseum.org

0959 Donau-Schifffahrts-Museum, Regensburg

Mit dem Raddampfer über die Donau

Einzigartig ist bereits die Unterbringung des maritimen Museums: In zwei historischen Schiffen, dem Zugraddampfer „Ruthof" und der dieselbetriebenen „Freudenau", sind die sehenswerten Exponate zur traditionsreichen Geschichte der Donauschifffahrt ausgestellt.
Was hier zusammengetragen wurde, haucht den Atem des Wasserstraßentransports im altbayerischen Raum. Ist Regensburg ohne Zweifel dank seiner einzigartigen, seit Sommer 2006 zum UNESCO-Weltkulturerbe zählenden Altstadt immer eine Reise wert, lohnt vor diesem Hintergrund stets auch ein Besuch des Donau-Schifffahrts-Museums.
Was bringt es Kinderaugen zum Staunen! Schon die Ankunft bietet authentisches Flair. Zahlreiche Schautafeln und Schiffsmodelle, die in großer Zahl besonders in der „Ruthof" untergebracht sind, zeichnen die Entwicklung der Donauschifffahrt lehrreich nach – die erhellende Schiffshistorie wird von den Anfängen im Einbaum bis zur Moderne anschaulich dargestellt. Die eigentliche Attraktion ist jedoch keines der Exponate, das wichtigste Ausstellungsstück ist das Schiff an sich. Im Inneren sind Ölbunker, Kessel- und Maschinenraum zu inspizieren. Brücke, Kombüse und die spartanischen Mannschaftsunterkünfte vermitteln ein authentisches Bild vom Leben eines Donauschiffers.

Vor knapp zwanzig Jahren erwarb das Donau-Schifffahrts-Museum den Schlepper „Freudenau“. Das ehemalige Motorzugschiff – 1941 im österreichischen Linz gebaut – verfügte seinerzeit bereits über einen Dieselantrieb. Und anders als die „Ruthof“, die aufgrund der Museumsunterbringung einige bauliche Veränderungen erdulden musste, präsentiert sich die „Freudenau“ praktisch noch im Originalzustand zum Zeitpunkt ihrer Außerdienststellung.
Die „Ruthof“ und die „Freudenau“ liegen seit 2004 am südlichen – rechten! – Flussufer zwischen der Eisernen und der Steinernen Brücke – zwei der bekanntesten Wahrzeichen der schönen Stadt Regensburg in der Oberpfalz.

Donau-Schifffahrts-Museum
Thundorfer Straße/Liegeplatz: Marc-Aurel-Ufer, 93047 Regensburg
Telefon: 0941/5075888, www.schiffahrtsmuseum-regensburg.de

0960 Reptilienzoo Regensburg

Schildkröten, Schlangen & Co.

Hallo, wer traut sich was? Otto, der grüne Leguan im Reptilienzoo Regensburg, wartet auf mutige Besucher, die ihn streicheln. Aber keine Angst, Otto ist zahm und freut sich auf Streicheleinheiten. Ein reiner Reptilienzoo, so wie hier in Regensburg, ist in Deutschland recht selten. Der Zoo beschäftigt sich nicht nur mit der Ausstellung, sondern auch mit der Nachzucht der Tiere. Dem Tierfreund wird etwas Geduld abverlangt, denn Action ist hier unbekannt. Die Terrarienbewohner bewegen sich eher sparsam. So eklig wie manche meinen, sind diese Tierchen gar nicht – und das kann man hier hautnah erleben.

Reptilienzoo Regensburg, Obertraublinger Straße 25, 93055 Regensburg
Telefon: 0941/76929, www.reptilienzoo.de

0961 Hochseilgarten, Kelheim

Kraxelspaß im Kletterwald

Der Hochseilgarten in Kelheim, der niederbayerischen Kleinstadt, die bekannt wurde durch Bier und Barock, sucht seinesgleichen – nicht bloß wegen seiner malerischen Lage auf dem Areal des Naturfreundehauses Hammertal im wunderschönen Sausthal. Der Hochseilgarten wurde in einer Höhe von acht bis zwölf Metern zwischen den dicht stehenden Bäumen gespannt, er setzt keine besonderen Fähigkeiten oder extreme Fitness der kraxelwilligen Gäste voraus. Selbst wer einmal danebentreten sollte, muss nicht um Leib und Leben bangen. In den Seilen des lichten Waldes hängt ein jeder Gast mit entsprechenden Gurten und ist stets behelmt; ein Ausrutscher ist also nicht so schlimm.

Das zentrale Element im Kelheimer Wald des Kletterns ist der Kletterturm: Innerhalb der Seilgarten-Anlage, die u. a. mit einer Seilbahn, Schwebebalken und niederen Elementen wie dem „Mohawk-Walk" üppig ausgestattet ist, dient er quasi als Dreh- und Angelpunkt für Exkursionen durchs Geäst. Und jeder Teilnehmer muss an dem Kletterturm hinauf, ist er doch das Aufstiegselement in die Baumwipfel. Von der oberen Plattform startet der Parcours, der sich – je nach Mutigkeit des Einzelnen – auf verschiedenen Wegen mal mehr, mal weniger verschlungenen Pfades Richtung Mutter Erde windet und schwingt.

Besonders Familien kommen in dem Hochseilgarten Kelheim auf ihre Kosten, verfolgt man doch hier das klare Ziel, mit verschiedenen Schwierigkeitsstufen den verschiedenen Wesenstypen innerhalb des Familienverbundes Rechnung zu tragen. „ Ein unvergessliches Erlebnis" versprechen die Macher des Hochseilgartens, der Kreisjugendring (KJR) Kelheim, ihren Besuchern: „Hier können Sie die eigenen emotionalen und mentalen Grenzen erfahren, Nervenkitzel und Adrenalinschub spüren, den Triumph über die eigenen Ängste erleben." Da muss man nicht MacGyver heißen ...

Hochseilgarten Kelheim
Weltenburger Straße 3, 93309 Kelheim
Telefon: 09441/29307 (Kreisjugendring Kelheim)
www.hochseilgarten-kelheim.de

0962 Vogel- und Tierpark Abensberg

Känguru in Bayern

Abensberg, idyllisch im niederbayerischen Landkreis Kelheim gelegen, bietet seinen Besuchern allerhand Exoten – und manchmal auch Zoten, doch dazu später.

In zuletzt rund 70 robusten Holzvolieren und runderneuerten Flugkäfigen brüten so seltene Arten wie der Schmutzgeier und der südamerikanische Caracara, auch Geierfalke genannt. Doch nicht nur in unseren Breitengraden eher fremdartige Genossen haben hier ein Domizil gefunden. Großzügig angelegte Freigehege, allesamt mit stehenden oder fließenden Gewässern versehen, dienen einer Vielzahl an hiesigen Wasser- und Stelzvögeln als Heim- und Brutstätte. Besonderes Augenmerk richten die Macher dieses kleinen, aber feinen Vogelparks auf bunte wie munter plappernde Papageien sowie Greifvögel und Eulen. Im schattigen Kiefernwald nisten Nandus; gleich nebenan fühlen sich die vom Aussterben bedrohten Waldrapp-Ibisse sehr wohl. Eine Fasanerie rundet die prächtige Vogelschau ab. Zu den im Vogel- und Tierpark Abensberg beheimateten Säugetieren zählen – neben Ziegen und Muntjaks, einer aus Asien stammenden Hirschgattung – auch Affen. Liebevoll gestaltete Infotafeln mit lustigen wie lehrreichen Texten geben stets Auskunft über die dem Zaungast gerade gegenüberstehenden Tiere. Neu in Abensberg: die Greifvogel-Flugschau.
Schlagzeilen machte der Vogel- und Tierpark – neben dem Feuersteinbergwerk von Abensberg-Arnhofen wichtigste Kulturstätte des Städtchens – im Jahre 2000: Damals verschwanden einige Kängurus aus dem Tierpark Abenberg, und Augenzeugen wollten die ausgebüxten Tiere kurze Zeit später an verschiedenen Orten Bayerns gesehen haben. Tageszeitungen aus ganz Deutschland berichteten von der Posse mit den gar nicht mal so possierlichen Tieren. Die neuen Betreiber ließen daraufhin Volieren und Käfige komplett sanieren, damit ein solches Malheur nicht wieder passiert.

Vogel- und Tierpark Abensberg, Welschenbach 3, 93326 Abensberg
Telefon: 09443/7110, www.vogelpark-abensberg.de

0963 Drachenstich-Festspiele, Furth im Wald

Eine Stadt spielt Mittelalter

Der schaurige Drache, der feuerspeiend sein Unwesen treibt, kann erst in der letzten Minute durch einen beherzten Lanzenstoß eines wackeren Further Ritters gestoppt werden. Das Spektakel des Drachenstichs wiederholt sich schon seit über 500 Jahren in Furth im Wald nahe der tschechischen Grenze. Jedes Jahr im August wird Deutschlands ältestes Volksschauspiel von 1.400 kleinen und großen Further Laienschauspielern sowie 250 Pferden, etlichen Greifvögeln und zwei Drachen aufgeführt. Das größere Reptil misst an die 19 Meter und ist mit seinen rauchenden Nüstern sehr furchteinflößend. Aber auch das kleinere Tier von immerhin 6 Meter Größe kann beeindrucken. Es spielt die Hauptrolle beim „kleinen Drachenstich“, der eigens für und von Kindern ausgetragen wird. Der Drache tritt als Höhepunkt des Kinderumzugs auf und wird beim Kinderfestspiel von einem jungen Ritter erlegt. Dieser Triumph wird anschließend bei einem großen historischen Kinderfest gebührend gefeiert. Alles, was Kindern wahrscheinlich schon zur Zeit der Hussiten Spaß machte, kann auf dem Further Schlossplatz ausprobiert werden: Fechten, Bogenschießen und eben Lanzenstechen. Außerdem wollen Gaukler und mittelalterliche Handwerker bestaunt werden.

Jedes Jahr ein Highlight für Groß und Klein

Die Ticketpreise für das Schauspiel sind durchaus erschwinglich, der Eintritt zum Kinderfest ist für die Kleinen sogar frei. Wer in mittelalterlicher Verkleidung erscheint, bekommt dafür eine kleine Belohnung. Die Erwachsenen können ihren Durst beim Bierfest löschen, das während der gesamten Drachenstichwochen stattfindet. Dort müssen sich auch die kleinen Prinzessinnen und Ritter nicht langweilen, denn für sie gibt es einen großen Rummel.

Drachenstich-Festspiele e. V.
Burgstraße 1, 93437 Furth im Wald
Telefon: 09973/50970, www.drachenstich.de

15.

0964 Aqacur, Bad Kötzting

Wellen für die Kleinen, Wellness für die Großen

Die Oberpfälzer Gemeinde Bad Kötzting ist seit Dezember 2005 staatlich anerkanntes Kneippheilbad, die Aqacur Badewelt überzeugt mit einem vielfältigen Angebot für Jung und Alt.
Das Hallen- und Wellenfreibad mit Saunawelt, Saunagarten samt FKK, Badcafé, Solebecken, Gesundheitsbädern, Wellness-Oase und Solarien sucht an der Peripherie des sogenannten bayerischen Thermenlandes seinesgleichen.

Eine Hauptattraktion besonders für die kleinen Gäste ist zweifelsohne das großzügige Wellenfreibad. Wie auf den stillen Weiten der Ozeane fühlen sich die kleinen Wasserfreunde hier fernab von aller Sorge. Und in der Mitte des Pools, in dem die Wellen tosen, befindet sich eine Ruheinsel, die den kleinen Gästen als Treffpunkt für neue Abenteuer dient.

In der überdachten Badewelt sind die Bereiche in zwei Zonen unterteilt: den Jugend- und den Kinderbereich. Das zweigeteilte Jugendbecken (Wassertiefe 87 bis 122 cm) mit Dreifachrutsche garantiert den etwas Älteren ausgelassene Stunden. An die Kleinsten richtet sich der Eltern-Kind-Bereich; Wassertiefe hier: 0 bis 25 cm. Ein Piratenschiff und diverses Wasserspielzeug machen das Planschen in der schnuckeligen Kinderecke zum Vergnügen.

Die Badeinsel – Oase in tosenden Wellen

Auch Veranstaltungen, die sich nicht selten an Kinder richten – Schwimmkurse etwa – sind im Aqacur keine Seltenheit. So kann der Nachwuchs kräftig üben, während sich Mama und Papa im Wellnessbereich verwöhnen lassen. Denn was den Kleinen an Gutem geboten wird, soll den Großen nicht vorenthalten werden. Zwischen Solarium und Whirlpool bleiben keine Wünsche unerfüllt. Und im Badcafé gönnt sich die ganze Familie am Fuße des Tages ein kleines Menü.

Aqacur – Badewelt Kötzting, Bgm.-Seidl-Platz 1, 93444 Bad Kötzting
Telefon: 09941/94750, www.aqacur.de

0965 Räuber-Heigl-Höhle, Bad Kötzting

Auf den Spuren eines sympathischen Volkshelden

Die Tour von Bad Kötzting auf den Kaitersberg ist eine der schönsten im Bayerischen Wald. Gehfaule Kinder bei dieser eher anspruchsvollen Strecke über Stock und Stein zu locken, gelingt mit folgender Räubergeschichte: In einer Höhle versteckte sich im 19. Jahrhundert der Räuber Michael Heigl. Wie Robin Hood stahl er von den Reichen und teilte seine Beute mit den Armen. Darum setzten sich die Armen nach seiner Verurteilung beim König für den Räuber Heigl ein. Der König wandelte die Todesstrafe in eine lebenslange Kettenstrafe um. Das brachte dem Räuber aber nur wenig Glück, denn kaum drei Jahre später wurde er im Streit von einem Mithäftling erschlagen. Gebannt von dieser wilden Räubergeschichte, erreichen die Wanderer nach etwas über zwei Stunden die Höhle, in der Heigl Unterschlupf fand und schließlich verhaftet wurde. Auch wenn es sich dort authentisch Räuber und Gendarm spielen lässt, empfiehlt sich ein Weitermarsch zur nächsten Hütte: Dort wird nämlich eine gemütliche Brotzeit angeboten.

Kurverwaltung und Tourist-Information Bad Kötzting
Herrenstraße 10, 93444 Bad Kötzting
Telefon: 09941/602150, www.bad-koetzting.de

0966 Kötztinger Pfingst-Ritt

Alle Jahre wieder

Es ist eine gute Tradition seit nunmehr 596 Jahren: Jährlich am Pfingstmontag ziehen knapp 1.000 Reiter betend und in fesche Trachten gehüllt auf herrlich geschmückten Pferden durch die sanfte grüne Hügellandschaft. Der Ritt geht hinaus durch das wunderbare Zellertal nach Steinbühl – aber wie kommt's?

Im Dorfe Steinbühl, wenige Kilometer vom 7.300-Seelen-Ort Bad Kötzting entfernt, im herrlichen Bayerischen Wald situiert, lag im Jahre 1412 ein Mann im Sterben und bat um die Sterbe-Sakramente. Der herbeigerufene Pfarrer jedoch sah sich außerstande, allein, ganz ohne Sicherheitsgeleit, zu dem Sterbenskranken zu gelangen. Einige der tapferen Kötztinger Burschen gaben schließlich dem Flehen des Pfarrers nach. Sie geleiteten den Geistlichen hinaus aus dem Dorf. Nach Rückkehr aller an der mittelalterlichen Mission beteiligten Reiter wurde ein gemeinsames Gelöbnis ausgesprochen: Der Ritt werde zur Erinnerung an das Ereignis ein jedes Jahr wiederholt! Und so ist es halt geblieben.

Der Kötztinger Pfingst-Ritt zählt heute ganz ohne Zweifel zu den größten und wunderbarsten berittenen Bittprozessionen Europas. Für Kinderaugen bietet das Spektakel freilich allerhand und sorgt für Begeisterung. Ein schöner Nebeneffekt: Die Jüngsten erfahren so auch etwas über althergebrachtes Brauchtum – und Tradition verbindet.

Kulturverwaltung und Touristinformation Bad Kötzting
Herrenstraße 10, 93444 Bad Kötzting
Telefon: 09941/602150, www.koetzting.de

15.

0967 Churpfalzpark Loifling

Blühende Landschaft und glückliche Kids

Was Eltern interessiert, finden Kinder oft langweilig. Im Churpfalzpark Loifling gibt es für jeden etwas. Für Eltern eine wunderschöne Gartenanlage mit fantastisch angelegten Beeten, Lauben und Fontänen, Barock-Garten, Rosarium, einem mexikanischen Wüstengarten und im Herbst etwa 60.000 blühenden Dahlien. Kinder vergnügen sich währenddessen lieber in den zahlreichen Fahrgeschäften. Über 80 Attraktionen bietet der Park, darunter: Riesenrad, Wildwasserbahn, Skyfly, Kettenkarussell, Mystery-Fun-House, Raftingrutsche, Babywellenfluss und Mini-Eisenbahn. Neu sind Deutschlands größte Bungee-Trampolin-Anlage und eine Autoscooter-Großanlage. Aktiv werden können die Kinder dann bei der Edelstein-Schatzsuche im Fluss der Crocofanten, wo echtes Goldgräber-Feeling aufkommt.

Churpfalzpark Loifling, Churpfalzweg 6, 93455 Loifling bei Cham
Telefon: 09971/303-00, www.churpfalzpark.de

0968 Erlebnistour im Bayerischen Wald

Ein halbes Dutzend Familientipps

Aktives Erleben einer intakten Natur ist gerade für die junge Generation sehr wichtig. Der Bayerische Wald bietet vielfach Gelegenheit, sich der Schönheit der Natur zu erfreuen. Sechs Highlights für den Familienausflug: Der Bayerwald-Tierpark Lohberg im Lamer Winkel ist ein ca. 10 ha großes, weitgehend naturbelassenes Gelände, in dem ausschließlich Tiere leben, die aus dem Bayerischen Wald stammen – oder hier einst einmal gelebt haben. Um einen Naturlehrpfad wurde das Areal vor geraumer Zeit erweitert.

Ein Besuch im Bergwerk Silberberg ist für Kinder immer ein aufregendes Abenteuer. Im Inneren des Berges öffnet sich eine Urwelt mit Stollen und unterirdischen Seen. In der Nähe von Cham liegt der Churpfalzpark Loifling. Kinder dürfen sich in dem 8,5 ha großen Freizeitpark richtig austoben: Ein Spiegellabyrinth, ein Riesenrad, Autoscooter und eine Wildwasserbahn warten darauf, erobert zu werden.

Weiter geht's ins allseits beliebte Märchen- und Gespensterschloss. In der restaurierten Jugendstilvilla wurden mit viel Liebe zum Detail diverse Märchen-

szenen nachgestellt – besonders die Kleinsten der Kleinen kommen hier auf ihre Kosten.
Den etwas Größeren gefällt es auf der Sommerrodelbahn. Doch nicht nur sie, auch Papa und Mama werden sich mit viel Hurra auf einer der drei Rodelbahnen bei Bodenmais, Neukirchen beim Heiligen Blut oder Grafenau den Hang hinunterstürzen, oder?
Zuletzt lohnt ein Abstecher in den Straubinger Tiergarten. Im einzigen Tierpark Ostbayerns tummeln sich rund 200 Arten. Besonders faszinierend ist das Großaquarium des liebevoll betriebenen Zoos. Und auch hier im Tierpark wird der Lerneffekt in den Vordergrund gestellt, gibt es doch die einmalige Möglichkeit, den nachempfundenen Strömungsverlauf der Donau kennenzulernen. So vergeht ein Tag mit der Familie im wunderschönen Bayerischen Wald wie im Flug!

Bayerwald Tierpark Lohberg
Schwarzenbachstraße 1a, 93470 Lohberg
Telefon: 09943/8145, www.lohberg.de

Besucherbergwerk Silberberg, Silberberg 28, 94249 Bodenmais
Telefon: 09924/304, www.silberberg-online.de

Churpfalzpark Loifling, 93455 Loifling bei Cham
Telefon: 09971/30340, www.churpfalzpark.de

Märchen- und Gespensterschloss, 93462 Lambach bei Lam

Sommerrodeln
Rodelbahnen bei Bodenmais, Neukirchen beim Heiligen Blut und Grafenau

Straubinger Tiergarten, Lerchenhaid 3, 94315 Straubing
Telefon: 09421/21277, www.tiergarten.straubing.de

0969 Bayerwald-Tierpark, Lohberg

Auf den Spuren der Tiere

Lohberg liegt im Lamer Winkel im Bayerischen Wald am Großen Arber. Die Gemeinde hat – neben einigen Kirchen- und Baudenkmälern – besonders eine Attraktion zu bieten: Den Bayerwald-Tierpark; dort können Naturfreunde all jene Tiere beobachten, die im Bayerischen Wald leben.
Die Entdeckungstour führt durch viele natürliche Lebensräume: Gleich hinter der Kasse wartet der Streichelzoo, den sich die Familien gern für den Abschied vom Bayerwald-Tierpark aufheben. Los geht die Expedition bei Biber

und Co. – im Lebensbereich „Bach, Fluss, Weiher“. Aquarien und Freilaufgehege, die das Leben an stehenden und fließenden Gewässern dokumentieren, werden bewohnt von Löffelenten, Fischottern, Weißstörchen und Gänsesägern. Weiter geht's durch den sogenannten Öko-Parkteil – Storch und Marder sind hier zu Hause – Richtung Lebensbereich „Eiszeit“: Im Rentierhaus machen kleine Gäste große Augen vor den mächtigen Verwandten der Hirsche. Auch die bildhübsche Schnee-Eule zählt zu den Stars des Bayerwald-Tierparks. Vis-à-vis waten und schnattern Birkhuhn und Großer Brachvogel – Letzterer braucht besonders viel Raum für sich und seine Lieben.

Zwischen den verschiedenen Lebensbereichen sind immer wieder Freiflächen für heimische Tiere angeordnet: Vom Reh bis zum Fuchs, vom Wisent bis zum Auerhahn reicht die wunderbare Artenwelt des Bayerischen Waldes. An den nördlichen Ausläufern des großzügig angelegten Areals dominiert der Lebensbereich „Bergwald“ die Natur: Wolf und Luchs, Hirsch und Dachs haben hier das Sagen. Ein letztes Highlight auf dem Weg zurück in Richtung Streichelzoo bietet der Lebensbereich „Urwald“: In erster Linie heimische Vögel haben hier ein behütetes Zuhause gefunden.

Hier ist Anfassen erlaubt

Sollten dem einen oder anderen kleinen Tierparkbesucher einmal die Wege zu lang, die Tierschau zu beschwerlich werden, kann er sich auf dem eigens angelegten Abenteuerspielplatz die Zeit vertreiben. Der Spielplatz befindet sich in dem Parkteil Ökoregion. Mit Rutschen, Baumhäusern, Spielgeräten und Mammutbäumen ist an dieser Stelle ganz bestimmt für Spiel und Spannung gesorgt. Außerdem finden das ganze Jahr immer wieder „Tierpark-Tage“ für Kinder statt.

Bayerwald-Tierpark Lohberg
Schwarzenbacher Straße 1a, 93470 Lohberg
Telefon: 09943/8145, www.lohberg.de/tierpark

0970 Museumsdorf Bayerischer Wald, Tittling

Geschichte zum Streicheln

Das Museumsdorf Bayerischer Wald hat keine gewachsene Struktur, sondern entstand durch die sorgfältige Versetzung alter Gebäude aus der ganzen Region nach Tittling. Die Häuser, Höfe und Scheunen wurden wieder originalgetreu aufgebaut. Sie zeigen heute anschaulich das Leben und Arbeiten auf dem Land von der Mitte des 16. bis zur Mitte des 19. Jahrhunderts.
Für Kinder gibt es dabei allerlei zu entdecken. Schilder mit dem Hinweis „Bitte nicht anfassen" findet man in der Kinderausstellung nicht – ganz im Gegenteil: Die Exponate sollen genau erforscht und ausprobiert werden. Auch die Tiere des Freiluftmuseums freuen sich über Zuwendung. Berta ist ein regelrechtes Streichelhuhn, und der „Hüteesel" Salimbo, der ein wachendes Auge auf die Waldschafe hat, ist Kindern gegenüber sehr aufgeschlossen. In sogenannten Mitmachkursen, die von Gruppen gebucht werden können, lernt man, Stoffe mit Naturfarben zu bedrucken, Wolle zu spinnen oder Brot zu backen. Zum Toben gibt es einen Spielplatz und eine historische Kegelbahn. Was will man mehr? Eine echt bayerische Brotzeit vielleicht? Kein Problem, denn die Dorfgaststätte ist für die Bewirtung von Familien bestens gerüstet.

Museumsdorf Bayerischer Wald
Herrenstraße 11, 94104 Tittling
Telefon: 08504/8482, www.museumsdorf.com

0971 Keltendorf Gabreta, Ringelai

Frühgeschichte zum Anfassen

Arbeiten am Wochenende? Das klingt nicht unbedingt verlockend. Doch Ackerbau, Tierzucht, Häuslebauen und sogar Handarbeiten können aufregend sein, wenn man im Keltendorf Gabreta mit anfasst. Die Kelten, die ab dem 8. Jahrhundert vor Christus große Teile Mittel- und Nordeuropas bevölkerten, haben zwar im Bayerischen Wald kaum Spuren hinterlassen, in Ringelai kann man sich aber trotzdem wie zu frühgeschichtlichen Zeiten fühlen. Dort sind in den letzten Jahren mit der Hilfe unzähliger Besucher keltische Häuser nach alten Handwerkstechniken errichtet worden. Die Talente der Kinder sind weiterhin beim Backen von Brot, Ackern, Versorgen der

Tiere, Schmieden und Schmuckherstellen gefragt. Sport und Spiel sollen dabei natürlich nicht zu kurz kommen.
Ein Besuch in Gabreta lohnt sich schon für einen kurzen Ausflug. Ein besonderes Erlebnis sind jedoch die zahlreichen Sonderprogramme für Gruppen, z. B. ein Erlebniswochenende für Väter und Kinder. Gemeinsam können sie toben, Pfeile und Bogen basteln, über dem Lagerfeuer Kelteneintopf schmurgeln und im frischen Stroh übernachten.

Keltendorf Gabreta, Lichtenau 1a, 94160 Ringelai
Telefon: 08555/407310, www.gabreta.de

0972 Pichelsteinerfest, Regen

Eintopf ist nicht einerlei: Eine Kleinstadt lädt zum Feiern ein

Regen ist stolz auf sein traditionelles Pichelsteinerfest. Der deftige Eintopf, von dem das Volksfest seinen Namen hat, wird die Sprösslinge allerdings wohl weniger begeistern als der Bonbonregen auf dem Marktplatz und die vielen Fahrgeschäfte. Wer es etwas ruhiger möchte, geht mit seinen Kindern in das Marionettentheater oder spendiert ihnen eine Runde auf dem Pony. Am Samstagabend sollten Sie Ihre Kinder nicht zu früh ins Bett schicken, denn sonst verpassen sie einen Höhepunkt des Fests: die traditionelle Gondelfahrt. Beleuchtete und geschmückte Boote ziehen an den Zuschauern auf der Uferpromenade vorbei und versetzen die ganze Stadt in eine zauberhafte Stimmung. Der große Umzug am nächsten Tag ist ebenfalls sehr beliebt. Wer mitfeiern möchte, sollte sich Ende Juli aufmachen in den Bayerischen Wald.

Die Pichelsteiner e. V. Regen, Hochäckerring 41, 94209 Regen
Telefon: 0175/4069811, www.pichelsteinerfest.com

0973 Wildniscamp am Falkenstein

Ein Global Village im Bayerischen Wald

Der Freistaat Bayern hat sich die „forstliche Bildungsarbeit“ im Naturpark Bayerischer Wald etwas kosten lassen; dabei herausgekommen ist ein einzig-

artiges Projekt zur pädagogischen Vermittlung des Ökosystems Wald: das Wildniscamp. Trotz des Bildungsauftrags macht globales Lernen dort sehr viel Spaß. Ranger und Pädagogen haben spannende Entdeckungsreisen nicht nur durch den Bayerischen Wald entwickelt, sondern beziehen auch das Leben in anderen Naturparks unserer Erde ein.
Am Tag wird spielend die Natur erkundet, abends werden am Lagerfeuer Geschichten erzählt, und die Nächte verbringt man an den erstaunlichsten Orten. Für jüngere Schüler eignen sich besonders die Themenhütten: Sie können im Baumhaus in einer Hängematte träumen, im „Wiesenbett" auf frischem Heu schlafen, in der beheizten Wasserhütte dem Bach unter sich beim Plätschern zuhören oder eingekuschelt in einer Erdhöhle schlummern. Ab der 10. Klasse sind die Länderhütten ideal: Die Jugendlichen leben in typischen Behausungen aus Vietnam, der Mongolei, Sibirien, Benin oder Lateinamerika und erfahren viel über die Lebensweisen der jeweiligen Bewohner. Geschlafen wird je nach Landessitte auf Futons, in Hängematten, im Gemeinschaftsbett oder einfach auf dem Boden. Strom und fließendes Wasser gibt es nicht. Das Camp bietet also wenig Komfort, dafür aber viele Abenteuer. Die Wildnis hat aber auch Schlüpflöcher zur „Zivilisation": Es stehen eine moderne Gemeinschaftsküche, Aufenthaltsräume und natürlich auch Bäder zur Verfügung. Unter der Woche ist das Wildniscamp vor allem für Gruppen reserviert, am Wochenende steht der Park auch Familien offen.

Wildniscamp am Falkenstein, Zwieslerwaldhaus 2b, 94227 Lindberg
Telefon: 09925/903121, www.wildniscamp.de

0974 Burgruine Altnußberg, Geiersthal-Altnußberg

Der Burgfried ruft!

Bizarre Felsformationen entlang des mit informativen Lehrtafeln versehenen Rundwegs, der sich über 5 km durch das urtümliche Grün des Mittleren Bayerischen Waldes zieht, säumen eine märchenhafte Strecke. Wichtigste Station sind die seit nunmehr 15 Jahren freiliegenden Überreste der größten und ältesten Burg des Bayerischen Waldes. Der von Grund auf erneuerte Bergfried dient heute als Aussichtsplattform für Besucher von nah und fern. Die atemberaubend schöne Sicht auf den Höhenzug des Hinteren Bayerischen Waldes lohnt den Gang über Stock und Stein. In unmittelbarer Nähe zur Burgruine befindet sich ein Museumsgebäude. Hier werden die Funde

der Ausgrabungen ausgestellt: Waffen etwa, außerdem Schmuck, Hausrat und Geräte aus dem 13. bis 15. Jahrhundert!
Die archäologisch rundum erforschte Burgruine Altnußberg, rund sieben Kilometer von der Ortschaft Viechtach im niederbayerischen Landkreis Regen gelegen, stammt aus dem späten 12. Jahrhundert und war eine Stammburg der Nußberger, die eines der dominierenden Adelsgeschlechter in Altbayern waren. Zum Showdown im Kampf um Macht und Einfluss kam es 1468 im sogenannten Böcklerkrieg: Zusammen mit verbündeten Adelsgeschlechtern rangen die Nußberger gegen den Landesherren, den Herzog Albrecht von Bayern – jedoch vergeblich. Die Burg Altnußberg wurde bei den kriegerischen Auseinandersetzungen nahezu zerstört.
Restauriert wurden die barockisierte Schlosskapelle, die noch Reste spätgotischer Fresken birgt, ein Wohnturm und Teile des Befestigungswalles. Besonders beliebt ist ein Besuch der Burgruine Nußberg während der Burgfestspiele im Juli. Die Ruine gibt dann eine herrliche Kulisse ab. Jedoch auch außerhalb der Festspielsaison lädt die im Naturschutzgebiet Großer Pfahl befindliche Burganlage ein zum familiären Wandertag. Ein Besuch lohnt ganz bestimmt!

Burgruine Altnußberg, 94244 Geiersthal-Altnußberg
www.burgeninventar.de

0975 Bayern-Park-Freizeitparadies, Reisbach

Abwechslung für alle Alterstufen

Da wurde kräftig investiert zuletzt: Den Nerv der Zeit trifft zweifelsohne die Wildwasser-Rafting-Anlage, das neueste Schmuckstück der Reisbacher Funparkmacher – mit Stromschnellen, Geysiren, Wasserfall und rund 600 m Wegstrecke ist sie quasi konkurrenzlos in ganz Deutschland. Doch auch für die kleineren Kinder, denen noch nicht nach allzu viel Nervenkitzel ist, bietet das Bayern-Park-Freizeitparadies eine Menge: Ob in der gewaltigen Hüpfburg namens Camelot Castle oder im Schlepptau verschiedener Kindereisenbahnen, die auf dem Gelände tuckern – Spaß für kleine Menschen steht im Reisbacher Freizeitpark ebenso im Vor-

Miniaturlandschaften

dergrund wie Action pur für größere. Viel für das Auge versprechen die Nachbauten der Traumschlösser Ludwigs II. Freilich kleiner als im Original, wirken die possierlichen Bauten erst recht wie aus einer Märchenwelt. Muskelkraft hingegen ist auf der Trampolinanlage gefordert. Beim ausgelassenen Toben wird hier viel Luft aufgewirbelt. In puncto Abwechslungsreichtum für alle Alterstufen darf dieser familiär geführte Freizeitpark nunmehr weniger als echter Geheimtipp denn als Premiumvertreter seiner Zunft gelten.
Für das leibliche Wohl sorgen nette wie bayerisch-professionelle Bedienungen im Hofstadel, im idyllischen Biergarten und an verschiedenen Kiosken, die sich auf dem 400.000 m² großen Areal an vielen Stellen niedergelassen haben. Beliebt im Herbst: die Kürbiswochenenden im Oktober. Damit beendet der bei Groß und klein beliebte Bayern-Park seine Saison.

Bayern-Park-Freizeitparadies
Fellbach 1, 94419 Reisbach
Telefon: 08734/817, www.bayern-park.de

0976 Vogelpark Irgenöd, Ortenburg

Nicht irgendwo. Irgenöd!

Ortenburg im niederbayerischen Landkreis Passau ist ein staatlich anerkannter Erholungsort. Eine besondere Attraktion der Gemeinde: der Vogelpark Irgenöd.
„Der größte Vogelpark Süddeutschlands mit weit mehr als 1.000 Vögeln in mehr als 200 Arten“, wie die Website verrät, ist einen ausgedehnten Familienausflug jederzeit wert. Großzügige Freigelände und Volieren kennzeichnen die in einer idyllischen Park- und Waldlandschaft gelegene Anlage. Und wie es sich gehört, informieren Schautafeln über alle Vögel – an einigen der Volieren sind die Schaukästen sogar mit Eiern der jeweiligen Art versehen! Die Artenvielfalt kommt nicht von ungefähr, aus allen Teilen der Welt stammen die hier lebenden Vögel. Ob Exot oder heimische Art: Im Vogelpark Irgenöd nistet der buntbefrackte Helmkasuar aus dem fernen Australien neben dem europäischen Brahmahuhn. Die Natur- und Pflanzenliebhaber kommen im Ortenburger Vogelpark ebenfalls voll auf ihre Kosten, denn auch hier gilt das Prinzip der grenzenlosen Vielfalt: Exotische Flora nebst heimischen Gewächsen – dem interessierten Botaniker bietet sich ein reiches Bild.
Für Kinder stehen im Vogelpark Irgenöd vielfältige Spiel- und Sportmöglich-

keiten zur Verfügung: Ob Trampolin oder Kletterbaum – auf dem Abenteuerspielplatz haben besonders die Kids ihren Spaß.
Die reichhaltige Speisekarte des urigen Wirtshauses lockt mit kulinarischen Angeboten; auch da ist für den großen und den kleinen Gast immer das Richtige dabei. Übrigens: Wer im August nach Ortenburg kommt, um den Vogelpark zu besuchen, sollte eines nicht verpassen: Das Ortenburger Volksfest Anfang August zählt zu den größten Festen des Landkreises.

Vogelpark Irgenöd, 94496 Ortenburg
Telefon: 08542/7130, www.vogelpark-irgenoed.de

0977 Schwimmender Christkindlmarkt, Vilshofen

Glänzende Kinderaugen an der Donau

Es kommt ein Schiff gefahren ... und legt zur Adventszeit an der Uferpromenade in Vilshofen an. An Bord befindet sich ein stimmungsvoller Weihnachtsmarkt, der seinen Fokus nicht auf Glühwein und billigen Kommerz legt, sondern mit Kunsthandwerksständen auf Qualität setzt. Goldschmiede, Schnitzer, Glasbläser, Töpfer und zahlreiche andere Künstler aus der Region führen ihre Arbeit an Ort und Stelle vor. Die Vilshofener bieten dazu ein besinnliches und stimmungsvolles Unterhaltungsprogramm aus Theateraufführungen, musikalischen Darbietungen und Lesungen. Am Ufer setzt sich der Weihnachtsmarkt nicht weniger romantisch fort. Dort kann man eine lebendige Krippe bestaunen, Ochs und Esel streicheln und sogar auf Kamelen reiten. Der schwimmende Weihnachtsmarkt von Vilshofen an der Donau versüßt mit einem echten Familienerlebnis das Warten auf das Christkind.

Touristik-Information, Stadtplatz 27, 94474 Vilshofen
Telefon: 08541/208112
www.schwimmender-christkindlmarkt.de

15.

0978 Pullman City, Eging am See

Cowboys und Indianer

Wem dürstet nicht manchmal nach echten Abenteuern, nach Cowboy-und-Indianer-Spielen? Hier, in Eging am See – im wunderbaren Burgenland am

Fuße des Bayerischen Waldes, in Grenznähe zu Österreich und Tschechien –, werden solche Wünsche wahr: Die Westernstadt Pullman City auf 200.000 m^2 Fläche, eingebettet in eine herrliche Landschaft, bietet genügend Platz für Abenteurer von nah und fern. Diese erleben „eine gewaltfreie Zeitreise in die Vergangenheit des Wilden Westens“, ganz so, wie es sich nicht nur die Betreiber, sondern auch alle Besucher wünschen.

Texas in Bayern. Yippeeeeh!

Das Angebot in der Westernstadt ist immens; bunte Shows und Attraktionen erwarten die Familien. Besonderes Augenmerk legen die Pullman-City-Macher auch auf den Einklang zwischen Mensch und Tier, zwischen Besucher und Natur. Authentizität wird dabei immer großgeschrieben, wie ein weiterer Blick auf die Website der Westernstadt beweist: Mit „einem Ritt im Westernsattel auf einem Quarterhorse oder einer Fahrt im Planwagen, einer flotten Sohle im Westerndance in der Music Hall zu Country Live Musik oder Lagerfeuerromantik mit einem saftigen Steak auf dem Grill“ stehen unerschrockenen Männern wie fidelen Damen alle (Saloon)-Türen offen.
Übernachtungen in Pullmann-City sind freilich auch kein Problem – der Gast kann eine geruhsame Nacht im Federbett des noblen Hotels verbringen oder authentischen Bodenkontakt im Tipi oder Blockhouse suchen. Für jeden Geschmack das Richtige auch in Sachen spaßbedingter Mehrwert: Denn vergnügte Reisen in der Dampfeisenbahn, Verfolgungsjagen im Westernscooter oder Rodeo auf dem mechanischen Bullen – all dies ist im Eintrittspreis enthalten!

Pullman City, Ruberting 30, 94535 Eging am See
Telefon: 08544/97490, www.pullmancity.de

0979 Tierfreigelände im Nationalpark Bayerischer Wald, bei Neuschönau

In freier Wildbahn

Der Nationalpark Bayerischer Wald bietet Ur-Wald pur in unseren Breitengraden – zwischen den Bergen Großer Rachel (1.453 m), Lusen (1.373 m)

und Großer Falkenstein (1.315 m) hat einzig die Natur das Sagen! Und mittendrin ein Tierfreigehege, das in der Bundesrepublik ebenfalls seinesgleichen sucht. Wer seltenen Tierarten liebend gern einmal in ihrem natürlichen Lebensraum begegnen möchte, ist hier richtig: Ein 7 km langer, gut ausgeschilderter Pfad weist Besuchern den rechten Weg durchs urige Grün im 250 ha großen Areal. 16 weitläufige Landschaftsgehege zählt die Anlage, die Heimat von u. a. Braunbären und Wölfen ist. Alle Tiere leben in Gehegen, die ihre natürlichen Tagesabläufe nur geringfügig beeinträchtigen – Meister Petz und Gevatter Wolf lassen sich so authentisch beobachten! Auch jenseits des Tierfreigeländes, wo der aus Tschechien wieder eingewanderte Luchs sein nahezu unsichtbares Leben führt, gibt es seltene Waldbewohner zu erleben: Auerhähne, Wildschweine und Rotwild kreuzen hier wie da. Doch nicht nur mit den Augen genießen die Zaungäste das Leben im Bayerischen Wald. Auch für die Ohren des Besuchers bietet das einzigartige Waldökosystem Köstliches: Schwarzstorch, Ringdrossel, Haselhuhn und Habichtskauz zwitschern ausgelassen – und allesamt brüten sie hier!
Für Kinder ist all das freilich ein Abenteuer der Extraklasse. Und die Zukunftsaussichten für den Nationalpark Bayerischer Wald sind rosig wie nie, nachdem hier, zwischen Rachel, Lusen und Falkenstein, vor 38 Jahren der erste deutsche Nationalpark entstanden ist. Erst 1997 wurde der Bayerische Wald – nach heftigen Debatten – um 10.500 ha auf nunmehr über 24.300 ha erweitert. Und, besonders wichtig: Die Tschechische Republik hat ihren jenseits der Landesgrenzen direkt an den Bayerischen anschließenden Böhmischen Wald mittlerweile ebenfalls zum Nationalpark erklärt.

Tierfreigelände im Nationalpark Bayerischer Wald
bei 94556 Neuschönau
Telefon: 08552/96000, www.nationalpark-bayerischer-wald.de

0980 Zoologischer Garten, Hof

Programm ohne Scheuklappen

Ein kleiner, aber feiner Zoo befindet sich im nördlichsten Bayern, in Hof, an der Grenze zu Thüringen. Herrlich integriert in den Bürgerpark Theresienstein, der auch mit einem sehenswerten Botanischen Garten aufwartet und 2003 zum schönsten Park Deutschlands gekürt wurde.
Die Kids interessieren sich freilich besonders für die reiche Tierwelt im Zoo.

Dort können sie neben zig Arten von Vierbeinern und Federvieh auch viel Wissenswertes zum Thema „Mensch und Tier: Wie es einmal war“ kennenlernen. Noch bis Ende Oktober 2008 dauert eine entsprechende Ausstellung: „Leben in der letzten Eiszeit: Neanderthaler, Homo sapiens und die spektakuläre Tierwelt“ im Naturkundehaus des Zoologischen Gartens Hof bringt große wie kleine Besucher zum Staunen. Eine weitere Hauptattraktion im Hofer Zoo ist sicherlich dessen Vogelwelt: Regelmäßig brüten hier rund 58 Arten – immerhin ein Viertel aller allein in Deutschland lebenden Vögel! Besonders interessant: Nicht nur mit Abbildungen und kurzen Erläuterungen zu den einzelnen Vögeln warten die Hofer Tierparkmacher auf, sogar Tonaufnahmen der Vogelstimmen können an Ort und Stelle angehört werden. Auf Tuchfühlung mit den Tieren dürfen die kleinen Besucher natürlich ebenfalls gehen. Beidseitige Hemmschwellen abzubauen, ist das Credo des Zoologischen Gartens in Hof. Neben typischen Rassen wie Zwergziegen, Schafen, Ponys, Minischweinen, Kaninchen, Gänsen, Enten, Tauben und Hühnern bietet der Zoo auch das hautnahe Kennenlernen von vom Aussterben bedrohten Tieren. So ist etwa die kleinste Schafrasse der Welt, das Skudden Schaf aus Ostpreußen, Teil des Streichelzoo-Prinzips. Futterautomaten stehen zur Genüge bereit.

Zoo Hof, Am Theresienstein 6, 95028 Hof
Telefon: 09281/85429, www.zoo-hof.de

0981 Deutsch-Tschechische Fußballschule, Rehau

Für die Poldis von morgen

Regelmäßig führt die Deutsch-Tschechische Fußballschule (DTFS) – ein einmaliges Sportprojekt in Europa – Talentsichtungen durch, deren Ziel es ist, den Fußballgrößen von morgen, die heute in kleineren und mittleren Klubs kicken, echte Chancen auf eine erfolgreiche Fußballkarriere einzuräumen. Ganz wie im Heimatverein läuft auch das Training während der Talentsichtung ab. Es richtet sich an drei verschiedene Jahrgangsklassen – die D-, E- und F-Jugend nämlich –, kombiniert den Sport jedoch auch mit einem integrierten Sprachkurs. Jeder interessierte Spieler kann sich für dieses nachbarschaftliche Sport- und Kulturprogramm anmelden und gegen eine Gebühr bei der Sichtung mitmachen. Im Mittelpunkt der Aktion steht also nicht das blanke sportliche Ergebnis, sondern der Spaß am Spiel, die Kreativität, Tech-

nik und Übersicht des einzelnen Spielers, der sich spielerisch mit den Gepflogenheiten im Nachbarland vertraut machen kann. Die Scouts, also Zaungäste mit fußballerischem Sachverstand, beobachten die Spiele und nehmen die talentiertesten Kicker in ihre Datenbank auf. Bei besonderem Talent winkt später die Einladung zu einem Probetraining bei einem bekannten Verein – vielleicht sogar aus der Bundesliga!
Ferner bietet die Fußballschule regelmäßig Schnupperkurse in den Schulferien an. In den sogenannten Fußballcamps haben Spieler bis zu 13 Jahren die Möglichkeit, sich sportlich zu messen. Und neben den Trainingseinheiten werden auch Ausflüge zum Partnerverein FC Bayern München unternommen. Dann dürfen die jungen Talente den gestandenen Bayern-Stars über die Schulter blicken und sich Autogramme holen – wenn es denn der Klinsi erlaubt! Das jährliche Top-Ereignis und Schaufenster des aktuellen Projekts „Lernen über Grenzen" der DTFS ist jedoch die Mini-EM. Bei diesem Turnier treffen namhafte Klubs aus ganz Europa aufeinander: Besagte Bayern messen sich dann mit Bremen, Prag oder Moskau.

Deutsch-Tschechische Fußballschule, Gerberstraße 11a, 95111 Rehau
Telefon: 09283/898284, www.dtfs.de

0982 Bayerisches Brauereimuseum, Kulmbach

Flüssiges Gold

Hereinspaziert in Kulmbachs gute Stube: Das Bayerische Brauereimuseum ist – nach der Plassenburg – die zweite Hauptattraktion in der „heimlichen Hauptstadt des Bieres".
Hier im Brauereimuseum können Jugendliche und ihre Eltern in ein Stück typisch fränkische Gemütlichkeit abtauchen, ohne dabei unterzugehen: Zu Füßen der mächtigen Plassenburg wird auf dem altehrwürdigen Kulmbacher Mönchshof bereits seit mehr als 600 Jahren Bier gebraut. Dieser Kultur wollen die Stadtväter der oberfränkischen Kreisstadt mit ihrem Bayerischen Brauereimuseum eine ehrenvolle Reverenz erweisen. Das beseelte Bestreben der Biermuseums-Macher freut besonders Gäste von nah und fern, denn sie erfahren alles rund um das Getränk aus Hopfen, Malz und Wasser. Bezeichnenderweise verzeichnet Oberfranken mit seinen vielen Hundert Privatbrauereien – besonders in der Fränkischen Schweiz hat ein jedes Wirtshaus auch sein eigenes Bier – die höchste Brauereidichte in der Bundesrepublik.

Das ehemalige Spezialmuseum für Bierliebhaber, das 1994 eher bescheiden seine Pforten öffnete, ist längst zum Mekka für Liebhaber des flüssigen Goldes geworden; auf über 3.000 Quadratmetern wird dem Gerstensaft heute gehuldigt. Gar nicht typisch fränkisch üben sich die Museumsmacher denn auch im Gebrauch hochtrabender Worte – wo der Franke doch eher als bodenständiger Zeitgenosse gilt: Mit verdientem Stolz dürfe man sich als eines der besten Museen seines Genres bezeichnen. Es stimmt schon: Das Bayerische Brauereimuseum zu Kulmbach ist – nicht bloß wegen seiner 3.000 Jahre alte Bieramphore – eine Premiumadresse in Sachen Trinkkultur.

Bayerisches Brauereimuseum, Hofer Straße 20, 95326 Kulmbach
Telefon: 09221/80514, www.bayerisches-brauereimuseum.de

0983 Deutsches Zinnfigurenmuseum, Kulmbach

Größtes Zinnfigurenmuseum der Welt

Auf der Plassenburg, die über der Bierstadt Kulmbach thront, ist die imposanteste Zinnfigurensammlung der Welt beheimatet. Das Museum wurde 1929 gegründet und 1932 eröffnet. Es ist immer wieder um neue Figuren und Kulissen erweitert worden. Es gab eine Zeit, da halfen Kulmbacher Schulkinder eifrig mit, das Rekordmuseum zu realisieren: Rund ein Dutzend Jungs sorgten mit Laubsäge und Pinsel für die authentische Darstellung historischer Bedeutsamkeiten wie häuslicher Alltagsszenen. Große und kleine Schaulustige können heute, im Arsenalbau der Plassenburg auf drei Stockwerken und in 170 Dioramen, die bunt bemalten Zinnfiguren und liebevoll erstellten Miniaturkulissen bewundern und studieren.

Bemerkenswert ist besonders das anschauliche Szenario der Eroberung Kulmbachs, die am 26. November 1553, dem sogenannten Conraditag, erfolgte. 19.500 Zinnfiguren, die der schwärzesten Stunde der Stadt Kulmbach ein so stummes wie detailgetreues Denkmal setzen, lassen den Betrachter stocken: Was waren das bloß für grausame Zeiten? Für Geschichtsinteressierte: Feindliche Truppen der Reichsstadt Nürnberg im Bunde mit den Bistümern Bamberg und Nürnberg sind es gewesen, die nach langer Belagerung die Stadt Kulmbach eroberten. Mit dem ungefährdeten Sieg der Angreifer ging die fast vollständige Zerstörung der schönen Stadt einher, vor deren Stadtmauern – Teile davon sind noch heute zu bestaunen – der Rote und der Weiße Main zusammenfließen.

In der altehrwürdigen Plassenburg, die im 12. Jahrhundert erbaut und im Markgrafenkrieg 1554 zerstört wurde, hat das Zinnfigurenmuseum einen angemessenen Rahmen gefunden, nachdem die Burg im Stile der Renaissance ab 1561 von Caspar Vischer, dem Miterbauer des Heidelberger Schlosses, wiedererrichtet wurde. Ein Besuch weiterer Teile der Plassenburg – besonders der „Schöne Hof“ ist zu nennen – lohnt unbedingt!

Deutsches Zinnfigurenmuseum, Plassenburg, 95326 Kulmbach
Telefon: 09221/947505, www.kulmbach.de

0984 Tierpark Röhrensee, Bayreuth

Fast wie in freier Wildbahn

Dank der jährlich im Bayreuther Festspielhaus stattfindenden Bayreuther Festspiele ist die oberfränkische Regierungsstadt zwar weltberühmt, doch in reinen Zahlen zieht der Bayreuther Tierpark Röhrensee weit mehr Besucher an. Jahr für Jahr suchen Zehntausende nicht weniger als dies, wenn sie in das Idyll des Röhrensee-Parks zu Bayreuth kommen: „Erholung, Entspannung und Ablenkung vom Alltagsstress in ruhiger Umgebung, aber auch Informationen über die Vielfalt der Tierwelt“, wie die Betreiber wissen lassen. Und eine Visite lohnt wirklich; Abwechslung wird zwischen schattenspendenden Bäumen besonders im Sommer großgeschrieben: Tierpark, Bootsverleih, Ausflugsgaststätte, Park-Café und Kinderspielplatz – für alle Geschmäcker und Altersklassen ist das Passende dabei. 13 Hektar ist der Park groß, ein Erlebnisraum von reicher Fülle also. Ob „sinnvolle Freizeitgestaltung oder echte Naturbegegnung“, dass diese familienfreundliche Einrichtung kein Eintrittsgeld kostet, also jederzeit öffentlich zugänglich ist, macht einen Besuch zur fraglos lohnenswerten Sache.

Es darf gestreichelt werden

Weil aber die Tiere in freier Wildbahn leben, ist das Füttern der Vögel und Vierbeiner untersagt; denn die Tiere würden ihr natürliches Verhalten zugunsten des Bettelns aufgeben. Und das soll nicht sein! Mitgebrachtes Futter kann deshalb in extra dafür bereitgestellten Kisten abgelegt werden. Denn schlussendlich sehen die Betreiber des Tierparks Röhrensee ihre wichtigste Aufgabe darin, Erholung mit Bildung zu verbinden, denn so machen die zeitgemäß gehaltenen Tiere, die in naturnah ausgestatteten Gehegen leben, „Sympathiewerbung für ihre freilebenden Artgenossen, deren Lebensräume durch den Menschen bedroht sind“.

Tierpark Röhrensee, Pottensteiner Straße, 95410 Bayreuth
Telefon: 0921/738016, www.bayreuth.de

0985 Neues Schloss Bayreuth

Auf den Spuren Wilhelmines

Das Neue Schloss in Bayreuth zählt zu den Hauptwerken der deutschen Architektur des 18. Jahrhunderts. Die Schlossherrin, Markgräfin Wilhelmine, nahm großen Einfluss auf die Gestaltung des Baus und die Ausstattung der Räume, und so sind einzigartige Gemächer entstanden, wie beispielsweise das Spiegelscherbenkabinett oder das Palmenzimmer, das japanische Zimmer oder das Musikzimmer mit Pastellbildnissen von Sängern, Schauspielern und Tänzern. In der „Vollmond-Führung“ lernen Kinder von 6 bis 10 Jahren Markgräfin Wilhelmine und ihr Schloss kennen. Eine Taschenlampe ist mitzubringen, und zum Abschluss gibt es einen Kinderpunsch. „Ich sehe was, was du nicht siehst ...“, heißt es für Kinder von 8 bis 12 Jahren, die das Schloss besichtigen wollen. Die Termine der Kinderführungen sind auf der Website zu erfahren.

Neues Schloss Bayreuth, Ludwigstraße, 95444 Bayreuth
Telefon: 0921/75969-0, www.bayreuth-wilhelmine.de

0986 Kunstmuseum Bayreuth

Kunst macht Druck

„Kunst mit Schüleraugen gesehen“ – so nennt sich eine für junge Besucher sehr sehenswerte Dauerausstellung im Bayreuther Kunstmuseum. Den Machern geht es darum, mit modernen Mitteln jungen Menschen die schönen Künste nahezubringen: Allerhand Medien werden dafür eingesetzt, besonders aber druckgrafische Werke, die den Bezug zum Hier und Jetzt herstellen

sollen. Im Alten Rathaus untergebracht, werden seit 1999 Grafiken und Bildende Kunst bevorzugt aus dem 20. Jahrhundert aus umfangreichen Sammlungen gezeigt.
Ein besonderes Highlight, und gerade bei jungen Leuten beliebt, ist eine Sammlung der British American Tobacco, die sich – ganz richtig – mit der Tabakpflanze in der Kunst beschäftigt. Das vor weniger als zehn Jahren restaurierte Haus macht auf seine Gäste einen stets frischen Eindruck, will man doch weit mehr als bloß ein Museumsbetrieb sein: Eine Begegnungsstätte für junge und alte Kunstfreunde und welche, die es werden wollen, so das Credo der Museumsmacher.
An der Seite zur Maximilianstraße hat sich in dem weithin beliebten Kunstmuseum Bayreuth ein elegantes Café niedergelassen. Hier kann man nach Herzenslust seiner Kunstbeflissenheit frönen – am besten bei einem leckeren Stück Kuchen und einem Kännchen Kaffee.

Kunstmuseum Bayreuth, Altes Rathaus
Maximilianstraße 33, 95444 Bayreuth
Telefon: 0921/76453-10
www.kmp.kunstmuseum-bayreuth.de

0987 Urwelt-Museum Oberfranken, Bayreuth

Jurassic Park in Oberfranken

Wo heute das beste Bier Deutschlands gebraut wird – in Oberfranken nämlich –, tummelten sich einst, und im fränkischen Jura im Besonderen, die archaischen Riesen unserer Vorzeit: Dinosaurier!
Das Urwelt-Museum in Bayreuth, keine zehn Minuten Fußweg vom Bahnhof entfernt, zollt dieser Tatsache mit lehrreichen Dauerausstellungen folgerichtig Tribut. Besonders aber begeistern sich die Besucher für die interessanten Sonderschauen, die in dem Haus immer wieder Einzug halten: Zuletzt verzeichneten „Plateosaurus – der süddeutsche Lindwurm" und „Urweltriesen – die größten Dinosaurier aller Zeiten" gute Zuschauerzahlen. Und bemerkenswert unter den Dauerausstellungen sind in erster Linie folgende: „Saurierland Oberfranken – die Triassaurier", eine gelungene Reminiszenz an die heimischen Dinosaurier, und „Ein oberfränkischer Dschungel – Terrestrischer Jura", die Flora und Fauna der Region Oberfranken vor Jahrmillionen erklärt. Alle Haupt- und Sonderausstellungen dürfen stets auch ge-

trennt besucht werden. Es lohnt sich, dem Urwelt-Museum in der schönen Wagnerstadt Bayreuth einen Besuch abzustatten.

Urwelt-Museum, Kanzleistraße 1, 95444 Bayreuth
Telefon: 0921/511211, www.urwelt-museum.de

0988 Kreuzsteinbad Bayreuth

Ein guter Tag im Kreuzsteinbad

Das beheizte Freibad mit Riesenrutsche und Wellenbecken erfreut sich regen Zuspruchs. Von nah und fern kommen die tobsüchtigen Wasserratten in die Universitätsstraße Bayreuths, um im Kreuzsteinbad aus dem Alltag abzutauchen.

In dem auf verschiedene Altersklassen zugeschnittenen Hauptbecken können große wie kleine Gäste nach Herzenslust planschen und kraulen, fläzen und schnorcheln. Das Schwimmbecken verfügt mit seinen 50 Meter Länge über genügend Platz für Langstreckler. Eine Sprungplattform mit Ein- bis Zehn-Meter-Brett wartet am Springerbecken. Im Wellenbecken herrscht zu jeder halben und vollen Stunde Seegang für acht Minuten. Sehr beliebt am Wellenbecken sind die drei Schwanenhälse: Die Wasserstrahlen massieren Nacken, Schultern und Oberkörper. Eine Ampelanlage sorgt für Sicherheit an der stark frequentierten Wasserrutsche; 87 Meter lang und 9 Meter hoch ist sie eine Herausforderung für Jung und Alt. Andrang herrscht ebenfalls am Strömungskanal, der auf einer Länge von 20 Metern über eine Million Liter Wasser bewegt! Die Attraktionen für die Allerkleinsten sind die Elefantenrutsche und die Blubberbucht, der Wasserspeier und der Quelltopf im Babybecken. Praktisch: In unmittelbarer Nähe ist ein Sanitärpavillon mit Wickeltisch und Babybadewanne situiert. Abwechslung und Abenteuer verspricht der schattige Kinderspielplatz mit Karussells, Schaukeln, Rutschen, Wipptieren und diversen Klettergeräten. Eine Tischtennishalle sowie Fußball- und Basketballfeld machen das Kreuzsteinbad in Bayreuth auch für Ballsportbegeisterte interessant.

Stärkung und Gutes gegen den Durst finden Gäste am üppig sortierten Kiosk. Auf der Terrasse lässt es sich an einem Sommertag sinnieren – ein guter Tag im Kreuzsteinbad!

Kreuzsteinbad, Universitätsstraße 20–24, 95447 Bayreuth
Telefon: 0921/600384, www.bvb-bayreuth.de

0989 Lindenhof Bayreuth

Kinder auf dem Lindenhof

Das Umweltschutz-Informationszentrum Lindenhof bietet besonders seinen kleinen Gästen große Emotionen. Hier bauen Kids in spielerischem Umgang mit Natur und Tier vorhandene Ängste ab und lernen Wichtiges fürs Leben: „Umweltbildung" heißt das große Schlagwort. So ist dem Lindenhof auch ein eigens für junge Besucher konzipiertes Museum angegliedert. Dieses kann – etwa im Rahmen eines ökologischen Kindergeburtstages – auch in Gruppenstärke besucht werden. Hier erfahren wissbegierige Kinder nahezu alles über die in der Region heimischen Vögel, den eleganten Schwarzstorch etwa, oder über verschiedene Säugetiere, wie das putzige Eichhörnchen. Die Tiere können lebensecht bestaunt werden – als ausgestopfte Exemplare.
Das pädagogische Veranstaltungsprogramm des Lindenhofs Bayreuth tut sich besonders hervor; wechselnde Programme sorgen für Abwechslung im Lehrbetrieb: Im Herbst 2008 etwa steht mit „Aqua-Land-Art – NaturKunst am Wasser" ein ganz besonderes Highlight im Veranstaltungskalender. In schöner Natur sind alle Teilnehmer herzlich dazu eingeladen, sich kreativ und bewusst mit Mutter Erde auseinanderzusetzen.

Umweltschutz-Informationszentrum Lindenhof
Karolinenreuther Straße 58, 95448 Bayreuth
Telefon: 0921/759420, www.lbv-lindenhof.de

0990 Therme Obernsees, Mistelgau

Therme Nummer eins

Fremdenverkehr ist in Oberfranken kein Fremdwort – und der Thermalbetrieb in Obernsees zählt zweifelsohne zu den großen Gewinnern im Ringen um die Gunst des Familienbesuchs!
Als einer der Familienausflugsmagneten der Region verfügt die Bade- und Sauna-Oase unweit der Landesgrenze zu Thüringen über eine Heilquelle besonderer Güte: Im kleinen Weiler Obernsees entstand dank des Thermalwassers, das aus einer Tiefe von über 1.200 Metern zutage gefördert wird, etwas nahezu Einzigartiges: ein wahres Badeparadies auf Erden.
Den Möglichkeiten, hier zu relaxen, sind keine Grenzen gesteckt. Ob im Großbecken oder auf der 90 Meter langen Reifenrutsche, unter Wasserkas-

kaden oder an der Massagedüse, im doppelstöckigen Saunahaus, im Wellnessbereich, im Dampfbad oder in der Tropfsteingrotte (um nur einige der Möglichkeiten zu erwähnen): Kind und Kegel, Papa wie Mama werden sich den Tag in den Thermen Obernsees versüßen – und zwar ganz nach ihrem individuellen Geschmack. Im Veranstaltungskalender stehen überdies regelmäßige Events für die ganze Familie – da bleibt kein Auge trocken!
Seit zehn Jahren begeistert die Therme Obernsees ihre Gäste von nah und fern. Selbst an einen Wohnmobilstellplatz haben die Betreiber gedacht.

Therme Obernsees, An der Therme, 95490 Mistelgau
Telefon: 09206/993000, www.therme-obernsees.de

0991 Burg Rabenstein und Falknerei Rabenstein, Ahorntal

Die Heimat von Rittern und Raubvögeln

Hoch über dem Ailsbachtal, auf einer Felsspitze, erhebt sich die Burg Rabenstein, deren Geschichte vor über 800 Jahren begann. 1830 erhielt das Rittergut Rabenstein eine barocke Schlossanlage, die auf Führungen besichtigt werden kann. Imposante Rittersäle, goldverzierte barocke Salons, ein prunkvoller Renaissancesaal mit verspieltem Dekor oder gar ein Waffensaal mit Lanzen, Hellebarden und Musketen können da bestaunt werden.

Ein bisschen Mut und Respekt gehören dazu

Vor dem Burgtor wartet der 30.000 m^2 große „Greifvogel- und Eulenpark" auf Gäste, in dem 24 Großvolieren mit Käuzen, Eulen, Adlern, Falken und anderen Greifvögeln eingerichtet sind. Täglich um 15 Uhr finden Flugvorführungen statt, bei denen die Besucher die mächtigen Vögel beim Fliegen und bei der Jagd beobachten können. Und wer sich spontan in die majestätischen Tiere verliebt, kann sich hier auch zum Falkner ausbilden lassen.

Burg Rabenstein, Rabenstein 33, 95491 Ahorntal
Telefon: 09202/9700440
www.burg-rabenstein.de
www.falknerei-rabenstein.de

0992 Sophienhöhle, Ahorntal

Großes Abenteuer für kleine Höhlenforscher

Die Sophienhöhle ist eine der schönsten Tropfsteinhöhlen in Deutschland. Sie ist ganzjährig zu besuchen, und bei Führungen erfährt man viel über die Entdeckung der Höhle und die über Jahrtausende gewachsenen Tropfsteingebilde, in deren Formen jeder etwas anderes erkennt. Ganz besonders schön und abenteuerlich ist es aber, „Sophie at night" zu erleben – samstags von 18 bis 20 Uhr darf man nämlich die Höhle auf eigene Faust erkunden. Stalagmiten und Stalaktiten werden in einer Lichtshow bunt beleuchtet und scheinen sich zu bewegen; wunderbare Musik klingt durch die Höhlenräume und verzaubert die Besucher. Im Ahornloch, einem Teil der Höhle, werden Naturfilme gezeigt, und vor dem Höhleneingang verstärkt ein flackerndes Lagerfeuer diese schöne Atmosphäre noch. Wer in den vielen verschiedenen Tropfsteingebilden nicht gleich eine Figur erkennt, sollte ein Foto machen. Dann kann zu Hause noch einmal die ganze Familie darüber diskutieren, ob der Stalagmit wie ein Elefant aussah oder doch eher wie eine Maus.

Sophienhöhle, 95491 Ahorntal
Telefon: 09202/9700440, www.burg-rabenstein.de

0993 Bamberg zaubert

Märchen, Musik und magische Momente

Die ganze Bamberger Innenstadt ist jährlich am dritten Juli-Wochenende für drei Tage verzaubert. Auf diversen Bühnen und Flächen ziehen Zauberer, Streetperformer, Jongleure, Musiker, Ballonkünstler und Komödianten das Publikum in ihren Bann.

Es gibt das Sommertheaterfestival von Chapeau Claque, das Coburger Kinder- und Jugendtheater mit Jonglage, Stelzenlaufen, Einradfahren, Pantomime und Feuershow, feurige Märchen vom Drachen Fu und die Suche nach Störtebekers Schatz mit Pirat Yandaal. Und immer muss man aufpassen, dass man nicht zufällig verzaubert wird, denn es wimmelt von Magiern. Bei Floh und Waltrude allerdings ist Hopfen und Malz verloren, denn die beiden können sich noch nicht mal Zaubersprüche merken. Und Lampenfieber haben sie auch noch. Da müssen die Kinder ordentlich mithelfen, dass das mit dem Zaubern dann doch noch klappt. Mr. Zafetti und sein Esel allerdings wollen mit den Jungen und Mädchen einen Zauberkeks backen. Ob sie das Rezept wohl herausbekommen? Mal sehen. Wer zaubern dann aber doch zu anstrengend findet, vergnügt sich auf dem Bungeetrampolin, beim Kinderschminken, auf der Hüpfburg, beim Karussell- und Eisenbahnfahren oder im Bastel- und Fotozelt. Drei Tage Party, Eintritt frei!

Bamberg zaubert, 96047 Bamberg
www.bambergzaubert.de

15.

0994 Freizeitland Geiselwind

Showdown unterm Sprungturm

Das Rauschen der Wildwasserbahn ist bereits von Weitem zu hören, sie ist eine der absoluten Attraktionen im Freizeitland Geiselwind. Und in der Drehgondelbahn – der Name sagt es – rotieren die Gäste wie die Kreisel. Es geht vorbei an einem Wasserfall, durch dichten Nebel hinein in einen Bergwerkstollen und wieder raus an die frische Luft. Nachdem der Drehwurm auskuriert ist, geht es flugs hinüber zur nächsten Attraktion. Auf den Schwingen des „Ikarus“ geht es hoch in die Lüfte, in 35 m Höhe genießen die Fahrgäste einen Panoramablick übers untere Frankenland. Von hier aus ist auch schnell ein weiteres Highlight unter den Fahrgeschäften ausgemacht: Die „Riesen-Zentrifuge Enterprise“ garantiert allen Eltern und ihren Kindern einen weiteren Höhenflug. Weiter geht es – ins Wikingerschiff etwa oder in das futuristische Shuttle ... Und immer grüßt der Nervenkitzel!
Staunen statt schlotternde Knie lösen die Showeinlagen von Profis aus. Im nostalgischen Circus etwa bewundern die Besucher temporeiche Akrobatik, amüsieren sich über Clowns-Klamauk oder wohnen tierischen Dressurdarbietungen bei. Legendär in Geiselwind – und bis heute ein Highlight – ist die Acapulco-Springer-Show. Waghalsige Athleten stellen ihren Mut unter Beweis, und alle Augenzeugen sind elektrisiert von den Einzel- und Formationssprüngen. Am Ende der Show wartet ein Showdown, der seinen Namen rundum verdient: der Todessprung. Einer der Turmspringer aus Geiselwind stürzt sich dabei aus 25 m Höhe in ein nur drei Meter tiefes Wasserbecken mit minimalem Radius.
Verhungern und verdursten wird bei derlei atemberaubenden Darbietungen niemand – für das leibliche Wohl ist im Freizeitpark Geiselwind dank vieler Kioske und Restaurants bestens gesorgt. Hier, im wunderbaren Maingebiet,

wo der Wein an den Hängen wächst, lohnt ein Tagesausflug mit der ganzen Familie in einen der dienstältesten wie besten Freizeitparks Deutschlands: nämlich dem in Geiselwind.

Freizeitpark Geiselwind, Wiesentheider Straße 25, 96160 Geiselwind
Telefon: 09556/224, www.freizeitlandgeiselwind.de

0995 Wildpark Schloss Tambach, Weitramsdorf

Viel Tamtam und wenig Barrieren

Dank eines hier heimischen Adelsgeschlechtes wurde das heute weitläufige Wildgehege nach und nach ausgebaut. Ein Verdienst, der den Machern im Hintergrund nicht hoch genug anzurechen ist: Besonders kleine wissbegierige Menschen lernen viel über Natur und Tier.
Wildtiere aus ganz Europa haben im Wildpark Schloss Tambach, im oberfränkischen Landkreis Coburg gelegen, eine dauerhafte Bleibe gefunden. Weiträumig und möglichst ihrer Herkunftsregion angepasst sind die Gehege gebaut und angelegt, um das Wild in seiner natürlichen Lebensweise den Zaungästen präsentieren zu können. Aber was heißt Zaungast? Den Besuchern wird es möglich gemacht, die meisten Gehege zu betreten und sich darin zu bewegen. Dies erfordert allerdings eine tiergerechte Verhaltensweise der Besucher, mahnen die Betreiber.

Natürliche Lebensweise im Wildpark

Eines der absoluten Highlights auf der rund 50 Hektar großen Anlage, die sich im Laufe der Jahre von einem Wildpark zum Erlebniszentrum „Wildtier und Umwelt" wandelte, ist zweifelsohne der Bayerische Jagdfalkenhof mit seinen spektakulären Flugvorführungen. Ob Adler, Geier oder Milan: zahlreiche Greifvögel ziehen hier über den Köpfen der staunenden Besucher so weite wie zielgerichtete Kreise. Wissbegierige Gäste erfahren auf scheinbar spielerische Weise eine Menge über die Lebensweisen und biologischen Hintergründe der gezeigten Vögel – die nachtaktive Eule ist übrigens auch dabei. Dass sich der Wildpark am Schloss Tambach besonders für Familienausflügler eignet, das hat sich längst herumgesprochen. Der schattige Spielplatz mit seinen Kletterelementen, Rutschen und Schaukeln und einem riesigem Trampolin ist oftmals Schauplatz lustiger Kindergeburtstage. Und Papa und Mama? Die finden derweil im unmittelbar angrenzenden Biergarten verdiente Rast und Ruhe. Zahlreiche Parkbänke machen einen Besuch auch für Opa und Oma interessant. Ein Wildpark für alle Generationen also!

Wildpark Schloss Tambach
Schloßallee 3, 96479 Weitramsdorf-Tambach
Telefon: 09567/922915, www.wildpark-tambach.de

0996 Indoorspielplatz Fun-Park Kinderland, Würzburg

Freie Bahn dem Spieltrieb

Spiel und Spaß stehen im Indoorspielplatz Kinderland, dem Fun-Park in Würzburg, an allererster Stelle. In der rund 2.000 m^2 großen Halle haben Kinder die Auswahl zwischen vielen Spiel- und Sportmöglichkeiten. Alle Attraktionen, etwa die diversen Hüpfburgen, die Trampolinanlage und der Boulderbereich – eine niedrige Kletterwand ohne Sicherung –, sind schlagende Argumente für einen Besuch im Würzburger Spiel- und Spaßbetrieb. Die sieben Meter hohe Kletterwand wirkt besonders anziehend auf wagemutige Kinder; gesichert sind freilich auch die Mutigsten, wenn sie sich nach oben schwingen, und fachkundiges Personal steht ihnen selbstverständlich zur Seite. Auch an die Kleinsten der Kleinen (bis einen Meter Körpergröße) wurde gedacht: Ihnen steht ein extra Kleinkindbereich zur Verfügung. Die Mini-Bambini toben hier in einer Softplaylandschaft, einem Bällchenbecken, einem Spielhaus sowie auf einem Klettergerüst mit Rutsche. Doch es kommen nicht nur Kids auf ihre Kosten, die ihrem Bewegungsdrang nachgehen wollen: jugendliche – und jung gebliebene – Skater und Kletterfreunde können hier ebenfalls dem puren Freizeitvergnügen frönen. Dass im Fun-Park Kinderland auch Geburtstage ausgiebig gefeiert werden dürfen, ist eine Selbstverständlichkeit; ein integrierter Kiosk bewirtet dann die anwesende Partygesellschaft. Speisen und Getränke dürfen aber auch gern mitgebracht werden.

Indoorspielplatz Fun-Park Kinderland
Werner-von-Siemens-Straße 16, 97076 Würzburg
Telefon: 0931/7840551, www.kinderland-wuerzburg.de

0997 Badeparadies Geomaris, Gerolzhofen

Planschen im Quellwasser

Gerolzhofen, zwischen Main und Steigerwald idyllisch gelegen, verfügt mit dem Badeparadies Geomaris über ein weithin bekanntes, sehr beliebtes Freizeit- und Erlebnisbad.
Das Geomaris bietet seinen Gästen neben Hallen- und Freibadanlage alles, was ein modernes Erlebnisbad braucht: Action und Ruhezonen, Wellness und Work-out. Der „Traum in Blau und Grün auf über 2.000 Quadratmeter Gesamtwasserfläche“ sammelt bei kleinen Wasserfreunden besonders wegen seiner Riesenrutsche und wegen des Sprungturms Punkte. Auf der weitläufigen Sommerwiese tummeln sich ebenfalls besonders lautstark die kleinen Gäste. Das Solebecken, ganzjährig mit 34° wohlig-warm beheizt, erfreut sich samt „Schwallduschen“, Riesen-Whirlpool und Strömungskanal besonders bei den älteren Semestern großer Beliebtheit. Drinnen im Hallenbad sorgt wiederum ein Planschbecken für große Freude bei den Kleinsten. Die Wasserqualität heben die Betreiber im Überdachungsbereich besonders hervor: „Seidenweiches Quellwasser“ sei das Gütezeichen des Geomaris in Gerolzhofen.
Im Saunabereich, der in Badebekleidung besucht werden darf („Textilsauna“), sorgen schließlich „unterschiedliche Temperaturzonen und Duftaromen der drei Blockhaus-Saunen für frische Energie“ in Sachen Körper und Geist. Tauchbecken und Kneippbecken runden das vielfältige Programm stimmungsvoll ab: Sie bieten „spritzige Abkühlung“, und der Ruheraum ist ideal, um sich nach einem unterhaltsamen Badetag einfach nur zu entspannen und wohlzufühlen. Etwas, wonach sich jede(r) sehnt – oder?

Badeparadies Geomaris, Dingolshäuser Straße 2, 97447 Gerolzhofen
Telefon: 09382/261, www.geomaris.de

0998 Kartbahn Gerolzhofen

Ab ins Cockpit

Rasant, rasant, so ein Tag mit der ganzen Familie auf dem Gelände des Steigerwald-Motodroms zu Gerolzhofen!
Die Outdoor-Kartbahn im Mittelfränkischen sucht landauf, landab ihresgleichen, auf 701 Meter Länge und einer bis zu 8 Meter breiten Fahrspur

können sich die Mini-Schumis nach Herzenslust austoben. Die Leihkarts stehen von April bis Oktober bereit. Ob beim Rennen über die ganze Streckendistanz oder in den engen Kurven eines Slalom-Parcours: Hier, auf der Kartbahn Gerolzhofen, wird immer um den Sieg gerungen. Die Veranstalter versprechen ihren Besuchern „Fahrspaß und Rennsportfeeling für jedermann!" Zwar entscheidet individuelles Talent über die spätere Karriere im Rennsport – und das ist den wenigsten Menschen beschieden. Aber garantieren können die Betreiber immerhin eines: „Das hautnahe Erleben der Faszination Rennsport" nämlich, von der so mancher Flitzepfeil nicht mehr lassen kann. Bereits ein paar Runden im Leihkart setzen einiges an Adrenalin frei – und das gibt es billiger als Sprit!
Besonders viel Spaß macht ein Besuch der Kartbahn in Gerolzhofen mit der ganzen Familie. An Ausrüstung braucht niemand zu denken, wer auf die Outdoor-Kartbahn Nordbayerns kommt: Schutzhelme samt Sturmhauben werden kostenlos gestellt.

Kartbahn Gerolzhofen, Am Steinbruch 8, 97447 Gerolzhofen
Telefon: 09382/1255, www.msvgeo.de

0999 Kanutour nahe Gemünden; Radtour an Main, Sinn und Saale

Abenteuer Kanu

Rund vierzig Kilometer mainabwärts von Würzburg liegt Gemünden im unterfränkischen Main-Spessart-Gebiet. In der beschaulichen Stadt mündet die Sinn in die Fränkische Saale und diese wiederum in den Main. Beste Voraussetzungen also für alle Kanuten und die, die es werden wollen.
Körperliches Geschick und ein wenig Mut gehören schon dazu, wenn man sich in die enge Sitzschale eines Kanus pressen soll. Aber es lohnt sich sehr: Besonders nachhaltig und entspannend kann eine solche Kanutour auch mit der ganzen Familie sein – hier im beschaulichen Nordwesten Bayerns ist von Hektik jedenfalls keine Spur. Mit dem Kanu die Sinn oder die Saale entlangzugleiten macht riesigen Spaß und bietet zudem lehrreiche Naturerlebnisse. Der neugierige Blick fällt auf die Pflanzen- und Vogelwelt an den Ufern der sacht plätschernden Flüsse. Weil jedoch zum Schutze der Fische und Amphibien die Kanutouren nicht die ganze Sommersaison über möglich sind, lohnt es sich, wenn Papa oder Mama sich im Vorfeld erkundigen, ob ihre Kleinen auf Sinn und Saale im Rahmen eines Familienaufenthaltes tatsächlich Fluss-

kapitäne spielen dürfen – denn auch der Wasserpegel (> 2,10 Meter) spielt eine Rolle.
Alternativ zu den naturnahen Wasserwegen bietet der östliche Spessart seinen Gästen auch hunderte Kilometer ausgebaute Radwege in dieser herrlichen Flusslandschaft. Schöne Radtouren – landseits der Flüsse Sinn, Saale und Main – machen der ganzen Familie Freude.

Kanuverleih, Campingplatz Saaleinsel
97737 Gemünden, Telefon: 09351/2058

Untere Naturschutzbehörde
Telefon: 09353/793426 (Infos zu Wasserpegel etc.)

1000 Der östliche Spessart

Märchenwelt und Badespaß in drei Städtchen im Spessart

Alleine die Museen dieser Region – dem östlichen Spessart – sind besonders für Kinder eine Stippvisite wert. Warum? Nun, hier erfahren Kids richtig viel Wissenswertes: Etwa wie die Menschen früher im Spessart – der Name leitet sich etymologisch aus „Specht“ und „Hardt“ („Bergwald“) her, steht also für „Spechtswald“ – gelebt und gearbeitet haben, wie die Kinder dort zur Schule gingen und was sie in ihrer Freizeit für Spiele spielten.
Wer hat schon gewusst, dass Lohr am Main, ein idyllisches Städtchen in Unterfranken, die Geburtsstadt Schneewittchens ist? Oder dass die Tochter des einstigen Grafen von Rieneck noch heute als Schlossgespenst auf der väterlichen Burg ihr Unwesen treibt?
Lohr ist bis heute eine wahre Märchenstadt: Der Gebrüder Grimms berühmteste Märchenfigur soll hier zu Hause gewesen sein. Und Schneewittchen hat tatsächlich viele Spuren hinterlassen – süße zumal: Cafés in der Altstadt locken mit allerlei Leckereinen: Schneewittchen-Früchtetee und Schneewittchen-Pralinen stehen auf dem Speiseplan. Die Burganlage von Rieneck macht mächtig Eindruck mit ihrem Dicken Turm. Dort droben ist das Mittelalter fast noch zu spüren – schaurig schön jedenfalls die Mär von der umherwandelnden Tochter des Burgherrn. Drunten, vor den Toren der 1.200-jährigen Stadt Rieneck, warten Picknick- und Grillplätze darauf, von Familien in Beschlag genommen zu werden.

Ein sommerliches wie winterliches Bad empfiehlt sich in Gemünden, einer Nachbargemeinde von Lohr und Rieneck. Hier gibt es nämlich das wunderbare Freibad Saaleinsel (samt Rutsche, Nichtschwimmer- und Planschbecken), dem ein Campingplatz angeschlossen ist. Und das Hallenbad sorgt mit Sauna und Solarium für Badespaß an kalten Tagen.

Stadt Lohr, Touristinformation
Schlossplatz 5, 97816 Lohr am Main
Telefon: 09352/5152, www.lohr.de

Stadt Rieneck, Schulgasse 4, 97794 Rieneck
Telefon: 09354/973310, www.rieneck.de

Freibad Saaleinsel, Duivenallee 6, 97737 Gemünden
Telefon: 09351/1093

Hallenbad Gemünden, Hofweg 4, 97737 Gemünden
Telefon: 09351/3409

Inhaltsübersicht

Mecklenburg-Vorpommern

Hessen

Bildnachweis

Schleswig-Holstein: Eingangsbild: pixelio.de/Susanne Beeck; S. 12: Feuerwehrmuseum Schleswig-Holstein; S. 14: Fritz Fey; S. 15: Freilichtbühne Lübeck; S. 17: www.bauspielplatz-roterhahn.de; S. 18: SeaLife Timmendorf; S. 20: pixelio.de/Jürgen Hüsmert; S. 21: pixelio.de/hagir25; S. 24: Landeshauptstadt Kiel/Michael Dietrich; S. 27: pixelio.de/Erich Bunge; S. 28: Eiszeitmuseum Lütjenburg; S. 29: pixelio.de/R. Lenz-Freund; S. 30: pixelio.de/S. Hofschlaeger; S. 31: Tuch+Technik; S. 34: Arche Warder/Sabine Vielmo; S. 35: pixelio.de/S. Flint; S. 37: Museumswerft Flensburg; S. 38: Phänomenta Flensburg; S. 40: pixelio.de/J. Bredehorn; S. 42: pixelio.de/Jörg Trampert; S. 44: pixelio.de/thomas33; S. 45: Naturkundemuseum Niebüll; S. 47: pixelio.de/Ernst Rose

Mecklenburg-Vorpommern: Eingangsbild: pixelio.de/BTOIPS; S. 51: Wittig; S. 52: pixelio.de/alipictures; S. 54: Tropenhaus Bansin; S. 56: Schmetterlingspark Trassenheide; S. 58: Vogelpark Marlow; S. 62: pixelio.de/Thobias Bräuning; S. 63: Deutsches Meeresmuseum/dmm; S. 65: pixelio.de/Thomas R.; S. 66: Abenteuerland Rügen; S. 68: pixelio.de/Stefan Erdmann; S. 72: Tigerpark Dassow; S. 73: pixelio.de/ede

Hamburg: Eingangsbild: pixelio.de/Bernd Sterzl; S. 77: Theaterschiff Hoheluft; S. 80: Kinderküche; S. 83: Peter Rieprich; S. 84: Peter Rieprich; S. 85: Peter Rieprich; S. 87: Peter Rieprich; S. 88: Peter Rieprich; S. 90: Peter Rieprich; S. 93: Peter Rieprich; S. 95: Peter Rieprich; S. 97: Peter Rieprich; S. 101: Peter Rieprich

Bremen: Eingangsbild: pixelio.de/bildermichel; S. 104: pixelio.de/Danny König; S. 106: pixelio.de/Detlev Müller; S. 109: pixelio.de/90ne1; S. 111: Olbers-Planetarium Bremen; S. 112: Theater Schnürschuh; S. 113: pixelio.de/Holger Knecht; S. 116: Focke-Museum

Niedersachsen: Eingangsbild: pixelio.de/guedo; S. 122: Rüdiger Ramm; S. 125: Carl von Ossietzky Universität Oldenburg; S. 128: Tier- und Freizeitpark Jaderberg; S. 130: Störtebeker Park Wilhelmshaven; S. 131: pixelio.de/Joachim S.; S. 133: R. + I. Janssen; S. 135: www.langeoog.de; S. 137: pixelio.de/Helmut Bender; S. 139: pixelio.de/S. Hofschlaeger; S. 140: MagicPark Verden; S. 141: Pferdemuseum Verden; S. 145: Otterzentrum Hankensbüttel; S. 148: Spielzeugmuseum Soltau; S. 148: Heide-Park Soltau; S. 149: Snowdome Bispingen; S. 150: www.vogelpark-walsrode.de; S. 152: Zoo Hannover; S. 155: Erse-Park; S. 156: Dinosaurier-Freilichtmuseum Münchehagen; S. 160: www.hameln.de; S. 164: Förderkreis Wilhelm-Busch-Stätten in Ebergötzen e.V.; S. 166: Samtgemeinde Bodenwerder; S. 170: phaeno/M. Leitzke; S. 172: www.planetarium-wolfsburg.de; S. 173: Wind- und Wassermühlenmuseum Gifhorn; S. 175: Freilichtbühne Lohne; S. 177: Museumsdorf Cloppenburg

Berlin: Eingangsbild: pixelio.de/chw; S. 185: pixelio.de/Maik Grabosch; S. 186: DDR-Museum Berlin; S. 191: EFK Berlin; S. 193: Bauspielplatz Kolle 37; S. 198: MACHmit! Berlin; S. 201: SANDSATION/Frank Jankowski; S. 203: Kindersprachclub; S. 205: Dieter Bühler; S. 208: pixelio.de/Kerstin; S. 211: Kids Tours Berlin; S. 214: die gelbe Villa Berlin; S. 217: www.juedisches-museum-berlin.de; S. 219: Die Gorillas; S. 223: Minigolf am Insulaner; S. 228: Figurentheater Grashüpfer; S. 231: pixelio.de/Robert Staffl; S. 232: Bim & Boom; S. 240: Zuckermuseum Berlin; S. 242: Magic Mountain Berlin; S. 243: Reinhard Niklaus; S. 245: Jacks Fun World; S. 254: pixelio.de/Ali; S. 255: pixelio.de/Claus Jordan; S. 256: www.dueppel.de; S. 258: pixelio.de/S. Perkiewicz

Brandenburg: Eingangsbild: pixelio.de/H. Henkel; S. 264: Tourismusverband Spreewald e.V.; S. 267: Tree Event GmbH; S. 269: Katjes Potsdam; S. 273: Susanne Noé; S. 274: Kinderbauernhof-Marienhof-Ribbeck; S. 277: CLIMB UP!; S. 283: Tropical Islands; S. 285: Zoo Eberswalde; S. 286: Familiengarten Eberswalde; S. 293: Kirchner; S. 295: Eldorado Templin

Sachsen-Anhalt: Eingangsbild: pixelio.de/Biggi; S. 300: pixelio.de/H. Henkel; S. 303: Jürgen Meusel; S. 305: Erlebnistierpark Memleben; S. 306: Freizeitspaß Eckartsberga/Zwergenpark Trusetal; S. 311: www.harzlife.de; S. 312: www.harzlife.de; S. 314: www.harzlife.de; S. 315: www.harzlife.de; S. 316: Puppentheater Magdeburg; S. 319: pixelio.de/x-ray-andi

Nordrhein-Westfalen: Eingangsbild: pixelio/xsituation; S. 324: pixelio.de/schmetterling01; S. 326: pixelio.de/Pariah 083; S. 328: pixelio.de/schmetterling01; S. 331: pixelio.de/MS; S. 333: pixelio.de/Sassi; S. 337: Filmmuseum Düsseldorf; S. 339: Neanderthal-Museum Mettmann; S. 344: Zoo Wuppertal; S. 345: Waterworld Bergische Sonne Wuppertal; S. 347: Klingenmuseum Solingen; S. 348: pixelio.de/Thomas Max Müller; S. 350: pixelio.de/Wolfgang Wehl; S. 352: pixelio.de/Thomas Max Müller; S. 353: pixelio.de/strichcode; S. 354: pixelio.de/Thomas Max Müller; S. 356: www.kettelerhof.de; S. 357: Trampolino Gelsenkirchen; S. 358: pixelio.de/Richard; S. 360: CentrO.Park Freizeitpark Oberhausen; S. 364: pixelio.de/Templermeister; S. 367: pixelio.de/Gerda Bruske; S. 370: IRRLAND Kevelaer; S. 371: Niederrheinpark Plantaria Kevelaer; S. 374: pixelio.de/Alfred Patz; S. 375: Freilichtmuseum Dorenburg; S. 378: Naturzoo Rheine; S. 380: pixelio.de/Ralf Küppers; S. 382: Phantasialand; S. 383: pixelio.de/Anne

Bermüller; S. 388: pixelio.de/Axel Droll; S. 390: pixelio.de/Kurt Michel; S. 391: pixelio.de/magicpen; S. 395: pixelio.de/Thomas Max Müller; S. 397: pixelio.de/melle-regi; S. 402: pixelio.de/Alexander Gasser; S. 406: pixelio.de/Manfred Rose; S. 411: Maximilianpark; S. 413 pixelio.de/Martina Marten

Hessen: Eingangsbild: pixelio.de/Cornerstone; S. 418: kassel tourist GmbH; S. 421: Goldwaschschule Edertal; S. 425: Mathematikum Gießen; S. 429: Thomas Weis; S. 436: Palmengarten Frankfurt; S. 437: Senckenberg Museum; S. 438: BäderBetriebe Frankfurt; S. 439: Deutsches Filmmuseum Frankfurt; S. 441: Museum für Kommunikation; S. 444: Rosenmuseum Steinfurth/Monika Müller; S. 445: Freizeitpark Lochmühle; S. 447: Stadtwerke Bad Homburg v.d. Höhe; S. 448: pixelio.de/Anguane; S. 451: Wildpark „Alte Fasanerie" Klein-Auheim; S. 453: pixelio.de/Rolf Krekeler; S. 454: Schokokussfabrik Schotten; S. 456: Aquanaut Darmstadt; S. 458: pixelio.de/korneloni; S. 459: Spyrka; S. 464: Taunus Wunderland

Thüringen: Eingangsbild: pixelio.de/Viola Boxberger; S. 468: Silvio Luis; S. 469: Erlebniswelt Saalfelder Feengrotten; S. 475: pixelio.de/Templermeister; S. 477: Goldmuseum Theuern; S. 479: pixelio.de/N.M.; S. 480: Zwergenpark Trusetal; S. 481: Sandstein- und Märchenhöhle Walldorf; S. 487: pixelio.de/BrandtMarke; S. 489: pixelio.de/Maren Beßler; S. 490: pixelio.de/Rainer Sturm; S. 491: pixelio.de/www.activebizz.de; S. 493: pixelio.de/Karl-Michael Soemer

Sachsen: Eingangsbild: pixelio.de/H. La.; S. 499: Juliane Mostertz; S. 501: Karl-May-Museum Radebeul bei Dresden; S. 502: pixelio.de/Conny T.; S. 505: Uhrenmuseum Glashütte; S. 507: pixelio.de/Karin Jähne; S. 510: Irrgarten Kleinwelka; S. 512: pixelio.de/t.S.; S. 513: pixelio.de/hauku; S. 514: Kulturinsel Einsiedel; S. 515: Verein für Kirchenbau & Dorfgeschichte Arnsdorf-Hilbersdorf, Thiemendorf e.V.; S. 516: Heiko Lichnok; S. 517: LTS-Schneider; S. 518: EVENT PARK GmbH & Co. KG; S. 521: pixelio.de/Richy; S. 527: Freilicht-Theater Waldenburg e.V.

Rheinland-Pfalz: Eingangsfoto: pixelio.de/Stefan Bücker; S. 531: Märchenwald Bad Breisig; S. 532: Spielzeugmuseum Trier; S. 535: Flugausstellung Junior; S. 535: Sommerrodelbahn Saarburg; S. 536: pixelio.de/Marco Görlich; S. 538: Eifelpark Gondorf; S. 542: Rheinland-Pfälzisches Freilichtmuseum Bad Sobernheim; S. 543: Edelstein-Erlebniswelt; S. 544: Sayn-Wittgenstein Archiv; S. 545: pixelio.de/G.Dotzler; S. 547: Vulkanpark GmbH; S. 548: Lava-Dome Mendig; S. 551: Biosphärenhaus und Baumwipfelpfad Fischbach; S. 556: Zooey Braun; S. 558: Keltendorf Steinbach am Donnersberg; S. 559: Straßenmuseum Germersheim; S. 560: pixelio.de/T. Goldmann; S. 561: pixelio.de/Gabi Harmann

Saarland: Eingangsbild: pixelio.de/Karsten Matt; S. 568: Uwe Bellhäuser/das bilderwerk; S. 572: pixelio.de/Markus Hein; S. 574: pixelio.de/Ullrich Torloxten; S. 580: Villeroy & Boch AG;

Baden-Württemberg: Eingangsbild: pixelio.de/Hartmut910; S. 588: Naturkundemuseum Stuttgart; S. 591: Tourismus Marketing Baden-Württemberg; S. 593: Tourismus Marketing Baden-Württemberg; S. 597: Tourismus Marketing Baden-Württemberg; S. 598: Forstdirektion Tübingen/Jörg Hertle; S. 601: Kunsthalle Tübingen; S. 602: Kamelhof Rotfelden; S. 606: pixelio.de/Stephanie Hofschlaeger; S. 607: Tourismus Marketing Baden-Württemberg; S. 610: Tourismus Marketing Baden-Württemberg; S. 611: pixelio.de/Methusalem; S. 615: Städtische Museen Heilbronn/Spielraum Kunstwerk; S. 620: Tourismus Marketing Baden-Württemberg; S. 621: Auto- und Technikmuseum Sinsheim; S. 625: Tourismus Marketing Baden-Württemberg; S. 627: Staatliches Museum für Naturkunde Karlsruhe; S. 628: Tourismus Marketing Baden-Württemberg; S. 629: Kinderkunstwerkstatt Baden-Baden; S. 631: Unimog-Museum; S. 635: Tourismus Marketing Baden-Württemberg; S. 636: Freizeit- und Sport-Zentrum Mehliskopf GmbH & Co. KG; S. 637: Tourismus Marketing Baden-Württemberg; S. 638: Tourismus Marketing Baden-Württemberg; S. 648: pixelio.de/Templermeister; S. 656: Tourismus Marketing Baden-Württemberg; S. 660: Tourismus Marketing Baden-Württemberg; S. 661: pixelio.de/bartman-simpson; S. 664: pixelio.de/Stephanie Hofschlaeger

Bayern: Eingangsbild: pixelio.de/Holger Seeger; S. 677: pixelio.de/Kunstart.net; S. 678: pixelio.de/H.La.; S. 680: Lollihop München; S. 684: Bavaria Filmstadt; S. 690: pixelio.de/S. Hofschlaeger; S. 695: Alpamare Bad Tölz; S. 697: pixelio.de/Dirk Suhm; S. 698: BAYERN TOURISMUS; S. 702: BAYERN TOURISMUS; S. 706: Western-City Dasing; S. 710: Alpsee Bergwelt; S. 713: pixelio.de/Bianca Klotz; S. 716: LEGOLAND Deutschland/www.legoland.de; S. 717: BAYERN TOURISMUS; S. 718: KinderKüche Nürnberg; S. 722: pixelio.de/R.B.; S. 727: pixelio.de/Michael Bührke; S. 732: Erlebnispark Schloss Thurn; S. 734: Ute Rauschenbach; S. 742: BAYERN TOURISMUS; S. 743: AQACUR Badewelt; S. 747: Tierpark Lohberg; S. 751: Bayern-Park Reisbach; S. 754: Lilo Klesse; S. 759: Stadtgartenamt Bayreuth; S. 764: Burg Rabenstein; S. 767: pixelio.de/Barbara Radomski

Mit Textbeiträgen von:
Baden-Württemberg – Larissa Kröhnert, Rosalind Meistermann
Bayern – Edwine Bollmann, Rosalind Meistermann, Jörg Röder, Karsten Zang
Berlin – Anna Kristina Pülm, Jörg Röder, Karsten Zang, Julia Zimmermann
Brandenburg – Jörg Röder, Karsten Zang
Bremen – Lutz Exner
Hamburg – Edwine Bollmann
Hessen – Michael Bastian, Hasina Chengara, Karsten Zang
Mecklenburg-Vorpommern – Edwine Bollmann
Niedersachsen – Petra Biedermann, Katharina Kowalewski, Karsten Zang
Nordrhein-Westfalen – Lutz Exner, Elmar Schulte
Rheinland-Pfalz – Olaf Schumacher
Saarland – Hasina Chengara
Sachsen – Meike Holsten
Sachsen-Anhalt – Katharina Kowalewski
Schleswig-Holstein – Lutz Exner
Thüringen – Michael Bastian

Hinweis zur Haftung:
Alle Informationen in diesem Buch wurden sorgfältig recherchiert und geprüft, dennoch kann eine Gewährleistung für die Richtigkeit des Inhalts und der Angaben nicht übernommen werden. Bitte beachten Sie in jedem Fall Sicherheitshinweise vor Ort, und prüfen Sie etwaige Risiken für Ihre Kinder oder für sich selbst. Viele der im Buch beschriebenen Einrichtungen eignen sich nur für bestimmte Altersklassen, manche erfordern elterliche Aufsicht. Für den Zustand der beschriebenen Einrichtungen können wir keinerlei Gewährleistung übernehmen.
Für die im Buch aufgenommenen Internet-Adressen gilt: Wir erklären ausdrücklich, dass wir keinen Einfluss auf die Inhalte der Internet-Seiten haben, die mit den in diesem Buch angeführten Internet-Adressen zu erreichen sind. Eine Haftung für Personen, Sach- und Vermögensschäden ist ausgeschlossen, soweit gesetzlich zulässig.